抗日战争时期中国人口伤亡和财产损失调研丛书

主　　编　李忠杰
副主编　李　蓉　姚金果
　　　　　霍海丹　蒋建农

北京市抗日战争时期人口伤亡和财产损失

北京市委党史研究室　编

中共党史出版社

图书在版编目(CIP)数据

北京市抗日战争时期人口伤亡和财产损失/北京市委党史研究室编.
—北京:中共党史出版社,2014.9
(抗日战争时期中国人口伤亡和财产损失调研丛书/李忠杰主编)
ISBN 978-7-5098-2688-1

Ⅰ.①北… Ⅱ.①北… Ⅲ.①抗日战争－损失－史料－北京市
Ⅳ.①K265.06

中国版本图书馆 CIP 数据核字(2014)第 115466 号

出版发行:**中共党史出版社**
责任编辑:安胡刚
复　　审:陈海平
终　　审:汪晓军
责任校对:龚秀华
责任印制:谷智宇
责任监制:贺冬英
社　　址:北京市海淀区芙蓉里南街6号院1号楼
邮　　编:100080
网　　址:www.dscbs.com
经　　销:新华书店
印　　刷:北京汇林印务有限公司
开　　本:170mm×240mm　1/16
字　　数:573 千字
印　　张:29.5　　16 面插图
印　　数:1—3000 册
版　　次:2014 年 9 月第 1 版
印　　次:2014 年 9 月第 1 次印刷

ISBN 978-7-5098-2688-1
定　　价:62.00 元

此书如有印制质量问题,请与中共党史出版社出版业务部联系
电话:010—82517197

《抗日战争时期中国人口伤亡和财产损失调研丛书》

本课题在中共中央党史研究室室委会领导下进行。先后三位时任主任孙英、李景田、欧阳淞对本课题给予了重要指导。

主　编　李忠杰

副主编　李　蓉　姚金果　霍海丹　蒋建农

参加审稿的领导和专家：

一、中共中央党史研究室领导和专家

　　曲青山　孙　英　龙新民　陈　威　石仲泉

　　谷安林　张树军　黄小同　黄如军　李向前

　　陈　夕　任贵祥　郑　谦　王　淇　黄修荣

　　刘益涛　韩泰华

二、有关部门和单位的专家

　　李景田（第十二届全国人大常委、民族委员会主任委员；中共中央党史研究室原主任；中共中央党校原常务副校长）

　　何　理（中国人民解放军国防大学少将、教授、中国抗日战争史学会会长）

　　支绍曾（中国人民解放军军事科学院少将、原军事历史研究部副部长、研究员）

罗焕章 （中国人民解放军军事科学院研究员）

刘庭华 （中国人民解放军军事科学院原军事历史研究部研究室主任、研究员、博士生导师、首席军史专家）

阮家新 （中国人民革命军事博物馆原副馆长、研究员）

步　平 （中国社会科学院近代史研究所原所长、研究员）

汤重南 （中国社会科学院世界历史研究所研究员、中国日本史学会名誉会长）

姜　涛 （中国社会科学院近代史研究所研究员）

荣维木 （《抗日战争研究》原主编）

郭德宏 （中共中央党校党史教研部原主任、教授、博士生导师）

肖一平 （中共中央党校党史教研部教授）

杨圣清 （中共中央党校党史教研部教授）

李东朗 （中共中央党校党史教研部教授、博士生导师）

徐　勇 （北京大学历史系教授、博士生导师）

李良志 （中国人民大学中共党史系教授）

王桧林 （北京师范大学教授、博士生导师）

谢忠厚 （河北省社会科学院原现代史研究所所长、历史研究所顾问、研究员）

中共中央党史研究室课题组成员

李忠杰　霍海丹　李　蓉　姚金果　李　颖
王志刚　王树林　杨　凯

《抗日战争时期中国人口伤亡和
财产损失调研丛书》

总　序

中共中央党史研究室副主任　李忠杰

　　发生在20世纪三四十年代的中国人民抗日战争，是中华民族抵抗日本帝国主义侵略的一场规模巨大的战争，是世界反法西斯战争的重要组成部分和东方主战场，是近代以来中国反对外敌入侵第一次取得完全胜利的民族解放战争。中国人民抗日战争的胜利，成为中华民族由衰败走向振兴的重大转折点，也对世界各国人民取得反法西斯战争的胜利、争取世界和平的伟大事业产生了巨大影响。

　　这场战争，作为世界反法西斯战争的一部分，从根本上来说，是反法西斯正义力量与法西斯侵略势力之间的一场大决战，是文明与野蛮的一场大搏斗。日本侵略者，站在法西斯阵营一边，不仅与中国人民为敌，而且与世界人民为敌，肆意践踏人类的公理和正义，企图以残暴杀戮的手段，将中华民族置于自己的铁蹄之下。日本侵略者先后占领了中国、东南亚、南亚、大洋洲许多国家的领土，杀害居民，掠夺物资，强征劳工，施放毒气，蹂躏妇女和儿童，毁坏和窃取文物，造成了大量人员和财产的损失，给中国人民和亚洲其他许多国家人民留下了巨大的创伤，给世界文明造成了空前的破坏。

　　中国是受战争摧残最为严重的国家。从1931年到1945年的14年间，日本侵略者先后占领了东北、华北、华中、华南等大片中国最重要的经济政治文化战略地区。在整个战争进程中，日军到处屠杀、焚烧、抢掠、奸淫，使中国人民的生命财产惨遭蹂躏；大量使用生化武器，进行残酷的细菌战和化学战；把大批中国平民和俘虏当作细菌和毒气的试验品；对无辜的中国平民施放毒气，或在河流、湖泊、水井中投毒；掠走大批中国劳工，强迫他们筑路、开矿、拓荒，从事大型军事工程，使其大批冻、饿、病、累而死；强征中国妇女作为"慰安妇"，严重残害妇女的身心健康；对抗日根据地实行"烧光、杀光、抢光"政策，企图摧毁抗战军民起码的生存条件；在许多地方还制造了一系列触目惊心的大惨案。直至今天，日本侵略所造成的后果还难以完全消除，日军遗留的毒气弹还不时地威胁着中国人民的生命安全。

日本侵略者的罪行，违背了起码的人类良知和国际公法，不仅是对人权和人道主义的践踏，而且是对人类文明的挑战。它决不是如某些日本右翼分子所说是解放亚洲和太平洋地区人民的行动，而是亚洲和太平洋地区历史上最黑暗的一幕，是人类文明史上的一场浩劫。第二次世界大战结束后，根据《波茨坦公告》的规定，远东国际军事法庭在东京对日本首要战犯进行了国际审判，确认侵略战争为国际法上的犯罪，策划、准备、发动或进行侵略战争者为甲级战犯。此外，盟军还在马尼拉、新加坡、仰光、西贡、伯力等地，对日本的乙、丙级战犯进行了审判。中国也先后对日本的有关战犯进行了审判。这些审判，与欧洲的纽伦堡审判一起，使发动侵略战争的罪犯受到了应有的惩处，代表了全世界一切爱好和平人民的共同愿望。这是正义的审判，历史的审判！这一审判的结果是不容挑战的！

策划和制造当年这场战争的，是一小撮日本军国主义和法西斯分子。而日本人民，从根本上来说，也是受害者。所以，日本人民也用不同方式对这场战争进行了抵制和反抗。不少参加侵华战争的士兵认识到战争的性质，幡然悔悟，积极参加了国际和日本国内的反战活动。战后，很多人勇敢面对历史事实，以见证人的身份揭露了日本军国主义的罪行。还有很多当年的士兵，真诚忏悔战争的罪行，以实际行动推动世界和平和中日友好，做了很多有益的工作。他们的良知和勇气，应该得到充分的肯定和赞赏。

相反，日本国内一些右翼势力，直到今天仍然否认侵略战争的性质和罪行，竭力推卸侵略战争的责任。对早已由当年远东国际军事法庭作出严正判决的南京大屠杀一案，始终企图翻案。历史不容改变，事实岂能抹杀！企图歪曲历史，掩盖罪行，这是中国人民绝对不能同意的！

中国人民在当年那场战争中的胜利，是正义战胜邪恶、光明战胜黑暗、进步战胜反动的伟大胜利！是正义的胜利、人民的胜利、和平的胜利！既是中华民族永远值得纪念的胜利，也是世界人民永远值得纪念的胜利！但是，在纪念胜利的同时，我们不要忘记，这一胜利是用极为惨重的代价换来的。在这一伟大胜利的背后，是中华民族遭受的巨大人员伤亡和财产损失！中华民族，既为这场战争的胜利作出了巨大的贡献，也在这场战争中付出了巨大的民族牺牲。

1995 年，江泽民同志在首都各界纪念抗日战争暨世界反法西斯战争胜利 50 周年大会上，对当年日本侵略中国造成巨大人口伤亡和财产损失的基本数据作出了重要表述。2005 年，胡锦涛同志在纪念中国人民抗日战争暨世界反法西斯战争胜利 60 周年大会的讲话中，再次郑重宣布，据不完全统计，在抗日战争期间，中国军民死伤 3500 多万人；按 1937 年的比值折算，中国直接经济损失 1000 多亿美元，间接经济损失 5000 多亿美元。中国领导人公开宣布的基本数据，从整体上揭示了中国人口伤亡和财产损失的规模，有力地揭露了日本军国主义侵略的罪行。

数据，是历史的抽象。数据的背后，是大量的事实、确凿的证据，是无数人们的惨痛记忆和血泪控诉。为了更直接、更具体、更全面、更系统、更立体地还原当年的历史，展示中国人民遭受的灾难和损失，揭露日本军国主义的罪行，驳斥日本右翼势力否认侵略罪行的种种言论，我们必须通过更多档案资料的展示、历史文书的挖掘、具体事实的考查、当事人的证词证言、各种各样的物证书证，等等，将侵略者的罪行昭告天下。因此，作为炎黄子孙，作为郑重的历史工作者，有必要、有责任、有义务、也有权利对战争期间中国的人口伤亡和财产损失进行更加系统、详尽、具体的调查研究，将当年中国人民的巨大牺牲和惨重损失永远地记载下来。

这项调查研究工作，本来在抗日战争结束之后，或者在新中国成立时，就应该进行。但由于种种历史原因，未能系统、全面地进行。由于年代久远，资料散失，在世的证人越来越少，现在进行这方面的调查和研究已经有很大困难。但是，无论早晚，这项工作总得有人来做。现在才做，已经晚了几十年。但如果现在再不做，将来就更晚，也更困难了。所以，无论再困难，做，都是必要的。做好这项调研，是对历史负责、对人民负责、对当年的牺牲殉难者负责、对我们的子孙后代负责。根本上，是对整个中华民族负责，也是对国际社会和人类文明负责。

因此，2004年，中央党史研究室决定开展《抗日战争时期中国人口伤亡和财产损失》的课题调研。从2005年开始，组织全国党史部门围绕这一重大课题，开展了系统深入的调研工作。其基本任务，是按照实事求是的原则，调查更加详实、有力、具体、准确的档案、材料、事实，更加清楚准确地掌握日本军国主义的侵略罪行，更加清楚准确地掌握日本侵略在各个不同领域、地区和方面对中国造成的破坏和损失。其中包括：各个省、自治区、直辖市在抗战中的人口伤亡和财产损失情况；历次重大战役战斗中中国军队伤亡的情况；日本从中国掠走各种资源的情况；日本从中国掠走和破坏文物的情况；日军在中国制造的一系列重大惨案；中国劳工的损失情况；中国妇女遭受日军性侵犯的情况，包括"慰安妇"的情况；日军在中国使用细菌武器、化学武器及其造成伤害的情况；日本侵略在其他方面给中国造成破坏的情况；等等。

课题调研的整体布局，实行块块和条条的结合。每个省、自治区、直辖市党史研究室，主要负责把本区域内的情况调查清楚。也可根据实际情况，选择一些重点，进行专题性的调研，形成专题性的研究成果。一些重要专题，单靠某个省（自治区、直辖市）做不了，就采取条条的办法，组织专题性的调研。还有一些，则是条条与块块相结合。如毒气，日军在不同区域使用过，有关的省（自治区、直辖市）都调查。但作为一个专题，由相关的区域进行协调，配合开展调研工作，并形成专项的调研成果。如劳工、性侵犯等，就大致属于这种类型。

课题调研的方式方法，主要是查阅和搜集档案文献资料，包括不同历史时期的统计报表。同时查阅当时有关的报刊资料，查阅多年来涉及有关地方、有关课题的研究成果。对一些特殊的重大事件，特别是重大惨案等，也同时进行社会调查，对当事人、知情人、有关研究人员等进行走访，记录证词证言。对于特别重要的事件，有条件的，还进行必要的司法公证，如南京大屠杀、潘家峪惨案等，使这些调查都成为在法律上可以采信的证据。根据需要与可能，也到国外境外包括台湾地区查阅搜集档案资料。

中央党史研究室进行了大量组织和指导工作。在课题确定前，首先进行了必要的论证，得到了许多专家的支持。随后，制定了详细的工作方案，向各省、自治区、直辖市党史研究室发出正式通知和实施意见，明确了工作的指导思想、组织领导、调研项目、工作步骤、基本要求、注意事项等等。为了提高认识，振奋精神，交流经验，落实措施，专门召开了工作培训会议，就课题的总体规划、调研方法、需要把握的问题等，作了全面部署，特别是提出了把调研工作做成"基础工程、精品工程、警世工程、传世工程"的要求。多年来，一直分阶段、有步骤地把这项课题调研推向前进。有关领导和专家分别到各地参加会议，指导培训，提出要求，统一规格，解答疑难问题。在调研过程中，随时就有关问题进行具体指导。工作班子及时编发简报和简讯，交流情况和经验。

各级党委和政府高度重视。多数地方成立了由党史研究室领导负责的课题组。各地先后召开工作会议、电话会议等，培训人员，落实任务。许多地方形成了由党史研究室牵头，档案、民政、财政、司法、地方志、社科院以及高校等部门单位联合攻关的局面，保证了调研工作扎扎实实、有计划有步骤地向前推进。

《抗日战争时期中国人口伤亡和财产损失》课题调研先后经历了六个阶段。第一，酝酿启动。第二，全面调研。这是最重要的阶段。各地组织专门人员，查询档案，实地走访，搜集了大量资料。第三，起草报告。凡参加调研的县以上单位，都要在搜集整理、考证研究档案文献资料和进行实地调查的基础上，写出调研报告，全面、准确地反映调研成果。同时，将调研中搜集的档案文献资料进行分类整理，制作统计表、大事记和人员伤亡名录等。第四，分级验收。为保证调研成果的科学性、准确性、严肃性，各省、自治区、直辖市调研报告都要经过四级验收。首先由课题领导小组审查通过，然后聘请所在省份资深专家审读验收，合格后报送中央党史研究室课题组。中央党史研究室课题组审读各省、自治区、直辖市的调研报告及相关调研成果，认为合格后，再聘请有全国影响的专家审读，写出书面意见并亲笔署名。根据审读意见，各地都要反复认真进行修改，只有达到规定要求才能通过验收。第五，上报成果。完成调研工作的省、自治区、直辖市，都按统一要求，将调研中收集的档案文献资料等所有文件，精心整理，分类成册，向中央党史研究室提交调研成果。各市县也要逐级向省级报送。第六，反复审核。中央党史研究室召开审稿会，组织各省、自治区、直辖市按照标准自审，相互间互审，将各种材料进行比对，将有关数据核实，解决带有共性的问题，进一步统一标准、统一规范、统一格式。

这项课题调研，作为一项浩大的工程，到目前为止，进行了将近10年之久。前后共有60多万党史工作者、史学工作者和其他各类有关人员参加。将近10年来，各个地方都周密组织，采取有力措施推动工作开展，保证调研质量。如山东省，先在30个县（市、区）进行试点，然后在全省普遍推开，形成了纵向省市县乡村五级联动、步调一致，横向十几个部门优势互补、携手攻关的工作格局。课题调研期间，山东省参加工作的同志共查阅档案238742卷，复印档案资料406912页，查阅抗战期间及战后出版的书刊61301册（期），复制文献资料220177页。走访调查8万余个行政村、609万名70岁以上（即1937年全国性抗战爆发以前出生）老人中的507万余人，收集证言证词79万余份。拍摄照片资料7376幅、录像资料49678分钟，制作光盘2037张。全省1931个乡镇，每个乡镇都建立了包括证人证言证词、伤亡人员名录、财产损失清单、人员伤亡和财产损失数字统计、人员伤亡和财产损失大事记、重大惨案证据材料以及证人和知情人口述录音、录像、照片等内容的抗战时期人口伤亡和财产损失材料卷宗，共12892个。

这项课题调研，也得到了社会各界特别是档案图书部门、专家学者的普遍支持。许多档案馆、图书馆为这次调研提供各种方便。不少专家学者在教学科研任务繁重、经费困难的情况下，承担专题研究任务。有的外请专家利用学校假期全力以赴做课题，缺少交通工具，就以自行车代步或徒步，到档案馆和图书馆查阅文献资料。

为了扩大搜寻面，中央党史研究室还组织查档小组，分赴美国、俄罗斯、日本，搜集了许多抗战史料。很多地方的课题组都到台湾查档。在台北"国史馆"、中国国民党党史馆、"中央研究院"近代史研究所档案馆等，找到了数量巨大、整理比较细致的抗战档案。台北"国史馆"馆藏的国民党在大陆统治时期行政院赔偿委员会档案，涉及抗战时期中国人口伤亡和财产损失的有8924卷，内容十分翔实具体。既有中央机关、军队系统人口伤亡和财产损失情况，也有地方省、市，县、区和个人填报的资料，包括台湾地区和华侨的档案资料。新疆防空委员会也报送有财产损失材料，如修筑防空工事、疏散费等财产损失。重庆市报送有日机空袭慰恤重伤难胞姓名卡，上面有卡号、伤员姓名、性别、年龄、籍贯、受伤时间、受伤地点、犒金额、发犒金时期、所住医院名称、医院地址、入院时间等，受伤部位还配有图片加以说明。所有这些，为查明当时各方面的人口伤亡和财产损失，提供了重要证据。

这项重大课题调研的成果，均编成《抗日战争时期中国人口伤亡和财产损失调研丛书》公开出版，为国内外学者提供并为子孙后代留下一份关于抗战时期中国人口伤亡和财产损失的系统资料。经过验收、审核合格的调研报告和主要档案文献资料，都按统一体例，编辑成为丛书的 A、B 两个系列。A 系列为各省、自治区、直辖市各一本调研成果，以及若干重要专题的调研成果，由中央党史研究室负责审核。B 系列为各省、自治区、直辖市的其他大量调研成果，由各省、自治区、直辖市党史研究室负责审核。全部成果统一设计、统一规格、统一版式、统一编号，由中共党史出版社统一出版。全部出齐之后，将有 300 本左右。

为了集中反映日本侵略者在中国制造的各种重大惨案，我们专门编纂了一套《抗日战争时期全国重大惨案》，收录抗战时期死伤平民（或以平民为主）800 人以上的重大惨案 100 多个，配以档案、文献、口述及照片等作为历史证据。日本一些右翼分子，常常攻击中国为什么不拿出伤亡人员名单。我们专门安排了一个省，即山东省，公布该省具体的伤亡人员名录（第一批先公布该省100个县<市、区>的死难人员名录），包括姓名、籍贯、年龄、性别、伤亡时间等多项要素。以此说明，中国的伤亡人员都是有根有据、铁证如山的。

历史的生命在于真实、客观、准确。《抗日战争时期中国人口伤亡和财产损失》这一课题调研的生命也在于真实、客观、准确。所以，在开展这一课题调研的过程中，我们始终把保证调研质量，保证所有材料、事实、成果的真实性、客观性和准确性放在第一位，并在五个重要环节上严格要求、严格把关。第一，严格要求。一开始就明确规定，课题调研工作坚持实事求是的原则和科学严谨的态度。整个调研工作必须尊重历史事实。档案怎么记录的，就怎么记载，不能随意改变。当事人、知情人怎么说的，就怎么记录，不能随意加工。所有的材料、事实都要经得起法律上和学术上的质证。在需要与可能的情况下，对当事人、知情人的证词证言要进行司法公证。各种数据，都要确有根据，不能随便编排、采信。不许追求任何高数字、高指标。第二，统一规范。对课题调研的项目、内容，都做了认真细致的研究，提出了统一要求和严格规范。对全部调研项目设计了统一的表格，对调研报告的内容和格式做了统一规定。每个数字的内涵外延，包括如何计算、如何换算等等，都有明确的规定。事前对调研人员进行了培训。调研过程中，对没有理解的问题、疑难的问题等，都由专家给予统一的解释、说明。第三，责任到人。对所有参与课题调研的人员，都实行责任制。查档的、笔录的、整理的、起草调研报告的、审读的……，每个环节的人员都要签名，以对这一环节自己的工作负责，对子孙后代负责。明确规定，今后凡遇到质疑，有关环节的调研人员都要能够站出来进行证明、解释和辩论。第四，客观撰写。在汇总情况、起草调研报告阶段，要求所有的数据统计都必须客观、真实、准确。一律用事实说话，材料要具体、实在。不允许像写文艺作品那样来写调研报告；不允许作任何想象、编造和煽情性的描写；不允许刻意追求语言的生动华美；不允许使用任何带有夸张性、主观推断性的文字；不允许用"不计其数"、"无恶不作"这类抽象的形容词来概括相关内容；经过调研，凡是能够说清的事实、数字都予采用，但仍然说不清的情况、数据，就客观地说明未查核清楚，在汇总和整理数据时充分考虑这些因素，绝对不得编造数字。第五，逐级验收。除了在调研过程中由特聘的专家随时给予指导外，对各地提交的调研报告和相关材料，都实行逐级验收制度。其中，对省级调研成果实行由地方到中央的四级验收，其他调研成果由有关省、自治区、直辖市党史研究室组织验收。每一验收环节都要有专家审读、签字。凡存在问题和不符合要求之处，都要退回重新核查和修改。

经过艰苦努力，到 2010 年底，我们在深入调研的基础上，初步编出了几十本成果，先行印制了少量样本作为内部工作用书，组织力量作进一步的研究、审读、复查、校核。从 2014 年初开始，我们又组织展开了新一轮较大规模的审核工作。第一，召开有关省、自治区、直辖市党史部门参加的审稿会，进一步提高认识，明确规范，听取相互评审以及从社会各方面听到的意见，对审核工作提出要求，进行部署。第二，开展自审、复核、修改，确保准确无误。同时在各省、自治区、直辖市党史部门之间交叉审读，相互间进行比较、核对、衔接。自审互审完成后，都要确认是否具备正式出版的质量水准，签署是否同意交付出版的意见。第三，由中央党史研究室组织专家，对所有拟第一批出版的成果（书稿）进行六个环节的审读、检查、修改、校对，不仅检查是否还有表述不够准确或不够清楚的地方，而且对各本书稿之间、每本书稿各个部分之间的内容、叙述、时间、数字等进行统筹检查，排除表述不一致的内容。第四，如实客观地说明我们工作尽最大努力后达到的程度。始终强调，凡是已经清楚的，就清楚表述。还没有搞清楚的，就如实说明还没有搞清楚。某些数据、结论与其他书籍资料不完全一致的，则说明我们是依据什么材料、从什么角度得出和叙述的，不强求一致。第五，组织各地党史部门继续参与审核。凡有疑问的，都与有关地方党史部门联系、查核。多数省、自治区、直辖市都派专人来京参与审核、修改、校对。审核完毕后，又组织各地党史部门对自己书稿的清样再次进行审核。然后再按出版流程交付印制。今年以来对这些成果再次进行如此繁密、细致的复核工作，都是为了进一步保证成果的质量，保证历史事实的真实性和准确性。

特别需要强调的是，开展这项调研，不是为了简单汇总、计算这样那样的数据，而是为了寻找、展示更多的档案、更多的材料、更多的人证物证、更多的历史事实，用具体的事实来反映当年中华民族遭受的巨大灾难，揭露日本侵略者反人类的罪行。时隔几十年，很多数据难以查清，很多数据可能不很吻合，而且数据的分类、统计、核算都极为复杂，远远不是简单做一做加法就能算出来的。所以，我们在数据上采取了十分谨慎的态度。能统计出来的就统计出来，难以统计的也不强求。统计的口径、结果相互有差别的，也注意说明。今后，我们将会对数据问题作进一步研究。因此，目前的研究还只是阶段性的，不能说已经包罗万象，更不是最终的结论。总体上，还是在为今后更加综合性的研究提供一个详尽、扎实的基础。

由于自始至终都高度重视和强调调研的质量，所以，对于这一项目的真实性、客观性、准确性，我们有充分的信心。当然，无论如何，历史已经过去了六七十年，很多当事人已经去世，很多档案资料已经散失。现在再对发生在六七十年前的灾难进行大规模的调查，其困难是可想而知的。所以，即使做了最大的努力，我们仍然充分预计在调研成果及有关材料中，还是会有不足和差错之处，出版之后，肯定会有不同意见。所以，我们真诚地欢迎所有看到这些调研成果的人们，对其中的内容、材料、数据等进行审查、讨论。如此，必将有更多的人们关心和参与对当年那场灾难的调查，必将会提供和发现更多的档案、更多的资料、更多的见证，必将对我们调研成果中的很多内容进行不断的推敲琢磨，从而使我们能够更加准确、系统地展示当年中国的人口伤亡和财产损失，使我们为子孙后代留下的资料更为完整、更为丰富。我们也欢迎日本和其他国家的人们对这些调研成果进行阅读、审查、讨论、质疑。如此，将会有更多的国家和人们关注中国当年所遭受的灾难，也将会有更多的存留于国外境外的档案资料出现在公众面前，也将会使对当年这段历史和灾难的记录、研究更加准确和科学。

《抗日战争时期中国人口伤亡和财产损失》课题调研，是一项学术性的工作。开展这项课题调研，是为了更加准确和详尽地记录这场战争和灾难的历史，更加充分和有力地揭露日本军国主义的侵略罪行、反击日本右翼势力否认侵略战争的言行，更加充分和有效地进行爱国主义教育，毋忘国耻、振兴中华，更加积极地促进两岸交流、推进祖国和平统一进程，同时，也是为了给全世界所有关注当年这场战争和灾难的国家、政府和人们一个更加负责任的交代，为子孙后代继续研究当年中国人民抗日战争和日本军国主义的侵略罪行留下一笔丰富翔实的历史遗产。因此，虽然是学术性调研，但具有重大的历史意义、现实意义、国际意义、政治意义。作为历史工作者，我们有责任、有义务，实事求是地把中华民族在那场战争中蒙受的巨大灾难和损失尽可能完整地记载下来。推动和开展这项课题调研，是良心所在，是责任所在！每每读到那些令人震颤的历史事实，每每想到那数千万死难者的冤魂亡灵，每每掂量我们今人特别是历史工作者的责任，我们都禁不住潸然泪下。将近10年来，所有调研人员本着对历史和民族负责的精神，殚精竭虑，无私奉献，千方百计寻找各种线索，逐字逐页翻阅档案资料。为了做好对当事人、知情人的调查取证工作，顶酷暑，冒严寒，深入村镇，一家一户进行走访。也许，随着时间的流逝，这样的调研工作，以后再也不可能如此全面深入大规模地进行了。所以，对于能够基本完成这一课题的调研，我们极为欣慰，对能够取得今天这样的成果，我们极为珍惜。将近10年来，调研工作遇到过重重困难，调研人员付出了巨大心血，但只要能够对国家、对民族、对人民有一个负责任的交代，我们所有的努力、辛劳甚至痛苦都是值得的！

现在，《抗日战争时期中国人口伤亡和财产损失调研丛书》A系列第一批成果就要正式出版了，随后我们还将根据工作进程陆续出版第二批、第三批……B系列丛书的编纂和出版工作也将同时推进。而且，这项课题调研工作远没有结束。截至目前课题调研取得的成果，都还是阶段性的、部分的、不完全的成果。很多专题性调研还要继续进行，对大量档案资料还要进行分析研究。所有这些，都还需要我们继续不懈地努力。我们将以对历史负责的精神，一如既往地将这项课题调研工作做好。

历史，是现实的基础，更是未来的起点。打开尘封的记忆，重温昔日的往事，我们可以得到很多的启示和教诲，增长很多的聪明和智慧。所以，研究历史，形式上是向后看，但根本目的是向前看。作为一种科学的研究，我们调查历史的真相，记录历史的灾难，不是为了延续旧时的仇恨，不是为了扩大中日之间的裂痕，不是为了煽动狭隘民族主义的情绪，而是为了以史为鉴，不让历史的悲剧重演；面向未来，书写更加友好合作的美好篇章。经历了太多的苦难和挫折之后，我们更加坚定地热爱和平，更加执着地追求正义，更加珍惜国家的主权与独立，也更加关注世界的文明发展和进步。我们真诚地希望，世界各国能够携手努力，平等协商，求同存异，友好相处，共同推进世界的发展，共享人类文明的成果；我们真诚地希望，中日两国人民能够更多地加强交流、理解和合作，共同开辟中日关系的新局面，使中日关系更加健康稳定地向前发展，使中日两国人民真正世世代代地友好下去；我们真诚地希望，中华民族能够始终以坚韧不拔的努力，坚定不移地走和平发展之路，在中国特色社会主义旗帜下全面建设小康社会，努力实现社会主义现代化，为推动建设一个和平发展、文明进步的世界作出自己的贡献！

2014 年 4 月 30 日

《抗日战争时期中国人口伤亡和财产损失》课题①调研工作规范和要求

　　2004 年，中共中央党史研究室决定开展《抗日战争时期中国人口伤亡和财产损失》课题调研。2005 年向全国各省、自治区、直辖市党史研究室发出开展此项工作的正式通知，进行相应部署，着重说明工作的指导思想、调查项目、实施步骤及规范和要求。以后又随着课题调研的深入开展，对规范和要求进行了补充和完善。

一、课题调研的基本任务

　　抗战损失课题调研的目的和任务是深化对抗日战争时期中国人口伤亡和财产损失的研究。1995 年，在首都各界纪念抗日战争暨世界反法西斯战争胜利 50 周年之际，江泽民同志曾经对 20 世纪三四十年代日本侵略中国造成巨大人口伤亡和财产损失的基本数据做出了重要表述。2005 年，在纪念中国人民抗日战争暨世界反法西斯战争胜利 60 周年大会的讲话中，胡锦涛同志再次郑重宣布，据不完全统计，在抗日战争期间，中国军民伤亡 3500 多万人；按 1937 年的比值折算，中国直接经济损失 1000 多亿美元、间接经济损失 5000 多亿美元。中共中央党史研究室组织开展的课题调研，旨在全面详尽调查有关抗日战争时期中国人口伤亡和财产损失的具体事实，为这组基本数据提供强有力的史实支撑，并不是简单地做数据统计。

---

　　① 本课题亦简称为抗战损失课题或抗损课题。因为抗日战争时期及抗战胜利后国民政府统计人口伤亡和财产损失多采用 "抗战损失" 等概括性提法，其中将人口伤亡也称作抗战损失之一种，与财产损失并提，故沿用这一表述。

课题调研的基本任务是：按照实事求是的原则，经过广泛、全面、深入细致的调查研究，包括查阅搜集档案资料、对统计数据进行分析等，获得更多的证据，以更加全面和准确地揭露日本帝国主义侵略中国的罪行及其对中国人民造成的伤害。

　　课题调研的主要内容包括：（1）各个省、自治区、直辖市在抗战中的人口伤亡和财产损失情况；（2）历次重大战役战斗中中国军队伤亡的情况；（3）日本从中国掠走各种资源的情况；（4）日本从中国掠走和破坏文物的情况；（5）日军在中国制造的一系列重大惨案；（6）中国劳工的损失情况；（7）中国妇女遭受日军性侵犯的情况，包括"慰安妇"的情况；（8）日军在中国使用细菌武器、化学武器及其造成伤害的情况；（9）日本侵略在其他方面给中国造成破坏的情况；等等。

二、课题调研的方式和方法

　　主要是组织有关人员查阅和搜集档案馆、图书馆和其他文博单位以及民间保存的有关中国抗战人口伤亡和财产损失的档案资料、报刊杂志、历年出版的专题资料集和发表的研究成果。对一些特殊、重大的事件如重大惨案，则走访当事人、知情人和有关研究人员，进行录音录像，整理和保存证人证言，有条件的还进行司法公证，努力使这些调查材料成为在法律上可以采信的证据。有些省份的课题组还到境外的有关机构查阅相关档案资料，作为对大陆保存的档案资料的丰富和补充。这次课题调研的整体布局，实行块块和条条相结合。每个省、自治区、直辖市党史研究室在负责开展地区性的广泛调研的同时，也从实际出发开展一些专题性调研。一些重要的、涉及多个地方的带有全局性的专题，则另组织专家进行调研。

三、对搜集档案资料的要求

　　1. 明确搜集档案资料的范围。搜集档案资料是本课题调研工作的基础，调研成果的质量也主要决定于档案资料是否翔实，是否尽可能完整和全面。所以，凡相关内容的档案资料，不论是直接反映人口伤亡和财产损失的，还是间接反映的（如关于人口状况、财产状况、生产能力、各类资源情况等资料），都尽量搜集，作为撰写调研报告的客观的历史依据。搜集的要件有：档案、报刊、史志、时人日记、专著专论、实地调查报告、图片、影像资料以及出版、发表的研究成果等。

2. 认真整理原始档案和资料。对于搜集到的档案资料，不论是来自原始的档案，还是来自报刊、史志、日记、图书、专题论文等，都认真整理，每份每件都注明保存的地点、单位，文件卷号、出版或发表处等，然后分类汇总，妥善保存。档案资料使用时一律保持原貌，必要时作注释说明，不允许对原件内容增改、涂抹。对搜集到的档案资料要在分门别类整理的基础上进行必要的考证、鉴别和研究。整理后的档案资料，不仅是有关课题承担者撰写课题调研报告的重要依据，其主要内容也作为附件收入有关的调研成果之中。

四、有关数据统计中的几个问题

1. 根据搜集、掌握资料的情况，抗日战争时期中国的人口伤亡分为直接伤亡和间接伤亡两大类。直接伤亡，一般是指日本侵略中国的战争直接导致的中国方面人员的死、伤、失踪等；间接伤亡，一般是指在日本侵略中国的战争包括特定战争环境中造成的中国方面被俘捕人员、灾民、难民、劳工等的伤亡。抗战期间，被俘捕人员、灾民、难民、劳工等伤亡很大，但由于其流动性大等复杂原因，很难形成具体数据资料，统计起来十分困难。因此，本课题调研中，将已确定属于死、伤或失踪的被俘捕人员、灾民、难民、劳工的数据归入有关地方间接伤亡统计数据；无法确定是否伤亡失踪的，可视情况单列相关数据并加以说明。需要补充说明的是，在战争中失踪者，按通常惯例归为死亡。

2. 抗日战争时期中国的财产损失分为直接损失和间接损失两大类。直接损失，一般是指在日军攻击、轰炸或掠夺中直接造成的社会财产损失。居民财产损失列为直接损失。间接损失，一般包括：（1）政府机关等因抗战需要而增加的费用，如迁移费、防空设备费、疏散费、救济费、抚恤费等；（2）各种营业活动可获利润额的减少及由于成本上升等增加的费用；（3）有关伤亡人员的医药、埋葬等费用；（4）为抗战捐献的物资和钱财；（5）有关人力资源的损失。总之，一切因战争造成的间接财产损失均包括在内。

3. 在财产损失中所列的人力资源类损失，包括了被俘捕人员、劳工等在财产方面的损失。中国各级政府所组织的劳役，例如为战争修筑公路、机场、军事工事等抽调民工，都算作人力资源损失。但中国方面征用民工和日本侵略军强征劳工有所区别。日军强征劳工的伤亡率很高，和中国方面征用民工民夫的情况区别很大，因此要分别统计和说明，不能混淆。

4. 中国军队在重大战役战斗中的人员伤亡，分别情况加以统计处理。此次课题调研以统计平民伤亡为主。有关省（自治区、直辖市）如发现有本地发生过军队人员伤亡的重要资料，可以搜集整理并在调研报告中说明，但不计入本地人口伤亡总数。若是本地籍军人的伤亡，则计入本地人口伤亡总数。

5. 海外华侨拥有中国国籍，因此在计算抗日战争时期中国人口伤亡和财产损失时，华侨人口伤亡和财产损失均计算在内。各有关地方在计算本地人口伤亡和财产损失时，视情况可以将本地籍华侨的伤亡、损失计入统计数据总数，亦可单列数据并加以说明。

6. 工厂、学校、机关团体等由于战争原因搬迁造成的损失，算作间接损失，原则上由工厂、学校、机关团体等原所在地方统计。如果原所在地方缺少相关资料，新迁移处具备资料条件，也可由后者统计。为避免交叉和重复，遇到这类情况须特别加以说明。

7. 政党、政府机构的财产损失，归入公用事业的社会团体类财产损失一并计算。

8. 被日军、日本占领当局无偿征用、占用的中国耕地，按农作物的产量及其价值计算财产损失。

9. 伪军、伪政府的人员伤亡和财产损失，一般计入中国人口伤亡和财产损失。

10. 由战争原因导致的如黄河花园口决堤一类重大事件所造成的人口伤亡和财产损失，计算在间接人口伤亡和财产损失中。

11. 重大的财产损失，均以相应数额的货币反映价值。反映财产损失的货币一般要注明币种。

12. 通常用于抗日战争时期财产损失统计的货币（主要是法币），币值问题非常复杂。本课题调研中，涉及财产损失统计的货币数据，有条件进行折算的，一般按 1937 年即全国抗战爆发当年通用货币法币的币值进行折算，并说明折算的方式方法。因条件不具备，保留原始数据未作折算的，则注明有关数据中用以反映财产损失的货币系何种货币、何年币值。

五、关于撰写课题调研报告的要求

本次课题调研，有关课题组和承担专门课题的专家均按要求撰写出调研报告。

1. 各省、自治区、直辖市课题组撰写调研报告，内容大致分为概述、主体、结论三部分。

概述部分主要包括：介绍课题调研工作的基本情况，如：投入多少力量，到过什么地方查阅搜集档案资料，搜集了多少档案资料等。反映本地的自然地理概况，抗战爆发前的经济社会发展和人口状况，以及在抗战时期是重灾区还是大后方，是沦陷区还是根据地等。叙述日本侵略者在本地的主要罪行。还可简略回顾以往相关课题的资料和研究情况。

主体部分主要包括：分析说明本地人口伤亡和财产损失情

况。根据现掌握资料，将本地抗战时期人口伤亡分为直接伤亡和间接伤亡，将本地财产损失分为直接损失和间接损失，并分别说明主要的史料依据和分析结果。

结论部分，汇总本地人口伤亡数据、财产损失数据。据实说明迄今所掌握资料的局限性、本地遭受人口伤亡和财产损失的特点、影响等。

撰写调研报告依据的主要资料以及调研中同步完成的专题研究报告等，作为调研报告的附件，纳入课题调研成果中。

2. 由一批专家承担的全局性专门课题，如抗日战争时期重大惨案、劳工问题、"慰安妇"问题、细菌战、化学战、文化损失、海外华侨人口伤亡和财产损失、中国军队伤亡、重要战役战斗伤亡等，其调研报告的撰写和附件的收录，参照以上要求进行。

六、对调研成果的验收

在各省、自治区、直辖市课题调研工作结束后，完成的包括课题调研报告在内的省级调研成果和市、县等调研成果，要装订成册，通过审阅和验收，逐级上报，送交各省、自治区、直辖市党史研究室和中共中央党史研究室分别保存。

为确保质量，在调研过程中形成的各省、自治区、直辖市 A、B 两个系列书稿（省级调研成果为 A 系列书稿，市、县等调研成果为 B 系列书稿），要分别通过验收。其中，省级调研成果要通过由地方到中央的四级验收，市、县等调研成果则在有关省、自治区、直辖市内验收。

省级调研成果上报验收前，课题组先认真进行自审，以保证内容的完整准确，特别是调研报告和有关专题研究报告、资料、大事记的内容和数据要互相补充、印证，不能互相矛盾。课题组完成自审后，省级调研成果首先报送省级抗战损失课题领导小组验收。省级课题领导小组审查通过后，送省级专家验收组验收。省级专家验收组参加验收的专家一般为3—5人，人选来自党史系统、社会科学院和社科联系统、档案史志部门、高等院校等方面，为较有影响力、权威性的专家。省级专家验收组在本省（自治区、直辖市）课题领导小组的指导下，按照学术规范的严格要求和有关规定审读、验收本省（自治区、直辖市）拟提交中共中央党史研究室的省级调研成果。验收的主要标准和目的是确保调研成果的准确性、可靠性。对于验收中指出的问题、提出的意见和建议，各省（自治区、直辖市）课题组须采取有效措施解决和落实。对一次验收不合格的，修改、完善之后进行第二次以至多次验收，直到合格为止。省级专家验收组验收合格后，填写《A系列书稿验收报告表》。填写的报告表和书稿同时报送中共中央党史研究室课题组。

中共中央党史研究室课题组收到经省级专家验收组验收合格的省级调研成果后，先进行验收。认为合格后，再聘请国内知名专家进行验收，并填写《A系列书稿验收报告表》。验收中所提修改意见，由有关省、自治区、直辖市课题组予以逐条落实，对调研成果做出相应修改或者说明相关情况。

由一批专家承担的全局性专题研究成果，最后形成的书稿也纳入A系列，其验收也参照上述程序和要求，由中共中央党史研究室课题组组织有关专家进行。对于验收中提出的意见，承担课题的专家要逐条落实，对调研成果进行修改完善直至合格为止。

最后，中共中央党史研究室课题组对经过反复修改形成的省级调研成果和全局性专门课题调研成果进行复核。完成各项程序并符合要求的调研成果，包括通过四级验收的A系列书稿和由有关省、自治区、直辖市党史研究室组织验收并合格的B系列书稿，分批次送交中共党史出版社付印出版。

中共中央党史研究室课题组

华北事变期间侵华日军飞机在北平上空盘旋。

七七事变后日军飞机在北平进行低空飞行侦察。

七七事变中,日军炮轰宛平城。图
为遭日军炮火炸毁的宛平城内酒厂。

遭日军炮火炸毁的宛平城内民房。

1937年7月29日,日军占领通州。图为日军控制下的通州旧城南大街。

1937年7月29日,日军占领通州。图为遭日军炸毁的通州潞河中学南校门。

1937年8月8日,日军进占北平城。

1937年8月，日军在昌平制造西山惨案。图为西山惨案遗址。

1937年10月，日军占领东城沙滩北大红楼。图为红楼日本宪兵队本部地牢大门。

1938年，侵华日军在长辛店铁路工厂建"吃人狼狗队"。图为"狼狗队"遗址。

1989年，长辛店二七机车车辆厂发掘出遭日军"狼狗队"残害的中国军民遗骨。

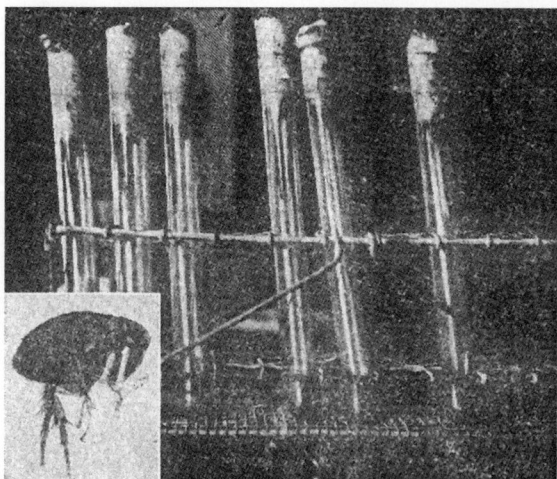

1939年，日军在华北建立细菌战部队——北支（甲）1855部队。图为该部队培养的鼠疫杆菌菌种。

日军第1855部队在天坛神乐署修建的水塔。

位于天坛神乐署的日军细菌部队遗址。

1942年2月15日,日军在平谷制造鱼子山惨案。图为鱼子山惨案遗址。

七七事变后,日军占领中国军队的西苑兵营,并改为战俘集中营。图为西苑集中营内关押的劳工在劳动。

1943年春夏，日军在延庆岔道城烧死生病劳工七八百人。图为岔道"活人坑"遗址。

1946年北平市警察局上报的《敌伪时代募集劳工数目及苛待损失调查清册》（现藏于北京市档案馆）。

1941年，侵华日军在延庆周四沟（原属河北滦平县）建立的"部落"。

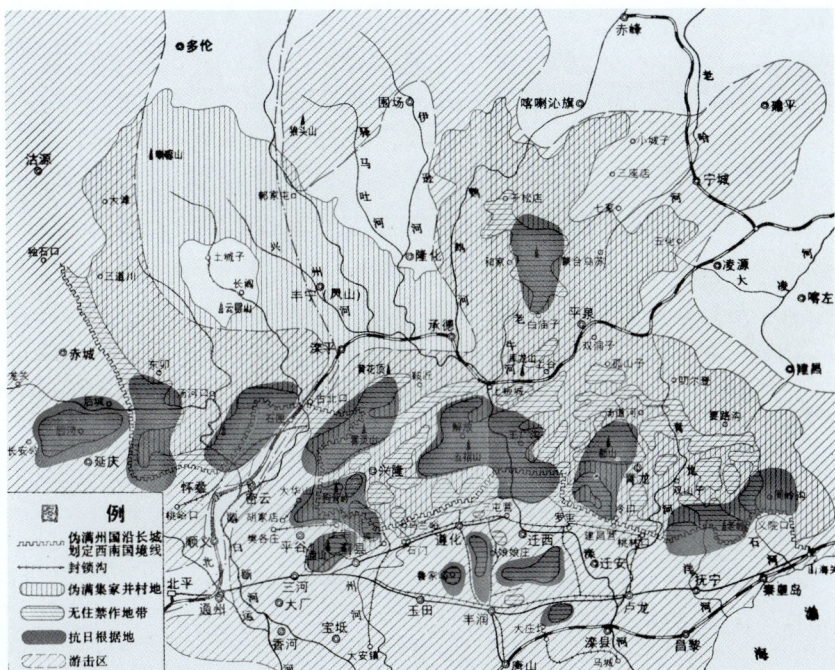

侵华日军建立的"无人区"与八路军建立的抗日根据地示意图。

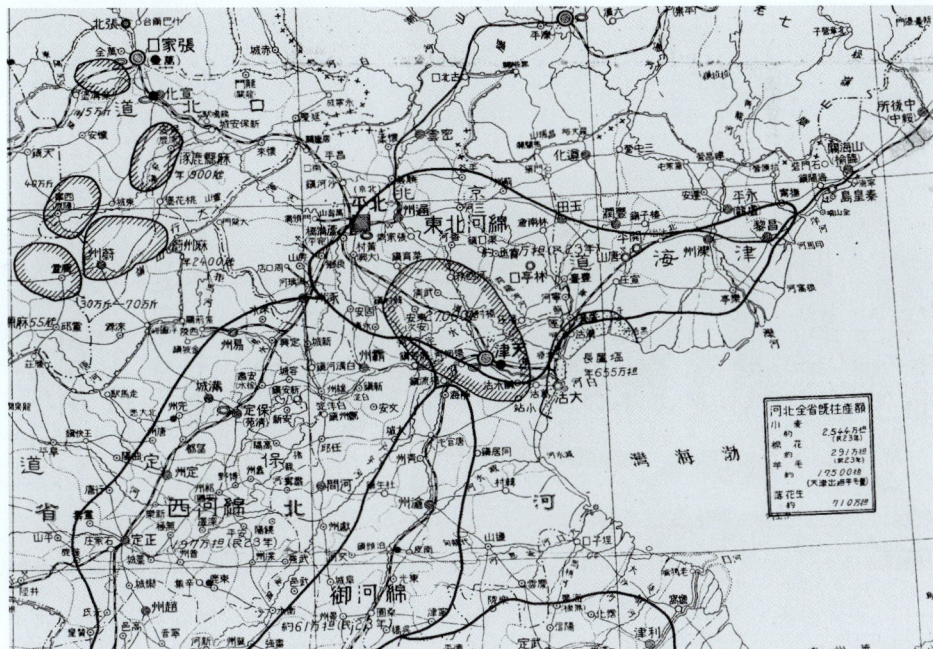

七七事变前，日本人制作的华北地区资源地图。

1938年4月，侵华日军占领石景山炼铁厂，改为石景山制铁所。图为石景山制铁所的中国工人在劳动。

石景山制铁所内日本监工在监督中国工人劳动。

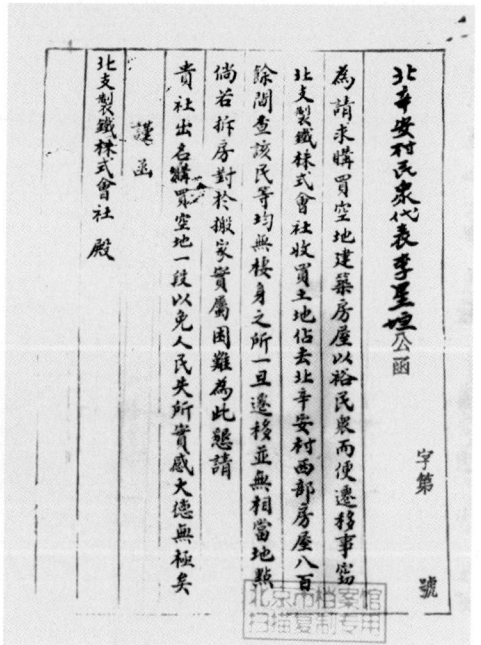

1943年9月，日军为扩充石景山制铁所，强征附近北辛安村民房。图为北辛安村民众代表致日军北支制铁株式会社函。

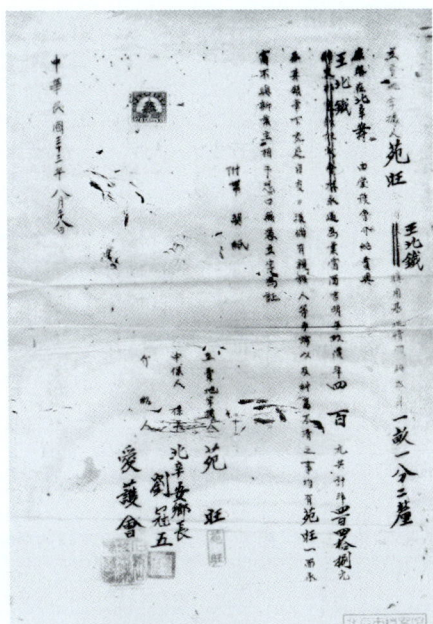

1944年9月，日军以"爱护会"为介绍人，以"王北铁"之名强征石景山山下村民房的"合同书"。

1937年7月29日，日军占领门头沟煤矿。图为日军在门头沟煤矿修建的岗楼碉堡。

1940年4月，日军代表巡察门头沟煤矿。

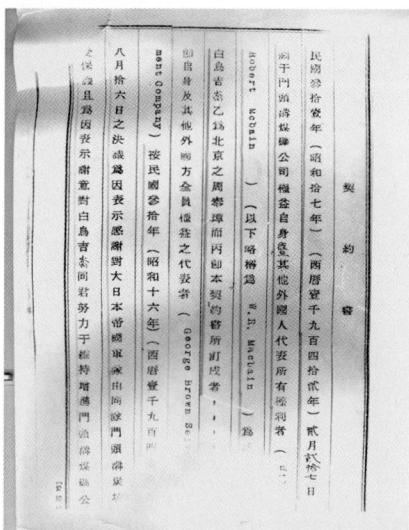

1942年2月，侵华日军对门头沟煤矿实行"军管理"。图为中英门头沟煤矿英方代表麦边与门头沟煤矿日军管理人员白鸟吉乔签订的"契约书"。

1944年，日本人渡部三郎强租中国居民郭任生房产，并拆除建厂。图为租房合同。

1938年，日军强占清华大学校舍后辟为医院。图为日军受伤士兵在清华大学内。

日军侵华期间对房山云居寺等珍贵古建筑进行了数次轰炸破坏。图为日机轰炸后残破的云居寺山门。

在古北口战斗中历经日军炮火轰炸的长城残迹。

侵华期间日军从
故宫劫走部分文物。

日军在北平大肆
掠夺珍稀文物。

1933年4月，日军制
造密云潮河关惨案。图
为惨案目击者刁桂云、
贾德、李军（左起）。

1942年12月，日军制造门头沟王家山惨案。图为惨案幸存者王文兴。

1942年12月，日军制造门头沟王家山惨案。图为惨案幸存者王淑兰。

1945年3月，日军制造怀柔龙潭惨案。图为惨案幸存者宋淑兰。

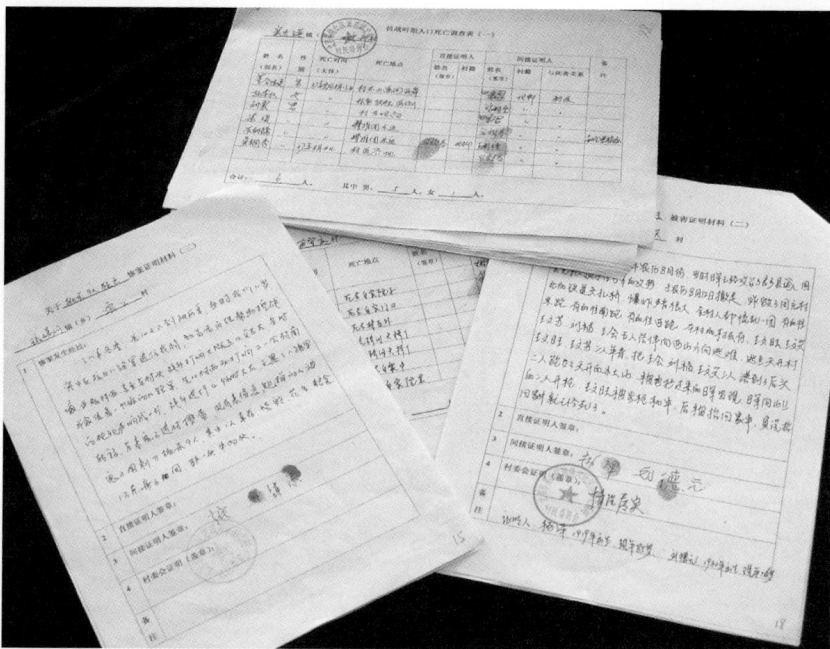

2006年，房山区调查组开展抗战时期人口伤亡和财产损失调查的样表。

2006年，房山区调查组收集的部分实证材料。

目　　录

一、北京市抗日战争时期人口伤亡和财产损失调研报告

"抗战时期北京地区人口伤亡和财产损失调查"

课题组

抗日战争是近代以来中华民族抵抗外敌入侵持续时间最长、规模最大、牺牲最为惨烈的战争，也是近代中国第一次赢得全面胜利的反侵略战争。从 1937 年七七事变到 1945 年 9 月中国人民抗日战争胜利，北京沦入日本帝国主义者统治之下达 8 年之久。如从长城抗战算起，部分地区达 12 年之久。日军大规模的军事进攻与残酷的高压统治，造成了北京上万人员（据不完全统计）生命的牺牲，造成了大量社会财富的损失，而民族文化遗产的损失更是无法用数字估量的。

北京是世界著名的文化古都，长期是中国封建统治的政治中心。1911 年辛亥革命后不久，又成为北洋政府的统治中心，并一度是中华民国首都。1928 年，中华民国首都南迁后，北京改称北平，但仍为北方政治、军事、文化中心。华北是日本侵略者继中国东北后的又一个重点侵占地区，北京及华北在日本侵华战争中蒙受了巨大灾难，是全国遭受损失最严重的地区之一。

抗日战争全面爆发已经 70 余年，结束也已 60 余年，但由于种种原因，有关北京抗战时期人口伤亡和财产损失情况的资料发掘仍很不够，缺乏系统、全面的统计和定量研究，难以反映历史的真相和全貌。抱着对逝去及活着的先辈负责的态度，抱着对后代子孙负责的态度，抱着对历史负责的态度，我们进行了这项艰苦的调查工作。

（一）调研工作概述

为了弄清抗日战争时期北京地区人口伤亡和财产损失情况，自 2005 年 10 月至 2009 年，北京市委党史研究室、市政协文史和学习委员会、市档案局（馆）、市文物局、市民政局、市地方志办公室、中国人民抗日战争纪念馆、首都图书馆

等八单位组成联合工作小组，在全市范围内开展"抗日战争时期北京地区人口伤亡和财产损失调查"工作。我们通过下发通知、安排培训、重点指导、经验交流、集中查档、联合调查等方法推动工作的进行。北京市联合工作小组的 8 个单位及 18 个区县的史志、文化、档案、图书等工作部门，北京重点高校、重点厂矿及相关单位共 2700 多名工作人员参加了资料搜集和实地调查工作。

搞清基本史实是本次调查的前提，坚持科学的工作方法更是重要保证。抗战损失调查涉及人口学、经济学、社会学、文化学、统计学等诸多学科，特别是定量研究的难度很大。由于历史原因，有关北京地区抗战损失情况的资料十分零散，给调查带来了很大困难。尽管如此，我们认为：只要遵循科学的方法、抱着严谨的态度、厉行求实的作风，就可以最大可能地接近历史的真实。

1. 对既有调查和研究的回顾

已有北京抗战人口伤亡和财产损失的资料大体来自三个方面。

（1）战争中的报道和统计

1937 年七七事变后，北京随即沦陷。8 月，国民政府内政部即针对日军飞机空袭中国不设防城市的暴行，通令各省市政府及时调查日军飞机轰炸情形，搜集证据。但在日军统治下的北京，不可能进行中方人口伤亡和财产损失的统计。

对日军军事进攻及暴行所造成的中国人口伤亡的调查、记录与揭露，大体上是由新闻记者、参与对日抗战的中国官兵、幸存的日军暴行及惨案的目击者、战区内的一些外国记者、国际救济机构、某些学术机构及地方政府机关进行的。比如当时的《卢沟桥之战》《铁蹄下的平津》《北平突围血腥录》《人鬼混杂的北平城》《陷落后的平津》《北方烽火震惊了中国和世界》《从丰台事件到卢沟桥事件》《卢沟桥事变的因果》《卢沟桥事件纪要》《烽烟中的故都》《坚决保卫平津华北！坚决抗战到底！》《在北平暴日狱中的见闻》《华北沦陷区敌伪之劳工统制》《敌伪实施"强化治安运动"之概况与分析》《创造与发展冀热察边游击队的平西根据地》《华北敌后——晋察冀》等报刊上的文章或小册子都比较及时、客观地记录了日军在北京地区烧杀屠戮的罪行。

（2）抗战胜利后的调查

抗战期间，国民政府颁布了《抗战损失查报须知》，要求各省市查报抗战损失。1944 年 2 月，国民政府行政院成立抗战损失调查委员会。中共领导的抗日根据地也有人口伤亡与财产损失的统计。抗战胜利后，世界反法西斯统一战线阵营内的盟国成员即着手展开对敌国要求战争赔偿事宜。1945 年 11 月，为对日索赔，行政院成立的抗战损失调查委员会改为赔偿调查委员会。1946年10月，又改为行政院赔偿委员会。行政院颁布《抗战损失调查实施要点》，明确划分中央各部会及地方各省市县机关的调查职责、调查事项，并限令各级机关于3个月内将调查结果呈报完毕[1]。

目前搜集到的北京抗战损失的上报资料，最早是1945年12月，最晚为1948年8月，北平市警察局上报的资料最为系统。就现辖区域看，北京城区和近郊区的人口伤亡及市营、民营财产损失的调查资料基本齐全，而10个远郊区县的资料零星而分散，缺失严重。抗战胜利后，到北京进行接收的国民党军政机关众多，中央与地方、军方与非军方、地方与地方之间接收的指令不明确，对日本长期统治北京的情形未及全部掌握，故人口伤亡的调查不够广泛、准确。如1946年7月初，北平市警察局在呈北平市市长熊斌的报告中认为："当经统计多项损失数目，计人口伤亡40余名，以为数过少，恐有脱落，复经饬查续报，总计人口伤亡约299名。"[2]对于人数少的原因，1946年7月11日，北平市警察局局长陈焯的《沦陷地区损失情形报告表》中是这样报告的："人口伤亡，根据市民填报者为三百零一名口，其未从填报者尚未不知凡几。"表中的其他损失项目记录："毁坏企业：无"，"开采资源：无。"[3]上述报告与实际情形显然是不相符的。从本次调查看，在北京城区仅1943年因日军播撒霍乱菌而造成死亡人口就达千人以上。尽管如此，60多年前，国民政府的抗战损失调查是一次有组织、按系统的调查，资料相对完整，是本次调查的基本依据之一。这些调查资料大部分至今仍保存在台北"国史馆"内，北京市档案馆内也有少部分的保存。

与此同时，北京远郊区当时所属晋察冀边区也进行了抗战损失的调查工作。至1946年1月20日，编制出《晋察冀边区八年敌伪烧杀抢掠统计表》[4]及《冀东区八年来敌伪烧杀抢掠统计表》[5]，一定程度上反映了北京部分远郊区县的抗战损失情况。

（3）新中国成立后的调查和研究

中华人民共和国成立后，出版了《卢沟桥事变》《卢沟桥事变与华北抗战》

① 孟国祥、喻得文：《中国抗战损失与战后索赔始末》，安徽人民出版社1995年版，第66页。

② 北平市警察局：《北平市警察行政科关于调查为抗战损失人员伤亡情况的统计表》，1946年1月1日，北京市档案馆藏，档号J181—24—2484。

③ 北平市警察局：《沦陷地区损失情形报告表》，1946年，台北"国史馆"藏，档号303—026。

④ 《晋察冀边区八年敌伪烧杀抢掠统计表》，1946年，河北省档案馆藏，档号579—1—149—6。

⑤ 冀东行署：《冀东区八年来敌伪烧杀抢掠统计表》，1946年，河北省档案馆藏，档号48—1—32—2。

等书籍，全国政协文史资料委员会编辑的《文史资料选辑》陆续发表了七七事变的亲历人、宛平县专员王冷斋等撰写的《卢沟桥抗战纪事》等文章。1958年，北京大学历史系师生为编写北京史（现代部分），摘录了抗战时期的报刊资料。历史系教师访问了陆平等曾在平郊抗日根据地战斗过的老同志。北京师范大学历史系师生编写出版了《门头沟煤矿史稿》。1963年，为了开展社会主义教育运动，北京各行各业撰写了大量村史、家史、社史以及各种专题史，出版了《北京四史丛书》。其中，《北京清河制呢厂五十年》《海淀血泪仇》《贫农家谱万代传》等书籍，客观上搜集了北京抗战损失的部分资料。

中共十一届三中全会后，自20世纪80年代始，有关方面陆续影印出版了《生活》周刊、《晋察冀日报》等抗战时期的出版物。全国政协文史资料委员会编辑了《七七事变》。北京市政协文史资料委员会编辑了《七七事变——原国民党将领抗日战争亲历记》《日伪统治下的北平》《抗战纪事》《日伪统治下的北京郊区》等资料和回忆专辑。20世纪80年代到90年代，北京党史部门编写的《北京革命史回忆录》《在抗日救亡的洪流中》《七七事变前后北京地区抗日活动》《北平抗日斗争史资料选集》（上、下）、《北京地区抗日运动史料汇编》丛书、《七七抗战》《侵华日军在北京地区的暴行》《北京革命史丛书》等书籍，都有部分人口伤亡和财产损失的内容。其中，《侵华日军在北京地区的暴行》一书，由中共北京市委党史研究室主编，由各区县党史办调查后供稿，翔实地反映了侵华日军在北京地区犯下的主要暴行。当年战斗在平郊各根据地的老领导、老战士陆续撰写文章，还出版了《燕山儿女》等书。北京市档案馆编辑的《日伪在北京地区的五次强化治安运动》（上、下）中，披露了少量国民政府当年抗战损失调查的档案资料。这期间，研究日军侵略华北、北京的文章和书籍也陆续出版，《北京人民抗战八年》《抗战时期日本对华北经济的统制和掠夺》《日本对华北沦陷区的金融控制和掠夺》《抗日战争时期日本在华北的经济侵略机构：华北开发株式会社》等开始深入研究日军对北京经济掠夺的罪行。1995年，北京市档案馆从所藏国民政府河北高等法院的档案中，汇集了北京等地人民受日军迫害的人证资料，编辑出版了《日本侵华罪行实证——河北、平津地区敌人罪行调查档案选辑》（上、下）一书，集中披露了日军的罪行。

1995年始，北京市委党史研究室展开北京市九五社科规划课题《沦陷时期的北平社会》的研究工作，侧重对日伪政权在政治运行、经济掠夺、文化侵略等方面的研究。发表了《沦陷时期北平日伪的金融体系和掠夺手段》《沦陷时期北平的农村经济》《日本侵略者对中国城市经济的掠夺与统制——以北京沦陷区为例》《破坏、高压与反抗——沦陷时期北京文化界面面观》等论文，运用大量史实和数字说明日军对北京经济掠夺、文化破坏的历史真相，日军对北京进行殖民统治和掠夺社会财富的研究由此向前推进了一步。

2. 本次调研的过程和方法

2006 年 2 月下旬，由北京市委党史研究室牵头，课题组召集相关系统的工作人员 110 多人，举办了"抗战时期北京地区人口伤亡和财产损失调查"培训会议。会上，各级领导进行了动员，在京抗战研究专家介绍了全国抗战损失的研究现状和调查统计的方法。会议要求各单位以高度负责的精神和科学的调查方法开展这项工作。

培训会议后，各单位从摸家底入手，对战争爆发 70 余年来的相关文献资料进行了"地毯式"的搜索和排查。5 月，各调查组到北京市档案馆集中查阅本系统、本单位的档案资料。5 月中旬，课题组召开全市经验交流大会，请调查工作开展顺利的单位介绍先进经验，发挥典型引路的作用。课题组多次深入基层进行指导，以利工作在正确方法指导下的快速推进。为避免重复劳动，提高工作效率，调查人员组成多个小组，赴石家庄、张家口、天津、南京等地档案馆搜集、查阅北京抗战损失的资料。2007 年 4 月，北京市委党史研究室、北京市档案馆联合组团，赴台湾搜集北京抗战损失的档案资料。

20世纪六七十年代，北京有过几次人口外迁，几十万老北京居民离开北京城区；近年北京城市建设发展迅速，房屋拆迁、人口迁移，很多当年的建筑和事件发生地已经了无痕迹；由于时间久远，大部分历史亲历者过世，给调查工作带来了极大的困难。但我们仍然特别注重对历史事件亲历者及高龄幸存者的调查访问，并把实地调查作为这次调查的主要方法，把调查搜集到的第一手资料作为主要依据之一。课题组人员在各区县乡镇、街道对 70 岁以上的老人和知情者进行了较为细致的调查。房山、怀柔两区还通过组织严密、方法科学的入村入户调查，获得了确凿的口述资料和具有法律依据的调查实证。两区地处北京的西南和东北，基本可以代表远郊区县抗战时期的基本情况。

3. 资料的来源和分类

本次抗战时期北京市人口伤亡和财产损失的调查结果来自多方面的调查和科学研究，我们力图构建一个比较科学的系统，为的是最大可能地接近历史真实情况。

（1）文献档案

本次调查的核心资料来自多家档案馆和图书馆，如：国家图书馆、北京市档案馆、首都图书馆、河北省档案馆、天津市档案馆、大连市档案馆、南京中国第二历史档案馆、台北"国史馆"、台北"中央研究院"，以及北京各区县、大专院校、社科院等单位的图书馆、档案馆、方志馆，从这些部门共查阅档案 15503 卷，复印资料 14486 页。

（2）实地调查

战争过去了 60 多年，亲历战争的人越来越少。但历史证人的口述证词仍是本次调研的主要依据之一。本次调查，走访了证人 2992 位，获得证人证词 2000 余份（部分拍摄了录像资料）。如房山区有 1257 名工作人员，他们以 76 岁以上的老人及相关知情人为调查对象，对 462 个行政村进行了入村入户调查，共采访 1433 人，获得人口伤亡和财产损失证明材料 2179 份，每份表格都有当事人或其后代的手印、本村的印章，使得调查有了法律证据。怀柔区组成 48 人的工作小组，工作人员翻山越岭、走村串户、口问手记、登记造表，对 14 个乡镇、285 个行政村逐村调查。工作人员以村为单位，召集 1343 位 70 岁以上老人进行座谈，请他们回忆亲历、亲见、亲闻的历史事件，获得了大量一手资料，印证了相关线索和重大事件。其他各部门也在本区县、乡镇和街道或在本系统内访问了抗战老战士、幸存劳工和知情老人。

（3）科研成果

对北京抗日战争的研究已经进行了几十年，几代学者进行了不懈努力，留下了不少有价值的资料和成果。这次调查尽可能运用了已有科研成果，这些成果为本次调研报告提供了科学的架构和理论的支撑。

（二）全国抗战前北京的基本情况和本次调查的时空范围

1. 抗战前北京社会经济概述

北京位于华北平原北端，素有"北依长城，南望鲁豫，左凭渤海，右跨太行"之称。北京有近千年的建都史，一直是封建统治的中心。

1927 年，蒋介石发动四一二反革命政变后，于 4 月 18 日在南京成立国民政府。1928 年 6 月，国民政府建立北平特别市。北平虽失去首都地位，仍是北方政治、文化中心和军事重镇。

从 1928 年到全国抗战前，中国政治多变，经济的发展使城市化水平加快，工业年均增长率保持在 9.3% 的水平，出现了北平、天津、上海等百万人口的大城市。1928 年，北平开始实行正规的市政府建制。自此到全国抗战前，是北平从封建都城向现代化城市迈进的关键时期。其间，城市各方面都有了一定的规划，城市的市政建设、教育、文化艺术也是发展较快的时期。

就经济而言，"拥有悠久历史、渊博文化、便捷交通、丰富物产之北平依然保持其 140 万人口之消费者，中有三万余商肆、14 万余商人，700 余工厂、7 万余工人，6 万余独立劳动者及难以数计之各种肩贩、浮摊、家庭工艺同营，生产交易劳力生活，信乎其占有工商号上之深厚基础与优越地位乃平市珍贵之蕴藏。"[①]

北平地区的冶金工业以石景山钢铁厂出现较早，规模也较大，是本市冶金工业的主要基地。1928 年国民政府统治北平后，石景山炼铁厂和龙烟铁矿一起被"收归国有"，改名龙烟矿务局。因首都南迁，市政经济入不敷出，重工业发展十分有限，先后有永增、海京、升昌、慈型等几家小工厂建立起来[②]。

北平的轻工业发展较快，织布、针织、毛巾、地毯等工厂和小型作坊陆续开工约 200 家，其中包括百人以上的、拥有布机 50 台的聚祥织布厂和拥有近百台机器的华兴织衣公司等。造纸、制革、面粉、缝纫、玻璃、洋酒、汽水等轻工业也有新厂出现，振北制革厂、双合盛啤酒厂均系此时建立。九一八事变后，全国在提倡国货、抵制日货的爱国高潮下，因东北的一些官僚逃到关内，北平的民族工业有一些发展，开办了如燕京造纸厂等不少中小型企业。到 1936 年为止，北平有注册工厂 31 家。

2. 北京的地域

本次调查，主要以北京现辖 18 个区县为主。抗战胜利迄今 60 余年间，1949 年、1956 年、1958 年北京的行政区划有三次大的变动，地域范围逐渐扩大。

全国抗战前，北平的行政区域包括内城 6 个区，外城 5 个区，东西南北 4 个郊区，四面与河北省相邻。市界东至东坝、大黄庄；西至香山、三家店；南至大红门，北至清河、立水桥，东西长 38 公里，南北长 30 公里，全市面积为 718.687 平方公里。现在的 10 个远郊区，当时大多属河北省管辖，有的属察哈尔省。

---

① 池泽汇、娄学熙、陈问咸编：《北平市工商业概况》，北平市社会局 1932 年发行，序言第 1 页。
② 赵梅生：《北平机械工业调查》，国民政府工商部工商访问局：《工商半月刊》1935 年第 7 卷第 19 期。

1949 年 1 月，北平和平解放前夕，人民解放军规定了北平军管会的权力范围："东至通县，西南至长辛店，北至沙河的辖区"，市域扩大。1956 年，昌平区划归北京市；1958 年，通州、顺义、大兴、良乡、房山、平谷、密云、怀柔、延庆、门头沟划归北京市，形成今天北京地域的基本格局①。现在北京辖区为 16808.9 平方公里。

3. 时间界定

本次调查的时间：以 1937 年 7 月 7 日卢沟桥事变（即抗日战争全面爆发）到 1945 年 8 月 15 日抗战胜利的 8 年为主。需要说明的是，日军对北京局部地区的占领和对人民的屠戮早在 1933 年长城抗战时即已开始，因此，本次调查对远郊区县的人口伤亡和财产损失按照历史发生的实际情况进行了前溯，如密云、延庆、昌平等地的调查统计上限于 20 世纪 30 年代中期，因此，不少地方调查抗战损失的时间实际为 12 年。

4. 人口

以北京现辖区域统计，1936 年，北京城近郊区人口为 1533083 人，10 个远郊区人口为 1938476 人，共 3471559 人。沦陷期间的 1942 年，北京的城区人口为 1792860 人，1943 年到 1945 年连续下降，1944 年只有 1639090 人，人口骤然减少 153770 人。1945 年，北京市域的人口为 1650695 人，其他远郊区县的人口资料缺失②。

（三）日本侵略者在北京的主要罪行

日军对北京的侵略，阻遏了北京社会的正常发展。8 年间，日本侵略者对北京的统治是残暴的，而人民的反抗也从来没有停止过。杀戮、破坏和掠夺是日军在北京犯下的主要罪行。

1. 杀害抗日军人和平民

从 1933 年到 1945 年，在长城抗战、南口抗战和八路军在平郊抗日根据地坚持抗战期间，中国军人有大量人员伤亡。

---

① 尹钧科：《北京区县建制沿革》，北京出版社 1994 年版，第 44、第 187、第 188、第 192 页。
② 北京市地方志编纂委员会编：《北京志·综合卷·人口志》，北京出版社 2004 年版，第 25 页。

为了维持日伪政权在北京的殖民统治,华北地区日伪政权的重要统治机构聚集于北京,城区是日军在华北殖民统治的政治、经济、军事和文化中心,当时日军驻北京及其西部地区的部队有藤田独立15旅、日本中国驻屯军华北方面军司令部、日军特务机关、日本宪兵队等①。日军的武装机关及日伪新民会遍布城市和郊区监视人们的言行。他们广设监狱,对抗日志士酷刑折磨,肆意杀害。他们用清查户口、突击检查等方式拘捕抗日人士、无辜百姓,施以酷刑,任意处置。

除了最初日军军事进攻中造成抗日军人和平民伤亡,从1941年3月到1942年12月,日军连续在华北进行了五次"治安强化"运动,尤其对抗日根据地反复"清剿"。日军实行烧光、杀光、抢光的"三光"政策,所到之处,烧杀抢掠,制造了密云潮河关、密云孟思郎峪、门头沟王家山、平谷鱼子山、丰台米粮屯、房山二站村等100多起集体屠杀惨案。无辜平民成为日军杀戮、奸淫、伤害的对象。日军杀人手段残忍、种类繁多,大量人口伤亡多数是在这种"清剿"中发生的。

2. 破坏土地,强占、烧毁房屋

在城区,日军强占原国民政府机关驻扎其军政机关,占用许多公房和民房建设兵工厂、仓库、医院,或霸占房屋地产为其所用。

在郊区,日军修筑封锁沟,建立炮楼碉堡,平毁村庄,沿长城一线制造"千里无人区"。还在无人区制造了大量"集团部落",使千百万农民过着没有基本生活保证、失去人的尊严的现代奴隶生活。

3. 抢夺物资、财产和文物

为了掠夺中国财富,日军用公开或隐蔽的手段掠夺金融资本,"征用"或抢占国营或民营企业,盗采矿业资源。

为软化中国人的抗战意志,他们在北京城区开了几百个大烟馆、白面馆,以毒害百姓,攫取财富。

日军强占北京大学、清华大学等著名高等学府,掠毁世界级的文物,破坏重要文化设施,北京的文化事业遭到空前浩劫。

4. 实施细菌战

日军1855部队在今世界文化遗产天坛等处研制细菌武器并用于华北战场;为了检验细菌武器的威力,竟播撒霍乱细菌,横夺无辜市民的生命。

---

① 吴廷燮等纂:《北京市志稿》(一),北京燕山出版社1990年版,第364—403页。

（四）人口伤亡情况

本次调查所界定的人口伤亡是指：抗战期间在北京现辖区，因日军军事进攻、飞机轰炸、屠杀虐待所导致的直接伤亡，包括死、伤、失踪，以及在战争环境中因战争而造成的间接伤亡，包括伤残和病故的被俘捕者、灾民和劳工。

就时间看，北京现辖区的人口伤亡相对集中于三个时段，即1933年长城抗战后、1937年七七事变后、日军对抗日根据地的"扫荡"，特别是1941年到1942年的五次"治安强化"运动中。就屠杀手段来看，以轰炸、枪杀、细菌毒气、劳工、烧灼、犬咬、刀挑、冻饿等造成的死亡为多。就地域来看，日军在远郊区比在城区的屠杀规模更大、手段更为残酷、形式更公开，并且在一些重要地区反复施暴，对一村一地几次、十几次地"扫荡"、"清剿"。

1. 平民伤亡

日军对北京军事侵略与殖民统治期间，曾进行五次"治安强化"运动和多次大"扫荡"，所到之处实行烧光、杀光、抢光的"三光"政策，北京郊区的惨案不断发生。1943年初，八路军总部对五年来日军对华北解放区的"扫荡"进行总结。据统计，从1938年1月至1942年11月底止，日军对华北抗日根据地的"扫荡"情况是："五年来千人以上的'扫荡'，共计152次，至于万人以上的大'扫荡'共计37次。"就"扫荡"的时间来说，五年来各根据地遭到"扫荡"的日数为："晋察冀（包括平西在内）308日"，"在1942年一年内，全华北所有之根据地，平均被'扫荡'了52日有奇，亦即平均每一天有两块根据地处于敌人'扫荡'中"[1]。在每一次"扫荡"、"清乡"之后，日军铁蹄所至，根据地人民遭受惨重的人口伤亡。

根据本次调研所得资料统计，抗战时期，因为日军的烧杀屠戮，北京地区人口伤亡总数为17045人，其中，直接伤亡13422人（死8952人，伤1388人，伤或亡不明3082人），间接伤亡3623人（死3561人，伤62人）。另有60068人确知被日军抓劳工或被俘捕，但无法确定死、伤、失踪等情况，有待进一步调查研究[2]。详见下表[3]。

---

[1] 章伯锋、庄建平主编：《抗日战争》第二卷，军事（中），四川大学出版社1997年版，第1808页。

[2] 西苑集中营前后关押国民党军、八路军战俘、抗日根据地的党政工作人员及老百姓等共26000人，抗战胜利时最后获释者仅为2400人，大部分人被折磨致死。这部分人口伤亡数字未统计入内。

[3] 关于"伤亡"一类，因无法细分出死、伤的人数，故作为一类单独列出；"不明"，指为日军俘捕，或成为灾民，或被抓劳工，但由于无法细分为死、伤、失踪等情况，故作为一类单独列出。

表 1 北京抗战时期人口伤亡统计汇总表

	直接伤亡					间接伤亡												
	小计	死	伤	失踪	伤亡不明	被俘、被抓捕			灾民			劳工			其他			
						小计	死	伤	小计	死	伤	小计	死	伤	小计	死	伤	
	13422	8952	1388	—	3082	91	75	16	210	210	—	415	395	20	2098	2072	26	
说明	另外，还有间接死亡 809 人、间接失踪 52 人，同接死亡"人数 3082，指的是明确知道由日军暴行造成死亡，无法列入统计项目不明确。下同。 1. 表中"直接伤亡"栏"伤亡不明"，指的是明确知道由日军暴行造成伤亡，但无法具体区分为伤或亡者，故单独列出。下同。 2. 由于各区县统计的劳工数字不全面，故劳工数取自本次关于劳工的专题调查结果（除死伤 415 人外、另有失踪 88 人、不明 58889 人，在此单独列出。另外，关于劳工的专题调查中无劳工的伤亡情况，故表中劳工伤亡数据仍用表 2、表 3 的统计结果。 3. 表中"—"符号表示不详。																	

表 2 惨案①造成北京部分区县人口伤亡统计表

区县	直接伤亡					间接伤亡								
	小计	死	伤	失踪	伤亡不明	被俘、被抓捕			劳工			其他		
						小计	死	伤	小计	死	伤	小计	死	伤
海淀	70	70	—	—	—	—	—	—	—	—	—	—	—	—
丰台	125	125	—	—	—	—	—	—	—	—	—	—	—	—
石景山	36	18	18	—	—	—	—	—	—	—	—	26	7	19
门头沟	442	42	400	—	—	—	—	—	—	—	—	48	48	—

① 根据日军在北京地区的暴行特点，此次调查将日军暴行造成北京地区人口集中伤亡在 5 人以上的事件定义为惨案。文中提到的惨案均为此含义。

区县	直接伤亡					被俘、被抓捕			间接伤亡					
									劳工			其他		
	小计	死	伤	失踪	伤亡不明	小计	死	伤	小计	死	伤	小计	死	伤
房山	1186	1124	62	—	—	—	—	—	—	—	—	—	—	—
通州	60	20	—	—	40	—	—	—	—	—	—	—	—	—
顺义	186	179	7	—	—	—	—	—	—	—	—	—	—	—
昌平	109	109	—	—	—	—	—	—	—	—	—	—	—	—
大兴	1414	1380	34	—	—	—	—	—	—	—	—	—	—	—
平谷	922	361	561	—	—	4	4	—	—	—	—	—	—	—
怀柔	72	60	12	—	—	17	17	—	—	—	—	—	—	—
密云	716	714	2	—	—	24	22	2	17	17	—	—	—	—
延庆	883	883	—	—	—	—	—	—	—	—	—	—	—	—
平谷、通州	—	—	—	—	—	—	—	—	100	100	—	—	—	—
宛平、大兴、通州	—	—	—	—	—	—	—	—	185	185	—	—	—	—
北京（原辖区）	1872	1872	—	—	—	—	—	—	33	17	16	—	—	—
合计	8093	6957	1096	—	40	45	43	2	335	319	16	74	55	19

表3 北京各区县除惨案外的人口损失统计表

区县	直接伤亡					间接伤亡											
	小计	死	伤	失踪	伤亡不明	被俘、被抓捕			灾民			劳工			其他		
						小计	死	伤	小计	死	伤	小计	死	伤	小计	死	伤
东城	33	14	19	—	—	—	—	—	—	—	—	—	—	—	3	2	1
西城	30	29	1	—	—	2	2	—	—	—	—	1	1	—	5	2	3
崇文	40	33	7	—	—	—	—	—	—	—	—	—	—	—	—	—	—
宣武	3	2	1	—	—	13	—	13	—	—	—	—	—	—	2	1	1
朝阳	4	2	2	—	—	13	12	1	—	—	—	—	—	—	—	—	—
海淀	71	42	29	—	—	16	16	—	—	—	—	8	4	4	9	9	—
丰台	123	120	3	—	—	—	—	—	210	210	—	5	5	—	2000	2000	—
石景山	6	6	—	—	—	—	—	—	—	—	—	—	—	—	5	3	2
门头沟	93	30	—	—	63	—	—	—	—	—	—	2	2	—	—	—	—
房山	1095	1073	22	—	—	—	—	—	—	—	—	64	64	—	—	—	—
通州	22	21	1	—	—	2	2	—	—	—	—	—	—	—	—	—	—
顺义	65	61	4	—	—	—	—	—	—	—	—	—	—	—	—	—	—

区县	直接伤亡					间接伤亡											
	小计	死	伤	失踪	伤亡不明	被俘、被抓捕			灾民			劳工			其他		
						小计	死	伤	小计	死	伤	小计	死	伤	小计	死	伤
昌平	47	42	5	—	—	—	—	—	—	—	—	—	—	—	—	—	—
大兴	73	42	31	—	—	—	—	—	—	—	—	—	—	—	—	—	—
平谷	109	109	—	—	—	—	—	—	—	—	—	—	—	—	—	—	—
怀柔	457	321	136	—	—	间接死亡 809 人，间接失踪 52 人											
密云	2979	—	—	—	2979	6	—	—	—	—	—	—	—	—	—	—	—
延庆	44	44	—	—	—	31	—	—	—	—	—	—	—	—	—	—	—
部分文化教育人士	35	4	3	—	—	46	32	14	210	210	—	80	76	4	2024	2017	7
合计	5329	1995	292	—	3042	46	32	14	210	210	—	80	76	4	2024	2017	7

另怀柔有间接死亡 809 人，间接失踪 52 人

说明	1.表中数据以各区县、高校的调查报告为基础，对部分上报的数据作了重新梳理和统计。 2.统计时对中国军队的伤亡人数尽量作了剥离。 3.表中"灾民"项，系指因日军焚毁房屋、强掠粮食而造成居民冻饿而死的伤亡人数。

下面四个表格统计了抗战时期日军在北京地区制造惨案的主要情况及统计数据。

表 4　北京地区抗战时期伤亡 5 人以上的惨案统计表

类别 年度	5—49 人惨案		50—99 人惨案		100 人以上惨案		合　计	
	次数 （次）	伤亡及失踪人数 （人）	次数 （次）	伤亡及失踪人数 （人）	次数 （次）	伤亡及失踪人数 （人）	次数 （次）	伤亡及失踪人数 （人）
1933	3	75	1	83	1	250	5	408
1937	27	562	6	391	6	1460	39	2413
1938	9	171	3	174	—	—	12	345
1939	5	60	2	133	—	—	7	193
1940	6	132	—	—	1	114	7	246
1941	10	279	3	213	3	656	16	1148
1942	16	267	3	205	1	500	20	972
1943	10	236	1	52	2	2622	13	2910
1944	4	50			2	802	6	852
1945	3	34	—	—			3	34
1937—1945[①]	1	33	—	—	1	3727	2	3760
合　计	94	1899	19	1251	17	10131	130	13281

表 5　北京地区抗战时期伤亡平民 5—49 人的惨案统计表

序号	时间	惨案名称	地点	事件经过	伤亡人数	资料来源
1	1933 年 3 月 10 日	胡同沟村惨案	密云胡同沟村	日军杀害村民	死 6	中共北京市委党史研究室编：《侵华日军在北京地区的暴行》，知识出版社 1995 年版，第 3 页
2	1933 年 4 月 28 日	通州城惨案	通州城	日军由古城村炮击通州城，炸死炸伤平民	死伤 40	中共北京市委党史研究室、北京通县史志办公室编：《通县革命史》，北京出版社 1994 年版，第 45 页

---

① 因个别惨案发生的具体年份无法确定，故做如此处理。

序号	时间	惨案名称	地点	事件经过	伤亡人数	资料来源
3	1933 年 5 月 23 日	渤海所惨案	怀柔渤海所东关	日机轰炸，炸死炸伤村民	死 19 伤 10	怀柔县志编纂委员会编：《怀柔县志》，北京出版社 2000 年版，第 12 页
4	1937 年 7 月 27 日	济德堂村惨案	大兴济德堂村	日军砍杀村民	死 18 伤 1	大兴县史志编纂委员会编：《大兴县革命斗争史》，1988 年印行，第 13 页
5	1937 年 7 月 27 日	西毓顺村惨案	大兴西毓顺村	日军枪杀村民	死 16	大兴县史志编纂委员会编：《大兴县革命斗争史》，1988 年印行，第 13 页
6	1937 年 7 月 27 日	瀛海庄惨案	大兴瀛海庄	日军杀害村民	死 23	大兴县史志编纂委员会编：《大兴县革命斗争史》，1988 年印行，第 13 页
7	1937 年 7 月 27 日	永丰庄惨案	大兴永丰庄	日军包围村庄，烧死村民	死 5	大兴县史志编纂委员会编：《大兴县革命斗争史》，1988 年印行，第 13 页
8	1937 年 7 月 27 日	西红门、南顺堂村惨案	大兴西红门村、南顺堂村	日军用刺刀挑死村民	死 16	大兴县史志编纂委员会编：《大兴县革命斗争史》，1988 年印行，第 13 页
9	1937 年 7 月 28 日	后厂村惨案	海淀后厂村	日军搜查冀东保安队队员，野蛮屠杀当地居民	死 7	东北旺公社西北旺大队编：《西北旺村史》，1964 年。海淀区档案馆藏，档号 40—101—205—12
10	1937 年 7 月 28 日	清河惨案	海淀清河镇	日军搜查冀东保安队队员，野蛮屠杀当地居民	死 30	海淀区史志办：《杨兆生访谈记录》(2007 年 7 月 3 日、9 月 21 日)，《王世敏访谈记录》(2007 年 9 月 21 日)，《刘如增访谈记录》(2008 年 12 月 24 日)，存北京市海淀区史志办
11	1937 年 7 月 30 日	黄庄惨案	海淀黄庄	日军搜查冀东保安队队员，野蛮屠杀当地居民	死 18	海淀区史志办：《冯幼华访谈记录》(1998 年 12 月 2 日，2001 年 6 月 21 日、6 月 25 日)，《肖福琴访谈记录》(1999 年 3 月 4 日)，存北京市海淀区史志办

序号	时间	惨案名称	地点	事件经过	伤亡人数	资料来源
12	1937年7月31日	门头村、巨山村、北辛庄惨案	海淀门头村、巨山村、北辛庄	日军杀害村民	死10余	四季青公社门头村大队编:《门头村村史》,1964年;西山大队编:《巨山村村史》、《东平庄村史》,1964年;北辛庄大队编:《北辛庄村史》,1964年。海淀区档案馆藏,档号20—101—361、365
13	1937年7月30日	东冉村惨案	海淀东冉村	日军搜查冀东保安队队员,野蛮屠杀当地居民	死5	北平市警察局西郊分局:《关于抗敌伤亡调查表》,1946年1月,北京市档案馆藏,J185—2—3981—5;政协北京市海淀区委员会编:《海淀文史选编》(九),1995年印行,第175页
14	1937年8月15日	开古庄惨案	房山开古庄村	日军残杀村民	死40余	1983年"根据地、敌统区(及部分游击区根据地)村级调查材料",存北京市房山区史志办
15	1937年8月	安定车站惨案	大兴安定车站	日军杀害村民	死23	大兴县史志编纂委员会编:《大兴县革命斗争史》,1988年印行,第13页
16	1937年8月	西麻各庄惨案	大兴西麻各庄	日军用刺刀挑死村民	死10余	大兴县史志编纂委员会编:《大兴县革命斗争史》,1988年印行,第13页
17	1937年8月	西胡林村惨案	大兴西胡林村	日军枪杀村民	死6	大兴县史志编纂委员会编:《大兴县革命斗争史》,1988年印行,第13页
18	1937年9月上旬	辛庄惨案	大兴辛庄	日军巡逻队遭到辛庄抗日武装——长安城义勇队和国民政府军第26路军的截击后,血洗辛庄	死22	大兴县史志编纂委员会编:《大兴县革命斗争史》,1988年印行,第13页

序号	时间	惨案名称	地点	事件经过	伤亡人数	资料来源
19	1937年9月14日	西玉村惨案	大兴西玉村	日军杀害村民	死42	据西玉村张振江等于1983年3月16日回忆，存北京市大兴区史志办
20	1937年9月16日	坨头惨案	房山坨头村	日军残杀村民	死40余	中共北京市委党史研究室、中共北京市房山区委党史办公室编：《房山革命史》，北京出版社1994年版，第24页
21	1937年9月16日	双柳树村惨案	房山双柳树村	日军残杀村民	死39	中共北京市委党史研究室、中共北京市房山区委党史办公室编：《房山革命史》，北京出版社1994年版，第24页
22	1937年9月16日	支楼村惨案	房山支楼村	日军残杀村民	死14	中共北京市委党史研究室、中共北京市房山区委党史办公室编：《房山革命史》，北京出版社1994年版，第24页
23	1937年9月16日	双磨村惨案	房山双磨村	日军残杀村民	死10	中共北京市委党史研究室、中共北京市房山区委党史办公室编：《房山革命史》，北京出版社1994年版，第24页
24	1937年9月16日	石楼惨案	房山石楼村	日军残杀村民	死37	中共北京市委党史研究室、中共北京市房山区委党史办公室编：《房山革命史》，北京出版社1994年版，第24页
25	1937年9月22日	良乡惨案	房山良乡城	日军残杀村民	死10余	中共北京市委党史研究室、中共北京市房山区委党史办公室编：《房山革命史》，北京出版社1994年版，第8页
26	1937年10月17日	千河口惨案	房山千河口村	日军残杀村民	死12	中共北京市委党史研究室、中共北京市房山区委党史办公室编：《房山革命史》，北京出版社1994年版，第25页

序号	时间	惨案名称	地点	事件经过	伤亡人数	资料来源
27	1937 年 11 月	詹庄惨案	丰台詹庄	日军杀害村民	死 28	中共北京市丰台区委党史办公室编:《丰台地区革命斗争史料选编》第二册,1996 年印行,第 122 页
28	1937 年 11 月	安庄、果各庄、大马村惨案	丰台安庄、果各庄、大马村	日军杀害村民	死 14	中共北京市丰台区委党史办公室编:《丰台地区革命斗争史料选编》第二册,1996 年印行,第 122 页
29	1937 年 12 月 15 日	占庄惨案	房山占庄村	日军残杀村民	死 26	1983 年"根据地、敌统区(及部分游击区根据地)村级调查材料",存北京市房山区史志办
30	1937 年	琉璃河澡堂惨案	琉璃河铁路澡堂	日军用刺刀挑杀平民	死 40 余	1983 年"根据地、敌统区(及部分游击区根据地)村级调查材料",存北京市房山区史志办
31	1938 年 2 月 18 日	永寿禅寺惨案	房山永寿禅寺	日军屠杀村民和僧人	死 21	1983 年"根据地、敌统区(及部分游击区根据地)村级调查材料",存北京市房山区史志办
32	1938 年 2 月 18 日	龙宝峪惨案	房山龙宝峪村	日军残杀村民	死 31	1983 年"根据地、敌统区(及部分游击区根据地)村级调查材料",存北京市房山区史志办
33	1938 年 2 月 19 日	龙门口惨案	房山龙门口村	日军残杀村民	死 19	1983 年"根据地、敌统区(及部分游击区根据地)村级调查材料",存北京市房山区史志办
34	1938 年 4 月	慈母川惨案	延庆慈母川村	日、伪军杀害村民	死 7	中共北京市委党史研究室编:《侵华日军在北京地区的暴行》,知识出版社 1995 年版,第 88 页
35	1938 年 5 月 5 日	东田阳村惨案	通州东田阳村	日军"清乡",杀害村民	死 8	通州区地方志编纂委员会编:《通县志》,北京出版社 2003 年版,第 25、第 26 页

序号	时间	惨案名称	地点	事件经过	伤亡人数	资料来源
36	1938 春	苇塘惨案	顺义城南门外苇塘	日军屠杀被俘的华北民众抗日挺进军和抗日别动游击队官兵	死20余	中共北京市委党史研究室、中共北京市顺义县委党史办公室:《顺义革命史》,北京出版社 1991 年版,第 38 页
37	1938 年 10 月 24 日	焦各庄惨案	顺义焦各庄	日军屠杀焦各庄民众自发组织的青年抗日救国军	死35	顺义县地方志编纂委员会编:《顺义县志》,北京出版社 2009 年版,第 624 页
38	1938 年 10 月 28 日	南各庄惨案	大兴南各庄	日、伪军杀害村民	死17 伤4	中共北京市委党史研究室编:《侵华日军在北京地区的暴行》,知识出版社 1995 年版,第 180、第 181 页
39	1938 年 10 月	井沟村惨案	延庆井沟村	日、伪军杀害村民	死9	根据 1991 年 10 月党史资料征集整理,存延庆县史志办
40	1939 年 1 月	秋场、大地、头道梁、北湾等村惨案	怀柔秋场、大地、头道梁、北湾等村	日军抓捕	死11	中共北京市怀柔区委党史办公室编:《中国共产党北京怀柔区历史大事记》,中央文献出版社 2004 年版,第 7 页
41	1939 年 4 月 15 日	北台头村惨案	平谷北台头村	日、伪军杀害村民	死10	平谷县志编纂委员会编:《平谷县志》,北京出版社 2001 年版,第 477 页
42	1939 年 5 月 25 日	西田阳村惨案	大兴西田阳村	日军杀害村民	死10余	李秉兴等主编:《侵华日军暴行总录》,河北人民出版社 1995 年版,第 121 页
43	1939 年 5 月	大皮营、包头营惨案	大兴大皮营、包头营	日军途经大皮营、包头营时杀害村民	死22	大兴县志编纂委员会编:《大兴县志》,北京出版社 2002 年版,第 755 页
44	1939 年春	石景山炼铁厂惨案（1）	石景山炼铁厂	日军为引水至石景山炼铁厂,强迫工人下永定河,淹死工人	死7	北京市石景山区地方志编纂委员会编:《北京市石景山区志》,北京出版社 2005 年版,第 15 页

序号	时间	惨案名称	地点	事件经过	伤亡人数	资料来源
45	1940年3月	大安山惨案	房山大安山村	日军残杀村民	死42	1983年"根据地、敌统区（及部分游击区根据地）村级调查材料"，存北京市房山区史志办
46	1940年3月	金鸡台惨案	房山金鸡台村	日军残杀村民	死31	1983年"根据地、敌统区（及部分游击区根据地）村级调查材料"，存北京市房山区史志办
47	1940年9月	大柏老惨案	延庆大柏老村	日军残杀村民	死13	根据1991年10月党史资料征集整理，存延庆县史志办
48	1940秋	青云店惨案	大兴青云店	日军到青云店一带"讨伐"，用刺刀挑死村民	死18	大兴县志编纂委员会编：《大兴县志》，北京出版社2002年版，第755页
49	1940年11月24日	陈庄子村惨案	平谷陈庄子村	日、伪军枪杀、烧死村民	死8	大兴县志编纂委员会编：《大兴县志》，北京出版社2002年版，第477页
50	1940年冬	太子务惨案	大兴太子务村	日军用冰冻、灌水、火烫等酷刑 折磨	伤20	大兴县志编纂委员会编：《大兴县志》，北京出版社2002年版，第755页
51	1940年—1945年	大庄科惨案	延庆大庄科村	日、伪军残杀村民	死33	根据1991年10月党史资料征集整理，存延庆县史志办
52	1941年8月	汤河口、长哨营、七道河惨案	怀柔汤河口、长哨营、七道河	日军抓捕"国事犯"，杀害4人，在监狱关押40人	死4 失踪40	中共北京市委党史研究室、中共北京市怀柔县委党史办公室：《怀柔革命史》，北京出版社1995年版，第200页
53	1941年9—11月	南山村惨案	平谷南山村	日、伪军杀害村民	死30余	中共北京市委党史研究室编：《侵华日军在北京地区的暴行》，知识出版社1995年版，第96页
54	1941年10月28日、29日	双窝铺惨案	密云双窝铺	日军"围剿"西白莲峪一带，将14名村民抓至双窝铺村，用手榴弹炸死	死14	中共北京市委党史研究室编：《侵华日军在北京地区的暴行》，知识出版社1995年版，第14页

序号	时间	惨案名称	地点	事件经过	伤亡人数	资料来源
55	1941 年 10 月 30 日	下营惨案（1）	密云下营村	日军将朱家峪、罗圈厂、石湖根等村村民 33 人抓至下营村进行砍杀	死 32	中共北京市委党史研究室编：《侵华日军在北京地区的暴行》，知识出版社 1995 年版，第 14 页
56	1941 年 11 月 9 日	下营惨案（2）	密云下营村	日军将金鸡沟村和井儿峪村村民 33 人抓至下营村城北进行屠杀	死 33	北京市档案馆编：《日本侵华罪行实证——河北、平津地区敌人罪行调查档案选辑》（上册），人民出版社 1995 年版，第 196、第 197 页
57	1941 年 11 月 10 日	孟思郎峪惨案	密云孟思郎峪沟门村	日军进行报复性"扫荡"，枪杀村民并焚尸灭迹	死 35	北京市档案馆编：《日本侵华罪行实证——河北、平津地区敌人罪行调查档案选辑》（上册），人民出版社 1995 年版，第 199、第 200 页
58	1941 年 10 月 4 日	西羊坊惨案	延庆西羊坊村	伪蒙疆骑兵、特务队等将西羊坊村村民 24 人抓至延庆监狱用酷刑折磨，后枪杀 10 人，用狼狗咬死 12 人	死 22 伤 2	中共北京市委党史研究室编：《侵华日军在北京地区的暴行》，知识出版社 1995 年版，第 89 页
59	1941 年 10 月 19 日	郎家营惨案	密云郎家营（今殿臣峪）	郎家营村民 17 人被日军抓至东北，或被苦役折磨致死，或被打死，或被狼狗咬死，无一生还	死 17	中共北京市委党史研究室编：《侵华日军在北京地区的暴行》，知识出版社 1995 年版，第 23、第 24 页
60	1941 年秋	白马关惨案	密云白马关	日军杀害	死 18	中共北京市密云县委党史办公室、密云县档案局编：《密云地区抗日斗争史料选编》，第 607 页

序号	时间	惨案名称	地点	事件经过	伤亡人数	资料来源
61	1941年12月9日	西白莲峪惨案	密云高庄子、东白莲峪、西白莲峪及西白莲峪沟门等村	日军在高庄子等村杀人放火	死32	北京市档案馆编：《日本侵华罪行实证——河北、平津地区敌人罪行调查档案选辑》（上册），人民出版社1995年版，第202页
62	1942年2月15日	鱼子山惨案（1）	平谷鱼子山	日、伪军在鱼子山村烧死、刺死老人和小孩	死30多	中共北京市委党史研究室编：《侵华日军在北京地区的暴行》，知识出版社1995年版，第95—96页
63	1942年2月28日	石片村惨案	怀柔石片村	日、伪军捕获交界河村村民6人、石片村村民1人，并在石片村集体枪杀	死5伤2	中共北京市委党史研究室、中共北京市怀柔县委党史办公室编：《怀柔革命史》，北京出版社1995年版，第202页
64	1942年春	张家坟村惨案	密云张家坟村（今七烈营）	日军多次围捕张家坟村抗日军民，杀害多人	死11	中共北京市委党史研究室编：《侵华日军在北京地区的暴行》，知识出版社1995年版，第38页
65	1942年7月	石景山炼铁厂惨案（2）	石景山炼铁厂	日军强迫工人进第一高炉扒料，烫死、烫伤多人	死5伤18	关续文：《老北京冶铁史话》，香港银河出版社2004年版，第153页
66	1942年8月1日	令公村惨案	密云令公村	日军杀害村民	死11伤2	密云党史办组织令公大队座谈会记录，存中共北京市密云县委党史办公室
67	1942年8月	黄松峪惨案	平谷黄松峪	日军从金山抓来采金群众18人，酷刑之后集体枪杀	死17伤1	平谷县志编纂委员会编：《平谷县志》，北京出版社2001年版，第478页
68	1942年8月	小押堤村惨案	大兴小押堤村	日军用刀砍、用瓦斯熏	死4伤9	大兴县志编纂委员会编：《大兴县志》，北京出版社2002年版，第755页

序号	时间	惨案名称	地点	事件经过	伤亡人数	资料来源
69	1942年9月20日	安固村惨案（1）	平谷安固村	日、伪军在安固村枪杀村民	死5	平谷县志编纂委员会编：《平谷县志》，北京出版社2001年版，第478页
70	1942年10月1日	东庄禾惨案	密云东庄禾村	日军用刺刀挑死男青年	死14	中共北京市委党史研究室编：《侵华日军在北京地区的暴行》，知识出版社1995年版，第29页
71	1942年10月12日	苍术会惨案	密云苍术会	八路军晋察冀军区第10团一个排护送13名冀东学生到平西受训，在苍术会被日伪军包围，多人遇难	死13	中共北京市委党史研究室、中共北京市密云县委党史办公室编：《密云革命史》，北京出版社1991年版，第56页
72	1942年11月11日	北上营惨案	平谷北上营	日、伪军对苏子峪、前北宫、后北宫、井儿峪、翟各庄、西杏园、北辛庄等村进行"讨伐"，杀害村民	死8	中共北京市委党史研究室、中共北京市平谷县委党史办公室编：《平谷革命史》，北京出版社1991年版，第185页
73	1942年12月12日	曹家房惨案	房山曹家房村	日军包围曹家坊村，残杀村民和八路军战士	死19	1983年"根据地、敌统区（及部分游击区根据地）村级调查材料"，存北京市房山区史志办
74	1942年12月12日	王家山惨案	门头沟王家山村	日军包围王家山村，将50多人关进一间房子，纵火焚烧	死42	中共北京市委党史研究室编：《侵华日军在北京地区的暴行》，知识出版社1995年版，第142—145页
75	1942年	菜树底下村惨案	延庆菜树底下村	日军多次"扫荡"，杀害村民	死39	根据1991年10月党史资料征集整理，存延庆县史志办
76	1942年	红旗甸惨案	延庆红旗甸	日、伪军"扫荡"时杀害村民	死5	根据1991年10月党史资料征集整理，存延庆县史志办

序号	时间	惨案名称	地点	事件经过	伤亡人数	资料来源
77	1942 年	果树园惨案	延庆果树园	日、伪军杀害村民	死 7	中共北京市委党史研究室、中共北京市延庆县委党史办公室编:《延庆革命史》,北京出版社1991 年版,第 147 页
78	1943 年 1 月间	李家洼子惨案	顺义李家洼子	伪军杀害、打伤、打残村民	死 6 伤 3	中共北京市委党史研究室编:《侵华日军在北京地区的暴行》,知识出版社 1995 年版,第 111 页
79	1943 年 1 月 29 日	晏庄惨案	平谷晏庄	日、伪军在晏庄金矿逮捕并杀害工人	死 46	平谷县志编纂委员会编:《平谷县志》,北京出版社 2001 年版,第 478 页
80	1943 年 1 月	贤王庄惨案	平谷贤王庄	日、伪军枪杀、火烧村民	死 38	平谷县志编纂委员会编:《平谷县志》,北京出版社 2001 年版,第 478 页
81	1943 年 1 月 2 日	旧县镇惨案	延庆旧县镇	日军"扫荡",杀害村民	死20余	中共北京市委党史研究室、中共北京市延庆县委党史办公室编:《延庆革命史》,北京出版社1991 年版,第 160 页
82	1943 年 3 月 6 日	李各庄惨案	密云李各庄	日军到李各庄"扫荡",将16 名村民抓至大辛庄,酷刑折磨后枪杀6 人	死 6	北京市政协文史资料委员会编:《日伪统治下的北京郊区》,北京出版社1995 年版,第 77 页
83	1943 年 12 月	北庄村惨案	密云北庄村	日军砍死村民	死 20	密云党史办访刘纪会、陈相德谈话记录,存中共北京市密云县委党史办公室
84	1943 年	石景山炼铁厂惨案(3)	石景山炼铁厂	修建第二高炉南面烟囱,造成工人死亡	死 7 伤 19	首钢党委组织部编:《不该忘却的历史》,第 82 页
85	1943 年	门头沟煤矿惨案	门头沟煤矿	数次采矿事故死亡	死 48	北京师范大学历史系三年级、研究班编写:《门头沟煤矿史稿》,人民出版社 1958 年版,第 14 页

序号	时间	惨案名称	地点	事件经过	伤亡人数	资料来源
86	1943 年	古北口惨案	密云古北口	日军将古北口20多名居民抓往日本做劳工，17人惨死他乡	死17	北京市政协文史资料委员会编：《日伪统治下的北京郊区》，北京出版社1995年版，第140页
87	1943 年	—	石景山	霍乱致死	死6	《北支制铁月报》，1943年10月
88	1944 年 2月2日	上宅村惨案	平谷上宅村	日、伪军杀害村民	死7	中共北京市委党史研究室编：《侵华日军在北京地区的暴行》，知识出版社1995年版，第102、第103页
89	1944 年 4月27日	安固村惨案（2）	平谷安固村	日、伪军打死、刺死、灌死、砸死村民	死6	平谷县志编纂委员会编：《平谷县志》，北京出版社2001年版，第478页
90	1944 年 11月27日	小西天惨案	密云小西天村	伪警察将小西天村村民30余人抓至后山铺据点集体枪杀	死28	中共北京市委党史研究室、中共北京市密云县委党史办公室编：《密云革命史》，北京出版社1991年版，第176页
91	1944 年 11月	瑶亭村惨案	密云瑶亭村	日军将瑶亭村村民9人杀害于石匣城北门外	死9	密云县公安局档案馆藏，张孝宁卷
92	1945 年 3月27日	龙潭惨案	怀柔石片村龙潭	日、伪军在八道河、交界河、石片等地的深山里捕获村民27人，集中在龙潭枪杀	死15	中共北京市怀柔区委党史办公室编：《中国共产党北京怀柔区历史大事记》，中央文献出版社2004年版，第19页
93	1945 年 5月7日	平家疃惨案	通州平家疃村	日、伪军枪杀村民	死12	通州区地方志编纂委员会编：《通县志》，北京出版社2003年版，第27页

序号	时间	惨案名称	地点	事件经过	伤亡人数	资料来源
94	1945 年	大黑垡等村惨案	大兴大黑垡等村	日军在大黑垡等六村进行"讨伐",杀害村民	死 7	大兴县志编纂委员会编:《大兴县志》,北京出版社 2002 年版,第 756 页
合 计		惨案 94 次,确定死亡 1728 人,确定受伤 91 人,不确定伤亡 40 人,失踪 40 人				
说 明		1. 本次统计惨案以日军伤亡平民为主,如惨案含八路军战士被杀害时,我们尽可能将其剥离出来;无法剥离时则一并统计。 2. 对于每个惨案平民伤亡和失踪的数字,我们照录资料,保持原貌,而汇总时根据统计学方法对一些模糊数字作了如下处理:10 多、10 余、100 多、100 余,按 10、100 算;二三十、五六十,按 25、55 算;数人、数十人,按 5、50 算;近十、近百,按 10、100 算。下同。 3. 除有习惯称谓外,惨案一般以惨案发生地来命名。若同一地点发生多次惨案,则以(1)、(2)来区分。下同。				

表6 北京地区抗战时期伤亡平民 50 — 99 人的惨案统计表

序号	时间	惨案名称	地点	事件经过	伤亡人数	资料来源
1	1933 年 4 月 14 日、26 日	潮河关惨案	密云潮河关城村	日军两次残杀村民	死 83	中共北京市委党史研究室编:《侵华日军在北京地区的暴行》,知识出版社 1995 年版,第 4 页
2	1937 年 9 月 15 日	定府辛庄惨案	房山定府辛庄村	日军三次洗劫辛庄,残杀村民	死 70 余	中共北京市委党史研究室编:《侵华日军在北京地区的暴行》,知识出版社 1995 年版,第 117 页
3	1937 年 9 月 16 日	坟庄惨案	房山坟庄等村	日军残杀村民	死 70 余	1983 年"根据地、敌统区(及部分游击区根据地)村级调查材料",存北京市房山区史志办

序号	时间	惨案名称	地点	事件经过	伤亡人数	资料来源
4	1937年9月16日	马各庄惨案	房山马各庄村	日军残杀村民	死50余	1983年"根据地、敌统区（及部分游击区根据地）村级调查材料"，存北京市房山区史志办
5	1937年9月17日	羊头岗惨案	房山羊头岗村	日机轰炸，炸死村民	死50	1983年"根据地、敌统区（及部分游击区根据地）村级调查材料"，存北京市房山区史志办
6	1937年11月15日	米粮屯惨案	丰台米粮屯村	日军杀害村民	死83	北京市丰台区政协文史资料委员会编：《丰台文史资料选编》第四辑，1988年印行，第32、第33页
7	1937年12月10—11日	马村惨案	大兴马村	日军屠杀兴亚挺进军队员	死48失踪20	中共北京市委党史研究室编：《侵华日军在北京地区的暴行》，知识出版社1995年版，第182、第183页
8	1938年2月18日	黄院惨案	房山黄院村	日军残杀村民	死50余	1983年"根据地、敌统区（及部分游击区根据地）村级调查材料"，存北京市房山区史志办
9	1938年春	潮白河惨案	顺义城东潮白河边	日军集体屠杀被俘华北民众抗日挺进军和抗日别动游击队官兵	死50余	中共北京市委党史研究室、中共北京市顺义县委党史办公室：《顺义革命史》，北京出版社1991年版，第38页

序号	时间	惨案名称	地点	事件经过	伤亡人数	资料来源
10	1938 年 8 月 31 日	冯家营惨案	顺义冯家营村	日军攻入冯家营村，杀害村民	死 68 伤 4 失踪 2	《大兴县第五区冯家营村人口伤亡调查表》，1946 年，台北"国史馆"藏，档号 303—094
11	1939 年 2 月 8 日	黄松峪惨案	平谷黄松峪	日机轰炸黄松峪，炸死、炸伤村民	死 10 伤数十	平谷县志编纂委员会编：《平谷县志》，北京出版社 2001 年版，第 477 页
12	1939 年 5 月 26 日	火烧一溜营	大兴一溜营（18 个村庄）	日、伪军千余人分三路向采育镇上路一带村庄进犯，四处杀人放火	死 73	大兴县史志编纂委员会编：《大兴县革命斗争史》，1988 年印行，第 17、第 18 页
13	1941 年 10 月 25 日	香水峪、南香峪、北香峪惨案	密云香水峪村、南香峪村、北香峪村	驻古北口日本宪兵队在香水峪等村抓捕"国事犯"，将 95 人押送承德监狱。其中，4 人被处死，其他人被"判罪"。抗战胜利后，仅 7 人生还	死 4 失踪 84 不明 7	中共北京市委党史研究室编：《侵华日军在北京地区的暴行》，知识出版社 1995 年版，第 21、第 22 页
14	1941 年 11 月 9 日	下营惨案（3）	密云下营村城后	日军将朱家峪沟门、朱家峪、上马厂三村村民 29 人及姓名不详者 29 人押至下营村城后，悉数杀害	死 58	北京市档案馆编：《日本侵华罪行实证——河北、平津地区敌人罪行调查档案选辑》（上册），人民出版社 1995 年版，第 194、第 195 页

序号	时间	惨案名称	地点	事件经过	伤亡人数	资料来源
15	1941年11月22日	鱼子山惨案（2）	平谷鱼子山村	日、伪军包围鱼子山村，枪杀村民	死60多	中共北京市委党史研究室编：《侵华日军在北京地区的暴行》，知识出版社1995年版，第95—96页
16	1942年4月8日	臭水坑惨案	密云黄花顶山臭水坑	伪满军包围并杀害八路军晋察冀军区第10团后勤人员、伤病员、丰滦密县政府工作人员及其家属	死30被俘45	中共北京市委党史研究室编：《侵华日军在北京地区的暴行》，知识出版社1995年版，第198—200页
17	1942年9月6日	东撞村惨案	平谷东撞村	日、伪军包围东撞村，残害、活埋村民	死7伤60多	中共北京市委党史研究室编：《侵华日军在北京地区的暴行》，知识出版社1995年版，第131页
18	1942年12月20日	桃园惨案	平谷桃园村	日、伪军杀害村民	死63	平谷县志编纂委员会编：《平谷县志》，北京出版社2001年版，第478页
19	1943年12月22日	安固村惨案(3)	平谷安固村	日军施以冰冻酷刑，冻死冻伤村民	死2伤50	平谷县志编纂委员会编：《平谷县志》，北京出版社2001年版，第478页
合计	惨案19次，确定死亡929人，确定受伤164人，失踪151人（含被俘45人），不明7人					

表7 北京地区抗战时期伤亡平民100人以上的惨案统计表

序号	时间	惨案名称	地点	事件经过	伤亡人数	资料来源
1	1933年4月16—18日	日机轰炸密云县城	密云县城	日军轰炸密云县城和石匣镇，炸死、炸伤平民	死250多	中共北京市密云县委党史办公室、密云县档案局编：《密云地区抗日斗争史料选编》，第565—567页
2	1937年7月27日	团河行宫惨案	大兴团河行宫	日军攻打29军团河驻军，机枪射杀29军残疾人工厂工人	死200多	中共北京市委党史研究室编：《侵华日军在北京地区的暴行》，知识出版社1995年版，第170页
3	1937年7月28日	南苑惨案	大兴南苑	日军进攻南苑，致使正在接受军事训练的学生大量死亡	死800多	北京市政协文史资料委员会编：《北京文史资料》第25辑，1995年印行，第87页
4	1937年8月20日	坨里惨案	房山坨里村	日军杀害村民	死128	1983年"根据地、敌统区（及部分游击区根据地）村级调查材料"，存北京市房山区史志办
5	1937年8月	西山惨案	昌平溜石港、马刨泉、老峪沟、禾子涧四村	日军杀害村民	死109	中共北京市委党史研究室、中共北京市昌平县委党史办公室编：《昌平革命史》，北京出版社1997年版，第222页
6	1937年9月17日	二站惨案	房山二站天主教堂	日军残杀神父、村民	死110多	中共北京市委党史研究室、中共北京市房山区委党史办公室编：《房山革命史》，北京出版社1994年版，第24页

序号	时间	惨案名称	地点	事件经过	伤亡人数	资料来源
7	1937年12月23日	太和庄惨案	房山太和庄村	日军在太和庄、东长沟村杀害村民	死113	1983年"根据地、敌统区（及部分游击区根据地）村级调查材料"，存北京市房山区史志办
8	1940年1月29日	佛子庄惨案	房山佛子庄村	日军飞机轰炸佛子庄，炸死、炸伤村民	死52伤62人	北京市房山区政协文史工作委员会编：《房山文史资料》第8辑，1995年印行，第17、第18页
9	1941年8月31日	上甸子、下甸子、涌泉庄惨案	密云上甸子、下甸子、涌泉庄	驻古北口日本宪兵队在上甸子、下甸子、涌泉庄抓捕村民，将128人押送承德监狱。7人被杀害，余者被"判刑"。抗战胜利后，只有14人生还，其余惨死狱中	死7失踪107不明14	中共北京市委党史研究室编：《侵华日军在北京地区的暴行》，知识出版社1995年版，第21、第22页
10	1941年9月	杜家庄毒气案	门头沟区杜家庄	日军将杜家庄等村的村民、学生集中，施放毒瓦斯。数百人中毒，口鼻流血	伤400余	中共北京市委党史研究室编：《侵华日军在北京地区的暴行》，知识出版社1995年版，第127页
11	1941年10月13日	大水峪惨案	怀柔大水峪	日、伪军在大水峪村抓捕抗日救国会人员及村民，将128人押送承德监狱。其中，10余人被杀害，100余人被押往东北等地做劳工。抗战胜利后，仅21人生还	死10失踪97不明21	中共北京市委党史研究室、中共北京市怀柔县委党史办公室编：《怀柔革命史》，北京出版社1995年版，第201页

序号	时间	惨案名称	地点	事件经过	伤亡人数	资料来源
12	1942 年	—	—	日军将平谷、通州等地村民 500 多人押送日本作劳工。其中，100 多人死亡	死 100 不明 400	北京市政协文史资料委员会编：《日伪统治下的北京郊区》，北京出版社 1995 年版，第 149 页
13	1943 年春夏	"岔道活人坑"	延庆岔道城	日军将生病劳工推入大坑，纵火焚烧	死七八百	中共北京市委党史研究室编：《侵华日军在北京地区的暴行》，知识出版社 1995 年版，第 91 页
14	1943 年	—	全市（北京原辖区）	霍乱致死	死 1872	伪北京地区防疫委员会防疫课：《霍乱预防工作报告书》，1943 年，北京市档案馆藏，档号 J5—1—768
15	1944 年 1 月 6 日	黑豆峪村惨案	平谷黑豆峪村	日、伪军残害村民	死 14 伤 400	中共北京市委党史研究室编：《侵华日军在北京地区的暴行》，知识出版社 1995 年版，第 104、第 105 页
16	1944 年	—	宛平、大兴、通州	被抓到日本劳工 388 人，死亡 185 人	死 185 不明 203	北京市政协文史资料委员会编：《日伪统治下的北京郊区》，北京出版社 1995 年版，第 167 页
17	1937—1945 年	—	北京（原辖区）	共被强掳劳工 3727 人，其中，死亡 17 人，伤残 16 人，失踪 23 人	死 17 伤 16 失踪 23 不明 3671	北平市警察局：《北平市警察局敌伪时代募集劳工情形及苛待损失调查统计表》，1946 年 11 月 9 日，北京市档案馆藏，档号 J1—6—1573
	合　计		惨案 17 次，确定死亡 4717 人，确定受伤 878 人，失踪 227 人，不明 4309 人			

根据上面统计，日军在北京制造惨案130次，造成北京地区伤亡及失踪总人数为13281人，其中，确定死亡7374人，确定受伤1133人，不确定伤亡40人，失踪418人，不明4316人。在这些惨案中，日军对平民杀害的手段有百种之多，主要列举如下：

炸死

在侵华战争中，日军依靠空军优势，对中国军队及平民百姓进行了轰炸。例如1933年，日机对密云中国军队和城镇平民进行轰炸。"（1933年）4月16日至18日，日军飞机狂轰滥炸密云石匣和县城。4月16日上午8时，随着防空警报声响，日军飞机从东南和东北两个方向各来九架双引擎重型轰炸机，机群是三架编为一队，呈人字形，每九架编成一个三角的队形，先后侵入密云上空。开始轰炸时还保持原编队飞行，施行水平投弹，后队形又分散变为俯冲投弹轰炸。目标先是对准城内高大建筑物及商业区、居民区，后又对准城内运输车辆、行人及商贩。日军飞机在密云县城上空盘旋轮番轰炸。全城内阵阵爆炸声和人喊马叫声交织在一起。日机在县城内炸了整整一个钟头，到9时才离去。炮弹把县城炸得房倒屋塌，血肉横飞。炸死、烧死百姓250多人。当时一街一位杨姓妇女生小孩，躲在城墙防空洞内，虽未被炸死，但得了惊吓，造成终身病患。被炸致残的老百姓数以百计，他们无钱医治，终身处在病痛折磨之中。"①这是抗日战争中，北京遭受日机轰炸平民死亡最多的一次惨案。此外，日军还多次轰炸过北京郊区的通州、房山、平谷等地村庄，炸死数百名无辜平民。

枪杀

日军面对手无寸铁的无辜百姓制造了数十起集体屠杀惨案。1937年9月17日，日军进入房山二站村，村民及附近逃难的百姓纷纷跑到村中法国教士开办的天主教堂躲避。日军闯入教堂后，把110多名青壮年分三批带到村外，列队排枪射杀，未死者又用战刀砍死。之后又返回教堂强暴妇女，法国神父提出抗议，也惨遭枪杀，其尸体被钉在十字架上②。

---

① 中共北京市密云县委党史办公室、密云县档案局编：《密云地区抗日斗争史料选编》下辑，内部出版，第565—567页。

② 中共北京市委党史研究室、中共北京市房山区委党史办公室编：《房山革命史》，北京出版社1994年版，第24页。

焚烧致死

1942 年 12 月 12 日，日军在汉奸的带领下包围了门头沟的王家山村，将未来得及转移的全村老少 50 多人关进一座房子里，逼问八路军的下落，人们不说。日伪军就堵住门窗，把稻草往屋里扔，纵火焚烧。除少数人从后窗跳出侥幸逃脱外，42 位老弱妇孺被活活烧死，其中有些遇难妇女已怀有身孕①。王家山惨案震惊了整个平西，这个村庄从此消失。日军在北京郊区制造的惨案中，烧死或先杀后烧等惨案还有孟思郎峪惨案、鱼子山惨案、贤王庄惨案等多起。

狼狗咬死

1938 年，日军在长辛店铁路工厂内建立驯养狼狗的基地，驻守日军头目名叫加藤，因此该队也称"加藤部队"。当年被迫在该处当厨工的马振山老人回忆：日军将狼狗训练成为吃人工具，他们拿中国人当靶子，不知咬死多少中国人。1939 年夏，日军不知从何处拉了 18 个人，由加藤亲自押到铁路工厂 31 号院的游泳池，把他们杀害，日本兵还拍了杀人场面的电影②。1989 年，北京二七机车车辆厂在扩建厂房时，在此处挖出大量人骨，经考证，均为当年被日军狼狗咬死的中国军民遗骨。遗骨现保存于中国人民抗日战争纪念馆。

拷打致死

侵华日军还派出宪兵、警察、特务，对有抗日言行或倾向的百姓进行监视和迫害。

1941 年 3 月 17 日，北京东珠市口外城日本宪兵队分遣队曹长吉田率人将东四西猪市大街 34 号猪店的赵召臣、赵惠、赵恕、赵化愚祖孙四人逮捕，解往珠市口外城宪兵队，施以火灼身、灌凉水、木棍毒打等酷刑。后又将赵召臣判处扰乱金融罪，缓刑三年，11 月 26 日，赵召臣悲愤交加，气绝身亡③。

1941 年 10 月 4 日夜间，伪蒙疆骑兵三大队、特务队和伪警察 800 多人包围延庆西羊坊村，烧毁全村房屋，抓走 24 人押解到康庄，又带至延庆监狱严刑拷

---

① 中共北京市委党史研究室编：《侵华日军在北京地区的暴行》，知识出版社 1995 年版，第 142—145 页。

② 马振山：《吃人的魔窟》，载政协北京市丰台区委员会文史资料委员会编：《丰台文史资料选编》第二辑，1987 年印行，第 29—31 页。

③ 北京市档案馆编：《日本侵华罪行实证》（上），人民出版社 1995 年版，第 62—64 页；北京市档案馆：《日伪在北京地区的五次强化治安运动》（下），北京燕山出版社 1987 年版，第 569—571 页。

打，9 天后于 10 月 13 日将 22 人杀害。两名小孩侥幸生还①。

刺刀挑死

1942 年 10 月 1 日，日军 200 余人包围了密云东庄禾村，将全村男女老幼驱赶到一个大场院内，逼问有无抗日人员，群众拒不回答，日军遂将其中 14 名男青年用刺刀挑死②。

其他屠杀手段

1937 年 9 月 15 日，在房山定府辛庄村，侵华日军把抓来的百姓集中起来，男女分别排成两行，对面跪着，两名日军手拿敲鼓的锤子，从两行人中间走过，使足劲猛敲男人的头部，让女人瞧着，被敲的人从头上往脖子里流血，有的当场死亡，有的血尽而亡，未亡者终生噩梦③。

1942 年 12 月 20 日，日、伪军到平谷北寨桃园"扫荡"。李如奎、李如宽、李如祥三兄弟跑到山上隐蔽，其母亲、妯娌、妹妹、孩子在内的 10 个家人及丁家娘仨藏到磨盘沟的一个石洞内。日军发现后，架起机枪向洞内扫射。12 人当即被残杀，李如奎的小女儿未被打死，日军把幼儿从母亲身下拽出，先用枪托砸断她的胳膊，然后活活摔死在磨盘石上。在此劫难中，北寨村共有 63 人死在日军的屠刀下④。

1942 年 9 月 20 日下午，日军守备队队长内田带伪军包围平谷安固村，逮捕村民何成贵、仇守义、张振生、贾瑞付、张连锁。张连锁是个年仅 19 岁的腿部残疾青年，内田让伪军把张连锁的右腿捆在树上，另一条腿拴上大绳；然后强令伪军拉大绳，将张的左腿拉掉；随后又向张的头部开枪，将其打死。其余 4 人也被日军枪杀。1943 年 12 月 22 日，日、伪军把该村男女 200 人赶到老爷庙，用刺刀逼着人们把衣服脱光，不脱的人就用刺刀挑。日军命警备队往人们身上泼水长达 8 小时之久。正值寒冬季节，两人当场被冻死，50 多人冻昏⑤。

性暴力致死

在第二次世界大战中，日本实施了一项旨在为其军队提供性服务的罪恶制

---

① 中共北京市委党史研究室编：《侵华日军在北京地区的暴行》，知识出版社 1995 年版，第 89 页。
② 中共北京市委党史研究室编：《侵华日军在北京地区的暴行》，知识出版社 1995 年版，第 18 页。
③ 中共北京市委党史研究室编：《侵华日军在北京地区的暴行》，知识出版社 1995 年版，第 117 页。
④ 平谷县志编纂委员会编：《平谷县志》，北京出版社 2001 年版，第 478 页。
⑤ 平谷县志编纂委员会编：《平谷县志》，北京出版社 2001 年版，第 478 页。

度——"慰安妇"制度。在城市,日军所到之处都有"慰安所"的设置。1937年日军占领北平后,立即下令重新开放妓院,设置特别"慰安所"接待日军。经调查,在西城区境内就有三处,即六部口"人民俱乐部"、宣内大街的"皇军俱乐部"、"西单俱乐部"。战犯中村三郎在 1954 年的笔供中写道:"1944 年 3 月 29日,(午后 8 时)北京西单牌路(楼),在军部慰安所(西单俱乐部)奸淫过中国慰安妇女。"① "慰安所"是女性的魔窟,在这里她们忍受着日军的恣意蹂躏和践踏,成为日军发泄的工具,遭受着精神与肉体的双重摧残。

在北京郊区,日军对妇女的性暴力几乎发生在每一次"扫荡"中。1940 年 3月,房山金鸡台村一名妇女,遭 30 多日本兵轮奸后,又被拉着双腿,劈成两半,惨死在日军手下②。1944 年 1 月 6 日,平谷县城、黄松峪、胡庄等据点的日、伪军 500 余人包围黑豆峪村,青年妇女被日军关在一起。日军将一个年轻媳妇和一个姑娘剥光衣服,捆在大板凳上,当众轮奸。其中一人饮恨自尽③。这种反人类的暴行是日军部队经常的行为。

集中营战俘遭折磨致死

西苑集中营设在北京颐和园东北,直辖于日本华北方面军 1417 宪兵司令部。此集中营又称为甦生队,是华北最大的战俘集中营。1940 年以前,主要关押国民党军队战俘;自 1941 年起,随着中国共产党领导的抗日力量不断壮大,日军逐渐把主要力量用于对付共产党、八路军和抗日根据地,西苑集中营关押的主要是八路军的被俘人员、抗日根据地的党政工作人员。集中营经常关押人数达 9000余人。该处生活条件异常恶劣,每天都有几十人病饿死亡。日军将关押俘虏中身体好的送到黑龙江北黑河、辽宁弓长岭铁矿及日本做劳工。该集中营前后关押了26000 人,抗战胜利时仅剩 2400 人④,被折磨致死的人数无法统计。

病毒致死

北京沦陷后,日军迅速占领了北京天坛公园南侧的原国民党中央防疫处,筹建了侵华日军北支甲 1855 部队,对外称第 151 兵站医院,又称西村部队。部队定员 1500 人。以防疫给水为名进行细菌武器研制任务,包括研制和生产鼠疫、

① 中央档案馆、中国第二历史档案馆、河北省社会科学院编:《日本侵略华北罪行档案——性暴力》,河北人民出版社 2005 年版,第 14 页。
② 北京市房山区政协学习与文史委员会编:《房山文史资料》第 21 辑,2007 年印行,第 64 页。
③ 中共北京市委党史研究室编:《侵华日军在北京地区的暴行》,知识出版社 1995 年版,第 104、第 105 页。
④ 何天义主编:《日军枪刺下的中国劳工——华北劳工协会罪恶史》,新华出版社 1995 年版,第 74 页。

霍乱、伤寒、痢疾、黑热病、疟疾等细菌和原虫等，是继侵华日军 731 部队之后又一支庞大的细菌部队。其本部和第二课占据了现在的中国医药生物制品检定所、天坛神乐署、北京口腔医院、北京天坛医院及部分居民区。有 7 幢病房、70多间小动物室及 192 平米的地下冷库。太平洋战争爆发后，其第一、三课又分别占领了北京协和医学院和中国静生生物调查所。

为试验霍乱细菌的威力，日军 1855 部队于 1943 年夏，在北京地区进行撒布霍乱菌试验，致使霍乱疫情在市内外迅速发生、蔓延。据北平市外区特别防疫事务局资料统计[①]，9 月 1 日至 18 日，仅在北平市外区（含外一、外二、外三、外四、外五区），经便检确诊的霍乱患者就达 123 人。据《民国卅二年霍乱预防工作报告书》统计，六七月份，全市仅有 3 例霍乱病例，没有死亡病例报告；8月份全市发现霍乱病例 52 例，其中 45 人死亡；9 月份全市病例激增，共发现 843例，其中 633 人死亡；10 月上、中旬，全市激增病例 1238 例，其中 1194 人死亡；10 月 22 日之后没有出现新发病例和死亡病例。截至 10 月底疫情基本结束，全市共发现霍乱患者 2136 人，其中 1872 人死亡[②]。

事后，日军诡称霍乱系自然发生，对华北交通线和北京地区的旅客及小件行李实行限制，在城门、车站、旅店、街头等地设立卫生站，强迫过往行人和居民注射疫苗，以掩盖其残暴罪行。据日本人长田友吉供述："1943 年 8 月北平地区发生的霍乱疫情，可以肯定是日军的谋略所致。其根据是：此前的 7 月，西村防疫给水部及第二陆军医院分院的数名军医，对约 230 名卫生下士官候选者进行了约两个星期的霍乱、伤寒、赤痢菌的检索教育；8 月上旬，西村军医大佐又命令约 200 名卫生下士官候补者与西村防疫给水部及第二陆军医院分院的病理实验室、细菌室的军医、卫生下士官、卫生兵等约 50 人，在北平市内对中国人进行霍乱菌检查，将霍乱病人封锁在家里，禁止出入，也不予治疗，就这样屠杀了300 名和平人民。"[③]

协和医院病历档案中心主任王显星先生与马家润教授通过研究发现，自1931 年九一八事变后，北京地区 1932 年到 1933 年首次流行霍乱，40 年代后大量出现霍乱病例，以 1943 年范围最广、受害者多。而此前 20 年都没有这样的病

① 伪北京特别市防疫本部外区特别防疫事务局：《外区特别防疫事务局送经检便结果决定真性虎疫者表》，1943年 9 月，北京市档案馆藏，档号 J184—2—1029。

② 伪北京地区防疫委员会防疫课：《霍乱预防工作报告书》，1943 年，北京市档案馆藏，档号 J5—1—768。

③ 中央档案馆、中国第二历史档案馆、吉林省社会科学院合编：《日本帝国主义侵华档案资料选编·细菌战与毒气战》，中华书局 1989 年版，第 194 页。

案记录。两位先生认为，这与日军的细菌战活动有关。1855 部队的松桥堡曾企图销毁医院的病历档案，在王显星先生的全力交涉下才保存下来[①]。

日军还在北京进行了大量的人体细菌试验。据与伊藤影明同期入伍、在 1855 部队第三课负责饲养老鼠的日本老兵 H 氏回忆："1944 年一过夏天，从丰台俘虏收容所往第三课押运俘虏（当时他担任警戒），一连押运 3 天。第一天押运 6 人，第二天押运 5 人，第三天押运 6 人。戴着手铐的俘虏一到第三课，就被投进了装修成监狱的房间里。俘虏有所警觉，拒绝饮食。从本部前来的军医给这些俘虏注射了细菌，而后对俘虏的身体变化进行了调查。注射后没过一天，这些俘虏就全死了。而后又把俘虏尸体运到第一课进行解剖。"[②]

日本战败后，原第三课进行了三天三夜销毁证据的活动。在其本部天坛进行了为期一周的焚烧老鼠、跳蚤的活动，使得其罪恶长期掩盖。1995 年，在日本战败投降 50 周年之际，原 1855 部队一些官兵认识到过去的罪恶，纷纷揭露了该部队研制细菌武器残害中国人民的罪行。原卫生兵伊藤影明等人来到中国，在天坛神乐署等处指证日军的犯罪遗址，向中国人民谢罪。

苦役致死

人力是进行生产和战争的重要资源，日军在北京强征大量劳工为其服务。在北京强征的劳工部分被送到中国东北、内蒙及日本本土。劳工从事各种军事或民用工程的建设，劳役繁重。特别是在战争后期，大量被掳到日本的北京劳工，失去人身自由，没有工酬，基本是完全强制的奴隶。恶劣的环境和生活、非人的劳役使这些劳工大量死亡。

挖封锁沟是日军强迫劳工的主要劳役之一。以延庆、昌平为例，1943 年春季，侵华日军对平北抗日根据地实行"强化治安"、"固边政策"、"联合讨伐"进攻。为切断昌延抗日根据地南北两地区的联系，日军计划修筑一条封锁沟。封锁沟西起八达岭长城脚下的岔道城，东至妫川端头的永宁城。全长 40 公里，沟宽 8.3 米，深 2.9 米，每隔 1 公里建 1 个炮楼。3 月，日军从绥远（今内蒙古自治区一部）、张家口、张北等地用火车运来 6000 多名劳工修筑该封锁沟。劳工每天要工作十七八个小时，每月死伤 200 余人。因生活条件差，春夏时节瘟疫流行，劳

---

① 1996 年 10 月 30 日，北京大学教授徐勇采访北京协和医院病历档案中心马家润教授记录。徐勇：《侵华日军驻北平及华北各地细菌部队研究概论》，载中国社会科学院近代史研究所、中国抗日战争史学会主办：《抗日战争研究》2002 年第 1 期。

② 根据 1993 年《战争责任研究》第二期第 49 页（日文）记述及其他相关记载推测，H 氏应是平川喜一。

工生病得不到治疗，死亡人数俱增。日军将数百名得病的劳工关入地窖，一些民工饿死、病死其中。日军还将未死的劳工从岔道西北城墙上推入一个长宽20余平方米、深10余米的大坑，架上干草木柴，浇上汽油、煤油，纵火焚烧。先后有七八百名民工被烧死在"活人坑"内。1965年，延庆县民政局在此地进行挖掘，共发掘尸骨七八百具，后在此建成岔道"活人坑"纪念亭[①]。

1942年六七月间，伪昌平知事纪肇斌曾向伪华北政权报告劳工惨状："今春亢旱，迄今未沾透雨，田苗干枯，麦秋无望。当此青黄不接之际。山乡百姓每日一餐不饱，民生恐慌已达极巅。本县正苦于无法救济中，复自5月27日起实施挖掘'惠民壕'，限于6月末日报竣。计35日间之工程，每日得征用民夫15000人，每人每日需小米一升，计日需用150石。35日共需小米5250石。案关防共，'惠民壕'要政军令所在，未容稍缓。本县时下对于一般民食尚不遑救济，况此大批工人更不能枵腹从工，兼以工期迫近，不容稍缓，不得已乃于5月27日依限兴工。但现在所征民夫均自备食物，其中最苦者闻有掺杂树叶、树皮为粥食。而努力于旷野荒郊炎热天气下建设防共壁垒，勤劳精神殊堪嘉许。然沙土弥漫鸠形垢面亟溺之状，令人悯恻。""兹据各区纷纷来署请愿，万余工人嗷嗷待哺，千钧一发势在燃眉。"[②]比较真实地反映了劳工挣扎在死亡线上的困境。

西苑集中营不仅是关押、迫害被俘人员的场所，而且是日军在华北地区输送战俘劳工的重要转运站。战争初期，被俘人员或在集中营所在地做苦工，或被押送到东北、华北的矿山、工厂当劳工，即使是12岁至16岁的少年也未能幸免。伪满政权把劳工分类，平民称为"普通工人"，战俘称为"特殊工人"；日本统治者把押送日本的劳工分类，平民称为"行政供出"，战俘称为"训练生"。从西苑集中营输送的都是"特殊工人"和"训练生"。

据北平市警察局1946年11月统计：沦陷期间，北平原辖区内共计掠夺劳工3727名，劳工损失46523.8万元法币[③]。据不完全统计，平谷等五个远郊区县抗战期间被掠夺劳工约35283人，拉工要夫321万人次[④]。此外，据沦陷时期伪北平特别市警察局、社会局及筹募劳工委员会等机构1944年6月至1945年8月相关文件记载，强制20382名劳工从事修筑机场、工事以及煤矿、制铁厂等重体力

---

① 中共北京市委党史研究室编：《侵华日军在北京地区的暴行》，知识出版社1995年版，第91页。

② 居之芬、庄建平编：《日本掠夺华北强制劳工档案史料集》（下），社会科学文献出版社2003年版，第716页。

③ 北平市警察局：《北平市警察局敌伪时代募集劳工情形及苛待损失调查统计表》，1946年11月9日，北京市档案馆藏，档号J1—6—1573。

④ 冀东行署：《冀东区八年来敌伪烧杀抢掠统计表》（一），1946年，河北省档案馆藏，档号48—1—32—2。

劳动①。以上几项有迹可寻的被掠夺劳工数目就达 59392 名。另据南满洲铁道株式会社调查部调查，1942 年第 13 期《北支经济统计季报》所载《入满劳工证明书发放地别表》，仅 1940 年，北平发放进入东北的劳工证明达 67228 张②。因此，北京地区被强制的劳工人数恐怕远远超过上述统计。

冻饿而死

战争带来的不仅是枪炮下的死亡，还有因日军烧毁房屋、抢夺粮食等暴行导致的饥饿、疾病而死亡。如 1941 年 11 月 21 日，驻密云县日军柿本贯一带领 300 多日伪军烧毁高庄子、西白莲屿村等村民房 194 间，正值北方的寒冬，因此冻饿而死的百姓不下 200 余名③。1942 年秋后，日军丰台采购队到辛庄强行搜罗粮食，把村中的粮食劫掠一空，全村百余户有 14 户全家逃荒到口外（张家口），7 户在外遭难，死于他乡的 16 人。阎德山、刘启旺、柴二栓等 15 户人家饿死 45 人；董良、宋二、郭中才、叶德海等 11 户人家饿死 21 人。到翌年夏，全村共饿死 82 人④。1942 年，在日伪强行"集家并村"的密云地区，每个"部落"最少也有 70 人到 80 人死亡。密云白庙子"部落"仅有 400 余人，一年中就死了 160 余人⑤。

迫害爱国师生致死致伤

日军占领北京后，旋即占领北京大学、清华大学和北平大学等高等学府。在沦陷时期，各校教师失业，学生失学。日军还制造了数起迫害爱国大学教授的案件。

七七事变前后，陆志韦是燕京大学的代理校长，因燕大为美国财产，日军有所顾忌，暂时没有占领燕大。未及撤到后方的学生拒入伪大学，纷纷投考燕大，燕大则尽量多招生，以便培养更多的爱国青年。在燕大可以收听广播，《义勇军进行曲》也常在校园飘荡。四年间，凡是要到大后方或延安的学生，学校都要为其送行，由陆志韦、司徒雷登或其他老师请吃饭，嘱咐他们因真理、得自由、以服务的校训，并预祝一路平安，不仅绝对保密，有的还资助路费。日军对此早如

① 北京市档案馆编：《绝对真相——日本侵华期间档案史料选》，新华出版社 2005 年版，第 312—325 页。

② 南满洲铁道株式会社调查部：《北支经济统计季报》，1942 年第 14 期。

③ 北京市档案馆编：《日伪在北京地区的五次强化治安运动》（下），北京燕山出版社 1987 年版，第 598 页。

④ 申玉善：《苦难屈辱的生活岂能忘却》，载政协北京市丰台区委员会文史资料委员会编：《丰台文史资料选编》第七辑，1995 年印行，第 66 页。

⑤ 中共北京市委党史研究室编：《侵华日军在北京地区的暴行》，知识出版社 1995 年版，第 18 页。

芒刺在身。1941 年 12 月 8 日太平洋战争爆发后，燕京大学等教会学校一律被查封，随后，或停、或并或被伪教育局接收。日军将陆志韦、赵紫宸、侯仁之等10 余名教职员逮捕，关押在北京炮局日本宪兵监狱。敌人想利用他们的威望为其服务。陆志韦大义凛然，不畏强暴，被关押一年半。在监狱中，他被折磨成皮包骨，敌人要求他写悔过书，陆志韦写下"无可悔过"四个大字①。

沦陷时期，辅仁大学秘书长英千里等在校内组织炎社，向师生宣传抗日救国。1942 年底和 1944 年 2 月，英千里两次被日军逮捕，在酷刑拷打下坚贞不屈，被判刑 15 年。1944 年 3 月 21 日，辅大教育学院院长张怀、文学院代理院长董洗凡等 30 余名教师同时被日本宪兵队逮捕，导致辅仁大学许多课程被迫停顿，无人讲授。这是当时轰动华北教育界的大逮捕案。②

北京沦陷后，北京大学国文系教授马裕藻因年迈并患高血压未能随校南迁，被北大指定为留平保护校产的四教授之一。在日军占领期间，他拒绝出山为日伪效劳。1945 年 4 月抑郁而终。

受过五四运动洗礼素有反帝爱国传统的北京文化界人士不畏强暴，以各自不同的方式与日本侵略者进行了顽强斗争。即使被捕入狱、牺牲生命也铁骨铮铮，在民族危亡关头表现了舍生取义的浩然正气。

2. 抗日军人的伤亡

为了保卫中国领土不被外人蹂躏，中国军队在北京地区进行了顽强抵抗，很多将士血洒京华。从 1933 年到 1937 年，中国守军在北京地区先后组织了古北口战斗、南苑抗战、南口战役等几次大的战斗。从 1937 年到 1945 年，八路军在平郊抗日根据地和游击区坚持了八年艰苦卓绝的游击战争。中国军队在正面和敌后战场上都付出了巨大的牺牲。

（1）正面战场的伤亡

在长城抗战中，密云古北口是最激烈的战场之一。1933 年 3 月初，日军进犯长城线上的喜峰口、冷口和古北口等军事要塞。鉴于古北口的重要战略地位，中日双方在战前均部署了重兵。日军担任进攻的是主力第 8 师团及骑兵第 2 旅团，中方防守部队是东北军第 107 师王以哲部及增援的中央军关麟征第 25 师。日军于 10 日中午开始轮番轰炸古北口阵地，试探中国守军的实力；11 日拂晓发起总攻，激战一日；12 日再次进攻。第 25 师由于联络中断，不得不退守南天门。此

① 丁磐石：《在日寇监狱中的张东荪先生》，载燕大北京校友会编印：《燕大校友通讯》1999 年第 27 期。

② 北京辅仁大学校友会编：《北京辅仁大学校史》，中国社会出版社 2005 年版，第 40—41 页。

战，中国军队第 25 师伤亡 4000 余人[①]。

七七事变后，日军于 1937 年 7 月 27 日分别向通县、团河、小汤山等地攻击。这些地方的中国守军与日军激战之后，退至南苑和北苑。南苑位于北平南郊 10 公里处，是北平南面的咽喉要道。7 月 28 日拂晓，日军在飞机、大炮掩护下，从东、南两侧同时向南苑发起攻击，并切断南苑至北平的公路，战况异常激烈。守军第 29 军副军长佟麟阁亲赴南苑督战，第 29 军第 132 师师长赵登禹任南苑方面指挥官。激战中，佟麟阁、赵登禹相继壮烈殉国。在南苑军营参加军训的近千名北平学生也有一半以上殉国。同时，宛平、北苑、衙门口、八宝山等地也遭到日军的疯狂攻击。29 日凌晨，驻扎在通县、顺义的伪冀东自治政府保安队万余名官兵发动起义，张庆余、张砚田等率队分别包围设在通县的伪冀东政府和日军兵营，消灭日军数百人，活捉汉奸殷汝耕。从七七事变至北京沦陷，第 29 军在与日军的一系列作战中伤亡达 5000 余人以上[②]。

北京沦陷后，为了迟滞日军西进南下的步伐，中国国民政府调集各路大军汇集南口，集结的军队兵力约 6 万人。整个战役中，广大参战将士前赴后继，英勇拼杀，伤亡达 16643 人[③]。尽管南口最后失守了，但中国将士们以劣势装备，在南口的崇山峻岭之中，与日军苦战近一个月，消耗其大量的作战物资，打击了日军的嚣张气焰，表现出了血战到底、宁死不屈的献身精神，极大地鼓舞了全国人民的抗战热情和斗志。南口战役是卢沟桥事变后，国民党中央军与日本精锐部队的第一次正面交锋，也是给日军重大挫伤的一次战役。

从 1933 年长城抗战至 1937 年南口战役，中国守军在与日军的作战中共伤亡 25000 人以上。

（2）敌后战场的伤亡

八路军宋时轮邓华支队、第 4 纵队、冀热察挺进军在创建、坚持平郊抗日根据地 8 年的游击战争中，给敌人严重威胁。八路军晋察冀军区第 10 团就是坚持华北敌后抗战的杰出英雄群体代表之一。第 10 团 80% 以上官兵都是参加过一二九抗日爱国运动的北平及东北的大学生，文化层次之高在八路军中屈指可数。

1940 年 5 月，八路军晋察冀军区第 10 团团长白乙化率团挺进平北，开辟丰滦密抗日根据地。白乙化发誓：生不回平西，死不离平北，一定要坚持到最后胜

---

① 王桧林主编：《中国抗日战争全书》，山西人民出版社 1995 年版，第 81 页。
② 章伯锋、庄建平主编：《抗日战争》第二卷，军事（上），四川大学出版社 1997 年版，第 103 页。
③ 中国抗日战争史学会、中国人民抗日战争纪念馆编：《抗日战争时期重要资料统计集》，北京出版社 1995 年版，第 55 页。

利。第 10 团发动群众、建立地方政权，攻克据点，破坏敌人交通线，成为插入伪满洲国的一把尖刀。1940 年底，第 10 团以全歼日军一个中队的战绩，极大鼓舞了当地军民的斗志。1941 年 2 月，在密云县马营西山指挥部队与进犯的伪满道田讨伐队激战时，白乙化壮烈牺牲，被授予"民族英雄"的称号。1941 年 6 月，第 10 团发展到 1700 多人。从 1940 年到 1941 年 8 月，第 10 团与日、伪军作战 414 次，毙敌 2525 人。日军为彻底"歼灭"第 10 团及其开辟的丰滦密抗日根据地，集合重兵"围剿"第 10 团驻地，团后勤处及联合县工作人员遭到较大损失。自此，敌人更加嚣张，不仅大肆制造"无人区"隔绝抗日力量，还在山区搭帐篷，实行"驻剿"。敌人烧毁房屋，第 10 团就利用残垣破壁和火炕，敌人又将之摧毁，第 10 团再盖，敌人再烧。在盖不应烧的情况下，第 10 团为坚持斗争，求助北平地下党买来花旗布，染成灰色，每排做一个帐篷，用完带走，解决了住的问题。1943 年 11 月 11 日，第 10 团政治处主任王波为掩护群众突围，英勇牺牲。就是在人员少、武器差、生活条件异常艰苦的情况下，八路军将士勇敢战斗，不怕牺牲，有效杀伤敌人。如同这支部队的团歌所唱：战争之神，手握利剑，抗击日寇敌胆寒。下表为八路军晋察冀军区第 10 团部分战况表。

表 8　八路军晋察冀军区第 10 团部分战斗一览表[①]

时间	战斗名称	第 10 团伤亡人数	日伪军伤亡人数
1940 年 5 月 29 日	沙塘沟战斗	—	死 20 人 伤 40 多人
1940 年 12 月 25 日	冯家峪战斗	死 67 人 伤 53 人	死 90 多人
1941 年 2 月 4 日	鹿皮关战斗	团长白乙化等牺牲	死 117 人
1941 年 5 月 16 日	东白莲峪沟门战斗	—	死 20 余人
1941 年 7 月上旬	柏查子战斗	—	死 70 人
1941 年 7 月 14 日	白马关战斗	—	死 120 人
1941 年 9 月 25 日	头道营战斗	死 35 人 伤 37 人	死 55 人
1942 年 4 月 8 日	臭水坑战斗	死 30 多人 被俘 45 人	—
1942 年 5 月	长嵯战斗	伤亡 20 人	死 80 余人
1942 年 12 月	石广峪战斗		死伤 60 余人

① 炮兵第二〇一团政治处：《中国人民解放军炮兵第二〇一团团史》，1998 年印行。

时间	战斗名称	第 10 团伤亡人数	日伪军伤亡人数
1943 年 10 月	太子沟战斗	—	被歼两个连 被俘 80 余人
1944 年 5 月 29 日	景陵、昭陵战斗	死 26 人 伤 55 人	—
合 计	—	伤亡 369 人	伤亡 752 人，又两个连

表9 八路军（不含八路军晋察冀军区第 10 团）在北京地区与日军作战情况统计表[①]

时间	地点	八路军伤亡人数	日伪军伤亡人数
1938 年 6 月 8 日	沙峪战斗	—	死伤 120 人
1941 年 9 月 28 日	顺义尹家府战斗	—	死伤 150 人
1942 年 2 月 5 日	平谷贾各庄战斗	—	死伤 70 余人
1943 年 10 月	顺义薛庄、岭上战斗	—	死伤 50 人
1944 年 6 月	平谷土门、熊儿寨战斗	死 92 人，伤 70 人	死伤 500 余人
1944 年 12 月 28 日	平谷大、小官庄战斗	死 120 人	死伤多人
1945 年	南梁村战斗	伤亡近百人	死伤七八十人
合 计	—	伤亡 382 人	伤亡 965 人

综合上述二表可知，八路军在北京地区的部分战斗中，自身伤亡 751 人，毙伤俘日、伪军 1717 人，另歼敌 2 个连。特别需要说明的是，由于统计资料的缺乏，以上对八路军在北京地区人员伤亡的统计是不全面的，实际上，八路军在北京地区抗战的伤亡数及歼敌数要远远高于这个统计结果。根据此次调查，仅门头沟地区抗日战争时期就牺牲烈士 828 人。

经我们考察今属北京市辖区的当年北京郊区平西、平北、冀东等抗日根据地发现，1938 年至 1945 年，平郊抗日军民与日、伪军作战 4200 余次，共毙伤俘日、伪军 47000 余人。在取得辉煌战绩的同时，八路军及地方武装也付出了极大的代价，累计伤亡及被俘 4200 余人，见下表[②]。由于资料缺失，平郊抗日军民的战斗次数及伤亡数字很不完整。

---

① 根据北京 10 个郊区县革命史统计制成。
② 根据本次调查统计。

表 10 抗战期间平西八路军及地方武装作战情况统计表

时间	作战次数（次）	八路军及地方武装伤亡人数（人）	毙伤俘日、伪军人数（人）	资料来源
1939年—1940年7月	600余	—	5950	中共北京市委党史研究室编：《北京地区抗日运动史料汇编（六）》，北京燕山出版社2001年版，第79、233、234、420、421、433、576、577页
1941年8月—10月	117	105	750	
1942年4月—12月	4	—	146	
1943年	814	309	3617	
1945年5月下旬	17	—	186	
合　计	1552	414	10649	
备　注	① 1939年至1940年7月的统计数字，包括平西、平北、冀东的作战情况。 ② 个别时段的统计为零星战斗的累加，非全面统计，下同。			

表 11　抗战期间平北八路军及地方武装作战情况统计表

时　间	作战次数（次）	八路军及地方武装伤亡人数（人）	毙伤俘日、伪军人数（人）	资料来源
1938年6月	2	—	100 又伪满军1个营	中共北京市委党史研究室编：《北京地区抗日运动史料汇编（四）》，中国文史出版社2000年版，第353、356、372、373、375、379、382、393、411、423、526、527、532、533页
1940年6月下旬	1	38	—	
1940年9月—11月	37	—	日军1个中队	
1941年	414	—	2525	
1942年4月—12月	7	99	301	
1943年	387	157	1950	
1944年	628	564	2584	
1945年4月—7月	4	100	1946	
合　计	1480	958	9406 又伪满军1个营、日军1个中队	

表 12　抗战期间冀东八路军及地方武装作战情况统计表

时　间	作战次数（次）	八路军及地方武装伤亡人数（人）	毙伤俘日、伪军人数（人）	资料来源
1938年冬—1939年秋	200余	—	1500余	娄平：《冀热辽人民抗日斗争简史》，南开大学出版社1989年版，第24、30、48、60、65页；中共北京市委党史研究室编：《北京地区抗日运动史料汇编（五）》，中国文史出版社1992年版，第398、399、443页
1940年夏	200余	—	1000余	
1941年	110	1001	3223	
1941年12月—1942年2月	100	410	500又伪军4个团	

时 间	作战次数（次）	八路军及地方武装伤亡人数（人）	毙伤俘日、伪军人数（人）	资料来源
1942 年 6 月—7 月	50 余	—	1600 余	娄平：《冀热辽人民抗日斗争简史》，南开大学出版社 1989 年版，第 24、30、48、60、65 页；中共北京市委党史研究室编：《北京地区抗日运动史料汇编（五）》，中国文史出版社 1992 年版，第 398、399、443 页
1942 年 8 月—9 月	20 余	—	850	
1943 年	200 余	—	7000 余	
1943 年 9 月—1944 年 7 月	100 余	—	5000 余	
1945 年 2 月—5 月	230	1468	5035	
1945 年 5 月后	—	—	1279	
总 计	1210	2879	26987 又 4 个团	

中国共产党地方抗日政权的工作人员为开辟和巩固抗日根据地付出的牺牲也是很大的，他们坚持"区不离区，县不离县"，克服各种困难，坚持对敌斗争。如，中共领导的抗日政权房（山）涞（水）涿（县）县七区，从 1942 年 1 月到 1944 年 4 月两年间，先后有 10 位区委书记和区长牺牲。

（五）财产损失情况

日本帝国主义对华发动的侵略战争是一场政治战和军事战，也是一场经济战。日本帝国主义发动战争的目的之一是攫取经济利益。侵华日军在北京采用公开或隐蔽的手段使北京人民遭受了巨大财产损失，自然资源、社会财富、公私财产被有组织、有计划地大量掠夺，其种类繁多，数量巨大，可以法币（亦称为国币，下同）百亿元计算。

战后，国民政府进行的抗战损失调查，将财产损失分为公营、民营财产的直接损失和间接损失。其中公营财产损失即为市营财产，如电车、自来水、学校、机关等。民营事业财产直接损失包括房屋、土地、树木、家具、现款、运输工具、服装、书籍、行李、铁器、铜器、零用物品。间接损失包括拆迁、防空、救济、抚恤等方面。

据 1946 年 7 月上旬北平市警察局上报市政府的呈文统计（北京原辖区）：北平市民营事业财产损失直接损失为 4655037944 元，间接损失为 2752389044 元。

北京市营事业财产中，北平市电车公司直接损失为530391元。市立及私立学校财产直接损失为5895499元，间接损失为6732012元。市警察局及所属机关财产损失共计106706564元[①]。

据2005年—2009年北京现辖18个区县抗战损失调查所得资料统计：北京市居民损失5370952575.25元法币[②]，另有法币5733万元[③]，被侵占土地30792.94亩，被烧毁、侵占房屋106851间（含郊区瓦房、草木房等），被毁、掠夺树木234489棵，被掠夺粮食188016564公斤，被毁夺服饰726625件，被毁生产工具106906件，被毁生活用品1085件。

表13　北京抗战时期社会财产损失统计表

		损失数量	直接损失	间接损失	统计时间及货币单位	资料来源
市营事业	电车公司	—	530391	—	1946年7月上旬，法币元	北平市警察局：《为奉令调查抗战损失经过情形分别列表呈报的呈文》，1946年7月5日，北京市档案馆藏，档号J181—14—685
民营事业	—	—	4655037944	2752389044	1946年7月上旬，法币元	北平市警察局：《为奉令调查抗战损失经过情形分别列表呈报的呈文》，1946年7月5日，北京市档案馆藏，档号J181—14—685
教育	北京大学	红楼被占为日本宪兵队队部、地下室占为牢房	—	465326000	—	国立北京大学校产保管委员会：《北大校产保管委员会向教育部平津区特派员办公处呈报校具、文物、图书、仪器损失的公函》，1946年3月，北京大学档案馆校史馆藏，档号1—BD1946141（2）

---

① 北平市警察局：《为奉令调查抗战损失经过情形分别列表填报的呈文》，1946年7月5日，北京市档案馆藏，档号J181—14—685。以上货币单位均为法币，即国币。因物价变动原因，当年国民政府要求，以法币报告各年损失价值时，要按1937年7月的法币价值进行折算。此处统计数字是否进行了折算，情况不详。

② ③ 这是各年损失相加汇总而成的统计数字，汇总之前未按1937年7月法币价值进行折算。

		损失数量	直接损失	间接损失	统计时间及货币单位	资料来源
教育	清华大学	占为陆军医院	14065132	—	—	清华大学档案馆藏：《国立清华大学战时损失统计表》，清华大学档案馆藏，档号X1—3：3—9国立清华大学
	燕京大学	占为华北综合调查研究所和日军伤兵医院、债券235500元、公债票2000两、银行存款378658.26元	8906658	—	—	燕京大学：《燕京大学关于调查被日掠夺财产之材料》，1948年，北京大学档案馆藏，档号YJ1948025
	北平国立图书馆	—	10000000	—	法币元	孟国祥、喻德文：《大劫难——日本侵华对中国文化的破坏》，中国社会科学出版社2005年版，第19页；中央档案馆等编：《日本侵略华北罪行档案——文化侵略》，河北人民出版社2005年版，第241页
	静生生物调查所	动物标本30余万件、植物标本22万号，图书10余万卷	—	—	—	孟国祥、喻德文：《大劫难——日本侵华对中国文化的破坏》，中国社会科学出版社2005年版，第75页；中央档案馆等编：《日本侵略华北罪行档案——文化侵略》，河北人民出版社2005年版，第241页
	中国大学	图书19535册	—	—	—	孟国祥、喻德文：《大劫难——日本侵华对中国文化的破坏》，中国社会科学出版社2005年版，第19页；中央档案馆等编：《日本侵略华北罪行档案——文化侵略》，河北人民出版社2005年版，第242页

		损失数量	直接损失	间接损失	统计时间及货币单位	资料来源
教育	北平民国学院	书籍 59836 册	—	—	—	中央档案馆等编:《日本侵略华北罪行档案——文化侵略》,河北人民出版社 2005 年版,第 242 页
	中小学	—	131483051.2	—	法币	北平市教育局:《北平市政府教育局所属各校抗战损失调查表》,1946 年 6 月 1 日,北京市档案馆藏,档号 J4—1—806
文物	云居寺	殿宇、房屋 300 多间	—	—	—	黄春和:《北京名寺丛书——云居寺》,华文出版社 2003 年版,第 195—197 页
	长城	破坏城段 20 公里、敌楼 40 座、三火车皮城砖	—	—	—	白天:《古北口往事》,内部资料,1997 年,第 143—149 页;孙义口述、蒙冠贤整理:《日军掠走古北口长城砖》,中共北京市密云县委党史办公室、密云县档案局编:《密云地区抗日斗争史料选编》,内部资料,第706 页
	故宫	文物 2953 箱、被征用铜品 2095 市斤、铜缸 66 口、铜炮 4 尊、铜灯亭 91 件、搬走书籍 314 册、杂志 6551 册、撕毁书籍 26 册、杂志 4131 册	—	—	—	王津均:《战时日军对中国文化的破坏》,《中央研究院近代史研究所集刊》,第 14 期,1985 年 6 月
	房山周口店遗址	头骨 6 具、头骨碎片 12 件、下颌骨 15 件、牙齿 157 枚、股骨 7 件、胫骨 1 件、肱骨 3 件、锁骨和月骨各 1 件以及一些头骨和面骨碎片	—	—	—	《"北京人"化石失踪的前前后后》《裴文中报告——"北京人"化石标本被劫及失踪经过报告》《胡承志报告"北京人"失踪经过》,分别载于《北京人》杂志 2003 年第 2 期、2005 年第 4 期;日赔会档案:《归还北京人化石

		损失数量	直接损失	间接损失	统计时间及货币单位	资料来源
文物						案》，1946 年 5 月，台北"中央研究院"近代史所藏，档号 32—00—277
	北京大学	《俄蒙界线图》1 份、古铜镜 14 件、古铜印 7 件、孟津出土之车器 400 余件、甲骨 20 余片、艺风堂拓片 1000 余件、北平碑志 100 余件、明兵部提行稿等文献 360 余件	—	—	—	国立北京大学校产保管委员会：《北大校产保管委员会向教育部平津区特派员办公处呈报校具、文物、图书、仪器损失的公函》，1946 年 3 月，北京大学档案馆校史馆藏，档号 1—BD1946141（2）
	大觉寺	—	30126100	—	1947 年，法币	国民政府外交部：《大觉寺古物损失报告单》，1947 年，台北"国史馆"藏，档号 305—504—1
	北平研究所	宝鸡斗鸡台 300 多件文物	—	—	—	国立北平研究院：《国立北平研究院抗战及复原期间工作概况》，1947 年 1 月 1 日，北京市档案馆藏，档号 J4—1—1792
	玉亭电影商行	影片底片和正片 20 多万英尺、《孙中山奉安大典》影片 5000 多英尺、摄影机	—	—	—	北京市东城区文化文物局编：《北京市东城区地方志资料——文化文物资料汇编（文化卷）》（上册），2000 年印行，第 149、第 150 页
	其他损失	宋清瓷器、绣花屏风 80 多件、公私图书损失 58.6 万册、古物 2800 件、碑帖 2.1 万件	—	—	—	谢忠厚主编：《日本侵略华北罪行史稿》，社会科学文献出版社 2005 年版；根据 2006 年北京市各区县文化委员会、文物管理所上报北京市文物局文物损失调查表

		损失数量	直接损失	间接损失	统计时间及货币单位	资料来源
机关	警察局	—	106706564	—	1946 年 7 月上旬，法币元	北平市警察局：《为奉令调查抗战损失经过情形分别列表呈报的呈文》，1946 年 7 月 5 日，北京市档案馆藏，档号 J181—14—685
	班禅驻京办事处	—	24799947036	4000	战后法币元	北平市政府：《西藏班禅驻京办事处财产损失报告单》，1947 年 7 月 15 日，台北"国史馆"藏，档号 305—504—2
矿产资源	石景山炼铁厂	生铁 262617 吨 铁矿石 559113.153 吨 煤炭 869857.334 吨 焦炭 233181.859 吨 石灰石 503161.854 吨 水 25312374 立方米 电力 38342808.88 千瓦 运力 653568041.823 吨/公里 土地 3048792 平方米	—	—	1945 年 11 月	北支那制铁株式会社编：《资产目录调查书》，北京市档案馆藏，档号 J61—2—19
	京西煤炭	煤 361.895 万吨	—	—	—	本书"专题"部分：《抗日战争时期北京煤矿资源损失考察》
	其他金属	萤石矿 750 吨、锰矿 17377 吨、铜 1389931 斤	—	—	—	孙刚选编：《日伪统治后期北京市办理铜品献纳运动史料》，载北京市档案馆：《北京档案史料》1999 年第 2 期，第 169 页
金融	白银	白银及包装总重 1094 吨	57000000	—	—	《日敌现银移管文件》，中国人民银行北京市分行金融研究所、《北京金融志》编委会办公室编：《北京金融史料》银行篇（十）；张昭：《京津两市现银查封及解除之经过》，伪中

		损失数量	直接损失	间接损失	统计时间及货币单位	资料来源
金融	中联银行	发行 700 亿联银券	12500000	——	——	国联合准备银行调查室:《中联银行月刊》第 4 卷第 5 期 欧阳载祥、王声扬:《中国联合准备银行与汪时憬》,载寿充一、寿乐英编:《中央银行史话》,中国文史出版社 1987 年版

日军对北京财产的掠夺方式主要有如下几个方面:

1. 金融掠夺

北京沦陷后,日伪华北临时政府对北京金融强行"统制",建立了伪中央银行中国联合准备银行,随后排挤中国法币,发行"联银券"以统一华北的货币市场。1941 年 12 月太平洋战争后,又"整顿"北京的金融机构,实行严密的金融垄断。日本统治者还通过发行公债、强制储蓄等手段搜刮北京民众的大量资金,以此支付日本侵略战争的军费开支、开办各种掠夺性经济开发公司和伪政权的行政开销。日本侵略者侵占北京的八年间,通过中联银行使用 700 亿联银券用来掠夺物资、支付军费[①]。此外,日军对北京银行、银号公开、直接掠夺事件有数起,列举如下:

(1)抢夺华北巨额白银

1935 年 11 月,中国实行币值改革,废两改元,国家对白银实行统管,要求各地将白银集中于中央银行。当时华北白银未能集中到南京,暂存于北京、天津租界的银行中。根据 1936 年 7 月 7 日《益世报》报道,北京、天津租界内保存的白银如下:天津市现银保存在中国银行的有 18349981 元,保存在交通银行的有 20612599 元,共 38962580 元。保存在河北省银行的有 221000 元。1936 年 7 月 13 日北平市现银保存在中国银行的有 6592359 元,保存在交通银行的有 8865867 元,保存在中央银行的有 100315 元,共 15558541 元。两市合计保存的白银有 54742121 元。1937 年 7 月 7 日,国民政府设立的发行准备委员会天津分

---

① 欧阳载祥、王声扬:《中国联合准备银行与汪时憬》,载寿充一、寿乐英编:《中央银行史话》,中国文史出版社 1987 年版。

会发表京津两市库存白银共 56572000 元的消息①。北京沦陷后，日方通过保管权和谈判方式来谋取但未得逞。太平洋战争爆发后，白银被日军查封。1942 年10 月 27 日、28 日，在日伪当局参与下，中联银行强行夺取 1250 万元白银充作其银行股本；其他现银交给华北政务委员会。白银总重量连同包装共约 1094 吨，约 5700 万元之巨②。这笔巨款被日军鲸吞后，极大地增强了伪政权的财力，支持了日军在华北的军政开支，这是对中国人民财富赤裸裸的掠夺。

上述掠夺，既强占占领地区的物质财富，又可为日军扩大侵略战争提供金融支持，把近代列强和帝国主义对中华民族的掠夺手段推向极致。

（2）抢夺公营和私营银号的黄金、白银及存款

北京市崇文区是商业发达区域，在八年期间，日军外城宪兵队曾到 27 家银号进行抢劫。例如，1937 年 11 月到 12 月，日军没收前门外聚义银号中国守军第 29 军抗日将士寄存的黄金 1200 两，银元 211000 元，存款 726574.9 元。在日军特务部成田少佐、武田确忠、余村实的刑逼下，银号经理王振亭从东郊民巷聚义银号的库房中将 21 万银元提出，宪兵队用卡车将银元直接拉入日军控制的朝鲜银行中。该行临时行址亦在东郊民巷内③。类似的事件有几十起之多。日本宪兵队为了掠夺银号的钱财，甚至追索银号经理到天津毙杀④。事实上，当时北京由日本控制的银行的存款准备金，有很多是从中国金融机构中直接抢掠而来的。

（3）掠夺西藏班禅驻北平办事处财产

北京沦陷后，班禅驻京办事处主要人员均被日军惨杀，财产目录册被日军抢去，其财产全部被日军所掠。这些损失的物品是：

---

① 李文治译：《华北新通货工作论》，中国人民银行北京市分行金融研究所、《北京金融志》编委会办公室编：《北京金融史料》银行篇（十），1995 年内部版，第 378 页。

② 《日敌现银移管文件》，中国人民银行北京市分行金融研究所、《北京金融志》编委会办公室编：《北京金融史料》银行篇（十），1995 年内部版，第 195 页。张昭：《京津两市现银查封及解除之经过》，载伪中国联合准备银行调查室：《中联银行月刊》第 4 卷第 5 期，1942 年 11 月。

③ 北平市警察局：《聚义银号被劫物表》，1947 年 7 月 1 日，台北"国史馆"藏，档号 305—189。

④ 北平市警察局外一分局：《关于日本宪兵过去曾有罪行的呈》，1945 年 12 月 12 日，北京市档案馆藏，档号 J184—2—8600；第十一战区司令长官部、市府：《关于日本宪兵罪恶的有关文件》，1945 年 12 月 21 日—1946 年 8 月 22 日，北京市档案馆藏，档号 J181—17—841。

表 14　班禅驻北平办事处财产损失报告单[①]

填送日期：1947 年 8 月　　　　损失时间：1939 年　　　　地点：北平

损失项目	单位	数量	价值		证件
			购置时价值	损失时价值	
北平金城银行存款	三项	2,465.37	2,465.37	7,396.11	有日军强迫提取证件一
北平中原金店存款	九项	14,500.00	14,500.00	43,500.00	有日军强迫提取证件一
北平永增源皮货店存款	五项	15,000.00	15,000.00	45,000.00	有日军强迫提取证件一
北平中原金店存白银	—	214 两 3 钱 4	471.55	1,414.65	有日军强迫提取证件一
北平广盛祥绸店存款	四项	4,000.00	4,000.00	12,000.00	有日军强迫提取证件一
北平正源绸庄存款	30 项	54,723.60	54,723.60	164,170.80	有日军强迫提取证件一
法器金铃杵	个	2（共重足金15 两）	3,000.00	9,000.00	—
念经用宝石小鼓	个	1	600.00	1,800.00	—
金盛米碗带盖一个/金瓶一对	—	共重足金10两	2,000.00	6,000.00	—
盛茶油金钵	个	1（共重足金15 两）	3,000.00	9,000.00	—
金花水瓶	个	2（共重足金18 两）	3,600.00	10,800.00	—
大足金瓶	个	2（共重足金60 两）	12,000.00	36,000.00	—
翠高脚碗	个	2	3,000.00	6,000.00	—
白玉高脚碗	个	2	1,500.00	4,500.00	—
带金叶及宝石马鞍子	个	2（共重足金200 两）	40,000.00	120,000.00	—
翠带盖茶碗	个	10	3,000.00	9,000.00	—
玉带盖茶碗	个	10	2,000.00	6,000.00	—
带足白玉及茶碗	个	20	5,000.00	15,000.00	—
碟	个	20	2,000.00	6,000.00	—
翠饭碗	对	20	2,500.00	7,500.00	—

---

① 《市民、财政局、大觉寺、金城银行、中国银行、成城中学、西藏班禅驻京办事处财产损失报告单》，1947 年 7 月 1 日，台北"国史馆"藏，档号 305—504—2。表中财产损失货币单位应为元，币种为法币亦称国币——编者注。

损失项目	单位	数量	价值		证件
			购置时价值	损失时价值	
白玉饭碗	对	20	1,500.00	4,500.00	—
白玉茶碗	对	8	1,600.00	4,800.00	—
翠茶碗	对	50	15,000.00	45,000.00	—
银带盖带座茶碗	对	20	400.00	1,200.00	—
象牙筷子	对	10	280.00	780.00	—
包足金象牙带盖茶碗	个	共重足金10两	2,000.00	6,000.00	—
包足金人头骨	个	共重足金15两	3,000.00	9,000.00	—
黄金（即足赤金）	两	400.00	80,000,000.00	340,000,000.00	—
丝线地毯	块	2	3,000.00	9,000.00	—
纯毛毯	块	4	600.00	1,800.00	—
经堂喇嘛用纯毛长毯	块	40	60,000.00	180,000.00	—
各色纯毛长毯（小）	对	60	1,500.00	4,500.00	—
宝座丝绒靠	套	1	400.00	1,300.00	—
汽油	桶	80（每桶五加仑）	340.00	720.00	—
绸缎（系俄国金丝缎及最好绸缎）	匹	15,000	3250,000.00	6750,000.00	—
金茶碗	个	共重足金5两	1,000.00	3,000.00	—
首饰匣一双，内计 ①钻石	个	大2 小3	5卡拉 5,000.00 7卡拉 10,500.00	15,000.00 31,500.00	—
②蓝宝石顶	个	大小共12	10,200.00	30,600.00	—
③珍珠扁豆	颗	大小共20	2,400.00	7,200.00	—
④松石（好的）	个	15	1,200.00	3,600.00	—
⑤大珊瑚帽顶	个	20	1,400.00	4,200.00	—
⑥西藏九眼花石	个	13	3,250.00	9,750.00	—
金戒指	只	20（共合足金10两）	2,000.00	6,000.00	—
金卢比（印度币）	枚	20	1,080.00	3,240.00	—
珍珠	小袋	1	15,000.00	45,000.00	—
金地珍珠花大宝石帽饰	只	1	1,500.00	4,500.00	—
金佛盒	只	1	2,000.00	6,000.00	—

损失项目	单位	数量	价值		证件
			购置时价值	损失时价值	
翡翠烟壶	只	4	2,000.00	6,000.00	—
各色宝石	块	15	750.00	2,250.00	—
金钻石耳圈	付	1	1,500.00	4,500.00	—
俄国金币	枚	1	54.00	162.00	—
翠手镯	付	6	1,320.00	3,960.00	—
银元宝	只	1（重足银53两）	116.60	349.800	
蓝宝石大项圈	只	1	11,500.00	34,500.00	—
各种宝石戒指	只	8	10,400.00	31,200.00	—
金茶碗	只	6	1,530.00	4,590.00	—
金茶碗盖	只	5	1,062.00	3,186.00	—
翠烟嘴	只	1	55.00	165.00	—
翠班（扳）指	只	4	2,400.00	7,200.00	—
（珊瑚水晶等）佛珠	串	10	6,000.00	18,000.00	—
（珍珠翠等）佛珠	串	5	17,100.00	51,300.00	—
假珠项圈	只	1	150.00	450.00	—
马蹄钟	只	1	15.00	45.00	—
翠烟壶	只	7	3,850.00	11,550.00	—
翠戒指	只	3	450.00	1,350.00	
金净水碗	只	7	3,612.00	10,836.00	
珊瑚烟壶	只	2	800.00	2,400.00	
翠手镯	付	5	1,500.00	4,500.00	
蓝宝石项圈	只	1	12.500.00	37,500.00	
金戒指	只	1（重足金1两）	200.00	600.00	
金表	只	1	90.00	270.00	
金表链	只	1	425.00	1,275.00	
钻石戒指	只	1（约5卡拉）	2,700.00	8,100.00	
女手表	只	1	30.00	90.00	
本处一切物品房座等项损失	—	—	15,000.00	45,000.00	

2. 烧毁房屋、强占民宅

（1）在城区的强占

日军占领北京后，在城区强占原有政府机关驻扎日伪军政机关，同时占用许多公房和民房建设兵工厂、仓库、医院等。

1937 年 8 月 8 日，日军在东城占领了铁狮子 1 号平津卫戍司令部房产 188 间、东四北大街中国陆军部房产 170 间作为军用。将北大红楼作为华北派遣军司令部，并强占多处宅院作为其将官私邸、部队招待所和士兵宿舍。在北新桥王大人胡同迤北至北新开路、往东至观音寺一带居民密集区强拆民房，建设以生产枪支为主的"北支工厂"；在北门仓建兵工厂和军火库；在东直门内大街 72 号建日军（甲）1810 部队仓库。

除一般平民的住房外，国民政府一些著名人士，如阎锡山在北京内三区的房产 90 多间，刘汝明在海运仓、南小街、黄化门大街等地的 11 处房屋 400 余间也被强占，战后统计总计损失 40000 万元。抗战名将张自忠在府右街的房产被日军侵占，损失法币 20815590 元。宋哲元在铁狮子 4 号的房产也被日军霸占[①]。

（2）在郊区的破坏与强占

日本侵略军在京郊大量征用中国劳工，修建兵工厂、飞机场、军火库、碉堡、炮楼、仓库、壕沟等军事设施。在抗日根据地及游击区则实行烧光、杀光、抢光的"三光"政策，烧毁、拆毁无辜百姓住房，为了巩固殖民统治，对抗日根据地军民进行血腥报复。

1937 年七七事变后，日军大量增兵丰台，在占有原英国老兵营的基础上，强行占用老百姓的土地和房屋，不断扩建兵营，修建仓库。1941 年 6 月 4 日，南郊警察分局与松崎特务机关长在有关征地的往来信函说，日军在七间房、前泥洼、后泥洼、七里庄等村，一次就征占土地 983 亩，被占地户 164 处，在这些地方驻扎的日军是"有贺部队"和"辻部队"[②]。据战后国民政府的调查资料显示，从 1939 年 7 月起，1940 年 3 月、7 月，1941 年 4 月、8 月，日军共占领前泥洼、后泥洼、李庄子、七里庄、七间房、侯庄、高庄、石榴庄、道沟村、地藏庵、石马坟等十几个村庄至少 288 户人家的土地、房屋、坟茔、棚子，这些生产和生活资料被日军低价收买，当地百姓失去生活所靠，流离失所[③]。

为了切断抗日根据地与人民群众的联系，日军大搞"集家并村"。如将怀柔地区八道河以南、柏崖厂以西，西起庄户、东到石片等村，方圆约 100 多平方公里的地带变为"无人区"。对大榛峪、西栅子、长园、石片等山地村庄反复"扫

① 北平市警察局：《关于调查军事损失暨将士损失有关资料的文件》，1945 年 9 月 26 日，北京市档案馆藏，档号 J181—10—215。

② 伪华北政务委员会建设总署等：《关于调查和发放南郊丰台军用地价的咨文和收买地亩、补偿费、地契清册》1941 年，北京市档案馆藏，档号 J1—6—662。

③ 北平市警察局：《财产损失报告单》，1946 年 3 月，台北"国史馆"藏，档号 303—004。

荡"达17次,对下辛庄、北宅、东庄、辛庄、东坟、岐庄及围里村一带"扫荡"更达22次。据调查统计,从1937年至1941年,宛平185个村庄有142个被日军烧毁。沿河城村半月内被烧3次,柏峪村民房竟被烧19次。1942年7月,黄安坨村的民房屡次被烧,20天内被日军袭击7次。1944年秋,平谷上苇甸村被烧13次。

1939年至1942年,侵华日军仅在门头沟地区即修建150余处据点和岗楼。为封锁丰滦密抗日根据地,日军修建了从昌平桃峪口到潮河辛庄宽11米,深5米,长90公里的所谓"惠民壕",5000名青壮年被无偿征用,累计出工30多万个,被占土地1485亩。在平谷地区共挖3条壕沟:一条由上宅到峪口,长30公里;一条由大华山到胡店,长10公里;一条由稻地到掘山头,延伸到蓟县附近。壕沟宽10米,深6.5米,占地600亩。

烧毁房屋是日军的一种残酷的毁灭手段,"集家并村"更是剥夺了百姓基本的生存条件。很多百姓被迫在山洞、石洞中过着与世隔绝的凄惨生活。遇到日、伪军搜山,难逃被杀的厄运。

3. 售贩毒品,聚敛财富

战后,据北平市警察局统计,北京城近郊区有白面鸦片馆323处,其中土膏店213处,朝鲜人在本市设立白面馆约133处[1],这还不包括10个远郊区县。在郊区,据刘新三、董新回忆,1939年初通州北大街出现第一家大烟馆即仁记土膏店。不久亚东、新乐、利通、六兴、公记、通义等土膏店相继开业,日韩浪人还开了十五六家白面房[2]。此外,海淀、长辛店等地也都有类似的大烟馆和白面店。1938年2月24日,日伪临时政府正式废止战前南京国民政府的禁毒法令,将烟毒犯从狱中释放。6月1日起,正式准许吸食鸦片。在北京市内设官办吸食所140—150处,允许在旅馆和妓院吸鸦片。贩卖鸦片者特许登记,规定收取烟馆和吸食者税内捐款。这样,伪临时政府每月仅鸦片印花税即可收入20余万元,嗜鸦片者不怕被抓,伪政权也以此作为它的重要财源。日本在其占领区的鸦片政策不是禁毒,而是将其合法化、公开化。

据统计,在北京吸食和经营鸦片的情况如下:1938年,北京共输入鸦片1088万两,本地消费4731313两。1943年在北京的海洛因零售者约有1800户,每日

---

[1] 北平市警察局:《沦陷地区、克复地区损失情形报告表》,1946年,台北"国史馆"藏,档号303—026。

[2] 刘新三、董兴:《我们所知道的通州土膏店、白面儿房》,载北京市政协文史资料研究委员会编:《日伪统治下的北平郊区》,北京出版社1995年版,第320页。

零售量为 7.61 磅，一年的零售总量为 2777 磅，嗜海洛因者约有 39600 人；以每磅海洛因价值伪币 26 万元计，北京一年零售总收入为 7220.2 万元[①]。

在华制造和贩卖毒品是日本政府有计划进行的，目的是弱化中国人的身心及抗日意志力，可补充大量财政收入，又为日本人及日本殖民地朝鲜人筹谋生之路，所以 1939 年北京有朝鲜人 9353 人，多数从事杂货业和无业，大约有六成在搞毒品业[②]。

前表所列物品很多价值不菲，特别是宗教物品更为稀有。日军不仅杀人越货，而且还按图索骥、抢劫财物。1939 年 1 月 4 日，沙滩日本宪兵队本部宪兵到位于大栅栏 19 号的广盛祥绸布店，向经理何耀鲲出示该店与班禅驻京办事处签订的债券四张（共 4000 元），勒令布店立即还钱。该店确曾与班禅驻京办事处有钱款往来，并曾因误会诉讼法院，后和解达成分期付款。但日本宪兵不容分说，对何耀鲲手打脚踢，勒令次日派人将 4000 元送到宪兵队。日军宪兵队以同样手段到金城银行、永增源皮货店、中原金店、正源绸庄提取了班禅驻京办事处在各处的存款。据西藏班禅驻京办事处主任兼接收班禅驻平办事处特派员商图丹计算，班禅驻北平办事处财产损失折合战前法币 82666490 元，战后法币 24799947036 元[③]。

4. 掠夺战略资源

为达到"以战养战"的目的，日军在华北掠夺的资源主要包含铁、煤、盐、棉及稀有矿产等重要的军事物资。突出的是，日军以所谓"军管理"的方式在北京全力经营和掠夺了石景山炼铁厂和北京西部的煤炭资源。

（1）掠夺石景山炼铁厂资源

自 1938 年 11 月起到 1945 年 8 月止，日本侵略者侵占石景山炼铁厂共 6 年零 10 个月，其间共生产生铁 262617 吨。除 3 万吨在久保田铁工所北京工场铸造成各种铸件产品外，其他 23 万吨直接运回日本。

为了扩大钢铁的生产，日本侵略者在经营石景山炼铁厂时圈划了大量土地。据战后不久石景山制铁厂的日本人向国民政府交接资产所编制的《资产目录调查

---

① 孙福林：《从华北禁毒总局看日本帝国主义毒化政策》，载北京市档案馆：《北京档案史料》1995 年第 4 期。
　李恩涵：《本世纪 30 年代前后日本在华北的毒化政策》，载中国社会科学院近代史研究所：《近代史研究》1997 年第 4 期。
② 房建昌：《日文档案所反映的 1927—1945 年间朝鲜侨民在北平状况》，载北京市档案馆：《北京档案史料》2000 年第 3 期。
③ 北平市政府：《西藏班禅驻京办事处财产损失报告单》，1947 年 7 月 15 日，台北"国史馆"藏，档号 305—504—2。

书》中记载，至 1945 年 8 月 15 日，共强占中国土地 3048792 平方米，其中炼铁厂占地 2558381 平方米，将军岭石灰石矿占地 490411 平方米[①]。

仅石景山炼铁厂一处，日军就掠夺消耗了巨量铁、煤、焦炭、石灰石、水、电、运力等资源。列表如下：

表 15 日军掠夺石景山炼铁厂资源统计表

类别	产地	消耗量
铁矿石	河北省宣化地区龙烟铁矿烟筒山矿、庞家堡铁矿、司家营铁矿和武安铁矿，山东省金岭镇铁矿和江苏利国铁矿	559113.153 吨
煤炭	河北省井陉煤矿；山东省中兴煤矿、新泰煤矿和华宝煤矿；山西省大同孤山煤矿；河北省磁县煤矿；内蒙古自治区大青山煤矿和河北省与河南省交界的六河沟等煤矿	869857.334 吨
焦炭	正丰煤矿、中兴煤矿、井陉煤矿、六河沟煤矿以及冀东焦炭厂等产焦炭的煤矿和地区	233181.859 吨
石灰石	石景山炼铁厂十余公里的将军岭石灰石矿（龙泉雾石灰石矿）。此外，还有少部分来自周口店和山东省金岭镇	503161.854 吨
水	永定河水，通过水泵抽水到厂内供生产和生活需要	25312374 立方米
电力	—	38342808.88 千瓦，其中：自发电 13879306.88 千瓦，外购电 24463502 千瓦
运力	—	653568041.823 吨/公里
土地	—	3048792 平方米

（2）掠夺京西煤炭

北京丰富的煤炭资源，早为日本帝国主义所垂涎，战前就妄图将北京变为日本的能源补给基地。1934 年至 1935 年间，日本帝国主义以南满洲铁道株式会社名义，对北京地区的煤炭资源进行了大规模的调查。调查活动历时一年有余，足

[①] 北支那制铁株式会社编：《北支那制铁株式会社资产目录调查书》，1945 年 11 月 16 日，第 11、58、102 页，北京市档案馆藏，档号 J61—2—19。

迹遍及京西的众多村镇、煤矿、煤窑以及北京、天津的煤炭市场,查阅了许多煤矿、煤窑的历史档案,对北京的煤炭质量进行了多次取样化验分析。至1935年末,调查队铅印了《北京西山炭田调查资料》[①]一书,收存有调查报告14篇。卢沟桥事变后,日本侵略军的铁蹄踏入京西,开始对京西煤炭进行疯狂掠夺。正是依据《北京西山炭田调查报告》等经济情报,日本侵略军对门头沟煤矿、房山的运煤高架线及京西运煤铁路实行了"军管"[②],在板桥地区开采大台煤矿,在房山地区开采万盛煤矿,在门头沟地区强占宏福煤矿、利丰煤矿、杨家坨煤矿。1938年至1945年日本占领门头沟煤矿期间,门头沟煤矿总计产煤272.8150万吨,基本都是被日方占有。在日本人占领运煤高线期间,房山县的坨里至河套沟地区,1938年到1942年共产煤89.08万吨。这些北京地区的优质煤炭源源不断运往日本和敌占区。

（3）掠夺其他稀有金属

日军除重点掠夺北京的煤矿外,还对金矿、萤石矿、黑钨矿、石灰岩和石墨矿等进行了大规模掠夺。如1942年,日本以武力强迫怀柔县长哨营乡农民开采萤石矿。开采点为长哨营乡兰营萤石矿20条主要矿脉。据统计,1942年至1945年间,从这里共采出精矿500吨至1000吨。为了把矿产资源运走,日军强迫当地农民修路,专门修筑了由怀柔县长哨营经东辛店,通往密云县番字牌的盘山公路,路程35华里。1940年1月到1943年9月,日铁会社低价强占昌平西湖村鑫昌公司锰矿,采矿17377吨。

日伪政府曾在北京市举行了三次献铜运动,共掠夺铜品1389931斤[③]。

日本侵华期间,实行既定的掠夺战略方针,这些有的是国家经营,有的由财团把持,连部队中下层也有具体的掠夺任务。特别在战争后期这种掠夺的程度更加疯狂。1943年初,日本政府通过其驻北京公使馆,指令华北方面军在华北实行掠夺物资的摊派,这是日本企划院物资动员计划中,对中国包括满洲、华北、蒙疆、华中、华南实行掠夺摊派的一个组成部分[④]。

[①] 南满洲铁道株式会社:《北京西山炭田调查资料》,1935年,北京市档案馆藏,档号Q22—4—91。

[②] 日军对"军管"的企业,由日本派遣军总司令部指定委托日本企业经营,少数由日军自行经营,并给予各种特权,让其获取暴利,而且任意取用、运走、破坏工厂的机器设备。

[③] 根据孙刚选编:《日伪统治后期北京市办理铜品献纳运动史料》,载北京市档案馆:《北京档案史料》1999年第2期。从文中统计而得。

[④] 解学诗:《华北经济掠夺史》,中华书局2004年版,第847页。

5. 破坏教育

教育是一国发展的基础，需要长时段的积累和大量的投资。主要包括师资力量的培养和教育设施、图书、校舍的投资与建设。近代以来，作为全国文化中心，北京开办了各式各样的学校，并迅速地成为近现代的文化中心，近代北京的教育事业发达，其质量与数量都在全国占有重要的地位。

卢沟桥事变前后，为保护中国高校和教育机关，国民政府命令部分内地高校南迁或北迁。北京有 20 多所高等学校外迁。迁到外地的大学有清华大学、北京大学与天津的南开大学三校在云南昆明成立的国立西南联大。国立北平大学、国立北平师范大学迁往西安，1938 年在陕西成立西北联合大学。私立燕京大学 1941年冬在成都设分校。私立中法大学 1941 年迁昆明，私立北平民国学院四度迁徙，最后落脚湘西，私立朝阳学院四度迁徙，最后到达重庆。国立北平艺术专科学校竟然七度迁徙才到达重庆[1]。北平铁道管理学院迁往湘潭，东北大学迁往开封，在京的不少大学被迫停办。如中法大学北平铁路学院、北平私立铁路专科学校宣告停办等。北京高等教育的损失可见一斑[2]。据抗战后市教育局所属各校统计，抗战时期，中小学校的损失为法币 131483051.2 元[3]。

抗战时期，日伪政权对北京高等教育进行了蓄意破坏。

（1）霸占、毁坏校舍

红楼是当时北京城内最漂亮、最现代的建筑之一，1937 年 8 月 25 日，日本宪兵进入北京大学，这座酝酿了五四运动、成为中国民主圣地的红楼，一度成为日本宪兵队队部。地下室被用作囚禁爱国志士的牢房和刑场。北京大学多处校产被日军破坏。他们拆毁房屋，损毁各类桌、椅、书柜、书架、黑板、讲台、床铺等，折合 17455.4 万元[4]。

清华大学被日军占为陆军医院。校内图书馆、各院系馆、教授住宅以及学生宿舍均受严重毁坏。图书馆书库做了日军外科手术室，阅览室做了病房，钢书架

---

① 徐国利：《关于"抗战时期高校内迁"的几个问题》，载中国社会科学院近代史研究所、中国抗日战争史学会主办：《抗日战争研究》1998 年第 2 期。

② 李铁虎：《抗战时期北平高等院校的兴衰》，载中共北京市委党史研究室：《北京党史研究》1995 年第 4 期。中国现代史资料编辑委员会 1957 年 8 月翻印的《抗战中的中国文化教育》中认为北平有高校 14 所。

③ 北平市教育局：《北平市教育局报送本局及所属各校抗战损失调查表的呈》，1946 年 6 月 1 日，北京市档案馆藏，档号 J4—1—806。

④ 国立北京大学校产保管委员会：《北大校产保管委员会向教育部平津区特派员办公处呈报校具、文物、图书、仪器损失的公函》，1946 年 3 月，北京大学档案馆校史馆藏，档号 1—BD1946141（2）。

被拆，图书被洗劫一空。体育馆被用作马厩和食物储藏室，嵌木地板全部被拆毁。新南院竟成了日军随军妓馆。据统计，图书馆、体育馆、大礼堂、化学馆、生物学馆、气象台、电机工程馆、土木工程馆、机械工程馆、水利工程馆、航空研究所、第一院、第二院、工字厅、古月堂、医院等建筑损坏 40%，第三院损坏 75%，甲乙丙三所、北院、南院（西式住宅）、新南院、新西院损坏 50%，南院（中式住宅）、西院、新职员住宅损坏 80%，春润庐一处更是损失殆尽。建筑物损失价值为法币 4335000 元，建筑附属物损失法币 1545000 元[①]。

日军封闭燕京大学后，在燕园的西大门挂上了"华北综合调查研究所"的牌子，占用贝公楼、睿楼、穆楼和临湖轩、宗教楼、燕京图书馆、蔚秀园等地。华北综合调查研究所设理事会，由日本军中将森冈皋任理事长，周作人、伊泽道雄任副理事长。内设文化局、经济局、资料处、图书馆和所员养成所，还有秘书处等。下设"开发公司调查局"、"华北交通株式会社调查室"、"满铁调查所"等情报机构，由理事会直接管理。其执行权力机构是企划委员会。华北综合调查研究所的实质是为日本兴亚院搜集华北地区经济、文化等方面情报的机构[②]。除该机关外其余地区为日军伤兵医院所占。

（2）掠夺图书及珍贵资料

1938 年清华图书馆运抵昆明书刊 23000 余册。在运抵过程中，暂存重庆北碚的 1 万余册图书遭日军轰炸，损失惨重，仅余 3000 余册。日军驻清华大学的日军部队有牟田口、长谷川、寺内升内、多田等部；伪政府的新民会、教育总署、近代科学图书馆以及华北开发公司等都对清华园大学展开了疯狂掠夺和破坏。抗战期间，馆藏图书损失达 17.5 万余册，计法币 2737132 元[③]。

日军在北京实行奴化教育。1938 年 5 月 28 日，北京师范大学成立图书审查委员会，聘日本特务米谷荣一为检查长，对学校图书进行检验。自 1938 年 6 月 8 日至 10 月 26 日对校内所有图书逐一检查，认为可供阅览的中外文书籍为 9500 余册，特藏书籍为 6600 余册，被检出有疑问的书籍达 150089 册、杂志 7327 册、装订报纸 298 本。其中被检查出涉及抗日内容的书籍 2673 册，均被封存、毁坏。附属学校的课本也未能免难，凡不符合"中日共荣亲善"原则，含有中华民族、

---

① 以 1937 年度法币价值为标准统计。朱育和、陈兆玲主编：《日军铁蹄下的清华园》，清华大学出版社 1995 年版。

② 北京市政协文史资料研究委员会编：《日伪统治下的北平》，北京出版社 1987 年版，第 138 页；伪华北综合研究所：《华北综合研究所所报》1943 年 11 月第一号，北京大学图书馆藏，档号 46920J。

③ 以 1937 年度法币价值为标准统计。

精忠报国和爱国、自强、奋斗等内容的课文及词语一律被删除或撕毁。

据战后调查，燕京大学损失中文善本书 54 册、图八轴、28 帙、中日文书籍及刊物 23774 册，西文书籍及刊物 8025 册，计国币 8906658 元。中国大学被劫图书 19535 册。北平民国学院书籍被抢 59836 册。

（3）其他损失

日人占据北京高校期间，对校园的破坏和践踏十分严重，不光校内图书、仪器、实验室、暖气、煤气、电力设施等遭到破坏，学校拥有的契约、债券等也被侵吞。

1941 年 12 月 11 日，日军华北司令部命日军少尉犬饲实到燕京大学"取去学校财产如下：中华民国统一公债丙种债券票面 23000 元、中华民国统一公债丁种债券票面 29100 元、中华民国统一公债戊种债券票面 177400 元、上海法租界市政公债票票面 2000 两、中华民国救国公债票面 60000 元、银行存款（大陆及花旗两行）378658.26 元"。据犬饲实的后任儿玉晨招供，1942 年 8 月，他"受长官冈村司令及安达参谋中将命令"，将这些债券和存款票据"在日本军司令部于安达中将监视之下由本人亲手焚烧无遗"[1]。但到底是烧毁还是另作他用，无从知详。至今，这些校产下落不明。

1943 年，北平国立图书馆损失法币 1000 万元，折合美金 330 万元。静生生物所损失动物标本 30 余万件、植物标本 22 万号，图书十余万卷[2]。

很多著名教育人士的个人财产也被抢夺，如北大校长蒋梦麟在毛家湾 5 号的住宅被日军没收，一架显微镜及 16 箱各种书籍和古玩尽被没收[3]。

抗战时期，中国教育机关的损失，很多是不能以财产损失来计算和统计的。清华大学、北京大学代表了中国教育的最高水平，其学术积累、珍藏之宝贵都非朝夕之功。例如清华大学关于中国近代史档案的搜集，北京大学关于中国地质的资料，都是弥足珍贵的，因为这些资料没有重新收集的可能。教育机关和场所的多寡和存亡关系中国文化的延绵续绝，日军对中国教育的破坏使中华文化遭受空前浩劫。

---

① 燕京大学：《燕京大学关于追究日军占据本校时期盗卖器物事件材料》，1946 年，北京大学档案馆藏，档号 YJ1946016。

② 中央档案馆、中国第二历史档案馆、河北省社会科学院编：《日本侵略华北罪行档案——文化侵略》，河北人民出版社 2005 年版，第 242 页。

③ 燕京大学：《燕京大学关于追究日军占据本校时期盗卖器物事件材料》，1948 年，北京大学档案馆藏，档号 YJ1948025。

6. 掠夺、破坏文物

北京的文物古迹是中华民族灿烂文明的一部分，是中国数千年来人民劳动和智慧结晶，凝聚着中华民族自古以来的发明创造以及五千年文明的精华。北京城有很多具有世界影响的名胜古迹，包括周口店北京人遗址、明清皇宫、长城、天坛、颐和园、明清皇家陵寝等。万里长城，是世界上最长的防御城墙，最伟大的人造工程；故宫，是世界上现存规划最大、保存最完整的皇宫建筑群；天坛，是世界上最大的坛庙建筑群和祭天建筑群；颐和园，是世界上造景丰富，建筑集中，保存最完美的皇家园林；周口店北京猿人遗址，是世界上发现直立人化石、用火遗迹和原始文化遗存最丰富的古人类文化遗址；云居寺则是世界上最古老、最宏大的佛道经典石刻图书馆。

据海牙陆战法规惯例第 27 条，一切有关文化方面，如宗教、美术、学术及古物的机关和财产，如不作为军事用途，交战国必须力求保全，不得施以破坏。中日两国一衣带水，日本受中国文化影响深远，但侵华日军不顾国际公法，炮火轰炸，蓄意抢夺，洗劫破坏。日军对北京文物的破坏在北京城内以占用、掠夺为主，在郊区多以摧毁和破坏为主。

（1）破坏文物设施

北京许多寺庙被日本军队占领、破坏或改建。北京城中供奉最多的是关帝庙和关岳庙，关羽是中国传统的忠孝节义的代表，岳飞是民族英雄。1939 年，关帝庙被改为武成王庙，关岳殿改为武德堂，宣扬日本武士道精神。这严重损害了中华民族的传统与尊严。此外，日伪政权还常在武庙举行军事典礼活动。1939 年至 1942 年，日伪政权先后在此发过 29 面伪团旗，日军华北方面军司令官冈村宁次每次都参加①。

北京的坛庙众多，以佛、道为最。清入关后崇尚佛教，到乾隆年间，北京地区寺庙的规模达到空前水平，佛、道教寺庙有 1000 多座，在北京市民生活中有重要影响。北京的月坛、地坛、先农坛、旃坛寺都有日军部队驻扎。日军第 1855 部队占据天坛进行大规模的细菌试验，在破坏文物的同时给北京和华北人民带来了大量人口伤亡。在北京远郊区，由于日军实行"三光"政策，许多宗教寺庙遭到毁坏，驻寺僧人被杀。被日军炮火摧毁和破坏的著名文物有：

1）日机轰炸、焚毁云居寺

---

① 习五一：《近代北京庙会文化演变的轨迹》，载中国社会科学院近代史研究所：《近代史研究》1998 年第 1 期。

云居寺位于房山白带山麓，是中国北方著名的佛教圣地，素有"北京敦煌"之称。历代刻造的由 1122 部、3572 卷、14278 块石刻组成的佛经大藏经就珍藏在云居寺。在抗日战争中，历经千年的古刹未能逃脱厄运。日军对佛寺的破坏主要有：1938 年 9 月，日军飞机在云居寺（西域寺）上空轰炸，炸坏了一个侧殿[①]。1939 年 9 月，日军九架飞机在云居寺东侧上空投弹轰炸。几天后，又有六架日本飞机向云居寺院内投了三颗炸弹。一颗落在释迦殿南配殿顶上，整座殿被炸塌[②]。1940 年 2 月 10 日，日军 12 架飞机轮番轰炸云居寺 3 个多小时。庙内和尚一死一伤。1940 年秋，日军侵入云居寺，放火烧寺，大火烧了一天一夜，南北两侧跨院的禅堂、客舍、斋堂和千佛殿北跨院、僧房等 300 多间殿宇房屋，全部化为灰烬。只有中轴线上的六座殿宇没被炸塌、烧毁。但是，1942 年 8 月 14 日上午，三架日军飞机在云居寺上空轮番轰炸了两个多小时，云居寺六进殿宇也瓦砾遍地，成为一片废墟，只残留下了云居寺的大理石山门。为修建下庄岗楼，日军还强迫百姓到云居寺拆塔，云居寺南塔一至三层四周都被拆空，只剩下塔心支撑着十层的塔身，最终，南塔支撑不住倒塌了。千年古刹云居寺只剩下两只石狮、残破的山门石券和一座北塔[③]。

日军轰炸或烧毁北京远郊区县的寺庙在 5 次"治安强化"运动中最为集中，以密云为例。

古北口地区：古北口小老爷庙、理藩院、三官庙、戏楼、关帝庙、姑子庵、下湾子娘娘庙；

不老屯地区：殿臣峪娘娘庙、挂甲峪吉祥庵、燕落村北超胜庵、青山顶娘娘庙、香水峪观音庙；

石城地区：赶河厂村的弥陀佛庙、菩萨庙、福田寺；

冯家峪地区：西庄子普兴庵；

高岭地区：田庄真武庙；

西田各庄地区：小水峪真武庙、牛盆村的九圣祠、关帝庙等 20 多座庙宇，目前，在青山顶娘娘庙遗址上，未被日军烧尽的木柱依然存在。

2）破坏长城

1933 年 1 月 1 日，日本关东军向山海关发动进攻，东北军何柱国将军率守

---

① 房山区政协文史工作委员会编：《房山文史选辑》第三辑，1990 年版，第 86—87 页。

② 黄春和：《北京名寺丛书——云居寺》，华文出版社 2003 年版，第 195—197 页。

③ 黄春和：《北京名寺丛书——云居寺》，华文出版社 2003 年版，第 195—197 页。

军奋勇抵抗，长城抗战开始。1月3日，日军占领山海关。2月下旬攻陷开鲁、凌南、赤峰、建平、凌源。3月4日占领承德。中国政府想利用长城及其险要地势阻止日军继续深入，争取时间进行国际交涉，因此将部队集中到古北口、喜峰口、冷口、独石口等长城各关口。1933年3月5日至5月14日，日军调集飞机、大炮、坦克等重火力不时地向长城沿线的中国军队猛烈轰击。

尽管中国官兵奋勇抗战，长城抗战还是以失败告终，同时也使以古北口为中心，东至司马台的望京楼，西至卧虎山西侧的八大楼子的长城，遭到日军重火力的猛烈轰击，受到不同程度的破坏。破坏最惨重的城段是古北口以东炮筒子沟口城段，当时日军的炮火把该段长城墙体打成了火红颜色。司马台东六楼等多个敌楼迄今仍然留有日军炮击的痕迹。抗战时期，密云县的鹿皮关、白马关、曹家路、墙子路等主要关口附近的长城也遭到日军炮火不同程度的破坏。据不完全统计，以上每个关口破坏城段5公里、敌楼10座计算，4个关口被日军破坏的城段计20公里、敌楼40座[1]。

日军占领密云后，古北口人民亲眼目睹了侵华日军拆毁长城运走城砖的文物掠夺行径。据孙义老人回忆："1938年秋（农历八九月间），我被抓去给日军当劳工。有一天上午，我看许多日本关东军和抓来的中国劳工，正在拆古北口长城。将完整的城砖，有长方砖，还有三角形砖都装上了火车。拆城地段大都在蟠龙山上，东从第一座五眼楼起，西到古北口关门，直到水门洞崔家地，长约有五华里。城砖装上火车，向长城外所谓满洲国方向开去。共运走三车皮，是我亲眼所见。"[2]

（2）掠夺珍贵文物

1）故宫文物损失

中国政府战前就把包括故宫所藏在内的北京大部分珍贵文物南迁。先到南京，再送贵州遵义、四川重庆。其中，由原故宫博物院古物馆馆长徐森玉押送的文物车队到达遵义时，一度遭到日军方面派遣的飞机尾随，并在其后进行轰炸，造成很大损失。

沦陷时期，留在北京故宫的文物遭到日军很大破坏。据故宫博物院院长马衡战后报告，故宫文物损失古物馆文物191箱，文献馆1734箱，前秘书处826箱，颐和园89箱，古物陈列所113箱，总计2953箱。故宫博物院院长马衡的报告《为

① 白天：《古北口往事》，1997年印行，第143—149页。

② 孙义口述、蒙冠贤整理：《日军掠走古北口长城砖》，载中共北京市密云县委党史办公室、密云县档案局编：《密云地区抗日斗争史料选编》（内部资料），2005年印行，第706页。

函达本院被敌军征取铜品之经过情形请转行第十一战区长官司令部设法追究由》里也有涉及："案查本院被征用之铜品 2095 市斤外，计铜缸 66 口，铜炮一尊，铜灯亭 91 件。此外，尚有历史博物馆铜炮 3 尊，本院之铜缸及历史博物馆之铜炮系由北支派遣军甲第 1400 部队河野中佐于三十三年六月十九日运协和医院，该部队过磅后，运赴东车站，闻系装车运往朝鲜。本院之铜炮和铜灯亭由伪市政府工务局专员齐昌复、职员张伯齐偕同昭和通商株式会社（在朝阳门内北小街）日人佐仓于三十四年六月二十二日来院启运。据闻系运往北新桥北支工厂。"北平故宫博物院太庙图书分馆曾被日本宪兵两次搜查，致被搬走、撕毁历年所购之书籍杂志多种。1938 年 6 月被日本宪兵搬走书籍 165 册，撕毁书籍 26 册，焚毁书籍 164 册；劫走杂志 3447 册，撕毁杂志 4131 册，焚毁杂志 3277 册。1939 年 3 月被日本宪兵搬走杂志 6551 册[1]。

2)"北京人"化石失踪

北京房山周口店遗址是中国主要古人类文化遗址，1929 年 12 月 2 日，古人类学家裴文中发现了第一颗完整的"北京人"头盖骨而闻名世界。此后，经过不断的发掘，又发现了大量的"北京人"骨化石及其文化遗物——石器、用火痕迹、狩猎和采集活动的遗物。

"北京人"化石包括头骨 6 具、头骨碎片 12 件、下颌骨 15 件、牙齿 157 枚、股骨 7 件、胫骨 1 件、肱骨 3 件、锁骨和月骨各 1 件以及一些头骨和面骨破片。这些"北京人"遗骨分属 40 多个个体。对研究人类起源、人类进化史都具有重要意义。

1941 年，为了使"北京人"化石不被日军抢走，当时在北京协和医院工作的学者胡承志和吉延卿奉命把北京猿人骨化石装箱。1941 年 12 月初，包装在两个大木箱里的"北京人"化石被移交给即将离开北京撤回美国的美国海军陆战队。12 月 5 日，该部队乘火车离开北京驶往秦皇岛，预计 8 日改乘到港的美国轮船"哈里逊总统号"去美国。但是，12 月 8 日爆发了珍珠港事件，日本军队迅速出动，占领在北京、天津等地美国的相关机构，运木箱的专列在秦皇岛被截，"北京人"头盖骨从此下落不明。

对"北京人"头盖骨等化石的丢失历来众说纷纭。最后一个见到"北京人"化石的中国人胡承志和科学家裴文中当年都写过"遗失报告"，讲述丢失经过[2]，

---

① 北京市地方志编纂委员会：《北京志·世界文化遗产卷·故宫志》，北京出版社 2005 年版，第 687 页。

② 日赔会：《归还北京人化石案》，台北"中央研究院"近代史研究所藏，档号 32—00—277。

指出化石的丢失是日军发动战争并劫掠的结果。战后，曾派裴文中博士去日本协助找寻"北京人"的下落，但日方称未曾运抵日本，仅追回周口店出土的化石一批回国。虽然中国的有关人员进行了多方努力，但"北京人"化石至今仍不知所向[①]。

3）北京大学古物损失

北大图书馆馆藏的《俄蒙界线图》是1911年调查绘制的，该图极为珍贵。当日本文化机关的桥川时雄得知这幅图后，向北大图书馆提出借阅要求遭拒绝。1937年8月，自称东方文化研究会的数人，乘日本宪兵驾驶的军车来到北大图书馆，要求孟心史（孟森）讲解《俄蒙界线图》，并强行"借"走。孟先生痛惜珍贵孤本文献落入敌人之手，1938年1月14日抑郁辞世。《俄蒙界线图》落入日本侵略者之手后，至今下落不明。北大古物被日本人掠走的还有如下表：

表16 北大文科研究所遗失金石古物类统计表[②]

古铜镜 14 件	内含天马葡萄镜、位至三公镜、李儒起造方镜、夏津县官造镜、上方镜、三羊镜、见日之光镜、白虎在右镜、家常富贵镜及其他汉宋镜
古铜印 7 件	内含张未央印、封邱县印、骑部曲将印、西夏支印 2 件、金正大印、交河县僧会司印
孟津出土之车器 400 余件	—
甲骨 20 余片	—

4）大觉寺文物损失

北京西郊的大觉寺号称"西山三百寺中之巨刹"，始建于辽代，是规模宏大的古代佛寺。1940年3月，日军占据大觉寺，将寺中宝物劫掠一空。抗战胜利后，1947年，大觉寺的住持福振向教育部填报了损失单，其中文物件损失达562件。

表17 大觉寺古物损失统计表[③]

损失项目	购置年月	单位	数量	价值		证件
				购置时价值	损失时价值	
装金铜佛菩萨像	大明成化年造	尊	21	42,000	210,000	名片二件及照片四件均交行政院赔偿委员会存案
大明古铜磬	大明宣德年造	口	1	5,000	25,000	
广锡大型供器	清道光年造	件	12	12,000	60,000	

---

① 日赔会：《归还北京人化石案》，台北"中央研究院"近代史研究所藏，档号32—00—277。

② 国立北京大学校产保管委员会：《北大校产保管委员会向教育部平津区特派员办公处呈报校具、文物、图书、仪器损失的公函》，1946年3月，北京大学档案馆校史馆藏，档号1—BD1946141（2）。

③ 日赔会：《归还北京大觉寺宝物》，1947年7月7日，台北"中央研究院"近代史研究所藏，档号32—00—282。

损失项目	购置年月	单位	数量	价值		证件
				购置时价值	损失时价值	
广锡中型供器	清道光年造	件	35	13,500	83,500	名片二件及照片四件均交行政院赔偿委员会存案
清慈禧御画中堂	—	件	2	10,000	50,000	—
如意馆人画中堂王文锦涂会丰字中堂	—	件	4	4,000	20,000	
李文田徐甫字中堂	—	付	2	2,000	10,000	
刘石广陆润庠墨迹对联	—	条	2	10,000	50,000	说明查两项损失价值系依照中央统计抗战期间物价数折算标准计算，故较为表数目增加并陈明
郑板桥画竹兰一堂	—	件	4	20,000	100,000	
铁保谟贝子字中堂	—	件	2	10,000	50,000	
陆宝忠字横幅	—	件	1	1,000	5,000	
王石谷山水六尺中堂	—	条	1	120,000	600,000	
明代画墨色佛像	—	条	7	70,000	350,000	
成亲王观音经墨迹	—	卷	1	10,000	50,000	
被盗藏佛像	—	尊	26	26,000	130,000	—
被击毁古辽碑	辽咸雍正年造	座	1	5,000	9,850,000	—
宗监法林经版	清康熙年雕刻	块	438	4,380	8,628,600	—
大明古铜大香炉	大明宣德年造	双	1	3,000	5,910	—
雍正御笔四宜堂古铜扁	—	方	1	2,000	3,940	—
共计	—	—		373,880	30,126,100	

5）其他损失

北平研究所发掘宝鸡斗鸡台的 300 多件文物在北平部分被日军盗走。日军劫走由王振铎保管的宋清瓷器、绣花屏风等古物 80 多件[①]。

据不完全统计，抗战时期，北京文物设施被破坏的主要有：

表 18　北京部分区县 2007 年调查统计文物及建筑被毁坏一览表

损毁类别 区县	古建筑	近代建筑	器物	其他
东城区	—	—	52427 本善本典图，1568 件其他器物	故宫未分类文物 1372 件

---

① 日赔会：《归还北京大觉寺宝物》，1947 年 7 月 7 日，台北"中央研究院"近代史研究所藏，档号 32—00—282。

损毁类别\区县	古建筑	近代建筑	器物	其他
西城区	2 座：真武庙、旃檀寺	—	—	—
丰台区	3 座：卢沟桥、宛平城墙、云岗镇岗塔	—	—	—
石景山区	1 座：大慈寺	—	1 座铜钟	—
门头沟区	3 座：爨底下民居古村落、惠济祠、仰山栖隐禅寺	2 座	—	—
房山区	2 座：云居寺、永寿禅寺	—	—	"北京人"化石
昌平区	10 座：兴寿镇娘娘庙 2 座、玉王庙、石佛寺，流村镇武帝庙、关帝庙 2 座、平安寺、南口镇城门楼、烽火台	—	—	—
大兴区	5 座：青云店镇西庵庙、娘娘庙、玉皇庙、高台寺、老爷庙	—	—	—
平谷区	5 座：兴善寺、云岩寺、大兴隆禅寺、白云寺、三隍庙	—	—	—
密云县	17 座：古北口小老爷庙、理藩院、三官庙、戏楼、关帝庙、姑子庵，不老屯镇吉祥庵、娘娘庙、超胜庵、密云县城清真寺、鼓楼、真武庙、长城、敌楼，新城子镇雾灵山庙，古北口门关、瓮城	—	—	长城 45 公里，敌楼 197 座，瓮城 2 座
延庆县	3 座：应梦寺、朝阳寺、岔道城	—	—	—
合　计	51 座	2 座	52427 本善本典图，1568 件其他器物，1 座铜钟	故宫无分类文物 1372 件，"北京人"化石，长城 45 公里，敌楼 197 座，瓮城 2 座

据不完全统计，抗战期间，北京被破坏的地上文物 51 座，公私图书损失 58.6 万多册、古物 2800 件、碑帖 2 万多件。文物是一个民族文化历史的凝结，是无

法再造的财富，是不可再生的资源。从这个角度看，日军的侵略给中华民族文化带来的破坏是难以用数字计量的，也是无法弥补的损失。

（六）结论

对日本侵略者暴行的揭露和谴责，是胜利了的中国人民铭记历史的正义事业。同时，对日本侵略者在北京造成的人口伤亡和财产损失进行调查又是一项科学性很强的课题。

中国国民政府的抗战损失调查明确规定敌人罪行的种类为：1．谋害与屠杀——有系统之恐怖行为；2．将人质处死；3．对平民施以酷行；4．故意饿毙平民；5．强奸；6．拐劫妇女强迫为娼；7．流放平民；8．拘留人民予以不人道之待遇；9．强迫平民从事有关敌人军事行动之工作；10．军事占领期间有夺主权之行为；11．对占领区居民强迫征募兵役；12．企图奴化占领区居民或剥夺其公民特权；13．抢劫；14．没收财产；15．勒索非法或过度之捐款与征发；16．贬抑货币与发行伪钞；17．施行集体刑罚；18．肆意破坏财产；19．故意轰炸不设防地区；20．毁坏宗教慈善教育历史建筑物及纪念物；21．未发警告且不顾乘客与水手之安全而击毁商船与客船；22．击毁渔船与救济船；23．故意轰炸医院；24．攻击与击毁病员船；25．破坏其他有关红十字之规则；26．使用毒气；27．使用爆裂弹及其他非人道之武器；28．发布尽杀无赦之命令；29．虐待俘虏与病伤人员；30．征用俘虏从事不合规定之工作；31．滥用休战旗；32．井中置毒。据我们现在已经掌握的数据和事例，日军在北京几乎触犯了所有上述所列罪行，日本侵略者对北京的殖民统治在历史上留下了黑暗的一页。我们可以得出如下结论：

第一，抗战时期，日本侵略者对北京城区和郊区的统治方式不同，但都造成了相当数量的人口伤亡。

作为华北日伪政权的政治、军事和文化中心，日军为维持北京的所谓治安与繁荣，在城内大规模、公开的屠杀不多，但日军在城内军事机关林立，军队、警察、宪兵和汉奸新民会一起对城内人民进行着高压统治。在日军监狱中、在细菌实验场仍有大量平民伤亡。在平郊抗日根据地，因为日军制造"无人区"、挖掘"防共壕"，反复"扫荡"，疯狂野蛮，滥杀无辜，造成了大量平民伤亡，而且手段十分残忍，令人发指。经常采用诸如刺刀挑、铡刀铡、锯子锯、军马拖、打活人靶、灌凉水、开水烫、毒气熏、吊绞、砍头、挖心、剜眼、剥皮、肢解、活埋、奸淫妇女、割乳房、喂狼狗等法西斯手段杀害折磨无辜百姓。

抗战胜利后，在1946年《远东国际军事法庭宪章》第五条中，明确规定了三种战争罪行，即破坏和平罪、战争犯罪和违反人道罪。其中违反人道罪是指：战争发生前或战争进行中的杀害、灭种、奴役、借暴力强迫迁居以及其他不道德行为。日军在北京的暴行显然是违反人道的。

除直接死亡的百姓，因战争因素导致的间接死亡很多是无法统计的。但人口的大量减少是确凿的事实，我们运用人口统计学的原理，可以测算出抗战时期北京地区因战争原因直接或间接造成的人口损失数额，作为本次调查的重要参考依据。

南京国民政府时期，北京市域（含当时城区及近郊）人口统计相对完整。1928年—1936年9年间，北京现辖市域无重大战争和灾害等非正常情况发生，因此，可以此9年人口数据为依据。1928年，市域人口为1340199人，1936年人口为1533083人[①]，由上可知，这一时期北京市域常态下人口年均增长率为15.05‰。若以北京1936年人口为基数，1945年，北京市域人口值应接近1753689人。然而，以1937年—1945年历年实际的人口统计数字[②]测算，抗战期间，北京市域人口年均增长率降为8.25‰，1945年北京市域的实际人口为1650695人，人口比正常预计值1753689人减少约102994人。

北京远郊区情况相对复杂。今北京郊区当时分属河北省大兴、宛平、良乡、房山、昌平、顺义、通县、平谷、怀柔、密云、延庆11县以及河北省蓟县、察哈尔省赤城县（原沽源县）、热河省滦平县各一部。由于这些地区民国时期人口统计资料的相对缺乏，仅以1917年、1935年作为民国时期各县常态人口取值年份。1917年人口为1491514人，1935年人口为1911920人。以此计算1917年—1935年间北京郊区常态人口年均增长率为13.89‰，并以1935年为基数，1937年估测人口约为1965402人，1945年估测人口约为2194714人。然而，我们现在看到1948年北京郊区人口统计数字仅为1879695人。以此为基数按照常态下年均增长率13.89‰进行逆测，1945年实际人口约为1803495人。以此计算，1937年—1945年北京郊区实际年均增长率为－7.99‰。两相比较，1937年—1945年北京郊区人口增额减少约391219人。

综合以上分析，北京地区1936年实际总人口为3471559人，1945年实际总

---

① 北京市地方志编纂委员会编：《北京志·综合卷·人口志》，北京出版社2004年版，第25页。

② 北京市地方志编纂委员会编：《北京志·综合卷·人口志》，北京出版社2004年版，第26页。

人口约为 3454190 人。1937 年—1945 年，北京地区总人口实际年均增长率约为－5.57‰，北京地区人口因战争等非常因素增长比常态下增长减少约 49 万人。人口损失程度依城区、近郊、远郊呈上升态势。显然，这样巨量的人口缺失，若非大规模、长时段的战争是无法解释的。

第二，日军对北京财富、资源的掠夺和破坏，阻遏了城市现代化的进程。

掠夺是侵略者的本性。为支撑、扩大侵略战争的需要，这种掠夺更加直接、露骨和残忍。近代以来，中国人民几乎遭受了世界上所有帝国主义的侵略，国家、民族积贫积弱，人民的生活十分困苦。日本侵略者对北京的八年统治，霸占了土地、矿山，搜刮各种自然资源；挤垮了北京的民族工业；掠取北京的公私资金；强掳北京大量劳动力；挖壕沟筑碉堡，使社会生产力的发展遭到巨大破坏。日军对北京百姓的房屋、土地、牲畜、庄稼、财物的抢夺，剥夺了百姓基本的生存条件。人民没有房屋居住，没有食物充饥，没有衣物遮寒，没有工具生产，没有种子播种，致使人民生活陷于极度贫困之中。在城里，1942 年，北京月人均粮食不足 4 斤。1943 年 1 月 1 日，日军实行全部粮食配给制度。7 月 24 日，日军对北京居民配给"混合面"。初时，混合面尚有谷子、高粱、玉米、豆类等，售价为一元二角一斤。后来混合面大部分是发霉变质陈粮、囤底土粮、玉米芯、橡子、糠秕，其中掺入者为土粉、土末、炉灰，种种不一。在配给小米之中，稗子、谷壳、土块、草籽，不一而足，拣不胜拣，筛不胜筛，"视之则五色具备，食之则六味齐全"。百姓吃后或腹泻、腹痛，或几天排不出便，苦不堪言，不少孩子因吃混合面而痛苦死去。大米只准日本人吃，白面到年关才有极少的配售。汉奸王荫泰也被迫承认：北平市民在吃草根树皮。市内中等人家的生活赶不上抗日根据地的贫民。12 月初，北平市每日都有因冻饿倒毙街头者。

即使战后，经济的恢复也异常困难，需要逐步修复战争带来的经济、社会的创伤，这些都严重制约了北京经济和社会的发展，阻遏了北京走向现代化的步伐。

第三，日军对北京历史文化和文物的破坏是对中华文明乃至世界文明的践踏。

北京是闻名于世的历史文化名城，文物古迹遍布北京城内外。这些文物古迹是中华民族悠久历史和灿烂文明的物质体现。日军对中国历史文物的破坏从根本上说，是基于日本种族优越和侵略有理的观念，如土肥原贤二曾著文广为宣扬："日本是摄取现代世界文化最完全的国家，并且对于代表东方文化的印度的佛教文化和中国的儒教文化，是最能保存的。而国民生活的重大要素，印度所没有的，中国所没有的，日本实在都是具有的。"[1]因此，对被占领国家人民民族精神的摧残和破坏成为必然。在文物损失方面，北京这座文化古城受毁尤甚。抗战时期，北京的文化机关和文物古迹遭到空前浩劫，世界闻名的众多文化遗存被无情毁坏，这不仅是对中华文明的践踏，也是对人类文明的践踏和挑战。文化或文明是一个民族历经数千年的积累，历代传承的精华，一旦破坏，是无法复制或重建的。因此，北京在文化方面的损失是无法以资产数量或货币来衡量的。

最后，需要说明的是，由于全民族抗战爆发至今已 70 余年，加上侵略者蓄意破坏证据，造成资料搜集的巨大困难。尽管我们做了很大努力，目前掌握、利用的资料还不系统、不完整。可以肯定，还有许多书证和物证散失各处。因此，我们在本次调查中得出的北京市抗日战争时期人口伤亡和财产损失基本数据，还是限于目前资料和研究水平的尚不完整的数据，并不是最终结果。今后，我们将继续推进本课题调研工作，以期在掌握更多资料和研究新成果的基础上对有关数据再做出修订和补充。我们认为，不管对于一个国家或一个个体，"不患不知其过，既知之，不能改，是无勇也"。日本右翼分子至今仍拒绝承认对中国人民犯下的罪行，因此，对其侵略罪行的揭露和罪证的搜集仍有重要的现实意义。

（执笔人：陈静　周进　李自华　许赤瑜　赖生亮）

---

[1] 土肥原贤二：《中日事变的真正意义》，载北京市档案馆：《北京档案史料》1995 年第 2 期，第 19 页。

二、专　　题

（一）北京市各区县抗日战争时期人口伤亡和财产损失调查

北京市东城区抗日战争时期人口伤亡和财产损失调查

东城区调查组

一、调查工作概述

根据北京市委党史研究室等八单位于 2006 年 2 月下发的《关于实施"抗战时期北京地区人口伤亡与财产损失调查"的通知》精神，中共东城区委党史办、东城区档案局（馆）成立了东城区调查组，对抗日战争时期东城域内人口伤亡和财产损失情况进行了较为详尽的调查。在一年多的时间里，调查人员先后查阅了《日本侵华罪行实证——河北、平津地区敌人罪行调查档案选辑》《东城区志》《东城史志》《侵华日军在北京地区的暴行》《东城区文史资料选编——纪念抗日战争胜利 50 周年专辑》《筑成我们新的长城——纪念抗日战争胜利五十周年》以及《北京档案史料》等总计 26 种、52 册、2580 余万字的方志、档案和口述史料；到北京市档案馆查阅与抗战损失有关的档案目录 18000 余条，网上查阅抗战时期的档案目录 1.3 万余条，在北京市档案馆 9522 条相关档案目录中筛选出有价值的线索 73 条；前往中国人民抗日战争纪念馆查阅馆藏资料书目近千册，查到有参考价值的书籍资料 8 册，其中公开发行出版物 6 册、内部交流资料 2 册；查阅了《绝对真相——日本侵华期间档案史料选》《日军侵华罪行纪实》《日本帝国主义侵华史料选编——华北历次大惨案》《日军大屠杀暴行》《华北抗日战争史》等参考书。调查人员还走访了北京市公安局公交分局、中国航天三院国营第二三九厂、北京市第六医院、北京军区总医院、中国社会科学院考古研究所、北京市钟鼓楼文物保管所、东四街道办事处等十几个单位，东四、交道口、北新桥、朝阳门、东华门、东交民巷六个派出所及辖区内几十个社区居委会，访问了 80 岁以上老人 6 位，知情者 30 余人。经过一年多的调查，共查到抗日战争时期有关东城地区人口伤亡与财产损失的线索 290 条、整理了近 7 万字的文字材料，归纳分为四大类，即日军在东城的军事强占、野蛮残害居民、疯狂抢掠财产和经济垄断。

二、抗战前后的基本情况

东城地区是北京市的核心区域，抗战前包括内一区、内三区的全部和内五区、内六区、内七区的东半部，兼东郊区和北郊区的一部分。1936 年辖区内住户约 5.9 万户、总人口约 32.1 万人。

沦陷时期，东城地区是日伪军政机关所在地，有日本中国驻屯军华北方面军司令部、多田部队军法部、日本陆军监狱、军法处监狱等军事统治机构；有兴亚院华北联络部、中国驻屯宪兵队司令部、华北派遣宪兵队司令部、日军特务部调查局、六条公馆、特设北京宪兵队总部、沙滩日本宪兵队本部、日本宪兵队置留所、煤渣胡同日本宪兵队、日高富明宪兵队队部等宪兵特务机构；有日军北支工厂、日军北门仓兵工厂、日军军火库、日军第 1810 部队仓库及日本陆军医院、精神病医院、传染病医院等军事保障机构；有冈村宁次的私邸、华北方面军司令部将官宿舍、日军军人和家属宿舍、日军俱乐部、日军第 1400 部队长官的招待所、日本人小学校、日本北城国民学校等设施，还是伪华北政务委员会、伪安国军司令部、伪北京市警察局等伪政治军事机构所在地。东城地区成为日军统治北京、侵略华北的基地。

经济上，日伪当局在东城地区兼并银号，垄断棉纱、棉布等棉纺织品，倾销钟表、自行车、收音机等日货，大肆掠夺东城地区的财富。在北京沦陷时期，日军在东城辖区内军事强占、精神奴役、经济垄断、滥杀无辜、明抢豪夺，使东城人民饱受侮辱之苦、欺凌之难、战争之灾。

三、人口伤亡

（一）伤亡情况

1. 对中共党员和地下工作者的残害

沦陷时期，中共党员刘北海、张德懋、陈涛、高炎、桂花、冯纲、范立魁、姚柱东、李庆丰和吴惟修 10 人被日本宪兵逮捕，并遭到非法监禁。他们在狱中饱受各种酷刑，有的还被日本宪兵杀害。

1942 年 6 月，在日伪《庸报》从事秘密工作的高炎（化名郭健夫）被日军逮捕，在煤渣胡同宪兵队遭受了鞭打、烟头烧、灌凉水、钉竹签、电击等酷刑，后被关押在炮局胡同日本陆军监狱[①]。1944 年，多次帮助抗日根据地买药的中共党员、协和医学院总务李庆丰被日本宪兵队逮捕，受尽了酷刑折磨，终因伤势过重而身亡[②]。1945 年 1 月，中共党员吴惟修在育英中学做地下工作，组织青年和医务工作者去根据地参加革命工作。同年 4 月，吴被日本宪兵发现后逮捕入狱，英勇牺牲[③]。抗战时期，中共党员桂花（女）把硫酸藏在安培瓶内带入日军北支工厂，腐蚀日军大炮，被日军发现后杀害[④]。

2. 对国民政府官员和抗日将士的残害

1937 年七七事变后，北平市卫生局局长谢振平奉命在东四六条卫戍医院照顾卢沟桥作战中受伤的 800 多官兵。8 月 15 日，煤渣胡同日本宪兵队在北新桥大头条二号（谢振平住所）将其非法拘捕。日本宪兵每日对谢振平严刑拷打，追逼口供，终致内脏受损、皮肉溃烂、卧床不起。10 月中旬，日军残暴地将谢振平杀害并掩尸灭迹[⑤]。

同年，东北抗日义勇军营长赵某被日本宪兵队非法逮捕，酷刑折磨，惨遭杀害[⑥]。

1943 年 4 月，国民党北平情报站中校通讯员白守正被日本宪兵逮捕，关押在煤渣胡同日本宪兵队，继而被押解至太原日本宪兵队，此后下落不明[⑦]。

---

① 中共北京市东城区委党史研究室编：《中国共产党北京东城区历史大事记》，华龄出版社 2006 年版，第 40 页。

② 中共北京市东城区委党史研究室编：《筑成我们新的长城——纪念伟大的抗日战争胜利五十周年》，1995 年印行，第 243 页。

③ 中共北京市东城区委党史研究室编：《中国共产党北京东城区历史大事记》，华龄出版社 2006 年版，第 43 页。

④ 中共北京市东城区委宣传部、中共北京市东城区委党史办公室、中共北京市东城区委老干部局等编：《纪念中央红军长征胜利 70 周年、中国人民抗战胜利 60 周年征文选编》，2005 年印行，第 227 页。

⑤ 北京市档案馆编：《日本侵华罪行实证——河北、平津地区敌人罪行调查档案选辑》（上册），人民出版社 1995 年版，第 16—18 页；中共北京市东城区委党史研究室编：《中国共产党北京东城区历史大事记》，华龄出版社 2006 年版，第 33 页。

⑥ 郝俊勋：《悲惨的往事》，载中共北京市东城区委党史研究室编：《筑成我们新的长城——纪念伟大的抗日战争胜利五十周年》，1995 年印行，第 96 页。

⑦ 北京市档案馆编：《日本侵华罪行实证——河北、平津地区敌人罪行调查档案选辑》（上册），人民出版社 1995 年版，第 90—92 页。

同年 8 月 6 日晨，两名日本宪兵将原中国守军第 29 军交通处处长孔庆艾从家中逮捕，带至煤渣胡同日本宪兵队，次日即转解山西太原小泉部队隔离拘押。后因小泉部队改防，孔庆艾下落不明[①]。

姜兴周、赵国信二人系军统局派在北京、张家口、埃坝等地担任地下工作的通讯员。1945 年 5 月 5 日，日军第 1420 部队特务长陈海庭勾结华北日本宪兵队川上少将、日军第 1420 部队藤井大佐、日本军人原田等将姜兴周、赵国信二人杀害[②]。

3. 对爱国师生员工的残害[③]

沦陷时期，日军对具有抗日思想的爱国师生员工进行逮捕和迫害。在被逮捕的人士当中，有著名校长、知名教授、进步教师和爱国学生。

1937 年 9 月 6 日，日本武官今井武夫强逼中国大学校长何其巩到其兵营进行恫吓，想给何其巩和中国大学一个下马威，迫其就范。1944 年 4 月 5 日，日本宪兵队又将何其巩拘至东城煤渣胡同宪兵队监狱。何拒绝写供词，绝食五日后被释放[④]。

1940 年 2 月 28 日，小学教员吴纪元被伪警察局无故逮捕，并移交日本宪兵队，后被解送至日军华北派遣军军法处判处死刑，时年 28 岁[⑤]。

1942 年初，日本宪兵包围了位于东皇城根的女师学院，拘捕并夜审二年级女学生陈全珍，逼其交代其男友（东北"激进"诗人）参加东北"反满抗日"的活动和去向[⑥]。

同年秋，中国大学学生金翼德骑自行车经过铁狮子胡同日本华北驻屯军司令

① 北京市档案馆编：《日本侵华罪行实证——河北、平津地区敌人罪行调查档案选辑》（上册），人民出版社 1995 年版，第 88—90 页。

② 北京市档案馆编：《日本侵华罪行实证——河北、平津地区敌人罪行调查档案选辑》（上册），人民出版社 1995 年版，第 137—139 页；北京市档案馆编：《绝对真相——日本侵华期间档案史料选》，新华出版社 2005 年版，第 348—349 页。

③ 日本宪兵在东城区还非法拘押过燕京大学、辅仁大学、国子监国家书院的师生，其他报告或专题会对此进行研究，为避免重复，此处不作统计。

④ 赵乃基：《何其巩与日寇铁蹄下的中国大学》，载北京市东城区政协文史资料委员会编：《北京市东城区文史资料选编》第六辑，1995 年印行，第 34 页。

⑤ 北京市档案馆编：《日本侵华罪行实证——河北、平津地区敌人罪行调查档案选辑》（上册），人民出版社 1995 年版，第 380、第 381 页。

⑥ 关沫然、刘耀祖：《日伪统治下的师大女校》，载北京市东城区政协文史资料委员会编：《北京市东城区文史资料选编》第三辑，1992 年印行，第 20—22 页。

部时，被一个日本宪兵用拳头打翻在地。日本宪兵又用大皮靴踢其腰部，疼得金翼德无法站立。自此以后，金翼德长期腰疼，逢阴雨天时更是疼痛无比①。

同年，蓝公武教授因为常在课堂上宣讲"中国必胜、日本必败"，被沙滩日本宪兵队本部关押；蔡亮澄教授因在课堂上讲日军侵华史，被抓到沙滩日本宪兵队本部关押了十余天②。

1943 年，北平市立第五中学校长张景涛、北平私立大中中学（今北京市第22 中学前身）校长翟作民等中学教师突然被日本宪兵抓走。数月后，翟作民惨死在狱中，其他人则生死不明③。

1944 年 3 月 20 日，日军第 1820 部队将天津木斋学校教员李循真逮捕，进行酷刑折磨。此后，李循真被押至北平炮局胡同临时外寄人犯收容所（前陆军监狱），羁押至 1945 年 7 月④。

同日，日本清水部队军曹班长西胁己正将中国大学学生李循良捕至该队，每日施以灌凉水、棍打、火烫等酷刑，迫令其承认是三民主义青年团宣传组长。李被迫承认后，被关押在北平第一监狱临时外寄人犯收容所，后于 1945 年 7 月被释放⑤。

同年，大同中学教师孙梅生、郭明之因宣传抗日思想被日本宪兵队逮捕⑥。

沦陷时期，育英中学（今北京市第 25 中学前身）校长李如松、国文教师郑国梁和学生孟庆时等被日本宪兵抓走，郑国梁被日军杀害⑦。

中国大学学生孙景云被沙滩日本宪兵队逮捕，并遭受酷刑折磨⑧。

① 中共北京市东城区委党史研究室编：《筑成我们新的长城——纪念伟大的抗日战争胜利五十周年》，1995 年印行，第 60、第 61 页。
② 谭伊孝：《不能忘记的历史》，载北京市东城区政协文史资料委员会编：《北京市东城区文史资料选编》第六辑，1995 年印行，第 153—154 页。
③ 中共北京市东城区委党史研究室编：《筑成我们新的长城——纪念伟大的抗日战争胜利五十周年》，1995 年印行，第 96—97 页。
④ 北京市档案馆编：《日本侵华罪行实证——河北、平津地区敌人罪行调查档案选辑》（上册），人民出版社 1995 年版，第 472—474 页。
⑤ 北京市档案馆编：《日本侵华罪行实证——河北、平津地区敌人罪行调查档案选辑》（上册），人民出版社 1995 年版，第 474—476 页。
⑥ 北京市东城区教育局编：《寻觅——中国共产党在东城的足迹》，2001 年印行，第 165 页。
⑦ 李天赏：《育英中学校的抗日斗争》，载北京市东城区政协文史资料委员会编：《北京市东城区文史资料选编》第六辑，1995 年印行，第 67 页。
⑧ 谭伊孝：《不能忘记的历史》，载北京市东城区政协文史资料委员会编：《北京市东城区文史资料选编》第六辑，1995 年印行，第 153 页。

4. 对文化、宗教人士的残害

1941年12月8日太平洋战争爆发后，日军加强对基督教青年会的迫害。基督教北平青年会体操运动员高栋国被日本特务非法拘禁、迫害致死。

1942年7月，日本宪兵和伪警察将玉亭电影商行（位于东四南大街242号）摄影师张玉亭抓到煤渣胡同日本宪兵队进行毒打。张头部被打伤，鲜血从十几厘米长的伤口不断涌出，几度昏迷①。

1945年秋，日本宪兵将天津中华百货售品所北京分所（位于王府井大街55号）的英文教师——牧师宋愚溪逮捕②。

5. 对平民百姓的残害

（1）非法拘押、滥施酷刑

1941年3月17日，东珠市口日本宪兵队外城分遣队曹长吉田率人将东四西猪市大街34号猪店的赵召臣、赵惠、赵恕、赵化愚祖孙四人逮捕，解往珠市口部队，施以火灼身、灌凉水、木棍毒打等酷刑。11月26日，赵召臣悲愤交加，气绝身亡③。

1944年1月25日，华北电业公司职员刘铭尧被煤渣胡同日本宪兵队队长田中、宪兵小林逮捕，拘押在煤渣胡同日本宪兵队，两个月后下落不明④。

同年3月31日，家住东安门河沿甲49号的律师王臻善被捕后解往绥远，饱受绥远日本宪兵队分队队长杉山、宪兵户田、翻译张洪信等施加的酷刑，被击伤后背、右腿，击聋左耳，日日便血，久治不愈⑤。

---

① 谭伊孝：《不能忘记的历史》，载北京市东城区政协文史资料委员会编：《北京市东城区文史资料选编》第六辑，1995年印行，第157页；北京市东城区文化文物局编：《北京市东城区地方志资料——文化文物资料汇编（文化卷）》上册，2000年印行，第149—150页。

② 中共北京市东城区委党史研究室编：《筑成我们新的长城——纪念伟大的抗日战争胜利五十周年》，1995年印行，第66—67页。

③ 北京市档案馆编：《日本侵华罪行实证——河北、平津地区敌人罪行调查档案选辑》（上册），人民出版社1995年版，第62—64页；北京市档案馆编：《日伪在北京地区的五次强化治安运动》（下），北京燕山出版社1987年版，第569—571页。

④ 北京市档案馆编：《日本侵华罪行实证——河北、平津地区敌人罪行调查档案选辑》（上册），人民出版社1995年版，第92—94页。

⑤ 北京市档案馆编：《日本侵华罪行实证——河北、平津地区敌人罪行调查档案选辑》（上册），人民出版社1995年版，第100—101页；《中国陆军总司令部致北平市政府代电》（1945年11月2日），见北京市档案馆：《北京档案史料》1995年第2期，第30、第31页；中共北京市东城区委党史研究室编：《中国共产党北京东城区历史大事记》，华龄出版社2006年版，第42页。

同年 11 月 2 日晨，伪联合准备银行职员梅杰南被煤渣胡同日本宪兵队曹长后藤逮捕，拘押 60 余日，受尽酷刑，遍身皆黑。1945 年 3 月死亡[1]。

1945 年秋，日本宪兵闯入天津中华百货售品所北京分所，将所谓"黑名单"上的 20 多人逮捕。第二天，又将分所主任赵孟然逮捕[2]。

（2）撞伤致死

1937 年 10 月 6 日，刘成在鼓楼东大街旧民政厅门前被日本军旅团司令部石川少佐的通译松冈正已驾驶汽车撞伤头部，伤重死亡[3]。

1940 年 4 月 15 日，李鸿海骑车至东四南大街，被日军多田部队后河内寅藏驾驶载重汽车撞倒，腰部受伤、小便流血，因伤势过重，不治身亡[4]。

1942 年 6 月 5 日，日军三好部队军人中野宗吉驾驶载重汽车在灯市东口以南地方超车时，将骑车人马守江当场撞死[5]。

（3）强奸妇女

1944 年 2 月，日军中村三郎在位于六条胡同的星和馆（军部"慰安所"）奸淫中国"慰安妇"[6]。

1944 年 11 月至 1945 年 3 月，日军曹长横仓满在北京市通讯队方面军中国语教育队受训时，将东单牌楼路西食堂的服务员王某（23 岁）强奸[7]。

（4）刺刀扎、军刀砍

1939 年 2 月 21 日，一名日军在东单牌楼用刺刀将苏州胡同日商大丸汽车行汽车司机韩某左肋扎伤后逃逸，韩某送往兵站医院后不治身亡[8]。

---

[1] 北京市档案馆编：《日本侵华罪行实证——河北、平津地区敌人罪行调查档案选辑》（上册），人民出版社 1995 年版，第 106—108 页。

[2] 中共北京市东城区委党史研究室编：《筑成我们新的长城——纪念伟大的抗日战争胜利五十周年》，1995 年印行，第 66、第 67 页。

[3] 伪北平市政府警察局内五区区署：《关于检验被日军汽车碰伤致死华人案呈》，1937 年 10 月 8 日，北京市档案馆藏，档号 J181—22—480；伪北平市政府警察局内五区区署：《关于日本军车撞死骑车华人一案的呈》，1937 年 10 月 7 日，北京市档案馆藏，档号 J181—22—484。

[4] 伪北京特别市公署警察局内一分局：《关于李鸿海骑车被日汽车撞伤在医院身死验明并交涉的呈》，1940 年 4 月 24 日，北京市档案馆藏，档号 J181—22—9267。

[5] 伪北京特别市警察局内一分局：《关于日军汽车将马守江轧死一案的呈》，1942 年 1 月 1 日，北京市档案馆藏，档号 J181—22—15047。

[6] 中央档案馆、中国第二历史档案馆、河北省社会科学院编：《日本侵略华北罪行档案——性暴力》，河北人民出版社 2005 年版，第 13—14 页。

[7] 中央档案馆、中国第二历史档案馆、河北省社会科学院编：《日本侵略华北罪行档案——性暴力》，河北人民出版社 2005 年版，第 38 页。

[8] 伪北京特别市公署警察局内一区区署：《关于日人将鲜人韩姓扎死一案的呈》，1939 年 2 月 24 日，北京市档案馆藏，档号 J181—22—5684。

1945 年 7 月 16 日，家住北河沿 22 号的三轮车夫贾长立拉车经过大六部口，与华北派遣军司令部军曹远山相撞。远山下车持军刀向贾长立头部砍来。贾用右手搪挡，右手腕被砍断筋脉，造成残废①。

（二）强掳劳工

1937 年 7 月下旬，日军屡换便衣骗雇人力车到东交民巷日本兵营，将车夫扣留充当劳役，在日军办公楼四周挖掘地沟。当时被扣车夫 200 余人②。

1944 年 11 月至 12 月间，日军在内一区抢掠劳工 8548 人，在内三区抢掠 7197 人，在内五区抢掠 5887 人③。

四、财产损失

1. 强占房产

沦陷时期，日军在东城地区强行霸占房产 17 处。其中，朱启钤、魏鉴两处住宅占地近 6000 平方米④，孙中山行馆建筑面积约 1500 平方米⑤，良振国、李福和和李永和的房产达 164 间，房屋维修及室内财产损失至少有法币 6520.6285 万元，损失电器 2 件、药品数百种、煤炭 3000 余斤，其他物品 704 件⑥。

2. 劫掠商号

日军霸占了东安市场和东来顺饭庄，独揽企业经营权，坐吃红利⑦；罚没裕成号、宏源号等七绸庄，总价值为法币 17646.109 万元、大洋 700 元，合法币

① 北京市档案馆：《日本侵华罪行实证——河北、平津地区敌人罪行调查档案选辑》（上册），人民出版社 1995 年版，第 142—144 页。

② 中共北京市东城区委党史研究室编：《中国共产党北京东城区历史大事记》，华龄出版社 2006 年版，第 32—33 页。

③ 《北京特别市内一区劳工名册》，1944 年 12 月 20 日，北京市档案馆藏，档号 J141—1—24、25、26、27、28；《北京特别市内三区劳工名册》，1944 年 12 月，北京市档案馆藏，档号 J141—1—34、35、36、37、38；《北京特别市内五区劳工名册》，1944 年 11 月—12 月 20 日，北京市档案馆藏，档号 J141—1—42、43、44。

④ 谭伊孝：《北京文物胜迹大全——东城卷》，北京燕山出版社 1991 年版，第 204—206 页；北京市档案馆编：《日本侵华罪行实证——河北、平津地区敌人罪行调查档案选辑》（上册），人民出版社 1995 年版，第 60—61 页。

⑤ 《北京市东城区地名志》编纂委员会编：《北京市东城区地名志》，北京出版社 1992 年版，第 72、第 296 页。

⑥ 中共北京市东城区委党史研究室编：《中国共产党北京东城区历史大事记》，华龄出版社 2006 年版，第 36 页；伪北京特别市警察局内三区区署：《关于地方维持会人员查封房屋物产的呈》，1937 年 11 月 11 日—1938 年 4 月 29 日，北京市档案馆藏，档号 J181—22—695。

⑦ 中共中央党史研究室科研管理部编：《日军侵华罪行纪实（1931—1945）》，中共党史出版社 1995 年版，第 451 页；中共北京市委党史研究室编：《北京抗战史话》，中共党史出版社 1995 年版，第 98 页。

418848840 元，总合黄金 1901 两整[①]；罚没文具店一处，损失纸张 110 领，约值 238 万元[②]；攫夺和丰当铺 25 包现洋，共计银元 204 元[③]；骗抢瑞兴隆等布铺青士林布两匹另加 266 尺，合大洋 360 元[④]；永顺成粮店的 56 万斤存粮被强卖混合面，损失联银券 63 万元[⑤]。

3．勒索铜品

日军强令伪北京特别市政府于 1942 年 10 月、1943 年 8 月、1945 年 3 月三次举办"献铜"运动，在内一区、内三区和内五区共收缴铜品 210777 斤[⑥]。

4．兴办企业掠夺财富

沦陷时期，日本人在内一区、内三区、内五区设立的重要企业有 106 家，其中，85 家企业的投资总额达法币 59.7185 亿元（合 13 亿日元），投资额在亿元以上的企业就有 16 家。这些企业可分为金融业、保险业、矿山业、制造业、服务业、运输业和工商业七大类，对内一区、内三区、内五区的经济构成了行业垄断，掠夺了巨额财富[⑦]。

五、文化文物损失

日军大肆掠夺文化文物：抢走图书 146535 册、字画 100 幅、碑帖 2120 件、

---

① 北京市档案馆编：《日伪在北京地区的五次强化治安运动》（下），北京燕山出版社 1987 年版，第 575—577、第 580—589 页。

② 北京市档案馆编：《日本侵华罪行实证——河北、平津地区敌人罪行调查档案选辑》（上册），人民出版社 1995 年版，第 86—88 页。

③ 伪北京特别市警察局内五分局：《关于和丰当铺被日宪队封存点当没收开具备案的呈》，1941 年 1 月 1 日，北京市档案馆藏，档号 J181—22—11939。

④ 伪北京特别市警察局内三分局：《关于瑞兴隆布店被日本人骗去布疋的呈》，1942 年 1 月 1 日，北京市档案馆藏，档号 J181—22—16608。

⑤ 万永光、迟子安：《吃"混合面"的苦难纪实》，载《北京市东城区文史资料选编》第六辑，1995 年印行，第 170—172 页。

⑥ 伪北京特别市政府：《北京特别市政府由工务局办理献铜事项的训令》（1945 年 4 月），《华北政务委员会办理献铜办法的密令及北京特别市献铜情况》（1945 年 6 月），《北京特别市收集铜类实施纲要和收集废铜数目单及取消金品献纳委员会等文件》（1945 年 9 月），北京市档案馆藏，档号 J1—2—263、264、265；孙刚选编：《日伪统治后期北京市办理铜品献纳运动史料》，载北京市档案馆：《北京档案史料》1999 年第 2 期，第 171—191 页。

⑦ 曹必宏选编：《1935—1943 年日本在北平地区重要企业一览》，载北京市档案馆：《北京档案史料》1990 年第 4 期；于彤选编：《抗战及战后北平的金融机构》，载北京市档案馆：《北京档案史料》1992 年第 2、第 3、第 4 期；刘苏选编：《华北交通株式会社一览》，载北京市档案馆：《北京档案史料》1993 年第 2 期。

陈列品 300 余件、古物 1859 件及 971 公斤[①]；故宫博物院的 66 口铜缸、1 尊铜炮、91 件铜灯等铜质文物 2000 多斤被强行掠走[②]；"北京人"头盖骨失踪，寄存在协和医学院的有关周口店的图纸、文件及部分化石标本统统当作"战利品"被掠走，100 多箱脊椎动物化石、标本及其他文稿书籍等被毁坏[③]；玉亭电影商行的影片底片和正片（长达 20 万英尺）全部烧毁，记录孙中山灵柩南迁南京中山陵全过程的巨片《孙中山奉安大典》（全片长 5000 多英尺）等影片遭抢掠，摄影机被砸毁[④]。

六、结论

沦陷时期，日军在东城建立重要军政机关、特务情报机关、宪兵队、兵工厂、军火库，以及官邸、宿舍、学校、医院、招待所、俱乐部等军事指挥、后勤保障、生活服务设施，使东城地区成为日军统治北京、侵略华北的大本营。因此，日军对东城地区的统治更加突出了在政治上残酷镇压，在经济上疯狂掠夺的特点。

第一，日军在政治上残酷镇压。日军侵占东城地区后，为确保这个侵略华北大本营的安全，进行高压统治。日本宪兵横行、特务猖獗。在日本宪兵特务的镇压下，一大批中共党员和地下工作者、爱国师生员工、国民政府抗日人士被逮捕杀害。日军还在东城地区强掳劳工，造成劳动力严重损失。

第二，日军在经济上疯狂掠夺。日军通过强占房产、劫掠商号、强征铜品、掠夺文化制品和文物，对东城人民进行赤裸裸的掠夺；通过创办大量企业，以隐蔽的方式掠走了巨额物资财富，挤垮了东城的民族工商业。在日军的掠夺下，东城地区经济萧条，民不聊生。

---

① 中央档案馆、中国第二历史档案馆、河北省社会科学院编：《日本侵略华北罪行档案——文化侵略》，河北人民出版社 2005 年版，第 244 页。

② 中央档案馆、中国第二历史档案馆、河北省社会科学院编：《日本侵略华北罪行档案——文化侵略》，河北人民出版社 2005 年版，第 240 页。

③ 中央档案馆、中国第二历史档案馆、河北省社会科学院编：《日本侵略华北罪行档案——文化侵略》，河北人民出版社 2005 年版，第 252—254 页。

④ 北京市东城区文化文物局编：《北京市东城区地方志资料——文化文物资料汇编（文化卷）》上册，2000 年印行，第 149—150 页。

北京市西城区抗日战争时期人口伤亡和财产损失调查

西城区调查组

一、调查工作概述

根据 2006 年 2 月"抗战时期北京地区人口伤亡和财产损失调查"培训会议精神，中共西城区委党史办公室即着手进行西城区"抗战时期人口伤亡和财产损失情况"的调查。具体分为三个阶段：第一阶段组建西城区调查组。成立了由区委党史办公室与区档案局联合组成的"北京市西城区抗战损失调查组"，小组成员统一思想，认真研究制订了切实可行的实施方案，明确工作重点并落实责任到人。第二阶段展开调查。查阅档案 195 卷、文献资料近 1000 万字、图书报刊 108 本（种）、走访亲历者 21 人次，并通过召开座谈会、查阅网络等多种方式，全面调查抗日战争时期日军在西城区犯下的罪行，获得了大量有价值的资料。第三阶段分析、统计调查结果，撰写调查报告。经过大规模的广泛调查，认真筛选、整理、统计工作，调查报告比较系统地反映了西城区抗战时期人口伤亡和财产损失情况。

开展抗战损失调查是一项复杂而艰难的工作，由于时间久远、线索零散，我们多次深入图书馆、书店、市档案馆查找，获得了《日本侵略华北罪行史稿》《大劫难》《日本侵略华北罪行档案》（10 卷本）、《人民日报》（1950 年）专载、《区内募集劳工册》《北平市财政局损失报告表》等重要资料。同时走访知情老人，深入曾遭日军严重破坏的静生生物调查所旧址和北京动物园等地实地勘察。在调查工作中，我们始终以科学严谨、实事求是的态度，本着对历史高度负责的精神开展工作。在调查中采取由点到面，由个案到整体，由收集资料到研究分析的方法，力争把西城抗战损失的历史事实搞清、挖深。

二、抗战前后的基本情况

1937 年卢沟桥事变后，日军开始全面侵华。7 月 29 日北京沦陷，从此北京人民经历了长达 8 年之久的殖民统治，作为中心城区之一的西城人民的生命财产遭到肆意的杀戮、抢劫，造成区内人口和财产损失惨重。这个时期的西城主要包括：内二区、内四区的全部及内五区、内六区之西部，西郊区之一部和北郊区之一部。为了能够真实反映本区内的情况，我们采用新旧区域对比的方法，尽量准确界定。对无法判断的材料，整理上报。

日本侵略者占领北京后，加强了对人民的殖民统治和疯狂掠夺。在政治上，建立伪组织、伪政权和宪兵队，残酷镇压人民群众；又以极其恶毒的方式进行细菌武器生产和活人试验，其犯罪之残暴，亘古未有；同时建立"慰安所"，骗掳妇女，强行奸淫；日伪政府还强征募集劳工做苦工，造成地区人口非正常减少。据《北京市西城区志》记载："1942 年人口 44.3 万，1946 年人口 43.8 万"[1]。在经济上，大肆掠夺一切物资，随意强占土地、房屋、粮食等；同时，滥发伪币，控制金融，倾销日货，垄断市场，造成严重的通货膨胀，人民生活痛苦不堪；日伪政权还巧立名目榨取百姓，征收苛捐杂税，经济发展处于混乱状态，辖区工商业日渐萧条。在文化思想上，破坏原有的教育体制和设施，抢掠文化典籍；推行奴化教育，大搞奴化宣传，瓦解人民的抗日斗志。因此，日本侵略者的残暴、贪婪和反人道，给人民和社会造成严重后果。

三、人口伤亡

日本侵略者占领北京 8 年期间，由于西城属于中心城区，为了保持表面的"稳定"，日军在区内虽然没有大规模地轰炸、烧杀，但对中国人民生命的伤害却是凶残随意的。据调查统计，造成区内直接人口伤亡 29 人，间接人口伤亡 9 人，总计 38 人。另有劳工 75 人（3 人失踪），被无故拘捕 7 人下落不明。还有许多无法估算的伤亡，比如，在西城境内的"慰安所"里，许多中国妇女受尽折磨和摧残，遭受着肉体上、精神上的折磨，甚至死亡的威胁。综合日军伤害平民的主要罪行有：

（一）无端抓捕，滥用酷刑

日军常常无故地将人捕去，严刑拷打，有的不堪酷刑而身亡，有的当时没有身亡而最后却杳无音信。例如，1945 年 1 月 6 日，家住西四弓弦胡同 1 号的师范大学教授姜忠奎被无故逮捕，关押在珠市口日本宪兵队中，从此杳无音信[2]。

类似伤害共 9 人，其中 7 人失踪，2 人死亡。

---

[1] 北京市西城区志编纂委员会编：《北京市西城区志》，北京出版社 1999 年版，第 59 页。

[2] 北京市档案馆编：《日本侵华罪行实证——河北、平津地区敌人罪行调查档案选辑》（上册），人民出版社 1995 年版，第 114 页。

（二）肆意屠杀和侵害生命

日军占领北京后，肆意屠杀和伤害平民，日军军车在大街上横冲直撞，气焰嚣张。谭歧山，家住内四区太平街4号，于1945年8月28日骑车至西安门大街被日军军车撞死。在区内被日军军车撞死2人，撞伤3人，砍残1人[①]。

（三）生产和试验细菌武器

日本侵略者为了实现其吞并中国、称霸世界的狂妄计划，公然违抗国际公法，在战争中大肆生产和使用细菌武器，犯下了严重的反人类战争罪。1939年，日军在北京建立了继731部队之后的第二支细菌战部队"北支（甲）1855部队"，对外称151兵站部队，披着"卫生防疫"的外衣，大量生产用活人试验的细菌武器。

1941年12月9日，1855部队第二分遣队（第三课）强占了中国静生生物调查所（文津街3号），扩建为细菌武器研究所，主要生产跳蚤鼠疫细菌武器，并用活人进行试验。曾在第三课工作过的日本卫生兵松井宽治在证词中说："第三课设在北京国立图书馆西邻的静生生物调查所内，工作是：（1）大量生产跳蚤；（2）大量生产鼠疫菌；（3）结合跳蚤和鼠疫菌；（4）从飞机上撒布的工作等。在该所的地下室内，有细菌培养室、动物室、苍蝇培养室、疟疾研究所；二楼全层是跳蚤培养室。第三课根据工作内容又分第一工作室（跳蚤的生产）、第二工作室（苍蝇的生产、疟疾研究）、第三工作室（鼠疫菌的生产）、小动物（鼠）室等"[②]。在这个生产过程中，日军采用了用活人做试验的方法，造成29名中国人死亡。据曾在第三课饲养过跳蚤的日军平川喜一1944年12月的证词："时丰台（步兵训练队）有俘虏收容所，1944年夏天，从那里有汽车将俘虏带到北京，连续带来了3次（6人、5人、6人）。直接带到了第三课（静生所）。带到第三课后，对俘虏进行试验。先给俘虏注射细菌。然后观察感染后的变化。过了一夜，俘虏们都死了"[③]。又有日本兵松井宽治指出，后来又有两个中国人手脚被绑着，嘴里被塞满东西，装在麻袋里，用卡车运到试验场所，进行人体试验，经过一个星期便死去了。

---

① 伪北京市警察局内四分局：《关于日军汽车碰伤路人等问题的呈报》，1945年7月28日—8月30日，北京市档案馆藏，档号 J183—2—22434。

② 中央档案馆、中国第二历史档案馆、河北省社会科学院编：《日本侵略华北罪行档案——细菌战》，河北人民出版社2005年版，第1—3页。

③ 中央档案馆、中国第二历史档案馆、河北省社会科学院编：《日本侵略华北罪行档案——细菌战》，河北人民出版社2005年版，第92—93页。

（四）性暴行

在第二次世界大战中，日本实施了一项旨在为其军队提供性服务的罪恶制度——"慰安妇"制度。日军所到之处都有"慰安所"的设置，形式五花八门，有的是日军直接、间接设立的"慰安所"；有的是挂着妓院招牌变相的日军"慰安所"；有的是临时性的或巡回性的日军"慰安所"；还有就是日军据点碉堡抓捕或索要"花姑娘"形成的"慰安所"。而日军为了掩盖其罪行，设置"慰安所"的名称又是多种多样的，如"娱乐所"、"军人会馆"、"行乐房"、"俱乐部"等。这些成为性奴隶的"慰安妇"绝大多数是日军从占领地用武力掳掠强征来的。日军对这些妇女随意强暴奸淫，蹂躏杀戮。即便是侥幸存活下来的女性，也由于世俗的偏见和遗留下的性病，造成永远难以愈合的身心创伤。

1937 年日军占领北京后，立即下令开放妓院，设置"慰安所"接待日军。当时在西城境内就有三处，即六部口"人民俱乐部"、宣内大街"皇军俱乐部"、"西单俱乐部"。据载，在宣内大街的皇军俱乐部，"每天都有日本军人进进出出，十分热闹。晚上，经常有喝得醉醺醺的日军士兵到周围中国居民家前打门，大喊'花姑娘的有'；而在宣武门内六部口人民俱乐部，只有日军可以自由出入，去一次两角钱，慰安妇平均每人每天可以得到十数元！"[①]这样算来，每一个"慰安妇"在这种"俱乐部"内每天要遭受数十个日军的折磨和摧残。

战犯中村三郎在 1954 年的笔供中写道："1944 年 3 月 29 日，（午后 8 时）北京西单牌路（楼），在军部慰安所（西单俱乐部）奸淫过中国慰安妇女。"[②] "慰安所"是女性的魔窟，在这里她们忍受着日军的恣意蹂躏和践踏，成为日军发泄性欲的工具，遭受着精神与肉体的摧残。

（五）强征劳工

日军通过欺骗或行政摊派等强制手段募集劳工，仅内四区统计就有 76 人，其中 3 人失踪，1 人死亡，造成直接经济损失法币 1001 万元[③]。劳工饱受着残暴的压迫和奴役。

---

① 谢忠厚主编：《日本侵略华北罪行史稿》，社会科学文献出版社 2005 年版，第 383 页。转引自苏智良：《慰安妇研究》，上海书店出版社 1999 年版，第 160 页。

② 中央档案馆、中国第二历史档案馆、河北省社会科学院编：《日本侵略华北罪行档案——性暴力》，河北人民出版社 2005 年版，第 14 页。

③ 北平市警察局内四分局：《关于为查明日人在平组织华北日人护团会、管界人民在抗战期间被强迫工作人数及抗战损失、王明球社等报告的呈》，1946 年 1 月 5 日—1947 年 11 月，北京市档案馆藏，档号 J183—2—33629。

表 1　西城区抗战时期人口伤亡统计表

类别 ＼ 年度	死	被俘捕后死亡	日军车撞伤、亡		被抓劳工后死亡	砍伤	合计	总计	备注
类别＼年度	不明	不明	男	童	不明	男			
间接人口伤亡　1936	—		—	—		—			1. 被俘捕共 9 人，2 人死亡，7 人下落不明。2. 被抓劳工 76 人，除 1 人死亡外，另有 3 人失踪，其余去向不明。约计损失总数 1001 万元。3. 直接死亡 29 人系敌人用活人做细菌试验。
1937	—		—	1		—			
1939	—	2	—	—	1	—	9	38	
1943	—		—	—		—			
1944	—		—	—		—			
1945	—		4			1			
合计	—	2	5		1	1			
直接人口伤亡　1944—1945	29	—	—	—	—	—	29		

四、财产损失

据不完全统计，日本侵略者对西城辖区内的经济进行疯狂掠夺，财产损失共计法币 4870429575.25 元，另法币 57330000 元和 53740 元[①]，其中社会财产损失约法币 21022333.11 元又 3340 元，居民财产损失约 4849407242.14 元，另法币 57330000 元及 50400 元[②]。需要说明的是，在原始档案资料中没有估价的财产损失，则无法计算在其中。

[①] 未注明者均为不明币种，下同。

[②] 以上统计数据根据北京市档案馆馆藏档案，档号 J2—7—4422；北平市警察局内四分局：《关于为查明日人在北平组织华北日人护团会、管界人民在抗战期间被强迫工作人数及抗战损失、王明球社等报告的呈》，1946 年 1 月 5 日—1947 年 11 月，档号 J183—2—33629；北平市警察局内四区署：《关于日军高射炮处空地用木板圈围墙、城楼下挖地建木板房、日人中村进城等呈》，1938 年 5 月 1 日—6 月 12 日，档号 J183—2—19939；北平市政府：《关于北平全民报社全民损失报告表调查照办理由》，1948 年 10 月，档号 J2—7—808—2 等及谢忠厚主编的《日本侵略华北罪行史稿》等相关资料汇总相加而得。

（一）居民财产损失

在辖区内，日军对居民的掠夺多是侵占房屋，洗劫财物，包括粮食、服饰、生活用品、生产工具，侵占居民的土地、树木等，往往是带着车队进行抢掠。例如：

1.1937 年七七事变后，刘金镛在西单皮库胡同 9 号和 10 号的家被日军侵占，衣服、书籍、文玩、家具等所有物品被抢，房屋被毁[①]。

2．中共地下党北平秘密情报员黄浩的损失更为严重，日、伪军 1943 年查抄了簸箩仓 6 号黄浩家中所有的财产。据黄浩的女儿黄郦回忆："那天我放学回家，邻居悄悄把我叫住，不让我回家，当时我就想到家里肯定出事了。果不其然，我站在邻居家大门口，眼睁睁地看见有十几个敌人，把家中的所有物品搬上两辆大卡车拉走了。"

3．秦旭九和白浣亭在什刹海及积水潭的河地被日军强占，直接经济损失法币 29610319 元。

4．为了献木，1944 年 12 月，日军强行砍伐居民索海隆的茔树 50 棵，损失 74993923.14 元（法币）[②]。

5．沦陷期间，内二、内四区为日军献金 12333.11 元（法币）。

（二）文化损失

日军除对居民财产疯狂掠夺，对文化的掠夺更加肆无忌惮。在区内尤其是对学校、博物馆等机构疯狂掠夺和侵占，主要是抢占馆舍，掠夺馆藏物品、图书、标本，等等。例如：

1．1943 年，国立北平图书馆（文津街 1 号）代理馆长袁同礼在向教育部呈文汇报损失时指出："沦陷损失，估计约值战前法币 1000 万元，依照战前汇率，折合美金约 330 万元。现存昆明重庆两地图书，将来运回北平，所需运输费用，以及工作人员回平旅费，约需 100 万元，依现时汇率折合美金 5 万。"[③]

2．静生生物调查所，历年搜集动物标本 30 余万件，植物标本约 22 万号，

---

① 北京市档案馆编：《日本侵华罪行实证——河北、平津地区敌人罪行调查档案选辑》（上册），人民出版社 1995 年版，第 26—28 页。

② 北京市档案馆编：《日本侵华罪行实证——河北、平津地区敌人罪行调查档案选辑》（上册），人民出版社 1995 年版，第 110—111 页。

③ 中国第二历史档案馆藏档案，档号 5—1632。转引自孟国祥：《大劫难——日本侵华对中国文化的破坏》，中国社会科学出版社 2005 年版，第 18 页。

多系罕见品种，购置图书十余万卷，欧美杂志 300 余种，尤多绝版文献，家具仪器设备完善。被敌占据 4 年之间，建筑图案及一切物品清册均被焚烧，所内设备破坏不堪，损失严重。

3．私立中国大学被劫图书 19535 册。

4．中央博物院筹备处被抢书籍拓本字画类、器物类 88 件。

5．北平民国学院被抢书籍 59836 册。

6．辅仁大学被抢中文书 226 册，西文书 18 册。

（三）动物损失

日军占领北京动物园，毒死珍稀动物狮 6 只、豹 2 只，毁坏园内许多名贵花卉，使动物园在很长一段时间内没有大型动物。

（四）其他损失

日军还在西城区内圈占空地 72.6 亩，储备侵略物资。

表2　西城区抗战时期财产损失统计表

项目	损失情况	备注
图书	630695 册	大量系有珍贵价值的书籍
书籍拓本字画类、器物类	88 件	—
动物标本	30 余万件	—
植物标本	22 万号	—
运费工费	1000000 元（约）	—
抗战献金	12333.11 元	内二、内四区
大型动物	8 只	—
占用空地	72.6 亩	—
土地	208 余亩	—
树木	50 棵	—
食粮	704.5 石	—
稻米	567.7 石	—
生活用品	452 件	—
汽车	2 辆	—

项目	损失情况	备注
自行车	3 辆	—
画像	1 幅	—
银盾	15 个	—
字画	30 幅	—
碑帖	6 种	—
古物	255 种	—
书籍	4 箱 100 本	—
货物什物	约 4281330000 元	根据档案内所登记数据

五、结论

　　日本侵略者在西城区所犯的罪行证据确凿,给西城区人民带来的巨大灾难和人民的生命财产损失是空前的。调查结果表明,日本侵略者对西城区人民造成的损失是巨大的。对平民的肆意残害,造成无数家庭支离破碎;在区内开设"慰安所",肆无忌惮地强暴奸淫中国妇女,造成无数善良妇女永远难以愈合的身心创伤;侵占静生生物所,生产、试验和使用细菌武器,直接用于杀害中国人民,罪孽深重,特别是日军使用平民进行活体试验,是人类文明史最残暴的罪行;对区内财产的掠夺,直接造成区内经济停滞不前。

　　同时,日本侵略者给西城区造成的无形损失也是巨大的。1937 年 12 月 24 日,在省党部街成立"新民会"总部,大肆宣扬"日华亲善",建立所谓"大东亚新秩序",以毒化人民。1938 年 1 月 10 日,在原北平大学法商学院校舍成立"新民学院",为其培养训练汉奸。日本侵略者运用极其阴险毒辣的手段,剥夺了青少年了解本民族历史文化传统,学习本国语言、文字的权利,延误了人才的培养。

　　总之,进行抗战时期中国人口伤亡与财产损失调查,揭露日本侵略者所犯的滔天罪行,是历史的需要,也是现实的需要。我们应该正视历史,以史为鉴,正确地面对未来。

北京市崇文区抗日战争时期人口伤亡和财产损失调查

崇文区调查组

一、调查工作概述

崇文区抗战损失调查工作于 2006 年 3 月 1 日全面展开，经过查阅相关档案资料、查证有关线索、组织相关专题调研及对有关资料进行梳理汇总，至 2006 年 7 月 20 日结束。

为深入扎实地做好此次调查工作，崇文区成立了由区委党史办牵头，区委教工委、区民政局、区文化委、区地方志办公室、区档案局、区图书馆、区政协文史委等部门参加的调查组。工作人员认真研究制定了《抗战时期崇文地区人口伤亡与财产损失调查工作方案》，明确了任务、分工和开展调查工作的方法、步骤，对做好调查工作提出了具体要求。区委组织部、区委党史办向全区发出了《关于实施抗战时期崇文地区人口伤亡与财产损失调查的通知》，要求各单位认真查阅有关资料，做到大事不丢、小事不漏，积极配合调查组开展调查工作；同时，还通过区直机关工委、区委老干部局和各街道发出了《致全区老同志的一封信》，宣传了上级的指示精神，希望老同志积极提供线索。由此，形成了全区动员、上下齐努力的良好局面，为圆满完成调查任务创造了条件。

为有效地组织和指导全区做好调查工作，调查组制定了定期协调汇报制度。在调查初期，调查组每 1 周至 2 周召开一次协调会，以后视情况召开，做到了随时掌握工作进展情况，研究解决遇到了各种疑难问题。此外，调查组还经常通过电话沟通了解和通报各单位的进展情况，交流各单位的做法和经验。开展调查期间，调查组先后 5 次召开会议，多次进行电话沟通，从而保证了调查工作的深入开展。

调查过程中，调查组先后走访了全区 7 个街道的 36 个居委会和 1 个驻区单位，访问有关人员近百人（次），发现有价值的线索 10 余条，并对相关线索进行了深入调查；征集到涉及外省和外区的资料线索共 9 条（其中外省 6 条、外区 3 条）；到市档案馆查阅相关档案 190 余卷，复印档案资料 270 余页，抄录 30 余页，获取了大量的第一手资料。此外，调查组还深入开展了两个专题的调研工作，即日军"北支（甲）1855部队罪行调查"和"北京外城日本宪兵队罪行调查"。

二、抗战前后的基本情况

崇文区是北京市中心城区之一。其前身为1950年建立的北京市第七区，1952年改称崇文。在此之前，崇文区没有独立的行政区划建置。现在的崇文区辖区，在抗战时期包括外一区、外三区的全部和外五区东半部分及东郊区、南郊区的各一部分；抗战胜利后，包括外一区、外三区的全部和外五区的东半部分及郊二区、郊三区的一部分。

明清以来，崇文区即为京城商业中心区域，手工业和小商业云集，珐琅、玉器作坊成群，各种店铺星罗棋布，不少工艺美术作坊闻名遐迩。辖区文化积淀深厚，拥有天坛、正阳门箭楼、北京城东南角楼等众多著名文物古迹。七七事变前，日货即充斥市场。沦陷后，在日本宪兵的敲诈掠夺下，民族手工业受到沉重打击，很多手工业作坊被挤垮，多数商业店铺被迫倒闭歇业，市民生活陷于贫困潦倒之中。许多文物古迹也遭到了不同程度的掠夺和破坏，特别是著名的天坛公园内驻有日军1855细菌部队，许多场所竟成了日军残害中国人民的魔窟。

三、人口伤亡

（一）人口死亡

1. 细菌试验死亡

日军北支（甲）1855部队建于1939年，本部设在北京天坛的神乐署。下设三个部门，第一课（卫生检验课）设在天坛，第二课（细菌生产课）设在天坛公园西门南侧墙外的前卫生署中央防疫处生物制品所，第三课（细菌武器研究所）设在国立北京图书馆（旧址）西邻的静生生物调查所。1855部队主要执行细菌武器研制和作战任务。

1944年夏，1855部队从丰台中国俘虏收容所连续三天押走了17名俘虏进行人体试验。为了防止俘虏反抗，日军给每个人戴上手铐，谎称送他们去医院。被押送的俘虏被关进牢房里，似乎有所警觉，拒绝吃任何东西。日军军医强行将细菌病毒注射到他们体内，不到24小时，17人全部在剧烈的痛苦中死去[①]。他们的尸体被运到第一课进行解剖。此后，又有两个中国人手脚被绑着，嘴里塞着东

---

① 《日军一八五五细菌部队曾在北平进行人体实验》，《北京日报》1995年8月25日第5版报道。

西，装在麻袋里，用卡车运到试验场所，进行人体试验，经过一个星期便死了①。

1943 年下半年，由于日军故意撒播病菌而引起的霍乱疫病在北京爆发流行。据《民国卅二年霍乱预防工作报告书》记载，此次霍乱疫病爆发流行，共造成北京 1872 人死亡②。崇文区辖区是当时的重灾区之一。

2. 被日本宪兵队杀害

外城日本宪兵队，位于东珠市口中间路北的一个小院里。院内有一幢"工"字形二层小楼。这里的宪兵均着便衣，门口设有日军站岗。这里是日本宪兵队的特高科，1942 年 10 月改称战务课③（又称"三谷部队"，属日军第 1420 部队），专门镇压有爱国言行的中国抗日人士。

（1）1938 年夏，在天桥唱数来宝的艺人杨庄（也叫"杨撞"），在新民茶社门口被两个日本人无故推搡辱骂。杨奋起反抗，当即被捆绑起来，带到外城宪兵队。不久，杨就被日本宪兵杀害，年龄不足 30 岁④。

（2）1938 年 7 月间，外城宪兵队探知济兴银号被逼外逃的经理耿希孟躲在天津租界，便设法将其诱出。耿希孟见势不妙，大声叫喊巡捕。日本密探恐怕被外籍巡捕干涉阻拦，将耿希孟击毙⑤。

（3）1944 年 3 月 3 日，家住前府胡同的赵希贤在前门东站卖纸烟时，副站长小室骏之禁止其在站前叫卖，赵不从，被小室骏之强拉到副站长室，用战刀刺死⑥。

同年 9 月 2 日夜里，宪兵队宪兵曹长上村喜獭等从囚室提出 30 多人。此后，这些人就再无音讯了。解放后，上村喜獭被抓获后交代："1944 年 8 月，我们在北京南苑的月亮地上杀了几十人，仅我就亲手杀了 13 个中国人。"⑦由此可以印证，当时押走的 30 多人都被日军在南苑杀害了。

---

① 《日寇曾在北京制造菌毒》，《人民日报》1950 年 2 月 21 日第 1 版报道。

② 伪北京地区防疫委员会防疫课：《霍乱预防工作报告书》，1943 年，北京市档案馆藏，档号 J5—1—768。

③ 伪北京特别市公署警察局警务科：《关于日本宪兵队本部特高课名称变更为战务课的通知》，1942 年 10 月 16 日，北京市档案馆藏，档号 J184—2—20042。

④ 北京市政协文史资料研究委员会编：《日伪统治下的北平》，北京出版社 1987 年版，第 150 页。

⑤ 北平市警察局外一分局：《关于日本宪兵过去曾有罪行的呈》，1945 年 12 月 12 日，北京市档案馆藏，档号 J184—2—8600；第十一战区司令长官部、市府：《关于日本宪兵罪恶的有关文件》，1945 年 12 月 21 日—1946 年 8 月 22 日，北京市档案馆藏，档号 J181—17—841。

⑥ 北京市档案馆编：《日本侵华罪行实证——河北、平津地区敌人罪行调查档案选辑》（上册），人民出版社 1995 年版，第 94—96 页。

⑦ 北京市政协文史资料研究委员会编：《日伪统治下的北平》，北京出版社 1987 年版，第 319—320 页。

（4）1944 年 10 月 18 日，宪兵队宪兵井商、朝鲜人金城二人，来到外五区大市新店 1 号，将西服商李长志及其学徒刘寿鹏、徐世可抓至外城宪兵队。刑讯羁押 6 个多月后，李长志、徐世可被释放，而刘寿鹏一直未归，下落不明。①

（5）1945 年 1 月，伪教育总署办事员梁玉书，北平师范大学教授姜忠奎（又名姜叔明），伪地方法院庶务员商玄微、吕葵序，国学书院学生王斌生、吕秀瑞和王孝通及其两个哥哥（王孝骏、王孝骐），先后被宪兵队宪兵曹长中川等无故逮捕拘押。日本宪兵对他们用烟头烫、棍棒打、灌凉水、过电。严冬时节逼令他们脱光衣服，用浇凉水等残酷手段进行折磨，强逼他们承认是抗日积极分子。同时，还不给他们饭吃，待饿到奄奄一息时再给吃一点。如此反复，对他们进行疯狂摧残。王孝骏、王孝骐在反复遭受酷刑两月后被释放，其余 7 人下落不明，疑已被害②。

（6）1945 年 3 月 30 日，位于外一区崇外南官园 8 号的万源和布庄伙计张恩华因"通敌"之嫌，被东珠市口日本宪兵队逮捕，从此生死不明③。

（二）伤残人口

1. 1940 年春末夏初，在天桥卖艺的摔跤手张宝忠因受诬陷被抓进宪兵队，后经人救助才被释放。关押期间，日本宪兵用压杠子、灌凉水等酷刑对张进行严刑拷打。获释时，张已遍体鳞伤，耳朵也因灌凉水和拷打致聋，落下了终身残疾④。

2. 1942 年 2 月 10 日，董汪氏从沈阳乘火车来北京，在前门东车站被日本宪兵查出带有金饰 28 两 2 钱 5 分 5 厘。日本宪兵大角及翻译等人先用铁条、木棒对其进行殴打外，又放出狼狗撕咬。在前门站关押 10 天后，又将其转至军法监狱。在狱中，七八个日本人除用拳、棒对其殴打，又扒衣冷冻、凉水浇身，还强迫其吃下掺入石头面、鱼刺、洗菜水的小米。更狠毒的是，还两次给其注射药

① 第十一战区司令长官部、市府：《关于日本宪兵罪恶的有关文件》，1945 年 12 月 21 日—1946 年 8 月 22 日，北京市档案馆藏，档号 J181—17—841。

② 北京市档案馆编：《日本侵华罪行实证——河北、平津地区敌人罪行调查档案选辑》（上册），人民出版社 1995 年版，第 103—105 页、114—122 页、125—128 页。

③ 北平市警察局外一分局：《关于日本宪兵过去曾有罪行的呈》，1945 年 12 月 12 日，北京市档案馆藏，档号 J184—2—8600；第十一战区司令长官部、市府：《关于日本宪兵罪恶的有关文件》，1945 年 12 月 21 日—1946 年 8 月 22 日，北京市档案馆藏，档号 J181—17—841。

④ 北京市档案馆编：《日本侵华罪行实证——河北、平津地区敌人罪行调查档案选辑》（上册），人民出版社 1995 年版，第 151—152 页。

剂，每次都使其昏睡两三天。最后，日本军事审判会勒令将其所带金饰全部没收充作飞机"献金"。董汪氏在受折磨48天后，才于3月29日被释放①。

3. 1945年2月5日，位于外三区上四条19号的经纬织布工厂经理张少勋，因存储粮食被日本宪兵队本部宪兵军曹先祖矶松非法逮捕，羁押70余日，其间时常被残虐殴打②。

四、财产损失

本区辖区的财产损失以商业方面损失为主，也有文化损失，主要由外城日本宪兵队宪兵的敲诈勒索和强取豪夺造成。从已查到的资料来看，损失较大的银号及商户共计27家。

（一）商业损失

1. 1937年12月2日，位于外一区长巷下二条23号的谦芝银号，因有第29军将士的存款，其经理魏旭东被外一区侦缉队第一分队日本特务机关长渡边等宪兵逮捕，送警察局拘留30余日。日本特务机关军官余村实等及伪警察局局长潘毓桂在审讯后，逼令交出存款110796.52元③。谦芝银号当时仅能交出现金55796.52元，其余5.5万元因无力交付，便以该银号在南苑的10顷土地为抵押，才将经理保释出来。1938年10月5日，前门外东车站日本宪兵队又将该经理捕去，酷刑拷打，勒令交出存款10859.4元，并将客存的现洋5万元没收。4日后，经理被释放，但该号已无法营业了④。

2. 1937年—1938年间，外城日本宪兵队余村实等多次到位于前门外长巷上二条11号的济兴银号进行敲诈勒索，将该号所有股款及所谓抗日分子的存款以及房产家具等强行没收。1937年11月，外城日本宪兵队数人到该号强行索取存款清册上的全部存款303608元，当场提走22万元，并要银号将剩余的83608元补足续交。同时，派宪兵赴该号东交民巷库房，将以前所存的现洋10万元及友人寄存的箱只包裹大小20余件强行运走。至1938年2月间，宪兵队以该号所

① 北京市档案馆编：《日本侵华罪行实证——河北、平津地区敌人罪行调查档案选辑》（上册），人民出版社1995年版，第67—69页。

② 第十一战区司令长官部、市府：《关于日本宪兵罪恶的有关文件》，1945年12月21日—1946年8月22日，北京市档案馆藏，档号J181—17—841。

③ 原材料未注明币种。本报告未注明币种的均由原材料未标注。

④ 北京市档案馆编：《日本侵华罪行实证——河北、平津地区敌人罪行调查档案选辑》（上册），人民出版社1995年版，第23—25页。

欠补交款尚未交清为名,将该号经理范智达捕去,逼令交出该号正副经理耿希孟、张凤鸣等人。日本宪兵在逼问无果后,责令范负责清理该号事务。范百般推托,在羁押6日后被释放。同年11月间,宪兵队又将范捕去,酷刑拷打,逼令补交抗日分子的存款。范坚持不承认有抗日分子的存款,才被释放。此后,宪兵队将该号所有外欠各款3万余元,连同该号铺房、全部家具陈设、字画等一并没收,还将该号账簿焚毁[1]。

3. 1940年夏,位于崇文门外木厂胡同16号的谦益隆布店,被日本宪兵及伪警察包围。他们砸开店门闯入店堂强行搜查,把店内所有人员集中起来拳打脚踢,将货架上的商品砸得七零八落。直到天亮,宪兵将副经理和一名会计带走,关押在日本外城宪兵队,布店随即被封。该店经理百般托人,才将被捕人员领回。1944年夏,日本宪兵数人又来到谦益隆布店,以检查库房、清点存货为名,将店里的土布统统装上汽车,扬长而去[2]。

4. 1940年9月,位于崇外南官园8号的仁和记布庄经理王佐良,从上海邮来5种布匹(计920匹),10月间到达北京邮政局后,被日本宪兵队全部没收,价值当时法币5400万元[3]。

5. 1941年2月至5月底,位于外一区小蒋家胡同31号的广成号绸庄(经理车云波),从苏、沪分批邮寄至北京的11种货物邮包(计23件396匹),被沙滩日本宪兵队全部扣留没收,当时价值法币21130元(1946年呈报时折合法币7017.5万元)[4]。

6. 1942年夏秋,日本宪兵将位于鲜鱼口的长春堂药店老板张子余绑架到宪兵队,强迫长春堂以200两黄金赎身。张家不敢违抗,照数交够赎款,才保释出来[5]。

---

[1] 北京市档案馆编:《日本侵华罪行实证——河北、平津地区敌人罪行调查档案选辑》(上册),人民出版社1995年版,第38—39页;北平市警察局外一分局:《关于日本宪兵过去曾有罪行的呈》,1945年12月12日,北京市档案馆藏,档号J184—2—8600;第十一战区司令长官部、市府:《关于日本宪兵罪恶的有关文件》,1945年12月21日—1946年8月22日,北京市档案馆藏,档号J181—17—841。

[2] 荣国章、孔宪东、赵晋:《北平人民八年抗战》,中国书店出版社1999年版,第151页。

[3] 北京市档案馆编:《日本侵华罪行实证——河北、平津地区敌人罪行调查档案选辑》(上册),人民出版社1995年版,第58—60页;北平市警察局:《关于王佐良报日本宪兵队没收其布疋呈请登记损失以便清算一事的批》,1946年6月,北京市档案馆藏,档号J181—25—2356。

[4] 北平市警察局:《关于广成号掌铺车云被日本宪兵队扣留货物请赔偿救济一案辑查的呈》,1946年12月,北京市档案馆藏,档号J181—24—3003。

[5] 索延昌:《长春堂避瘟散》,北京市崇文区政协编:《文史资料选刊》第1期(1984年)。

7．1942 年 10 月 11 日，西村祥三等日本宪兵及伪警察多人，闯入宏源绸庄、裕成绸庄、合记号、信隆绸缎庄、正纶绸缎庄、义同兴绸布庄、义兴绸庄 7 家店铺，恣意搜查，将账簿全部没收，并将各店经理一起押到了位于东城煤渣胡同的日本宪兵队本部。之后，又以企图秘密接济中国军队、破坏"大东亚战争经济法"为由，没收了各商号的全部货物，并各罚 100 元现洋。所掠货物总值达法币 41884 万元，当时合黄金约 1901 两。各店经理被关押 38 天之后，才被释放。1946 年 5 月中旬，在第十一战区长官司令部审判战犯军事法庭对质时，战犯西村祥三对此供认不讳①。

8．1945 年 1 月 19 日（一说为 26 日），日本驻外城东珠市口宪兵队三谷等 3 名宪兵，到前门外打磨厂甲 176 号的公记货栈，殴打货栈人员，索洋 24 万元。日本宪兵提走现款 10 万，又将所有货物、家具、衣服全部拉走。②同日，日本宪兵队军曹西村祥三到位于外三区上四条 155 号的恒仁义布庄，将刘燕亭、郭崇礼逮捕，残虐殴打，并没收大量布匹③。

9．1945 年 1 月 23 日，日本宪兵队外城队所属华北织维协会，以查货为名，将位于外一区打磨厂 171 号的德顺货栈所存大量土布、土线没收④。

10．1945 年 1 月 25 日，日本宪兵队本部宪兵军曹先祖矶松到位于外三区西花市大街 45 号的协成生布庄，将宋怀德非法逮捕，肆意殴打，将布匹等全部没收⑤。

11．1945 年 3 月 30 日，位于外一区崇外南官园 8 号的万源和布庄因其伙计张恩华有"通敌之嫌"，被东珠市口日本宪兵队冠以"监督不周"的"罪名"，将

① 北京市档案馆编：《日本侵华罪行实证——河北、平津地区敌人罪行调查档案选辑》（上册），人民出版社 1995 年版，第 70—86 页。

② 北京市档案馆编：《日本侵华罪行实证——河北、平津地区敌人罪行调查档案选辑》（上册），人民出版社 1995 年版，第 122—124 页；北平市警察局外一分局：《关于日本宪兵过去曾有罪行的呈》，1945 年 12 月 12 日，北京市档案馆藏，档号 J184—2—8600；第十一战区司令长官部、市府：《关于日本宪兵罪恶的有关文件》，1945 年 12 月 21 日—1946 年 8 月 22 日，北京市档案馆藏，档号 J181—17—841。

③ 第十一战区司令长官部、市府：《关于日本宪兵罪恶的有关文件》，1945 年 12 月 21 日—1946 年 8 月 22 日，北京市档案馆藏，档号 J181—17—841。

④ 北平市警察局外一分局：《关于日本宪兵过去曾有罪行的呈》，1945 年 12 月 12 日，北京市档案馆藏，档号 J184—2—8600；第十一战区司令长官部、市府：《关于日本宪兵罪恶的有关文件》，1945 年 12 月 21 日—1946 年 8 月 22 日，北京市档案馆藏，档号 J181—17—841。

⑤ 第十一战区司令长官部、市府：《关于日本宪兵罪恶的有关文件》，1945 年 12 月 21 日—1946 年 8 月 22 日，北京市档案馆藏，档号 J181—17—841。

所存棉布、棉线等物强行没收[①]。

北京沦陷时期，在日本人的压迫下，数十家著名的老字号先后关张停业，许多工商业和小手工业遭受了沉重打击，付出了惨痛的代价。由于时间久远，许多损失已无从查证了。

（二）文化损失

抗战时期，私立汇文中学被日本宪兵及特务劫走大量图书，共计损失中文图书 960 册、英文图书 437 册、各种杂志 17656 册、旧存装订报纸 1344 册，其损失折合法币 21228.9 万元[②]。

五、结论

由于资料所限，本次调查所得的数据还不够全面，但已让人触目惊心。

第一，细菌试验，惨绝人寰。为了实现吞并邻国、称霸世界的野心，日本军国主义者采纳了日本军医大尉石井四郎进行细菌战的建议，企图以最小的代价，赢得侵略战争的胜利。据曾在日军 1855 部队进行了半个月预防霍乱及细菌检验训练的长田友吉供述，当时一日军介绍："这里面培养着难以计数的霍乱菌，有了这些霍乱菌，就可以一次把全世界的人类杀光。"1855 部队不仅利用活人进行细菌试验，而且在北京市内撒播细菌，造成霍乱流行，直接或间接造成平民大量死亡。

第二，抢掠商号、银号，造成巨大损失。崇文地区自明清以来，一直是北京的工商业中心。商号和银号，是支撑崇文经济的两支主要力量。日本宪兵对商号和银号的野蛮抢掠，造成商号和银号无法正常营业，甚至大批倒闭，致使崇文地区的经济走向萧条，出现了严重倒退。

---

① 北平市警察局外一分局：《关于日本宪兵过去曾有罪行的呈》，1945 年 12 月 12 日，北京市档案馆藏，档号 J184—2—8600；第十一战区司令长官部、市府：《关于日本宪兵罪恶的有关文件》，1945 年 12 月 21 日—1946 年 8 月 22 日，北京市档案馆藏，档号 J181—17—841。

② 北平市私立汇文中学：《北平市私立汇文中学关于日寇侵占学校损失调查的呈文及财产损失清册》，1948 年 1 月，北京市档案馆藏，档号 J1—6—1951。

北京市宣武区抗日战争时期人口伤亡和财产损失调查

宣武区调查组

一、调查工作概述

2006 年 2 月，"抗战时期北京地区人口伤亡与财产损失调查"培训会议后，宣武区成立了由区委党史办牵头，区档案局、区文化委和区政协文史委等单位参加的调查组。党史办起草制定了《宣武区抗战时期人口伤亡与财产损失调查工作实施方案》。3 月底，召开调查组工作会议，落实了各单位具体分工和任务，确定了工作方案和工作步骤。

2006 年 4 月 6 日，调查组召开全区各有关单位和部门会议，下发《宣武区抗战时期人口伤亡与财产损失调查工作实施方案》，要求各有关方面积极配合调查工作。会后，调查工作全面展开。由于时间久远、线索零散，调查工作主要从三个方面着手：一是查阅档案资料。工作人员先在本区档案馆查档。针对本区档案馆这个时期档案资料几乎是空白的实际情况，调查组特意派出有工作经验的老同志赴市档案馆共同查档。重点筛查出与宣武地区相关的北京市警察局、北京市警察局外城分局、日伪时期占用公私房地产清理委员会全宗档案内容，包括人口伤亡及日本人强占房产归还等情况的档案材料，获取了一手材料。二是采用翻阅相关图书和历史报刊的方式查找有关线索。多次派人到国家图书馆、宣武区图书馆等搜集相关书籍、历史报刊等资料。并且翻查了《日本侵华罪行实证——河北、平津地区敌人罪行调查档案选辑》（上、下册）、《侵华日军在北京地区的暴行》《北京城市历史地理》《宣武区志》《宣武文史资料》以及区内编写的各种相关书籍。三是组织各类座谈会和调查走访。调查人员本着对历史负责、对民族负责的态度，克服种种困难，认真工作。经过对所掌握的线索和资料进行分析筛选，截至 2007 年 3 月底，共获得可以引以为据的情况共 12 条，基本完成"宣武区抗战时期人口伤亡和财产损失调查"工作。调查工作基本情况如下表：

表 1 宣武区抗战时期损失调查工作情况统计表

参加单位	参加调研人员	查阅档案	查阅书报刊物	采访人数	扫描、复印资料
4 个	9 人	839 卷	126 种	36 人	242 页

二、抗战前后的基本情况

（一）抗战前后宣武地区基本情况

宣武区位于北京市城区西南部，是北京市四个中心城区之一。1928 年，北京改为北平特别市，现宣武区辖区包括当时的外二区、外四区全部和外五区、郊四区一部分。区界大体情况为：外二区东至正阳门大街，西至宣武门外大街，南至西珠市口、西柳树井、虎坊桥、骡马市大街、菜市口，北至和平门一线；外四区东至宣武门外大街、果子巷、贾家胡同、四平胡同、龙泉胡同一线，西至广安门一线，南至右安门一线，北至西便门到宣武门一线；外五区在正阳门大街、天桥南之西，永定门西街之北，果子巷、贾家胡同、南堂子胡同一线之东，西珠市口骡马市大街之南；郊四区马连道以东部分，在今宣武区界内。1945 年抗战胜利后区制调整，宣武地区包括第九区、第十一区的全部和第十二区的一部分。

1937 年七七事变后，日军向北京城发起进攻。7 月 26 日，日军企图从广安门冲进城内，第 29 军官兵和牛街地区群众奋起抗击。8 月 8 日，日军进驻北京，部分日军驻老墙根和盆儿胡同 11 号，辖区有外二区、外四区、外五区（西半部）警察分局。日本警察派出所驻骡马市大街 89 号。宣武地区开始了长达八年的日伪政权统治。日伪当局通过保甲制度和"治安强化"运动，对宣武地区人民实行严密的高压政策，人民没有生命财产安全和言论自由。日本军警宪特横行霸道，经常无故抓人，将逮捕的"犯人"施以非刑或残忍杀害。日伪机构和日本人四处霸占寺庙、学校和平民房产，使百姓流离失所，蒙受重大损失。

（二）日本侵略给宣武地区造成的破坏

在日本侵略者的铁蹄之下，宣武地区的民族工业、商业、手工业、文化教育以及社会生活等各个方面都遭到严重干扰和破坏。

1. 原本薄弱的民族工业发展遭到沉重打击。宣武地区工业较薄弱，民国后区境内民族工业才开始起步。沦陷时期，辖区内各工厂被日军利用或破坏，工业发展遭到沉重打击。

财政部印刷局（今北京印钞厂前身）位于白纸坊，属国民政府财政部管辖。

1937 年 8 月 9 日，财政部印刷局被日伪接管。次年 2 月，改为"临时政府行政委员会印刷局"，负责印制伪联合准备银行票券和邮票、税票等印品。1940 年后，通货膨胀，物价飞涨。工人一方面要加大印量和工作强度；另一方面工资贬值，生活艰难，遭受着残酷的政治压迫和经济剥削。

全国抗日战争爆发前，辖区内有双合盛啤酒厂、永增铁工厂、振北制革厂、慈型机器厂、光明玻璃料器厂、开源呢绒厂、初起造纸厂、大华窑业公司等十余家民营企业。日军侵占北京后，工厂或被侵略者强行"合办"，或被"收买"，或被强征。如位于广安门外的中华汽炉工厂被日军控制，为其生产炮弹、手榴弹等武器；双合盛啤酒厂生产的五星啤酒被日军征用。

人民赖以生活的粮油加工业也被日军控制。日军为筹集军粮，对辖区内 3 家面粉厂实行"委任经营"，强迫面粉厂、磨坊和粮店加工军粮。广安门外的鸿兴厚粮局等粮店遭日伪当局低价收购，损失惨重。宣武地区原有食用油店铺 20 余家，北京沦陷后食用油店铺纷纷倒闭，至 1942 年仅剩 9 家。粮油生产萎缩造成供应紧张，粮食消费实行配给制。不仅数量少，而且质量差，价格贵，"混合面"还要严格按户供应，人民生活质量下降，经常连温饱都难以保证。

2. 明清以来形成的发达的手工业和商业遭到严重摧残。1919 年—1937 年，宣武地区的手工业发展迅速，其中玉雕、牙雕、地毯、刺绣等行业最为繁荣，产品出口欧美和东南亚等地。日伪时期，手工业生产日渐萎缩，产品外销锐减，小作坊纷纷倒闭。至 1942 年，90%以上的玉器业店铺停业[1]。

大栅栏和天桥地区商户较为集中，是北京繁华的商业街区。北京沦陷后，在日伪势力的打压、盘剥、勒索以及日货的冲击下，大栅栏地区商业开始萧条，许多老字号店铺被迫关闭或歇业。天桥地区原有近十家市场相继停业，只有天桥西市场等 3 家继续营业。辖内鞋行一半停工；药业除同仁堂外，无一不亏；煤业赔钱者十之有七；半数粮行亏本；绸缎行滞销，铺人坐蚀原本[2]。一些银号、店铺遭日军蛮横勒索，店员遭恐吓殴打，从启明新记银号北平分号和广盛祥绸布店的遭遇可见一斑。日伪当局向娱乐饭店业收取多种名目的捐税，强行发起"献纳"运动，使商家和百姓苦不堪言。与此同时，日军对华施行毒化政策，日本人和朝鲜人开设的赌场和烟馆在大栅栏和天桥等繁华商业区风行，榨取重税，毒害百姓，如前门外的大旅行社赌场、开明戏院赌场、廊房头条赌场、大通土膏店，等等。

---

① 北京市宣武区地方志编纂委员会：《宣武区志》，北京出版社 2004 年版，第 521、第 522 页。
② 北京市宣武区地方志编纂委员会：《宣武区志》，北京出版社 2004 年版，第 475 页。

3．学校数量减少，教育事业萎缩。七七事变前，宣武地区有中学 9 所，各类小学 78 所，简易与短期小学 41 所。北京沦陷后，北平师范大学附中等校部分师生迁往中国西南部，其中成达师范学校（今回民学校前身之一）由广西迁到四川，途中遭日军袭击，造成严重的人口伤亡与财产损失。据 1940 年资料记载，宣武地区中小学数量有所减少。辖区内私立中学、私立小学分别减至 7 所和 16 所，简易和短期小学减至 14 所①。

4．古代建筑和历史文物遭到不同程度的破坏。日伪时期，日军 1855 部队第一课曾占据先农坛庆成宫大殿后的工字厅进行细菌试验；位于广安门内的辽代寺庙报国寺被日军强占为军需库；辽代天宁寺塔角上 104 个金铜铃被日军盗走；琉璃厂的很多古玩文物流往日本。

5．民族宗教生活受到严重干扰。辖区内的牛街是北京最大的回民聚居区。日伪时期，日军杀猪造饭玷污清真寺等破坏回民宗教习俗的事件不断发生，引起广大回民群众的强烈不满。同时，日本侵略者为挑拨中国民族关系，成立伪回教组织，进行民族分裂活动。1937 年在牛街礼拜寺成立日伪"北京回教会"，1938 年成立"中国回教总联合会"，办公地址设在广安门大街 100 号原工商陈列所旧址。伪中国回教总联合会作为日本侵略者的御用工具，组织回教总会委员赴日本访问，组织中国回教朝觐团去麦加朝觐，派回教青年团成员赴日本留学，为日本帝国主义征集劳工等，以达到对外宣传"日回亲善"，培养亲日势力的目的。但在牛街回族爱国群众的抵制下，伪回教组织的活动效果甚微②。

综上所述，抗日战争时期，宣武地区遭到日本侵略者的严酷压迫和疯狂掠夺。日军的侵略破坏和阻碍了宣武地区社会经济文化发展，给人民带来深重的灾难。

三、人口伤亡

据本次调查所获资料统计，日军在宣武地区造成人口伤亡 10 人，其中死亡 3 人，伤 4 人，下落不明 3 人。另据《北京市革命烈士英名录》和《宣武区志》记载，1994 年在宣武区民政局登记的抗日战争时期牺牲的革命烈士 6 人。

（一）死亡 3 人

1．1937 年 11 月 5 日，卖酒人张桐在右安门城墙上被日军巡查军人用枪击

---

① 北京市宣武区教育委员会：《宣武区普通教育志》，北京出版社 2001 年版，第 3 页。

② 刘东声等编：《北京牛街》，北京出版社 1990 年版，第 99—107 页。

伤，坠城身亡[①]。

2．1938 年 12 月 5 日，一辆快速行驶的日军军车在珠市口把行人、固安县人刘泽剐倒，致刘重伤死亡[②]。

3．1944 年 9 月，成达师范学校由广西桂林内迁到四川重庆，途中遭遇日军袭击，校总务主任韩宏魁被炸死。

（二）伤 4 人

1．1938 年 9 月 30 日，家住后孙公园的木匠刘战克被日本大使馆警察署 3 个日本便衣逮捕。为逼取口供，先后对刘战克施酷刑 3 次，用皮鞭抽打头部，用木轮夹手指，晕倒后再以皮鞋踢头部。10 月 6 日转送至伪满洲国首都警察厅，由司法日本人中村重问，为逼供又施以酷刑两次，11 月 15 日才释放[③]。

2．家住琉璃厂 119 号的吴润三，原系中华复兴社驻北京情报人员。七七事变后奉命留守北京。1938 年 10 月 19 日被伪北京警察局逮捕，其子吴力田同时遭捕，被施以非刑。吴力田身受重伤，后被释放[④]。

3．1939 年 1 月 4 日，沙滩日本宪兵队本部宪兵多人到大栅栏 19 号的广盛祥绸布店，向经理何耀鲲出示该店与班禅驻京办事处立的债券四纸（共 4000 元），勒令立即还钱。何遭宪兵多人殴打[⑤]。

4．1945 年 9 月 29 日午后 2 时，骑车人赵宁元在牛街北口被日军重载汽车碰撞摔伤[⑥]。

（三）下落不明 3 人

1．中华复兴社情报人员吴润三，1938 年 10 月 19 日被伪北京警察局逮捕，

---

① 伪北平市警察局外四区署：《关于贩运私酒人张桐于深夜扒右安门城墙被巡城日军人枪击坠城身死检验情形》，1937 年 11 月，北京市档案馆藏，档号 J181—22—489。

② 伪北京特别市公署警察局外五区警察署：《关于行人刘泽在珠市口地方被友军黄色载重汽车刮倒碰伤医治后身死验埋招领情形》，1938 年 12 月，北京市档案馆藏，档号 J181—22—4501。

③ 北京市档案馆编：《日本侵华罪行实证——河北、平津地区敌人罪行调查档案选辑》（上册），人民出版社 1995 年版，第 36—38 页。

④ 北京市档案馆编：《日本侵华罪行实证——河北、平津地区敌人罪行调查档案选辑》（上册），人民出版社 1995 年版，第 40—42 页。

⑤ 北京市档案馆编：《日本侵华罪行实证——河北、平津地区敌人罪行调查档案选辑》（上册），人民出版社 1995 年版，第 46—48 页。

⑥ 北平市警察局内二、三区、外五区分局：《关于日人田中正等告张马氏等欺诈及陈学功告刘延忠伤害等案的报告》，1945 年 9 月 17 日，北京市档案馆藏，档号 J181—24—141。

被施以非刑。后被解送沙滩日本宪兵队，遂无音信①。

2. 1945年2月5日晨4时许，日本宪兵十余人从和平门外国立师范大学宿舍逮捕十数名同学，拘押至东珠市口宪兵队反复过堂审讯。后其他同学陆续被释，仅剩郁增毅和余永庆2人仍留在东珠市口宪兵队，遣送之地不详，传被派为劳工，此后便一直杳无音讯，疑已被害②。

表2　宣武区抗战时期人口伤亡统计表

类别 年度	死	伤	下落不明	合计
1938	1	2	1	4
1939	1	1	—	2
1944	1	—	—	1
1945	—	1	2	3
合计	3	4	3	10

（四）宣武区在抗日战争时期牺牲的烈士

据1981年北京市民政局编汇的《北京市革命烈士名录》和《宣武区志》记载，宣武区抗战牺牲的烈士详情见下表③：

表3　宣武区抗日战争时期牺牲革命烈士名录

姓　名	性别	牺牲时间	牺牲地点	牺牲前所在单位	职务	出处
王振铎	男	1938	桃花堡	八路军晋察冀军区第9团	指导员	《北京市革命烈士名录》
罗耀宗	男	1939.10	平谷县黑豆峪	八路军晋察冀军区第13团	战士	《北京市革命烈士名录》
王兴国	男	1941.6	三河县	平谷地方游击队	队员	《宣武区志》
李景龙	男	1944	顺义县葫芦峪	公安部队	排长	《北京市革命烈士名录》

---

① 北京市档案馆编：《日本侵华罪行实证——河北、平津地区敌人罪行调查档案选辑》（上册），人民出版社1995年版，第40—42页。

② 北京市档案馆编：《日本侵华罪行实证——河北、平津地区敌人罪行调查档案选辑》（上册），人民出版社1995年版，第128—130页。

③ 北京市民政局：《北京市革命烈士名录》，1981年印行，第23页。

姓　名	性别	牺牲时间	牺牲地点	牺牲前所在单位	职务	出处
代西宗	男	1945	山东省莘县	回民支队	团政委	《北京市革命烈士名录》
丁　印	男	1945.8	平谷县大庄户	冀东游击队平谷二区队	中队长	《北京市革命烈士名录》

四、财产损失

据本次调查所获资料统计，日军勒索劫取宣武地区商家财产总计法币148298.2 万以上。侵占团体、个人土地房产共 118 间，估价上千万元。另有日本人战后隐匿不报的房产资产 3 处，查处日本人制造毒品场所 1 处。1944 年，日伪政府强迫各铺户把所有铜栏杆、招牌、门环及一切铜制品拆卸"献纳"[1]。据统计，在外二区、外四区和外五区共征收铜铁 269442 斤，约值 24830846 元。收取娱乐场所和饭馆捐税 963.5 万元，鸦片税 760 万元[2]。具体个案详报如下：

（一）商家损失

1. 启明新记银号北平分号损失情况

启明新记银号北平分号位于前门外施家胡同 10 号。1938 年 1 月 23 日，日本驻京陆军特务机关宪兵队渡边率宪兵将该银号包围，殴打恫吓银号人员，勒令交出全部账簿。将宋哲元以华记名义存入的股本 50000 元及第 29 军零星公私存款计 26225.43 元勒提一空，并将与第 29 军有关的欠款共计 22893.61 元全部没收，同时没收银号现款 3331.82 元，共损失 102450.86 元。并将银号襄理徐世忠抓至特务机关拘押一夜，次日才放出[3]。

2. 广盛祥绸布店损失情况

广盛祥绸布店位于大栅栏 19 号。1939 年 1 月 4 日，沙滩日本宪兵队本部宪兵多人到该店，向经理何耀鲲出示该店立与班禅驻京办事处的债券四纸（共 4000 元），勒令立即还钱。该店确曾与班禅驻京办事处有钱款往来，并曾因误会诉讼法院，后和解达成分期付款。但宪兵不容分说，何耀鲲遭到毒打，不得已于次日

---

① 北京市宣武区地方志编纂委员会：《宣武区志》，北京出版社 2004 年版，第 46 页。

② 北平市警察局：《沦陷地区、克复地区损失情形报告表》，1946 年 7 月，台北"国史馆"藏，档号 303—026。

③ 北京市档案馆编：《日本侵华罪行实证——河北、平津地区敌人罪行调查档案选辑》（上册），人民出版社 1995 年版，第 28—32 页。

派人将欠款 4000 元送到宪兵队[①]。

3. 鸿兴厚粮局损失情况

市民宋述卿在广安门外马神庙 8 号聚生栈内开设鸿兴厚粮局。1940 年春，日伪临时谷物委员会强行收购该粮局白玉米 16 万斤，每石仅发价 7.95 元，不足当时市价（40 元）的五分之一。经济损失 51280 元[②]。

4. 萧焕文文具店损失情况

市民萧焕文在和平门外香儿胡同开设一小文具纸店，购进英国报纸 50 领，毛太纸 60 领。1943 年 1 月 6 日，日军以该纸张为违禁物品为由，将其带至东单三条口外的外二区第四分驻所的日本宪兵队，并将纸张没收，价值 7000 元[③]。

（二）市民房产、地产被日伪当局强行占购

1. 市民安魏氏房产 1 处，位于宣武门外大街 149—153 号，灰瓦房 57 间，地基面积 2 亩 4 厘 8 毫。1938 年 6 月，该处房屋及地基被日伪北京市公用总局强行占购[④]。

2. 原浙江同乡会在宣武门外兵马司中横街 2 号有房产 1 处，共计 42 间。1940 年被日本人强行租作大东亚公司办公处，之后被日本人拆去南房 2 间，西房 3 间，其余各房也被拆改，造成财产损失。财产损失估价 1197 万[⑤]。

3. 抗战时期，市民宋长玉位于核桃园 7 号的自置灰土房 11 间被日本人强行占用[⑥]。

4. 市民刘清泉之友在先农坛有荒地一段，计 8 亩 4 分。受友人之托刘清泉将该地开垦并在该地盖房 3 间居住。1939 年 6 月间，日军相泽部队中山军楚限

---

① 北京市档案馆编：《日本侵华罪行实证——河北、平津地区敌人罪行调查档案选辑》（上册），人民出版社 1995 年版，第 46—47 页。

② 北京市档案馆编：《日本侵华罪行实证——河北、平津地区敌人罪行调查档案选辑》（上册），人民出版社 1995 年版，第 56—58 页。

③ 北京市档案馆编：《日本侵华罪行实证——河北、平津地区敌人罪行调查档案选辑》（上册），人民出版社 1995 年版，第 86—87 页。

④ 北平市警察局：《关于安魏氏等自报房产地基被伪公用局强购的文件》，1945 年，北京市档案馆藏，档号 J184—2—18810。

⑤ 北平市日伪占用公私房产清理委员会：《浙江旅平同乡公会常务理事为修复宣外兵马司中横街二号请令日方赔偿损失给北平市政府的呈》，1945 年，北京市档案馆藏，档号 J216—1—34。

⑥ 北平市警察局外四分局：《关于查封存老墙根十五号房门房产等的呈》，1946 年，北京市档案馆藏，档号 J184—2—18684。

时令其拆房搬家。在未寻得住处时，日军又派人逼其搬出。当时正值深夜大雨，全家 6 人宿于泥泞之中，在雨中淋了一夜。后刘清泉又在原地东盖灰房 5 间，住至 1943 年 9 月，日军又令其拆房搬家。刘拆房搬家耗尽积蓄，无法生活[①]。

（三）国立成达师范学校财产损失

1944 年 9 月，国立成达师范学校由广西桂林迁往四川重庆，途中遭日军骑兵袭击，教职员个人财产物品遭受损失。财产损失涉及谢松涛、马淳夷、韩宏魁、马寿龄、周凯、朱超武、彭林莫、何传立、张步清、刘齐贤、苏玉亮、张永俊、丁延珍、王化民、郑樾、谢曼霞、赵玉、张望之、吴彦秋、刘文会、蔡崇庆、李振瀛、龚家伟、王执谨、陈蕉仙、马浩澄、贾援、黎碧石、陈千筹、马金鹏、仇熙、范华炳 32 人。财产损失：皮箱总计 112 个；行李被包总计 56 件；装书木箱总计 29 箱；零散书籍总计 625 本；国画 200 幅；油画 40 幅；印刷纸 40 担。财产损失总额估价：482982000 元（法币）[②]。

（四）铜铁损失

日伪当局在宣武地区大肆征收铜铁以配合其所谓的"献纳"运动。下表是宣武区被征收铜铁的初步统计。

表 4　宣武区铜铁征收及献捐统计表

项目 地区	征收铜铁	在各娱乐场所及各饭馆征税	鸦片税	实施毒化政策情形
外二区	征收废铜铁 67361 斤，铜约值 6000000 元，铁约值 147220 元	征收 500 万三献捐，300 万之筵席捐，共计 800 万元	650 万元	开鸦片膏店 65 家，朝鲜人开设烈性毒品发卖所 22 处，毒害人民
外四区	征铜 41216 斤，合法币 3172617.00 元，献铁 27149 斤，合 707209.00 元，共值 3879826.00 元	征收 15%献机捐，5%筵席捐，约计 13.5 万元	约 40 万元	开鸦片膏店 4 处，朝鲜人开设烈性毒品发卖所 16 处，公开售毒，从中抽税，毒化人民

---

① 北京市档案馆编：《日本侵华罪行实证——河北、平津地区敌人罪行调查档案选辑》（上册），人民出版社 1995 年版，第 52—54 页。

② 北京市档案馆藏，档号 72—20—610。

项目\地区	征收铜铁	在各娱乐场所及各饭馆征税	鸦片税	实施毒化政策情形
外五区	征铜品 113890 斤，约值 14342600 元，铁 19826 斤，约值 461200 元	征收 15%献机捐，5%筵席捐，约计 150 余万元	约 70 万元	设立鸦片膏店 7 处，朝鲜人开设烈性毒品发卖所数 10 处，公开售毒，从中抽税，毒化我民族
总　计	征铜铁共 269442 斤，约值 24830846 元	征收三献捐、献机捐、筵席捐共约 163.5 万元	约 760 万元	开设鸦片膏店 76 处，朝鲜人开设烈性毒品发卖所数 10 处

（五）利用毒品搜刮财富

日本人在辖区内还公开开办鸦片膏店，在身体、精神和物质上残害中国人。据资料统计，日本人开设鸦片膏店总计 76 处，朝鲜人开设烈性毒品售卖所总计数十处，征收鸦片税约 760 万元。

五、结论

日伪统治北京时期，施行高压统治。在辖区内设立军警宪特组织，拘捕、残害、虐待百姓；占据学校、寺庙及平民房产，使百姓颠沛流离；成立伪回教组织作为其在中国的特务机关和御用工具，挑拨民族关系，以期达到分割中华民族、统治中国的目的；征收捐税、敲诈勒索，强迫"献纳"，致使区境内数家著名老字号被迫先后关张停业，工商业和小手工业遭受沉重打击；实施毒化政策，在辖区内制造、贩卖毒品，开设赌场，毒化人民；此外，辖区内的古代建筑和历史文物也遭到不同程度的破坏。这一切阻碍了宣武地区社会、经济、文化的发展，给人民生活带来了深重的灾难。有据可查的仅限以上所列。由于时间久远，资料缺失，许多财产损失、伤亡人员情况已无从查证。

北京市朝阳区抗日战争时期人口伤亡和财产损失调查

朝阳区调查组

一、调查工作概述

2006 年 2 月，北京市委党史研究室等八单位召开"抗战时期北京地区人口伤亡与财产损失调查"培训会议后，中共朝阳区委党史办、区政协文史委员会、区文化委、区档案局、区公安分局、区民政局和区志办等部门组成了调查组启动调研工作。区委党史办起草制订了工作实施方案。

2006 年 4 月 7 日，区委党史办牵头召开了调查组第一次会议。根据调查组会议确定的工作方案和工作步骤，区委党史办起草并向全区各街、乡 42 个基层单位下发了工作通知，要求基层单位在各自辖区内协助开展调查，积极提供有关方面的线索。截至 2006 年 5 月中旬，调查组派工作人员查阅记载日军侵华罪行方面图书 83 册，发现 4 条记载较为准确的案例；查阅馆存档案 370 多卷，并安排专人到市档案馆查阅相关档案，发现两条涉及朝阳区的线索；查阅了近 600 份革命烈士和 1490 份残疾军人的档案资料，并对烈士墓进行了详细调查；聘请熟悉情况的退休老同志对文物财产损失情况进行详细调查；调查组其他单位也在各自分管的范围内积极开展了调查工作；各街、乡接到通知后都认真地排查，有 6 个单位提供了 16 条比较有价值的线索。

2006 年 5 月，调查组将朝阳区的双桥（"491"）电台、大兴驹子房电台确定为重点调查对象，深入实地，走访调查，同时根据已掌握的资料派工作人员到上述两个地点实地座谈查访、挖掘资料。此外，派工作人员再次到北京市档案馆就确定的重点内容调卷 20 余份，核实材料。经过多方努力和反复核查，截至 2007 年 3 月底，基本完成抗战时期朝阳人口伤亡与财产损失的调查工作。

整个调查过程共查阅档案 876 卷，复印材料 105 页；查阅抗战时期及战后书报刊物 143 种；拍摄照片资料 15 张；采访 30 人；收集证言证词 32 份；参加调查 68 人。

二、抗战前后的基本情况

朝阳区位于北京市东部。明清时为顺天府大兴县地和通县地。民国初期为京兆大兴县、通县地。1928 年，北京更名北平，设特别市，此后，朝阳区辖区分属北平市东郊区和河北省通县、大兴县。至解放前夕，则分属北平市郊一区、郊二区、郊八区和通县、大兴县。1936 年，辖区有居民 2.6 万户，12.8 万人。辖区历史上农业以种粮为主，耕作粗放，产量极低。20 世纪 30 年代朝阳门外有小砖瓦窑 10 余家，因产品优质小有名气，在京城统称"东窑"。其他手工业也先后出现。1938 年，日商强行霸占东起大郊亭、西至岳家坟、南起沙板庄、北至广渠北街二门（黄木厂）的土地，先后建鸟羽洋行北平锻造株式会社（主要生产矿山、铁路器材和农具水车、犁等）、大信制纸株式会社和野田酱油株式会社。1940 年，麦酒株式会社在九龙山建厂。此外，日商建厂开业的还有日本电业公司和东西烟草株式会社。

三、人口伤亡

根据调查资料统计，抗战时期朝阳地区有据可查的人口伤亡有 18 人（含间接伤亡），其中死亡 15 人、受伤 3 人。

（一）抓捕身亡

1. 1945 年 9 月 20 日，谢玉山、王海清、张宗舆 3 名八路军武工队员在朝阳区奶子房村被日军抓捕后枪杀[1]。

2. 韦少江、苏老根两名游击队员在抗战时期牺牲[2]。

3. 抗战时期 7 名农民被日本人杀害：郑亚亭，朝阳区小红门南顶村人，被日本人抓捕后身亡；柴万春，朝阳区红寺村人，被抓给日军带路后身亡；王大愣子，朝阳区红寺村人，被日本人抓捕后身亡；张保夯，朝阳区肖村人，被日本人抓捕后身亡；张华的奶奶，朝阳区郭村人，被日本人抓捕后身亡；刘小乐，朝阳区龙爪树村人，被日本人抓捕后身亡；张某，朝阳区郭村人，1943 年春，被日本人抓捕后身亡[3]。

---

[1] 朝阳区崔各庄乡谢秀英（谢玉山侄女）书面证言材料，存中共北京市朝阳区委党史办。

[2] 朝阳区小红门乡龙爪树村韦少远证言，存中共北京市朝阳区委党史办。

[3] 以上材料分别出自朝阳区小红门乡村民高惠民、关秀云、孙全英、王振武、张华、张德江、祁思元证言，存中共北京市朝阳区委党史办。

（二）失踪

1944 年 10 月，市民赵殿珩被日本兵强拉作民夫后失踪[1]。

（三）饥饿致死

1. 1945 年 2 月 9 日—3 月 23 日，罗玉恒在朝阳门外大街 340 号（旧址）被日本兵拘留，后病饿致死。

2. 1945 年 6 月 9 日，陈青印在朝阳门外大街盛管胡同八号（旧址）被日本兵拘留，后病饿致死[2]。

（四）伤残

1. 农民马长明，小红门马道村人，被日本兵殴打致伤[3]。

2. 农民李长贵，小红门牌坊村人，1944 年被日本人抓后差点活埋，后逃跑[4]。

3. 农民韦纪氏，小红门牌坊村人，1945 年被日本人抓后严刑拷打，后精神失常[5]。

四、财产损失

据本次调查所获资料统计，抗战时期，日本强占朝阳区土地 2623 亩，房屋 26 间，其中：北苑兵营占地 1800 亩，大兴电台占地 200 亩，双桥电台占地 500 亩、房屋 8 间，强占个人土地 123 亩、房屋 18 间。

（一）土地被强占

1. 1939 年，农民米怀荣被日本人设立的东郊工业区强占土地 24 亩[6]。

2. 1940 年—1945 年，日本人强迫村民建造朝阳区大兴（东坝驹子房）电台，

---

① 北京市档案馆编：《日本侵华罪行实证——河北、平津地区敌人罪行调查档案选辑》（上册），人民出版社 1995 年版，第 105 页。

② 北京市档案馆编：《日本侵华罪行实证——河北、平津地区敌人罪行调查档案选辑》（上册），人民出版社 1995 年版，第 130、第 140 页。

③ 朝阳区小红门乡牌坊村朱振声证言，存中共北京市朝阳区委党史办。

④ 朝阳区小红门乡牌坊村李长福证言，存中共北京市朝阳区委党史办。

⑤ 朝阳区小红门乡韦秀兰证言，存中共北京市朝阳区委党史办。

⑥ 河北平津区敌伪产业处理局北平办事处：《关于马福宽请发还东郊朗家园村土地》，1948 年，北京市档案馆藏，档号 J214—1—568。

占地 200 多亩，建电讯塔网络占地 4000 亩[①]。

3．占地 1.2 平方公里（1800 亩）的北苑兵营被日军强占使用，直到战败投降[②]。

4．1941 年 2 月，农民刘御公在东郊垂杨柳的 44 亩地、15 间瓦房被日本人强迫收买[③]。

5．农民张厚福的 3 间瓦房被日本人烧毁[④]。

6．农民范魁元、范德玉、孙某在东郊广渠门外垂杨柳村 45 亩地被日本人东郊工业区强占[⑤]。

7．农民马福宽被日本片昌工业社强购土地 4 亩[⑥]。

8．农民金振庭的 6 亩土地被日本人二村强占[⑦]。

（二）电台被强占

1937 年—1945 年，朝阳区双桥电台被日军占领。七七事变后为加强侵华舆论宣传，日本内阁决定利用双桥电台改建一个大功率广播电台。占地 500 亩，房屋 8 座，称"北平广播电台"。1938 年 1 月 1 日起开始华语广播。1940 年 7 月 30 日开始收转东京日语节目。1940 年，有日方技术人员 30 人，日警备队员 13 人，华人技术人员 18 人，华人雇员（勤杂工）23 人，白俄警卫人员 14 人。曾驻进日本宪兵 1418 部队若干人，监视在台中国工人和附近老百姓的动向，成为日军文化侵略中国的宣传工具。1945 年抗战胜利后由中国政府接收[⑧]。

五、结论

综观调查所得资料，朝阳区如今辖区在抗日战争时期皆为北平市与河北省

---

① 朝阳区东坝乡政府调查报告，存中共北京市朝阳区委党史办。

② 朝阳区来广营乡政府调查报告，存中共北京市朝阳区委党史办。

③ 河北平津区敌伪产业清查委员会：《刘御公请发还被敌强迫收买东郊垂杨柳园地的函》，1946 年，北京市档案馆藏，档号 J217—1—569。

④ 朝阳区小红门乡龙爪树村张德江证言，存中共北京市朝阳区委党史办。

⑤ 河北平津区敌伪产业处理局北平办事处：《关于范魁元、范德玉、孙姓请发还东郊广渠门外垂柳村园地》，1948 年，北京市档案馆藏，档号 J214—1—545。

⑥ 河北平津区敌伪产业处理局北平办事处：《关于马福宽请发还东郊朗家园村土地》，1948 年，北京市档案馆藏，档号 J214—1—568。

⑦ 河北平津区敌伪产业处理局北平办事处：《关于金振庭请发还东郊朝阳门外红庙南八王坟地》，1948 年，北京市档案馆藏，档号 J214—1—565。

⑧ 《双桥台史资料汇编（1918—1989）》。

（通县、大兴县等）城乡交界之处，地处偏僻，辖区土地多为农田菜地，还有许多窑坑、坟地、湿地；人口稀少，1936 年仅有人口 2.6 万户，12.8 万人。抗战中辖区内虽未发生过大规模的战斗，但是，日军的武装占领给辖区内的百姓带来了巨大的伤害和苦难。由于历史的原因，缺乏足够史料，辖区内的人口到 1945 年抗日战争胜利时，已不足 12 万人，比 1936 年减少 0.8 万人。抗战时期，辖区主要财产损失集中在市民和村民土地被抢占，房屋店铺被占、被毁。日军的经济侵略和资源掠夺榨取中国的财富，残酷地剥削中国百姓是不容争辩的事实。

北京市海淀区抗日战争时期人口伤亡和财产损失调查

海淀区调查组

一、调查工作概述

海淀区调查组自 2006 年 3 月起开始收集资料、开展调查研究工作。其间，调研人员查阅了大量的研究专著、档案文献、口述史料和其他历史文献。这些史料主要有以下几种：一为抗战时期日伪当局的文件；一为抗战胜利后国民党地方政府关于抗战损失的调查材料、文件；一为抗战时期及胜利后出版的报刊；一为 1964 年编写的村史、家史；一为赴日劳工和日军暴行受害者在 20 世纪 80 年代至 90 年代的回忆及控诉材料。对于这些材料，我们都经过多方核实、考证。应当指出，由于条件的限制，我们已查找到的材料远未能全面反映当年日军在海淀地区所实施的种种暴行，及其给本地人民造成的伤害。现将抗日战争时期海淀区人口伤亡与财产损失的调查情况报告如下①。

二、抗战前后的基本情况

海淀区在抗战时期并不是一个单独的行政区域。现在海淀区的辖区范围包括当时北京市西郊区、河北省宛平县和昌平县的部分行政区域。

1954 年 6 月，正式成立海淀区人民政府，开始使用"海淀区"一名。1958 年 9 月，形成今日海淀区辖区②。

抗战时期的海淀地区基本是农村，经济活动以农业为主。颐和园、玉泉山、香山等皇家园林为风景名胜；从海淀到青龙桥一带及清河地区，形成比较繁华的集镇；在旧清园林基础上兴建的燕京大学、清华大学，在城区以外形成新的文化教育中心。在接近城区的地方，不少农民兼营小商业、手工业等副业，为城市服务的近代农业商品生产也有发展。当时本地区近代工业极少，较有名的仅有建在清河镇的清河制呢厂。据各方面数字推算，当时海淀地区的人口数不超过 10 万人。

---

① 因另有个案研究，此次调查未涉及清华大学和原燕京大学的损失。

② 尹钧科：《北京历代建置沿革》，北京出版社 1994 年版，第 208 页。

三、人口伤亡

根据本次的调查结果，抗战时期，海淀区现辖区内死亡 142 人，失踪 5 人，负伤 19 人，被奸淫 11 人，被捕被俘 28 人，被征劳工 138 人（其中伤残 10 人）。现根据资料制成相关统计表格如下：

表 1　海淀区抗战时期人员伤亡及失踪情况登记表

序号	姓名	性别	年龄	原籍	身份	被害原因	被害类型	被害时间	被害地点	资料来源
1	徐成儒	男	26	昌平	清河制呢厂工人	日军枪击	死亡	1937.7.29	清河镇	北京市档案馆编：《日本侵华罪行实证——河北、平津地区敌人罪行调查档案选辑》（上册），人民出版社 1995 年版，第 168 页
2	刘永才	男	52	昌平	商人	日军抓捕、枪杀	死亡	1937.7	西二旗坟地	北京市档案馆编：《日本侵华罪行实证——河北、平津地区敌人罪行调查档案选辑》（上册），人民出版社 1995 年版，第 171 页
3	张亮	男	39	—	警察	—	死亡	1937.7.31	东平庄	伪北京市警察局西郊分局：《关于人口伤亡调查表及自杀倒毙人口报告表》1944 年 2 月 1 日，北京市档案馆藏，档号 J185—2—4585—20
4	高祥	男	48	—	警察	日军砍杀	死亡	1937.7.30	海淀黄庄	伪北京市警察局西郊分局：《关于人口伤亡调查表及自杀倒毙人口报告表》1944 年 2 月 1 日，北京市档案馆藏，档号 J185—2—4585—20

序号	姓名	性别	年龄	原籍	身份	被害原因	被害类型	被害时间	被害地点	资料来源
5	施德秀	男	53	—	警察	日军砍杀	死亡	1937.7.30	海淀黄庄	伪北京市警察局西郊分局:《关于人口伤亡调查表及自杀倒毙人口报告表》1944年2月1日,北京市档案馆藏,档号J185—2—4585—20
6	姜永立	男	42	—	警察	日军砍杀	死亡	1937.7.30	海淀黄庄	伪北京市警察局西郊分局:《关于人口伤亡调查表及自杀倒毙人口报告表》1944年2月1日,北京市档案馆藏,档号J185—2—4585—20
7	毕有山	男	35	—	警察	日军砍杀	死亡	1937.7.30	海淀黄庄	伪北京市警察局西郊分局:《关于人口伤亡调查表及自杀倒毙人口报告表》1944年2月1日,北京市档案馆藏,档号J185—2—4585—20
8	夏宝祥	男	57	—	警察	日军砍杀	死亡	1937.7.30	海淀黄庄	伪北京市警察局西郊分局:《关于人口伤亡调查表及自杀倒毙人口报告表》1944年2月1日,北京市档案馆藏,档号J185—2—4585—20
9	德海	男	38	—	警察	日军砍杀	死亡	1937.7.30	海淀黄庄	伪北京市警察局西郊分局:《关于人口伤亡调查表及自杀倒毙人口报告表》1944年2月1日,北京市档案馆藏,档号J185—2—4585—20
10	×××	男	60多	山西	杂货铺掌柜	—	死亡	1937.7.30	海淀黄庄	海淀区史志办:《冯幼华访谈记录》1998年12月2日,存北京市海淀区史志办
11	张景江	男	—	—	武工队员	作战被俘	死亡	1944.9.4	西埠头	中共北京市海淀区委党史研究室编:《海淀革命史资料选编》,中共党史出版社1995年版,第52、第238页

序号	姓名	性别	年龄	原籍	身份	被害原因	被害类型	被害时间	被害地点	资料来源
12	×××	男	—	山西	青龙桥一粮店伙计	日军砍杀	死亡	1937.7.30	海淀黄庄	海淀区史志办:《冯幼华访谈记录》1998年12月2日,存北京市海淀区史志办
13	×××	男	—	张家口	收破烂/换瓦盆	日军砍杀	死亡	1937.7.30	海淀黄庄	海淀区史志办:《冯幼华访谈记录》1998年12月2日,存北京市海淀区史志办
14	×××	男	—	张家口	收破烂/换瓦盆	日军砍杀	死亡	1937.7.30	海淀黄庄	海淀区史志办:《冯幼华访谈记录》1998年12月2日,存北京市海淀区史志办
15	×××	男	—	张家口	收破烂/换瓦盆	日军砍杀	死亡	1937.7.30	海淀黄庄	海淀区史志办:《冯幼华访谈记录》1998年12月2日,存北京市海淀区史志办
16	×××	男	—	张家口	收破烂/换瓦盆	日军砍杀	死亡	1937.7.30	海淀黄庄	海淀区史志办:《冯幼华访谈记录》1998年12月2日,存北京市海淀区史志办
17	×××	—	—	—	—		死亡	1937.7.30	海淀黄庄	海淀区史志办:《冯幼华访谈记录》1998年12月2日,存北京市海淀区史志办
18	×××	—	—	—	—		死亡	1937.7.30	海淀黄庄	海淀区史志办:《冯幼华访谈记录》1998年12月2日,存北京市海淀区史志办
19	×××	—	—	—	—		死亡	1937.7.30	海淀黄庄	海淀区史志办:《冯幼华访谈记录》1998年12月2日,存北京市海淀区史志办
20	×××	—	—	—	—		死亡	1937.7.30	海淀黄庄	海淀区史志办:《冯幼华访谈记录》1998年12月2日,存北京市海淀区史志办

序号	姓名	性别	年龄	原籍	身份	被害原因	被害类型	被害时间	被害地点	资料来源
21	×××	—	—	—	—	—	死亡	1937.7.30	海淀黄庄	海淀区史志办:《冯幼华访谈记录》1998年12月2日,存北京市海淀区史志办
22	×××	—	—	—	—	—	死亡	1937.7.30	海淀黄庄	海淀区史志办:《冯幼华访谈记录》1998年12月2日,存北京市海淀区史志办
23	龚祥	男	64	—	警察	日军砍杀	死亡	1937.7.30	西郊七堆	伪北京市警察局西郊分局:《关于人口伤亡调查表及自杀倒毙人口报告表》,1944年2月1日,北京市档案馆藏,档号J185—2—4585—20
24	汪子明	男	34	—	警察	日军砍杀	死亡	1937.7.30	西郊七堆	伪北京市警察局西郊分局:《关于人口伤亡调查表及自杀倒毙人口报告表》,1944年2月1日,北京市档案馆藏,档号J185—2—4585—20
25	吕永寿	男	28	—	警察	日军砍杀	死亡	1937.7.30	西郊七堆	伪北京市警察局西郊分局:《关于人口伤亡调查表及自杀倒毙人口报告表》,1944年2月1日,北京市档案馆藏,档号J185—2—4585—20
26	姜耀亭	男	34	—	警察	日军砍杀	死亡	1937.7.30	西郊七堆	伪北京市警察局西郊分局:《关于人口伤亡调查表及自杀倒毙人口报告表》,1944年2月1日,北京市档案馆藏,档号J185—2—4585—20
27	孙庆如	男	40	—	瓦匠	日军砍杀	死亡	1937.7.30	—	伪北京市警察局西郊分局:《关于人口伤亡调查表及自杀倒毙人口报告表》,1944年2月1日,北京市档案馆藏,档号J185—2—4585—20

序号	姓名	性别	年龄	原籍	身份	被害原因	被害类型	被害时间	被害地点	资料来源
28	陈荣	男	51	皂君庙	农民	日军枪击	死亡	1937.7.30	—	伪北京市警察局西郊分局:《关于人口伤亡调查表及自杀倒毙人口报告表》,1944 年 2 月 1 日,北京市档案馆藏,档号 J185—2—4585—14
29	陈震	男	30	小南庄	农民	日军枪击	死亡	1937.7.30	—	伪北京市警察局西郊分局:《关于人口伤亡调查表及自杀倒毙人口报告表》,1944 年 2 月 1 日,北京市档案馆藏,档号 J185—2—4585—14
30	霍贵义	男	—	东冉村	村民	日军枪击	死亡	1937.7.30	东冉村	北平市警察局西郊分局:《关于市民死亡及其家庭状况调查表》,1946 年 1 月 1 日,北京市档案馆藏,档号 J185—2—3981—5
31	霍贵宽	男	—	东冉村	村民	日军枪击	死亡	1937.7.30	东冉村	北平市警察局西郊分局:《关于市民死亡及其家庭状况调查表》,1946 年 1 月 1 日,北京市档案馆藏,档号 J185—2—3981—5
32	×××	—	—	—	—	—	死亡	1937.7.30	东冉村	政协北京市海淀区委员会:《海淀文史资料选编》(九),1995 年印行,第 175 页
33	×××	—	—	—	—	—	死亡	1937.7.30	东冉村	政协北京市海淀区委员会:《海淀文史资料选编》(九),1995 年印行,第 175 页
34	×××	—	—	—	—	—	死亡	1937.7.30	东冉村	政协北京市海淀区委员会:《海淀文史资料选编》(九),1995 年印行,第 175 页

序号	姓名	性别	年龄	原籍	身份	被害原因	被害类型	被害时间	被害地点	资料来源
35	卢秃子	男	—		农民	日军刺刀刺杀	死亡	1937.7.30	石佛寺	四季青公社蓝靛厂大队编：《石佛寺村史》，1964年，海淀区档案馆藏，档号20—101—359—6
36	×××	男	—		农民	日军刺刀刺杀	死亡	1937.7.30	石佛寺	四季青公社蓝靛厂大队编：《石佛寺村史》，1964年，海淀区档案馆藏，档号20—101—359—6
37	×××	女	—	西平庄	农民	日军踢死	死亡	1937.7.31	西平庄	四季青公社西山大队编：《刘文泉家史》，1964年，海淀区档案馆藏，档号20—101—360—153
38	×××	男	—		农民	日军砍死	死亡	1937.7.31	巨山村东南	四季青公社西山大队编：《巨山村史》，1964年，海淀区档案馆藏，档号20—101—361—17
39	四燥子（小名）	男	—	北辛庄	农民	日军刺死	死亡	1937.7.31	西山边	四季青公社北辛庄大队编：《北辛庄村史》，1964年，海淀区档案馆藏，档号20—101—361—77
40	陈大秋	男	—	北辛庄	农民	日军刺死	死亡	1937.7.31	西山边	四季青公社北辛庄大队编：《北辛庄村史》，1964年；西山大队编，档号《祁家村村史》，1964年，海淀区档案馆藏，档号20—101—361—77、114
41	陈××	男	—	北辛庄	农民	日军刺死	死亡	1937.7.31	西山边	四季青公社北辛庄大队编：《北辛庄村史》，1964年，海淀区档案馆藏，档号20—101—361—77
42	黄××	男	—	门头村	村民	日军枪杀	死亡	1937.7.31	门头村	四季青公社门头村大队编：《门头村村史》，1964年，海淀区档案馆藏，档号20—101—365—7

序号	姓名	性别	年龄	原籍	身份	被害原因	被害类型	被害时间	被害地点	资料来源
43	黄××	男	—	门头村	村民	日军枪杀	死亡	1937.7.31	门头村	四季青公社门头村大队编：《门头村村史》，1964年，海淀区档案馆藏，档号20—101—365—7
44	任和	男	—	后厂	农民	日军刺杀	死亡	1937.7.28	后厂	东北旺公社西北旺大队编：《西北旺村史》，1964年，海淀区档案馆藏，档号40—101—205—12
45	×××	男	—	山东	后厂泰和粮店管账	日军刺杀	死亡	1937.7.28	后厂	东北旺公社西北旺大队编：《西北旺村史》，1964年，海淀区档案馆藏，档号40—101—205—12
46	×××	男	—	山东	粮店伙计	日军刺杀	死亡	1937.7.28	后厂	东北旺公社西北旺大队编：《西北旺村史》，1964年，海淀区档案馆藏，档号40—101—205—12
47	邓××	男	—	后厂	农民	日军刺杀	死亡	1937.7.28	后厂村外山坡	东北旺公社西北旺大队编：《西北旺村史》，1964年，海淀区档案馆藏，档号40—101—205—12
48	×××	—	—	—	—	—	死亡	1937.7.28	后厂	东北旺公社西北旺大队编：《西北旺村史》，1964年，海淀区档案馆藏，档号40—101—205—12
49	×××	—	—	—	—	—	死亡	1937.7.28	后厂	东北旺公社西北旺大队编：《西北旺村史》，1964年，海淀区档案馆藏，档号40—101—205—12
50	×××	—	—	—	—	—	死亡	1937.7.28	后厂	东北旺公社西北旺大队编：《西北旺村史》，1964年，海淀区档案馆藏，档号40—101—205—12
51	王麻中	男	—	韩家川	长工	日军刺杀	死亡	1937.7.28	韩家川	东北旺公社韩家川大队编：《韩家川村史》，1964年，海淀区档案馆藏，档号40—101—206—2

序号	姓名	性别	年龄	原籍	身份	被害原因	被害类型	被害时间	被害地点	资料来源
52	杜雄飞	男	—	东北	国民抗日军大队长	作战	阵亡	1937.9.8	黑山扈	中共北京市海淀区委党史研究室编:《海淀革命史资料选编》,中共党史出版社1995年版,第127页
53	×××	男	—	—	邮差	日机轰炸	死亡	1937.10.3	妙峰山	中共北京市海淀区委党史研究室编:《海淀革命史资料选编》,中共党史出版社1995年版,第131页
54	石祥	男	—	—	抗日武装人员	被俘枪杀	死亡	1938.1.23	温泉村	伪北京市政府警察局:《关于温泉驻守日军警备队捕获买卖枪支犯处决的指令》,1938年1月,北京市档案馆藏,档号J181—22—2651—4
55	石瑞启	男	—	—	抗日武装人员	被俘枪杀	死亡	1938.1.23	温泉村	伪北京市政府警察局:《关于温泉驻守日军警备队捕获买卖枪支犯处决的指令》,1938年1月,北京市档案馆藏,档号J181—22—2651—4
56	肖义德	男	—	—	抗日武装人员	被俘枪杀	死亡	1938.1.23	温泉村	伪北京市政府警察局:《关于温泉驻守日军警备队捕获买卖枪支犯处决的指令》,1938年1月,北京市档案馆藏,档号J181—22—2651—4
57	刘景星	男	32	今上庄镇八家村	游击队员	作战	阵亡	1938.7.14	昌平小玉河	北京市海淀区地方志编纂委员会编:《北京市海淀区志》,北京出版社2004年版,第998页
58	焦士禄	男	35	温泉东埠头	八路军战士	作战	阵亡	1940.9	蔚县上河村	北京市海淀区地方志编纂委员会编:《北京市海淀区志》,北京出版社2004年版,第998页

序号	姓名	性别	年龄	原籍	身份	被害原因	被害类型	被害时间	被害地点	资料来源
59	姚金贵	男	36	车耳营村	平郊游击队队长	被叛徒暗害	死亡	1941.10	昌平沙河	北京市海淀区地方志编纂委员会编:《北京市海淀区志》,北京出版社2004年版,第998页
60	阎裕昌	男	46	成府	八路军战士	作战	死亡	1942.5.8	河北安平县	北京市海淀区地方志编纂委员会编:《北京市海淀区志》,北京出版社2004年版,第998页
61	米振敖	男	27	东埠头	—	—	死亡	1944	七王坟	北京市海淀区地方志编纂委员会编:《北京市海淀区志》,北京出版社2004年版,第998页
62	王忠	男	—		平郊游击队指导员	被叛徒暗害	死亡	1942.6.22	大工村	中共北京市海淀区委党史研究室编:《海淀革命史资料选编》,中共党史出版社1995年版,第49页
63	魏巍	男	—		平郊游击队副队长	被叛徒暗害	死亡	1942.6.22	大工村	中共北京市海淀区委党史研究室编:《海淀革命史资料选编》,中共党史出版社1995年版,第49页
64	丁广顺	男	—		平郊游击队战士	被叛徒暗害	死亡	1942.6.22	大工村	中共北京市海淀区委党史研究室编:《海淀革命史资料选编》,中共党史出版社1995年版,第49页
65	尹明博	男	—		平郊游击队战士	被叛徒暗害	死亡	1942.6.22	大工村	中共北京市海淀区委党史研究室编:《海淀革命史资料选编》,中共党史出版社1995年版,第49页
66	贾新武	男	—		平郊游击队战士	被叛徒暗害	死亡	1942.6.22	大工村	中共北京市海淀区委党史研究室编:《海淀革命史资料选编》,中共党史出版社1995年版,第49页

序号	姓名	性别	年龄	原籍	身份	被害原因	被害类型	被害时间	被害地点	资料来源
67	齐文清	男	—		平郊武工队副队长	作战	死亡	1944.9.4	西埠头	中共北京市海淀区委党史研究室编：《海淀革命史资料选编》，中共党史出版社1995年版，第52页
68	刘长春	男	—		武工队队员	作战	死亡	1944.9.4	西埠头	中共北京市海淀区委党史研究室编：《海淀革命史资料选编》，中共党史出版社1995年版，第52页
69	李华	男	—		武工队队员	作战	死亡	1944.9.4	西埠头	中共北京市海淀区委党史研究室编：《海淀革命史资料选编》，中共党史出版社1995年版，第52页
70	张万忠	男	—		武工队队员	作战	死亡	1944.9.4	西埠头	中共北京市海淀区委党史研究室编：《海淀革命史资料选编》，中共党史出版社1995年版，第52页
71	岳清	男	—		武工队队员	作战	死亡	1944.9.4	西埠头	中共北京市海淀区委党史研究室编：《海淀革命史资料选编》，中共党史出版社1995年版，第52页
72	李××	男	—		武工队副班长	作战	死亡	1944.9.4	西埠头	中共北京市海淀区委党史研究室编：《海淀革命史资料选编》，中共党史出版社1995年版，第52页
73	张凤起	男	—	大工村	村民	日军用刺刀刺杀	死亡	1944	大工村	中共北京市海淀区委党史研究室编：《海淀革命史资料选编》，中共党史出版社1995年版，第238页

序号	姓名	性别	年龄	原籍	身份	被害原因	被害类型	被害时间	被害地点	资料来源
74	张景林	男	—	南安河	村民	参加抗日活动被捕	死亡	—	温泉	北京市政协文史资料委员会编:《日伪统治下的北京郊区》,北京出版社1995年版,第209页
75	夏占敖	男	—	辛庄村	村民	参加抗日活动被捕	死亡	—	温泉	北京市政协文史资料委员会编:《日伪统治下的北京郊区》,北京出版社1995年版,第209页
76	李秃子	男	—	沙涧村	村民	参加抗日活动被捕	死亡	—	温泉	北京市政协文史资料委员会编:《日伪统治下的北京郊区》,北京出版社1995年版,第209页
77	甄小龙	男	—	前柳林	村民	参加抗日活动被捕	死亡	—	温泉	北京市政协文史资料委员会编:《日伪统治下的北京郊区》,北京出版社1995年版,第209页
78	二林子（小名）	男	—	周家巷村	村民	参加抗日活动被捕	死亡	—	温泉	北京市政协文史资料委员会编:《日伪统治下的北京郊区》,北京出版社1995年版,第209页
79	×××	男	—	—	—	—	死亡	—	温泉	北京市政协文史资料委员会编:《日伪统治下的北京郊区》,北京出版社1995年版,第209页
80	王小二	男	—	北坞	村民	劳工、监工锹劈	死亡	—	西郊机场	四季青公社玉泉大队编:《玉泉大队村史》,1964年,海淀区档案馆藏,档号20—101—375—8
81	赫××	男	—	车耳营	村民	日军用刺刀刺杀	死亡	约1938	车耳营	政协北京市海淀区委员会:《海淀文史资料选编》(六),1993年印行,第264页

序号	姓名	性别	年龄	原籍	身份	被害原因	被害类型	被害时间	被害地点	资料来源
82	×××	男	—	龙泉寺和尚		日军用刺刀刺杀	死亡	约1938	龙泉寺	政协北京市海淀区委员会:《海淀文史资料选编》(六),1993年印行,第264页
83	傅常海	男	—	船营村	—	被日军枪杀	死亡	1937.10.23	船营村	伪北平市警察局外务室:《关于傅常海被日军枪杀的通知》,1937年10月26日,北京市档案馆藏,档号J181—22—481—2
84	周志江	男	—	东北旺村	地下工作者	参加抗日活动被捕	死亡	1943	东北旺村	东北旺公社东北旺大队编:《东北旺村史》,1964年,海淀区档案馆藏,档号40—101—204—7
85	×××	女	—	小牛坊	村民	日军强奸未遂投井	死亡	—	土井村	东北旺公社土井大队编:《土井村史》,1964年,海淀区档案馆藏,档号40—101—207
86	×××	女	—	上地	村民	日军刀刺	死亡	1945.8	清河车站	东北旺公社上地大队编:《上地村史》,1964年,海淀区档案馆藏,档号40—101—208
87	李廷	男	—	聂各庄	村民	日军"扫荡"	死亡	1943.7	聂各庄	北京市西山农场编:《聂各庄村史》,1965年3月,海淀区档案馆藏,档号38—101—49—22
88	李香瑞	男	—	聂各庄	村民	日军"扫荡"	死亡	1943.7	聂各庄	北京市西山农场编:《聂各庄村史》,1965年3月,海淀区档案馆藏,档号38—101—49—22
89	鲍凤起	男	—		游击队员	策反被俘	死亡	—	—	北京市西山农场编:《聂各庄村史》,1965年3月,海淀区档案馆藏,档号38—101—49—25

序号	姓名	性别	年龄	原籍	身份	被害原因	被害类型	被害时间	被害地点	资料来源
90	李金瑞	男	—		游击队员	策反被俘	死亡	—	—	北京市西山农场编：《聂各庄村史》，1965年3月，海淀区档案馆藏，档号38—101—49—25
91	×××	男	—	西冉村	村民	被殴打	死亡	—	北平城里	四季青公社西冉村大队编：《刘孙氏家史》，1964年，海淀区档案馆藏，档号20—101—371
92	×××	女	—	缠脚湾	村民	无意中接近机场电网	死亡	—	西郊机场	四季青公社老营房大队编：《缠脚湾村史》，1964年，海淀区档案馆藏，档号20—101—374
93	于××	男	—	西平庄	村民	被诬偷窃	死亡	1943	—	四季青公社西山大队编：《西平庄村史》，1964年，海淀区档案馆藏，档号20—101—361—53
94	甄××	男	—	前柳林	村民	炮击	死亡	—	前柳林	苏家坨公社前柳林大队编：《前柳林村史》，海淀区档案馆藏，档号61—101—418
95	×××	男	—	后沙涧	村民	在地里被刺杀	死亡	1938	后沙涧村外	苏家坨公社后沙涧大队编：《刘李氏家史》，1964年，海淀区档案馆藏，档号61—101—425—52
96	何××	男	—	草厂	村民（军属）	被捕受酷刑	死亡	—	温泉	温泉公社编：《温泉村革命斗争简史》，1963年，海淀区档案馆藏，（资料）档号349—2
97	顾××	男	—	周家巷	村民	劳工、修据点摔死	死亡	—	温泉三角城	温泉公社编：《温泉村革命斗争简史》，1963年，海淀区档案馆藏，（资料）档号349—2
98	张××	男	—	七王坟	村民	因病被推进火坑	死亡	—	张家口	北安河公社编：《北安河阶级教育展览计划》，1963年，海淀区档案馆藏，档号16—101—458—25

序号	姓名	性别	年龄	原籍	身份	被害原因	被害类型	被害时间	被害地点	资料来源
99	李文海	男	—	暂安处	村民	日军刺杀	死亡	1937.8.25	暂安处	伪北平市政府警察局北郊管界暂安处：《关于住户王亚藩家因有匪警经日军搜捕房屋烧毁各情形》，1937年8月，北京市档案馆藏，档号J181—20—31251
100	李得林	男	—	暂安处	村民	日军刺杀	死亡	1937.8.25	暂安处	伪北平市政府警察局北郊管界暂安处：《关于住户王亚藩家因有匪警经日军搜捕房屋烧毁各情形》，1937年8月，北京市档案馆藏，档号J181—20—31251
101	周春	男	—	暂安处	村民	日军刺杀	死亡	1937.8.25	暂安处	伪北平市政府警察局北郊管界暂安处：《关于住户王亚藩家因有匪警经日军搜捕房屋烧毁各情形》，1937年8月，北京市档案馆藏，档号J181—20—31251
102	胡宽	男	—	暂安处	村民	日军刺杀	死亡	1937.8.25	暂安处	伪北平市政府警察局北郊管界暂安处：《关于住户王亚藩家因有匪警经日军搜捕房屋烧毁各情形》，1937年8月，北京市档案馆藏，档号J181—20—31251
103	孙厚田	男	52	牛碌坟村	村民	日军抓捕	死亡	1944.3.21	—	伪北京市警察局：《关于人口伤亡调查表》，1944年2月1日，北京市档案馆藏，档号J185—2—4585—14
104	王二	男	—	白家疃	村民	劳工、遭日军殴打	死亡	—	西郊机场	四季青公社玉泉大队编：《玉泉大队村史》，1964年，海淀区档案馆藏，档号20—101—375—8

序号	姓名	性别	年龄	原籍	身份	被害原因	被害类型	被害时间	被害地点	资料来源
105	田永林	男	72	—	村民	—	失踪	—	—	伪北京市警察局:《关于人口伤亡调查表》,1944年2月1日,北京市档案馆藏,档号J185—2—4585—14
106	张保起	男	—	一亩园	村民	劳工	失踪	1937.9	吉林	北平市警察局郊一、六分局:《关于敌伪时代募集劳工情形的调查表》,1946年9月30日,北京市档案馆藏,档号J185—2—775
107	蒋保全	男	—	大有庄	村民	劳工	失踪	1944.4	河南	北平市警察局郊一、六分局:《关于敌伪时代募集劳工情形的调查表》,1946年9月30日,北京市档案馆藏,档号J185—2—775
108	王汉臣	男	—	大有庄	村民	劳工	失踪	1944.4	河南	北平市警察局郊一、六分局:《关于敌伪时代募集劳工情形的调查表》,1946年9月30日,北京市档案馆藏,档号J185—2—775
109	阿安乐	男	—	正红东街	村民	劳工	失踪	1944.4	河南	北平市警察局郊一、六分局:《关于敌伪时代募集劳工情形的调查表》,1946年9月30日,北京市档案馆藏,档号J185—2—775
110	李××	男	—	清河	成衣铺掌柜	日军进攻清河	死亡	1937.7.28	清河胡家店北门口	海淀区史志办:《杨兆生访谈记录》(2007年7月3日、9月21日)、《王世敏访谈记录》(2007年9月21日)、《刘如增访谈记录》(2008年12月24日),存北京市海淀区史志办

序号	姓名	性别	年龄	原籍	身份	被害原因	被害类型	被害时间	被害地点	资料来源
111—112	2人	—	—	清河	—	日军进攻清河	死亡	1937.7.28	清河	海淀区史志办:《杨兆生访谈记录》(2007年7月3日、9月21日),《王世敏访谈记录》(2007年9月21日),《刘如增访谈记录》(2008年12月24日),存北京市海淀区史志办
113—117	5人	—	—	清河	饭馆掌柜、伙计	日军进攻清河	死亡	1937.7.28	清河中心小学南门	海淀区史志办:《杨兆生访谈记录》(2007年7月3日、9月21日),《王世敏访谈记录》(2007年9月21日),《刘如增访谈记录》(2008年12月24日),存北京市海淀区史志办
118	武××	男	—	清河	制车铺掌柜	日军进攻清河	死亡	1937.7.28	清河	海淀区史志办:《杨兆生访谈记录》(2007年7月3日、9月21日),《王世敏访谈记录》(2007年9月21日),《刘如增·访谈记录》(2008年12月24日),存北京市海淀区史志办
119	×××	男	—	青龙桥	居民	贩盐被捕	砍头死	—	清河镇	海淀区史志办:《杨兆生访谈记录》(2007年7月3日、9月21日),《王世敏访谈记录》(2007年9月21日),《刘如增访谈记录》(2008年12月24日),存北京市海淀区史志办

序号	姓名	性别	年龄	原籍	身份	被害原因	被害类型	被害时间	被害地点	资料来源
120	高××	男	—	清河小营	居民	—	活埋死	—	清河镇	海淀区史志办:《杨兆生访谈记录》(2007年7月3日、9月21日),《王世敏访谈记录》(2007年9月21日),《刘如增访谈记录》(2008年12月24日),存北京市海淀区史志办
121	×××	男	—	清河	居民	自行车被夺	活埋死	—	清河镇	海淀区史志办:《杨兆生访谈记录》(2007年7月3日、9月21日),《王世敏访谈记录》(2007年9月21日),《刘如增访谈记录》(2008年12月24日),存北京市海淀区史志办
122—124	3人	—	—	清河	特务队厨师	—	枪杀	1945.8	清河镇	海淀区史志办:《杨兆生访谈记录》(2007年7月3日、9月21日),《王世敏访谈记录》(2007年9月21日),《刘如增访谈记录》(2008年12月24日),存北京市海淀区史志办
125	×××	女	—	清河	居民	日军炮击房屋	死亡	1937.7.28	清河镇	海淀区史志办:《杨兆生访谈记录》(2007年7月3日、9月21日),《王世敏访谈记录》(2007年9月21日),《刘如增访谈记录》(2008年12月24日),存北京市海淀区史志办

序号	姓名	性别	年龄	原籍	身份	被害原因	被害类型	被害时间	被害地点	资料来源
126	杨宽	男	—	清河	居民	日军炮击房屋	死亡	1937.7.28	清河镇	海淀区史志办:《杨兆生访谈记录》(2007年7月3日、9月21日),《王世敏访谈记录》(2007年9月21日),《刘如增访谈记录》(2008年12月24日),存北京市海淀区史志办
127	伍××	男	—	清河	清河制呢厂股长	日军枪击	死亡	1937.7.28	清河镇	海淀区史志办:《杨兆生访谈记录》(2007年7月3日、9月21日),《王世敏访谈记录》(2007年9月21日),《刘如增访谈记录》(2008年12月24日),存北京市海淀区史志办
128	伍××	女	—	清河	居民	日军枪击	死亡	1937.7.28	清河镇	海淀区史志办:《杨兆生访谈记录》(2007年7月3日、9月21日),《王世敏访谈记录》(2007年9月21日),《刘如增访谈记录》(2008年12月24日),存北京市海淀区史志办
129	伍××	女	—	清河	居民	日军枪击	死亡	1937.7.28	清河镇	海淀区史志办:《杨兆生访谈记录》(2007年7月3日、9月21日),《王世敏访谈记录》(2007年9月21日),《刘如增访谈记录》(2008年12月24日),存北京市海淀区史志办
130	蒋安林	男	—	清河	蒋家店掌柜	日军杀害	死亡	1937.7.28	清河镇	海淀区史志办:《杨兆生访谈记录》(2007年7月3日、9月21日),《王世敏访谈记录》(2007年9月21日),《刘如增访谈记录》(2008年12月24日),存北京市海淀区史志办

序号	姓名	性别	年龄	原籍	身份	被害原因	被害类型	被害时间	被害地点	资料来源
131—146	16人	—	—	—	—	日军杀害	死亡	1937.7.28	清河镇	海淀区史志办：《杨兆生访谈记录》（2007年7月3日、9月21日），《王世敏访谈记录》（2007年9月21日），《刘如增访谈记录》（2008年12月24日），存北京市海淀区史志办
147	刘长河	男	—	上庄八家村	村长（保长）	日军杀害	死亡	1944	上庄八家村	海淀区史志办：《杨兆生访谈记录》（2007年7月3日、9月21日），《王世敏访谈记录》（2007年9月21日），《刘如增访谈记录》（2008年12月24日），存北京市海淀区史志办

表2　海淀区抗战时期人员伤亡（妇女被日军强奸）情况登记表

序号	姓名	性别	年龄	原籍	身份	被害原因	被害类型	被害时间	被害地点	信息来源
1	冯××	女	—	东北旺村	村民	日军侵占	强奸	1937.7.28	东北旺村外	东北旺公社东北旺大队编：《东北旺村史》，1964年，海淀区档案馆藏，档号40—101—204—3
2	×××	女	—	西北旺村	村民	—	强奸	—	西北旺村	东北旺公社东北旺大队编：《东北旺村史》，1964年，海淀区档案馆藏，档号40—101—205—13
3	贾大凤	女	18	北辛庄	村民	被强奸	强奸	1938	北辛庄村外	四季青公社北辛庄大队编：《北辛庄村史》，1964年，海淀区档案馆藏，档号20—101—361—77

序号	姓名	性别	年龄	原籍	身份	被害原因	被害类型	被害时间	被害地点	信息来源
4	×××	女	—	—	—	抓进日军据点	强奸	—	温泉	北京市政协文史资料委员会编：《日伪统治下的北京郊区》，北京出版社1995年版，第207页
5	×××	女	—	—	—	抓进日军据点	强奸	—	温泉	北京市政协文史资料委员会编：《日伪统治下的北京郊区》，北京出版社1995年版，第207页
6	×××	女	—	—	—	抓进日军据点	强奸	—	温泉	北京市政协文史资料委员会编：《日伪统治下的北京郊区》，北京出版社1995年版，第207页
7	×××	女	—	—	—	抓进日军据点	强奸	—	温泉	北京市政协文史资料委员会编：《日伪统治下的北京郊区》，北京出版社1995年版，第207页
8	×××	女	—	—	—	抓进日军据点	强奸	—	温泉	北京市政协文史资料委员会编：《日伪统治下的北京郊区》，北京出版社1995年版，第207页
9	×××	女	—	—	—	抓进日军据点	强奸	—	温泉	北京市政协文史资料委员会编：《日伪统治下的北京郊区》，北京出版社1995年版，第207页
10	×××	女	—	—	—	抓进日军据点	强奸	—	温泉	北京市政协文史资料委员会编：《日伪统治下的北京郊区》，北京出版社1995年版，第207页

序号	姓名	性别	年龄	原籍	身份	被害原因	被害类型	被害时间	被害地点	信息来源
11	×××	女	—	—	—	抓进日军据点	强奸	—	温泉	北京市政协文史资料委员会编:《日伪统治下的北京郊区》,北京出版社 1995 年版,第 207 页

表3 海淀区抗战时期被俘捕人员情况登记表

序号	姓名	性别	年龄	原籍	身份	被害原因	被害类型	被害时间	被害地点	信息来源
1	李庆江	男	—	—	武工队队员	作战	被俘	1944.9.4	西埠头	中共北京市海淀区委党史研究室编:《海淀革命史资料选编》,第52、第238页
2	刘长春	男	—	—	武工队队员	作战	被俘	1944.9.4	西埠头	中共北京市海淀区委党史研究室编:《海淀革命史资料选编》,中共党史出版社 1995 年版,第52、第238页
3	×××	男	—	—	武工队队员	作战	被俘	1944.9.4	西埠头	中共北京市海淀区委党史研究室编:《海淀革命史资料选编》,中共党史出版社 1995 年版,第52、第238页
4	×××	男	—	—	武工队队员	作战	被俘	1944.9.4	西埠头	中共北京市海淀区委党史研究室编:《海淀革命史资料选编》,中共党史出版社 1995 年版,第52、第238页
5	×××	男	—	—	武工队队员	作战	被俘	1944.9.4	西埠头	中共北京市海淀区委党史研究室编:《海淀革命史资料选编》,中共党史出版社 1995 年版,第52、第238页

序号	姓名	性别	年龄	原籍	身份	被害原因	被害类型	被害时间	被害地点	信息来源
6	×××	男	—	—	武工队队员	作战	被俘	1944.9.4	西埠头	中共北京市海淀区委党史研究室编：《海淀革命史资料选编》，中共党史出版社 1995 年版，第52、第 238 页
7	刘 印	男	—	—	武工队队员	作战	被俘	1944	大工村	中共北京市海淀区委党史研究室编：《海淀革命史资料选编》，中共党史出版社 1995 年版，第238 页
8	张小宝	男	—	南安河	村民	夜间点灯	被捕	—	南安河	北京市政协文史资料委员会编：《日伪统治下的北京郊区》，北京出版社 1995 年版，第208 页
9	李淑琴	女	—	—	抗日干部	参加抗日活动	被捕	—	温泉	北京市政协文史资料委员会编：《日伪统治下的北京郊区》，北京出版社 1995 年版，第210 页
10	肖 田	男	37	北京	燕大工人地下党员	参加抗日活动	被捕	1941.1 1942.5	—	北京市政协文史资料委员会编：《抗战纪事》，北京出版社 1995 年版，第 320 页
11	陆卓明	男	—	—	学生	—	被捕	1942 年夏	—	政协北京市海淀区委员会：《海淀文史资料选编》（九），1995 年印行，第237 页
12	曹雁行	男	—	—	燕大教职工家属	—	被捕	1942 年夏	—	政协北京市海淀区委员会：《海淀文史资料选编》（九），1995 年印行，第237 页
13	田丽丽	女	—	—	燕大教职工家属	—	被捕	1942 年夏	—	政协北京市海淀区委员会：《海淀文史资料选编》（九），1995 年印行，第237 页
14	董有益	男	—	聂各庄	村民	日军"扫荡"	被捕	1943.7	聂各庄	西山农场编：《聂各庄村史》，1965 年 3 月，海淀区档案馆藏，档号38—101—49—22

序号	姓名	性别	年龄	原籍	身份	被害原因	被害类型	被害时间	被害地点	信息来源
15	董有云	男	—	聂各庄	村民	日军"扫荡"	被捕	1943.7	聂各庄	西山农场编:《聂各庄村史》,1965年3月,海淀区档案馆藏,档号38—101—49—22
16	崔××	男	—	聂各庄	村民	被捕勒索	被捕	—	聂各庄	西山农场编:《聂各庄村史》,1965年3月,海淀区档案馆藏,档号38—101—49—22
17	赵永兴	男	—	大工村	村民	抗日活动	被捕	1940	秀峰寺	北安河公社编:《荣玉江家史》,1964年,海淀区档案馆藏,档号16—101—176
18	崔德仓	男	—	徐各庄	村民	贩粮被捕	被捕	—	张家口	北安河公社编:《崔德仓家史》,1964年,海淀区档案馆藏,档号16—101—193—18
19	王德山	男	—	徐各庄	村民	—	被捕		温泉	北安河公社编:《王德山家史》,1964年,海淀区档案馆藏,档号16—101—193—31
20	杨×	男	—	西冉村	村民	被诬偷车被捕	被捕	—	清华园	四季青公社西冉村大队编:《杨富家史》,1964年,海淀区档案馆藏,档号20—101—371
21	杨茂春	男	—	篱笆房	村民	无意中接近日机	被捕	—	西郊机场	四季青公社西冉村大队编:《西冉大队六队发展史》,1964年,海淀区档案馆藏,档号20—101—372
22	李六十	男	—	闵庄	村民	日军抓捕	被捕	—	—	四季青公社玉泉大队编:《小屯村史》,1964年,海淀区档案馆藏,档号20—101—375—73
23	刘坦	男	—	南辛庄	村民	被诬抢劫	被捕	1938—1941	—	四季青公社西山大队编:《刘贵荣家史》,1964年,海淀区档案馆藏,档号20—101—360—176

序号	姓名	性别	年龄	原籍	身份	被害原因	被害类型	被害时间	被害地点	信息来源
24	蒋文成	男	—	娘娘府	村民	赶路被抓捕	被捕	—	—	四季青公社香山大队编:《解放前后的娘娘府》,1964 年,海淀区档案馆藏,档号20—101—363—22
25	杨德山	男	—	前柳林	村民	被诬陷被捕	被捕		温泉	苏家坨公社前柳林大队编:《前柳林村史》,1964 年,海淀区档案馆藏,档号61—101—418
26	赵 成	男	—	温泉村	村民	被指为八路军	被捕		温泉三角城	温泉公社编:《温泉村史》,1963 年,海淀区档案馆藏,(资料)档号349—3
27	赵进山	男	—	北安河	村民	被捕	被捕	1943 年秋	秀峰寺	佚名:《妙峰山风云》,时间不详(约20 世纪60 年代),海淀区档案馆藏,(资料)档号1149
28	张振德	男	—	草厂	村民		被捕	—	张家口	北安河公社编:《张振德家史》,1964年,海淀区档案馆藏,档号16—101—190—45

表 4　海淀区抗战时期人员伤亡(伤残)情况登记表

序号	姓名	性别	年龄	原籍	身份	被害原因	被害类型	被害时间	被害地点	信息来源
1	冯宛华	女	24	海淀黄庄	产妇	被日军恐吓、侮辱	精神失常	1937.7.30	海淀黄庄	海淀区史志办:《冯幼华访谈记录》1998 年12 月2 日,存北京市海淀区史志办

序号	姓名	性别	年龄	原籍	身份	被害原因	被害类型	被害时间	被害地点	信息来源
2	尹王氏	女	—	东冉村	—	被日军枪击	右臂残废	1937.7.30	东冉村	北平市警察局西郊分局:《关于市民死亡及其家庭情况、抗敌伤亡及彼军击毙人员的调查表》,1946 年 1 月 1 日—3 月 31 日,北京市档案馆藏,档号 J185—2—3981—5
3	龚瑞	男	—	东冉村	保长	被日军砍伤	受伤	1937.7.30	东冉村	政协北京市海淀区委员会:《海淀文史资料选编》(九),1995 年印行,第 177 页
4	杨春华	男	—	东冉村	农民	被日军刺伤	受伤	1937.7.30	东冉村	政协北京市海淀区委员会:《海淀文史资料选编》(九),1995 年印行,第 177 页
5	黄争福	男	—	东冉村	拉脚	被日军暴力恐吓	精神失常	1937.7.30	东冉村	政协北京市海淀区委员会:《海淀文史资料选编》(九),1995 年印行,第 177 页
6	×××	男	—	—	国民抗日军战士	作战	负伤	1937.9.8	黑山扈	中共北京市海淀区委党史研究室编:《海淀革命史资料选编》,中共党史出版社 1995 年版,第 127 页
7	×××	男	—	—	国民抗日军战士	作战	负伤	1937.9.8	黑山扈	中共北京市海淀区委党史研究室编:《海淀革命史资料选编》,中共党史出版社 1995 年版,第 127 页
8	苏锦堂	男	—	—	交通员	与特务遭遇	负伤	1942	肖寨寺	中共北京市海淀区委党史研究室编:《海淀革命史资料选编》,中共党史出版社 1995 年版,第 169 页

序号	姓名	性别	年龄	原籍	身份	被害原因	被害类型	被害时间	被害地点	信息来源
9	王振彪	男	—	土井村	村民	日军殴打	受伤	—	温泉	东北旺公社土井大队编:《土井村史》,1964 年,海淀区档案馆藏,档号 40—101—207
10	杨槐秋	男	—	土井村	村民	日军殴打	耳聋	1938	温泉	东北旺公社土井大队编:《土井村史》,1964 年,海淀区档案馆藏,档号 40—101—207
11	郭万富	男	—	寨口村	村民	赶车遭殴打	受伤	—	—	北安河公社寨口大队编:《寨口村村史》,1964 年,海淀区档案馆藏,档号 16—101—203—8
12	于钱顺	男	—	什坊院	村民	修忠灵塔	受伤	—	老山	四季青公社田村大队编:《什坊院村史》,1964 年,海淀区档案馆藏,档号 20—101—367
13	顾二栓	男	—	十王坟	村民	被刀砍	受伤	—	—	四季青公社田村大队编:《十王坟村史》,1964 年,海淀区档案馆藏,档号 20—101—367
14	卢淑慧	女	—	西冉村	—	火车上被日本人关门夹伤手指	受伤	—	京绥铁路	四季青公社西冉村大队编:《芦德成家史》,1964 年,海淀区档案馆藏,档号 20—101—371
15	杨××	男	—	老营房	村民	刺刀刺伤	受伤	—	老营房	四季青公社老营房大队编:《杨王氏家史》,1964 年,海淀区档案馆藏,档号 20—101—374

序号	姓名	性别	年龄	原籍	身份	被害原因	被害类型	被害时间	被害地点	信息来源
16	王 奎	男	—	东平庄	村民	日本人殴打	受伤	—	北平城内	四季青公社西山大队编：《王奎家史》，1964年，海淀区档案馆藏，档号20—101—360
17	赵××	男	—	温泉村	村民	贩粮被日军挑眼球	受伤（眼瞎）	1939	温泉村口	温泉公社编：《温泉村革命斗争简史》，1963年，海淀区档案馆藏，（资料）档号349—2
18	秦惠珍	女	—	清河镇	居民	日军进攻清河	重伤致残	1937.7.28	清河	海淀区史志办：《杨兆生访谈记录》（2007年7月3日、9月21日），《王世敏访谈记录》（2007年9月21日），《刘如增访谈记录》（2008年12月24日），存北京市海淀区史志办
19	周玉琴	女	—	清河镇	居民	日军进攻清河	重伤致残	1937.7.28	清河	海淀区史志办：《杨兆生访谈记录》（2007年7月3日、9月21日），《王世敏访谈记录》（2007年9月21日），《刘如增访谈记录》（2008年12月24日），存北京市海淀区史志办

表5　海淀区抗战时期被征劳工人员情况登记表

序号	姓名	性别	年龄	原籍	身份	被害原因	被害类型	被害时间	被害地点	信息来源
1	董××	男	—	佟家坟	村民	—	劳工	—	朝鲜	四季青公社西冉村大队编：《佟家坟村史》，1964年，海淀区档案馆藏，档号20—101—372

序号	姓名	性别	年龄	原籍	身份	被害原因	被害类型	被害时间	被害地点	信息来源
2	李德庆	男	—	老营房	村民	—	劳工	—	西郊机场	四季青公社老营房大队编:《李德庆家史》,1964年,海淀区档案馆藏,档号20—101—374
3	董志元	男	—	通州	村民	—	劳工	—	大同、黑河	四季青公社玉泉大队编:《董志元家史》,1964年,海淀区档案馆藏,档号20—101—376
4	董××	男	—	通州	村民	—	劳工	—	大同、石景山	四季青公社玉泉大队编:《董志元家史》,1964年,海淀区档案馆藏,档号20—101—376
5	李玉侠	男	—	东冉村	村民	—	劳工	—	西郊机场	政协北京市海淀区委员会:《海淀文史资料选编》(九),1995年印行,第175页
6	崔保	男	—	中坞	村民	—	劳工	—	西郊机场	政协北京市海淀区委员会:《海淀文史资料选编》(九),1995年印行,第175页
7	崔英	男	—	中坞	村民	—	劳工	—	西郊机场	政协北京市海淀区委员会:《海淀文史资料选编》(九),1995年印行,第175页
8	冯润田	男	—	—	村民	—	劳工	—	西郊机场	政协北京市海淀区委员会:《海淀文史资料选编》(九),1995年印行,第175页
9	王树	男	9	土井	村民	修三角城	劳工	—	温泉	东北旺公社土井大队编:《土井村史》,1964年,海淀区档案馆藏,档号40—101—207—5
10	鲁殿元	男	—	土井	村民	修三角城	劳工	—	温泉	东北旺公社土井大队编:《土井村史》,1964年,海淀区档案馆藏,档号40—101—207—5

序号	姓名	性别	年龄	原籍	身份	被害原因	被害类型	被害时间	被害地点	信息来源
11	刘庆	男	—	安宁庄	村民	被4次派劳工	劳工	—	—	东北旺公社西二旗大队编：《刘庆家史》，1964年，海淀区档案馆藏，档号40—101—210—140
12	吴春江	男	10	北安河	村民	被骗	劳工	1940	石景山铁厂	北安河公社编：《吴春江家史》，1964年，海淀区档案馆藏，档号16—101—176
13	高文贵	男	—	南安河	村民	被骗	劳工	1944	河北宣化	北安河公社编：《高文贵家史》，1964年，海淀区档案馆藏，档号16—101—179
14	宫喜贵	男	—	北辛庄	村民	修铁路、打柴	劳工	—	本地	四季青公社门头村大队编：《宫喜贵家史》，1964年，海淀区档案馆藏，档号20—101—366
15	辛存义	男	15	田村	村民	修炮楼	劳工	—	石景山	四季青公社田村大队编：《辛存义家史》，1964年，海淀区档案馆藏，档号20—101—368
16	里茂春	男	—	什坊院	村民	被骗	劳工	1938	朝鲜、锦州	四季青公社田村大队编：《里茂春家史》，1964年，海淀区档案馆藏，档号20—101—368
17	刘振清	男	—	北高庄	村民	被骗	劳工	1939	浙江	四季青公社北高庄大队编：《刘振清家史》，1964年，海淀区档案馆藏，档号20—101—369
18	王成富	男	—	北高庄	村民		劳工		南苑机场	四季青公社北高庄大队编：《王成富家史》，1964年，海淀区档案馆藏，档号20—101—369
19	史宗海	男	—	西冉村	村民	—	劳工	—	石景山	四季青公社西冉村大队编：《史宗海家史》，1964年，海淀区档案馆藏，档号20—101—371

序号	姓名	性别	年龄	原籍	身份	被害原因	被害类型	被害时间	被害地点	信息来源
20	段存	男	13	西冉村	村民	—	劳工	1938、1941（两次被征）	西郊机场、石景山	四季青公社西冉村大队编：《段存家史》，1964年，海淀区档案馆藏，档号20—101—371
21	王××	男	—	西冉村	村民	修马路	劳工	—	—	四季青公社西冉村大队编：《王宝全家史》，1964年，海淀区档案馆藏，档号20—101—371
22	芦德成	男	—	西冉村	村民	修碉堡	劳工	—	西山	四季青公社西冉村大队编：《芦德成家史》，1964年，海淀区档案馆藏，档号20—101—371
23	刘有山	男	—	缠脚湾	村民	腿被打瘸	劳工	—	西郊机场	四季青公社老营房大队编：《缠脚湾村史》，1964年，海淀区档案馆藏，档号20—101—374—40
24	池贵成	男	—	小屯	村民	生病回村后死去	劳工	—	—	四季青公社玉泉大队编：《玉泉大队村史》，1964年，海淀区档案馆藏，档号20—101—375—8
25	李××	男	—	中坞	村民	修飞机包	劳工	—	西郊机场	四季青公社玉泉大队编：《李永顺家史》,1964年，海淀区档案馆藏，档号20—101—376
26	李桐	男	—	中坞	村民	被打伤	劳工	—	—	四季青公社玉泉大队编：《杜羊祥家史》，1964年，海淀区档案馆藏，档号20—101—376
27	杜芳	男	12	北坞	村民	—	劳工	—	—	四季青公社玉泉大队编：《杜羊祥家史》，1964年，海淀区档案馆藏，档号20—101—376
28	张万宝	男	—	中坞	村民	修工事	劳工	—	西山	四季青公社玉泉大队编：《张万宝家史》，1964年，海淀区档案馆藏，档号20—101—376

序号	姓名	性别	年龄	原籍	身份	被害原因	被害类型	被害时间	被害地点	信息来源
29	司进荣	男	23	后窑	村民	修工事	劳工	—	西山	四季青公社玉泉大队编：《司进荣家史》，1964年，海淀区档案馆藏，档号20—101—376
30	王月生	男	—	西山	村民	—	劳工	—	杏石口采石场、东北	四季青公社编：《王月生家史》，1964年，海淀区档案馆藏，档号20—101—358
31	李文明	男	—	石佛寺	村民	—	劳工	—	西郊机场	四季青公社蓝靛厂大队编：《石佛寺村史》，1964年，海淀区档案馆藏，档号20—101—359
32	马朝义	男	—	石佛寺	村民	—	劳工	—	西郊机场	四季青公社蓝靛厂大队编：《石佛寺村史》，1964年，海淀区档案馆藏，档号20—101—359
33	马朝升	男	—	石佛寺	村民	—	劳工	—	西郊机场	四季青公社蓝靛厂大队编：《石佛寺村史》，1964年，海淀区档案馆藏，档号20—101—359
34	董清荣	男	—	下村	村民	—	劳工	—	西郊机场	四季青公社蓝靛厂大队编：《下村村史》，1964年，海淀区档案馆藏，档号20—101—359
35	王广顺	男	—	下村	村民	—	劳工	—	西郊机场	四季青公社蓝靛厂大队编：《下村村史》，1964年，海淀区档案馆藏，档号20—101—359
36	吴焕文	男	—	杜家坟	村民	—	劳工	—	西郊机场	四季青公社西山大队编：《吴焕文家史》，1964年，海淀区档案馆藏，档号20—101—360
37	郭××	男	—	巨山村	村民	在日本人工厂受伤	劳工	—	—	四季青公社西山大队编：《那秀清家史》，1964年，海淀区档案馆藏，档号20—101—360

序号	姓名	性别	年龄	原籍	身份	被害原因	被害类型	被害时间	被害地点	信息来源
38	夏大海	男	—	南辛庄	村民	—	劳工		石景山铁厂	四季青公社西山大队编:《夏大海家史》,1964年,海淀区档案馆藏,档号20—101—360
39	孟宪友	男	—	梆子井	村民	修防空洞	劳工	1945年春	西山	四季青公社西山大队编:《孟宪文家史》,1964年,海淀区档案馆藏,档号20—101—360—107
40	孟宪才	男	—	梆子井	村民	修飞机场	劳工			四季青公社西山大队编:《孟宪文家史》,1964年,海淀区档案馆藏,档号20—101—360—107
41	孙德才	男	—	东平庄	村民	修铁路	劳工	1940	浙江	四季青公社西山大队编:《孙德才家史》,1964年,海淀区档案馆藏,档号20—101—360—128
42	严××	男	—	东平庄	村民	—	劳工	—	西郊机场	四季青公社西山大队编:《马秀玲家史》,1964年,海淀区档案馆藏,档号20—101—360
43	刘文泉	男	—	西平庄	村民	修工事	劳工	—	西山	四季青公社西山大队编:《刘文泉家史》,1964年,海淀区档案馆藏,档号20—101—360
44	刘××	男	—	西平庄	村民	—	劳工	—	—	四季青公社西山大队编:《刘文泉家史》,1964年,海淀区档案馆藏,档号20—101—360
45	肖立清	男	—	巨山村	村民	修炮楼、油库	劳工	—	西山	四季青公社西山大队编:《巨山村村史》,1964年,海淀区档案馆藏,档号20—101—361
46	张宗山	男	—	西平庄	村民	—	劳工	—	郑州	四季青公社西山大队编:《西平庄村史》,1964年,海淀区档案馆藏,档号20—101—361

序号	姓名	性别	年龄	原籍	身份	被害原因	被害类型	被害时间	被害地点	信息来源
47	郝 云	男	—	北辛庄	村民	修汽油库	劳工	1945	西山	四季青公社西山大队编:《祁家村村史》,1964年,海淀区档案馆藏,档号20—101—361
48	程国会	男	—	祁家村	村民	修忠灵塔	劳工	—	老山	四季青公社西山大队编:《祁家村村史》,1964年,海淀区档案馆藏,档号20—101—361
49	周万祥	男	—	小府村	村民	修工事	劳工	1945	西山	四季青公社北辛庄大队编:《小府村村史》,1964年,海淀区档案馆藏,档号20—101—362—5
50	张玉亭	男	—	小府村	村民	修工事	劳工	1945	西山	四季青公社北辛庄大队编:《小府村村史》,1964年,海淀区档案馆藏,档号20—101—362—5
51	丛德清	男	—	四统碑村	村民	修工事	劳工	1945	西山	四季青公社北辛庄大队编:《四统碑村史》,1964年,海淀区档案馆藏,档号20—101—362—37
52	祁长喜	男	—	香山正蓝旗村	村民	修炮楼	劳工	—	西山	四季青公社香山大队编:《祁长喜家史》,1964年,海淀区档案馆藏,档号20—101—363
53	赵广元	男	16	门头村	村民	修工事	劳工	1945	西山	四季青公社门头村大队编:《门头村村史》,1964年,海淀区档案馆藏,档号20—101—365—12
54	×××	—	—	门头沟	煤矿工人	开山修公路	劳工	—	—	苏家坨公社编:《王张氏家史》,1964年,海淀区档案馆藏,档号61—101—423
55	杨德才	男	—	后沙涧	村民	—	劳工	—	石景山铁厂	苏家坨公社后沙涧大队编:《杨德才家史》,1964年,海淀区档案馆藏,档号61—101—424

序号	姓名	性别	年龄	原籍	身份	被害原因	被害类型	被害时间	被害地点	信息来源
56	尚奎海	男	—	后沙涧	村民	修铁路	劳工	—	清水涧	苏家坨公社后沙涧大队编：《尚奎海家史》，1964年，海淀区档案馆藏，档号61—101—424
57	王桂才	男	—	后沙涧	村民	修炮楼	劳工	—	—	苏家坨公社后沙涧大队编：《王桂才家史》，1964年，海淀区档案馆藏，档号61—101—424
58	李有材	男	—	后沙涧	村民	修炮楼	劳工	—	—	苏家坨公社后沙涧大队编：《李有材家史》，1964年，海淀区档案馆藏，档号61—101—424
59	梁××	男	—	苏家坨	村民	修温泉公路	劳工	—	温泉	苏家坨公社编：《王子荣罪恶发家史》，1964年，海淀区档案馆藏，档号61—101—426
60	韩国栋	男	—	苏家坨	村民	修炮楼	劳工	—	阳坊	苏家坨公社编：《韩国栋家史》，1964年，海淀区档案馆藏，档号61—101—426
61	马××	男	—	前柳林	村民	修铁路	劳工	—	—	苏家坨公社前柳林大队编：《马振华家史》，1964年，海淀区档案馆藏，档号61—101—427
62	李 二	男	—	东埠头	村民	修炮楼	劳工	—	—	温泉公社编：《李二家史》，1964年，海淀区档案馆藏，（资料）档号349—5
63	刘长友	男	—	草厂	村民	修公路	劳工	—	西山	北安河公社编：《刘长友家史》，1964年，海淀区档案馆藏，档号61—101—190
64	张振忠	男	12	草厂	村民	修公路、采石场	劳工	1943	寨口	北安河公社编：《张振忠家史》，1964年，海淀区档案馆藏，档号61—101—190
65	何连竹	男	—	草厂	村民	修炮楼	劳工	—	—	北安河公社编：《何连竹家史》，1964年，海淀区档案馆藏，档号61—101—190

序号	姓名	性别	年龄	原籍	身份	被害原因	被害类型	被害时间	被害地点	信息来源
66	赵宗仁	男	14	苏家坨	村民	被骗招	劳工	1944.11	日本	赵宗仁口述,海淀区档案馆胡珣涛整理2005年6月,存海淀区档案馆
67	任有福	男	—	苏家坨	村民	被骗招	劳工	1944.11	日本	赵宗仁口述,海淀区档案馆胡珣涛整理2005年6月,存海淀区档案馆
68	李长春	男	—	东北旺乡李家庄	村民	被骗招	劳工	1944.11	日本	赵宗仁口述,海淀区档案馆胡珣涛整理2005年6月,存海淀区档案馆
69	鲁文平	男	15	上庄乡常乐村	村民	被骗招	劳工	1944.11	日本	记者范涛等:《中国劳工对日诉讼获胜》,《北京日报》2002年4月29日第9版
70	路久文	男	23	上庄乡永泰庄	村民	被骗招	劳工	1944.10	日本	记者范涛等:《中国劳工对日诉讼获胜》,《北京日报》2002年4月29日第9版
71	郑振国	男	18	上庄乡东小营	村民	被骗招	劳工	1944.10	日本	记者范涛等:《中国劳工对日诉讼获胜》,《北京日报》2002年4月29日第9版
72	刘句氏	女	—	大柳树南村	村民	强行征派	劳工	1945.5	西直门车站	北平市警察局郊一、六分局:《关于敌伪时代募集劳工情形的调查表》,1946年9月30日,北京市档案馆藏,档号J185—2—775
73	李侯氏	女	—	大柳树南村	村民	强行征派	劳工	1945.5	西直门车站	北平市警察局郊一、六分局:《关于敌伪时代募集劳工情形的调查表》,1946年9月30日,北京市档案馆藏,档号J185—2—775

序号	姓名	性别	年龄	原籍	身份	被害原因	被害类型	被害时间	被害地点	信息来源
74	苏梦江	男	—	大柳树北	村民	强行征派	劳工	1945.5	西直门车站	北平市警察局郊一、六分局:《关于敌伪时代募集劳工情形的调查表》,1946年9月30日,北京市档案馆藏,档号J185—2—775
75	苏梦洲	男	—	大柳树北	村民	强行征派	劳工	1945.5	西直门车站	北平市警察局郊一、六分局:《关于敌伪时代募集劳工情形的调查表》,1946年9月30日,北京市档案馆藏,档号J185—2—775
76	朱永福	男	—	四道口	村民	强行征派	劳工	1945.5	西直门车站	北平市警察局郊一、六分局:《关于敌伪时代募集劳工情形的调查表》,1946年9月30日,北京市档案馆藏,档号J185—2—775
77	高王氏	女	—	头堆	村民	强行征派	劳工	1945.5	西直门车站	北平市警察局郊一、六分局:《关于敌伪时代募集劳工情形的调查表》,1946年9月30日,北京市档案馆藏,档号J185—2—775
78	朱永立	男	—	四道口	村民	强行征派	劳工	1945.2	西直门车站	北平市警察局郊一、六分局:《关于敌伪时代募集劳工情形的调查表》,1946年9月30日,北京市档案馆藏,档号J185—2—775
79	何桂福	男	—	太平庄	村民	强行征派	劳工	1945.2	西直门车站	北平市警察局郊一、六分局:《关于敌伪时代募集劳工情形的调查表》,1946年9月30日,北京市档案馆藏,档号J185—2—775

序号	姓名	性别	年龄	原籍	身份	被害原因	被害类型	被害时间	被害地点	信息来源
80	贾王氏	女	—	五塔寺	村民	强行征派	劳工	1945.2	西直门车站	北平市警察局郊一、六分局:《关于敌伪时代募集劳工情形的调查表》,1946年9月30日,北京市档案馆藏,档号J185—2—775
81	郭张氏	女	—	大影壁	村民	强行征派	劳工	1945.2	西直门车站	北平市警察局郊一、六分局:《关于敌伪时代募集劳工情形的调查表》,1946年9月30日,北京市档案馆藏,档号J185—2—775
82	冯白氏	女	—	大影壁	村民	强行征派	劳工	1945.2	西直门车站	北平市警察局郊一、六分局:《关于敌伪时代募集劳工情形的调查表》,1946年9月30日,北京市档案馆藏,档号J185—2—775
83	梁海泉	男	—	娘娘府	村民	强行征派	劳工	1945.2	西直门车站	北平市警察局郊一、六分局:《关于敌伪时代募集劳工情形的调查表》,1946年9月30日,北京市档案馆藏,档号J185—2—775
84	凌　昌	男	—	大柳树南村	村民	强行征派	劳工	1945.2	西直门车站	北平市警察局郊一、六分局:《关于敌伪时代募集劳工情形的调查表》,1946年9月30日,北京市档案馆藏,档号J185—2—775
85	王克裕	男	—	皂君庙	村民	强行征派	劳工	1945.2	西直门车站	北平市警察局郊一、六分局:《关于敌伪时代募集劳工情形的调查表》,1946年9月30日,北京市档案馆藏,档号J185—2—775

序号	姓名	性别	年龄	原籍	身份	被害原因	被害类型	被害时间	被害地点	信息来源
86	葛德水	男	—	皂君庙	村民	强行征派	劳工	1945.2	西直门车站	北平市警察局郊一、六分局:《关于敌伪时代募集劳工情形的调查表》,1946年9月30日,北京市档案馆藏,档号J185—2—775
87	马士贤	男	—	皂君庙	村民	强行征派	劳工	1945.2	西直门车站	北平市警察局郊一、六分局:《关于敌伪时代募集劳工情形的调查表》,1946年9月30日,北京市档案馆藏,档号J185—2—775
88	乔学明	男	—	笑祖塔院	村民	强行征派	劳工	1945.2	西直门车站	北平市警察局郊一、六分局:《关于敌伪时代募集劳工情形的调查表》,1946年9月30日,北京市档案馆藏,档号J185—2—775
89	程海斌	男	—	慈献寺	村民	强行征派	劳工	1945.5	西直门车站	北平市警察局郊一、六分局:《关于敌伪时代募集劳工情形的调查表》,1946年9月30日,北京市档案馆藏,档号J185—2—775
90	刘贵荣	男	—	小西门	村民	强行征派	劳工	1945.5	西直门车站	北平市警察局郊一、六分局:《关于敌伪时代募集劳工情形的调查表》,1946年9月30日,北京市档案馆藏,档号J185—2—775
91	李永顺	男	—	上园村	村民	强行征派	劳工	1945.5	西直门车站	北平市警察局郊一、六分局:《关于敌伪时代募集劳工情形的调查表》,1946年9月30日,北京市档案馆藏,档号J185—2—775

序号	姓名	性别	年龄	原籍	身份	被害原因	被害类型	被害时间	被害地点	信息来源
92	张富贵	男	—	净土寺	村民	强行征派	劳工	1945.5	西直门车站	北平市警察局郊一、六分局:《关于敌伪时代募集劳工情形的调查表》,1946年9月30日,北京市档案馆藏,档号J185—2—775
93	赵得贵	男	—	双槐树	村民	强行征派	劳工	1945.5	西直门车站	北平市警察局郊一、六分局:《关于敌伪时代募集劳工情形的调查表》,1946年9月30日,北京市档案馆藏,档号J185—2—775
94	李德海	男	—	五孔桥	村民	强行征派	劳工	1945.5	西直门车站	北平市警察局郊一、六分局:《关于敌伪时代募集劳工情形的调查表》,1946年9月30日,北京市档案馆藏,档号J185—2—775
95	项文禄	男	—	北下关	村民	强行征派	劳工	1945.2	南苑机场	北平市警察局郊一、六分局:《关于敌伪时代募集劳工情形的调查表》,1946年9月30日,北京市档案馆藏,档号J185—2—775
96	方万春	男	—	甘家口	村民	强行征派	劳工	1945.2	南苑机场	北平市警察局郊一、六分局:《关于敌伪时代募集劳工情形的调查表》,1946年9月30日,北京市档案馆藏,档号J185—2—775
97	李德才	男	—	甘家口	村民	强行征派	劳工	1945.2	南苑机场	北平市警察局郊一、六分局:《关于敌伪时代募集劳工情形的调查表》,1946年9月30日,北京市档案馆藏,档号J185—2—775

序号	姓名	性别	年龄	原籍	身份	被害原因	被害类型	被害时间	被害地点	信息来源
98	杨清禄	男	—	甘家口	村民	强行征派	劳工	1945.2	南苑机场	北平市警察局郊一、六分局:《关于敌伪时代募集劳工情形的调查表》,1946年9月30日,北京市档案馆藏,档号J185—2—775
99	霍二保	男	—	花园村	村民	强行征派	劳工	1945.2	南苑机场	北平市警察局郊一、六分局:《关于敌伪时代募集劳工情形的调查表》,1946年9月30日,北京市档案馆藏,档号J185—2—775
100	袁庆寿	男	—	马神庙	村民	强行征派	劳工	1945.2	南苑机场	北平市警察局郊一、六分局:《关于敌伪时代募集劳工情形的调查表》,1946年9月30日,北京市档案馆藏,档号J185—2—775
101	赵二登	男	—	马神庙	村民	强行征派	劳工	1945.2	南苑机场	北平市警察局郊一、六分局:《关于敌伪时代募集劳工情形的调查表》,1946年9月30日,北京市档案馆藏,档号J185—2—775
102	林长善	男	—	北四道口	村民	强行征派	劳工	1945.2	南苑机场	北平市警察局郊一、六分局:《关于敌伪时代募集劳工情形的调查表》,1946年9月30日,北京市档案馆藏,档号J185—2—775
103	杨德林	男	—	半截塔	村民	强行征派	劳工	1945.2	南苑机场	北平市警察局郊一、六分局:《关于敌伪时代募集劳工情形的调查表》,1946年9月30日,北京市档案馆藏,档号J185—2—775

序号	姓名	性别	年龄	原籍	身份	被害原因	被害类型	被害时间	被害地点	信息来源
104	赵文祥	男	—	又一村	村民	强行征派	劳工	1945.2	南苑机场	北平市警察局郊一、六分局:《关于敌伪时代募集劳工情形的调查表》, 1964年9月30日, 北京市档案馆藏, 档号 J185—2—775
105	王四龙	男	—	白堆子	村民	强行征派	劳工	1945.2	南苑机场	北平市警察局郊一、六分局:《关于敌伪时代募集劳工情形的调查表》, 1946年9月30日, 北京市档案馆藏, 档号 J185—2—775
106	根小羊	男	—	白堆子	村民	强行征派	劳工	1945.2	南苑机场	北平市警察局郊一、六分局:《关于敌伪时代募集劳工情形的调查表》, 1946年9月30日, 北京市档案馆藏, 档号 J185—2—775
107	李振兴	男	—	万泉庄	村民	强行征派	劳工	1945.2	南苑机场	北平市警察局郊一、六分局:《关于敌伪时代募集劳工情形的调查表》, 1946年9月30日, 北京市档案馆藏, 档号 J185—2—775
108	蔡永旺	男	—	小南庄	村民	强行征派	劳工	1945.2	南苑机场	北平市警察局郊一、六分局:《关于敌伪时代募集劳工情形的调查表》, 1946年9月30日, 北京市档案馆藏, 档号 J185—2—775
109	曹永旺	男	—	通慧寺	村民	强行征派	劳工	1945.2	南苑机场	北平市警察局郊一、六分局:《关于敌伪时代募集劳工情形的调查表》, 1946年9月30日, 北京市档案馆藏, 档号 J185—2—775

序号	姓名	性别	年龄	原籍	身份	被害原因	被害类型	被害时间	被害地点	信息来源
110	王金海	男	—	通慧寺	村民	强行征派	劳工	1945.2	南苑机场	北平市警察局郊一、六分局:《关于敌伪时代募集劳工情形的调查表》,1946年9月30日,北京市档案馆藏,档号J185—2—775
111	李文福	男	—	三义庙	村民	强行征派	劳工	1945.2	南苑机场	北平市警察局郊一、六分局:《关于敌伪时代募集劳工情形的调查表》,1946年9月30日,北京市档案馆藏,档号J185—2—775
112	颜文连	男	—	镶白小营	村民	强行征派	劳工	1945.2	南苑机场	北平市警察局郊一、六分局:《关于敌伪时代募集劳工情形的调查表》,1946年9月30日,北京市档案馆藏,档号J185—2—775
113	吕永福	男	—	水磨西街	村民	强行征派	劳工	1945.2	南苑机场	北平市警察局郊一、六分局:《关于敌伪时代募集劳工情形的调查表》,1946年9月30日,北京市档案馆藏,档号J185—2—775
114	关泰朝	男	—	圆明园	村民	强行征派	劳工	1945.2	南苑机场	北平市警察局郊一、六分局:《关于敌伪时代募集劳工情形的调查表》,1946年9月30日,北京市档案馆藏,档号J185—2—775
115	狄景海	男	—	太平庄	村民	强行征派	劳工	1945.7	日军炮厂	北平市警察局郊一、六分局:《关于敌伪时代募集劳工情形的调查表》,1946年9月30日,北京市档案馆藏,档号J185—2—775

序号	姓名	性别	年龄	原籍	身份	被害原因	被害类型	被害时间	被害地点	信息来源
116	耿书申	男	—	皂君庙	村民	强行征派	劳工	1945.7	日军炮厂	北平市警察局郊一、六分局:《关于敌伪时代募集劳工情形的调查表》,1946年9月30日,北京市档案馆藏,档号J185—2—775
117	王 玉	男	—	小南庄	村民	强行征派	劳工	1945.5	石景山	北平市警察局郊一、六分局:《关于敌伪时代募集劳工情形的调查表》,1946年9月30日,北京市档案馆藏,档号J185—2—775
118	梁玉林	男	—	万泉庄	村民	强行征派	劳工	1945.5	石景山	北平市警察局郊一、六分局:《关于敌伪时代募集劳工情形的调查表》,1946年9月30日,北京市档案馆藏,档号J185—2—775
119	张庆奎	男	—	万泉庄	村民	强行征派	劳工	1945.5	石景山	北平市警察局郊一、六分局:《关于敌伪时代募集劳工情形的调查表》,1946年9月30日,北京市档案馆藏,档号J185—2—775
120	陈文涛	男	—	菜库	居民	强行征派	劳工	1945.2	香山	北平市警察局郊一、六分局:《关于敌伪时代募集劳工情形的调查表》,1946年9月30日,北京市档案馆藏,档号J185—2—775
121	邢文里	男	—	西上坡	村民	强行征派	劳工	1945.2	香山	北平市警察局郊一、六分局:《关于敌伪时代募集劳工情形的调查表》,1946年9月30日,北京市档案馆藏,档号J185—2—775

続表

序号	姓名	性别	年龄	原籍	身份	被害原因	被害类型	被害时间	被害地点	信息来源
122	张华田	男	—	南小街	居民	强行征派	劳工	1945.2	香山	北平市警察局郊一、六分局:《关于敌伪时代募集劳工情形的调查表》,1946年9月30日,北京市档案馆藏,档号J185—2—775
123	张鸿恩	男	—	榆树林	居民	强行征派	劳工	1945.2	香山	北平市警察局郊一、六分局:《关于敌伪时代募集劳工情形的调查表》,1946年9月30日,北京市档案馆藏,档号J185—2—775
124	陈江	男	—	双关帝庙	居民	强行征派	劳工	1945.2	香山	北平市警察局郊一、六分局:《关于敌伪时代募集劳工情形的调查表》,1946年9月30日,北京市档案馆藏,档号J185—2—775
125	陈和	男	—	双关帝庙	居民	强行征派	劳工	1945.2	香山	北平市警察局郊一、六分局:《关于敌伪时代募集劳工情形的调查表》,1946年9月30日,北京市档案馆藏,档号J185—2—775
126	梁志安	男	—	双关帝庙	居民	强行征派	劳工	1945.2	香山	北平市警察局郊一、六分局:《关于敌伪时代募集劳工情形的调查表》,1946年9月30日,北京市档案馆藏,档号J185—2—775
127	张生吉	男	—	一亩园	居民	强行征派	劳工	1943.3	察哈尔	北平市警察局郊一、六分局:《关于敌伪时代募集劳工情形的调查表》,1946年9月30日,北京市档案馆藏,档号J185—2—775

序号	姓名	性别	年龄	原籍	身份	被害原因	被害类型	被害时间	被害地点	信息来源
128	同 福	男	—	一亩园	居民	强行征派	劳工	1943.3	察哈尔	北平市警察局郊一、六分局:《关于敌伪时代募集劳工情形的调查表》，1946年9月30日，北京市档案馆藏，档号 J185—2—775
129	许相成	男	—	一亩园	居民	强行征派	劳工	1943.3	察哈尔	北平市警察局郊一、六分局:《关于敌伪时代募集劳工情形的调查表》，1946年9月30日，北京市档案馆藏，档号 J185—2—775
130	那永顺	男	—	安河桥	居民	强行征派	劳工	1943.3	察哈尔	北平市警察局郊一、六分局:《关于敌伪时代募集劳工情形的调查表》，1946年9月30日，北京市档案馆藏，档号 J185—2—775
131	许明伦	男	—	一亩园	居民	强行征派	劳工	1943.3	察哈尔	北平市警察局郊一、六分局:《关于敌伪时代募集劳工情形的调查表》，1946年9月30日，北京市档案馆藏，档号 J185—2—775
132	刘金泉	男	—	一亩园	村民	强行征派	劳工	1939.1	吉林	北平市警察局郊一、六分局:《关于敌伪时代募集劳工情形的调查表》，1946年9月30日，北京市档案馆藏，档号 J185—2—775
133	宋奎志	男	—	蜈蚣街	居民	强行征派	劳工	1944.4	河南	北平市警察局郊一、六分局:《关于敌伪时代募集劳工情形的调查表》，1946年9月30日，北京市档案馆藏，档号 J185—2—775

序号	姓名	性别	年龄	原籍	身份	被害原因	被害类型	被害时间	被害地点	信息来源
134	白印斌	男	—	镶白小营	村民	强行征派	劳工	1943.4	江苏	北平市警察局郊一、六分局:《关于敌伪时代募集劳工情形的调查表》,1946年9月30日,北京市档案馆藏,档号J185—2—775
135	马延寿	男	—	镶白小营	村民	强行征派	劳工	1942.7	南口车站	北平市警察局郊一、六分局:《关于敌伪时代募集劳工情形的调查表》,1946年9月30日,北京市档案馆藏,档号J185—2—775
136	孙继平	男	—	一亩园	村民	强行征派	劳工	1942.8	南口车站	北平市警察局郊一、六分局:《关于敌伪时代募集劳工情形的调查表》,1946年9月30日,北京市档案馆藏,档号J185—2—775
137	安　福	男	—	一亩园	村民	强行征派	劳工	1941.2	绥远	北平市警察局郊一、六分局:《关于敌伪时代募集劳工情形的调查表》,1946年9月30日,北京市档案馆藏,档号J185—2—775
138	安文明	男	—	一亩园	村民	强行征派	劳工	1940.2	西郊机场	北平市警察局郊一、六分局:《关于敌伪时代募集劳工情形的调查表》,1946年9月30日,北京市档案馆藏,档号J185—2—775

　　分析表格可知,在死亡人员中,有被日军杀害的当地居民和警察,有在平郊抗日战斗中牺牲的游击队员,有被日伪逮捕杀害的抗日志士,还有被殴打致死或因事故死亡的劳工,等等。在伤残人员中,有在战斗中负伤的中国官兵,有被日军随意击伤的和平居民,有服劳役时被日军监工打伤的民工,有遭日军殴打的小生意人和洋车夫。

　　在被捕被俘人员中,有战斗中被俘的,有从事抗日活动被捕的,有因违反日伪当局所谓"法令"而被捕的,等等。被捕被俘人员在被关押期间大多受到虐待。在当地居民中征集的劳工,有的被骗招到日本、朝鲜和中国东北、南方、河南等地,多数在北京当地被强征修工事、修机场等。到日本战败前夕,连家庭妇女都被强迫到市郊、市内服劳役。日军强占清河制呢厂期间,大量使用童工。全厂700 余工人,童工就有 300 多人,年龄最小的只有 6 岁[1]。

日军在 1937 年 7 月底侵占北京的过程中,在今海淀区辖区内制造了多起屠杀事件。1937 年 7 月 28 日,日军进攻清河镇,杀害清河、东北旺村、后厂村等地居民 40 余人[2]。同月 30 日,日军与起义后向西撤退的冀东保安队在海淀黄庄以南遭遇,伤亡较大。日军随即在黄庄挨户搜查,并向七堆村(今中国农科院正门以北)、蓝靛厂村、东冉村方向搜索追击。当天,日军在黄庄、七堆村和向蓝靛厂村、东冉村追击途中,野蛮屠杀当地居民 20 余人、警察 10 人[3]。31 日,日军从香山沿西山脚下向南开进,在门头村、北辛庄、巨山村等地杀害当地居民约10 余人[4]。

四、西苑日军集中营情况[5]

西苑日军集中营是日军设在华北地区的 5 个集中营之一。从 1937 年 9 月至1945 年间,该集中营先后关押了 2.6 万余人[6]。被关押人员主要是战俘,包括八路军被俘人员和国民政府军队被俘人员,还有华北各抗日根据地的政府工作干部、地方武装人员和抗日民众。此外,少量在市内被日本宪兵逮捕的人员也被关入该集中营。关押期间,被关押人员受到种种非人待遇,大量死亡;许多人被强迫充当劳工,被押往日本本土和中国东北等地从事极其繁重的劳役。1945 年 6

---

① 清河制呢厂编:《北京清河制呢厂五十年》,北京出版社 1959 年版,第 32、第 33 页。

② 杨兆生、王世敏访谈记录,存北京市海淀区史志办;《东北旺村史》《后厂村史》,海淀区档案馆藏,档号 40—101—205、206。

③ 伪北京特别市警察局西郊分局:《关于人口伤亡调查表及自杀倒毙人口报告表》,1944 年 2 月 1 日—10 月 31日,北京市档案馆藏,档号 J185—2—4585;北平市警察局西郊分局:《关于市局对使籍阵亡病故、人数、市民死亡及其家状况、抗敌伤亡及彼军击毙人员的训令、呈报、调查表》,1946 年 1 月 1 日—3 月 31 日,北京市档案馆藏,档号 J185—2—3981。

④ 伪北京特别市警察局西郊分局:《关于人口伤亡调查表及自杀倒毙人口报告表》,1944 年 2 月 1 日—10 月 31日,北京市档案馆藏,档号 J185—2—4585;《巨山村史》《北辛庄村史》《门头村史》,海淀区档案馆藏,档号 20—101—361、365。

⑤ 西苑集中营有个案研究,人口伤亡数字未计入海淀区人口伤亡总数。

⑥ 《我军俘虏恢复自由》,《明报》1945 年 8 月 31 日第 1 版报道。

月 30 日发生的"花冈事件"是一次在日本的中国劳工反抗残酷压迫的英勇斗争。这次斗争的领导者和骨干就是由西苑集中营押往日本的劳工。

1945 年 8 月 27 日，被关押人员重获自由，当时被释放的人员有 2400 余人①。在本次调查中查知姓名或身份的被关押人员有 92 人，其中，48 人被强迫充当劳工，27 人死亡（包括劳工）。大量遭虐待死亡的人员的姓名、身份已无法查清了。

五、财产损失

（一）强占土地

日军占领海淀期间，为了建设西郊"新市区"、修建西郊机场、建"中央农事试验场"、修筑铁路和防御工事，以低廉的价格大量强购民房、占用民地，造成农民无房可住、无地可耕。

1. 建设西郊"新市区"

日军侵占北京后，为长期占领北京，驻扎军队和机关，安置日本移民，计划在西郊建设所谓"新市区"。西郊新市区第一期计划用地 14.7 平方公里，东至公主坟，西迄枣林村（今玉泉路一线），南至蒋家坟（今丰台区郑常庄），北至田村。1939 年 7 月起开始征用土地。据抗战胜利后失地居民的申诉材料，该处征地时标准作价为每亩 100 元，"只及市价十之二三"；而放租时则按坪（平方丈）计算，每坪 30 元。据 1946 年统计，西郊新市区实际占地 13.6 平方公里②。

2. 修建西郊机场

1938 年 3 月，日军用伪北京特别市公署的名义，在西郊以柳林居村为中心的地区（今四季青镇中部地区）强迫征用当地居民的土地，修建西郊飞机场。征用地域内房屋一律拆除，坟墓一律迁移，居民被限期强迫搬迁。据日伪当局统计，修建机场共征用土地 202.3 万平方米（合 3034.5 亩），修建专用道路占地 5 万平方米。1943 年 6 月，日军又在西郊机场增筑"紧急工程"，强征土地 43 万平方米（合 645 亩）。据受害人回忆，1938 年征用土地时每亩作价 40 元（一说 30 元），

---

① 《我军俘虏恢复自由》，《明报》1945 年 8 月 31 日第 1 版报道。

② 北平市政府：《关于速派员会同地政、警察两局详查西郊新市区土地房屋数目的训令及工务局关于调查情形的呈》，1946 年 10 月 1 日—1947 年 4 月 30 日，北京市档案馆藏，档号 J17—1—3167。

民房每间作价 40 元，迁坟每座补偿 15 元①。

3. 建"中央农事试验场"

日军侵占北京后，于 1938 年 4 月在西北郊白祥庵村一带（今中国农业科学院所在地）建"中央农事试验场"（后改称"华北农事试验场"）。为此，日军在白祥庵、篱笆房、大钟寺、皂君庙、躺碑庙等村庄强买土地房屋，共占地 135 公顷。当时作价土地每亩 50 元，房屋每间 10—20 元，坟头双人每座 10 元、单人每座 5 元②。

4. 其他已查证的强征土地事件

（1）1939 年，日军修筑从德胜门至昌平的公路，沿途占用大量民地，且不予任何补偿。实际占地数量不详③。

（2）1940 年以后，日军修建自南辛庄村至西直门的小铁道，占地数字不详④。

（3）1942 年 10 月，日军修建永定路延长线，占地 40.89 亩，每亩标准作价 100 元⑤。

（4）1945 年 5 月，日军在西山自董四墓村至南辛庄村一线修筑沿山防御工事、军用仓库、油库，占用大量民地，具体数字不详⑥。

（5）日军修建一亩园村村前道路，占地 5.45 亩，每亩作价 300 元⑦。

① 《今市西郊飞行厂昨举行开放典礼》，北京《益世报》1938 年 7 月 2 日第 4 版报道；政协北京市海淀区委员会编：《海淀文史资料选编》（九），1995 年印行，第 210 页；伪北京特别市公署：《关于西郊飞机场附近增筑紧急工程的密令及工务局的呈以及与建设总署北京工程局的来往函》，1943 年 5 月 1 日—10 月 31 日，北京市档案馆藏，档号 J17—1—2755。
② 政协北京市海淀区委员会编：《海淀文史资料选编》（八），1994 年印行，第 235 页。
③ 杨兆生、王世敏访谈记录，存北京市海淀区史志办。
④ 北平市政府：《各区所财产损失报告单》，1946 年，北京市档案馆藏，档号 J2—7—808。
⑤ 伪华北政务委员会工务总署北京建设工程局：《华北房产公司、北京陆军特务机关长等关于永定路附近需新开道路的来函及北京工程局编制的预算书和延长线路面土地清册》，1942 年 9 月 1 日—1943 年 3 月 31 日，北京市档案馆藏，档号 J122—1—63。
⑥ 北平市政府：《各区所财产损失报告单》，1946 年，北京市档案馆藏，档号 J2—7—808。
⑦ 伪北京市工务局：《关于修筑万寿山一亩公园道路工程收用房地事宜的呈》，1943 年 5 月 1 日，北京市档案馆藏，档号 J17—1—2799。

（二）强行接管中国企业

1. 接管清河制呢厂

1937 年 7 月 28 日，日军侵占清河镇，接管了清河制呢厂。该厂是中国近代最早的毛纺企业。清河制呢厂被日军占领后由满蒙毛织株式会社"代管"，为日方生产军用毛毯，每月生产军毯 6000—12000 条[①]。

2. "盗营"中华铁工厂

中华铁工厂位于西便门外小马厂村，资产总额为法币 50 亿元。日军强占后，继续经营，为侵华战争输送大量军用物资[②]。

3. 占领赛马场

伪华北赛马会强行接管位于西便门外小马厂村以西的赛马场，改称"西郊赛马场"，每月赛马 10 余次[③]。

4. 强占大台铁路

大台铁路建于 1908 年 9 月，时称京门铁路，是京张铁路的运煤支线。沦陷时期，伪北京铁路局强行将平绥铁路局及其所属的京门支路、门齐铁路接管，并将京门支路改称"大台线"（即今大台铁路）[④]。

（三）掠夺物资，摊派捐费[⑤]

据 1946 年 1 月 15 日北平市第十五区（即西郊区）区公所报告，日军为满足战争的需要，多次向本地区征发物资、摊派捐费。

1. 1942 年冬起，日伪当局多次向民众勒献蓖麻油料、铜品及废铁。在西郊区共搜刮蓖麻 1.5 万斤，铜品 50640 斤，废铁 4 万斤，全属无偿摊派。

2. 1945 年春，日本大使馆在西郊各坟地砍伐树木约 1.8 万株。

3. 抗战时期，日军在本区征发的物资有：苇席约 5 万张，谷草约 340 万斤，稻草约 159 万斤。

---

① 清河制呢厂编：《北京清河制呢厂五十年》，北京出版社 1959 年版，第 23 页。
② 北平市政府：《各区所财产损失报告单》，1946 年，北京市档案馆藏，档号 J2—7—808。
③ 北平市政府：《各区所财产损失报告单》，1946 年，北京市档案馆藏，档号 J2—7—808。
④ 北平市政府：《各区所财产损失报告单》，1946 年，北京市档案馆藏，档号 J2—7—808。
⑤ 北平市政府：《各区所财产损失报告单》，1946 年，北京市档案馆藏，档号 J2—7—808。

4. 日伪当局在京门铁路沿线设立所谓"爱护村"，每户征收"爱护村"捐5角至1元不等，并强迫各村派人看护铁路及电线。

因原西郊区位于今海淀区南部，部分辖区现分属西城区、石景山区、门头沟区，上述数字难以按今天的区划进行细分，也不能涵盖今海淀区全辖区所损失的情况。

（四）居民财产损失情况

据不完全统计，抗战时期，今海淀区辖区内居民财产损失如下：房屋被烧、被炸、被占59间，西苑一处浴池被炸毁；损失衣服、被褥1810件（套），布匹360匹，棉线30斤，毛巾、袜子、背心390打，家具、货格34件，自行车4辆，缝纫机7架，面粉20袋，瓷碗、口杯、皂盒、脸盆、暖壶等物品若干，现金2000元（抗战前法币）。此外，据多人控诉，日军官兵买东西、坐洋车经常不给钱，损失难以计算。

表6　海淀区抗战时期民间财产损失登记表

序号	品名	单位	数量	物主	时间	地点	损毁原因	信息来源
1	房屋	间	—	徐虎臣	1944.8	清河镇	占用损坏	北京市档案馆编：《日本侵华罪行实证——河北、平津地区敌人罪行调查档案选辑》（上册），人民出版社1995年版，第168页
2	房屋	间	3	田广生	1937.7.29	后厂村	炮弹炸毁	东北旺公社西北旺大队编：《西北旺村史》，1964年，海淀区档案馆藏，档号40—101—205
3	房屋	间	6	董子征董福胜	1943.7	聂各庄	烧毁	西山农场编：《聂各庄村史》，1965年3月，海淀区档案馆藏，档号38—101—49—22
4	房屋	间	1	李斌	—	田村	征用	四季青公社田村大队编：《李斌家史》，1964年，海淀区档案馆藏，档号20—101—368
5	土地	亩	2	李斌	—	田村	征用	四季青公社田村大队编：《李斌家史》，1964年，海淀区档案馆藏，档号20—101—368
6	谷子	亩	4	刘文泉		西平庄	割走喂马	四季青公社西山大队编：《刘文泉家史》，1964年，海淀区档案馆藏，档号20—101—360

序号	品名	单位	数量	物主	时间	地点	损毁原因	信息来源
7	骡子	头	2	—	1937.7	东平庄	炮弹炸死	四季青公社西山大队编:《东平庄村史》,1964年,海淀区档案馆藏,档号20—101—361
8	骆驼	头	2	吴文安	—	娘娘府	日军扣留	四季青公社香山大队编:《娘娘府村史》,1964年,海淀区档案馆藏,档号20—101—363
9	房屋	间	1	梁桂甫	—	苏家坨	烧毁	苏家坨公社编:《梁桂甫家史》,1964年,海淀区档案馆藏,档号61—101—426
10	房屋	间	2	姚淑琴	—	温泉	烧毁	北安河公社编:《王林家史》,1964年,海淀区档案馆藏,档号16—101—179
11	枣	斤	30	刘长友	—	草厂	抢走	北安河公社编:《刘长友家史》,1964年,海淀区档案馆藏,档号16—101—190
12	房屋	间	4	张云祥	1937.7.29	西苑阅武楼4号	飞机轰炸	北平市警察局西郊分局:《关于日机轰炸直接损失表》,1946年2月1日,北京市档案馆藏,档号J185—2—4584—2
13	面粉	袋	20	张云祥	1937.7.29	西苑阅武楼4号	飞机轰炸	北平市警察局西郊分局:《关于日机轰炸直接损失表》,1946年2月1日,北京市档案馆藏,档号J185—2—4584—2
14	衣服	件	30	张云祥	1937.7.29	西苑阅武楼4号	飞机轰炸	北平市警察局西郊分局:《关于日机轰炸直接损失表》,1946年2月1日,北京市档案馆藏,档号J185—2—4584—2
15	被褥	份	5	张云祥	1937.7.29	西苑阅武楼4号	飞机轰炸	北平市警察局西郊分局:《关于日机轰炸直接损失表》,1946年2月1日,北京市档案馆藏,档号J185—2—4584—2
16	桌凳	份	7	张云祥	1937.7.29	西苑阅武楼4号	飞机轰炸	北平市警察局西郊分局:《关于日机轰炸直接损失表》,1946年2月1日,北京市档案馆藏,档号J185—2—4584—2

序号	品名	单位	数量	物主	时间	地点	损毁原因	信息来源
17	存款	元	1000	张云祥	1937.7.29	西苑阅武楼4号	飞机轰炸	北平市警察局西郊分局：《关于日机轰炸直接损失表》，1946年2月1日，北京市档案馆藏，档号J185—2—4584—2
18	房屋	间	6	高维刚	1937.7.29	西苑三道街5号	飞机轰炸	北平市警察局西郊分局：《关于日机轰炸直接损失表》，1946年2月1日，北京市档案馆藏，档号J185—2—4584—3
19	布匹	匹	290	高维刚	1937.7.29	西苑三道街5号	飞机轰炸	北平市警察局西郊分局：《关于日机轰炸直接损失表》，1946年2月1日，北京市档案馆藏，档号J185—2—4584—3
20	衬衣	套	500	高维刚	1937.7.29	西苑三道街5号	飞机轰炸	北平市警察局西郊分局：《关于日机轰炸直接损失表》，1946年2月1日，北京市档案馆藏，档号J185—2—4584—3
21	绒衣	件	200	高维刚	1937.7.29	西苑三道街5号	飞机轰炸	北平市警察局西郊分局：《关于日机轰炸直接损失表》，1946年2月1日，北京市档案馆藏，档号J185—2—4584—3
22	背心汗衫	件	500	高维刚	1937.7.29	西苑三道街5号	飞机轰炸	北平市警察局西郊分局：《关于日机轰炸直接损失表》，1946年2月1日，北京市档案馆藏，档号J185—2—4584—3
23	线袜毛巾	打	200	高维刚	1937.7.29	西苑三道街5号	飞机轰炸	北平市警察局西郊分局：《关于日机轰炸直接损失表》，1946年2月1日，北京市档案馆藏，档号J185—2—4584—2
24	缝纫机	架	3	高维刚	1937.7.29	西苑三道街5号	飞机轰炸	北平市警察局西郊分局：《关于日机轰炸直接损失表》，1946年2月1日，北京市档案馆藏，档号J185—2—4584—3
25	自行车	辆	2	高维刚	1937.7.29	西苑三道街5号	飞机轰炸	北平市警察局西郊分局：《关于日机轰炸直接损失表》，1946年2月1日，北京市档案馆藏，档号J185—2—4584—3

序号	品名	单位	数量	物主	时间	地点	损毁原因	信息来源
26	毛衣	件	50	高维刚	1937.7.29	西苑三道街5号	飞机轰炸	北平市警察局西郊分局:《关于日机轰炸直接损失表》,1946年2月1日,北京市档案馆藏,档号J185—2—4584—3
27	缝纫机	架	4	张瑞山	1937.7.29	西苑三道街6号	飞机轰炸	北平市警察局西郊分局:《关于日机轰炸直接损失表》,1946年2月1日,北京市档案馆藏,档号J185—2—4584—4
28	布匹	匹	70	张瑞山	1937.7.29	西苑三道街6号	飞机轰炸	北平市警察局西郊分局:《关于日机轰炸直接损失表》,1946年2月1日,北京市档案馆藏,档号J185—2—4584—4
29	棉线	斤	30	张瑞山	1937.7.29	西苑三道街6号	飞机轰炸	北平市警察局西郊分局:《关于日机轰炸直接损失表》,1946年2月1日,北京市档案馆藏,档号J185—2—4584—4
30	衣服	件	25	张瑞山	1937.7.29	西苑三道街6号	飞机轰炸	北平市警察局西郊分局:《关于日机轰炸直接损失表》,1946年2月1日,北京市档案馆藏,档号J185—2—4584—4
31	被褥	份	5	张瑞山	1937.7.29	西苑三道街6号	飞机轰炸	北平市警察局西郊分局:《关于日机轰炸直接损失表》,1946年2月1日,北京市档案馆藏,档号J185—2—4584—4
32	房屋	间	3	张瑞山	1937.7.29	西苑三道街6号	飞机轰炸	北平市警察局西郊分局:《关于日机轰炸直接损失表》,1946年2月1日,北京市档案馆藏,档号J185—2—4584—4
33	房屋	间	4	王华堂	1937.7.29	西苑三道街4号	飞机轰炸	北平市警察局西郊分局:《关于日机轰炸直接损失表》,1946年2月1日,北京市档案馆藏,档号J185—2—4584—5
34	被褥	份	10	王华堂	1937.7.29	西苑三道街4号	飞机轰炸	北平市警察局西郊分局:《关于日机轰炸直接损失表》,1946年2月1日,北京市档案馆藏,档号J185—2—4584—5

序号	品名	单位	数量	物主	时间	地点	损毁原因	信息来源
35	衣服	件	80	王华堂	1937.7.29	西苑三道街4号	飞机轰炸	北平市警察局西郊分局:《关于日机轰炸直接损失表》,1946年2月1日,北京市档案馆藏,档号J185—2—4584—5
36	木器	件	8	王华堂	1937.7.29	西苑三道街4号	飞机轰炸	北平市警察局西郊分局:《关于日机轰炸直接损失表》,1946年2月1日,北京市档案馆藏,档号J185—2—4584—5
37	樟木箱	只	3	王华堂	1937.7.29	西苑三道街4号	飞机轰炸	北平市警察局西郊分局:《关于日机轰炸直接损失表》,1946年2月1日,北京市档案馆藏,档号J185—2—4584—5
38	自行车	辆	2	王华堂	1937.7.29	西苑三道街4号	飞机轰炸	北平市警察局西郊分局:《关于日机轰炸直接损失表》,1946年2月1日,北京市档案馆藏,档号J185—2—4584—5
39	现款	元	1000	王华堂	1937.7.29	西苑三道街4号	飞机轰炸	北平市警察局西郊分局:《关于日机轰炸直接损失表》,1946年2月1日,北京市档案馆藏,档号J185—2—4584—5
40	房屋	间	11	白永济	1937.7.29	西苑三道街101号	飞机轰炸	北平市警察局西郊分局:《关于日机轰炸直接损失表》,1946年2月1日,北京市档案馆藏,档号J185—2—4584—6
41	房屋	间	15	王世芳	1937.7.29	西苑三道街18号	飞机轰炸	北平市警察局西郊分局:《关于日机轰炸直接损失表》,1946年2月1日,北京市档案馆藏,档号J185—2—4584—7
42	浴室设施		全部	王世芳	1937.7.29	西苑三道街18号	飞机轰炸	北平市警察局西郊分局:《关于日机轰炸直接损失表》,1946年2月1日,北京市档案馆藏,档号J185—2—4584—7
43	颜料	桶	50	邢福海	1937.7.29	西苑三道街88号	飞机轰炸	北平市警察局西郊分局:《关于日机轰炸直接损失表》,1946年2月1日,北京市档案馆藏,档号J185—2—4584—8

序号	品名	单位	数量	物主	时间	地点	损毁原因	信息来源
44	货格	个	12	邢福海	1937.7.29	西苑三道街88号	飞机轰炸	北平市警察局西郊分局：《关于日机轰炸直接损失表》，1946年2月1日，北京市档案馆藏，档号J185—2—4584—8
45	毛巾袜子	打	160	邢福海	1937.7.29	西苑三道街88号	飞机轰炸	北平市警察局西郊分局：《关于日机轰炸直接损失表》，1946年2月1日，北京市档案馆藏，档号J185—2—4584—8
46	香皂	箱	30	邢福海	1937.7.29	西苑三道街88号	飞机轰炸	北平市警察局西郊分局：《关于日机轰炸直接损失表》，1946年2月1日，北京市档案馆藏，档号J185—2—4584—8
47	衣服	件	400	邢福海	1937.7.29	西苑三道街88号	飞机轰炸	北平市警察局西郊分局：《关于日机轰炸直接损失表》，1946年2月1日，北京市档案馆藏，档号J185—2—4584—8
48	口杯皂盒	打	45	邢福海	1937.7.29	西苑三道街88号	飞机轰炸	北平市警察局西郊分局：《关于日机轰炸直接损失表》，1946年2月1日，北京市档案馆藏，档号J185—2—4584—8
49	脸盆	打	15	邢福海	1937.7.29	西苑三道街88号	飞机轰炸	北平市警察局西郊分局：《关于日机轰炸直接损失表》，1946年2月1日，北京市档案馆藏，档号J185—2—4584—8
50	背心汗衫	打	30	邢福海	1937.7.29	西苑三道街88号	飞机轰炸	北平市警察局西郊分局：《关于日机轰炸直接损失表》，1946年2月1日，北京市档案馆藏，档号J185—2—4584—8
51	暖壶	打	4	邢福海	1937.7.29	西苑三道街88号	飞机轰炸	北平市警察局西郊分局：《关于日机轰炸直接损失表》，1946年2月1日，北京市档案馆藏，档号J185—2—4584—8
52	皮褥	份	5	邢福海	1937.7.29	西苑三道街88号	飞机轰炸	北平市警察局西郊分局：《关于日机轰炸直接损失表》，1946年2月1日，北京市档案馆藏，档号J185—2—4584—8

序号	品名	单位	数量	物主	时间	地点	损毁原因	信息来源
53	槐树、柏树	棵	50	索隆海	1944.12.19	西外大柳树北村 6 号	强行砍伐	北京市档案馆编：《日本侵华罪行实证——河北、平津地区敌人罪行调查档案选辑》（上册），人民出版社 1995 年版，第 110 页
54	房屋	间	—	周××	—	清河镇	炮弹炸毁	杨兆生、王世敏访谈记录，存北京市海淀区史志办
55	房屋	间	—	杨　宽	—	清河	炮弹炸毁	杨兆生、王世敏访谈记录，存北京市海淀区史志办
56	房屋	间	—	王亚藩	1937.8.25	五道口暂安处	日军炮弹炸毁	伪北平市政府警察局北郊管界暂安处：《关于王亚藩家因有匪警经日军搜捕房屋烧毁各情形》，1937 年 8 月，北京市档案馆藏，档号 J181—20—31251

六、破坏名胜古迹

1. 破坏静明园

玉泉山静明园是清代皇家园林"三山五园"之一。日军占据玉泉山静明园后，进入玉峰塔内，将塔外檐上挂的风铃用枪托一一打掉取乐，并毁坏了塔内珍贵的精美浮雕[①]。

2. 拆毁黑楼

明代太监高时明修建的宅院，位于今温泉镇辛庄村，当地人称"黑楼"。该宅院占地十余亩，是当地一处著名古迹。1942 年，日军在温泉村修建据点，将"黑楼"拆毁充作建筑材料[②]。

七、结论

抗战时期日军在海淀造成较大人口伤亡，侵略者强征土地、强行接管企事业、

[①]《玉泉大队村史》，北京市海淀区档案馆藏，档号 20—101—375。

[②] 政协北京市海淀区委员会编：《海淀文史资料选编》（九），1995 年印行，第 203 页。

掠夺物资、摊派捐税、破坏名胜古迹，罪行恶劣。

第一，日军嗜杀成性，罪大恶极。日军侵占海淀期间，杀戮无辜群众，手段极其残忍。在死亡的142人中，有抗日战士，有国民政府警察，还有大量的平民百姓，连不问俗事的出家人也不能幸免。日军杀戮的手段有刺杀、砍杀、殴打、轰炸等，毫无人性。日军的野蛮杀戮，给受害者的家属，给海淀人民留下了恐怖的梦魇。

第二，日军强占土地、强拆房屋，造成百姓无家可归。抗战前后，海淀区主要为"农业地带"。土地是百姓衣食住行的保障。日军在海淀建设西郊"新市区"，修建"西郊机场"，建"中央农事试验场"等，强占了大量农田，拆毁了无数房屋。百姓所得的补偿，与市价相比，极其低廉。百姓拿到补偿款后，买不起房，种不上地，只得四处漂泊。

由于时间久远，行政区划变动，资料缺失等原因，今天已很难对抗战时期海淀区的人口伤亡与财产损失作出准确的估算。上文列举的人口伤亡数字和财产损失情况，仅仅是海淀抗战损失中有据可查的很小的一部分。

北京市丰台区抗日战争时期人口伤亡和财产损失调查

丰台区调查组

一、调查工作概述

2006 年 2 月，"抗战时期北京地区人口伤亡与财产损失调查"培训会议后，中共丰台区委党史办牵头，区属有关委办局及乡（镇）、街道共 14 个单位 20 余人先后参加了调查，整个调查历时 4 个月。

2006 年 3 月 3 日，区委党史办牵头，区政协文史委、区档案局、区文化委、区民政局、区地方志领导和各单位负责调查的工作人员召开了协调会，决定成立由区委党史办、区政协文史委、区档案局、区地方志、区文化委、区民政局 6 个单位参加的丰台区调查组，制订了调查工作的整体方案，细化了各单位承担的调查任务。3 月 9 日，召开了区属 9 个乡（镇）、街道工作协调会，布置任务，提出要求。3 月 14 日，区委党史办召开了各乡镇部分亲历抗日战争的老同志座谈会，说明开展抗战时期人口伤亡与财产损失情况调查的意义、原则，发动老同志积极参与此项工作。

协调会后，各乡（镇）、街道按照区委党史办的要求和部署，及时召开村党总支和社区党委书记会议，发动群众提供当年事件的经历人和有关线索；区委党史办、区民政局、区档案局、区地方志、区政协文史委、区文化委等单位积极行动起来，安排专人负责查阅有关的历史资料，扎扎实实地做好每一步工作。对个别线索拿不准的，及时与党史办协商。党史办及时收集汇总各乡（镇）、街道和有关单位的工作情况，并结合丰台区在抗战时期重要而特殊的历史地位，从抗战时期遗留的历史痕迹中寻找新的线索。至 2006 年 4 月 14 日，基本理清了全部线索，其中人口伤亡线索 59 条，财产损失线索 4 条，文物损失线索 3 条，其他历史报刊资料线索 44 条，共计 110 条。

2006 年 4 月 24 日—28 日，调查组到北京市档案馆集中查阅历史档案资料。集中查阅档案前，召开了资料分析专题会，在对 110 条线索归类的基础上，分析了全部线索的特点，排除了价值不大或没有价值的线索，共确定有价值的线索 49 条，其中 19 条线索基本集中在当年历史事件的亲历人讲述上，工作小组把这部分线索作为调查工作的重点。调查组人员共下乡 15 次，与乡、镇、村的历史亲历人一起，召开座谈会，进一步提高对调查工作的认识。采取让亲历人填写统一的调查表格的形式，取得了珍贵的第一手资料。其他 30 条线索主要是查阅历史档案和资料。在档案查阅过程中，突出丰台区在抗战时期特殊的历史地位这个特点，针对目前丰台区存在大量抗战时期的历史遗迹却没有具体的历史文字记录的情况，力争在集中查阅历史资料上有所突破。把日伪时期在丰台占用大量土地建东、西仓库（其名称仍沿用至今）的史实，作为查阅的重点，共查阅档案目录 8000 余条，调阅档案 50 余卷（份），查阅到日伪时期（1941 年）日军占用七间房、前泥洼、后泥洼、七里庄 4 个村土地 983 余亩，占用李庄附近土地 404 余亩的珍贵历史资料。

二、抗战前后的基本情况

丰台区建区于 1948 年 12 月。1928 年 6 月，现丰台区的东部当时属于南郊区，中西部分别属于河北省宛平县、房山县和良乡县。1945 年抗战胜利后，今南苑乡大红门以北属于北平市郊三区，以南属于大兴县，魏公村、丰台镇、大葆台为宛平县东界，属北平市郊四区。西部的王佐北部、大灰厂属房山县，王庄属良乡县。日伪时期至解放前，丰台镇属于宛平县的一个特区。

三、人口伤亡

抗战时期，丰台是日军侵华的战略要地，日军对中国军民进行了肆意屠杀。

（一）以灭绝人性的残酷手段，疯狂屠杀无辜百姓

1. 1937 年七七事变后，日军进驻宛平城，开始血腥屠杀。日军先把没有撤退的保安队几十人全部打死，然后挨家挨户搜查，将 13 名青壮年押到卢沟桥头皇亭子后边，用刺刀活活挑死；城东有个叫任大嘴的老头，靠卖水为生，在井边打水时，无故被日军开枪打死；日军到城南一姓田的人家，强行拆他家的门板，田老头不允，日军竟残忍地将其刺死[①]。

2. 七七事变后数日，日军在有习武传统的沙锅村见到不少农户有练武的器械，个别人家有"二十九军锻造"字样的大刀，便怀疑村中有第 29 军战士，在

---

① 张继亮：《日伪统治下的苦难岁月》，载中共北京市丰台区委党史办编：《丰台党史资料》1995 年第 1 期，第 8 页。

全村展开搜查。有一王姓的三口之家，日军见男主人年轻力壮，一名日本兵用枪顶住他，两名日本兵强行扒光他的衣服，将其塞进储存地瓜的地窖内枪杀，接着日军用战刀肢解了他的尸体[①]。

3. 1937年秋季，卢沟桥村村民王四春，去城内的一个教堂，刚出家门不久就被日军炮弹击中腹部，送到医院后不治身亡[②]。

4. 七七事变后，日本兵三五成群带枪持刀经常在大街上寻衅滋事。一天，有五六个中国人被捆到丰台火车站货场，被日本兵用刺刀一个一个挑死。还有一次，一个卖花人赶火车，在匆忙上车时无意碰了日本兵，被日本兵追上，不容分说，竟一刀将卖花人扎死。货场的一名会计，被日本兵灌凉水、灌辣椒水活活折磨而死[③]。

5. 1937年7月19日上午，日军12架飞机在留霞峪村上空投下炸弹，住在村东头的几户人家房屋被炸毁，张景奎、张景奎女儿（7岁）、李小五、李小五女儿（7岁）、范小园子（8岁）被当场炸死[④]。长辛店北岗洼的米祥茂老人回忆：小时候听父母讲，家里的三间房被日本的飞机炸弹炸了三个洞，邻居刘贵家三间房被炸毁，一家三口被炸死[⑤]。长阳村安维平证言：他的一个本家人叫安会，曾在长辛店镇隆海坊肉铺当伙计，因和日本人交谈语言不通，用手比划，莫名其妙地惹恼了日本兵，被日本兵砍去四肢，安会疼痛叫喊，日本兵就用刺刀挑开他的嘴，残忍地将其杀害[⑥]。

6. 1937年7月30日，日军进入沙锅村搜查，用军刀将村民魏广的双臂双脚砍掉，并用砍掉的一只胳膊去打魏广；几日后，该村村民荣显、孙立秋被日军狼狗咬死；王富外出探亲回家，被日本兵砍死[⑦]。

7. 1937年8月，日军的两辆坦克经过北天堂村，到达齐庄子村北的一家饭铺旁，调转坦克炮口，朝老庄子村西一号铺的民房连续开了三炮，致使张宝贵一

① 刘金生：《日寇暴行桩桩件件》，载北京市丰台区政协文史资料委员会编：《丰台文史资料选编》第7辑，1995年印行，第75页。
② 丰台区卢沟桥村郑福来关于人口伤亡调查笔录，存中共北京市丰台区委党史办。
③ 吴国洋：《日寇铁蹄下的丰台镇》，载中共北京市丰台区委党史办编：《日寇罪行在丰台》，1997年印行，第35、36页。
④ 丰台区长辛店镇留霞峪村范德桓关于人口伤亡调查笔录，存中共北京市丰台区委党史办。
⑤ 丰台区长辛店镇北岗洼村赵德材关于人口伤亡调查笔录，存中共北京市丰台区委党史办。
⑥ 马良民：《王佐地区的抗日斗争》，载中共北京市丰台区委党史办编：《丰台地区革命斗争史料选编》第2册，1996年印行，第121页。
⑦ 丰台区王佐镇沙锅村史赞恒关于人口伤亡调查笔录，存中共北京市丰台区委党史办。

家 2 人被当场炸死，1 人被炸伤①。

8. 日军占领南苑后，为彻底消灭第 29 军，对南苑地区进行大规模搜查。在南苑新宫村，日军看到躲在屋内的王泉生三兄弟穿黑布衫、系旧皮带，就怀疑他们是第 29 军战士，拖出屋外开枪将其大弟、二弟打死，王泉生被击中左上肩后佯死，幸免一死②。

9. 丰台区最为惨烈的是米粮屯惨案。据亲历者赵凤山、马殿亭、马殿甲老人回忆：1937 年 11 月 15 日③，天刚刚亮，100 多名日军闯进米粮屯，进村后便大肆烧杀抢掠，这个当时只有 50 多户人家、300 多人的小村庄，被日军残忍地杀害了 83 人，受害的竟达 37 户，年龄最大的 83 岁，最小的只有 7 岁，最惨的一家 8 人被杀④。洛平村的张凤歧、张志在米粮屯打工也被日军杀害⑤。日军在米粮屯制造血案后，又到了詹庄，杀害群众 28 人，烧毁房屋 128 间。再到安庄、果各庄、大马村先后杀害群众 14 人，烧毁房屋 19 间⑥。

10. 1938 年，日军在长辛店铁路工厂内建立驯养狼狗的基地，为首的日军头目叫加藤，因此也叫"加藤部队"。

当年被迫在此当厨工的马振山老人回忆：日军将狼狗训练成为吃人的杀人工具，他们拿中国人当靶子，不知咬死多少中国人。铁路工厂有个叫陈小旦的，因从工厂拿了一小块薄铁片，被日本宪兵队毒打后送到狼狗队，第二天就被二十多条狗活活咬死。1939 年夏，不知从何处抓了 18 个人，由加藤亲自押到铁路工厂31 号院的游泳池，把他们杀害，此次杀人日本兵还拍了电影。1989 年，二七厂在扩建厂房时，在此处挖出大量人骨，经考证均为当年被日军狼狗咬死的中国军民遗骨，遗骨已被中国人民抗日战争纪念馆收藏。

11. 1938 年，张家路口村任美兰的父亲在外出回家的路上，被日军抓去无

---

① 张继亮：《日军践踏北天堂》，载中共北京市丰台区委党史办编：《日寇罪行在丰台》，1997 年印行，第 77 页。

② 张继亮：《饱受压榨的南苑人民》，载中共北京市丰台区委党史办编：《日寇罪行在丰台》，1997 年印行，第172－174 页。

③ 关于米粮屯惨案发生的具体时间：张梦孚、杨祥永在《哭声惊天地，血染米粮屯》文章中采访惨案亲历人所提及的时间是 1937 年阴历十月十三日。在马良民的回忆文章《王佐地区的抗日斗争》中，提及的时间是 1937 年 11 月 13 日。此处引用当事人回忆的时间。

④ 张梦孚、杨祥永：《哭声惊天地，血染米粮屯》，载北京市丰台区政协文史资料委员会编：《丰台文史资料选编》第 2 辑，1987 年印行，第 32 页。

⑤ 丰台区王佐镇北洛平村张志忠关于人口伤亡调查笔录，存中共北京市丰台区委党史办。

⑥ 马良民：《王佐地区的抗日斗争》，载中共北京市丰台区委党史办编：《丰台地区革命斗争史料选编》第 2 册，1996 年印行，第 122 页。

理进行盘问、搜身，就因系一条红腰带，硬说他私通八路军，绑在路边一个井台打水用的吊杆上，日军举刀砍其腹部，肠子、五脏流出肚外，一个无辜百姓被活活砍死①。

12. 1943年，日本人在太子峪修铁路，留霞峪村的张义（小名二园子），在铁路上捡了一段电线，被日本人抓住后送到了日军在崔村的狼狗队喂了狼狗②。

13. 太子峪村的张小奎，从铁路边路过，日本兵将他抓住，硬说他偷东西，张不服，与日本兵讲理，被日本兵押送到崔村狼狗队喂了狼狗③。

14. 一名叫吴老二的农民，因没向日军行礼，就被日军用刺刀捅死。郭忠福的爷爷，在地里搂柴禾，两名日本军人拿老人当活靶子射击，把无辜的老人打死。卢沟桥村老人童德林亲眼所见，在卢沟桥北边一条30多米长、七八米宽、一人多深的沟里，扔满了老百姓的尸体，至少有七八百具④。

15. 赵辛店村村民魏有（女）回忆：日本统治时期，村里有个叫马二的瓦匠，他的两个外甥是米粮屯人，从赵辛店回家，在路上遇到日军，被日军扎死了。村民陈元在瓜地里干活，被日军看见后，他赶紧往瓜地里藏身，日军追过去用刺刀将其杀死⑤。

（二）强征暴掠百姓的粮食，使百姓饥饿而死

日伪统治时期，百姓的粮食被日军大肆掠夺，很多人因此饥饿而死。

1. 中顶村刘奎禄一家四口，除大儿子外，有三人饿死；王锡林、王傻子、任老头等人，也活活饿死⑥。

2. 辛庄村村民申玉善回忆说：1942年秋后，日军采购队到辛庄强行收购粮食，把村中的粮食劫取一空，全村百余户有14户全家逃荒张家口外，7户在外遭难，死于他乡16人。阎德山、刘启旺、柴二栓等15户人家饿死45人；董良、宋二、郭中才、叶德海等11户人家饿死21人。翌年夏，全村共饿死82人，占

① 张继亮：《日伪花神庙实验区》，载中共北京市丰台区委党史办编：《丰台党史资料》1995年第1期，第26页。
② 丰台区长辛店镇太子峪村赵德林关于人口伤亡调查笔录，存中共北京市丰台区委党史办。
③ 丰台区长辛店镇太子峪村胡秀峰关于人口伤亡调查笔录，存中共北京市丰台区委党史办。
④ 马仲廉：《日军在卢沟桥的滔天罪行》，载中共北京市丰台区委党史办编：《日寇罪行在丰台》，1997年印行，第15页。周光军：《卢沟桥居民话当年》，载中共北京市丰台区委党史办编：《日寇罪行在丰台》，1997年印行，第112页。
⑤ 王德元、殷法文、熊崇根：《耄耋老人痛陈亡国恨》，载中共北京市丰台区委党史办编：《丰台党史资料》1995年第1期，第29页。
⑥ 张继亮：《日伪统治下的苦难岁月》，载中共北京市丰台区委党史办编：《丰台党史资料》1995年第1期，第10页。

全村人口的 12%^①。

3. 1943 年前后，日军对老百姓进行经济封锁，老百姓只能挖野菜、啃树皮、吃草根。赵辛店村有 50 多人被迫逃到张家口。当时全村人口约 1000 人，就有 40 多人被饿死^②。

（三）强行征用劳工，百姓备受摧残

日军占领南苑、丰台等地后，大肆扩建兵营和飞机场。中顶村绝大部分村民被抓当劳工，到丰台、南苑等地修炮楼、盖飞机窝等。该村的马七、刘德春、宋大福等人被抓到牡丹江当劳工，被活活折磨死在那里，连尸首都未能运回来^③。日军在修建东、西仓库期间，被日军折磨致死的劳工都被拉到大井村皇亭子附近的一个大坑扔掉，当时人们称为"万人坑"，那里不知埋葬了多少劳工的尸体和病死、饿死的百姓。1992 年大井村村民在此处铺设自来水管线时，就挖出一堆尸骨^④。王家胡同雇农刘风林的父亲，已是 60 岁的人，被抓到南苑机场做苦工，不久就被折磨致死。为此，刘的二哥说了不满的话，就被推进日本人的狼狗圈，被狼狗活活咬死。

1938 年 7 月，日伪政府在花神庙建立"农村实验区"。在实验区内，被抓当劳工的有几十人，能够回忆起名字的人有：房村的田德海、林长荣、林宝树、张厚田、于环、江荣，张家路口村的张祥、刘福玉、夏炘裕、李永明、张长海，北大园村的李均爱，樊家村的李继贞、李继富等^⑤。长辛店机车厂（现二七厂）郭家德，1944 年腊月被日本宪兵押送到日本北海道三井卢别煤矿当劳工，1945 年日本投降后才回国^⑥。成寿寺村民刘宝全、刘宝庆、陈文秉、肖文奎、罗卜玉等人，被日军抓到东北当劳工，同去的 60 多人，回来的只有刘宝全（解放后任村

---

① 申玉善：《苦难屈辱的生活岂能忘却》，载北京市丰台区政协文史资料委员会编：《丰台文史资料选编》1995 年第 7 辑，第 66 页。

② 王德元、殷法文、熊崇根：《耄耋老人痛陈亡国恨》，载中共北京市丰台区委党史办编：《丰台党史资料》1995 年第 1 期，第 28 页。

③ 张继亮：《日伪统治下的苦难岁月》，载中共北京市丰台区委党史办编：《丰台党史资料》1995 年第 1 期，第 11 页。

④ 殷法文：《日军建仓库，百姓遭祸殃》，载中共北京市丰台区委党史办编：《丰台党史资料》1995 年第 1 期，第 21、22 页。杨斌：《大井村的"万人坑"》，载北京市丰台区政协文史资料委员会编：《丰台文史资料选编》1995 年第 7 辑，第 74 页。

⑤ 张继亮：《日伪花神庙实验区》，载中共北京市丰台区委党史办编：《丰台党史资料》1995 年第 1 期，第 26 页。

⑥ 郭家德：《一位劳工的血泪控诉》，载北京市丰台区政协文史资料委员会编：《丰台文史资料选编》1995 年第 7 辑，第 53—63 页。

长）等 4 人①。1939 年，卢沟桥村任苍儿，14 岁，在卢沟桥给日本人推沙石，腿被砸伤，日本人不管，只得回家养伤，因无钱看病，伤口感染溃烂生蛆，被活活折磨致死②。

四、财产损失

（一）强征强占土地

1937 年七七事变后，日军占领丰台，为达到进一步侵华的目的，大量增兵丰台，在占有原英国老兵营的基础上，强行占用老百姓的土地和房屋，不断扩建兵营，修建仓库。前期占用北孔庄子、南孔庄子（部分）、后泥洼、七里庄（部分）等村庄几百亩土地③。百姓俗称"东仓库"④。1937 年秋，强占丰台镇西部大片土地，南至铁路（今京广线丰台段），北至大井村，西到程庄子，东靠丰台镇。被占的村庄有新房庄、李庄子、孙庄子、朱庄子、马家茶馆等十几个小村。当时百姓称之为"西仓库"。在日军的胁迫下，几百户上千名村民被迫离开自己的家园。大井村刘鸿恩一家四口被迫逃到口外（张家口）谋生，两个孩子死在他乡，夫妻二人解放后才回到大井村⑤。1937 年 7 月《申报》杂志以"暴力控制下的华北——日军在丰台建造兵营"为标题，登了一组日军在丰台建造兵营和仓库的照片，照片的文字说明：日军最近在丰台车站旁强占民地五百余亩起建飞机场及大操场⑥。

据 1941 年 6 月 4 日南郊警察分局局长王光禄给松崎特务机关长的征地信函记载：在七间房、前泥洼、后泥洼、七里庄等村被占地户 164 处，占地 983 亩有奇。从所附的征地地图还可以看出，日本军队在丰台已经占有了大量土地建立军营，图中标出的部队有"有贺部队"和"辻部队"⑦。1937 年 7 月 20 日《世界

① 张继亮：《饱受压榨的南苑人民》，载中共北京市丰台区委党史办编：《日寇罪行在丰台》，1997 年印行，第 174 页。

② 丰台区卢沟桥村郑福来关于人口伤亡调查笔录，存中共北京市丰台区委党史办。

③ 邢锦棠：《日本在丰台驻军的由来与卢沟桥事变》，载北京市丰台区政协文史资料委员会编：《丰台文史资料选编》1995 年第 7 辑，第 29 页。杨斌：《大井村的"万人坑"》，载北京市丰台区政协文史资料委员会编：《丰台文史资料选编》1995 年第 7 辑，第 72 页。

④ 邢锦棠：《日本在丰台驻军的由来与卢沟桥事变》，载北京市丰台区政协文史资料委员会编：《丰台文史资料选编》1995 年第 7 辑，第 26 页。

⑤ 殷法文：《日军建仓库百姓遭祸殃》，载中共北京市丰台区委党史办编：《丰台党史资料》1995 年第 1 期，第 21 页。

⑥ 《申报》，1937 年 7 月第 2 卷 29 期报道。

⑦ 伪华北政务委员会建设总署等：《关于调查和发放南郊丰台军用地价的咨文和收买地亩、补偿费、地契清册》，1941 年，北京市档案馆藏，档号 J1—6—662。

日报》第 4 版，以"日军在平南扩大建筑机场，昨又强占民地约二百亩"为题报道：日军在康庄子一带，强占民地 130 余亩，准备建飞机场后，昨日又有日军官兵强占刘家村常洪魁等四户土地 154 亩；樊家村王照、李文义等三户土地 44 亩；共约 200 余亩。并规定所征地价每亩 10 元，乡民在此强迫之下，莫不怨愤。此外，前后泥洼农民蒋世兴、蒋世让、邵桂芬三人田地 20 余亩青苗，亦被日兵强行割除①。

（二）肆意践踏庄稼，破坏正常种植

日军进驻丰台后，在宛平城周边大搞军事演习，不论是夏天的青苗还是秋天成熟的庄稼，肆意践踏，使老百姓苦不堪言②。

1938 年 7 月，日伪花神庙"农村实验区"建立，并设立"爱护村"，规定在铁路两旁 100 米内不得种植高秩庄稼。房村农民夏良贤，在距离铁路 200 米处种植了 8 亩玉米，被"爱护村"的伪村长强行拔除③。

杨林水子村的马良民在《王佐地区的抗日斗争》回忆文章中说：侵略王庄的日军，在村东张家坟一大片平原地上修临时飞机场，将初秋季节长势正旺的几百亩玉米、谷子等庄稼用碌碡轧平④。

（三）随意烧毁房屋，屠杀牲口

在 1937 年的米粮屯惨案中，日军不仅残忍地屠杀了 83 名无辜的百姓，还烧毁老百姓的房屋 37 间，致使原本平静的小山村顿时变成人间地狱⑤。太子峪北庄子村王淑敏回忆：日伪统治时期，她的丈夫到河东去拉脚活，走到卢沟桥附近时，三条毛驴被日本兵开枪打死⑥。

（四）破坏和掠夺大量文物

1. 1937 年 7 月 8 日，日军以炮弹攻击具有悠久历史和重要文物价值的宛平

---

① 《世界日报》，1937 年 7 月 20 日第 4 版报道。

② 张继亮：《日伪统治下的苦难岁月》，载中共北京市丰台区委党史办编：《丰台党史资料》1995 年第 1 期，第 8 页。

③ 张继亮：《日伪花神庙实验区》，载中共北京市丰台区委党史办编：《丰台党史资料》1995 年第 1 期，第 26 页。

④ 马良民：《王佐地区的抗日斗争》，载中共北京市丰台区委党史办编：《丰台党史资料》1995 年第 1 期，第 52 页。

⑤ 张梦孚、杨祥永：《哭声惊天地，血染米粮屯》，载北京市丰台区政协文史资料委员会编：《丰台文史资料选编》第 2 辑，1987 年印行，第 33 页。

⑥ 丰台区长辛店镇太子峪村王淑敏关于财产损失调查笔录，存中共北京市丰台区委党史办。

古县城，宛平县城东北角城墙尽毁[①]。

2．七七事变后的第三天早晨，日军在云岗的镇岗塔（金代中期建筑）东侧埋下大量炸药，将塔的东侧炸开一个纵深约2米、高2米多的一个大洞，以图获取塔底文物。古塔虽然没倒，但塔基和塔的一角受到严重破坏[②]。

3．1943年前后，日军在长辛店火车站南北侧及卢沟桥火车站西侧的铁路两旁，各修造两座高约15米、长约20米、上窄下宽、底座约2米的"防空墙"（又称"待避墙"），因向伪县公署摊派的砖石不够，便拆周围古建筑。

4．王佐镇瓦窑村南有一座大庆寿寺，规模宏大，建有实心砖塔17座，日军动用民工破坏性地拆除，17座古塔被拆16座，几百名民工拆了几十天，几十辆大卡车运了半个多月[③]。

5．卢沟桥桥东头的"卢沟晓月"碑碑亭原是黄色琉璃瓦罩顶，1937年被日军的炮火炸毁[④]。

6．宛平城内马神庙（现卢沟桥第一小学）有一座铜神像，1944年被日本人掠走[⑤]。

五、结论

通过对调查材料进行整理、分类、甄别、分析、统计，初步得出的结果是：

1．抗日战争时期，日本侵略者在丰台地区屠杀、残害无辜百姓3200多人。其中，伤亡、伤残人员没有具体数字。

2．被抓劳工达数千人，能够明确具体人数和姓名的劳工70多人。

3．毁坏房屋近300间，材料中直接明确数字共计156间，个别材料虽然没有明确具体数字，仅从材料反映的情况分析，被毁房屋约100—200间。

4．每年毁坏庄稼达几百亩。

5．日军在丰台强占和征占大量土地，目前查到的只是当年日军在丰台占地

---

① 王冷斋：《七七回忆录》，载北京市丰台区政协文史资料委员会编：《丰台文史资料选编》1995年第7辑，第9页。

② 刘金生：《日寇暴行桩桩件件》，载北京市丰台区政协文史资料委员会编：《丰台文史资料选编》1995年第7辑，第79页。

③ 张霖：《敌人垂死挣扎，人民苦难深重》，载北京市丰台区政协文史资料委员会编：《丰台文史资料选编》1995年第7辑，第68页。

④ 丰台区卢沟桥村李世明关于财产损失调查笔录，存中共北京市丰台区委党史办。

⑤ 丰台区卢沟桥村宋振华关于财产损失调查笔录，存中共北京市丰台区委党史办。

的部分材料。从丰台镇（火车站及铁路沿线以北）目前尚存的日军在丰台地区遗留的遗迹（东、西仓库）看，占地约 6000 亩[①]；根据 1937 年 7 月 20 日《世界日报》报道，日军在丰台火车站以南康庄子及樊家村、刘家村一带修建机场，强行占用农民土地 350 余亩，其后是否扩大占用面积尚未查到相关资料。从大量的历史资料看出，长辛店、南苑等地区亦为日军占据的主要地区，但未能查阅到日军占地的相关资料。

6. 文物古迹多处遭破坏，其价值难以估计。

7. 日军在丰台地区进行的抢掠、奸淫、鸦片毒害等所造成的财产损失和人口伤亡等，鉴于材料有限，未做具体统计。

由于丰台区 1948 年建区，现辖行政区域在建区前分别归属河北省宛平、大兴、良乡、房山等县管辖，北京市档案馆藏历史档案资料主要以原北京城区的资料为主，反映目前丰台地区历史情况的资料不多。随着时光的流逝，经历过那场苦难岁月的人大部分已经逝去。这也增加了调查的困难度。我们此次调查掌握的抗战时期丰台地区人口伤亡与财产损失的材料及数据，仅仅是从丰台地区这片曾被日本侵略者踩躏和践踏过的土地上挖掘出来的星星点点，日本侵华期间在丰台地区究竟杀害多少无辜的百姓，给丰台地区人民造成多大的财产损失已难于完全准确地调查清楚，所反映的事件和数字更不能全面、彻底地反映和揭露日本侵略者在丰台地区犯下的罄竹难书的残暴罪行。

---

① 北京市丰台区地方志编纂委员会编：《北京市丰台区志》，北京出版社 2001 年版，第 269 页。

北京市石景山区抗日战争时期人口伤亡和财产损失调查

石景山区调查组

一、调查工作概述

石景山区于 2006 年 3 月成立调查组，展开石景山地区抗战时期人口伤亡和财产损失的调查工作。调查人员广泛查阅了石景山区政协、区地方志办公室等部门出版的书籍、发表的文章及相关史料，走访当事人和知情者，了解有关线索；并到石景山区档案馆、石景山发电厂档案室、北京市档案馆搜集国民政府时期的档案资料，共查阅与课题有关档案 108 卷，复印、摘录原始材料 2000 余页。

二、抗战前后的基本情况

今石景山区辖区形成于 1949 年建立的北平市第二十七区，在此之前并无独立建置。抗战前，今石景山区的北部属北平特别市第十三区，南部属河北省宛平县。地区有两大工厂：一为石景山炼铁厂（今首都钢铁总公司前身），由龙烟铁矿公司从 1919 年开始筹建。至 1922 年，炼铁厂一座设计日产 250 吨生铁的高炉及其配套工程大体完工。此后由于资金告罄、直奉战乱，工程被迫停工。1928 年，龙烟铁矿公司被南京国民政府收归国有，更名为"农矿部龙烟矿务局"。翌年，矿厂资产由铁道部保管。一为石景山发电分厂（今石景山发电厂前身），建于 1919 年 8 月。1921 年 10 月，手烧低压 1、2、3 号炉和 2 号发电机安装竣工。1922 年 2 月，发电分厂首期工程正式发电并向京城送电。至 1938 年，发电分厂共装有机组 5 台，低压炉 12 座，发电容量为 32330 千瓦。

1937 年七七事变爆发后，日军于 8 月侵占石景山地区，攫取了石景山炼铁厂和石景山发电分厂全部资产。1938 年 4 月，日本侵略者委派南满铁道株式会社下属的兴中公司接管石景山炼铁厂，并将其更名为石景山制铁所。1940 年 2 月，日本侵略者强行收购华商电灯股份有限公司股本，组建华北电业股份有限公司，将石景山发电分厂更名为石景山发电所，归公司直辖。1940 年 3 月，石景山地区北部属北京市西郊区，南部属河北省燕京道宛平县。

三、人口伤亡

（一）野蛮用工，残害生灵

日军占领石景山地区后，用极其野蛮的手段掠夺工业资源，他们视中国工人为奴隶，极其残酷地榨取工人的血汗，致使工人大量伤亡。

1. 工伤事故频繁

石景山制铁所、石景山发电所的日本经营者，为获取最大利益，在没有基本劳保措施的情况下，实施野蛮运作，致使工伤事故频繁发生。

1939 年春，石景山制铁所的日本经营者为了在洪水到来之前将永定河河水引进厂里，不管工人是否会游泳，一律赶进水中作业，致使 7 人淹死①。1942 年 7 月，制铁所第一炼炉发生炉温变冷结瘤。日本监工强迫工人冒着高温钻入炉内扒料。渣料塌落，烫死 5 人，重伤 18 人②。据原首钢焦化厂厂长张兴隆回忆，他于 1943 年来到石景山制铁所做工，不久被调到炼焦炉上干活，负责在焦炉炉顶推铁斗车往炉内送煤。这里的活儿不仅又苦又累，而且十分危险。在短短的一段时间里，他就目睹了三起事故：一名袁姓推焦机司机被推焦机齿轮绞死，一名家住北辛安村的李姓工人被推焦机轧死，一名临时工从炉台上掉到台下的铁道上摔死。当时在工人当中流传这样一个顺口溜："制铁所，阎王殿，生产生铁用命换。"

在石景山发电所，日本经营者也在没有基本劳动保护措施的情况下，逼迫工人超负荷劳动，致使工伤事故频发。1940 年，锅炉工赵全在低压锅炉操作时，"格栏顶出，致将左手掩着，手指破裂，受伤甚重，当场疼痛晕迷"。推灰短工孙宝林因在炉灰室工作时间过长，"受热加上煤气熏，倒地不省人事"。据日方统计，1940 年 2 月至 12 月，石景山发电所共发生各类工伤事故 26 起③。

---

① 北京市石景山区地方志编纂委员会编：《北京市石景山区志》，北京出版社 2005 年版，第 15 页；关续文：《老北京冶铁史话》，香港银河出版社 2004 年版，第 153 页。

② 北京市石景山区地方志编纂委员会编：《北京市石景山区志》，北京出版社 2005 年版，第 15 页；关续文：《老北京冶铁史话》，香港银河出版社 2004 年版，第 153 页。

③ 石景山发电所：《石景山发电所关于职工因公受伤申请发给津贴和报销医药费、享受工伤待遇的报告》，1941 年 3 月 31 日，北京市档案馆藏，档号 J6—2—13。

2. 生活环境恶劣，工人饱受折磨

据原首钢职工大学校长关续文回忆，石景山制铁所工人每天要从事 10 多个小时的重体力劳动，休息时间只有六七个小时，而从河北、山东等地骗招过来的 1 万余名募集工（日本人称之为"苦力"）更是饱受非人折磨。他们被招募来之后，就被缴掉"良民证"，以防逃跑。他们住的是用杉木杆和席子搭成的简易棚，每天由工长带领到工地上工。劳作一天后，又被押解回简易棚，交给栋长看管。募集工穿的是麻袋片和水泥袋，吃的是窝头。由于住所的卫生条件极差，锅里的食物上爬满了苍蝇，"拿食之如摘蜂巢"。募集工在这样的环境下被逼迫加班加点劳动，经常连续 24 小时卸矿石、卸煤炭。每天都有人因饥寒交迫或过度劳累而死亡。有的患重病尚未断气，就被工头从工棚里拖出扔到街上。

据缪克沣（1943 年至 1951 年在石景山发电厂工作）回忆，太平洋战争爆发后，日军为进一步开发电力、动力资源，在石景山发电所厂房旁成立了石景山火力建设事务所，开始修建 2.5 万千瓦的发电设备。招来的中国工人住在用杉木和席子搭起的一长溜简易窝棚里。窝棚中间留一条小过道，两边躺着四五十个工人。身子下面不隔潮，枕的是腐朽的枕木。日本监工头戴钢盔，脚穿长马靴，拎着洋镐把，牵着大狼狗，督促工人拼命干活。监工看谁动作慢，抡起镐把就打，或放狼狗去咬。有一名留着大胡子的日本监工尤其凶狠，见谁不顺眼就往死里打。在日本监工的逼迫下，工人们从天亮一直干到天黑，有时还要挑灯夜战，一直干到监工都顶不住了才收工。

（二）灭绝人性的霍乱"防治"

1943 年夏，北京地区发生流行性霍乱（日本人称之为"虎疫"），实际上是日军 1855 部队的一次细菌试验。石景山地区因工人生活、卫生环境恶劣，疫情特别严重。据 9 月 16 日《新民报》载："因石景山地区已成虎疫危险地区，决自 16 日起五日间实施北京与石景山间交通遮断，除直接与防疫有关人员和持有军方许可运输军粮者可以通行外，一律不准通行。"1943 年 9 月《北支那制铁月报》载："北京方面的虎疫，蔓延到石景山制铁所，9 月 8 日发现在苦力中有二名患者，次日又发现三名，且有继续发生的可能。因此本社、所立即采取紧急对策，在石景山作业所内设立了防疫团，以期作好彻底防疫"，"同时，在皇军、宪兵、领警、支警的统一指导下，对附近村落进行检查，对检查出来的患者实行隔离，并切断村落交通以防止病毒传播"。此后，制铁所当局毫无人性地对各类病人都强行隔离。"防疫团"在军警的配合下，在全地区进行大搜查。搜查中，只要发现病人，不管得的是什么病、病情轻重，都强行装上防疫车，扔到制铁所附近的几个采石大坑里，撒上白灰，把人活活呛死。据关续文回忆，家住古城的工人孙京华患肠胃炎，拉稀拉得起不了床。"防疫团"得知后，闯进房门，踢开拉着他苦苦哀求的老母亲，将他装上防疫车扔到大坑里，撒上白灰将他活活呛死。在大林组干活的工人李护国得了黄疸病，也被装上防疫车扔进大坑，后被工友偷偷救下，才幸免一死。制铁所工人曹玉贵目睹"防疫团"将一对中年夫妇及其两个孩子扔进一个白灰坑，一家四口在凄楚的呻吟中被呛死。据缪克沣回忆，霍乱期间，戴着口罩的日本人晚上经常突然窜到工人住的窝棚里查看，发现有爬不起来的病人，不问什么原因，先朝脸上撒一铁锨白灰，然后往脚上套根绳子拉出窝棚，扔到发电所东南边的大坑里。坑边上聚着成群的吃人吃红了眼的野狗。一阵撕扯之后，病人只剩一堆白骨。

据统计，霍乱发生期间，制铁所华工减少人数计达 5600 余人[1]。从现有资料来看，真正得霍乱而死亡的人并不多。1943 年 9 月，石景山制铁所工程承包单位的疫情为：隔离 176 人，患者 3 人，死亡 1 人，逃离 665 人[2]。据 1943 年 10 月《北支那制铁月报》载，制铁所内部"自虎疫发生以来真性（实际）患者 8 名（其中死亡 6 人），保菌（带菌）者 34 人，疑似患者 17 人（其中死亡 1 人），累计 59 人"。由此可推论，减少的 5600 余人，除逃走外也有一定数量的人是因"防疫团"的野蛮"防治"而死亡。

（三）残酷屠杀抗日官兵

1938 年五六月间，日本侵略者将在华北战场俘虏的正规部队及冀东保安队部分官兵约 900 人，押至石景山制铁所当劳工。他们被编入 3 个连，每天在荷枪实弹的日军看管下，修筑石景山制铁所场界的铁丝网。有 16 名官兵不堪忍受虐待，计划用秘密藏有的手榴弹炸死日军看守，夺走枪支，进燕山打游击。不料，计划泄露。日军来到被俘官兵的住处，对这 16 名官兵拳打脚踢，并用绳索捆绑到大槐树上示众。翌日下午，日军将他们押至石景山南麓的永定河河岸，集体枪杀。[3]

① 北京市石景山区地方志编纂委员会编：《北京市石景山区志》，北京出版社 2005 年版，第 16 页。

② 石景山制铁所：《虎疫蔓延期间各包工组头华人出勤、患病、隔离逃亡等情况数字及文件》，1943 年，北京市档案馆藏，档号 J61—1—132。

③ 北京市石景山区地方志编纂委员会编：《北京市石景山区志》，北京出版社 2005 年版，第 15 页；关续文：《老北京冶铁史话》，香港银河出版社 2004 年版，第 114—116 页。

四、财产损失

（一）充满血腥的土地征占

日军在以"爱护会"名义建立起对制铁所周边村庄的统治后，为扩建炼铁、炼焦等场地，增建宿舍等设施，便大量征占石景山地区农民的房屋和土地。

1. 1943 年夏，为了扩大生产规模以适应战争的需要，制铁所再次圈占土地 1 万亩[①]。此次征地，有日本商人的信函为证。1943 年 3 月，北支那制铁株式会社代表田尻生五致伪宛平县公署函称："今于贵县境内北辛安村附近收用土地约 9500 亩，以供敝所扩充之用[②]"。制铁所在扩充中，拆毁民房 3000 余间[③]。

2. 1943 年 9 月，日伪当局为扩充厂区，强购北辛安村西部民房 800 余间[④]，占北辛安三里长街的三分之一。一间房屋仅获赔伪币 200 元，而当时砖价每块 0.8 元，所获款额远不够再建房屋之用。因此房屋被占后，"查该民等，均无栖身之所"[⑤]。村民刘玉民仅有的两间房屋和 6 亩地均被占去，全家被迫住进窑洞。由于失去了土地，只得到制铁所做工，每天只挣四毛五分钱，合一斤三两玉米面。养活不了全家，只好把两个女儿送了人。其妻因悲伤过度吐血而死[⑥]。同月，庞村民房全部被低价占用，村民陷入了流离失所的境地[⑦]。

3. 1944 年 9 月，日伪当局为扩建厂区，以"爱护会"为介绍人，以"王北铁"之名强购山下村刘合等 53 户村民全部住房，计瓦房 11 间、灰房 57.5 间、土房 102.5 间[⑧]。每户所得款额还不足支付砌一堵墙的费用。该村村民大多为石匠，因房屋被占，失去赖以生存的职业，被迫到制铁所做工。因收入微薄，难以养家，纷纷陷入穷困潦倒的境地。在全村 53 户人家中，有 6 户流落街头，靠乞食度日[⑨]。

4. 日军在圈占土地过程中，除以低廉的价格强购外，还对农民的土地直接

---

① 关续文：《老北京冶铁史话》，香港银河出版社 2004 年版，第 113 页。
② 石景山制铁所：《北铁土地关系（石景山）》，1943 年，北京市档案馆藏，档号 J61—1—119。
③ 关续文：《老北京冶铁史话》，香港银河出版社 2004 年版，第 113 页。
④ 石景山制铁所：《北铁土地关系（水路河渠使用）》，1943 年，北京市档案馆藏，档号 J61—1—378。
⑤ 石景山制铁所：《北铁土地关系（水路河渠使用）》，1943 年，北京市档案馆藏，档号 J61—1—378。
⑥ 关续文：《老北京冶铁史话》，香港银河出版社 2004 年版，第 113 页。
⑦ 石景山制铁所：《北铁土地关系（水路河渠使用）》，1943 年，北京市档案馆藏，档号 J61—1—378。
⑧ 石景山制铁所：《山下村卖房字据》，1944 年，北京市档案馆藏，档号 J61—1—203。
⑨ 关续文：《老北京冶铁史话》，香港银河出版社 2004 年版，第 113 页。

强占。北辛安村村民陈永庆、高文才、阎永利三家之地，西临河务局，东临制铁所。陈永庆、高文才两家之地各 6 亩，阎永利家之地 7 亩，共计 19 亩。1943 年 8 月，在未通知本人的情况下，三家之地全部被制铁所挖掘占用，已近成熟的农作物被连根拔起。同月，模式口村村民陈国栋在村南的 4 亩田地，也被制铁所以同样的方式强占[①]。

（二）肆意运行，机器设备损耗严重

日军占领石景山发电所后，为掠夺电力资源，肆意运行发电机器，致使设备损耗严重。据 1946 年 6 月石景山发电所呈报南京国民政府资源委员会冀北电力有限公司《本所机器残旧暨补救办法》称，抗战时期"日籍管理者肆意运行"，以致机器设备"破损不堪，故障时生，燃烧不良，效率减低，最高负荷（发电量）仅 15000KW（千瓦）"。主要损失情况为：（1）"高压一二号炉之墙管残旧破裂，以致故障时生。1946 年 1 月两次发生爆炸。"（2）"高压一二号炉吹尘器及输气管大部分破烂，自 1943 年冬已停止吹尘。通风不良，致使燃烧恶劣。"（3）"高压一二号炉炉条后部之闸灰器截至 1940 年大部分烧坏。日本人硬将其全部拆除，因此下部冷风大量进入炉条上部，以致烟筒出烟恶劣，燃烧不良。"（4）"高压三号炉炉后原设有炉牙，以挡吹风之外溢，炉牙烧坏之后被日人拆除，吹风外溢，发电感极度不安，致使故障不时发生。"（5）"五号机回转子被烧。"（6）"低压司火机炉之闸灰反板于 1943 年烧毁被日本人拆掉，并强以运转，致使冷风进入，燃烧恶劣[②]"。抗战胜利后，石景山炼铁厂迟迟无法恢复正常生产，与日军破坏有直接的关系。

五、结论

抗战时期，石景山地区的人口、财产等方面都遭受了严重的损失。由于这一时期石景山地区没有独立建置，缺乏完整的档案材料，很难对石景山区的抗战损失作出准确的估算。上文列举的数据仅是冰山一角，远远没有触及抗战损失的全貌。从现有资料来看，日军对石景山区人民土地、房屋的圈占，对石景山制铁所、石景山发电所的掠夺，给当地的社会经济发展带来了恶劣的影响。

---

① 石景山制铁所：《北铁土地关系收用土地及地上物件单价协议表（地、房、村、井、柜）》，1943 年，北京市档案馆藏，档号 J61—1—122。

② 《冀北电力公司北平分公司领发材料和接管石景山发电所机器残旧情形的报告及总公司的指令》，1946 年 6 月 1 日，北京市档案馆藏，档号 J6—1—92。

日军强占土地、强拆房屋，致使当地百姓无田可种，无家可归。在占地、占房过程中，日伪当局出动军警，端着上了刺刀的枪支，挨户搜查拘押，责令交出地契，强迫接受价款，对房屋住所强行拆除。失去了赖以生存的土地和房屋，不少农民卖儿卖女，甚至上吊、投河自尽。据 1943 年伪宛平县文件载："查北辛安乡各村地亩被制铁所圈占，民众生活无依，农产绝望，领有少数代偿，是否仍能维持生活，已成问题"。如再将房屋全部拆除，"则民众无家可归，必至流离失所，痛苦弥甚"[①]。

日军通过占领石景山制铁所和石景山发电所来掠夺当地的铁矿和电力资源。在日军的抢掠下，原本可用作国民经济建设的铁矿和电力资源被用于军工生产，成为日军"以战养战"阴谋的一部分，严重阻碍了当地社会经济的发展，加深了中国人民的灾难。

---

① 石景山制铁所：《北铁土地关系（水路河渠使用）》，1943 年，北京市档案馆藏，档号 J61—1—378。

北京市门头沟区抗日战争时期人口伤亡和财产损失调查

门头沟区调查组

一、调查工作概述

2006 年 2 月，门头沟区成立调查组。调查从排查区档案馆馆藏档案开始，其间到市档案馆查阅相关档案。调查工作于 2007 年 7 月完成，共查阅档案 1000 卷，上网查阅资料累计约 271 小时；查阅《中国共产党北京历史大事记》《日本侵华罪行实证——河北、平津地区敌人罪行调查档案选辑》《京西革命斗争史丛书》等书籍 35 册。

二、抗战前后的基本情况

门头沟区位于北京西部，北与昌平区、河北省怀来县为邻，南与房山区交界，西与河北省涿鹿、涞水二县接壤，东与海淀、石景山、丰台三区毗连，面积 1331.3 平方公里。区境东西长，南北窄，呈向北弯曲的弧形。全区以山地为主。仅东南隅有小面积平原。煤炭资源分布很广，质地优良，为京城一带煤炭主要来源之一。门头沟区名称起源于峰口庵至圈门的一条名叫"门头沟"的大沟，这里因煤而著名，"门头沟"一词便逐渐成为这一区域的代名词。

门头沟地区原属宛平县。抗日战争全面爆发后，1938 年 3 月，中国共产党在辖区西部创建了以斋堂川为中心、且名称不断变化、辖区逐步扩展的县级政权，其具体名称及隶属关系相继为：1938 年创建宛平县，先直属晋察冀边区，后来隶属边区第四专区；1939 年 3 月，改建昌（平）宛（平）联合县，隶属边区四专区和六专区；1942 年 12 月，又改建昌（平）宛（平）房（山）联合县，先后隶属边区六专区和十一专区。1944 年 9 月，昌宛房联合县撤销，区境内永定河南建宛平县，隶属冀察区十一专区。1943 年 2 月起，辖区内永定河北建昌（平）宛（平）怀（来）联合县，先后隶属边区六专区、十一专区、冀察区十一专区；抗战胜利后，1945 年 9 月，改昌宛怀联合县为昌宛县和怀来县，永定河以北大部分属昌宛县[①]。

三、人口伤亡

在日本全面侵华的八年中，门头沟区人民遭受了日本帝国主义的侵略，百姓流离失所，缺医少药，饥饿和疾病导致非正常死亡；日军抓民夫、劳工被折磨、劳累导致非正常死亡；日军施行法西斯统治蓄意制造的各类惨案造成大量人口伤亡；民众不甘受辱，抗击日军造成的伤亡以及日军报复造成无辜平民伤亡，所有这些都直接或间接造成门头沟区在日军侵华时期的人口损失。

（一）惨案造成的人口伤亡

1. 杜家庄毒气案。1941 年，日军独立混成第 15 旅团第 77 大队中佐大队长船木健次郎率兵进驻斋堂川。9 月，船木健次郎下令在杜家庄以召开学生运动会为名，把杜家庄、张家庄、齐家庄、塔河、梁家铺、黄安坨等村的百姓、学生集中在杜家庄村外的一个大操场，举行带有侮辱中国人性质的学生运动会。日军让中国学生用水泥袋子套在头上，让学生在操场上乱爬。随后，日军向毫无防备的百姓施放毒瓦斯，致使薛长名、王德海、王有权、赵云先等无辜百姓和学生 400 余人中毒，70 余名严重者口鼻流血，身体健康受到极大伤害。1956 年 6 月 12 日，船木健次郎被中华人民共和国最高人民法院特别军事法庭指控的犯罪事实之一是"关于命令部属对中国人民施放毒气的事实"，其对此供认不讳[②]。

2. 王家山惨案。1942 年 12 月 12 日，船木健次郎与中队长赖野密谋，由后者带领日伪军 90 多人从斋堂据点出发，分兵两路包围王家山村，将来不及逃跑的全村老少 50 多人关进一间茅屋，将大把谷草、干柴堆在茅屋周围，纵火焚烧。42 个无辜百姓被活活烧死。42 人中除一名 70 多岁的老头和一名 16 岁的男孩外，有 27 名不满 13 岁的儿童，13 名妇女，其中部分妇女还怀有身孕[③]。王家山惨案震惊了整个平西，《晋察冀日报》用大字标题报道了这一消息，引起了广大抗日军民的同情与愤慨。

（二）日军用各种野蛮手段杀害抗日军民

日军采用各种残酷的手段杀害当地军民，数量多，手段毒，现将调查所得部

---

① 北京市门头沟区地方志编纂委员会编：《北京市门头沟区志》，北京燕山出版社 2006 年版，第 44 页。
② 中共北京市委党史研究室编：《侵华日军在北京地区的暴行》，知识出版社 1995 年版，第 127—131 页。
③ 中共北京市委党史研究室编：《侵华日军在北京地区的暴行》，知识出版社 1995 年版，第 142—145 页。

分暴行进行分类列举，足可见日军之残酷。

1. "飞机升天"

1941 年春，日军进攻火村，将没来得及逃跑的村民李景有抓住，五花大绑押至斋堂据点，然后将李景有捆在地雷上引爆炸死，霎时间骨肉满天、人形不见，惨不忍睹[①]。

2. 狼狗撕扯

1941 年 3 月 5 日，中共昌宛县五区粮秣助理刘恭被捕后受尽酷刑仍坚贞不屈，日、伪军给他套上"铁背心"，绑在一根木桩上，放出几条狼狗进行撕咬。由于有"铁背心"护心，刘恭受尽折磨才断了最后一口气[②]。类似的还有安玉阁、刘永华等人被日军抓捕后，也是被狼狗撕咬致死[③]。

3. 大卸八块

1941 年，日军将灵岳寺村村干部李国钰逮捕，严刑拷打后，将其全身血液抽去，继而肢解大卸八块，最后碎尸割肉炖熟后食用[④]。

4. 活人充靶

1941 年 5 月，日军将上清水村连维江逮捕，拷打后将其绑在一棵大树上充炮靶，供日军演习。几发炮弹过后，连维江粉身碎骨[⑤]。1941 年 7 月，梁家庄台下村抗日村长李贵富被捕后被绑在一根木桩上，驻清水日、伪军及"保卫团"将其为"靶"进行射击，几十颗子弹射进李贵富身体，李当场死亡[⑥]。

5. 军刀砍杀

1942 年 7 月，日军头目赖野率部队到马栏村"围剿"，拉出村民张兰花进行逼问，逼问无果后，赖野举刀砍向张兰花，一刀接着一刀地将其砍死[⑦]。

---

① 根据门头沟区法院存昌宛房档案 657 号全宗整理。
② 根据 1958 年北京大学下放干部编写的刘慕烈士材料及王巨文口述整理。
③ 根据门头沟区法院存昌宛房档案 878、898 号全宗及徐登印口述材料整理。
④ 根据门头沟区法院存昌宛房档案 876 号全宗及李景茂等口述材料整理。
⑤ 根据门头沟区法院存昌宛房档案 969 号全宗整理。
⑥ 根据北京市公安局预审卷 6 号全宗 2 号目录 1187 号整理。
⑦ 根据门头沟区法院存宛平县档案 232 号全宗整理。

6. 铁丝绞杀

1942 年冬，日军包围大三里村，将村干部杨九义、李庆云、齐文生等 9 人逮捕。后在斋堂南河滩召开群众大会，将杨九义、李庆云、齐文生 3 人绑赴现场。日军将铁丝缠在 3 人的脖子上，然后抓住铁丝像拔河一样向相反方向用力拉扯进行绞杀。绞完以后唯恐他们不死，日军又用石头砸击 3 人[①]。

7. 铡首示众

1943 年 7 月，日军到牛站村搜捕抗日干部。中共宛平县六区武委会主任李全银、区抗联主任彭桂芬及青年干部宋广宏突围，宋广宏中弹被抓。日军将牛站村没跑出去的村民集中到一个叫杨树沟的地方，然后将浑身是血的宋广宏抬到一口铡草用的铡刀前，并命令一村民提起铡刀把动刑，惊呆的村民不肯下手，日本兵踢倒村民后将宋广宏的头铡下。日军随后又将宋广宏的头放进一个木笼里，悬挂在村头路边的大核桃树上示众达数十日之久[②]。

（三）其他方式造成的人口伤亡

1. 在 1941 年的"蚕食"与"反蚕食"斗争中，据永定河南 5 个区的统计，这一年日、伪军活动 369 次，昌宛平民伤亡 63 人，区村干部牺牲 18 人，被捕 17 人[③]。

2. 劳工。在日本侵华期间，门头沟平民有不少被日军抓去做苦力劳工，在日本受尽了身心折磨，有据可查确定死亡的有宛平县门头沟的远孚、王平村的王国强。清水村人马思敬虽然幸免一死，被抓做劳工的非人生活却给他留下了终身残疾和无法估量的心灵伤害，而马思敬又是千千万万悲惨遭遇劳工中幸运的一个，成为日本侵略中国榨取劳工血汗、践踏生命罪行的历史见证。宛平县的安鸿印在江水河村参加抗日活动时被捕，1944 年被押往日本服役，曾在神奈川县与濑町水利发电拦河坝工地做苦工，上山伐木头，又到松本市附近修建飞机掩体等，受尽折磨。1945 年回国后参加革命活动，解放初任宛平县副县长[④]。

---

① 中共北京市委党史研究室编：《侵华日军在北京地区的暴行》，知识出版社 1995 年版，第 140 页。

② 根据北京市公安局预审卷 6 号全宗 2 号目录 1187 号卷及刘德盈等口述材料整理。

③ 中共北京市委党史研究室、中共门头沟区委党史办公室编：《门头沟革命史》，北京出版社 1994 年版，第 118 页。

④ 中共北京市委党史研究室编：《侵华日军在北京地区的暴行》，知识出版社 1995 年版，第 219—224 页。

（四）调查所得部分抗日烈士名单

表1　门头沟部分抗日牺牲烈士名录

镇名	村名	姓名	人数
潭柘寺镇 （47人）	东　村	郭玉山　安　瑞	2
	北　村	周小套　皮小三　孙天成　李小四	4
	南　村	张永安	1
	鲁家滩村	肖小六　赵百岁　肖长明　高小年　李万金　赵小旦　张　俊 肖二蛋	8
	南辛房村	王久定　梁文勤　贺万瑞	3
	桑峪村	李士林　郑二友　王国春　刘双喜　董玉宾　李国义	6
	平原村	张克亮	1
	王坡村	王德金　王德祥	2
	阳坡园村	张久明　周大邦　陈　四　韩华清　周　俊　张　闹　周金生 周陈锁　周二纪　张　来　周玉春　周　明　周大羊	13
	贾沟村	贾德银　贾德义	2
	赵家台村	孙田蔡　孙天奇　孙玉芹　孙永山　孙永田	5
永定镇 （9人）	艾洼村	董朝友　董朝义	2
	何各庄村	李永贵	1
	石门营村	苗　春	1
	栗元庄村	邢克治	1
	贵石村	周二胜　何　四　周小喜　周天付	4
龙泉镇 （5人）	琉璃渠村	李春芳	1
	西店村	刘振生	1
	天桥浮村	李景荣	1
	官厅村	王学奎　王永喜	2
军庄镇 （1人）	东山村	黄永海	1
雁翅镇 （149人）	河南台村	王永清　王永荣	2
	雁翅村	张德三　王德珍　张久达　高丰志　李兆奎　高连仓　王德学 王永田　张久宏　张永兰	10
	下马岭村	杜永美　杜永林　杜保全	3
	太子墓村	彭德玉　彭德润　彭德玉　彭兴江	4
	傅家台村	傅长生　傅长雨　杜振明　傅长芳　傅万元　傅振新　傅万宗 魏永明　傅长会	9
	青白口村	孔祥奎　魏国臣　傅八秋　傅万元　刘德裕　傅长秋　彭甫田 赵金健　田旦子　李国通　魏学通　魏国民　傅玉仁　刘天祥 刘德银　魏元明　魏德福　傅兴亚　傅万金　魏学利　吕正国 吕　偏　魏国相　刘天祥　傅玉元	25

续表

镇名	村名	姓名	人数
雁翅镇（149人）	珠窝村	李正森 李德春 李春西 李正富 李春江 李正台 李正好 李正国 李德明 李德水 李正堂 李春库	12
	碣石村	李全树 李国柱 魏国民 李国栋 吴广兴 韩思德 李全银 贾秀廷 韩恩平 韩培如 刘永芹 韩国云 李国田 韩培德 傅万俊 刘增国 魏国元	17
	黄土贵村	李春旭 李正亮 李正胜 白梁柱 李正山 李正云 李正茹 李德雨	8
	杨树地村	刘永营 刘国珍 王成在 李德春 王兴龙 刘进升 刘国发 刘国恩 王兴龙 刘永田 刘国发 王成仕 刘永清	13
	立石台村	安永元	1
	淤白村	曹中傅 曹瑞贤 白凤彩 康学奎 白凤鳌 白老铁 白景海 康保山 彭长勇 康学秀	10
	田庄村	崔景元 王殿元 崔一春 高丰林 崔克勤 崔兴才 王久锡 高连基 杨文俊	9
	高台村	高小三 高满堂	2
	苇子水村	高永福 高二小 高百岁 高永尼	4
	南山村	高凤旭	1
	大村	刘丰明 刘丰营 崔付成 李老伍 刘丰素 李进忠 高连会 杨正杰 杨正修 李进锐 杨正安 崔付永	12
	杨村	杨忍	1
	房良村	蔡万通	1
	马家套村	李进傅 李占恩 李占江 李占卫 李茂春	5
斋堂镇（295人）	火村	尚金相 李景林 李全坤 梁作相 李有春 李万印 李万安 梁作庆 李万军 梁士达 梁士元 李万艳 李万珍 李万存 李广中 李广庆 李万怀 贾甫柱 梁甫奎	19
	马栏村	宋恩科 宋久奎 于文 王朝金 高甫增 董春柱 宋巨宝 杜万铁 艾嘎子 张德英 韩学义 于桂文 高甫通 艾德珠 曹甫华 艾藤坤 于在水 于景才 刘正明 于甫金 张甫来	21
	高铺村	杜存有 杜宏宽 张久奎 韩甫仁 杜存位 杜存善 张显文 张朝深 杜宏满 刘润屋 杜存余 杜宏兴 刘文深 杜存权 杜存孟 杜宏安 安永明	17
	青龙涧村	赵金生 牛丰坡 曹文利 徐兴义 王希仁 赵金礼	6
	黄岭西村	曹有起 曹有臣 王振广 曹殿儒 曹殿喜 王希仁 曹殿厚 王克言 曹玉庆 王西斌 曹玉安 王振英 王振海 王克永 王克循	15
	双石头村	王明仕 刘建宏 王文祥 宋怀之 宋文从 王明贤 王永全 王永安 王久灵 王久存	10

镇名	村名	姓名	人数
斋堂镇 （295人）	川底下村	韩晓进 韩晓文 韩晓通 韩晓印 韩晓利 韩晓亮 韩晓安 韩晓儒 韩晓更 韩怀福 韩怀文 韩怀义 韩晓金 韩巨印 韩巨龙 韩晓雨 韩晓宽 韩巨斌 韩晓成 韩晓元 韩怀泉 韩晓华	22
	柏峪村	张文臣 张巨银 张文臣 王汉民 贾秀仕 李兴民 李兴宝 张明武 刘进田 陈文银 刘玉安 王汉仕 陈万富 陈文芳 陈文善 谭应润 谭永普 刘玉昆 陈文才 谭怀德 刘景茂 谭天来	22
	灵岳寺村	李国玉 李广德 徐殿阁 刘永华 徐殿祥 刘永厚 徐殿瑞 宋德满	8
	牛站村	刘进玉 刘万国 刘进仕 隗振芳 刘增仁	5
	白虎头村	王庆凤 王德凯 宋文章 王巨真 宋玉真 宋广宏 王甫田	7
	东斋堂村	贾巨祥 宋怀森 石秀德 贾纯利 贾全有 贾宏利 贾玉满 石建满 王振铎 贾春武 贾增昌 贾春古 贾立言 贾　无 李福生 谭候英 贾甫林 王甫兆 贾　韦 贾万章 贾纯琴 韩巨金 王甫梦 贾立锋 贾宏勋	25
	西斋堂村	赵玉金 玉树智 玉树品 聂全德 周德贵 史文俭 周兴保 史增祥 杜老孝 史孟雄 乔天亮 王　忠 索广仕 史文山 史孟富 史文昶 杜宏图 周德才 周德润 史文进 王政利 赵会山 史　庆 乔云山 杜宏模 曹安宁 于长春 王树立 王树萌 史孟林 王树桂 杜存兴 史增功 史文海 史文亮 刘增福	36
	西北山村	安玉阁 安启福 安朝义 宋井春 张巨田 安宏达	6
	大三里村	杨兴礼 乔长宝 杨怀明 张正安 曹安叔 李万民 李廷芳 杨中贵 乔万仓	9
	王家山村	王文汗 王克旺 王文才 王文兴 王文金 王文成	6
	下蔡岭村	贾振平 贾振楼 贾文奎 贾宏昌 贾长贤 贾元龙 贾长河 贾振金 贾长吉 贾振宽 贾文佐	11
	上蔡岭村	贾振优 贾文学 贾正林 李宝智 贾恩原 贾长义	6
	向阳口	蔡长春 韩丰润 韩治茂 韩丰成	4
	沿河城	魏元杰 索广泽 李国田 李文儒 李正国 师广隆 索广俊 韩国库 黄恩甫 李文华 王志贵 刘喜庆 师广兴	13
	王龙口村	王学华 索振友	2
	林子台村	李正山 林长森 王学凯 王巨才 白良珠 韩玉宝	6
	西大台村	师青云	1
	刘家峪村	魏振元 林茂德 师义温 索振芝 高文奎 索振勋	6
	狮子沟村	李朝龙 李永政 王巨奎 王自顺 王自昶	5

镇名	村名	姓名	人数
斋堂镇 (295人)	龙门沟村	韩三伟	1
	王大台村	李复民	1
	东 岭 村	索广才 李文聪	2
	白羊石虎村	黄国忠	1
	新庄户村	刘希金 高文品	2
清水镇 (195人)	燕家台村	陈国民 赵远武 李兴宝 李明才 赵永芝 赵显生 李兴举 赵永春 陈国瑞 马万增 赵永先 陈世儒 李正孝 赵显然	14
	李家庄村	梁春禄 赵金堂 梁巨有 梁春从 赵金山 赵长恩 梁玉明 赵锦辉	8
	梁庄台上村	梁巨存	1
	梁庄台下村	李贵富 安老伍 李贵新 李巨贵 李贵品 马巨宝 炼金权 李永银 李清福 梁巨福 梁巨友 炼金成	12
	上清水村	杨营宽 任成丰 刘长才 杜大庚 张 禄 李桂花 李桂富 傅长任 杜起山 李黑龙 刘长珍 刘长福 王俊玺 王腾山 连维江 吕广仁 连生殿 王建德 李桂云 傅金榜 贾福林 耿宏庆 姜景元 连九庆	24
	下清水村	马广丰 石清亭 马应文 韩晓文 史永福 王国朝 马元利 李兆林 王朝贤 王国举	10
	田 寺 村	曹显福 宋良左 宋有田 马甫良	4
	西达摩村	杜宏田 张文才	2
	洪水峪村	王全兴 艾德活 艾德贵 梁文义 杨德宽	5
	上达摩村	高松林 任成柱 杨金甲 曹殿忍 杨景和 张俊杰 张成厚 马元利 张国常	9
	达摩庄村	张庭忠 徐盈斌 梁增凯 梁增田	4
	椴木沟村	王国利 梁坐满 赵正银	3
	西 水 村	杨成茂 王俊川	2
	杜家庄村	杜巨兴 梁巨元 赵有顺 王宏芝 王有来 赵有元 王宏敏 赵文田 赵文杰 杨志国	10
	张家庄村	王占勤 王建朝 安明林 郭玉忠 王占仁 马全珍	6
	齐家庄村	杨春润 李万福 杨廷珍 谭巨山 徐正连 刘甫顺 谭广智 刘增贵 杨俊兴 杨明兴 杨春许 马振山	12
	双塘涧村	赵文斗 徐春秀 尚元仁 曹显阳 杨文海 杨殿印 赵大扁	7
	小龙门村	刘玉荣 张国金 刘满堂 于广顺 谭怀发	5
	洪水口村	吴忠义 于文全 隗永钦 于文珍	4
	江水河村	周存善	1
	瓦 窑 村	石宝恒	1
	梨 园 岭	尚元成 尚金甲	2

镇名	村名	姓名	人数
清水镇 （195人）	梁家铺村	梁万宝	1
	塔 河 村	韩巨来　焦德满　韩晓才　张甫国　王希彦　王怀斌　王显玉	7
	龙 王 村	于广才　王显庶	2
	黄 安 村	杜生福　王振新　刘丰桐　王恩华　史正茂　张朝龙　王贵林 刘大田　郭文彬	9
	黄安坨村	史正品　王有奎　杜明雨　刘天儒　王振义　韩晓宽　王永奎 贾国荣　陈延斋　于甫元　宿有本　刘丰润　任金高　安振有 连长云　杨凤金	16
	黄 塔 村	乔大田　梁瑞龙　杨士贵　于从山　石清安	5
	八亩堰村	杨怀金	1
	简 昌 村	韩进厚	1
	艾 峪 村	刘 森	1
	双涧子村	张广通	1
	梯 子 村	赵文章　赵文芝　陈献芹	3
	马家铺村	马存贤　霍银春	2
妙峰山镇 （98人）	丁家滩村	丁治华	1
	下苇甸村	李文斌	1
	涧 沟 村	赵万庆	1
	上苇甸村	陈根群　李玉真	2
	碳 厂 村	李电林	1
	黄 台 村	马玉琴	1
	禅 房 村	李万忠	1
	蜜 泉 村	张 雨	1
	西胡林村	石建普　李成功　李成龙　李文选　石有德　石　凯　王文奎 石宏仁　谭　庚　王文田　谭桂悦　王文凯　李成儒　李华静 石建纯　石存秀　李进义　刘海臣　刘正明　谭　哲　王银臣 刘桂芬　王文建	23
	东胡林村	吕海森　吕广达　吕广勤　吕广金　吕海录　刘继群	6
	军 响 村	马玉林　李昆山　李福珍　刘　恭　李润会　刘　平　刘　森	7
	桑 峪 村	张福增　杨远广　张克维　杨德润　杨德社　杨怀文　张全富 杨永春　杨巨思　杨广录　杨振民　李尚琪　梁金银　杨维民	14
	灵 水 村	谭西印　王任秀　谭　文　谭朝义　谭朝贤　田正奇　王文兴 刘文川　谭成林　刘文明　谭九霄	11
	法 城 村	杨维保　魏永金　傅长祥　杨维之	4
	张 家 村	张进顺　张怀元　张甫亮　张进海	4
	杨 家 村	杨兆广　田景云　杨树才　杨存山　杨立凯　杨存贵　杨丙会 杨俊宝　杨廷俊　王小锁　杨俊林　王文彬	12

镇名	村名	姓名	人数
妙峰山镇 （98人）	吕家村	吕永庚　吕巨宽　吕连斋　吕光照	4
	杨家峪村	杨兴效　杨景通　杨景齐　杨兴宝	4
王平镇 （28人）	马各庄村	贾结实　傅仁田　安国玉	3
	东落坡村	孙德泉	1
	安家庄村	李文莫	1
	王平村	李片瓜	1
	南涧村	李文勤　宋文库	2
	白道子村	安三	1
	十字道村	周成海　安国山	2
	平地村	赵丙文	1
	安家滩村	安宝玉　二苟子	2
	北岭村	安增祥	1
	焦家岭村	王文祥　王树林	2
	王平口村	刘国安	1
	板桥村	唐天绿	1
	庄户村	刘广川	1
	千军台村	刘桂海　莫丙宣　刘铁柱　莫赶路　刘任俊　刘满义　莫广田　刘二龙	8
总　计			827

四、财产损失

门头沟区蒙受的财产、经济损失同样巨大，日、伪军的各次"扫荡"都对该区进行了野蛮的烧杀抢掠。在经济上，日、伪军主要是烧村、抢牲畜，在斋堂等地开采煤矿，掠夺经济资源，对根据地实行经济封锁。下面列举主要损失情况：

1. 1938年9月，日军开始对斋堂川进行"扫荡"，西斋堂邓华司令部所住的聂家大院被烧，西斋堂村史梦兰、杜存训家房屋被烧，东斋堂宛平县政府所住的万源裕大院被烧。火村成为斋堂川烧房重点，计有李万法、李万瑞、李全善、李全奇、李景观、李万玉等十余家房子共计96间全部烧毁，一切家具、粮食化为灰烬[①]。

---

① 中共北京市委党史研究室、中共门头沟区委党史办公室编：《门头沟革命史》，北京出版社1994年版，第67页。

2. 1939 年 4 月，日军"扫荡"西胡林村，继而进攻马栏村挺进军司令部，遭到火村抗日武装的阻击，日军烧毁火村 657 间房屋[①]。

3. 1939 年 6 月，日军从大村、向阳口村、石羊沟分两路合击斋堂，路过沿河城村将 2000 余间房屋全部点火，后经百姓扑救，仅剩几十间[②]。

4. 1941 年的"蚕食"与"反蚕食"斗争中，据永定河南 5 个区的统计，这一年日、伪军活动 369 次，昌宛群众伤亡 63 人，区村干部牺牲 18 人，被捕 17 人。被烧房屋 7556 间；被抢民粮 12351 公斤，公粮 4499 公斤；被抢牲口（包括骡、马、驴、牛）266 头，猪 156 头，羊 1299 只，鸡 366 只，蜂 37 群。日军在据点及其附近地区，更是横征暴敛。以煤窝地区为例，杨家村一年间对日伪负担 1700 元，出工 15000 个；张家村负担 1600 元，出工 14000 个；杨家峪村负担 2000 元，出工 15000 个；吕家村负担 1500 元，出工 55000 个。平均每户 39 元，出工 175 个。斋堂附近西胡林、火村两村也各负担 2000 元，每村出夫在 10000 个工以上[③]。

5. 1941 年秋，斋堂据点向火村要核桃，但火村人坚持把核桃运到根据地区，换回战争急需的布匹、食盐等物资。被激怒的日军又将 1939 年"扫荡"时群众救下的 46 间房以及新搭起来的 120 间草铺全部焚烧[④]。

6. 1942 年 7 月，坐落在百花山下的黄安坨村，在 20 天内被日、伪军袭击 7 次，村民房屋屡次被烧，村民们就盖草铺，草铺被烧就割榛条搭棚子，最后不得不挖土洞藏身[⑤]。

据资料统计，从 1937 年日军侵华战争全面发动后至 1941 年，宛平 185 个村庄就有 142 个被烧毁。沿河城村的 2000 余间房屋半月内被烧 3 次，柏峪村被烧达 19 次；1942 年 7 月，黄安坨村 20 天内被日军袭击 7 次，民房屡次被烧；1944 年秋，上苇甸村被烧 13 次[⑥]。敌人的"三光"政策使百姓财产丧失殆尽，更有多人葬身火海。

---

① 北京市门头沟区政协文史资料委员会、北京市门头沟区档案史志局编：《京西革命斗争史丛书》第三辑，2005 年印行，第 87 页。

② 中共北京市委党史研究室编：《侵华日军在北京地区的暴行》，知识出版社 1995 年版，第 133 页。

③ 中共北京市委党史研究室、中共门头沟区委党史办公室编：《门头沟革命史》，北京出版社 1994 年版，第 118—119 页。

④ 中共北京市委党史研究室编：《侵华日军在北京地区的暴行》，知识出版社 1995 年版，第 135 页。

⑤ 中共北京市委党史研究室编：《侵华日军在北京地区的暴行》，知识出版社 1995 年版，第 134 页。

⑥ 北京市门头沟区政协文史资料委员会、北京市门头沟区档案史志局编：《京西革命斗争史丛书》第三辑，2005 年印行，第 86—88 页。

五、结论

1951 年 9 月 21 日的《老区人民代表大会上的报告》[1]及后来《中央国家机关思想教育基地指南》[2]中对抗战 8 年宛平人民人口伤亡与财产损失作了初步调查统计，人口方面：死亡 3829 人，伤残 850 人。财产损失：房屋被烧 18350 间，被日军强占大牲畜 8000 头，羊 5 万多只，猪 1 万多头，鸡 3 万多只。

经过本次调查，可以看出门头沟区人口伤亡与财产损失有如下特点：

第一，日军的暴行导致大量人口伤亡。惨案造成的人口伤亡居多，比如王家山惨案，就使得一个村子不复存在。仅沿河城臧家大院，百姓因缺医少药、饥饿瘟疫导致死亡 20 多人，许多个家族从此灭亡。日军修筑同塘铁路时在雁翅村设有医院，消极为劳工治疗，致使数百人死于这个医院。人口的损失、劳动力的缺失不仅给家庭带来直接的困难，对恢复门头沟区的经济生产也造成了直接影响。

第二，大量财产被日军劫掠，房屋多次被焚毁。日军对民房难以计数的焚烧，使得门头沟人民的财产遭受史无前例的劫掠和毁灭。自给自足的自然经济条件下，百姓盖房和积攒点粮食实属不易，而这一切在日军面前转眼间就化为灰烬，这种打击对当地居民物质上和精神上都是致命的打击，其影响远远超过房子和粮食本身的价值。可以说，经过日军 8 年的烧、杀、抢、掠，门头沟区人民的物质生活资料濒临枯竭。

---

① 门头沟区政府：《老区人民代表大会上的报告》，1951 年 9 月 21 日，北京市门头沟区档案馆藏，档号 3—53，第 62 页。

② 2001 年 5 月 24 日，中央国家机关工委在中国现代文学馆命名了 10 个中央国家机关思想教育基地，门头沟区档案史志局是其中之一。

北京市房山区抗日战争时期人口伤亡和财产损失调查

房山区调查组

一、调查工作概述

2006 年 2 月，房山区成立了调查组，并制订了《抗战时期房山地区人口伤亡与财产损失调查》工作方案。2006 年 6 月 16 日，召开了全区"抗战时期人口伤亡与财产损失调查"工作会议。会议明确了调查工作的任务和要求，对各乡（镇）、办事处参与调查的工作人员进行了业务培训。会议强调抗战调查要坚持实事求是的原则，以对历史负责的精神开展工作。会议明确要求全区各乡（镇）、办事处和各村，要以 76 岁以上的老人及相关的知情人为调查对象，通过召开座谈会、个别走访、查阅资料等方法，对本村 76 岁以上的老人，对嫁出去的知情妇女，对搬迁出去的知情人进行全面调查，确实弄清楚在抗战中日军给本村村民造成的人口伤亡，给本村学校、寺庙等公用财产和村民的民房、牲畜等资财造成的损失情况，特别是对发生在本村的惨案进行专题整理。房山区根据调查的具体情况，设计了 4 张表格，发放至全区各乡（镇）、办事处。

房山区各乡（镇）、办事处和各村，均成立了工作组，并指派专人负责本次调查工作，各行政村成立了调查小组，抽选政治素质好、责任心强、有调研采访和写作能力的人员担任工作小组成员，具体负责本村调查工作。全区共有 1257人参加了调查工作。青龙湖、窦店、琉璃河、大石窝等乡、镇还分别举办了各村调查员的培训班。根据基本线索，调查员入户进行调查走访，特别是对家里有老人的户进行了逐户走访，并认真做记录。各村按照属地管理的原则，对所在村企业、出嫁妇女、外出、外迁等知情人作了走访调查，广泛征集、查找各方面的证据和资料，力争掌握真实情况。

房山区还将本区 1983 年"根据地、敌统区（及部分游击区根据地）村级调查材料"进行汇总，印发给各乡（镇）、办事处，作为乡（镇）、办事处指导各村调查核实的参考数据，有效提高了各村的工作进展和水平。

房山区的调查工作是从两个方面展开的：

一是组织查阅相关资料。房山区多年来重视对抗战历史的研究，从 20 世纪

80 年代以来，做了大量工作，积累了大量有价值的资料。特别是 1983 年房山区组织进行的"根据地、敌统区（及部分游击区根据地）村级调查材料"，系统调查了 300 多个村 60 岁以上的老党员、村干部和当事人，取得了大量珍贵的第一手资料，房山区史志办公室组织有关人员对这些资料进行了认真查阅。同时，组织查阅了《房山革命史》《房山人民革命斗争史》《房山区志》《平西革命斗争史料》等重要书籍。经过查阅资料，进一步搞清了日军在房山的主要侵略活动，及日军 1937 年至 1945 年在房山侵略罪行的基本线索。

二是在全区 24 个乡（镇）、办事处的 462 个行政村进行了全面普查。房山区广泛开展了全区的调查活动，人民群众用无可辩驳的事实，深刻揭露了抗战时期日军在房山的侵略罪行，取得了宝贵的第一手资料。通过调查，经过多方面资料核查统计"仅据房山、良乡两县不完全统计，这场战争中，日本侵略者杀害我无辜同胞 2540 人[①]"。在 2006 年的调查中，1433 名直接或间接证人，出具了人口伤亡与财产损失证明材料 2179 份，用确凿的材料证明了 2197 人被日军残杀、22人被日军致残的侵略罪行。

表 1　参加调查工作人员构成统计表

序号	乡镇名称	镇领导和工作人员（人）	行政村（个）	村工作人员（人）	合　计
1	城关镇	25	22	44	69
2	良乡镇	14	40	80	94
3	韩村河镇	9	27	54	63
4	阎村镇	12	22	44	56
5	窦店镇	8	30	60	68
6	琉璃河镇	12	47	94	106
7	长阳镇	9	40	80	89
8	青龙湖镇	18	32	64	82
9	周口店镇	12	24	48	60
10	长沟镇	21	18	36	57
11	大石窝镇	11	24	48	59
12	张坊镇	26	15	30	56
13	河北镇	22	19	38	60
14	佛子庄乡	8	18	36	44

---

① 房山县县志编纂委员会编：《房山人民革命斗争史》，1986 年印行，第 103 页。

序号	乡镇名称	镇领导和工作人员（人）	行政村（个）	村工作人员（人）	合　计
15	南窖乡	9	8	16	25
16	史家营乡	15	12	24	39
17	大安山乡	20	8	16	36
18	霞云岭乡	15	15	30	45
19	十渡镇	17	21	42	59
20	蒲洼乡	17	8	16	33
21	石楼镇	15	12	24	39
22	燕山区	8	5	10	18
合计（人）		323	467	934	1257

二、抗战前后的基本情况

今房山辖区包括抗战前的房山、良乡两县和宛平县的一部分，位于太行山脉与华北平原的交界地带。1938年，属伪河北省津海道。1940年，属伪河北省燕京道。1958年，归北京市管辖。房山区北临门头沟区，东临丰台区和大兴区，南临河北省涿州市，西部和西北与河北省涞水县接壤。西北部为山地和丘陵，东南部为平原，山区、丘陵、平原各占三分之一。南部拒马河河谷称为南沟，北部大石河河谷称为北沟。抗战时期，南沟和北沟是晋察冀抗日根据地通向北京、天津和冀中的重要交通要道，是平西抗日根据地的坚强堡垒。房山区矿产丰富，是京西主要产煤区。20世纪初，外国资本开始渗透到房山的工矿业。房山区内有平汉铁路、琉璃河至天津的水路、坨里高线等，构成房山便利的交通。《房山区志》记载，1923年，良乡、琉璃河、窦店三镇统计有坐商25个行业，185家。1927年，房山、周口店等十镇统计有坐商30个行业，294家。房山1927年登记在册的煤矿47座，北沟有小煤窑80余座。

1937年7月7日，日军发动卢沟桥事变后，便开始沿平汉铁路对房山发动侵略。7月26日，日军侵占良乡梅花庄和苏庄一带，并很快侵占良乡城。8月20日，进犯坨里村，占领高线大楼。9月16日，日军侵占房山县城。日军以房山、良乡县城为据点，对房山平原的村庄进行了一系列侵略活动。日军的每一次军事行动，都要残杀中国人，抢掠中国财物。日军接连制造了辛庄村惨案、坨头村惨案、石楼村惨案、太和庄村惨案等一系列惨案，残酷屠杀手无寸铁的中国人。

"从日军铁蹄踏入房山、良乡那天起，到 1937 年底，仅两三个月的时间，据不完全统计，日军杀害两县无辜百姓 800 余人，烧毁房屋 700 余间"①。1938 年，日军对房山、良乡的平原地区大举侵略，血洗龙宝峪村，杀害村民 40 余人，出动飞机轰炸云居寺，进袭房山抗日同盟军，镇压抗日武装力量等。1937 年—1945 年，日军在房山对无辜百姓和抗日人士野蛮施暴，仅杀死无辜百姓 10 人以上的惨案就有 25 起，如石楼镇二站村惨案、长沟镇太和庄村惨案等；焚烧房屋达到 22011 间，一次烧毁、炸毁百余间房屋的罪行就达 18 起；炸毁史家营乡曹家坊村、云居寺两座著名寺庙，毁坏焚烧庄稼、林木，抢掠百姓骡、马、牛、羊等资产，许多千年、百年历史村庄被毁，大批珍贵的历史文物被毁，造成的经济损失和财产损失难以用数字统计。

1938 年 2 月，晋察冀军区派邓华率所属第 3 团挺进平西，开辟平西抗日根据地，在涞水县建立了房涞涿联合县。房山是平西抗日根据地的重要组成部分，在平西抗日根据地的战略地位非常重要。在抗战最困难的阶段，十渡地区是平西通向北平和冀中的重要通道，也是冀中的重要后方。1939 年—1943 年，日军大举进攻平西抗日根据地，对抗日根据地进行十余次实施军事"扫荡"，对平西根据地实施法西斯"三光"政策。1939 年，日军于 4 月至 6 月先后三次"扫荡"平西抗日根据地。驻房山日军侵占霞云岭地区，并在南窖村建立军事据点。1940 年，日军于 3 月、10 月对抗日根据地实行两次大"扫荡"。在春季"扫荡"中，驻房山的日军对大安山、金鸡台村、柳林水村等地进行了军事"扫荡"。在秋季"扫荡"中，日军分别沿十渡村—东村（今蒲洼乡）、南窖村—东村、南窖村—金鸡台村—大安山几条路线，实行了更为残酷的军事"扫荡"。秋季"扫荡"后，房涞涿抗日根据地由 300 多个村减少到 20 多个村，巩固区只有十渡。1941 年，日军实施"铁壁合围"战术，其中两次对十渡进行军事"扫荡"。8 月，日军分别从涿县、涞水县、红煤厂（房山）三个方向"扫荡"十渡地区，并在十渡西庄村、王老铺村设立据点。1942 年，日军先后从房山县城、南窖村、涞源村、张坊村等方向四次对十渡等地区进行军事"扫荡"。1943 年，日军于 4 月、6 月两次对十渡等地区进行军事"扫荡"。每次"扫荡"，所到村庄，房屋被烧光，东西被抢光。1941 年—1943 年，日军为封锁平西抗日根据地，强征中国民工从周口店至张坊沿山区和平原的交界处，修筑了宽 5 米、深 6 米、长达 35 公里的封锁壕，动土 100 多万方。封锁壕每隔 3 公里至 5 公里设一岗楼。日军强征的民工，

---

① 中共北京市委党史研究室、中共房山区委党史办公室编：《房山革命史》，北京出版社 1994 年版，第 26 页。

年龄最小的仅有 8 岁[①]。由于劳动强度大，吃不饱饭，动辄被日军监工毒打，致使许多民工死亡。由于强征民工，许多家庭地不能种，庄稼不能收。日军在敌占区和游击区五次强制推行"治安强化"运动。先后四批抓劳工 800 余人强送日本，只有个别人生还。1944 年，日军成立"搜集委员会"，从房山搜集小麦 850 吨。日军侵占房山期间，给房山人民造成重大人口伤亡与财产损失。

三、人口伤亡与财产损失的基本情况

抗战时期，中国人的生命在日军的眼中，草芥不如。1937 年—1945 年，日军野蛮侵略房山，在房山制造了一起起血腥屠杀。日军对房山平原地区进行残酷的军事侵略，实行残酷的法西斯统治，又先后 10 余次"扫荡"平西抗日根据地，实行残酷的杀光、烧光、抢光即"三光"政策，践踏普通百姓居住的村庄，极其残忍地奸淫妇女，滥杀手无寸铁的村民，用酷刑百般折磨抗日人士，焚烧村民房屋、寺院，抢掠百姓财物，使房山陷入历史上最黑暗的时期。日军在占领房山的八年期间，对房山的资源和财产进行了疯狂的掠夺，特别是日军残酷的烧光、抢光政策，给房山人民造成了巨大损失。

在 2006 年的调查中，通过部分乡、镇、办事处、村的证明材料显示，日军在 8 年全面侵华战争中，在房山大规模毁害掠夺中国村民财产、财物。其中，烧毁房屋 22011 间、庙宇 37 间，抢掠粮食 22.346 万斤，毁坏粮田 3247 亩、农机具 60 件、树木 68818 棵，抢掠毛驴 104 头、猪 429 头、骡子 2 匹、家禽 1649 只、牛羊 1883 头、骆驼 1 头，抢掠金佛 1 座、铜佛 21 座、板材 21 套等，给房山人民造成巨大人口伤亡与财产损失。其中，日军制造的一次烧毁 100 间以上房屋、抢粮食等重大财产伤害行为就有 18 起。

表2　房山区抗战时期人口伤亡与财产损失统计表[②]

序号	乡镇名称	死伤人数	财产损失
1	城关街道	215 人	未统计
2	良乡镇	82 人	烧毁房屋 155 间
3	韩村河镇	81 人	烧毁房屋 166 间，毁坏粮田 150 亩，抢掠粮食 2 万斤，金佛 1 个

---

① 房山县 1983 年"根据地、敌统区（及部分游击区根据地）村级调查材料"，存北京市房山区史志办。
② 根据 2006 年房山区乡、镇、办事处、村证明材料统计制成，相关证明材料存北京市房山区史志办。

序号	乡镇名称	死伤人数	财产损失
4	阎村镇	165 人	烧毁房屋 11 间，毛驴 2 头、狗 1 只、猪 2 头铜佛 1 个。共计价值 80 余万元
5	窦店镇	82 人	烧毁房屋 79 间，杀驴 2 头，杀骡子 2 头，杀鸡鸭鹅 150 只
6	琉璃河镇	死 52 人残 3 人抓走 2 人，下落不明	烧毁房屋 210 间，抢走粮食 1 万斤，牲畜 3 头
7	长阳镇	17 人	未统计
8	青龙湖镇	231 人，伤 12 人	烧房 109 间，金殿 3 座、山神庙 1 座、庙宇 11 间；杀 23 头牲畜、156 头猪、1163 只鸡、50 只羊、2 头驴；烧棺材 3 套、板材 21 套、碾子 1 个
9	周口店镇	328 人	烧毁房屋 1868 间，抢掠牛羊 968 头、猪 180 头、驴 12 头、骆驼 1 头粮食 61860 斤铜钟 8 个，铜佛 12 个
10	长沟镇	61 人	烧毁房屋 46 间
11	大石窝镇	死 91 人残 7 人	烧毁房屋 590 间，毁坏庙宇 8 座。砍伐树木 68650 棵，占用粮田 1120 亩
12	张坊镇	144 人，镇外 21 人	烧毁房屋 2174 间，粮食 9 万斤，猪 81 头，牛 1 头，驴 2 头。毁坏树木 160 棵
13	河北镇	18 人	未统计
14	佛子庄乡	60 人	未统计
15	南窖乡	12 人	烧毁房屋 1000 间，抢走煤炭资源上万吨
16	史家营乡	92 人	烧毁房屋 3232 间，古庙 26 间、古树 8 棵、骡子、驴 80 多头、羊 500 头
17	大安山乡	58 人	烧毁房屋 4000 间
18	霞云岭乡	39 人	烧毁房屋 3695 间，羊 250 只，大牲畜 7 头、粮食 13300 公斤。毁青苗 100 亩
19	十渡镇	67 人	烧毁房屋 3929 间。农机具 60 件套，粮田 877 亩。牛 24 头，羊 90 只，猪 10 头，驴 4 头，家禽 300 只
20	蒲洼乡	45 人	烧毁房屋 698 间，家畜 36 头，粮食约 1.5 万斤
21	石楼镇	226 人	烧毁房屋 95 间
22	燕山办事处	10 人	未统计

序号	乡镇名称	死伤人数	财产损失
合 计		死亡 2197 人，伤残 22 人	烧毁房屋 22011 间，毛驴 104 头，狗 1 只，猪 429 头，骡子 2 匹，家禽 1649 只，牛羊 1883 头，骆驼 1 头，粮食 22.346 万斤，粮田 3247 亩，树木 68818 棵，煤炭上万吨，金佛 1 个，铜佛 21 座，金殿 3 座，山神庙 1 座，庙宇 37 间、8 座，农机具 60 件，棺材 3 套，板材 21 套，碾子 1 个

表3　日军在房山制造的一次残杀中国平民 10 人以上的惨案统计表

序号	惨案名称	时间	残杀人数	过程
1	开古庄惨案①	1937 年 8 月 15 日	40 余人	日军在开古庄村残杀村民 40 余人；村民失踪 10 余人
2	良乡惨案②	1937 年农历 8 月 18 日	10 余人	日军在良乡城报复中国军民，残杀百姓 10 余人
3	定府辛庄惨案③	1937 年 9 月 15 日	70 余人	日军先后三次洗劫定府辛庄村，残杀村民 70 余人
4	坨头惨案④	1937 年 9 月 16 日	40 余人	日军在坨头村残杀村民 40 余人
5	双柳树村惨案⑤	1937 年 9 月 16 日	39 人	日军在双柳树村残杀村民 39 人
6	支楼村惨案⑥	1937 年 9 月 16 日	14 余人	日军在支楼村残杀村民 14 人
7	双磨村惨案⑦	1937 年 9 月 16 日	10 人	日军在双磨村残杀村民 10 人
8	石楼惨案⑧	1937 年 9 月 16 日	37 人	日军在石楼村残杀村民共 37 人
9	二站惨案⑨	1937 年 9 月 17 日	110 多人	日军在二站天主教堂残杀 1 名神父、村民 110 余人
10	坟庄惨案⑩	1937 年农历 8 月 12 日	70 余人	日军在坟庄村残杀村民 70 余人，全村洗劫一空

---

① 1983 年"根据地、敌统区（及部分游击区根据地）村级调查材料"，存北京市房山区史志办。
② 房山县县志编纂委员会编：《房山人民革命斗争史》，1986 年印行，第 8 页。
③ 1983 年"根据地、敌统区（及部分游击区根据地）村级调查材料"，存北京市房山区史志办；中共北京市委党史研究室、中共房山区委党史办公室编：《房山革命史》第 23 页记载被残杀村民为 60 人。
④ 中共北京市委党史研究室、中共房山区委党史办公室编：《房山革命史》，北京出版社 1994 年版，第 24 页。
⑤ 中共北京市委党史研究室、中共房山区委党史办公室编：《房山革命史》，北京出版社 1994 年版，第 24 页。
⑥ 中共北京市委党史研究室、中共房山区委党史办公室编：《房山革命史》，北京出版社 1994 年版，第 24 页。
⑦ 中共北京市委党史研究室、中共房山区委党史办公室编：《房山革命史》，北京出版社 1994 年版，第 24 页。
⑧ 中共北京市委党史研究室、中共房山区委党史办公室编：《房山革命史》，北京出版社 1994 年版，第 24 页。
⑨ 中共北京市委党史研究室、中共房山区委党史办公室编：《房山革命史》，北京出版社 1994 年版，第 24 页。
⑩ 1983 年"根据地、敌统区（及部分游击区根据地）村级调查材料"，存北京市房山区史志办。

序号	惨案名称	时间	残杀人数	过程
11	马各庄惨案①	1937 年农历 8 月 12 日	50 余人	日军在马各庄村残杀村民 50 余人。烧毁房屋 20 多间
12	坨里惨案②	1937 年 8 月 20 日	128 人	日军接连几次到坨里村残杀百姓 128 人
13	羊头岗惨案③	1937 年农历 8 月 13 日	50 人	日军飞机在村上空盘旋轰炸后,又到羊头岗村残杀村民 50 余人
14	千河口惨案④	1937 年 10 月 17 日	12 人	日军包围千河口村,残杀村民 12 人
15	占庄惨案⑤	1937 年农历 11 月 13 日	26 人	日军包围村庄,残杀村民 26 人
16	太和庄惨案⑥	1937 年 12 月 23 日	113 人	日本在太和庄村残杀村民 76 人,在东长沟村杀害村民 37 人
17	永寿禅寺惨案⑦	1938 年农历 1 月 19 日	21 人	日军在永寿禅寺,残杀 21 人(其中僧人 7 人,百姓 14 人)。寺庙变成了一片废墟
18	龙门口惨案⑧	1938 年农历正月二十日	19 人	日军在龙门口村,残杀村民 19 人
19	黄院惨案⑨	1938 年 2 月 18 日	50 余人	日军在黄院村残杀村民 50 余人
20	龙宝峪惨案⑩	1938 年农历 1 月 19 日	31 人	日军在龙宝峪村,残杀村民 31 人
21	佛子庄惨案⑪	1939 年农历 12 月 21 日	52 人	侵华日军 12 架飞机轰炸佛子庄,炸死 52 人,炸伤 60 余人
22	大安山惨案⑫	1940 年 3 月	42 人	侵华日军"扫荡"大安山,残杀村民 42 人
23	金鸡台惨案⑬	1940 年 3 月	31 人	日本"扫荡"金鸡台,残杀 31 人

① 1983 年"根据地、敌统区(及部分游击区根据地)村级调查材料",存北京市房山区史志办。

② 1983 年"根据地、敌统区(及部分游击区根据地)村级调查材料",存北京市房山区史志办。

③ 1983 年"根据地、敌统区(及部分游击区根据地)村级调查材料",存北京市房山区史志办。

④ 中共北京市委党史研究室、中共房山区委党史办公室编:《房山革命史》,北京出版社 1994 年版,第 25 页。

⑤ 1983 年"根据地、敌统区(及部分游击区根据地)村级调查材料",存北京市房山区史志办。

⑥ 1983 年"根据地、敌统区(及部分游击区根据地)村级调查材料",存北京市房山区史志办。

⑦ 1983 年"根据地、敌统区(及部分游击区根据地)村级调查材料",存北京市房山区史志办。

⑧ 1983 年"根据地、敌统区(及部分游击区根据地)村级调查材料",存北京市房山区史志办。

⑨ 1983 年"根据地、敌统区(及部分游击区根据地)村级调查材料",存北京市房山区史志办。

⑩ 1983 年"根据地、敌统区(及部分游击区根据地)村级调查材料",存北京市房山区史志办。

⑪ 房山区政协学习与文史委员会编:《房山文史资料》第 21 辑,2007 年印行,第 63—64 页。

⑫ 1983 年"根据地、敌统区(及部分游击区根据地)村级调查材料",存北京市房山区史志办。

⑬ 1983 年"根据地、敌统区(及部分游击区根据地)村级调查材料",存北京市房山区史志办。

序号	惨案名称	时间	残杀人数	过程
24	曹家房惨案①	1942 年 12 月 12 日	19 人	侵华日军包围曹家坊村，残杀村民和八路军 19 人
25	琉璃河澡堂惨案②	1937 年	40 余人	侵华日军在琉璃河铁路澡堂里挑杀 40 余人

四、结论

日本侵华战争已时过 70 余年，但日军对房山人民的侵害和掠夺，对房山人民犯下的战争罪行罄竹难书。许多受害当事人记忆犹新，许多受害人的后代切齿难忘。同样，这些罪行对房山地区的发展带来了巨大的破坏和影响。

（一）日军在房山的法西斯暴行极端野蛮和残暴

大量资料揭示，日军的法西斯暴行罄竹难书。1937 年七七事变，日军侵入房良地区后，一路烧杀淫掠，无恶不作。日军对手无寸铁的百姓，动辄用刺刀挑、铡刀铡、锯子锯、军马拖、打活人靶、灌辣椒水、灌生小米、开水烫、毒气熏、吊绞、砍头、挖心、剜眼、剥皮、肢解、活埋、轮奸、奸淫后残杀、割乳房、喂狼狗等骇人听闻的残酷手段折磨杀害无辜百姓，疯狂野蛮，残忍无情，令人发指；日军对抗日人士的暴行更是残忍至极。

仅举几例，足可见日军的残暴：

在定府辛庄村，日军把抓来的百姓集中起来，男女分别排成两行，对面跪着，两名日军手拿敲鼓的锤子，从两行人中间，使足劲猛敲男人的头部，让女人瞧着，被敲的人从头上往脖子里流血，有的当场死亡，有的流尽血后死亡，令人惨不忍睹③。

在双柳树村，日军追赶一名抱着孩子的妇女，眼看要被日本兵追上，她忍痛扔下了孩子，自己躲进了庄稼地里，日本兵一刺刀将不满周岁的婴儿扎死④。

在千河口村，日军连村里的一个哑巴也不放过。这名哑巴不知道躲藏，被日

---

① 1983 年"根据地、敌统区（及部分游击区根据地）村级调查材料"，存北京市房山区史志办。
② 1983 年"根据地、敌统区（及部分游击区根据地）村级调查材料"，存北京市房山区史志办。
③ 房山区政协学习与文史委员会编：《房山文史资料》第 21 辑，2007 年印行，第 57 页。
④ 房山区政协学习与文史委员会编：《房山文史资料》第 21 辑，2007 年印行，第 58 页。

军捉住后，用枪活活砸死①。

在金鸡台村，日军抓到一个要饭的小孩，用脚踢来踹去，用刺刀挑来挑去，把五脏六腑都甩出来，余下的烂肉喂狼狗；一名侦察员被他们抓住，捆上双腿倒拖在马镫上，在山路上拖着走，拖得只剩下两条小腿；村内一名病妇，遭30多日本兵轮奸后，又被拉着双腿，劈成了两半，惨死在日军的手下②。

在曹家坊村，日军抓捕了区小队司务长张成弟等人，他们受尽敌人的酷刑不屈服，日军放出数条狼狗，将张成弟等人撕咬得鲜血淋漓，又用刺刀乱挑③。区委书记晋耀臣被捕后，日军用铅丝穿着他的锁骨拉着走了20多里路，又将他倒挂在墙上，用开水浇身，用刺刀戳瞎双眼，在其身上连砍数刀仍不死心，又叫狼狗撕扯他的肢体，最后将其推入山下的壕坑中活埋④。

（二）日军对房山人民的生命造成巨大伤害

大量的资料证明，1937年—1945年，日军对房山每一寸土地的侵占，对抗日根据地的每一次"扫荡"，每一次推行的"治安强化运动"，每一次对矿山、财产的掠夺行为，都是以残杀中国军民的生命为代价的，特别是日军在房山制造的一起起灭绝人性的惨案，都是针对普通男女老少村民实施的。日军在房山"扫荡"抗日根据地，袭击普通村庄，报复普通老百姓，一次次滥杀众多无辜百姓。日军推行"治安强化运动"，挖封锁壕，修公路碉堡，动辄杀戮和迫害，伤亡许多百姓。日军强征房山800多人去日本当劳工，基本没有生还者（没有列入调查统计之中）。日军开采矿山资源，强迫中国人服苦役，致许多中国人积劳死亡（没有列入调查统计之中）。日军封锁抗日根据地，致使根据地缺粮少医，伤害众多无辜百姓。日军在占领区实行残酷的法西斯统治，迫使占领区生产下降，灾害频生、民不聊生、朝不保夕。

（三）日军对房山的经济、文化、社会发展造成毁灭性打击

日军发动卢沟桥事变前的房山，地理位置优越，交通便利，矿产资源丰富。卢沟桥事变后，日军占领房山后，实行极其残暴的法西斯殖民统治，房山的经济、

---

① 房山区政协学习与文史委员会编：《房山文史资料》第21辑，2007年印行，第25页。
② 房山区政协学习与文史委员会编：《房山文史资料》第21辑，2007年印行，第64页。
③ 房山区政协学习与文史委员会编：《房山文史资料》第21辑，2007年印行，第64页。
④ 房山区政协学习与文史委员会编：《房山文史资料》第21辑，2007年印行，第95、第96页。

政治、文化、社会发展，受到毁灭性打击。

1. 经济发展遭受重大破坏。由于日军的侵略，房山民族工业、手工业和农业惨遭劫掠，经济发展遭受毁灭性破坏。煤炭生产是房山的重要工业生产。《房山区志》记载，卢沟桥事变前，"房、良有煤窑 140 座，日产多至 500 万斤，日军侵占房山后，高线残损，矿山狼藉"，"窑数减 43%，产量减 87%"[1]。由于日军的侵占，房山大批农田被毁，庄稼被毁，牲畜被抢掠，农具被毁坏，种子被抢，农民无法耕种，农业生产受到致命破坏。

2. 人口损失严重。八年抗日战争使房山人民生活在日军法西斯殖民统治的极度恐惧之中。遭受迫害、恐吓、杀戮，由于战争导致的饥馑、疾病折磨，百姓生命朝不保夕。由于战争，人口出生率大幅度下降，人口发展受到极大限制和摧残。

3. 百姓丧失了基本的生存条件。日军对中国百姓的房屋、牲畜、庄稼、财物、矿产的毁灭、抢夺，对抗日根据地和游击区更是反反复复的毁灭性打击，剥夺了百姓基本的生存条件，他们没有房屋居住，没有食物充饥，没有衣物遮寒，没有工具生产，没有种子播种，致使生活濒临绝境。

1942 年的旱灾，在敌占区"从坨里往里一直到长操，大大小小几十个村庄，多数村庄有半数以上人背井离乡外出逃荒"，"仅二三十里路，就有六十多具死尸暴陈荒野"，"饿死的人不计其数，仅据口头、檀木巷、佛子庄、北窖、南窖、长操等村统计，约计饿死近六百人"[2]。

五、调查的几点说明

此次调查，由于时间久远，调查取证受到了很大的局限性，但终归还是抢救了一批宝贵的历史材料。关于调查材料，我们需要作如下说明：日军侵占房山 8 年，罪行累累，上述调查统计数字只是日军在房山侵略罪行的一部分。

第一，抗战胜利已近 70 年，受害者、受害者的亲属等知情人大多已经过世，调查取证难以全面。一是日军的侵略历经 8 年，许多受害者是全家被日军杀害的，没有留下后人，也没有亲友，无法调查取证；二是许多被日军杀害的中国人，由于过去了 60 多年，知情的后人或亲人已经过世，我们难以调查取证；三是还有许多逃难到房山或做工到房山，在房山被日军杀害的中国人，没有人知道姓名，也难以调查取证。所以，调查取证统计的死伤人数只能是日军在房山杀害的中国

---

① 北京市房山区志编纂委员会编：《北京市房山区志》，北京出版社 1999 年版，第 185 页。
② 房山县县志编纂委员会编：《房山人民革命斗争史》，1986 年印行，第 68 页。

人的一部分。

第二，由于调查取证的局限，有两方面数据没有列入统计。一是对由日军的迫害、虐待致病而死的中国人没有统计；二是对日军强征死难的劳工没有统计。所以，无论是 1983 年的调查，还是 2006 年的调查统计数字，都只能是日军在房山侵略罪行的一部分。

第三，日军对抗日根据地前后进行了 10 余次"扫荡"，根据地的房屋建筑基本是被日军烧了又建，建了又烧。那时的百姓房屋，一般是两间或三间。很多家庭的住房是历经明朝、清朝保存下来的，家庭生活用品的价值难以用今天的一般市场价格计算。就是按 3 间计算，日军焚烧的 22011 间房屋，至少涉及 7000 户家庭，7000 户家庭生活用品荡然无存。所以，日军给房山造成的经济损失，难以计算。

北京市通州区抗日战争时期人口伤亡和财产损失调查

通州区调查组

一、调查工作概述

2006 年 2 月，通州区成立了调查组。结合通州实际，通州的调查工作主要以查阅档案和现存资料为主。调查人员先后到通州区档案馆、北京市档案馆、河北省档案馆查阅档案，并综合了通州区党史区志办公室近 20 年来出版、保存的党史资料、村史资料及《通县志》《通县革命史》等。查阅资料情况见下表：

表 1　通州区抗战时期人口伤亡与财产损失课题查阅资料情况统计表

查阅档案情况		查阅其他资料
档案馆名称	查阅档案卷数（卷）	
通州区档案馆	3416	《通县党史资料》38 册，《通县村史资料》4 册，《日寇侵华罪行·冀东事变》1 册，《通县志》1 册，《通县革命史》1 册，抗战时期书报、刊物 4 种
北京市档案馆	115	
河北省档案馆	987	

在广泛查找资料的过程中，调研人员发现了许多与课题直接相关的资料。在北京市档案馆查到 1946 年《敌人罪行调查表》12 份[1]；在河北省档案馆查到冀东行署于 1946 年编制的两份调查统计表，即《冀东区八年来敌伪烧杀抢掠统计表一》《冀东区八年来敌伪烧杀抢掠统计表二》[2]；在《通县志》中查到 1933 年至 1945 年间日军在通县制造的多起暴行；《通县革命史》《日寇侵华罪行·冀东事变》中，也有关于抗战时期通县人口伤亡与财产损失的记述。

---

[1] 河北高等法院检察处：《河北高等法院、地方法院、各县地方法院送敌人罪行调查表》，1946 年，北京市档案馆藏，档号 J187—1—165。

[2] 冀东行署：《冀东区八年来敌伪烧杀抢掠统计表》，1946 年，河北省档案馆藏，档号 48—1—32—2。

二、抗战前后的基本情况

通州区，原称"通县"，位于北京市东南，面积912.3平方公里。辖区为1958年10月后形成。在此之前，隶属和辖区多有变更。1928年至1933年初，通县为河北省辖区。1933年5月，根据中日签订的《塘沽协定》，在冀东22县设置蓟密、滦榆两个停战区，通县属蓟密区。1935年11月，在日军的直接操纵下，蓟密区专员殷汝耕在通县建立傀儡政权——伪冀东防共自治委员会，12月改称伪冀东防共自治政府。通县是该伪政权统治的中心区域。1938年2月—1945年8月，通县先后隶属伪河北省冀东道、伪河北省燕京道、伪冀东特别行政区。1935年—1945年，通县的辖区除今天的通州区外，还包括大兴区、三河县（河北省）、香河县（河北省）和武清县（天津市）的部分村庄，总面积为1134.3平方公里。1948年底，在通县城关设通州市。1949年通州市改为通县镇，为通县专区驻地。1953年11月，撤销通县镇，改为通州市，由通县专区代管。1958年3月划归北京市。1960年改名通县。1997年改称通州。

三、人口伤亡

日军占领通县期间，对占领区的居民任意逮捕、杀害，对抗日力量血腥镇压。日军的野蛮行径，造成通县人口较大伤亡。

（一）平民伤亡[①]

1. 日军制造惨案，集体屠杀平民

日军在攻占通县时，炮火伤及无辜百姓，造成很多居民死伤。占领通县后，日军在"清乡"、"扫荡"等军事活动中，多次屠杀无辜村民。

1933年4月28日，一伙日军进犯古城村，并炮击通州城，炸死炸伤平民40余人[②]。

1938年5月5日，日军在东田阳村"清乡"，杀害村民8人[③]。

---

① 1937年7月29日，伪冀东保安队在通州城起义，逮捕汉奸殷汝耕，歼灭日军守备队和特务数百人。7月30日，日军1000多人开进通州城，进行血腥的镇压。据伪县长王季章说："在暂短的时间里，被处死的通州居民达七八百人之多。"（中共北京市委党史研究室、北京通县党史县志办公室编：《通县革命史》，北京出版社1994年版，第59—68页）由于此说缺少旁证，故在此列出，以供参考。

② 中共北京市委党史研究室、北京通县党史县志办公室编：《通县革命史》，北京出版社1994年版，第45页。

③ 通州区地方志编纂委员会编：《通县志》，北京出版社2003年版，第25、第26页。

1945 年 5 月 7 日凌晨，日、伪军 2000 人包围平家疃村，12 名村民惨遭杀害①。

2. 日军随意捕杀、伤害平民

为加强对通县人民的统治，日本宪兵特务横行街市，疯狂镇压人民的反抗，对居民肆意捕杀。据 1946 年北平市政府填报的《敌人罪行调查表》记载，抗战时期通县有 12 位平民被日军侵害。

1937 年 6 月 26 日、27 日，霍彬由北门外大街一号家中被酒井部队抓走，下落不明。

1937 年 7 月 27 日下午，日军久（酒）井部队士兵三人，闯进熊家胡同 1 号北宛面铺，强拉骡子。宛玉全拦阻，被日军士兵砍死。

1937 年 7 月 28 日，宛庆林在通县城内黄桥马永芝面铺看房。日军酒井部队二人闯进，用枪将其打死。

1937 年 7 月 29 日上午，徐春荣由通县城内水胡同六号天顺澡堂外出，至胡同中间，被一名日军用战刀刺死。

1939 年 2 月 5 日上午，苍铎因患热病赴西大街喜久料理馆，因语言不清，被日本宪兵队送大冢部队内，被害身亡。

1944 年 6 月，蔺德润在家中被驻燕郊日军第 1418 部队小林队长抓走，七八天后放回。蔺德润因被小林队长踢打灌水，内伤严重，经医治无效后于 1945 年 4 月 20 日死亡。

1944 年 7 月 30 日，宋长青看守通县白庙大桥，被驻燕郊白庙日军守备队平方用木棍毒打，遍体鳞伤，吐血多次。

1944 年 9 月 18 日，曹文生在通县城内史家胡同 9 号居住，忽然被驻燕郊日军第 1418 部队小林队长等二人抓走，并于 19 日下午在樊村东边被刺杀。

1945 年 1 月 3 日晨，廖殿池从家前往乡公所，被驻白庙大桥日军守备队平方队长等六七个日本兵开枪打死。

1945 年一二月间，王贯一被驻燕郊日军第 1418 部队金翻译抓走，带至该队进行拷打审问，并用电刑，一个月放回。因受伤过重，到家七日身死。

1945 年 3 月 26 日，驻燕郊日军第 1418 部队小林队长，因索款未遂，将翟里村保长崔桐轩和代理联保主任邓耀庭捆绑至本村杨姓家中，用凉水灌死②。

---

① 通州区地方志编纂委员会编：《通县志》，北京出版社 2003 年版，第 27 页。

② 河北高等法院检察处：《河北高等法院、地方法院、各县地方法院送敌人罪行调查表》，1946 年，北京市档案馆藏，档号 J187—1—165。

3. 其他伤亡情况

1945 年 6 月 20 日，日军三间房飞机场机窝倒塌，砸死劳工 64 人[1]。

（二）抗日武装伤亡

1944 年 2 月，通县抗日武装回民队受到日军重兵"追剿"，大队长何臣及 10 余名队员牺牲[2]。1945 年初，三通香联合县支队与日军在北李庄激战，支队副班长李长启牺牲[3]。1945 年，三通香联合县支队攻打东沟火车站，与日军激烈交火，支队三班长牺牲[4]。

据冀东行署统计，日军占领通县期间造成通县直接死亡人数为 1965 人[5]。

此外，日军的残暴统治，还造成通县人民逃亡和间接死亡。1936 年，通县遭受早霜冻，农作物受灾严重，但伪政府照常收税要捐，各种捐税多达 423 种，不交者以"通匪"、"抗日"论罪。穷苦百姓为了活命，只好背井离乡，流亡外地。1938 年，通县户数为 67109 户，人口 353869 人，比 1936 年减少 6414 户、49829 人[6]。1942 年后，很多居民因为进食由日伪政权配给的"混合面"（由麸子、玉米皮、玉米骨、豆饼等混合磨制而成），咽不下，便不出，致病死亡[7]。

四、财产损失

（一）直接财产损失

1. 日军烧毁房屋，抢掠物资

日军在进攻通县县城和"清乡"、"扫荡"时，炮击民房，并纵火焚烧居民房屋，大肆抢掠居民财物。1933 年 4 月 28 日，日军炮轰通县县城，炸毁清真寺礼拜殿及民房数百间。1938 年 5 月 5 日，日军在东田阳村"清乡"，烧毁了 200 多

---

① 通州区地方志编纂委员会编：《通县志》，北京出版社 2003 年版，第 27 页。

② 中共北京市委党史研究室、北京通县党史县志办公室编：《通县革命史》，北京出版社 1994 年版，第 106 页。

③ 中共北京市委党史研究室、北京通县党史县志办公室编：《通县革命史》，北京出版社 1994 年版，第 117、第 118 页。

④ 中共北京市委党史研究室、北京通县党史县志办公室编：《通县革命史》，北京出版社 1994 年版，第 125 页。

⑤ 冀东行署：《冀东区八年来敌伪烧杀抢掠统计表》，1946 年，河北省档案馆藏，档号 48—1—32—2。

⑥ 通州区地方志编纂委员会编：《通县志》，北京出版社 2003 年版，第 103 页。

⑦ 通州区地方志编纂委员会编：《通县志》，北京出版社 2003 年版，第 759 页。

户的房屋。1939 年 4 月 12 日，日本宪兵到县城东营抓人放火，烧毁民房 110 间[1]。

抗战时期，日军洗掠通县小辛庄，共烧毁房屋 505 间、劫掠粮食 1143 石、牲畜 30 头、车辆 21 辆及家具衣物若干件等，折合法币 94406.5 万元，殃及普通农户 99 家、杂货铺 1 处、药铺 1 处、学校公会 1 处、杂货煤栈 1 处[2]。

2. 强占土地

日、伪军强占农用土地，造成百姓无地可耕。1934 年 3 月，日本南满铁路株式会社强征农民土地建植棉试验场。1935 年，日军强行将小街村、张家湾村一带划为植棉区，试种日本兴中公司"丝"字棉和"金"字棉。1936 年，伪冀东防共自治政府强行在县城外征地数百亩，用于建飞机场。1942 年春，日军在三间房村东强占农田 2000 余亩建军用机场[3]。

3. 其他损失

1937 年 4 月，日军 3000 余人在通县县城附近进行军事演习。伪政府为此向通县人民摊捐派款[4]。

据冀东行署统计，抗战时期，通县粮食损失 16136 万（原档案中未注明单位，故缺）、房屋损失 2935 间、牛马骡驴损失 250 头、猪羊损失 6400 头（只）、农具家具损失 1.3 万件、被服损失 9 万件、碉堡沟墙占地 7200 华亩，被抓工要夫 18 万人次[5]。

（二）间接财产损失

1935 年伪冀东防共自治政府成立后，日军利用这个傀儡政权，大肆倾销日货，致使通县民族工商业经营困难，不少商户倒闭；低价收购工厂、矿山，掠夺资源；开设银行，自行印制没有任何金银、货物作储备的纸币，扰乱了地方经济；

---

① 通州区地方志编纂委员会编：《通县志》，北京出版社 2003 年版，第 24—26 页。

② 《河北省通县第三警区小辛庄烧毁房屋物件清册》，台北"国史馆"藏，档号 303—111。

③ 通州区地方志编纂委员会编：《通县志》，北京出版社 2003 年版，第 25、第 26 页。

④ 通州区地方志编纂委员会编：《通县志》，北京出版社 2003 年版，第 25 页。

⑤ 冀东行署：《冀东区八年来敌伪烧杀抢掠统计表》，1946 年，河北省档案馆藏，档号 48—1—32—2。

大量开设烟馆、赌场、妓院，残害民众，筹集军费①。

五、结论

抗战胜利至今已近 70 年。资料记载的缺失、历史见证人的相继故去和行政区划的变动，给今天的调查造成了很大的困难。我们在广泛查阅现有资料基础上得出的一系列数据，还是比较可信的，对了解抗战时期通州人口伤亡与财产损失具有重要的参考价值。从这个统计结果可知，抗战时期，日军在通州地区的烧、杀、抢、掠，给通州地区生产力的发展造成了严重破坏。日、伪军在通州的残暴统治和野蛮掠夺，造成劳动力大量伤亡，牛、马、骡、驴和农具等生产工具大批被杀、被抢或被毁，土地等生产资料大量被无偿征用。日、伪军对生产力的肆意摧残，造成了通州社会经济发展的严重停滞，甚至倒退。

---

① 通州区地方志编纂委员会编：《通县志》，北京出版社 2003 年版，第 852 页；中共北京市委党史研究室、北京通县党史县志办公室编：《通县革命史》，北京出版社 1994 年版，第 52、第 53 页；通县政协征集口述资料：《日寇侵略罪行·冀东事变》（内部资料），第 52、第 54 页。

北京市顺义区抗日战争时期人口伤亡和财产损失调查

顺义区调查组

一、调查工作概述

2006 年 2 月，北京市委党史研究室等八单位联合召开"抗战时期北京地区人口伤亡与财产损失调查"培训会议以后，顺义区委、区政府决定成立由顺义区党史区志办公室牵头，区文化委、区老干部局、区档案局等单位组成抗战损失调查组。调查工作本着对历史、对人民高度负责的精神，坚持实事求是、一丝不苟的态度开展工作，认真查阅档案资料、有关书籍；深入基层，走访知情人、当事人，采取多种形式，搜集资料。经过 5 个多月深入细致的调查，在河北省档案馆、北京市档案馆、顺义区档案馆等处查阅档案总计约 3000 卷，发现了大量反映抗战时期顺义情况的资料，对抗战时期顺义地区人口伤亡与财产损失情况有了基本的把握。

二、抗战前后的基本情况

顺义地处燕山南麓，东界平谷，南邻（河北省）三河、通州，西接朝阳、昌平，北连怀柔、密云，总面积 1021 平方公里。1931 年，顺义属河北省，设 1 城、4 镇、8 区，辖 190 个乡、276 个村，人口 22.4 万，面积约 665 平方公里。1935年 12 月，伪顺义县政府成立，隶属于伪冀东防共自治政府。1937 年后，属伪河北省冀东道。顺义全境为平原，土地肥沃，农业较发达，有部分家庭手工业。日军占领期间，对顺义人民的抢掠，造成租税繁重，百物腾贵，生活日趋困难；对顺义人民的烧杀，则造成顺义人口大量减少，人民流离失所，无家可归。为此，日伪新民会在其编撰的《河北省顺义县事情》中不得不承认："自（七七）事变以后，人民颠沛流离，农村凋敝，救死犹恐不及，何能担任巨额租税。"

三、人口伤亡

1933 年长城抗战失败后，日军占领牛栏山镇，对顺义人民开始了长达 12 年的血腥统治。1935 年 12 月，日军进驻顺义县城。日军足迹所至，"视焚烧为笑谈，以杀害人命为儿戏"。

（一）大肆屠杀

1. 1933 年 4 月初，日军飞机轰炸顺义杨各庄镇，炸死群众多人。[①]

2. 1938 年春，日军屠杀被俘的华北民众抗日挺进军和抗日别动游击队官兵，仅在城东潮白河边一次就集体枪杀了 50 余人，在南门外苇塘枪杀 20 余人。[②]

3. 1938 年 8 月 31 日，汉奸聂洪茹勾结日军百余人攻入冯家营刘家大院。日军见人就杀，连双目失明的老人和庙里的和尚也不能幸免，并在村西北集体杀害村民 40 余人。在冯家营惨案中，日军共杀害村民 68 人，伤 4 人，失踪 2 人，成为顺义境内最大的惨案。具体伤亡情况见下表。

表 1　冯家营惨案人口伤亡统计表[③]

姓　名	性别	职　业	年龄	伤或亡	费用（法币元）	
					医药	葬埋
姚广恩	男	自卫团班长	50	亡	—	1000
刘振庭	男	自卫团班长	31	亡	—	1000
刘振清	男	自卫团丁	32	亡	—	800
赵　斌	男	自卫团丁	28	亡	—	700
康殿玉	男	自卫团丁	32	亡	—	700
邵后民	男	自卫团丁	27	亡	—	750
史殿清	男	自卫团丁	25	亡	—	750
张九洲	男	自卫团丁	19	亡	—	800
性凯	男	自卫团丁	35	亡	—	800
刘祥	男	自卫团丁	48	亡	—	750
刘万仓	男	自卫团丁	39	重伤	1500	—
赵春玉	男	自卫团丁	35	重伤	950	—
边毓春	男	人事服务	56	亡	—	100
刘忠	男	人事服务	35	亡	—	900
刘吉头	男	人事服务	16	亡	—	700
孟来子	男	人事服务	15	亡	—	600
庞七十	男	人事服务	16	亡	—	700

[①] 中共北京市委党史研究室、中共顺义县委党史办公室：《顺义革命史》，北京出版社 1991 年版，第 18 页。

[②] 中共北京市委党史研究室、中共顺义县委党史办公室：《顺义革命史》，北京出版社 1991 年版，第 38 页。

[③] 《河北顺义县人口伤亡及财产损失调查表》，1946 年，台北"国史馆"藏，档号 303—094。

姓　名	性别	职　业	年龄	伤或亡	费用（法币元）	
					医药	葬埋
杨玉林	男	人事服务	24	亡	—	800
王长生	男	人事服务	31	亡	—	750
刘荣先	男	人事服务	32	亡	—	800
王长吉	男	人事服务	25	亡	—	750
赵遇荣	男	人事服务	35	亡	—	1000
老　梅	男	人事服务	50	亡	—	800
门明宽	男	人事服务	56	亡	—	800
刘子祥	男	人事服务	48	亡	—	850
孙永升	男	人事服务	40	亡	—	750
王秃子	男	人事服务	28	亡	—	700
曹士才	男	人事服务	55	亡	—	800
赵春荣	男	人事服务	56	伤	450	—
刘福海	男	人事服务	40	伤	650	—
刘闹子	男	人事服务	18	亡	—	750
赵春舫	男	农民	29	亡	—	900
赵春涛	男	农民	35	亡	—	900
刘万生	男	农民	32	亡	—	950
赵　荣	男	农民	34	亡	—	800
刘玉立	男	农民	28	亡	—	700
赵　同	男	农民	40	亡	—	800
赵长富	男	农民	40	亡	—	800
刘老怀	男	农民	20	亡	—	750
赵满屯	男	农民	15	亡	—	700
李长富	男	农民	50	亡	—	800
李双喜	男	农民	21	亡	—	750
刘　璞	男	农民	38	亡	—	650
赵春山	男	农民	48	亡	—	700
刘振先	男	农民	28	亡	—	850
刘庆富	男	农民	25	亡	—	800
张瑞富	男	农民	40	亡	—	800
刘小奎	男	农民	24	亡	—	750
刘小元	男	农民	20	亡	—	750
刘海昆	男	农民	56	亡	—	700
张老大	男	农民	30	亡	—	650
张　旺	男	农民	48	亡	—	850
张大群	男	农民	30	亡	—	800
刘　湘	男	农民	40	亡	—	850
刘庆元	男	农民	29	亡	—	800
刘得春	男	农民	28	亡	—	750
刘广来	男	农民	35	亡	—	700
王　富	男	农民	40	亡	—	800

姓　　名	性别	职　业	年龄	伤或亡	费用（法币元）	
					医药	葬埋
刘　永	男	农民	30	亡	—	750
黄　贵	男	农民	51	亡	—	800
黄永祥	男	农民	26	亡	—	750
黄　二	男	农民	18	亡	—	700
赵自修	男	商人	38	亡	—	800
赵自修之子	男	商人	16	亡	—	700
屈　三	男	赶车夫	30	亡	—	850
刘长林	男	赶车夫	33	亡	—	900
王德发	男	佣工	28	亡	—	800
傅　老	男	佣工	30	亡	—	800
庞福禄	男	佣工	45	亡	—	850
赵　江	男	佣工	51	亡	—	1500
赵兰儿妇	女	农民	34	亡	—	750
赵长富妻	女	农民	39	亡	—	800
刘玉良	男	农民	42	被俘失踪	—	—
刘玉润	男	农民	30	被俘失踪	—	—

4. 1938 年 10 月 24 日，日军为"清剿"民众自发组织的青年抗日救国军，包围了焦各庄村，先用地雷炸，再用机枪扫射，当场杀害 35 人[①]。

5. 1941 年冬，中共蓟平密联合县四区区长朱小轩在薛庄被日、伪军包围，突围时不幸牺牲[②]。

6. 1942 年，日军到梭草、年丰、大孙各庄等村"讨伐"，一次集体枪杀群众几十人[③]。

7. 1943 年 1 月，伪军到李家洼子村"清剿"，杀害村民 6 人，还打残 1 人，打伤 2 人，烧毁房屋 11 间[④]。

8. 1945 年 2 月 20 日，日军到顺义东部"扫荡"，在驻马庄村熏死躲入地道的 4 名群众，强奸妇女多人，其中一名自杀身亡[⑤]。

---

① 北京市顺义区党史区志办公室编：《顺义县志》，2003 年印行，第 624 页。

② 中共北京市委党史研究室、中共顺义县委党史办公室：《顺义革命史》，北京出版社 1991 年版，第 58 页。

③ 中共北京市委党史研究室、中共顺义县委党史办公室：《顺义革命史》，北京出版社 1991 年版，第 56 页。

④ 中共北京市委党史研究室编：《侵华日军在北京地区的暴行》，知识出版社 1995 年版，第 111 页。

⑤ 中共北京市委党史研究室编：《侵华日军在北京地区的暴行》，知识出版社 1995 年版，第 112 页。

（二）奴役劳工

在顺义境内，日军随意抓丁征夫，强征劳动力去挖工事。在"治安强化运动"时，仅挖怀柔、顺义至三河、通县境的一条"治安壕"，就征夫 1.4 万人；挖北宅至沙峪口的"治安壕"，从顺义强征民工 3 万人[①]。

1944 年下半年，在世界反法西斯战争的打击下，日本国力衰竭，前线兵力不足，后方劳动力匮乏。为了支撑罪恶的侵略战争，他们从占领区抓捕大批劳工，押回日本本土，强迫苦役，充当奴隶。1944 年 8 月、11 月和 1945 年 2 月，日军从顺义先后三次抓走劳工 400 多人[②]，大部被榨干血汗，少数幸存者也受尽凌辱，直到日本投降后才回到祖国。李遂镇李各庄村的尚德俊老人就是一位幸存者。据他回忆：1944 年秋，他和别的劳工一起被押到日本的北海道。当年寒冬，尚德俊衣衫不整，肚子上长了一个碗口大的脓疮，还被日本监工逼着去扛木箱，致使疮口迸裂，脓血浸透了衣裤。日本劳工还变着法子折磨劳工，将劳工脱光衣服，强摁在冰槽里。就这样，尚德俊在日本过了两年牛马不如的奴隶生活，而且没有一分钱工资[③]。

据冀东行署 1946 年统计，抗战时期顺义县被日军直接杀害或蹂躏致死者 2700 人，被日军打伤致残人数难以统计，被抓劳工 4250 人，被抓丁征夫 75 万人次[④]。

四、财产损失

《塘沽协定》签订后，包括顺义在内的冀东 22 县被划为"非武装区"，成为日军侵略中国的基地。日军变本加厉地掠夺当地各种物资，为罪恶的战争筹集军需。在日伪统治时期，顺义人民财产遭到洗劫，各项事业受到重创。战争给人们带来的损失是空前的。原本就不繁荣的顺义，在劫难之后更是满目疮痍、荒凉衰败。

（一）经济损失惨重

日军进驻顺义后，大量的财政收入被用作日军军费。1935 年 12 月，伪县政府去古北口支应日军，一笔用去 1762.22 元。1936 年 1 月 13 日，为派驻顺义的

① 中共北京市委党史研究室、中共顺义县委党史办公室：《顺义革命史》，北京出版社 1991 年版，第 56 页。

② 中共北京市委党史研究室、中共顺义县委党史办公室：《顺义革命史》，北京出版社 1991 年版，第 112 页。

③ 中共北京市委党史研究室编：《侵华日军在北京地区的暴行》，知识出版社 1995 年版，第 208—210 页。

④ 今顺义区辖区较当时顺义县辖区有变动。《战时损失调查表》，1946 年，河北省档案馆藏，档号 48—1—32。

日本顾问米仓俊太郎修房、买桌椅，用去 4300 多元。同年 3 月，支应日军用洋 3052.6 元[①]。1942 年，县城修碉堡一次用款 786000 元[②]。此外，保安队、警察队、自卫团等伪组织的服装、津贴、武器装备以及驻顺义的满洲军所需粮草的费用，都由当地伪政府承担。

为加强对顺义人民的控制，驻顺义的日军开始大修公路、架设电话线；增派一个 100 多人的守备中队和一个宪兵队进驻，还把全县 185 乡，按每乡 10 人，编成一个 1850 人的自卫团，把原来的警察队扩编为警备大队，辖 4 个中队，共 387 人。强迫人民修筑碉堡，增修警备路，架设警备电线。全县有大小炮楼碉堡 183 座，警备路 155 公里[③]。伪县政府将巨额的军费强行摊派下去，转嫁到人民身上。1936 年 4 月至 6 月，田赋上涨 3 倍，契税上涨 5 倍多[④]。

（二）人民财产遭洗劫

日军侵占顺义期间，为维持统治和补充军需，在顺义城乡大肆纵火、抢掠物资，造成顺义人民财产损失严重。

1. 1937 年 8 月 5 日，日军到薛大人庄巡查，纵火焚烧马殿元家的房屋。房屋连同房中的生活用品基本被烧毁，损失巨大，详情见下表。

表 2　薛大人庄马殿元个人财产损失情况统计表[⑤]

损失项目	购置年月	单位	数量	价值（国币元）	
				购买时价值	损失时价值
砖房	1915.2	间	31	6800	10200
瓦房	1919.2	间	14	180	540
小麦	1937	石	30	1	1 元 1 角
杂粮	1937	石	120	8 角	8 角
黄柏棺木	1920.2	口	1	650	2000
顶箱柜	1918.9	份	4	90	270
卧柜	1917.10	个	3	80	240
联三桌	1917.2	张	4	16	48
八仙桌	1923.3	张	8	6	18
佛柜	1914.10	张	3	16	48

① 中共北京市委党史研究室、中共顺义县委党史办公室：《顺义革命史》，北京出版社 1991 年版，第 31 页。
② 中共北京市委党史研究室编：《侵华日军在北京地区的暴行》，知识出版社 1995 年版，第 110 页。
③ 中共北京市委党史研究室、中共顺义县委党史办公室：《顺义革命史》，北京出版社 1991 年版，第 32 页。
④ 中共北京市委党史研究室、中共顺义县委党史办公室：《顺义革命史》，北京出版社 1991 年版，第 31 页。
⑤ 《河北顺义县人口伤亡及财产损失调查表》，1946 年，台北"国史馆"藏，档号 303—094。

损失项目	购置年月	单位	数量	价值（国币元）	
				购买时价值	损失时价值
佛龛	1916.2	个	2	16	48
皮箱桌	1916.2	张	4	14	42
条案	1916.2	个	4	16	48
松木坨	1921.9	架	2	16	23
松木	1921.9	料	95	6	8
榆木	1919.10	料	220	2	3
杨柳等木	1920.2	料	110	2	3
大车	1920.10	辆	4	400	1100
轿车	1921.2	辆	1	400	1200
芦席	1921.10	领	150	6 角	1 元 2 角
磨	1915.10	具	1	20	65
碾	1915.10	盘	1	50	160
农具	1918.4	—	多件	1200	3700

2. 1937 年 8 月 14 日，20 余名日军持枪抢掠顺义春源馆物资，共抢走皮鞋、钢笔、折扇、手电筒、毛巾、牙刷等十几种商品若干件，价值 17 元 4 角 8 分[1]。

3. 1937 年 8 月 31 日，日军制造冯家营惨案，除屠杀之外，又烧毁大量民房，抢走巨额物资。在这次惨案中，冯家营村损失的物资有房屋、牲畜、粮食、农具、衣物、器皿、杂货、药材、武器等，总价值为法币 115825 元，具体财产损失情况见下表。

表 3　冯家营村财产损失统计表[2]

损失项目	购置年月	单位	数量	价值（国币元）	
				购买时价值	损失时价值
房屋	民国初年	间	147	10290	29400
马	1931—1938	匹	10	1500	1700
骡	1931—1938	匹	42	8400	9240
驴	1931—1938	匹	19	950	1520
猪	1931—1938	口	6	72	210
羊	1931—1938	只	7	70	175

---

[1] 戚子荣：《春源馆经理戚子荣呈报日军抢拿商品损失情况》，1937 年 8 月 15 日，北京市顺义区档案馆藏，档号 4—39。

[2] 《河北顺义县人口伤亡及财产损失调查表》，1946 年，台北"国史馆"藏，档号 303—094。

损失项目	购置年月	单位	数量	价值（国币元）	
				购买时价值	损失时价值
杂粮米麦	1938	石	5699	34194	34194
农具	1931—1938	件	1059	19062	21180
衣物器皿	1931—1938	件	402	8040	7236
杂货药材	1931—1938	—	—	1970	1970
手枪步枪	1931—1938	支	45	9000	9000

日军的抢掠极其野蛮残酷，见什么就抢什么，拿不走的就放火烧掉，所到之处，只剩下焦土一片。日军的残暴，从冯家营村刘介忱的财产损失情况中可窥见一斑。在冯家营惨案中，刘介忱损失的财产总值法币 97880 元，具体情况见下表。

表4　冯家营村刘介忱财产损失情况统计表[1]

损失项目	购置年月	单位	数量	价值（国币元）	
				购买时价值	损失时价值
瓦房	1921	间	34	6800	10200
马	1931—1938	匹	5	750	950
骡	1931—1938	匹	15	3000	3300
驴	1931—1938	匹	2	140	160
牛	1931—1938	口	1	150	180
农具	1931—1938	件	1500	30000	28000
杂粮米麦	1938	石	2950	17700	17700
家具	1931—1938	件	550	11000	10000
衣服	1931—1938	件	900	13500	12600
手枪步枪	1931—1938	支	23	4600	5290
财帛首饰	1931—1938	件	—	9500	9500

4. 1937 年 8 月，日军修建城南军用机场时，铲除青苗 477 亩，使 47 家百姓颗粒无收；同年 10 月，日军在修筑平古铁路时，将铁路沿线 20 里内的成材林木砍伐一空，用作枕木[2]。

据 1948 年国民政府河北省政府建设厅调查，顺义县顺义镇在抗战时期损失房屋 25 间，损失时价值 12140 元[3]。

---

① 《河北顺义县人口伤亡及财产损失调查表》，1946 年，台北"国史馆"藏，档号 303—094。

② 中共北京市委党史研究室、中共顺义县委党史办公室：《顺义革命史》，北京出版社 1991 年版，第 32 页。

③ 冀东行署：《冀东区八年来敌伪烧杀抢掠统计表》，1946 年，河北省档案馆藏，档号 48—1—32—2。

5. 据冀东行署 1946 年统计，抗战时期，顺义共有 2935 间房屋被日军烧毁、拆毁、炸毁，损失粮食 2296 万斤，损失骡马驴牛 3200 头、猪羊 7300 头[①]。

（三）资源遭掠夺

日军为达到"以战养战"的目的，加紧物资掠夺的步伐。1940 年 12 月 8 日，成立了"物资对策委员会"，对重要物资实行配给制，直接控制物资的购入和运出。日军对糖、盐、火柴、煤油、煤、电线、电池、机械、纸张、粮食、皮革等物资严格控制，老百姓连盐都吃不上。

五、结论

从 1933 年长城抗战到 1945 年抗战胜利，顺义经历了长达 12 年的日军占领时期。在此期间，顺义人口大量伤亡，财产损失严重，蒙受了空前的灾难。我们仅是从局部、可见的资料里，选出一些直接的、有影响的数据展示给大家。那些间接的损失无法统计、无法估量。根据现有的调查资料可知，日本的侵略给顺义人民造成了深重的灾难。

第一，青壮年人口损失严重。青壮年是从事生产和建设的主要力量，也是进行抗日斗争的主体。日军为了破坏中国的国民经济，镇压人民的反抗，对中国人民，尤其是对青壮年进行了疯狂的屠杀。日军在顺义地区的屠杀尤其如此。在冯家营惨案中被屠杀的 68 人中，男性 66 人，女性 2 人。66 名男性中绝大部分为青壮年。

第二，居民财产损失严重。在日军的野蛮统治下，房屋被大量烧毁，粮食、牲畜被抢掠一空。居民无家可归，无粮可食，朝不保夕，难以度日，过着极其悲惨的生活。

我们不会忘记过去，不会忘记那些在抗日战争中死去的烈士们和无辜百姓，要时时警惕，刻刻觉醒。我们更要深思，不要让历史重演。

---

① 《战时损失调查表》，1946 年，河北省档案馆藏，档号 48—1—32。

北京市昌平区抗日战争时期人口伤亡和财产损失调查

昌平区调查组

一、调查工作概述

2006 年 2 月,昌平区成立调查组。根据昌平实际,充分利用历年来已征集到的有关史料,调查工作以个案为主。2006 年 2 月—10 月,主要做了以下几个方面工作:一是查阅了区档案局及党史办过去征集的有关资料;二是从已出版的相关书籍里查阅资料;三是到曾在日本做过劳工的老人家里访问,了解有关情况;四是到昌平区的有关镇,到事件发生地进行实地调查;五是与区文化委员会联系,协同调查抗战时期昌平文物的损失情况;六是到北京、天津、石家庄、南京等地档案馆查找有关资料。共查阅档案 60 卷,书报 5 种,采访 3 人,收集证言 3 份,扫描、复印资料 94 页。

二、抗战前后的基本情况

1928 年,昌平县属河北省管辖。1935 年,改由日本侵略者扶持的伪冀东防共自治政府管辖。1939 年,归伪河北省管辖。全县分为 10 个区,293 个乡,453 个村。1941 年,共辖 277 个乡镇,431 个村,共 56490 户,人口为 296691 人。1949 年 7 月,属河北省通县专区。1956 年 1 月,划归北京市管辖。昌平因多山地,山区、半山区占全县总面积的三分之二,农产物不丰,粮食依赖外省输入,百姓生活非常艰难。尤以七七事变日军侵占昌平后,欺压、残杀百姓,掠夺资源,人民群众的处境更加困苦。

三、人口伤亡

（一）昌平西山惨案①

1937 年七七事变后，日军板垣征四郎部沿平绥铁路向西北进犯，8 月初进攻南口，受到中国军队顽强阻击，久攻不下。8 月中旬，日军派出一支部队进入昌平高崖口、老峪沟地区，企图采取迂回战术，从怀来、康庄方向攻击南口守军。日军进入山区后的几天时间里，在溜石港、马刨泉、老峪沟、禾子涧 4 个村杀害百姓 109 人。

溜石港村位于昌平西南部的群山中，离县城 50 多里，村中有 150 多户人家。1937 年 8 月 18 日，日军以找丢失的枪支为借口进村，开始对百姓进行血腥屠杀。顷刻间村子里枪声不断，火光冲天，大人喊，小孩哭。村民刘万丰一家 7 口被日军残杀。刘的媳妇和嫂子搀扶婆母，拉扯着 4 个幼小的孩子向村外逃时，被日军发现。日军将 7 人赶到村东头山梁一棵杏树下全部杀害。刘母被害时 70 多岁，最小的孩子 6 岁。刘万丰的媳妇被枪杀后，日军还将其乳房割掉。村民王福臣被日军抓住，吊在井旁的杏树上，扒光了衣裳，用刀活活地剐死。有两位外村双目失明的老人住在本村女儿家，也双双惨死在日军的刺刀之下。日军进村的第二天，躲藏在山里的村民王永喜想回家看看。当他快走到村子时，被日军发现，枪杀在田地里。日军在溜石港村共杀害百姓 37 人，烧毁房屋 440 多间。

8 月 19 日，日军从溜石港村向西开进马刨泉村和老峪沟村。在马刨泉村，日军抓到百姓张景宽、田明香、刘士全和张进瑞，将四人用绳子捆在一起，带到一个叫海棠树坑子的地方，用刺刀一个个刺死。60 多岁的老人刘万江藏在自家佛龛供桌下，被日军发现后用刺刀挑死。田珠山一家，在日军进村前，躲到山沟里，带的干粮吃没了，晚上想回家弄点吃的，当他们走到村边时被日军抓住，用战刀活活砍死。贾志通、贾长春、刘大栓、刘二拴遭日军杀害。日军在马刨泉村共杀害百姓 43 人，其中年龄最大的 70 多岁，最小的 20 岁。日军走时还放火烧毁数十间民房，抢走牲畜几十头。日军在血洗马刨泉村的同时，在老峪沟村同样进行着野蛮的杀人行径，共杀害村民 16 人。其中，村里崔姓两家 7 人，有崔德安、崔德力、崔仓头、崔良头、崔久头、崔群头、崔黑头，有的被害在家中，有的被杀在田地里。崔德安被日军用战刀砍掉了头，当天正赶上下大雨，崔的头和

---

① 北京市政协文史资料委员会编：《日伪统治下的北京郊区》，北京出版社 1995 年版，第 14 页。

尸体被洪水冲走很远。8 月 20 日，日军进入禾子涧村，共残杀该村村民 13 人。仅 3 天时间，日军在西山的 4 个村就残害无辜百姓 109 人，烧毁房屋 500 多间。

（二）日军在南口地区的暴行[①]

湾子村是位于南口西北部约十几里的一个山村。1937 年 8 月，日军攻占南口后，一个大队从南口出发，向北部山区进犯。到湾子村时，正在村外干活的村民赵保京家婆媳二人和赵宗来的两个哥哥，还没来得及躲藏，就惨死在日军的枪口下。日军进村后，烧毁民房 19 间，百姓刘万帮被烧死。百姓刘福源、刘福镇和刘万启的妻子被枪杀。从马坊村到刘家做客的两位老人和两个十多岁的孩子也被日军活活地杀死。日军在湾子村杀人放火后，又转回山羊洼村，进村后砸门毁窗，把人住的屋子当牲口圈。临走，还烧掉百姓孙增富住房一间。

南口失陷后，正在山里躲藏的九仙庙村百姓王万有、王玉贵和他的儿子王山子想下山回家，刚走到中瓜峪就碰上日军，三人被带到东园村，逼着他们干了一天重活。晚上，日军凶残地将这三个百姓用刺刀挑死。日军又来到南口附近的虎峪村，接连枪杀了百姓阚有堃、叶连春、阚中连等 6 人，还烧毁了房屋，抢走了财产。在日军侵占期间，虎峪村先后有 8 人被日军抓走，惨遭活埋。有些百姓还受过日军的毒打、灌凉水等酷刑。有一次，日军把村里的阚恒红抓走，放出狼狗把他咬得血肉模糊。

（三）日军在沙河地区的暴行[②]

1937 年 7 月 27 日，日军进犯昌平重镇沙河。受到中国守军的顽强阻击。战斗进行一夜，中国守军退出沙河镇。一个掉队的士兵被日军追赶，路遇逃跑后又回来给女儿拿鞋的村民孙国山的父亲，他把士兵带到家里换衣服，以躲避日军追捕。日军追到后一枪打死中国士兵，接着，用刺刀挑死孙国山父亲。

日军侵入沙河后，血腥的屠杀就一直未停止。从此，沙河地区的百姓陷入悲惨的灾难中。

镇里有个叫聂橘子的小伙子，到火车站去送饭。当他走到铁路道口的时候，一个日本兵喊他，让他站住。小伙子害怕了，拔腿就跑，日本兵追上后，一刺刀就把聂橘子扎死了。

在麦秋季节，农民在地里干农活，身子一起一伏的。日军看到后，随意往地

---

① 中共北京市委党史研究室编：《侵华日军在北京地区的暴行》，知识出版社 1995 年版，第 69 页。
② 中共北京市委党史研究室编：《侵华日军在北京地区的暴行》，知识出版社 1995 年版，第 67 页。

里开枪。在日军侵入沙河的第一年，就有 6 个百姓这样被日军打死在田地里。日军经常把没带"良民证"的人押到南一村北边杀害。

（四）日军杀害、伤害百姓 9 起罪行史实[①]

1. 徐成儒，昌平县人，男，26 岁，清河镇制呢厂工人。1937 年 6 月 21 日，下班途中，在街中被日军山口部队山口队长枪杀身亡。

2. 郝廷旺，昌平县史各庄村人，男，60 岁。1937 年 7 月 13 日，日军板垣部队将百姓郝廷旺家毛驴抢去。郝随后追至小念头村，被日军枪杀。

3. 刘永才，昌平县朱辛庄村人，男，52 岁，经商。1937 年 7 月，刘永才由家赴北京，行至朱辛庄村南西二旗坟地，被日军抓捕，向刘永才探听中国军队情报。刘不说，日军用枪将刘永才打死。

4. 李信，昌平县史各庄村人，男，32 岁，农民。1937 年 7 月，李信由家赴北京，行至东三旗村北，被日军用枪打死。

5. 孟福金，昌平县白虎涧村人，男，46 岁，农民。1941 年 7 月 3 日，孟福金在村西二道河山上打草，日军驻南口长谷川部队所属派遣驻阳坊镇之本泽队长带兵搜山，遇孟福金，孟无辜被日军枪杀于山上。

6. 李富，昌平县卢家村保长，男，49 岁，农民。1944 年 4 月 13 日，被日军山口队须藤特别警备队秋芳伍长带特务抓去，带到平西府警察第七分所内，施以毒打并灌凉水、轧杠子，逼其承认有私通八路军行为，并诬以私藏军火，毒打后即押入拘留所内二日。后经平西府镇长郝廷珍及其全村民众具保，并交联币 2000 元，被释放。

7. 张瑞祥，昌平县霍家营村人，男，51 岁，农民。1944 年 10 月 11 日，张瑞祥被日军第 1418 山口队滨浦队长率特务 6 人抓走，带到高丽营东大寺，以其有私通并接近八路军行为，施以毒打，并灌凉水、轧杠子。之后被押在冰窖内 21 天。后经蓝各庄乡长张祉宸及本村民众具保，并贿以联币 13000 元，张才被释放。

8. 史学闵，昌平县中滩村人，男，61 岁，农民。中滩村副保长。1944 年 10 月 27 日，被日军诬其有私通八路军行为，1418 队洼野军曹将其衣服脱去，吊在树上用木柴棍施以毒打二次。之后将其押入冰窖内一夜，经中滩村全体民众具

[①] 以下材料来源于北京市档案馆编：《日本侵华罪行实证——河北、平津地区敌人罪行调查档案选辑》（上册），人民出版社 1995 年版，第 167—185 页。

保，才被放回。

9. 郝明芳，昌平县蓝各庄村人，男，43 岁，蓝各庄村副保长。1944 年 11 月 27 日，被 1418 部队洼野军曹以私通八路军罪施以毒打，将其押入冰窖内一夜。次日经民众具保后释放。

（五）奴役劳工

1942 年，昌平县刘北海被抓往日本做劳工。先到福岛县为熊谷株式会社承修水电站备料和运料，每天三餐不饱，还经常遭受毒打。后到长野县今柯事务所工地、北海道置永水银矿山所劳动，由于长期营养不足，劳动过度，患上满身疥疮。1945 年日本投降后，结束悲惨的劳工生活回国。[①]

四、财产损失

抗战时期，百姓的财产损失不计其数，难以详细统计，下面仅就调查中获得的资料列举如下：

（一）木厂村 6 次被烧[②]

1939 年 5 月 7 日，日军分别从东王峪、大羊山、桃峪口三路进犯木厂村。百姓们听到枪炮声都躲进山里。日军进村后，见房就烧。全村共有 70 多间房屋和财产全部烧毁。1938 年是当时几年中收成最好的一年。村民苏景春一家收获粮食 20 多担，共 3000 多斤，在这次大火中全部被烧焦。夏季，日军又连续两次到村里烧房。百姓只能搭起简易的马架窝棚居住。从日军第一次到木厂村至 1945 年投降，木厂村先后 6 次遭到日军讨伐。日军对寺庙也不放过，连同大、小羊山，红崖峪梁上的庙宇在内，共烧房 220 余间。

（二）禾子涧村石棉矿遭掠夺[③]

1938 年初，日军在昌平西部的禾子涧村和溜石港村建立据点后，发现禾子涧村蕴藏石棉矿资源，便迅速组织开采。日本钱野公司利用当地廉价劳工开采石棉矿石，送到溜石港村加工粉碎，磨成石棉粉后，用汽车拉到天津，然后海运回国。日本商人都住在溜石港村，常住的有五六人。其中有降崎、渡边、奇来、上

---

① 中共北京市委党史研究室编：《侵华日军在北京地区的暴行》，知识出版社 1995 年版，第 211 页。
② 中共北京市委党史研究室编：《侵华日军在北京地区的暴行》，知识出版社 1995 年版，第 73 页。
③ 北京市政协文史资料委员会编：《日伪统治下的北京郊区》，北京出版社 1995 年版，第 283 页。

田等。

　　禾子涧、溜石港两村相距大约 15 公里，因没有公路，日商便强迫溜石港百姓用自家的毛驴驮运矿石。每天有 2000 多斤重的矿石被驮运到溜石港村进行加工。

　　从 1940 年至 1944 年，日商无偿开采禾子涧石棉矿 5 年，掠夺石棉矿粉 1000 多吨。

　　（三）分水岭村黄金遭掠夺[①]

　　分水岭村地处昌平北部山区，富藏金矿，采金业在七七事变前已有 50 余年的历史。1940 年，日商得知分水岭金矿含量高，且易于开采，便强占了这里的瑞吉金矿，之后又雇了 20 多名附近及外地民工为其开采，有 4 名矿警持枪护矿。常住在矿上的日本商人有 5 个，分别是江藤、小川、老浦、二浦、三浦。矿工采矿分成若干小组，每组几个人到十几个人不等。每个组开采一个矿洞，采出的矿石用石碾子粉碎，每天有 12 盘碾子粉碎矿石。粉碎后的矿石粉经过加工过滤后成为金粉。矿工在洞中采矿，安全设施极差，两年时间里夺走 3 个矿工的生命。

　　1941 年底，一支八路军部队袭击矿山，击毙日本商人小川、二浦和三浦，江藤和老浦逃跑。自此日本人未敢继续开采金矿，从而结束了对分水岭金矿的掠夺。1940 年、1941 年两年时间，日本商人从分水岭金矿掠走黄金七八百斤。

　　（四）湖门村锰矿被掠夺[②]

　　湖门村位于昌平北部山区，有丰富的锰矿资源。1941 年被日军强行霸占，并派上田、金斯等七八个日本商人组织开采。他们雇用了 100 多民工，分布在山上 20 多个矿洞中开采矿石。一个矿洞有几个人开采，运送矿石都是用小篓往外背，极为费力。采出的矿石最初时用毛驴运送到秦城村，然后用汽车运往河北省蓟县（现为天津市管辖）加工提炼。由于畜力运程较远，运量太小，造成矿石积压，后来日本商人在锰矿附近修了一条高空索道，矿石通过索道吊车滑行运送到老君堂村东的水峪村，这样每天大约有 50 吨重的矿石运下山。为掠夺资源，湖门锰矿防备森严，除湖门村据点有一个中队的日军保护外，还驻扎着伪警备队。另外，矿上还雇佣了 10 多个人组织了矿警队，荷枪实弹保护矿山。抗日战争后期，湖门锰矿的日商也愈感日暮途穷，已无心继续经营，于 1943 年结束了为期三年的资源掠夺。三年时间，日本掠夺湖门村的锰矿石五万多吨。

① 北京市政协文史资料委员会编：《日伪统治下的北京郊区》，北京出版社 1995 年版，第 286 页。
② 北京市政协文史资料委员会编：《日伪统治下的北京郊区》，北京出版社 1995 年版，第 289 页。

五、结论

从以上揭露的日本侵华时期在昌平滥杀无辜、残害百姓、焚烧房屋及财产、掠夺矿产资源的部分史实，充分证明：日军在昌平这块土地上犯下了不可饶恕的罪行。

日军杀人手段残暴，对手无寸铁的平民进行集中杀害，制造无数起伤亡人数众多的惨案，给当地百姓带来巨大伤害。

日军对昌平地区的矿产进行直接掠夺，大量烧毁村民房屋，对昌平的人口、经济、生活的发展带来了毁灭性的打击。日军在昌平地区的罪恶行径及给当地百姓所造成的灾难，虽已过去几十年了，但罪恶的史实是永远抹杀不掉的。

北京市大兴区抗日战争时期人口伤亡和财产损失调查

大兴区调查组

一、调查工作概述

2006 年 2 月，大兴区史志办参加了北京市委党史研究室等八单位组织的"抗战时期北京地区人口伤亡与财产损失调查"培训会议后，根据会议精神立即成立了由一名副主任牵头、两人专门负责的调查组，并积极与大兴区档案局、区文委等有关单位协调，共同开展调研工作。调查人员对本地区有关档案资料进行了系统的查阅，共查阅档案 31 卷；从《大兴革命史》《大兴英烈》《大兴县志》等资料中整理出部分伤亡人员名单，对有价值的信息进行了整理、复印，并到相关地区进行实地的走访、调查。调研人员本着对历史、对人民高度负责的精神，以一丝不苟的工作态度，采取走访、座谈等形式，采访了亲历、亲见、亲闻当年日军在大兴地区制造惨案的证人。

根据本次调查统计，抗战时期，日军的侵略造成大兴地区死亡 720 人，伤残 62 人，被抓劳工 305 人，被烧房屋 1400 多间、庙宇 4 座，被烧粮食 6 万斤及花生 5 万余斤，被抢走大牲畜 70 余头，被征铜品数吨。

二、抗战前后的基本情况

大兴行政建置始于金代。1937 年，大兴隶属河北省第三行政督察专员辖区。当时的辖区相当于今大兴埝坛村、庞各庄、南各庄一线以东地区及今丰台区东部、朝阳区大部、顺义区西南隅。1958 年，大兴由河北省属划为北京市属。今大兴辖区只是民国时期大兴县南部和宛平县南部（即埝坛村、庞各庄、南各庄一线以西与永定河之间的地区），以及原良乡县永定河以东和固安县永定河以北的小块地区。①

大兴属平原地区，境内河流密布，气候适宜，土壤肥沃。抗战前夕，大兴地区没有大的工业，手工业以酿酒、柳编、扎花业为主；农业以种植玉米、小麦、

---

① 尹钧科：《北京历代建置沿革》，北京出版社 1994 年版，第 241—245 页。

谷子、花生、棉花为主；商业较为发达，有中小商店 470 余家，南苑、青云店、采育、礼贤、庞各庄、榆垡、黄村、南各庄等地设有商会。

抗战时期，地处北京、天津、保定三角地带的大兴，既是日军要确保的"治安区"，又是晋察冀边区冀中区的北部前哨阵地。这里的斗争异常尖锐残酷。1939年，冀中区五地委派干部深入永定河北发动群众，创建根据地。中共在大兴地区先后建立固安十一区、宛平县、三联县二联县、大（兴）宛（平）安（次）永（清）固（安）涿（县）良（乡）办事处、平南办事处、平南县等抗日政权。

日军为强化后方的"治安"，对这一地区实行严酷统治和野蛮"讨伐"。日军飞机在大兴狂轰滥炸，造成居民死伤无数。日军铁蹄所至，烧杀抢掠，无所不为。日军的野蛮屠杀，使大兴人民无心生产生活，纷纷逃难。此外，日军又通过建立伪新民会、"棉田改进会"和"合作社"等组织，掠走大批粮食、棉花等战略物资。

三、人口伤亡

在七七事变爆发后不到一个月的时间内，南苑失守，北京沦陷，大兴地区成为沦陷区。日军在大兴烧杀抢掠，制造了一系列惨案，致使大兴人口大量伤亡。

（一）大肆屠杀

1. 集体杀害

（1）日军在攻占团河村前后制造的一系列惨案。

1937 年 7 月 27 日，日军攻打守军第 29 军团河驻军，把第 29 军残疾人工厂 200 多个残疾人，赶往团河行宫北门，用机枪扫射，全部杀害。[①]

同日晚，日军攻占团河行宫后，在附近各村进行了血腥屠杀。在团河村枪杀赵连钰等 4 人。在济德堂村，日军将抓来的 19 名青壮年，逐个砍杀，其中，18 人肚破肠流，当场死亡，仅于治久因未被刺中要害而幸免于难。然而，其肩部被砍了一道 20 厘米长、三指多深的大口子，一年半后伤口才愈合起来。在西毓顺村，先后枪杀 16 人。在瀛海庄，日军抓住穆德江等 23 名长工，硬说是第 29 军的人，加以杀害。在西红门村和南顺堂村又挑死刘凤江、赵荣等 16 人。在永丰庄，给大地主张子义护院的李永茂等 6 名长工，因日军火烧场院，开枪打跑日军。之后，几百名日军包围村庄，除李逃出外，其余 5 人被抛入火堆活活烧死。两天

---

① 中共北京市委党史研究室编：《侵华日军在北京地区的暴行》，知识出版社 1995 年版，第 170 页。

之内，团河一带被日军杀害 80 余人。[①]

8月，日军自南苑南侵途中，在安定车站杀害无辜百姓 23 人。在西里河村，日军从村民金荣身上搜出第 29 军吃饭打下的欠条，当场将金等 3 人活活砍死。在西麻各庄村南，日军先后将 10 余人挑死在一个大坑内。在太子务村，日军翻出真武庙泥塑后的几套灰军装，抓住没有逃走的村民马大力，用铁丝穿锁骨，带到朱家务村活埋了；又将北张华村村民 2 人挑死。在西胡林村，日军先后枪杀 6 名无辜群众[②]。

（2）辛庄惨案。1937 年 9 月上旬，日军巡逻队在遭到辛庄抗日武装——长安城义勇队和守军第 26 路军[③]的截击后，血洗辛庄，杀害村民 22 人[④]。

（3）马村惨案。马村位于永定河东岸，是个只有百来户人家的村庄。日军侵占大兴地区后，马村小学校长张美儒秘密串联，组织起一支六七十人的抗日队伍，取名"兴亚挺进军"，并被推举为队长。为筹集枪支，张美儒决定出面和日军打通关系，骗取信任，待领到武器后再反戈一击，进行抗日武装斗争。不料，此计被日军识破。1937 年 12 月 9 日下午，日军将前来庞各庄伪警察所商量"交货"（即领取枪支）问题的张美儒及两个随从扣押起来。次日拂晓前，百余名日军，分别从黄村和庞各庄出发，包围了马村，逮捕了挺进军队员。日军从中挑选了 20 名青壮年运往日本当劳工，用机枪将其余 47 人扫射打死。11 日，日军把张美儒解往黄村，严刑拷打，百般折磨，最后开枪把他杀害[⑤]。

（4）西玉村惨案。1937 年 9 月 14 日，日军在西玉村杀害村民 42 人，其中大部分是青壮年[⑥]。

（5）南各庄惨案。1938 年 10 月 28 日，日军 30 余人与驻礼贤的"剿共军"司令王善继率 200 余人到南各庄村"讨伐"。日、伪军冲进南各庄村，见人就杀，当场将周恩印等 4 人打死在街头。日、伪军挨家挨户地搜查，先后有 18 名青壮年被抓。他们在抓人的同时，还四处抢东西，看到骡马就拉，看到粮食、布匹就扛。随后，把东大德杂货铺的房子点着，尹世清花生栈及尹凤鸣、李月廷家的民

---

① 大兴县史志编纂委员会编：《大兴县革命斗争史》，1988 年印行，第 13 页。

② 大兴县史志编纂委员会编：《大兴县革命斗争史》，1988 年印行，第 13 页。

③ 1937 年 8 月下旬，第 26 路军按国民政府军事委员会石家庄行营的部署，在房山、琉璃河、固安一线构筑阵地，抵抗日军进攻。罗焕章、支绍曾：《中华民族的抗日战争》，军事科学院出版社 1987 年版，第 47 页。

④ 大兴县史志编纂委员会编：《大兴县革命斗争史》，1988 年印行，第 13 页。

⑤ 中共北京市委党史研究室编：《侵华日军在北京地区的暴行》，知识出版社 1995 年版，第 182、第 183 页。

⑥ 张振江等口述、史柳坡整理：《日军在西玉杀了 42 人》，1983 年 3 月 18 日，存北京市大兴区史志办。

用住房也火光冲天，被烧成灰烬。日、伪军在折腾了两个多小时后，用牲口驮着抢来的粮食、布匹，押着 18 名抓来的青壮年，回到礼贤据点。途中，贾宝军挣脱绳索逃跑，幸免一死。日、伪军把 17 名青壮年赶到礼贤东南的麦地里，让他们面朝南站立，然后架起机枪扫射。12 人当场死亡，1 人重伤不治而亡，4 人重伤。在这次南各庄惨案中，日军共枪杀 17 人，重伤 4 人[①]。

（6）火烧一溜营。1939 年 5 月 26 日上午，日、伪军千余人分三路向采育镇上路一带村庄进犯，武力收缴民间枪支。采育上路联庄会成员沿途阻击抵抗，在霍州营、留民营、沁水营等村与日、伪军交火，但因寡不敌众、伤亡较大，向大黑堡一带退走。穷凶极恶的日军一路烧杀而来，所到村庄尸体狼藉，火光冲天。据 18 个村庄（包括河津营、宁家湾、永合庄、车固营、潞城营、上黎城、上长子营、下长子营、沁水营、窦营、留民营、北蒲州营、白庙、垡上营、靳七营、赵县营、沙堆营、霍州营）不完全统计，日军共杀死百姓 73 人[②]，详情见下表：

表 1　日军在一溜营地区烧、杀情况统计表

村名	被烧房数（间）	被杀人数（人）	村名	被烧房数（间）	被杀人数（人）
霍州营	36.5	—	上、下长子营	30	8
沙堆营	108，庙 2 座	2	河津营	—	7
垡上营	110，庙 2 座	11	上黎城	—	4
赵县营	3	12	沁水营	11	3
留民营	200	4	潞城营	16	2
窦　营	30	1	宁家湾	60	2
白　庙	8	1	永合庄	59	—
北蒲州营	120	13	车固营	10	2
靳七营	18	1	—	—	—

（7）青云店惨案。1940 年秋，驻安定车站的日军到青云店一带"讨伐"，抓来 18 名村民，全部用刺刀挑死[③]。

（8）小押堤村惨案。1942 年 8 月，日军因小押堤村附近的一段壕沟被填平，

[①] 中共北京市委党史研究室编：《侵华日军在北京地区的暴行》，知识出版社 1995 年版，第 180、第 181 页。

[②] 中共北京市委党史研究室编：《侵华日军在北京地区的暴行》，知识出版社 1995 年版，第 186、第 187 页；大兴县史志编纂委员会编：《大兴县革命斗争史》，1988 年印行，第 17、第 18 页。

[③] 大兴县志编纂委员会编：《大兴县志》，北京出版社 2002 年版，第 755 页。

将小押堤村到北化各庄出工挖壕的 13 名村民抓到宋振生家场院进行拷问。日军用战刀挨个砍劈。村民有的挨刀背，有的挨刀刃。日军见问不出什么，就把他们关起来，捆上手脚，堵严窗户，用毒瓦斯熏。4 人因中毒过重死亡，其余 9 人都留下程度不同的后遗症[①]。

（9）其他惨案

1939 年 5 月，日军在途经大皮营、包头营等村时杀害村民 22 人[②]。

1944 年，日军在海子里地区将 3 个孩子抛入火堆，活活烧死[③]。

1945 年，日、伪军数千人对采育镇地区进行大"讨伐"，在大黑垡等 6 个庄村杀害村民 7 人[④]。

2. 零星杀害

1937 年秋，日军将东枣林村村民李宝善抓到沙窝，用刀砍死。同年底，日军将李宫村村民王孝贤活埋在白菜窖内；又在刘家场活埋村民宋春旺[⑤]。

1939 年 5 月，八路军冀中五分区游击第三路总指挥阎墨缘在掩护群众撤退时遇难[⑥]。同年，日、伪军窜到北店村，将村民高士敏扔到大粪坑里淹死。同年冬，日军在宋各庄将村民秦希林用奔马拖死[⑦]。

1940 年春，日、伪军"扫荡"大清河北，固安十一区区长来步云、助理员吴国祯先后被捕遇难[⑧]。同年 6 月，日军到东芦城村，对村民秦德修施以毒打、灌凉水等酷刑，迫害致死。同年夏，日军将罗奇营村青年李为明抓到黄村车站，用军犬咬死。同年秋，日军在小营村用修铁路的道钉将李济德钉死[⑨]。

1941 年 9 月，驻安定据点的日军到皋营村，用烧红的铁条插入葛福兴腹中，将其烫死。同年冬，日军包围于家务村，将村民宫汝怀枪杀[⑩]。

1942 年，日军在富各庄挑死村民刘老五。同年 8 月，日、伪军将隐蔽在刘

---

① 大兴县志编纂委员会编：《大兴县志》，北京出版社 2002 年版，第 755 页。

② 大兴县志编纂委员会编：《大兴县志》，北京出版社 2002 年版，第 754 页。

③ 《红太阳照亮苦海子》，第 16 页，存北京市大兴区史志办。

④ 大兴县志编纂委员会编：《大兴县志》，北京出版社 2002 年版，第 756 页。

⑤ 大兴县志编纂委员会编：《大兴县志》，北京出版社 2002 年版，第 753 页。

⑥ 大兴县志编纂委员会编：《大兴县志》，北京出版社 2002 年版，第 754 页；大兴县史志编纂委员会编：《大兴县革命斗争史》，1988 年印行，第 122 页。

⑦ 大兴县志编纂委员会编：《大兴县志》，北京出版社 2002 年版，第 755 页。

⑧ 大兴县史志编纂委员会编：《大兴县革命斗争史》，1988 年印行，第 24 页。

⑨ 大兴县志编纂委员会编：《大兴县志》，北京出版社 2002 年版，第 755 页。

⑩ 大兴县志编纂委员会编：《大兴县志》，北京出版社 2002 年版，第 755 页。

各庄的永安宛固霸联合县二联区抗联主任张殿兴杀害①。

1943 年春，日军到东白塔村，将教师陈文元活埋。

1944 年 1 月 18 日，日军到大狼垡村"讨伐"，打死村民王富。同月，日军 40 余人到枣林村抓住教师杨再田，逼问谁家有枪。当杨说不知道后，日军把他淹死在水缸里。2 月 1 日，日军 200 多人包围龙头村，将刘凤柱等 2 人烧死②。同日，抗日小英雄吴桐林被日伪军包围，突围时中弹牺牲③。同月，驻廊坊和安定据点的日军包围赵村，打死了平南三联区侦察员赵恭，抓去通讯员李景芳等 2 人，带到廊坊，用军犬咬死④。同年春，日伪军到北泗上村"讨伐"，抓住刘兆营和张二，并把他俩埋在地洞中。后经人抢救，张苏醒过来，刘气绝身亡。同年秋，驻安定车站的日军到驴房村抄了高二的家，挑死高二⑤。

抗战时期，小马坊村的彭振东被日军开枪打死⑥。

3. 强奸致死

1937 年，日军在高家堡强奸女青年李某，李某含恨而死；在保安庄欲奸污女青年曹某，在遭到反抗后，将其刺死⑦。

根据《大兴县志》《侵华日军在北京地区的暴行》《大兴英烈》《大兴县革命斗争史》及所存口述档案资料统计，抗战时期，日军在大兴地区共杀害 720 人，手段极其残忍，详见下表。

表 2　抗战时期日军屠杀大兴人民统计表

屠杀方式	人数（单位：人）
刀枪杀害	701
放火烧死	8
活埋	5
强奸致死	2
活人试验、毒气毒死	4

① 大兴县志编纂委员会编：《大兴县志》，北京出版社 2002 年版，第 755 页。
② 大兴县志编纂委员会编：《大兴县志》，北京出版社 2002 年版，第 756 页。
③ 北京市大兴县史志办：《大兴英烈》，1991 年印行，第 7 页。
④ 大兴县志编纂委员会编：《大兴县志》，北京出版社 2002 年版，第 756 页。
⑤ 大兴县志编纂委员会编：《大兴县志》，北京出版社 2002 年版，第 756 页。
⑥ 王宝珍等口述、李云整理：《小马坊三起惨案》，1987 年 5 月 4 日，存北京市大兴区史志办。
⑦ 大兴县志编纂委员会编：《大兴县志》，北京出版社 2002 年版，第 753 页。

（二）恶意残害

1．1940年冬，驻榆垡据点的日军到太子务村，逼迫青壮年脱光衣服，泼洒凉水，冰冻折磨。接着将其中20多人用大铁壶灌凉水，个个肚子胀得像扣了口锅。然后把碗口粗的木杠子压在他们肚子上，压得人人两头喷水、七窍流血。最后又把竹竿一头点着火，把他们烫得死去活来[1]。

2．1941年，日军包围于家务村，用皮带、木棍将20余名青年农民打得皮开肉绽[2]。

3．1942年秋，日、伪军到后辛庄村"讨伐"，抓住青年单振明、单振丰，先是灌凉水和辣椒水，继而又抓胳膊拽腿，把他俩抛向空中，反复抛摔，直到他俩昏死过去才罢手[3]。同年，驻礼贤据点日军到王化村"讨伐"，毒打农民6人。村民韩玉科胳膊被打断[4]。

4．1943年3月，日军将一名12岁的儿童史勉捆到梯子上，灌凉水[5]。同年春，日军到东白塔村，强逼全村百姓跪在空场里，并把每人毒打了一遍[6]。

5．1944年2月1日，日军200多人包围龙头村，将村长刘伯昆脚朝上、头朝下吊起，然后在地面点燃干草，将其头发、眉毛烧光，烧得皮肉冒油[7]。

根据《大兴县志》《侵华日军在北京地区的暴行》《大兴英烈》《大兴县革命斗争史》及所存口述档案资料统计，大兴地区伤残人口共计62人。

（三）掠夺劳工

1．1937年12月，日军在马村捕杀兴亚挺进军队员时，从中挑选了20名青壮年押往日本做劳工[8]。

2．1938年，日军修建南苑机场时，在附近各村抓捕村民做劳工[9]。

3．抗战时期，旧宫村王西河和孙德祥、北辛屯的郭振起、南宫村的赵某，

---

① 大兴县志编纂委员会编：《大兴县志》，北京出版社2002年版，第755页。

② 大兴县志编纂委员会编：《大兴县志》，北京出版社2002年版，第755页。

③ 大兴县志编纂委员会编：《大兴县志》，北京出版社2002年版，第756页。

④ 大兴县志编纂委员会编：《大兴县志》，北京出版社2002年版，第755页。

⑤ 相培恒：《日寇残害中国少年罪行一例》，1987年3月12日，存北京市大兴区史志办。

⑥ 大兴县志编纂委员会编：《大兴县志》，北京出版社2002年版，第756页。

⑦ 大兴县志编纂委员会编：《大兴县志》，北京出版社2002年版，第756页。

⑧ 中共北京市委党史研究室编：《侵华日军在北京地区的暴行》，知识出版社1995年版，第182、第183页。

⑨ 大兴县志编纂委员会编：《大兴县志》，北京出版社2002年版，第754页。

被日军抓走做劳工。日军修海子里机场时，到处抓捕劳工，连孩子也不放过。当时旧宫村一个十多岁的小孩就被日军抓去修公路。伪大兴县警察所将本县各地抓来的 280 多名劳工，成批交给劳工协会①。

根据此次调查，抗战时期，日军在大兴地区共抓走劳工 305 人。

四、财产损失

（一）烧毁房屋

1. 1937 年 7 月，日军在团河村烧毁民房 12 间②。

2. 1938 年 10 月 28 日，驻礼贤据点的日军 30 余人、伪军 200 余人窜到南各庄焚烧店铺、民房 100 多间，烧毁粮食 6 万余斤、花生 5 万余斤，烧毁其他衣物不计其数，抢走大牲畜 70 余头③。

3. 1939 年 5 月 26 日，日军火烧一溜营，在 18 个村庄共烧毁房屋 819 间半，庙宇 4 座，抢走、烧毁其他财物不计其数④。同月 27 日上午，日军分乘数辆汽车赶到大铺头村，纵火烧毁全村 30 多户人家的 100 多间房屋⑤。28 日，日军放火烧毁阎墨缘家的房屋⑥。同年秋，日军包围王庄子村，先用炮轰，继而烧毁了全村 60 多间房屋⑦。

4. 1944 年 2 月 10 日，驻廊坊和榆垡的日伪军包围赵村，烧了曹泰家的房屋⑧。

5. 抗战时期，日军在大马房烧毁 100 多户的 300 多间房屋⑨。

（二）其他损失

1943 年秋，日军以"献铜"为名，在庞各庄、榆垡一带搜刮铜质物品。第

---

① 李云：《抓劳工》（内部资料），1987 年 5 月 30 日，存北京市大兴区史志办；王文浚：《日伪万恶的勾当 抓劳工的一点实况》，1982 年 6 月，存北京市大兴区史志办。

② 大兴县志编纂委员会编：《大兴县志》，北京出版社 2002 年版，第 753 页。

③ 大兴县志编纂委员会编：《大兴县志》，北京出版社 2002 年版，第 757 页。

④ 中共北京市委党史研究室编：《侵华日军在北京地区的暴行》，知识出版社 1995 年版，第 186、第 187 页。

⑤ 大兴县志编纂委员会编：《大兴县志》，北京出版社 2002 年版，第 754 页。

⑥ 大兴县志编纂委员会编：《大兴县志》，北京出版社 2002 年版，第 754 页。

⑦ 刘玉口述，薄新民、张士宗整理：《王庄子被日军烧毁》，1987 年 6 月 29 日，存北京市大兴区史志办。

⑧ 大兴县志编纂委员会编：《大兴县志》，北京出版社 2002 年版，第 756 页。

⑨ 王安口述、邢友廷整理：《日寇火烧大马房》，1987 年 3 月 9 日，存北京市大兴区史志办。

一批掠走 3 吨，第二批数量不详①。

此外，日军建立了"新民会"和"棉田促进会"进行经济掠夺。在其控制下，大兴各地成立合作社，掠走大批棉花及其他物资。

根据《大兴县志》和本办公室所存口述档案资料统计，大兴地区因日军侵略造成的财产损失为：房屋被烧毁 1400 多间，庙宇被烧毁 4 座，粮食被烧毁 6 万斤，花生被烧毁 5 万余斤，大牲畜被抢走 70 余头，铜品被征数吨。

五、结论

本文所披露的各项数据，真实地反映了日本发动侵略战争的罪恶，反映了日军对中国人民所实施暴行的残酷性。

第一，日军大肆屠杀、残害无辜百姓，造成了大兴地区人口大量伤亡。在日军武装侵略和占领大兴地区期间，团河、济德堂、西毓顺、瀛海庄、辛庄、马村、西玉村、南各庄、一溜营、青云店等地的无辜群众被成批屠杀，此外，还有大量的村民被日军零星杀害、摧残，或抓去做劳工，受害者大部分是青壮年。

第二，日军烧毁大量民房，使百姓失去了最基本的生存条件。日军在一系列军事活动中，执行烧光、抢光政策，纵火烧房、抢掠财物，使大兴人民失去了赖以生存的条件，给社会经济的发展带来了巨大的灾难。日军的野蛮行径使大量百姓背井离乡，到处逃难，饱受流亡之苦。

---

① 王文浚：《日本搜括（刮）铜美其名"献铜"的事实一部》，1982 年 6 月，存北京市大兴区史志办。

北京市平谷区抗日战争时期人口伤亡和财产损失调查

平谷区调查组

一、调查工作概述

2006 年 2 月，在北京市委党史研究室、市档案局等八单位联合下发《关于实施"抗战时期北京地区人口伤亡与财产损失调查"的通知》后，中共平谷区委成立了由区委党史办牵头，区文化委、文物局、档案馆和民政局等部门配合的调查组。2006 年 2 月—4 月，以查阅历史档案为主，共查档 1000 余卷；2006 年 4 月—9 月，对平谷文物损失情况以实地调查为主，共走访和踏查 10 多个乡镇、50 多个村庄，邀集近百位老人，召开 30 多场座谈会；2006 年 10 月至 2007 年上半年，整理、检查资料，撰写调查报告。经过一年多的时间，基本完成了平谷区抗战时期人口伤亡与财产损失的调查工作。

二、抗战前后的基本情况

平谷地处燕山山脉南麓，华北平原北端。东南倚巍峨盘山，北踞万里长城，军事地位重要。平谷是传统农业县，在抗战前辖区面积小、人口少，农业和矿产资源较为丰富，经济上能自给自足。

平谷县于 1935 年属伪冀东防共自治政府管辖，1938 年隶属伪河北省冀东道，1940 年又改属伪燕京道。抗战时期，中国共产党坚持敌后抗日游击战争，在平谷地区先后建立密（云）平（谷）蓟（县）联合县、平谷县、蓟（县）平（谷）密（云）联合县、平（谷）密（云）兴（隆）联合县、平（谷）三（河）密（云）联合县、平（谷）三（河）蓟（县）联合县等抗日民主政权。1946 年 3 月，撤销联合县建制，恢复平谷县，归冀东行署第十四专区管辖。当时，县域面积 935 平方公里，人口近 17 万，行政村 227 个。1949 年 8 月，属河北省通县专区。1958 年 3 月，通县专区撤销，平谷县改属唐山专区。同年 10 月，平谷改属北京市。2002 年 4 月，平谷撤县设区。

1933 年 3 月，日军侵占热河后，继续向华北进攻。驻守长城的中国守军奋起抵抗，长城抗战开始。4月上中旬，冷口、喜峰口、古北口相继失陷。5月1日，守军第32军所属骑兵第4师进驻平谷。同月18日，开至大华山、上镇、南独乐河、靠山集、黑豆峪、黄松峪、鱼子山等村，在将军关、靠山集、滑子等地与日军激战，后撤至韩庄附近。20日，日军在飞机掩护下，发起全线进攻，骑兵第4师陷于日军弧形包围，县城失陷。21日，日军占领平谷全境。6月，《何梅协定》签订后，日军在平谷建立傀儡政权，派日本顾问监督，推行奴化教育。1937年七七事变后，日军常驻平谷县，扶植伪地方武装及组织，强化保甲制。

平谷抗日根据地是冀东地委、专署机关的可靠驻地，是冀东八路军主力部队的活动基地，是冀东根据地与延安中共中央、晋察冀中央分局的交通要道，由此也成为日、伪军重点"扫荡"的地区之一。1941年3月、5月、10月，日军连续三次进攻八路军领导的根据地，烧杀抢掠，无恶不作。1942年，日军在第四、第五次"治安强化运动"中，强迫群众在山区和平原之间沿山边挖"防共壕"，沿壕沟每一公里修一小炮楼，大村建大据点、筑大炮楼，目的是封锁山区，把山区烧光、杀光、抢光，制造"无人区"。

三、人口伤亡

（一）制造惨案，屠杀无辜百姓

日军侵占平谷期间，多次对城乡地区进行"清乡"和"扫荡"，烧杀抢掠，无恶不作，制造了多起惨案。

1．1933年5月19日，日军12架飞机轰炸平谷县城，炸死炸伤平民多人[1]。

2．黄松峪惨案。1939年2月8日，日军飞机轰炸黄松峪村，炸伤数十人，炸死10人。其中，李敏荣的母亲和两个儿子及汪全头4人被炸得血肉横飞，尸骨无存；陈彦良的母亲和姨被炸死在一间小草屋里，高永明的两个妹妹被炸死在地窖里[2]。

3．北台头村惨案。1939年4月15日，日、伪军将北台头全村人赶到场院，烧掉6间房子，杀死10人[3]。

4．陈庄子村惨案。1940年11月24日，日、伪军在陈庄子村枪杀、烧死村

---

① 中共北京市委党史研究室、中共平谷县委党史办公室编：《平谷革命史》，北京出版社1991年版，第179页。
② 平谷县志编纂委员会编：《平谷县志》，北京出版社2001年版，第447页。
③ 平谷县志编纂委员会编：《平谷县志》，北京出版社2001年版，第477页。

民 8 人,其中,徐振芳父子同时被枪杀①。

5. 南山村惨案。1941 年 9 月—11 月,驻南独乐河、胡庄村据点的日、伪军对南山村共烧庄 7 次。9 月,日、伪军包围了南山村,将未及撤离的张印环、胡老九、杜印之等 5 人带走审问,先把张印环绑在核桃树上吊打致死,又把胡、杜二人吊在上门框上,把两臂、双脚绑在门框上,然后放火烧房,二人全被活活烧死。住在大山深处的胡景山一家 9 口全被扔在火堆里烧死。在 7 次烧庄中,南山村共有 30 多人被杀②。

6. 鱼子山惨案。1941 年 11 月 22 日,200 余日、伪军包围鱼子山村,在山梁架起机枪。凌晨,群众往村外突围,遭到机枪疯狂扫射,当场有 60 多人被射杀。1942 年 2 月 15 日,五六百日、伪军再次包围鱼子山,抓到 30 多个来不及撤走的老人小孩,将其中的 7 个老人推进菜窖烧死,其余用刺刀挑死。抗日战争时期,日、伪军共杀害鱼子山村民 180 余人,有 10 户被杀绝③。

7. 日军屠杀采金群众。1942 年 8 月,黄松峪据点的日军从金山抓来采金群众 18 人,酷刑之后,将 18 人五花大绑,拉到东山坡跪下,拴在栽好的铁钎子上。日军在炮楼上架起机枪,向 18 人扫射,17 人身中数弹当场死亡,只有秦保元未被打中要害,幸免于难④。

8. 东撞村惨案。1942 年 9 月 6 日清晨,马坊、三河、夏垫等据点的 200 多日、伪军包围了仅有 200 多人的东撞村,挨户搜查村党支部书记何庭发,一无所获,就把全村人集中到场上,威逼三四十岁的青壮年做"扛梯子游戏":一个人在肩上扛梯子,另一个人顺着梯子往上爬。当到梯顶时,日军用刺刀猛刺扛梯人的腿,人倒"梯"翻,致使 60 多人伤残。随后又活埋青年 7 人⑤。

9. 安固村惨案。1942 年 9 月 20 日下午,日军守备队队长内田率日、伪军包围安固村,逮捕何成贵、仇守义、张振生、贾瑞付、张连锁。张连锁是个年仅 19 岁的残腿青年。内田命令伪军把张连锁的右腿捆在树上,另一条腿拴上大绳。内田强令伪军拉大绳,将张的左腿拉掉,随后又向张的头部开枪,将其打死。剩下的 4 人也被枪杀。1943 年 12 月 22 日,日、伪军把村里男女 200 人赶到老爷庙,用刺刀逼着人们把衣服脱光,不脱的人就用刺刀挑。日军命警备队往人们身

---

① 平谷县志编纂委员会编:《平谷县志》,北京出版社 2001 年版,第 477 页。
② 中共北京市委党史研究室编:《侵华日军在北京地区的暴行》,知识出版社 1995 年版,第 96 页。
③ 中共北京市委党史研究室编:《侵华日军在北京地区的暴行》,知识出版社 1995 年版,第 95—96 页。
④ 平谷县志编纂委员会编:《平谷县志》,北京出版社 2001 年版,第 478 页。
⑤ 平谷县志编纂委员会编:《平谷县志》,北京出版社 2001 年版,第 478 页。

上泼水，长达 8 小时之久。2 人当场冻死，50 多人冻昏。1944 年 4 月 27 日，日、伪军再次包围安固村，打死 1 人，刺刀挑死 1 人，用凉水灌死 2 人。张呈敏、孙学臣 2 人被扔到大庙水井里，再用石头砸死①。

10. 北上营惨案。1942 年 11 月 11 日，日、伪军对苏子峪、前北宫、后北宫、井儿峪、翟各庄、西杏园、北辛庄等村进行大"讨伐"，将 300 余名群众带到北上营，进行严刑拷打，拷问谁给八路军办事。群众受尽酷刑，但无一吐露真情。在被抓的 300 多人中，8 人惨遭杀害，部分被押送到古北口、承德、鞍山充当劳工，惨死外地，其余被放回②。

11. 磨盘沟惨案。1942 年 12 月 20 日，日、伪军到北寨桃园"扫荡"。李如奎、李如宽、李如祥三兄弟跑到山上隐蔽，包括母亲、妯娌、妹妹、孩子在内的 10 个家人及丁家娘仨藏到磨盘沟的一个石洞内。日军发现后，架起机枪向洞内扫射。12 人当即被残杀，仅李如奎的小女儿未被打死。日军把幼儿从母亲身下拽出，先用枪托砸断她的胳膊，然后活活摔死在磨盘石上。在此难中，北寨村共有 63 人死在日军的屠刀下③。

12. 日军屠杀晏庄金矿工人。1943 年 1 月 29 日，日、伪军突然包围晏庄金矿，逮捕工人 47 人，分别押送到胡庄据点和平谷城。除 1 人逃生外，其余 46 人惨遭杀害④。

13. 贤王庄惨案。1943 年一二月间，日、伪军"清剿"贤王庄，抓住 30 名青壮年，用绳子捆在一起，用机枪杀死。随后，又放火烧房，将救火的妇女和小孩 8 人扔进菜窖里，放进柴禾、煤油活活烧死。傅振宗一家被杀绝⑤。

14. 黑豆峪村惨案。1944 年 1 月 6 日晨，平谷县城、黄松峪、胡庄等据点的日、伪军 500 余人包围黑豆峪村，把全村 800 多人驱赶到王印春家门外的大场上，分成 3 拨进行逼问拷打。在一处，300 多名老弱男子被剥光衣服、身泼凉水，大部被冻昏过去，陈国文被日军连挑 7 刀而死，周保林、陈宝山、陈俊义、王三头 4 人被挑死后，又被扔进菜窖、烧成焦炭。在另一处，100 多青年男子被日军挨个拷打，其中，谭炳和、谭炳珍、赵文奇、王文魁、大狗、张吉头、孙石头、贺再芹被挑死。青年妇女被日军关在一起。日军将一个年轻媳妇和一个姑娘的衣

① 平谷县志编纂委员会编：《平谷县志》，北京出版社 2001 年版，第 478 页。
② 平谷县志编纂委员会编：《平谷县志》，北京出版社 2001 年版，第 478 页。
③ 平谷县志编纂委员会编：《平谷县志》，北京出版社 2001 年版，第 478 页。
④ 平谷县志编纂委员会编：《平谷县志》，北京出版社 2001 年版，第 478 页。
⑤ 平谷县志编纂委员会编：《平谷县志》，北京出版社 2001 年版，第 478 页。

服剥光，捆在大板凳上，当众轮奸。其中一人饮恨自尽。在此次惨案中，共有14人被杀，100多人受重伤，300多老人受冻伤①。

15. 上宅村惨案。1944年2月2日晨，郭家屯据点日、伪军在队长金森率领下，包围上宅村。日、伪军挨门挨户把所有男人驱赶到一老槐树下，责问打骂之后，把张信、刘景元、张义、张瑞、刘文元、刘呈庆、刘聚德7人杀害，曝尸三日②。

（二）抗日人员伤亡

平谷还有大量的抗日人员在抗日战争中壮烈牺牲。1938年8月23日，伪蒙疆军和伪满洲军攻占平谷县城，疯狂屠杀抗日人员。抗日救国会骨干19人被捕，其中7人惨遭杀害。1941年下半年，日军破坏平原地区基层抗日组织，搜捕村干部。在根据地最困难的1942年里，四区连续牺牲了几位区委书记和区长③。

（三）抓丁要夫

为加强对根据地的物资封锁，日、伪军强迫16岁至70岁的平谷群众在山区和平原之间挖"防共壕"。马各庄高连60多岁，因没去挖壕，被日军连挑7刺刀而死。成千上万的民工被分别集中到上宅、峨嵋山、祖务、上营、峪口等据点，自带干粮，集体干活。日不出就上工地，日不落不准收工。工地上有日、伪军监视，发现民工伸一伸腰，就用棍子打。在峨嵋山庄南挖壕工地上，马各庄民工下工时，被日、伪军突然包围。日军以进度太慢为由，从人群中抓出几个抽打，还把一个民工用铁丝绑在柿树上，点火烧死。

据1946年《平谷县八年抗战过程人口人力畜力损失调查表》统计，抗日战争时期，平谷县有142名县区干部和1287名群众惨遭杀害，被日、伪军抓壮丁6130人，被抓工要夫890000人次④。

四、财产损失

1. 1938年—1942年，日、伪军在鱼子山村烧毁房屋2000余间。日军过后，

---

① 中共北京市委党史研究室编：《侵华日军在北京地区的暴行》，知识出版社1995年版，第104—105页。
② 平谷县志编纂委员会编：《平谷县志》，北京出版社2001年版，第479页。
③ 中共北京市委党史研究室、中共平谷县委党史办公室编：《平谷革命史》，北京出版社1991年版，第17、第52、第57页。
④ 《平谷县八年抗战过程人口人力畜力损失调查表》，1946年，平谷区档案馆藏，档号1—4。

全村只剩下一片瓦砾，就连这些瓦砾也被运到山外修了炮楼[1]。

2．1940年11月24日，日、伪军烧掉陈庄子房屋近百间[2]。

3．1941年9月至11月，驻南独乐河、胡庄据点的日、伪军对南山村共烧庄7次，1000多间房屋被烧毁。最后一次在11月，烧房后把砖瓦基石全部运走修炮楼，全村人被赶出村，成了"无人区"[3]。

4．1942年9月6日，日、伪军在东撞村洗劫各户之后，把40多户房屋烧毁[4]。

5．1944年10月19日，日、伪军烧掉太后村120户的530间房子，抢走5万公斤粮食[5]。

抗战胜利后，平三蓟联合县对抗战损失做过初步调查，其结果为：抗战时期，平三蓟联合县有2470多间房屋被烧毁，3000多头大牲畜、55800多头猪和11217900多斤粮食被抢走，损失多种器物衣服114900多件，15500多亩青苗被割毁，25400多棵树木被砍伐，总价值1亿多元[6]。平三蓟联合县由平谷、三河、蓟县的一部分组成，上述损失数字中有一部分为平谷的损失。

1946年3月，平谷县建制恢复，并从密云、三河、蓟县划入130个村庄。此后有关部门对抗战损失进行过调查，形成两个调查结果。在此列出，以供参考。

据1946年冀东行署《冀东区八年来敌伪烧杀抢掠统计表》统计，平谷县粮食损失14832000斤，房屋损失5600间，牛马骡驴损失2920头，猪羊损失3万头（只），农具家具损失7684件，被服损失143125件[7]。

据1946年《平谷县八年抗战过程人口人力畜力损失调查表》（调查者不详）统计，抗日战争时期，平谷有15870间房屋被烧毁，1841间房屋被拆，2449头大牲畜、9996头猪和600多万斤粮食被抢走，被抢走各种衣服器物12万件[8]。

五、结论

日军侵占平谷期间，疯狂屠杀无辜群众，肆意焚烧居民房屋、掠夺大量粮食

---

① 中共北京市委党史研究室编：《侵华日军在北京地区的暴行》，知识出版社1995年版，第96页。

② 平谷县志编纂委员会编：《平谷县志》，北京出版社2001年版，第477页。

③ 平谷县志编纂委员会编：《平谷县志》，北京出版社2001年版，第477页。

④ 平谷县志编纂委员会编：《平谷县志》，北京出版社2001年版，第478页。

⑤ 平谷县志编纂委员会编：《平谷县志》，北京出版社2001年版，第479页。

⑥ 中共北京市委党史研究室、中共平谷县委党史办公室编：《平谷革命史》，北京出版社1991年版，第99页。

⑦ 冀东行署：《冀东区八年来敌伪烧杀抢掠统计表》，1946年，河北省档案馆藏，档号48—1—32—2。

⑧ 《平谷县八年抗战过程人口人力畜力损失调查表》，1946年，平谷区档案馆藏，档号1—4。

和牲畜，给平谷地区的社会经济发展造成了巨大损失。

第一，日军的烧杀抢掠，给平谷人民留下了痛苦的记忆。在"清乡"和"扫荡"中，日军采取了烧光、杀光、抢光的"三光"政策，在平谷制造了许多惨案。在这些惨案中，平谷地区大量的房屋被焚毁，大量的粮食和牲畜被洗劫，大量的群众被屠戮、虐待，甚至连老人和幼儿也不能幸免。日军的暴行，牢牢印在平谷人民的记忆中，无法忘却。

第二，生存资料被日军抢掠殆尽，人民无法生存。在日军烧光和抢光的政策下，居民房屋被大量焚毁，粮食、牲畜、衣服、器物被抢走。洗劫之后，居民无房可住、无粮可食，衣不蔽体，饥肠辘辘，许多人被饿死或流亡外地。日军的暴行给平谷人民带来了巨大灾难，严重阻碍了平谷地区社会经济的发展。

北京市怀柔区抗日战争时期人口伤亡和财产损失调查

怀柔区调查组

一、调查工作概述

按照北京市委党史研究室等八单位 2006 年 2 月的工作部署,中共怀柔区委研究成立由区委党史办牵头,区档案局、区政协文史委等 7 个部门组成的调查组,同时聘请 3 位离、退休老干部为顾问。怀柔抗战损失调查工作由此全面展开,主要做了以下几个方面的工作:

(一)在本区范围内查阅资料

1. 排查区委党史办所存 90 余卷资料,重点查阅了 13 卷与日伪罪行有关的调访记录,并搜集了关于日、伪军在大水峪、长园、八道河等 14 个村庄制造惨案的资料。

2. 查阅区政协文史资料选编 1—5 辑。

3. 查阅区档案馆所藏日伪档案及 20 世纪 60 年代编写的社史、村史资料计 104 卷。

4. 查阅怀柔、密云、平谷、昌平、延庆、滦平等区县的革命史、县志及《侵华日军在北京地区的暴行》《日本侵华罪行实证——河北、平津地区敌人罪行调查档案选辑》等相关史料。

(二)赴外埠查阅资料

调研人员先后前往国家图书馆、首都图书馆、北京市档案馆及承德、张家口两市档案馆,以及邻县(区)滦平、密云、平谷、顺义的党史研究部门和档案馆,共查阅档案 120 多卷,复制有关统计资料和历史文献 11 份。

(三)入村入户调查

在广泛查阅档案文献资料、初步掌握情况的基础上,调研人员又进行逐村排查。全区 14 个镇(乡)均成立了日伪罪行调查小组,并抽调或聘请退休干部、教师计 48 人建立调查队,专职抗战损失调查工作。

为做好调查工作,区调查组对各镇(乡)调查组成员进行集中培训,重点讲解了调查的目的、意义、需要注意事项和如何填写调查表等问题。嗣后，全区各镇（乡）按照调查工作部署，分别以行政村为单位，进行逐村调查。在调查中，调查人员共召集 1343 位 70 岁以上有"三亲"（亲历、亲见、亲闻）经历的老党员、老干部等参加了座谈会，并入户进行调查访问。区调查组先后召开 5 次工作会议，介绍交流经验，解决了调查中存在的问题，推动了调查工作的顺利进行。

在区、镇（乡）、村三级调研人员联动之下，怀柔抗战损失调查工作历时一年多，顺利完成。

二、抗战前后的基本情况

怀柔地处燕山南麓，华北平原北端。境内山高坡陡，交通闭塞。自有史以来，即以耕作原始、农具简陋的农业为经济基础。山穷地瘠，经济极为落后。抗战时期，长城以北属伪满洲国热河省，西部与伪蒙疆所属的延庆、赤城相连。除交界牌、碾子、道德坑一带村庄外，均属热河省滦平县。长城以南为伪河北省所属。以莲花池村、甘涧峪村、郭家坞村、西台下村、高各庄一线为界，东部（含以上连线各村）为怀柔县所属，西部为昌平县所属。1933 年，日军进犯长城各口。5 月，占领怀柔、顺义板桥和昌平半壁店一带。1935 年 11 月，伪冀东防共自治政府成立，怀柔归其管辖。抗战时期，现今的怀柔境域在当时处于伪华北、伪满洲国、伪蒙疆三个日伪政权的结合部。

1940 年，八路军冀热察挺进军为了开辟平北抗日根据地，使平西与冀东抗日根据地连成一片，进入怀柔等地开展抗日游击战争。同年 1 月初，昌（平）延（庆）联合县建立，怀柔西北部二道关、庙上、杏树台等村属昌延联合县二区。同年 6 月，丰（宁）滦（平）密（云）联合县正式建立，包括怀柔县城以北范各庄、交界河以东及琉璃庙、汤河口地区。同年冬，丰滦密联合县发展到 15 个区，其中怀柔有 8 个区。1941 年初，丰滦密联合县的一、四、九区组建中心区。4 月，中心区改为滦（平）昌（平）怀（柔）办事处，不久改为滦昌怀县佐公署。1942 年 1 月，滦昌怀县佐公署升格为联合县，所辖 5 个区均在怀柔。同年 7 月，抗战处于极度艰难阶段，滦昌怀联合县被迫暂时停止了工作。同年冬恢复工作，并成立了滦昌怀办事处和分委（归昌延联合县领导）。1943 年春，滦昌怀办事处改为联合县，同时组建了中共滦昌怀联合县委。同年 5 月，昌延联合县十三、十四、十五区划归滦昌怀联合县。全县 7 个区，其中有怀柔 4 个区。1944 年 1 月，滦（平）昌（平）怀（柔）顺（义）联合县建立，所辖 7 个区中有 4 个区在怀柔。

1945 年 1 月，平北地委决定顺义的一部分地区与怀柔合并，建立怀（柔）顺（义）联合县。同年 8 月，怀柔单独建县。

根据地的创建、巩固与发展，对三个伪政权构成了严重威胁，影响了日军的后方安全。日本关东军于 1940 年 9 月调集 4000 余兵力，采取"铁壁合围"、"捕捉奇袭"、"反转电击"等战术，向密云以西，怀柔以东、以北的丰滦密地区，进行为期 78 天的大"扫荡"，妄图摧毁刚刚建立起来的抗日根据地。

1941 年，日伪政权加强对怀柔、密云、滦平地区的控制，到处增派兵力，增设据点，修筑公路。日伪政权从通化调进 3000 名伪警察，分驻长城内外一带。汤河口村、琉璃庙村设有伪警察署，驻有伪警备队；喇叭沟门、长哨营、柏崖厂等村分别设有伪警察分驻所；口头村驻有日军和伪警备队；后山铺村、大水峪村驻有伪满洲军；琉璃庙还驻有伪军刘汉大队和王岳大队 300 余人，以及姜振和唐马中队计 600 余人。10 月，日军将东起密云半城子村，西到渤海所村，南至白道峪村，北至于营子村，东西、南北各长 60 公里的丰滦密地区划为"无人区"，实行烧光、杀光、抢光的"三光"政策，并在长城以北的伪满洲国境内大搞"集家并村"。

1942 年 3 月，日军在华北地区实施第四次"治安强化"运动，强迫百姓沿山边开挖"治安沟"。同年春，日军在伪满洲国境内二道关、大地、枣树林、琉璃庙、汤河口、长哨营、喇叭沟门、宝山寺等山区 498 个自然村建"围子"99 个，将 3 万余人赶进"围子"。同年 5 月后，日本关东军、伪满警备队、伪满洲军第八旅、伪华北派遣军以及伪地方警备队设在怀柔的各种据点增至 38 处，总兵力达 3400 人。日、伪军重点"扫荡"大榛峪、西栅子、长园、石片等山地村庄 17 次，大规模"扫荡"下辛庄、北宅村、东庄、辛庄、东坟村、岐庄及围里村一带达 22 次。

日伪政权组织了庞大的特务组织，四处捕杀抗日工作干部；通过强化保甲制、建立"自卫团"、增设"情报员"、发放"良民证"、清查户口等方法，监视、搜捕八路军及抗日工作人员。日军对无法控制的地方，大搞"集家并村"，实行"三光"政策，并将怀柔地区八道河村以南、柏崖厂村以西，西起庄户村、东到石片村，方圆 100 多平方公里地带变成"无人区"。

三、人口伤亡

（一）伤害平民

1. 1933 年 5 月 23 日，日军在下园村枪杀无辜群众宋长禄、宋长兴、宋长林 3 人。同日，日军飞机在渤海所村东关扔下 3 颗炸弹，炸死群众 19 人，炸伤 10 人[①]。

2. 1941 年 1 月 23 日，驻南口日本宪兵队以清查户口为名，在西四渡河村抓捕 36 名青壮年，押往南口。日军以"私通八路"为由将其中 2 人杀害，并将其余 34 人押往承德双塔山当劳工。32 人侥幸逃回，2 人下落不明[②]。

3. 1941 年 6 月 26 日，驻密云县火车站警务所所长永田（名不详），到陈各庄村召集百姓开会。该警务所长向前来迎接的乡董曹玉起、甲长张广太及村民穆宗岐索要八路军宣传文件。乡董、甲长均称没有。警务所长不信，竟将曹玉起、张广太枪杀[③]。

4. 1941 年 8 月 2 日，日军承德宪兵队古北口分队在小黄塘村抓捕村民吕宣、郭显明等 32 人[④]。

5. 1941 年 8 月，日、伪军在汤河口村、长哨营村、七道河村地区，大肆抓捕所谓"国事犯"。村民先后被抓去 44 人，其中，4 人被判处死刑，18 人被判无期徒刑，其余判 15—20 年徒刑。他们先被解往锦州监狱，后分关到其他监狱[⑤]。

6. 1941 年 10 月 13 日，承德日本宪兵队本部特高课课长、宪兵队大尉木村光明命令承德宪兵队古北口分队在大水峪村抓捕抗日救国会人员及村民杨全、姜尔康等 204 人。在古北口，被保释和逃跑出来的共有 76 人。其余 128 人被分批解往承德监狱"判罪"。村民戴着手铐脚镣，惨遭严刑拷打，有 10 余人被杀害，100 余人被押往东北等地做劳工。日本投降后，仅回来 21 人。大水峪村因此成了"寡妇村"[⑥]。

7. 1942 年 2 月 28 日清晨，驻大地据点的伪满洲军教导队，纠集当地的伪

---

① 怀柔县志编纂委员会编：《怀柔县志》，北京出版社 2000 年版，第 12 页。
② 中共北京市怀柔区委党史办公室编：《中国共产党北京怀柔区历史大事记》，中央文献出版社 2007 年版，第 9 页。
③ 北京市档案馆编：《日本侵华罪行实证——河北、平津地区敌人罪行调查档案选辑》（上册），人民出版社 1995 年版，第 191—194 页。
④ 中共北京市委党史研究室编：《侵华日军在北京地区的暴行》，知识出版社 1995 年版，第 40 页。
⑤ 中共北京市委党史研究室、中共怀柔县委党史办公室编：《怀柔革命史》，北京出版社 1995 年版，第 200 页。
⑥ 中共北京市委党史研究室编：《侵华日军在北京地区的暴行》，知识出版社 1995 年版，第 40 页。

军共六七百人到"无人区"搜山。从交界河村搜捕了杜小漏、石成山、周朝福、石德洪、石天玉、石天才 6 人，带到石片村，又抓了该村的商显生，一同押进商景荣家上房东屋。伪军用枪托和刺刀逼着村民面向东墙跪下，并在门口架起机枪扫射，随后又点火烧房。5 人当场死亡，商显生、石天才未被打中要害，死里逃生①。

8. 1945 年 3 月 27 日，驻大地据点日、伪军从八道河村、交界河村、石片村等地区深山里，搜捕拒不进"人圈"的贫苦群众 27 人，集中在石片村龙潭下边的西坝阶前，开枪杀害 15 人，制造了龙潭惨案②。

9. 1945 年五六月间，驻大地据点日伪警察"讨伐"搜山，到八道河小魏峪，看见村民蔡玉和怀孕的妻子穿着一条新裤子，顿生贪念。伪警察逼迫蔡妻脱下裤子遭拒绝，便恼羞成怒，一刺刀捅透其肚子。腹中胎儿随母一起惨死。旁边重病在身的蔡福利的老母亲，禁不住这一血腥刺激，气绝身亡③。

10. 八道河全村有 30 多户，150 人。从日伪军制造"无人区"到日本投降，共有 64 人或被日伪杀害，或因冻饿、疾病而死④。

（二）残害抗日人员

1. 1939 年 1 月，日、伪军在秋场、大地、头道梁、北湾、八道河、西栅子等村抓捕了抗日救国会及滦昌怀游击队成员单国洪、杨万春等 19 人。其中 11 人在承德监狱被摧残致死，4 人下落不明，4 人在日本投降后逃回⑤。

2. 1941 年 5 月，滦（平）昌（平）怀（柔）办事处主任张更生在王史山村与孙史山村之间，被日、伪军包围杀害⑥。

3. 1941 年 8 月 4 日，丰（宁）滦（平）密（云）联合县十三区区长马云龙在二道河村开会时被日、伪军包围，在战斗中左臂受伤。同月 5 日，由于汉奸出

① 中共北京市委党史研究室、中共怀柔县委党史办公室编：《怀柔革命史》，北京出版社 1995 年版，第 202 页。

② 中共北京市怀柔区委党史办公室编：《中国共产党北京怀柔区历史大事记》，中央文献出版社 2007 年版，第 19 页。

③ 《八道河村史》，怀柔区档案馆藏，社史、村史卷 83 号；《调查访问记录》第 11 卷，第 50 页，存中共北京市怀柔区委党史办公室。

④ 中共北京市怀柔区委党史办公室编：《中国共产党北京怀柔区历史大事记》，中央文献出版社 2007 年版，第 14—15 页。

⑤ 中共北京市怀柔区委党史办公室编：《中国共产党北京怀柔区历史大事记》，中央文献出版社 2007 年版，第 7 页。

⑥ 中共北京市委党史研究室、中共怀柔县委党史办公室编：《怀柔革命史》，北京出版社 1995 年版，第 199 页。

卖，被日军杀害。日军割下他的头颅，挂在长哨营据点东门外①。

4．1941 年 11 月，丰（宁）滦（平）密（云）联合县九区区长袁宗礼在卧龙岗村被日、伪军包围，杀害于怀柔县城②。

5．1942 年 3 月，滦（平）昌（平）怀（柔）联合县四区区长田基建在卢庄村被叛徒杀害③。

6．1942 年 4 月，滦（平）昌（平）怀（柔）联合县十四区区长张锄非、游击队队长李凤刚、通信员陆存在延庆境内柳条湾村开会时，被日伪"讨伐"队包围并杀害④。

7．1942 年 7 月中旬，滦（平）昌（平）怀（柔）联合县县委书记樊凌玺，在岐庄村西山被日、伪军杀害。随行的九区干部陈文被捕后遭杀害⑤。

8．1944 年 3 月 18 日，滦（平）昌（平）怀（柔）顺（义）联合县二区区长卢化民（原名韩甫）在苇店村开会时，被驻渤海所村的日本宪兵包围并杀害⑥。

9．1944 年秋，日伪保安队副大队长陈廷相率队在北宅村打死滦昌怀顺联合县三区区长冯导政，捕去侦察员刘万中及村民 10 余人，送日本做劳工。同年，在西流水庄打死抗日工作干部 2 人⑦。

根据此次调查，侵华日军在怀柔辖区内的 204 个行政村造成了人口伤亡，占行政村总数的 71.6%；被日、伪军直接杀害的有 381 人，其中男 342 人，女 24 人，儿童 15 人；间接死亡的 813 人，其中男 433 人，女 190 人，儿童 190 人；被日伪军打伤致残的有 148 人，其中男 129 人，女 12 人，儿童 7 人；因被抓劳工或逃荒而失踪的有 189 人，其中男 172 人，女 9 人，儿童 8 人。

① 中共北京市委党史研究室、中共怀柔县委党史办公室编：《怀柔革命史》，北京出版社 1995 年版，第 200 页。

② 中共北京市怀柔区委党史办公室编：《中国共产党北京怀柔区历史大事记》，中央文献出版社 2007 年版，第 12 页。

③ 中共北京市怀柔区委党史办公室编：《中国共产党北京怀柔区历史大事记》，中央文献出版社 2007 年版，第 13 页。

④ 中共北京市怀柔区委党史办公室编：《中国共产党北京怀柔区历史大事记》，中央文献出版社 2007 年版，第 14 页。

⑤ 中共北京市怀柔区委党史办公室编：《中国共产党北京怀柔区历史大事记》，中央文献出版社 2007 年版，第 15 页。

⑥ 中共北京市怀柔区委党史办公室编：《中国共产党北京怀柔区历史大事记》，中央文献出版社 2007 年版，第 17 页。

⑦ 怀柔县志编纂委员会编：《怀柔县志》，北京出版社 2000 年版，第 791 页。

四、财产损失

1. 挖"治安沟"，强占土地

1942 年 3 月 30 日，日、伪军在华北地区实施第四次"治安强化"运动，推行沟壕、碉堡分割计划，强迫怀柔群众沿山边开挖"治安沟"。"治安沟"经沙峪口、平义分、苏峪口、岐庄、北宅、口头、西三村、红螺镇、崔家坟、范各庄、坟头、龙各庄、邓各庄、大水峪等村，横贯全县东西，东与密云康各庄、西与昌平桃峪口村连接。"治安沟"宽 3.6 丈、深 1.6 丈、长 40 公里，占用了村民大量土地[①]。

2. 制造"无人区"，大量烧毁民房

（1）1942 年 2 月下旬，日、伪军制造"无人区"，烧毁庄户、八道河、交界河、石片、官地、长园、甘涧峪等村民房计 1400 余间。其中，长园全村原有 228 户、902 间民房，被烧毁 150 多户、近 600 间房屋[②]。

（2）1942 年 6 月 17 日至 23 日，日、伪军烧毁西栅子村民房 315 间，全村 90 多户民房几乎全被烧光。23 日，莲花池村 300 间民房被烧。至此，怀柔地区八道河村以南，柏崖厂村以北，西起庄户村，东到石片村，包括西栅子、交界河、莲花池、长园、甘涧峪、神堂峪、官地等村，方圆约 100 平方公里的地带成为"无人区"。百姓无法生存，有的投亲靠友，有的逃荒在外，有的躲进深山野林[③]。

（3）1942 年 11 月 21 日，日、伪军第二次火烧长园村。两次共烧毁房屋 888 间。全村包括观音寺、老爷庙，共计 909 间房屋，只剩下 14 间破烂不堪的民房和 7 间小庙[④]。

（4）抗战时期，甘涧村先后被烧 4 次，被烧毁房屋共计 425 间，所剩房屋寥

---

① 中共北京市怀柔区委党史办公室编：《中国共产党北京怀柔区历史大事记》，中央文献出版社 2007 年版，第 13 页。

② 中共北京市怀柔区委党史办公室编：《中国共产党北京怀柔区历史大事记》，中央文献出版社 2007 年版，第 12 页。

③ 中共北京市怀柔区委党史办公室编：《中国共产党北京怀柔区历史大事记》，中央文献出版社 2007 年版，第 14—15 页。

④ 中共北京市怀柔区委党史办公室编：《中国共产党北京怀柔区历史大事记》，中央文献出版社 2007 年版，第 15 页。

寥无几①。

根据此次调查，全区 285 个行政村，造成财产损失的有 174 个行政村，占行政村总数的 61%。日伪政权为修公路、挖封锁沟等毁坏耕地 2432.5 亩；为建"围子"、造"无人区"，拆毁、烧毁民房 17262 间；荒废土地 4483.5 亩；割青苗 860 亩；为建据点、搭桥梁等砍伐树木 165621 棵；宰杀、抢走牲畜 8963 头（匹）；烧毁、抢掠粮食 516966 斤；强征山柴 115000 斤；抢掠、毁坏生产工具 850 件；抢掠生活用品 633 件、服饰 300 件。另外服劳役出工，仅杨宋 1 个镇就有 106710 人次。

五、结论

这次抗战损失调查距抗战胜利已有 60 余年。这期间，区划的变动、原始资料的散佚、知情人的故去，都给调查造成了诸多困难。然而，调研人员在全面掌握现有档案资料、入村入户调查的基础上得出的数据，不是抽象的，是实实在在的，是不容置疑的。

第一，"治安强化"运动极其野蛮残酷。日军暴行集中发生在推行"治安强化运动"的 1941 年和 1942 年，充分暴露了其烧光、杀光、抢光的"三光"特点。

第二，日军的侵略给怀柔地区造成了巨大损失。日军侵华期间，肆虐的铁蹄几乎踏遍了怀柔的所有村庄。日军所至，烧、杀、抢、掠，无恶不作。日军在"集家并村"和制造"无人区"的过程中，对怀柔人民犯下的罪行，更是罄竹难书。在日军的肆虐下，怀柔的人口，尤其是青壮年大量被杀，房屋被烧、土地被占、粮食被抢，社会经济遭到严重破坏。此次调查得出的数据，仅仅是冰山一角。

总之，本次调查充分证明，日军在侵占怀柔地区 10 余年中所犯下的罪行是客观存在的，铁证如山。

① 中共北京市委党史研究室、中共怀柔县委党史办公室编：《怀柔革命史》，北京出版社 1995 年版，第 202 页。

北京市密云县抗日战争时期人口伤亡和财产损失调查

密云县调查组

一、调查工作概述

2006 年 2 月，"抗战时期北京地区人口伤亡与财产损失调查"培训会议后，密云县成立了由县委党史办、县档案局、县政协文史委、县文化委、县民政局组成的调查组。各单位选派熟悉相关业务的人员协助党史办开展具体调查，在调查的不同阶段召开协调会议，通报工作进展并部署下一阶段工作。调查组工作人员分别到北京市档案馆、河北省档案馆、密云县档案馆及县文物管理所查阅档案和相关文献资料 1350 余卷，查阅报刊、书籍 15 种，复印相关档案和资料 700 余页，走访惨案幸存者和战后回国的劳工等十余人，收集证言证词 3 份，到国家图书馆翻拍资料、到惨案发生地和抗战遗址拍摄照片总计 130 余张。

二、抗战前后的基本情况

密云县地处北京东北，属燕山山脉与华北平原交接地带，是华北通往东北、内蒙古的重要门户，故有"京师锁钥"之称。全县东、北、西三面群山环绕、峰峦起伏，巍峨的古长城绵延在崇山峻岭之上；中部是密云水库，西南是冲积平原，总地形为三面环山，中部低缓，西南开口的簸箕形。全县总面积 2229.45 平方公里，占全市面积的 13%，是北京市土地面积最大的区县。

1928 年，密云属河北省。1932 年，属蓟密行政督察专员区。1935 年，归伪冀东防共自治政府管辖。1938 年，归伪河北省冀东道。

抗日战争开始后，八路军挺进密云开辟抗日根据地，并在各县边界地区建立联合县，其中密云县潮河以西地区主要建有丰（宁）滦（平）密（云）联合县，潮河以东地区主要建有承（德）兴（隆）密（云）联合县。抗战胜利后，曾以潮河为界将县境分为两部分，西为乙化县（以八路军晋察冀军区第 10 团团长白乙化烈士之名命名），东为密云县。后二县合并为一，仍以密云县称。1949 年 8 月 15 日潮河东、西两地区合并，恢复密云县单一建置，归河北省管辖。1958 年 10

月划入北京市。

密云是受日本侵略奴役较早的地区之一，从1933年长城抗战至1945年抗战胜利历时12年。日军占领密云期间，以征服者自居，随意侮辱欺压密云人民。他们强占民房为兵营，成千上万的老百姓失去家园，失去财产，挣扎在死亡线上；密云经济、矿产资源受到日本侵略者的公开掠夺；日军在丰滦密地区制造"无人区"，实施"三光"政策，给密云人民带来空前灾难。抗战时期，密云地区有7600多人被杀害，另有3589人被抓到东北或日本国内做劳工，其中绝大多数惨死异乡，1.5亿多公斤粮食被抢，17460间房屋被烧毁，90600头（匹）牲畜被掠夺，损失农具家具7.7万件、被服47万件，抓工要夫102万人次，修筑碉堡、公路、沟墙占地11.3万亩，长城、古建筑等被毁，文物被盗[①]；日军还实行精神折磨，强迫老百姓为入侵密云死去的官兵开追悼会静默致哀。日军的凶残给密云人民带来了巨大的灾难。

三、人口伤亡

自1933年长城抗战开始，日军在密云实行残酷统治，造成大量人口伤亡。

（一）频繁轰炸，炸死平民

1933年长城抗战开始，日军在古北口遭到中国军队的顽强抵抗。日军出动数十架飞机轰炸县城、古北口、石匣镇等地。

1933年4月16日至18日，日军又进行了一次大规模的轰炸，其时正值密云县城大集，百姓较为集中。轰炸过后，房倒屋塌，血肉横飞，人口伤亡惨重。此次轰炸，被炸死、烧死百姓250多人，被炸毁、烧毁房屋230多间。南街广义和估衣铺的家属和邻居有10余人被炸死在地窖里；日军占领古北口后，杀害了全部中国军队伤员[②]。

（二）制造各类惨案，杀害平民

日军以密云西部的云蒙山区为中心，在东西、南北各长约120华里的区域内，制造"无人区"，实施惨无人道的烧光、杀光、抢光的"三光"政策，制造了一系列血腥惨案：

1. 潮河关城惨案。1933年4月14日、26日，日军两次闯入古北口镇西南

---

① 冀东行署：《冀东区八年来敌伪烧杀抢掠统计表》，1946年，河北省档案馆藏，档号48—1—32—2。

② 中共北京市委党史研究室、中共密云县委党史办公室编：《密云革命史》，北京出版社1991年版，第7页。

的潮河关城，见人就杀，见房就烧，共杀害平民 83 人。这是日军在北京地区制造的第一起大规模屠杀平民的惨案。战区人民被迫逃离家园，仅密云县檀营收容所就收容了上千名难民，还有许多难民因冻饿惨死在逃亡路上①。

2. 古北口大抓捕。1941 年 8 月 31 日，驻古北口日本宪兵队将上甸子、下甸子、涌泉庄 3 个村村民 128 人，押送到承德监狱。下甸子村村民梁青山、梁文成、梁文贵和上甸子村梁万恩、刘汉忠等 7 人被以所谓"国事犯"的罪名杀害。其余人分别被判处徒刑。到日本投降时，只有 14 人得以生还，其余均惨死在监狱中。同年 10 月 25 日，古北口日本宪兵队又将香水峪、南香峪、北香峪 3 个村的 95 名村民押送到承德监狱，到日本投降时，只有 7 人生还。两次共抓捕村民 223 人，只有 21 人生还②。

3. 殿臣峪"寡妇村"。殿臣峪原名郎家营，是个只有 24 户的小山庄。1941 年 10 月 19 日，日军抓走村中洪殿臣等 17 名男劳力押往关东，投进监狱，无一生还。一夜之间，全村有 70% 的家庭，父母失去儿子，妻子失去丈夫，孩子失去父亲。乡亲们为记住这深仇大恨，自称"寡妇村"。后为纪念惨死狱中的干部和群众，以村长洪殿臣的名字命名"寡妇村"为"殿臣峪"，沿用至今③。

4. 双窝铺惨案。1941 年 10 月 28 日、29 日，日军"围剿"西白莲峪一带地区，将抓到的 14 名群众押至双窝铺村，推下地窖，用手榴弹炸死④。

5. 下营惨案。1941 年 10 月 30 日，日军将朱家峪、罗圈厂、石湖根等村百姓 33 人抓到下营村，当晚分两批砍杀在该村的"万人坑"里，只有罗圈厂村的郑凤山挣断绳索，乘夜黑跑掉⑤。同年 11 月 9 日，驻密云县日军胄 2996 部队中佐柿本贯一率兵将朱家峪沟门、朱家峪、上马厂三村村民商连生、商连芳、商连祥、商李氏、邓玉氏、邓五小、商成、李守海、李守春、李守和、张永生、张永福、张永珍、张景荣、张小子、张景月、张小二、张景华、王来顺、赵大钧、彭大兴、裴小姐、刘振刚、刘二小、刘李氏等 29 人及姓名不详者共计 58 人押至下营村城后，全部屠杀，并将三个村 450 间民房全部焚烧，衣被、粮食、器具亦皆焚毁在内。同日，日军又将金鸡沟、井儿峪两个村村民 33 人押至下营村城北，于夜间全部杀死，埋一大坑之内，并烧毁两个村的民房 156 间，房内衣被、粮食、

① 中共北京市委党史研究室编：《侵华日军在北京地区的暴行》，知识出版社 1995 年版，第 4 页。
② 中共北京市委党史研究室编：《侵华日军在北京地区的暴行》，知识出版社 1995 年版，第 21 页。
③ 中共北京市委党史研究室编：《侵华日军在北京地区的暴行》，知识出版社 1995 年版，第 23 页。
④ 中共北京市委党史研究室编：《侵华日军在北京地区的暴行》，知识出版社 1995 年版，第 14 页。
⑤ 中共北京市委党史研究室编：《侵华日军在北京地区的暴行》，知识出版社 1995 年版，第 14 页。

器具皆焚毁净尽，因之被冻饿而死的又有 200 余人①。

6. 孟思郎峪惨案。1941 年 11 月 10 日，驻西驼古村、下营、白马关、石佛等据点的日军"扫荡"朱家峪、孟思郎峪一带，将抓到的 35 人驱赶到一个场院内，全部用机枪射杀，后又放火焚尸。该村共有 10 户人家，9 户人家有人被杀害，其中 3 户人家被杀绝，有一户 3 代 11 口人被杀 9 口。全村 71 间房屋，全部被烧毁②。

7. 西白莲峪惨案。1941 年 12 月 9 日，日军至高庄子、东白莲峪、西白莲峪及西白莲峪沟门等村，放火烧房，见到村民即开枪射击，也有掳去被杀者，共杀死村民 32 人，烧毁房屋 194 间，各户衣被、粮食、家具亦均被烧在内。当时正值寒冬，因之冻饿而死者不下 200 余名③。

8. 臭水坑惨案。1942 年 4 月 8 日，伪满洲讨伐队 1000 余人由琉璃庙据点出发，长途奔袭臭水坑（位于密云县西部深山区，是丰滦密联合县政府和八路军晋察冀军区十团的隐蔽驻地之一），将县政府及十团后勤机关、伤病员等共 100 余人包围。被围的军政干部和战士英勇抵抗，终因寡不敌众，丰滦密联合县县长沈爽（化名白涤非）、第 10 团供给处长乔宇、卫生处处长郭廷章等 30 人壮烈牺牲，县政府副秘书兼财粮科科长李昨非等 45 人被捕④。

9. 张家坟惨案。日军在密云地区划定"无人区"和修建"部落"后，张家坟村人民誓死不进"部落"，青壮年迁进深山密林，利用日军"扫荡"的空隙，耕种庄稼，艰难度日。1942 年春，日军多次围捕张家坟村春耕的抗日军民，先后共有任宗玉等 11 人惨遭杀害。丰滦密县政府追认任宗玉等 7 人为烈士，并把张家坟村改名为七烈营⑤。

10. 东庄禾惨案。1942 年 10 月 1 日，日军 200 余人包围了东庄禾村，将全村男女老幼驱赶到一个大场院内，逼问有无抗日人员，群众拒不回答，日军先后用刺刀挑死 14 名男青年⑥。

① 北京市档案馆编：《日军侵华罪行实证——河北、平津地区敌人罪行调查档案选辑》（上册），人民出版社 1995 年版，第 194、第 196 页。

② 北京市档案馆编：《日军侵华罪行实证——河北、平津地区敌人罪行调查档案选辑》（上册），人民出版社 1995 年版，第 199、第 200 页。

③ 北京市档案馆编：《日伪在北京地区的五次强化治安运动》（下），北京燕山出版社 1987 年版，第 597 页。

④ 中共北京市委党史研究室、中共密云县委党史办公室编：《密云革命史》，北京出版社 1991 年版，第 53 页。

⑤ 中共北京市委党史研究室编：《侵华日军在北京地区的暴行》，知识出版社 1995 年版，第 38 页。

⑥ 中共北京市委党史研究室编：《侵华日军在北京地区的暴行》，知识出版社 1995 年版，第 29 页。

11. 苍术会惨案。1942 年 10 月 12 日，冀东八路军第 6 大队第 3 中队（原平密兴三区基干队）指导员李耀庭带领一个排护送 13 名到平西受训的冀东学生，在苍术会西柏崖山被日、伪军包围，李耀庭率战士们英勇奋战，学生们也用石块还击，但终因寡不敌众，除几名基干队员突围脱险和一名女学生被捕外，其余指战员和学生共 48 人全部遇难①。

12. 李各庄惨案。1943 年 3 月 6 日，日军驻密云柿本部队西田各庄镇大辛庄村据点小队长山本因怀疑李各庄村民暗通八路军，将全村老少 400 余人集中到村南王家坟后边的空地上进行逼问，将其中 16 人抓回据点严刑拷打。后将唐二黑、田蔓头、张元、张金、赵金福和张二元 6 人枪杀②。

13. 小西天惨案。1944 年 11 月末，伪满洲后山铺警察所百余人，将小西天村不进"部落"的 11 户人家的 30 余人抓到后山铺据点，用机枪集体杀害，除乘乱逃跑和重伤未死者外，28 人遇难③。

（三）"扫荡""蚕食"

1. 1941 年 10 月 4 日，华北和伪满日、伪军联合对丰滦密根据地开始持续两个月的毁灭性大"扫荡"。所到之处，屠杀百姓，抢尽粮食、牲畜，烧毁民房。日军用各种残暴手段杀害百姓 300 余人，抓捕 500 余人④。

2. 自 1942 年春开始，日军又连续发动了季节性的"割青扫荡"，实施"片光"政策，将地里的庄稼苗毁得一干二净、颗粒无收，给山地百姓造成空前严重的生活困难。冷风甸村仅有 17 户人家，1942 年就饿死 12 人⑤。

（四）修建"部落"，制造"无人区"

1941 年 11 月下旬到 12 月初，即日伪军发动的万人大"扫荡"后期，开始推行"无人区"计划，大肆"集家并村"，修建"部落"。"部落"，指日军把若干村子的老百姓驱赶到指定村庄居住，村的四周修起 1 丈多高的围墙，只留前后两个门供人出入；门上建岗楼，墙内四角建炮楼，内驻军警和特务。这种高墙、炮楼的村庄，日军称其为"部落"，老百姓则叫它"人圈"。日军企图以此来隔绝人

① 中共北京市委党史研究室、中共密云县委党史办公室编：《密云革命史》，北京出版社 1991 年版，第 56 页。
② 北京市政协文史资料委员会编：《日伪统治下的北京郊区》，北京出版社 1995 年版，第 77 页。
③ 中共北京市委党史研究室编：《侵华日军在北京地区的暴行》，知识出版社 1995 年版，第 19 页。
④ 中共北京市委党史研究室编：《侵华日军在北京地区的暴行》，知识出版社 1995 年版，第 14 页。
⑤ 中共北京市委党史研究室编：《侵华日军在北京地区的暴行》，知识出版社 1995 年版，第 16 页。

民群众与八路军的联系，实现其"竭泽而渔"，彻底消灭抗日力量的目的。到1942年3月底，日军在丰滦密长城沿线及其以北地区共建起四合堂、白庙子、番子牌、白马关、石湖根等29个"部落"。敌人宣布"部落"外5公里范围内允许种地，不许居住，为"无住地带"；被逼迫进入部落的人们，则失去了生产、生活、言论、行动的一切自由，只能像会说话的牛马一样任敌役使和宰割。生活上实行配给制，每人每年只配给少量"混合面"，一盒火柴、半斤盐和3尺布，而经过层层克扣，到百姓手里已所剩无几。有的"部落"每人每年实际只得布9寸。老百姓常年吃野菜、树皮、草根。有的成年人腰间只围一块布，有的全家只有一条裤子。几家人挤住在一种用柴草搭成的"马架房"内。房外到处是粪便、垃圾，夏天瘟疫流行，成批的人死亡。冬天缺衣少食，很多人被冻饿而死。1942年一年内，每个"部落"最少有70人到80人死亡。白庙子"部落"仅有400余人，一年中就死了160余人[①]。

（五）强役劳工

1936年，日军强迫12000名老百姓修建通州到古北口的铁路，因劳动强度大又吃不饱饭，时常受到日军打骂，民工们采取怠工、逃跑等形式反抗，伪密云县政府顾问川本定雄承认，多名民工夜间被汽车拉出去杀害[②]。

由于年代久远、知情人多已作古，档案资料又不完整，我们翻阅大量的档案、资料和党史征集材料，汇总出密云抗战时期人口伤亡数为3986人，与1946年中共冀东区行署调查编制的《冀东区八年来敌伪烧杀抢掠统计表》中统计的7600人相差甚远，应该说1946年的统计数字更接近历史，更能说明真实情况。

四、财产损失

（一）文物损失情况

1. 1933年日军攻占古北口，以古北口为中心，东至司马台望京楼，西至卧虎山西侧的长城受到日军炮火不同程度的轰击，墙体多处倒塌；在鹿皮关、白马关、曹家路、墙子路等主要关口附近的长城也遭到日军炮火的轰击。密云地区被损毁的长城45公里、敌楼197座，多为日军飞机、重炮轰炸所致；另有约5华

---

① 中共北京市委党史研究室编：《侵华日军在北京地区的暴行》，知识出版社1995年版，第18页。
② 密云县革命斗争史编写委员会编：《密云县革命斗争史》，1986年印行，第8页。

里的长城城砖被日军拆走，用火车运往伪满洲国①；日军进关后为了便于汽车通行，拆毁了古北口古镇城北门外的瓮城和古北口关（铁门关）关城的南北二门。

2. 1933 年 4 月 16 日，日军轰炸密云县城，炸毁了建于明代的鼓楼、真武庙和建于清代的清真寺等建筑。

（二）农业、林业损失情况

日军在密云地区修筑碉堡、公路、铁路、沟墙，占地 113000 亩；在北部山区制造"无人区"，连年发动季节性的"割青扫荡"，使大面积土地荒芜、庄稼颗粒无收；日军还大肆砍伐树木、烧山毁林，烧光了牛盆峪村、大关上村、马营村、河北村、西峪村、高家岭村、沙峪里村、秀才峪村、柳树沟村、转山子村、庙沟村等地的数十万亩山林②。

（三）矿产损失情况

1938 年，日商高周波株式会社在沙厂村建立了机械化选矿厂，钨矿石经过各道工序的筛选，提纯后被掠往日本本土③。1939 年在古北口建立"亚细亚金矿"，当时矿工有 150 多人，开采的矿石（无开采量记载）用火车运往东北提选；同年又在墙子路村，设立了高周波、九洲、新新、兴亚株式会社下属的矿山矿业所，收购钨矿。仅从 1939 年到 1941 年的 3 年开采中，高周波矿业所的日收购量可达一至二吨，九洲、新新、兴亚矿业所的日收购量可达二吨至三吨④。以开采到日本投降计算，共掠夺精细矿粉约 2.4 万吨。

1941 年 10 月末，日本创立华北重石矿业株式会社，在塘子、白石岭、墙子路、沙厂等矿区进行采矿，并建立选矿厂、锻造工场，就地选矿、提纯、锻造，直到抗战结束⑤。几年间各矿山出矿量约合 38740 吨，选矿厂处理矿量 24693 吨，生产精矿 178.2 吨（平均品位 50% 以上），从其他地区收买精矿 23.9 吨。掠夺矿

① 中共密云县委党史办、密云县档案局、密云县关心下一代协会编：《密云地区抗日斗争史料选编》（下册），2005 年印行，第 706 页。

② 中共北京市委党史研究室编：《侵华日军在北京地区的暴行》，知识出版社 1995 年版，第 13—20 页。

③ 中共密云县委党史办、密云县档案局、密云县关心下一代协会编：《密云地区抗日斗争史料选编》（下册），2005 年印行，第 697 页。

④ 中共密云县委党史办、密云县档案局、密云县关心下一代协会编：《密云地区抗日斗争史料选编》（下册），2005 年印行，第 702—704 页。

⑤ 中共密云县委党史办、密云县档案局、密云县关心下一代协会编：《密云地区抗日斗争史料选编》（下册），2005 年印行，第 732—746 页。

产总计 87635.2 吨。

（四）平民财产损失情况

日本占领密云地区时期，成千上万的老百姓失去家园、失去财产、挣扎在死亡线上。

仅当时抗日政府活动的区域内（密云少部地区），抗战时期被掠夺粮食 181.4 万斤；被烧毁房屋 10360 间、破坏土地 2999 亩，掠夺资财、损失牲畜、损失生产工具等，估价共折合 50052.3 万元（估价按损失时的物价、米价计算折成款数）[1]。

《冀东区八年来敌伪烧杀抢掠统计表》（1946 年）中统计：抗战时期密云地区有 15442.5 万公斤粮食被抢走，17460 间房屋被烧毁，90600 头（匹）牲畜被掠夺，损失农具家具 7.7 万件、被服 47 万件，抓工要夫 102 万人次。

日军在"无人区"内所到之处，百姓的粮食、畜禽、衣物全数被掠走，家什用具捣毁殆尽，房屋草棚一概烧毁，并把水井填死，碾磨炸毁。日军先后将半城子、西驼古、张家坟、冷风甸、朱家峪、孟思郎峪等 100 多个村庄烧成一片废墟。孟思郎峪沟门商铺——吉泰祥的 35 间铺房被悉数烧毁，所有器具货物尽化为乌有，按当时值计算，财产损失有 700 万元之巨[2]。

日军在密云县境内修筑公路、铁路、碉堡、壕沟共抓工要夫 102 万人次。1942 年 4 月，日军强迫百姓沿着丰滦密山边挖掘"治安沟"[3]，沟长 90 公里，深 5 米，宽 11 米，沟边每隔 1 华里修筑一座炮楼。为完成这一浩大工程，仅密云县西部平原地区就有 5000 多青壮年被征用，无偿付出工日累计 30 多万个，老弱妇女也被强制去捡石头。

五、结论

日本侵华战争对密云地区的人员、财产造成巨大的损失，给密云地区经济、文化事业带来毁灭性破坏，给密云地区社会发展与进步带来严重摧残。

丰滦密"无人区"，是日军在中国华北制造的长城沿线千里"无人区"中最早的一块。日伪军在制造这块"无人区"的过程中，实施了惨无人道的毁灭性的

---

[1] 密云县政府：《抗战期间人民损失调查》，1946 年 11 月，密云县档案馆藏，档号 11—1—30。

[2] 北京市档案馆编：《日本侵华罪行实证——河北、平津地区敌人罪行调查档案选辑》（上册），人民出版社 1995 年版，第 205 页。

[3] 中共北京市委党史研究室编：《侵华日军在北京地区的暴行》，知识出版社 1995 年版，第 14 页。

"三光"政策。他们广设据点，把"无人区"划分成若干小块，采取"分进合击"、"纵横扫荡"、"梳篦清剿"等多种战术，频繁交叉地"肃清扫荡"。"无人区"成为废墟满目、人烟稀少的荒芜地带。

日军为达到"竭泽而渔"、彻底消灭抗日力量的目的，在丰滦密山地实施"部落化"统治，强行驱赶山地百姓统统迁入日伪军控制的 29 个"部落"中。百姓进入"部落"就失去了生产、生活、行动等一切自由。面对誓死不离山，坚持"无人区"斗争的抗日军民，日军堵死出入山地所有通道，严禁一切生产、生活物资流入山地。人民因冻饿、生病而死者达几千人。

北京市延庆县抗日战争时期人口伤亡和财产损失调查

延庆县调查组

一、调查工作概述

2006 年 4 月，延庆县组成抗战损失调查组。本次调查以查阅档案为主，并分别赴北京市档案馆、张家口市档案馆查阅延庆地区抗战档案，力求统计结果准确，接近实际。调查还走访了曾参加抗战的老同志、老战士。经过工作人员一年多的努力，对全县抗战人口伤亡与财产损失有了基本把握。

二、抗战前后的基本情况

延庆地处北京西北，位于延怀盆地东端。"南扼居庸之翠，北拒龙门之险"，是华北通向山西、内蒙的交通要塞。抗日战争前，延庆属察哈尔省管辖。

九一八事变后，日本侵略势力开始进入延庆。抗日战争时期，延庆县处在伪满洲国、伪蒙疆、伪华北三个伪政权结合部。其间，中国共产党领导敌后抗日斗争，延庆为平北抗日根据地中心。延庆地区曾先后分属六个联合县，分别是昌（平）滦（平）密（云）联合县、昌（平）延（庆）联合县、龙（关）延（庆）怀（来）联合县、龙（关）赤（城）联合县、丰（宁）滦（平）密（云）联合县、昌（平）宛（平）怀（来）联合县。1945 年 1 月，建立延庆县抗日县政府。1945 年 9 月，八路军解放延庆县城，延庆县民主政府进驻延庆县城。1946 年 10 月，国民政府军队占领延庆川后，仍设延庆县，属察哈尔省。解放区同时置延庆县属冀热察边区。1947 年 1 月，解放区在延庆县东部置四海县，同年 12 月撤销。1948 年 5 月，复置四海县。1948 年 5 月 19 日，解放军收复延庆后，延庆仍为县建置，属察哈尔省。1951 年 9 月，撤销四海县，原四海县大部分地区并入延庆县。1952 年撤销察哈尔省，延庆县划归河北省张家口地区。1958 年 10 月划归北京市。

1932 年 3 月，日本策划成立伪满洲国，延庆刘斌堡以东山区四海、小川、沙梁子、红旗甸、千家店、花盆等村庄属伪满洲国热河省丰宁县。从此这些地区开始沦为日本殖民地。1933 年秋，日伪政权在花盆、千家店、小川、沙梁子地区建立保甲制，在千家店、花盆等村设警察分所，加强对这一地区的统治。1937年8月25日，日军占领南口，察南十县（包括延庆）沦陷。9月，日军80余人侵入延庆城，延庆绅商程方辰、韩恩波等在日军支持下，组织维持会。同月，200多名日伪军侵占永宁城。12月，日伪华北临时政权成立，延庆大庄科以南大部分地区均归其管辖，时属昌平县。日伪政权在这一地区设乡、保、甲、屯等，在大庄科设警察分局，除统辖当地居民外，皆有讨伐任务。1939年9月1日，伪蒙疆自治政府（驻地张家口）成立，延庆大部归其察南政厅管辖。伪蒙疆在延庆设县公署，由中国人充任县长，日本人任指导官，操纵实权。为加强其军事政治控制，日、伪军在重要村镇如柳沟、高山寺、古城、白草洼、西拨子、小庄科、下屯、佛峪口、四海等地建炮楼碉堡，派日伪政权军及警察驻守。康庄、西拨子、三堡等村还驻有铁路警察，皆有日本人监督。除在政治上严加控制，经济上残酷掠夺外，日伪还推行其四项施政纲领：（1）"日察如一"；（2）"铲除共党"；（3）"民族和协"；（4）"民生向上"。以此来奴化、麻痹延庆人民。

三个日伪政权对延庆地区的统治，包括军、政、警、宪、特，是逐步建立和加强起来的，并互相配合，在各地均实行保甲制、十户连坐法，"一人犯法、十家连坐"。同时建立户口登记、指纹鉴定，发放身份证（即"良民证"），出行如忘带，轻则罚款、毒打，重则以"匪"论罪，逮捕入狱。

1938年5月，为支援冀东人民的抗日暴动，中共中央军委命令八路军第4纵队从平西出发，分两路经延庆地区东进，司令员宋时轮率一部经青龙桥、铁炉、东三岔进入冀东；政治委员邓华率一部经康庄、延庆、永宁、四海进入冀东，部队经过延庆东部山区时留下了一个连，一面策应冀东暴动，一面就地征粮征款扩军，宣传抗日救国，发动群众组织救国会、自卫军，扩大八路军的影响。6月，在东三岔村建立滦昌密临时联合县政府，张书彦任县长，刘国良为工委书记。1939年4月，刘国良奉命带部队撤回平西，在大庄科"后七村"（"后七村"指铁炉村、沙塘沟村、慈母川村、景而沟村、里长沟村、霹破石村、董家沟村，俗称"后七村"。）发展的抗日游击队，同主力部队一起撤回平西。

1939年底，抗日战争进入到相持阶段。根据当时全国的形势，中共中央决定冀热察游击斗争要加大发展。根据中共中央的指示，冀热察区党委和冀热察挺进军领导机构于1939年1月成立，马辉之任党委书记，萧克任挺进军司令员。根据晋察冀中央分局的决定，冀热察区党委和挺进军军政委员会确定了"巩固平西，坚持冀东，开辟平北"的工作任务。根据"三位一体"的战略任务，决定开辟平北根据地。1940年1月，昌延联合县政府成立。昌延根据地的建立，引起了日军的注意，日军开始将注意力转向其后方，强化对占领区的统治，频繁进行大"扫荡"，抗日战争进入到最残酷时期。

1940年5月、9月，日、伪军连续两次对昌延根据地进行大"扫荡"。日、伪军依靠据点，集中兵力，采取连续不断的合击"扫荡"，反复搜山，实行惨无人道的"三光"政策。日伪采取"铁壁合围"、"捕捉奇袭"、"纵横扫荡"、"反转电击"等战术，在延庆东南部地区进行报复性的烧杀抢掠，把"后七村"的民房几乎烧光。1941年5月，日、伪军对延庆川"扫荡"，烧杀抢掠，无恶不作。1942年，在军事上，日、伪军开始协调行动，实行"满"、"蒙"、"华"联防，纠集了一万多人，对平北根据地进行了时间最长、次数最多、手段最毒辣野蛮的"扫荡"，持续3个月之久。同时，开始实行其阴险的所谓"七分政治、三分军事"的"蚕食"进攻计划，企图将整个根据地分割成几个小块，然后各个击破，彻底摧毁。

此外，"集家并村"，推行"部落化"，制造"无人区"，是日、伪军在昌延推行"固边"政策的重要内容之一。其具体办法是，强迫群众拆毁或烧毁原有房屋，修筑"围子"，门上写着"××部落"，大门两旁写着"东亚共荣"、"民生向上"，然后强迫群众离开原来住地，拖儿带女，搬进"围子"居住。并强迫青壮年组织自卫队，在"围子"的出口处和其中的十字路口立岗设卡，规定天亮前和太阳落山后百姓不准进出，违者一律以"共匪"论罪，就地枪决。

生活上一切物品，包括粮食、布匹及日用品均实行配给制，发到群众手中的物品往往难以维持生计。政治上严加控制，并实行奴化教育。人民失去了起码的人身自由，犹如被囚在暗无天日的地牢一般，所以，人们都称之为"人圈"，如同牛圈、羊圈一样，把人都圈起来，老百姓被迫迁离的地区不准住人，即所谓"无住地带"，其罪恶目的是企图割断共产党八路军与人民群众的联系，使之失去群众，站不住脚，被迫离开根据地，以保证伪满洲国边境的安宁，巩固其统治。这就是其"固边"政策的实质，也是日军"蚕食"进攻的重要内容。伪满洲国西南边境的边缘，正是昌延二区一带。到1942年底，日伪强迫群众修起13个围子，并村45个。大部分群众被迫搬进"围子"居住，任敌人奴役压榨，过着牛马一样的生活。

三、人口伤亡

抗日战争时期，延庆地区是中共开辟的平北抗日根据地的中心区，是日、伪军加强统治，重点"扫荡"的区域之一。据延庆县1946年10月6日不完全统计，延庆牺牲的革命烈士，登记在册的有 508 人，被杀害的普通老百姓 2000 多人。

（一）各种惨案中被杀人口

1. 大柏老惨案。1940 年 9 月，日军到大柏老村，先后逮捕姚金玉、祈茂春、唐富治、冯贵生等人。后将抓获的 13 名村民带到大柏老村的南场上，砍头残杀。被杀者除了前面 4 人，还有小柏老村的赵三立、杜老，另外 7 人不知姓名[①]。

2. 西羊坊惨案。1941 年 11 月 4 日夜间，伪蒙疆骑兵三大队、特务队和伪警察 800 多人包围西羊坊村，烧毁全村房屋，抓走 24 人在延庆监狱遭严刑拷打。11 月 13 日，日军将其中 22 人押解到康庄刑场，反绑在木桩上，其中 10 人被当作人头靶用机枪射死。随后，日军又放出十几条狗反复撕咬剩下的 12 人。22 人均遭杀害。被害的 22 人是白留满、白长景、白长庆、白长友、白长雨、白长玉、白长根、白长林、白元华、白红元、白万场、白老雨、白志写、李三根、白小四、李六全、李所、朱小扁、陈德绪、陈德红、马全柱、马九所[②]。

3. 佛峪口惨案。1942 年，日军为阻挡抗日根据地发展，决定在佛峪口建立据点，驻扎日伪警备队，并开始将佛峪口至阎家坪一段山路拓宽铲平，修成简易公路。为修这段路，日军先把佛峪口沟里的大庄户村的房屋全部烧毁，接着又从怀来、龙关等县抓来八九百名民工。很多民工在劳作过程中被无辜打死，例如延庆县下辛庄的李松山被日军踢死在工地上；延庆香村营的一个民工被用铁丝捆上四肢，再坠上大石头，扔在佛峪口的大水坑里淹死；旧县村的袁成义被活活打死在佛峪口。1942 年 4 月 14 日，日军将 9 个民工用铁丝捆在一起，然后推入大水坑，除了陈家营村的孙连富和一个姓李的村民逃脱外，其他 7 人全被淹死。在佛峪口，按有据可查的统计，日军先后杀害民工 18 人[③]。

4. 岔道"活人坑"。1943 年春季，日军对平北抗日根据地实行"治安强化运动"、"固边"政策、"联合讨伐"和"蚕食"进攻。为切断昌延抗日根据地南北两地区的联系，日军计划修筑一条封锁沟。封锁沟西起八达岭长城脚下的岔道城，东至妫川端头的永宁城。全长 40 公里，沟宽 8.3 米，深 2.9 米，每隔 1 公里建 1 个炮楼。3 月，日军从绥远（今内蒙古自治区）、张家口、张北等地用火车运来 6000 多名劳工修筑封锁沟。劳工每天要干十七八个小时，每月死、伤 200人。后因生活条件差，劳工生病得不到治疗，死亡人数剧增。春夏时节霍乱流行，

① 中共北京市委党史研究室编：《侵华日军在北京地区的暴行》，知识出版社 1995 年版，第 88 页。
② 中共北京市委党史研究室编：《侵华日军在北京地区的暴行》，知识出版社 1995 年版，第 89 页。
③ 中共北京市委党史研究室编：《侵华日军在北京地区的暴行》，知识出版社 1995 年版，第 75 页。

日军将数百名得病的劳工关入地窖，一些民工饿死、病死在地窖中。日军将未死的劳工从岔道西北城墙上推入一个 20 余平方米、深 10 余米的大坑，然后架上干草木柴，浇上汽油、煤油，纵火焚烧。先后有七八百名民工被烧死在"活人坑"内。1965 年，延庆县民政局对岔道"活人坑"进行挖掘，共发掘尸骨七八百具，后在此建成岔道"活人坑"纪念亭①。

（二）"扫荡"中被杀人口

延庆是抗日活动十分活跃的地区，日、伪军经常组织规模不一的"扫荡"，造成的平民伤亡巨大，现仅就调查中获取的部分伤害人数较多的个案列举如下②：

1. 1938 年 4 月，日、伪军侵入慈母川村，几次"扫荡"先后杀害 7 人。

2. 1938 年 10 月，日、伪军侵入井沟村，杀害 9 人。

3. 1940 年—1945 年，日、伪军到三里庄村"扫荡"多次，杀害 4 人。

4. 1940 年—1945 年，日、伪军"扫荡"大庄科村，共杀害 33 人，抓走 2 人。

5. 1940 年后，日、伪军到古城地区"扫荡"20 余次，共杀害 4 人。

6. 1941 年，日、伪军多次到后所屯村"扫荡"，共杀害 4 人。

7. 1942 年，日军几次"扫荡"菜树底下村，共杀 39 人。

8. 1942 年，日、伪军在红旗甸河东修起"围子"并强迫群众并村，"扫荡"时杀害 5 人。

9. 1942 年，日、伪军到果树园村"扫荡"，杀害 7 人。

10. 1942 年 8 月至 1945 年，日、伪军多次到莲花滩村"扫荡"，杀害 4 人。

11. 1943 年，日、伪军到西龙湾村"扫荡"，抓走村民 4 人，后杀害。

12. 1943 年，日、伪军到旧县镇"扫荡"，杀害 20 余人。

13. 1944 年，日、伪军到盆窑村"扫荡"，打死村民 4 人。

14. 1944 年，日、伪军"扫荡"南老君堂村，抓走 4 人，打死 2 人。

四、财产损失

抗日战争中，日、伪军对抗日根据地普遍实行封锁政策，粮食和日用品都被日伪政权严格控制，各关卡和各据点都有截留权，只有经过贿赂才能通行。同时日伪政权的苛捐杂税和劳役负担繁多，老百姓负担深重。日军给延庆经济造成了

---

① 中共北京市委党史研究室编：《侵华日军在北京地区的暴行》，知识出版社 1995 年版，第 91 页。

② 根据 1991 年 10 月党史资料征集整理，存中共北京市延庆县委党史办。

毁灭性的打击，给延庆人民带来了巨大的财产损失。据不完全统计，抗日战争期间，延庆民房被烧毁万间有余，宰杀的驴牛猪羊，抢走的粮食、家具什物不计其数。

（一）平民财产损失情况

抗日战争中，延庆有 10000 多间房屋被烧，2000 多头大牲畜被抢走，其他粮食、衣物不计其数。损失较大的几次"扫荡"列举如下[①]：

1．1936 年 10 月，日、伪军侵入南天门村。其后，三次"扫荡"抢粮食 2000公斤。

2．1937 年 7 月—8 月，日、伪军第一次进入莲家营村。到 1945 年，共"扫荡"过 12 次，抢走粮食 15000 公斤。

3．1937 年 7 月，日、伪军侵入松树沟村，"扫荡"时烧房 200 间，抢走牲畜 20 头。

4．1937 年—1945 年，日、伪军多次"扫荡"海字口村，烧房 500 间。

5．1938 年 2 月，日、伪军"扫荡"高家窑村，烧房 100 间。

6．1938 年，日、伪军侵入小川村"扫荡"，烧房 650 间，抢走粮食 10000多公斤，抢走牲畜 15 头。

7．1938 年 6 月，日、伪军"扫荡"永安堡村，烧房 200 间，抢走牛 40 头，驴、马、猪、粮食等全部抢光。

8．从 1938 年开始，日、伪军共"扫荡"孟家窑村 8 次，"扫荡"时抢走 30头牛，10 头驴，粮食 50000 公斤。

9．1939 年 6 月，日军侵入河湾村。"扫荡"3 次（1942 年 8 月、10 月、1943年 2 月），拆房 250 间。

10．1940 年，日、伪军"扫荡"大庄科村，烧房 420 间，抢走驴 35 头，牛 40 头。

11．1940 年，日军侵入马道垯村，"扫荡"多次，抢走牛 10 头，粮食 10000公斤。

12．1940 年 10 月，日、伪军将"后七村"300 多间民房完全烧毁。

13．1941 年 10 月，日、伪军制造西羊坊惨案，全村被烧毁房屋 490 间，被抢粮食约 864 石。

---

① 根据 1991 年 10 月党史资料征集整理，存中共北京市延庆县委党史办。

14．1941 年，日、伪军到白河堡"扫荡"，抢走粮食 10000 多公斤，牲畜 25 头，烧房 160 间。

15．1942 年—1945 年，日、伪军"扫荡"二铺村多次，拆房 20 间，抢走毛驴 1 头、猪 1 头、鸡无数，粮食 10000 余公斤。

16．1942 年，日、伪军"扫荡"白龙坑，烧毁民房八九十间，抢走牛 10 头，驴 5 头。

17．1942 年，日、伪军到果树园村"扫荡"，烧房 75 间，抢走毛驴 6 头，牛两头，粮食 10000 余公斤。

18．1942 年 8 月 30 日，白河堡乡北小川村因阎克修、王怀山二人参加八路军遭到日、伪军报复，被烧房 650 间。同月，日、伪军到马蹄湾村"扫荡"，拆房 171 间，打伤老百姓 13 人，到河湾村拆房 250 间。

19．1942 年，日、伪军在红旗甸河东修起"围子"并强迫群众并村。"扫荡"时烧房 26 间，抢走牲畜 30 头，抢走粮食 60000 公斤，猪、羊、鸡、全部抢光。

20．1942 年 8 月至 1945 年，日、伪军多次到莲花滩村"扫荡"，烧房 300 间，抢牲畜 300 头，粮食 20000 公斤。

21．1942 年—1945 年，日、伪军到门泉石村"扫荡" 6 次，烧房 125 间，抢走牛 18 头，猪 1 头，驴 3 头。

22．1944 年，日、伪军到下营村"扫荡"，抢走粮食约 20000 公斤。

23．1944 年 4 月，日军到水峪村"扫荡"，抢走粮食 4000 多公斤。

（二）文物损失情况

1．1940 年，日、伪军在延庆先后烧毁寺庙 75 座、房屋 300 余间。

2．1942 年，日、伪军强迫群众拆毁长城 2 公里，使用长城砖修"围子"①。

五、结论

抗日战争时期，延庆处在伪满、伪蒙疆和伪华北三个伪政权的结合部，遭受了更为深重的灾难。日军的侵略给延庆的社会经济、人民生活水平造成了严重的破坏。

第一，日军的迫害手段十分残酷。日军在延庆地区采取了惨无人道的"三光"政策。日军对延庆地区进行的"扫荡"时间长，次数多，手段毒辣，制造了大大

---

① 根据 1982 年汉家川村、香村等村党史资料座谈会记录，存北京市延庆县史志办。

小小的各种惨案，对平民造成了直接的死亡和人身伤害。同时，日军用"集家并村"的方式，推行"部落化"，修筑"围子"，强迫群众拆毁或烧毁原有房屋，拖儿带女，搬进"围子"居住。日军对平民采取了枪杀、活埋、焚烧等各种残酷手段。

第二，日军使当地人民的生命和财产遭受了巨大损失。据不完全统计，抗日战争中，延庆牺牲的革命烈士登记在册的有 508 人，被杀害的普通老百姓 2000 多人，烧毁民房万间有余，宰杀的驴牛猪羊，抢走的粮食、家具什物不计其数。而大部分被迫搬进"围子"居住的群众，人身自由丧失，并且不断被进行奴化教育，在身体上和精神上遭受双重折磨。

第三，日军对当地经济发展造成了极大破坏。日伪政权统治延庆期间，横征暴敛、巧取豪夺，使当地社会经济濒于崩溃，当地人生活水平日益下降。日军通过经济封锁手段，对区域的社会经济发展和商品流通设置了人为的障碍和破坏，使社会经济混乱，发展停滞。日军还通过直接的"扫荡"，烧毁村民的房屋、家具，抢走牲畜、粮食，直接剥夺了人民生存的基本物质资料，对延庆地区的社会发展和人民生活产生了长久巨大的破坏。

（二）个案调查

抗日战争时期北京文物损失调查报告

文物损失调查组

2006 年 2 月，北京市委党史研究室、北京市文物局等八家单位按照上级部署，联合下发了《关于实施"抗战时期北京地区人口伤亡与财产损失调查"的通知》。北京市文物局作为组织单位之一，迅速部署北京市文物系统文物损失调查工作，向各区县文化委员会发出京文物［2006］133 号《关于开展抗战期间我市文物损失调查工作的通知》。2006 年 3 月 23 日，市文物局召开各区县文化委员会会议，请市委党史研究室同志，就如何做好抗战时期北京市文物损失调查工作进行讲解。北京市文物局对调查的基本要求、调查内容、报告格式及上报时间提出明确要求，并提出可以适当起用一些老同志查资料。为做好此项工作，要求各区县文委对各自辖区内抗战时期北京市文物损失情况进行广泛调查，并按期完成任务。由于此项调查工作任务繁重，且远郊区县调研工作的范围较大，需要投入较多的人力，精力到临近的河北省承德、石家庄等地进行调研。

自 2006 年 3 月至 2006 年 12 月，各区县文委通过多种方式搜集资料，走访街道、社区居委会，与了解历史情况的老人联系，核实取证，寻找可靠资料或线索。此外，到国家图书馆、各区县图书馆、各区县档案馆及河北省、唐山市等图书馆、档案馆，共查阅档案资料 900 余卷，书报刊物 100 余种，复印资料 1000 余页，参加调研人员近 90 人。截至 2006 年年底，18 区县均已完成调查工作，并将调研报告上报市文物局，共完成调查情况报告 4.1 万余字，统计表 71 张，复印相关资料 24 件。此次调查表明，日军大肆抢掠和破坏北京地区文物，其行为极其野蛮，其损失难以估量。

一、抗日战争前北京地区文物的基本情况

文物是历史信息的载体，具体形象地反映、传承民族文化的历史。

北京是古人类最早生息繁衍的地区之一，北京是世界上建城时间最早的城市之一。作为著名的古都、历史文化名城，在 3000 多年建城史、近千年建都史过程中，北京人民用聪明智慧和辛勤劳动创造了灿烂的历史文化，留下了丰富的文物资源。

作为辽、金、元、明、清五朝古都的北京城，继承了汉、唐各代的建筑技术和艺术精华，集中了当时全国最优秀的建筑师、设计师与能工巧匠，遗存下许多凝结着中华古代文明和传统文化的古建筑。迄今，北京市共有文物古迹 7039 项。

长城作为中国古代的军事防御体系和人类古代最巨大壮观的工程，是两三千年来，由各族人民反复多次修筑而成的，体现着中华民族的伟大力量和坚强意志，成为中国作为伟大文明古国的象征之一。

建于金代的横跨卢沟河的大石桥——卢沟桥，驰名古今中外，成为北京的象征建筑之一。卢沟桥建成后 100 年，意大利的著名旅行家马可波罗曾经到这座桥，留下了动人的记载，称赞说"多处桥梁之美鲜有及之"。

北京的辉煌，不仅显现于数不胜数的宝塔、桥梁、庙宇寺院等建筑，更集中地体现于皇城、皇宫、皇陵及皇家园林建筑上。北京皇城，由辽代的南京、金代的中都、元代的大都到明清的北京城，几经变迁修建，极其雄伟壮丽。特别是明代北京城设计严密，外城包着城南面，内城包着皇城，皇城包着紫禁城，从外城到紫禁城，每城周围又绕以宽而深的护城河，甚为壮美。

20 世纪初期开始，北京考古发现如周口店遗址等多处人类古文化遗址和众多历代城垣、帝王墓葬及其他建筑遗址。这些享誉全球的历史遗址向世人昭示、证明，积淀于北京地区的华夏文明极为久远、深厚、丰富。

二、抗战时期北京文物被日军损毁情况

（一）周口店遗址及"北京人"化石丢失情况调查

周口店遗址是中国主要古人类文化遗址，位于房山区周口店村西的龙骨山，距市区 48 公里。

在距今 60 万年至 50 万年前，"北京人"就在周口店龙骨山这块土地上生息繁衍。历经旧石器时代中晚期，距今 1 万多年前的"山顶洞人"，相继在此生活劳动。20 世纪 20 年代，中国考古工作者在此首次发现的"北京人"牙齿化石和第 1 颗完整的"北京人"头盖骨，震惊了世界科学界，被誉为中国科学家在近代学术上夺得的 1 枚世界级金牌。此后，经过不断的发掘，又在这里发现了大量的

"北京人"骨化石及其文化遗物——石器、用火痕迹、狩猎和采集活动的遗物等。

"北京人"化石共出土头盖骨6具、头骨碎片12件、下颌骨15件、牙齿157枚、股骨7件、胫骨1件、肱骨3件、锁骨和月骨各1件以及一些头骨和面骨破片。这些"北京人"遗骨分属40多个个体。这一切对研究人类起源、人类进化史都具有划时代的意义。

1927年以后发掘的"北京人"化石一直保存在北京协和医学院。1937年卢沟桥事变后,日本军队侵占了北京,但当时协和医学院是美国的机构,日军不便动手。1941年,日本和美国的关系越来越紧张。为了使"北京人"化石不被日军抢走,当时在北京协和医学院工作的中国学者胡承志和吉延卿奉命把"北京人"骨化石装箱。1941年12月初,包装在两个大木箱里的"北京人"化石被移交给即将离开北京撤回美国的美国海军陆战队。12月5日,该部队乘火车离开北京驶往秦皇岛,预计8日改乘到港的美国轮船"哈里逊总统号"去美国。但是,12月8日爆发了珍珠港事件,日本军队迅速出动,占领了北京、天津等地美国的相关机构,运木箱的专列在秦皇岛被截,"北京人"化石从此下落不明。

5个"北京人"化石神秘失踪,如同当年被发现一样,再度震惊了世界。"北京人"化石丢失之谜,历来众说纷纭。最后一个见到"北京人"化石的中国人胡承志和"北京人"化石发现者裴文中当年均写过"遗失报告",讲述丢失经过[①]。但是,迄今仍不知所向。

1941年—1942年,日本东京帝国大学理学部由长谷言人带队,盗掘了周口店的"北京人"遗址。

日本侵华战争期间,中国遗失的包括"北京人"头盖骨在内的化石详细清单如下:

1. 第一箱,共装有7盒标本:

① 第一盒
"北京人"的牙齿(分装74小盒)
"北京人"的牙齿(分装5小盒)
"北京人"的残破股骨9件
"北京人"的残破上臂骨2件
"北京人"的上颌骨2件

---

① 日赔会:《归还北京人化石案》,台北"中央研究院"近代史研究所藏,档号32—00—277。

"北京人"的上颌骨1件（发现于山顶洞底部）

"北京人"的锁骨1件

"北京人"的腕骨1件

"北京人"的鼻骨1件

"北京人"的腭骨1件

"北京人"的第一节脊椎骨（是否属于人的很可疑——贾兰坡注）

"北京人"的头骨碎片15件

"北京人"的头骨碎片1盒（属于"L地"的头骨Ⅰ及Ⅱ）

足趾骨两盒（是否属于人的很可疑——贾兰坡注）

猩猩牙齿化石3小盒

"北京人"的残下颌骨13件（其中有1件最完整的尚未研究——贾兰坡注）

② 第二盒："北京人"头盖骨（属于"L地"的女性头骨Ⅱ）

③ 第三盒："北京人"头盖骨（属于"L地"的男性头骨Ⅲ）

④ 第四盒："北京人"头盖骨（属于"L地"的男性头骨Ⅰ）

⑤ 第五盒："北京人"头盖骨（属于"E地"的女性头骨Ⅰ）

⑥ 第六盒：山顶洞人女性头骨

⑦ 第七盒：山顶洞人男性头骨

2. 第二箱，装有下列标本：

"北京人"头骨（属于"D地"的女性头骨Ⅱ）

山顶洞人头骨（男性老人）

猕猴头骨化石2件（其中1件最完整，尚未研究——贾兰坡注）

猕猴下颌骨化石5件

猕猴残上颌骨化石3件

猕猴头骨化石残片1小盒

山顶洞人下颌骨4件

山顶洞人脊椎骨1大盒

山顶洞人髋骨6件

山顶洞人肩胛骨3件

山顶洞人膝盖骨3件

山顶洞人头骨残片3件

山顶洞人跗骨6件

山顶洞人骶骨 2 件

山顶洞人牙齿 4 玻璃管

山顶洞人下颌骨残片 3 件①

现存的"北京人"化石，保存在中国的只有牙齿 7 枚、肱骨 1 段、胫骨 1 段、顶骨和枕骨各 1 件以及保存完好的下颌骨 1 具。1927 年以前发现的三枚牙齿则在瑞典。

（二）故宫博物院及其他机构文物损失调查

抗日战争时期，故宫博物院所存大量珍贵文物虽于七七事变前南迁，但仍有一批珍贵文物没有及时得到转移。

据史料记载：1937 年 8 月 17 日，日军闯入故宫，劫走大量珍贵文物。以后日军又多次抢掠故宫文物。中国第二历史档案馆有关馆藏档案中，故宫博物院院长马衡的报告《为函达本院被敌军征取铜品之经过情形请转行第十一战区长官司令部设法追究由》里也有涉及，甚至反映出当时北平历史博物馆保存在故宫内的部分铜器也一并遭受强征："案查本院被征用之铜品 2095 市斤外，计铜缸 66 口，铜炮一尊，铜灯亭 91 件，此外，尚有历史博物馆铜炮 3 尊，本院之铜缸及历史博物馆之铜炮系由北支派遣军甲第 1400 部队河野中佐于三十三年六月十九日运协和医学院，该部队过磅后，运赴东车站，闻系装车运往朝鲜。本院之铜炮和铜灯亭由伪市政府工务局专员齐昌复、职员张伯齐偕同昭和通商株式会社（在朝阳门内北小街）日人佐仓于三十四年六月二十二日来院启运。据闻系运往北新桥北支工厂"②。

（三）图书损失

1937 年七七事变后，在日军占领北京的 8 年间，北京公私珍贵图书损失严重，被劫夺、焚毁的公私图书初步估计达 586426 册③。部分单位损失情况如下：

---

① 日赔会：《归还北京人化石案》，台北"中央研究院"近代史研究所藏，档号 32—00—277。本档案与中国第二历史档案馆藏《工商部中央地质调查所关于追查"北京人"化石致教育部代电，附"北京人"化石标本被劫或失踪经过报告》（1949 年 1 月）所列清单顺序及物品内容描述有所差别。参见中央党史研究室第一研究部、中国第二历史档案馆编：《国民政府档案中有关抗日战争时期人口伤亡和财产损失资料选编》（2），中共党史出版社 2014 年版，第 955—956 页。

② 中国第二历史档案馆藏，档号 5—1632。

③ 《北京市公私文物损失数量及估价目录》，中央档案馆、中国第二历史档案馆、河北省社会科学院编：《日本侵略华北罪行档案——文化侵略》，河北人民出版社 2005 年版，第 241 页。

1．故宫博物院：太庙图书分馆曾被日本宪兵两次搜查，被劫走、撕毁、焚毁历年所购书籍、杂志多种。1938 年 6 月被日本宪兵劫走书籍 165 册，撕毁书籍 26 册，焚毁书籍 164 册；劫走杂志 3447 册，撕毁杂志 4131 册，焚毁杂志 3277 册。1939 年 3 月被日本宪兵劫走杂志 6551 册。共计损失书籍、杂志 14764 册[①]。

2．国立北平图书馆：中西文图书损失 6264 册。

3．清华大学：据 1943 年统计，图书损失 175720 册，包括在重庆北碚被日机炸毁的。此外，还有 1937 年后自海外运来途中损失的，已无法统计[②]。

4．燕京大学：著名学者顾颉刚个人在 1946 年报告损失情况中记载：普通书、杂志 3 万册，明清善本 6000 册，抄本 5000 册，小说唱本 3000 册，专科 500 册，稿本书 300 册，碑帖 30 件，印谱 20 部，金石拓本 100 种，书画 40 件，印章 150 方，古钱 650 枚，古镜 3 枚，石刀 2 柄，古经 2 卷[③]。

5．辅仁大学：损失中西文图书 244 册。

6．私立朝阳学院：损失图书 25110 册。

7．私立中法大学：损失图书 1996 册。

8．北平民国学院：1937 年 8 月被日军劫走图书 59836 册。

（四）对古建筑的破坏

日军为了摧毁中华民族的文化精神，在北京破坏、掠夺图书、文物的同时，到处破坏北京的名胜古迹。

1．房山区：

（1）元代建筑永寿禅寺。七七事变后，永寿禅寺曾多次遭到日军的洗劫。1938 年 2 月 18 日，日军把禅房点燃，整个寺院变成了一片废墟，仅存千佛殿及钟鼓楼[④]。

（2）位于房山西南 30 余里的云居寺。1938 年 9 月，日军飞机轰炸云居寺，炸坏了一个侧殿[⑤]。1939 年 9 月，日军飞机轰炸云居寺，炸穿释迦殿南配房[⑥]。1940 年日军侵入云居寺，野蛮地放火烧寺，南北两侧跨院的禅堂、客舍、斋堂

---

① 北京市地方志编纂委员会：《北京志·世界文化遗产卷·故宫志》，北京出版社 2005 年版，第 687 页。

② 朱育和等：《日军铁蹄下的清华园》，清华大学出版社 1995 年版，第 90 页。

③ 高平：《对日索赔纪实》，国际文化出版社 1997 年版，第 64 页。

④ 房山区政协文史工作委员会编：《房山文史资料》第十四辑，2001 年印行，第 1—13 页。

⑤ 房山区政协文史工作委员会编：《房山文史选辑》第三辑，1990 年印行，第 86—87 页。

⑥ 黄春和：《北京名寺丛书——云居寺》，华文出版社 2003 年版，第 195—197 页。

和千佛殿北跨院、僧房等三百多间殿宇房屋，全部化为灰烬。中轴线上的六座殿宇奇迹般地保存下来。后来，经日军的历次轰炸，这残存的六座殿宇终至倾废。为建下庄岗楼，日军还强迫百姓到云居寺拆南塔，一层至三层四周都被拆空，最终，南塔支撑不住倒塌。在日军的野蛮破坏中，云居寺化为一片瓦砾，遗址上只剩下两只石狮、残破的山门石券和一座北塔[①]。关于云居寺被轰炸的情况，日本书籍中也有相关明确记载[②]。证据确凿，历史不容篡改。

2. 门头沟区：

日军烧毁爨底下村古村落 228 间房屋及敕赐惠济祠、仰山栖隐禅寺等古建筑[③]。

3. 大兴区：

1939 年 4 月，日军烧毁青云店镇垡上营村西庵庙、娘娘庙、玉皇庙等明代庙宇三座，青云店镇沙堆营村高台寺、老爷庙等明代庙宇两座，共 52 间。

4. 平谷区：

（1）兴善寺（俗称水峪寺）位于南独乐河镇峨嵋山村东沟，占地面积 5000 平方米。1942 年 4 月 11 日早晨，驻平谷县城日军守备队队长田野带队对东沟进行大"扫荡"，将峨嵋山东沟十几户人家房屋以及兴善寺整组古建烧毁，财产损失惨重，宏伟壮观的古建筑夷为废墟[④]。

（2）云岩禅寺位于刘家店镇孔城峪村西山谷北侧悬崖上，占地约 2600 平方米。抗日战争时期，云岩寺为日军据点，日、伪军警强迫开采当地金矿，掠夺矿藏资源。1942 年 12 月，日军将一和尚开枪打死。后来，寺庙毁于战火[⑤]。

---

① 黄春和：《北京名寺丛书——云居寺》，华文出版社 2003 年版，第 195—197 页。

② 参见［日］桐谷征一著、学凡译：《房山雷音洞石经考》，吕铁刚：《房山石经研究》（二），中国佛教文化出版公司 1999 年版，第 81—82 页；［日］气贺泽保规：《绪论——〈房山石经〉新研究的意义》，京都大学学术出版会 1996 年版，第 3—6 页。

③ 门头沟区文物管理所调查表。

④ 2006 年 4 月 3 日，平谷区文物管理所有关人员在南独乐河镇镇委宣传部工作人员陪同下，与峨嵋山村老人仁占银（73 岁）、崔玉祥（85 岁）、李如真（88 岁）、李德真（80 岁）等在该村村委会进行座谈，了解兴善寺历史及抗战时期损毁情况，并形成调查记录，存北京市平谷区文物管理所。

⑤ 2006 年 4 月 4 日，平谷区文物管理所有关人员在刘家店镇委宣传部工作人员陪同下，同孔城峪村村委会有关干部及该村老人王贵文（76 岁）、王贵武（74 岁）两人进行座谈，了解云岩禅寺历史及抗战时期损毁情况，并形成调查记录，存北京市平谷区文物管理所。

（3）大兴隆禅寺位于王辛庄镇太后村歪脖山下，龙泉东侧。1943 年 10 月 28 日，日、伪军进村大"扫荡"，先后将村民房屋、学校及寺庙烧毁，全村百余户人家，仅有两户房屋幸免[①]。

（4）白云寺（俗称继广寺）位于黄松峪乡白云寺村。1940 年春，寺庙被日军烧毁[②]。

（5）三隍庙（俗称上庙）位于金海湖镇黑水湾村东南。1943 年秋天的某日，日军划定该村为"无人区"，聚集了日、伪军 100 多人进村大"扫荡"，先后烧毁寺庙及百姓房屋 100 余间，并开枪打死、刺刀挑死百姓 9 人，打伤多人。庙内 3 株古柏及物品全部被烧毁[③]。

（6）轩辕庙位于山东庄镇山东庄村西山上。占地面积约 700 平方米，东西长 31 米，南北长 22 米。抗战时期，庙内住有伪警备队。之后，建东西厢房，庙外南北各建一炮楼。村庄内住日军 10 多人，日、伪军曾多次对该村进行大"扫荡"，并烧毁百姓房屋百余间，打死、打伤百姓 10 余人。轩辕庙毁于战火，仅存"重修轩辕庙记"残碑[④]。

5. 昌平区：

抗战时期损毁古建筑 10 处，据访问相关各村老人，其中九圣庙等 22 处古建筑现已无存。娘娘庙等年久失修，有的留有部分遗迹，有些已改建。

6. 密云县：

日军在制造"无人区"过程中，为达到根据地抗日军民无处可住的目的，纵火烧毁根据地山区及山区与平原结合部的庙宇。据不完全统计，被日军烧毁、炸

---

① 2006 年 4 月 5 日，平谷区文物管理所有关人员在王辛庄镇太后村村委会协助下，与该村老人张连（73 岁）、张贵（73 岁）、杨玉和（73 岁）进行座谈，了解大兴隆禅寺历史及抗战时期损毁情况，并形成调查记录，存北京市平谷区文物管理所。

② 2006 年 4 月 13 日，平谷区文物管理所有关人员与黄松峪乡白云寺村村委会有关干部及该村张怀庭（82 岁）老人进行座谈，了解白云寺（俗称继广寺）历史及抗战时期损毁情况，并形成调查记录，存北京市平谷区文物管理所。

③ 2006 年 4 月 25 日，平谷区文物管理所有关人员与金海湖镇黑水湾村妇联干部及该村老人贺宪庭（77 岁）、王林（70 岁）、丁庆云（73 岁）、翟仕春（78 岁）、祁富祥（71 岁）、李兰生（73 岁）进行座谈，了解三隍庙历史及抗战时期损毁情况，并形成调查记录，存北京市平谷区文物管理所。

④ 2006 年 5 月 10 日，平谷区文物管理所有关人员与山东庄镇山东庄村村委会有关干部及该村村民王海军（76 岁）、杨林（88 岁）、李云合（79 岁）、杨泉（84 岁）、李成华（88 岁）五位老人进行座谈，了解轩辕庙历史及损毁情况，并形成调查记录，存北京市平谷区文物管理所。

毁、拆毁的庙宇有 17 座。主要有：

（1）古北口地区：古北口小老爷庙、理潘院、三官庙、戏楼、关帝庙、姑子庵。

（2）不老屯地区：挂甲峪吉祥庵、燕落村北超胜庵、青山顶娘娘庙。

（3）石城地区：赶河厂村的弥陀佛庙、菩萨庙、福田寺。

（4）高岭地区：田庄真武庙。

（5）西田各庄地区：小水峪真武庙、牛盆村的九圣祠、关帝庙等。

（6）1941 年夏季，日军对以雾灵山为中心的根据地内进行了大"扫荡"，实行了残酷的"三光"政策，把雾灵山上仅有的一座庙化为灰烬。[①]

7．延庆县：

（1）应梦寺位于延庆张山营镇靳家堡村北山半山上，东西长 50 米，南北宽 30 米，占地 500 平方米左右。1942 年 5 月，日、伪军从张家口调来大批军队向大海沟一带"扫荡"，用炮将应梦寺炸毁，使这座闻名京北的古庙成为废墟。同时，以"勾结共匪"的名义将看寺道人活活烧死[②]。

（2）西羊坊朝阳寺建于明代，位于张山营镇西羊坊村。1941 年中秋节后，日军制造了西羊坊惨案，放火烧毁了西羊坊地区的民房、朝阳寺等古寺庙建筑 490 多间[③]。

（3）岔道城位于八达岭镇岔道村，建于明代，呈不规则长方形，东西 449.5 米，南北 185 米，城墙高 8.5 米，面积约 8.3 万平方米。1943 年 3 月，平北地区日军为挖封锁沟炸掉了岔道东城门，并将抓来的民工烧死在岔道城村边的"活人坑"里[④]。

（五）长城的损毁

据密云县文物管理所调查，1938 年夏秋，日本关东军命令被抓来的中国劳工拆古北口长城，并将完整的城砖，有长方砖，还有三角形砖都装上了火车。拆城地段大都在蟠龙山上，东从第一座五眼楼起西到古北口关门，直到水门洞崔家地，长约有 5 华里。城砖装上火车，向长城外伪满洲国方向开去。共运走三车

---

① 密云县文物管理所调查表。

② 当年伪政府干事谢武口述，延庆县文物管理所形成调查表。

③ 延庆县文物管理所调查表。

④ 延庆县文物管理所调查表。

皮[①]。据统计，抗战时期日军共损毁长城45公里，敌楼197座，瓮城2座[②]。

三、结论

日本侵华战争给中国社会带来了巨大灾难。它不仅严重破坏了中国的国家安全、主权独立和领土完整，给中国造成巨大的物质财产损失，还肆意掠夺、破坏中国的文物。

据不完全统计，从1933年至1945年，日军在北京地区共损毁长城45公里、敌楼197座、瓮城2座、古建筑51座、近代建筑2座等大批主要地上不可移动文物，致"北京人"化石丢失，掠夺、毁坏善本典图52427本、其他器物1568件、故宫未分类文物1372件等众多可移动珍贵文物。这些文物承载着数千年历史的文明。日军的野蛮行径，严重地破坏了北京历史文化，乃至中国历史文化传承的连续性和丰富性。

"前事不忘，后事之师"。今天进行抗战损失调查，就是为了深刻认识侵华日军大肆推行殖民主义的罪恶实质，时刻警惕当前日本右翼势力复活军国主义的猖狂活动，就是为了牢记日本侵略中国的这段历史，在中国共产党的领导下，努力建设强大的社会主义祖国，防止历史悲剧重演。

（执笔人：王辅宇　周进）

---

① 孙义口述、蒙冠贤整理：《日寇掠走古北口长城砖》，载中共密云县委党史办、密云县档案局编：《密云地区抗日斗争史料选编》。
② 密云县文物管理所调查表。

日军强掳北京地区劳工的初步考察

周　进

中国沦陷区是第二次世界大战期间日本最大的占领区，作为日军实施"以战养战"政策和扩充军备生产的主要战略资源供给地，也是其"强制劳动"暴行的"重灾区"。华北相对而言人多地少，劳力强壮，成为日本"在东亚劳力之供给源泉地"①。在中国各沦陷区中，日本使用华北劳工时间最早，使用人数最多。日本在华北形成了以北京为中心的一整套进行劳务统制的组织机构、政策措施、强制手段，使华北劳工遭到奴隶般的奴役迫害。这是日军所犯下的重要罪行之一。

1928 年 6 月，北京被南京国民政府更名为北平。1937 年沦陷后，日伪政府又将北平改称北京，成立伪政权，中国政府未予承认。本文因论述需要，以今日北京所辖区域为考察对象，故使用北京称谓予以统称。

本文仅就日本侵略者在北京的统制机构、强掠劳动的过程及其数量作一个初步的历史考察。

一、日军在华北地区及北京的劳务统制政策和机构沿革

（一）劳务统制政策

日本在侵华战争中有组织有计划地使用华北强制劳工，正式开始于 1935 年日军统治下的东北沦陷区。其最初目的是"实行强度的工资剥削，求得利润率高度化。"为此，日军于 1933 年 9 月成立了以关东军特务部为首的劳动统制委员会，并于 1934 年陆续制定实施了对入满华北劳工的各项统制政策，指定大东公司（1939 年 7 月后为满洲劳工协会国外部）为输入华北劳工的专职经办机构，负责在华北对劳工的诱招、身份甄别、证件发放和对入满劳工的输送供给及劳工有关设施的经营等；规定入满华北劳工的低工资与强劳动，即工资相当于满洲当地劳力的 2/3 或更低，劳动强度则相当于当地苦力的两倍至三倍；严格限制入满华北

---

① 《华北劳工协会设立旨趣书》，中国第二历史档案馆藏，档号 2013—164，第 23 页，转引自居之芬、庄建平主编：《日本掠夺华北强制劳工档案史料集》"前言"，社会科学文献出版社 2003 年版，第 2 页。

劳工向家乡汇款与带回款项，限制其工资汇兑，防止伪满洲资金外流。

1939 年初，日军制订实施"蒙疆产业开发三年计划"，开始大规模掠夺伪蒙疆丰富的煤铁资源并构筑边境军事工程，因此，急需大批廉价强制劳工。1939 年 5 月，在华北方面军主持下，伪蒙疆联合委员会与华北新民会签署《关于蒙疆华北劳工分配协定》，决定由新民会劳工协会帮助伪蒙疆在华北骗募劳工。因伪蒙疆环境较伪满洲更艰苦恶劣，华北劳工又无入蒙做工习惯，1941 年前，日本向伪蒙疆骗募输出华北劳工并不顺利，1939 年至 1941 年日本计划向伪蒙疆输出华北劳工 28 万人，实际输出为 8.68 万人[①]。

1940 年起，日本在华北正式实施"产业开发计划"，大肆筑路、开矿，扩充军备生产，修筑军事工程，对廉价强制劳工需求猛增。1941 年 7 月，华北劳工协会在与伪满洲、伪蒙疆、新民会劳工协会等华北境内已有劳工募集机关达成了统合协议后正式成立。华北劳工协会成立后的首要使命是完成日本向东亚各地输出华北强制劳工的任务。1942 年后，日本向东亚各地输出华北劳工的主要政策是强征，即 1942 年至 1943 年的"划地区摊派强征制"，1944 年上半年的"永久性"（或"长期性"）输出华北劳工基地，1944 年 8 月至战争结束时期的"强力行政供出制"等。

此外，日本华北方面军在 1941 年至 1943 年对中国军队发动的历次大规模"治安"、"讨伐"作战中，抓捕大批国民政府军和八路军战俘及抗日根据地平民充当战俘劳工（又称"特殊工人"）。

1942 年后日本在华北全面推行强制劳动制，全靠日军的武力来支撑。

（二）日军在北京的劳务统制机构

日军在北京的劳务统制机构主要有：

1. 华北日本军政当局的劳务统制机构。1939 年 3 月，日本兴亚院在北京设置华北联络部，由联络部劳务室负责劳工事务。1940 年 9 月，华北联络部设立"中央劳务统制委员会"，专门负责劳工问题。1941 年末，太平洋战争爆发后，日本政府撤销兴亚院，设立总理亚洲殖民事务的最高机关大东亚省。原兴亚院华北联络部由大东亚省驻北京"大使馆"取代。从此，华北各省、特别市及重要产业与劳工集散地的陆军特务机关，都先后主持建立了劳务统制委员会或分会，负

---

① 伪华北开发公司劳务室：《华北劳动力的对外流动状况》，1942 年 11 月，中国第二历史档案馆藏，档号
2024—2—401，第 35 页。

责对辖区内劳力和运输工具的供需调查、分配调查、工资统制，对违反劳务统制条例者进行处罚，并负责指导与监督辖区内的劳工协会各机关。

2. 华北伪政权的劳务统制机构。1938 年 6 月，在北京等地日本人控制的新民会内陆续设置了劳工协会，利用新民会的组织网络，协助在天津设立的大东公司，骗招劳工输往伪满。1940 年 3 月，汪伪南京国民政府成立，华北政务委员会新增实业总署（后改经济总署）下设劳工局，分管劳务问题。1944 年 8 月，日军华北政务委员会秉承日本当局的旨意，向华北各省市下达了"重要劳力紧急动员"的密令，各地伪政权组织了筹募劳工委员会，直接出面征募劳工，实际上是摊派强征。此机构设立时间不长，但在强掳劳工问题上，发挥的恶劣作用却很大。

3. 华北劳工协会。1941 年 7 月 19 日，日军华北方面军参谋部第四课与日本兴亚院华北联络部联合成立华北劳工协会，本部位于北京北池子草垛胡同 12 号。由华北政务委员会和日本华北开发公司各投资 20 万元设立的中国财团法人，名义上由华北政务委员会的实业总署（后改为经济总署）领导，实际上是华北日本军政当局控制的日伪合办、政企合一的特殊机构。1945 年 5 月 28 日，因日军败局已定，盟军飞机不断轰炸，向日本输送劳工难以继续，华北劳工协会及其所属机构遭解散，劳务行政一切事宜移归伪政府机关办理。

以北京为中心形成的华北劳务机构网络，军队系统有华北方面军，各地驻军、师团、旅团，等等，日本行政系统有华北方面军第四课及后来兴亚院华北联络部劳务室、大东亚省驻北京"使馆"经济局及其领导的中央劳务统制委员会，各省、特别市、道、县陆军特务机关及其领导的各地劳务统制委员会分会等；伪政权系统有华北政务委员会的实业总署（后为经济总署）劳工局及同级的筹募劳工委员会，在地方是各省、特别市、道、县政府劳工局、科行政机关和同级的筹募劳工委员会；具体劳务组织有华北劳工协会总部，华北劳工协会驻各省、特别市、道办事处（办事分处）及县事务局。

日军劳务统制机构起决策作用的是日军华北方面军第四课，及日本兴亚院华北联络部劳务室、北京"大使馆"经济局，其政策通过华北政务委员会实业总署领导的华北劳工协会执行。在各地，则是日军通过特务机关发号施令，指挥当地伪政权行政机关及劳动统制委员会协助劳工协会办事处、分处、事务局去执行。起核心作用还是华北方面军，它不仅直接管辖着华北的战俘劳工集中营，而且还直接同关东军及伪满政权等制订劳动力资源的供应、调配计划。

二、日本在北京强掳劳工的实施情况

日伪政权在北京强掳劳工的方法和手段是由日军对华北劳工的统制政策决定的，但实际情况更加肆无忌惮。日军掠夺劳工的手段主要有：

1. 诱骗。谎报做工地点是北京等大城市，离家较近；或者谎报生活条件优越，薪水高；或者允诺来回自由，发放来回路费、安家费等。当时招工去东北时有一顺口溜："关东城，钱没腰，腰一弯，装满包。"但是，到了以后才知道"遭灾瘪肚肠，外奔抛爹娘，空受千难万苦，挣不着一点钱粮，谁曾想受骗上当，遇上了坑人的义和祥"①。

2. 摊派。摊派是日军在占领区实施的强制手段，由伪市政府警察、社会、经济三局共同组设"北京市筹募劳工委员会"临时机构，制作劳工名簿，遇募集劳工时，以所需要的总数，根据各区劳工登记名额按一定比例平均摊派。有的商会也有摊派指标。

3. 抓捕。日军在"封锁"、"围剿"平郊抗日根据地时，对根据地和游击区的抗日民众进行抓捕。搞"集家并村"，制造"无人区"，在"人圈"中抓捕，或者在"清乡"、"扫荡"中抓捕。1942年在平北等地长城沿线大规模实施"集家并村"，建立"无人区"、"隔离带"过程中，强迫10余万青壮年及家属集体前往伪满洲充当奴隶劳工。在城里，抓捕也时有发生。当劳工数额未满时，日本宪兵队还会在大街上，甚至电影院、戏院里抓捕②。

4. 增设"难民收容所"，强迫难民充当劳工。在北京城里各区大量增设难民收容所，以收容为由，将所谓"浮游"劳动力强制充当劳工。

5. 俘虏。卢沟桥事变后，日军就开始把作战中，尤其是日本华北方面军在1941年至1943年历次大规模"治安强化"运动中，把抓捕的国民政府军和八路军战俘及抗日根据地平民充当战俘劳工（又称"特殊工人"），他们比平民劳工遭受更为残酷的虐待。位于今北京颐和园东面、西苑医院西面一带的西苑集中营就关押过大批战俘劳工。最早的一批北京战俘劳工始于1937年末，国民政府军俘虏被送往承德修筑承古铁路，因通州起义而抓捕的冀东保安队被送往小丰满修发电站。后来日军又制定了"特殊工人"的政策，把战俘劳工集中营的作战俘虏，

---

① "义和祥"是日军和中国汉奸合办的一个从事土木建设的包工把头组织，总部设在沈阳，分支机构遍布华北、华东各地，因剥削残酷、手段毒辣而臭名远扬。

② 中共北京市委党史研究室编：《侵华日军在北京地区的暴行》，知识出版社1995年版，第228—230页。

以"特殊工人"的名义押往东北的军事工程和军需工业，充当苦力。强制抓捕10余万至20万名国民政府军和八路军战俘及抗日根据地平民充当战俘劳工，押往伪满洲国服劳役。

三、北京被掳劳工的数量考察

由于日军在投降时，将大批档案文件销毁，所以要搞清日本在华北强掳劳工的规模和数量相当困难。只能靠散存在各地的零星档案和当事人的回忆进行不完全统计。

据华北劳工协会调查统计，1942年1月至1945年8月，日本共强掳输出华北劳工262.472万人，其中输往伪满洲国235.4万人，输往伪蒙疆17.08万人，输往华中5.916万人，输往日本3.894万人，输往朝鲜1815人[1]。

据日本兴亚院华北联络部制订的历年华北本地劳务动员计划及历届华北满蒙华中劳务联络会、东亚劳务联络会议录记载，1941年1月至1945年8月，日本在华北本地企业矿山强征使用强制劳工约为300万人。其中1941年至1943年年均用工50万人左右，1944年强征用工近100万人，1945年1月至8月强征用工约50万人。

北京作为日军在华北的统治中心，其数量也相当巨大。据北平市警察局1946年11月给南京国民政府的呈文所载：沦陷期间，当时北京所辖区域内共计掠夺劳工3727名，其中，301人被送往东北，46人被送往华北其他地区及华中，17人被送往日本，3363留在北京地区，从事修建军事工程项目或采矿等重体力劳动。统计劳工中，死亡17人，失踪23人，严重伤残16人。劳工损失46523.8万元法币[2]。据不完全统计，平谷等五郊区县抗战时期被掠夺劳工约35283人，拉工要夫321万人次[3]。此外，据日伪北京特别市警察局、社会局及筹募劳工委员会等机构1944年6月至1945年8月相关文件记载，为中兴炭矿、石景山北支那制铁株式会社、香山铁路建设、西苑机场等工程共强制20382名劳工从事修筑

---

① 伪华北劳工协会：《输出劳工统计表》，《华北劳动明报》（1942年11月—1945年2月），第1—4辑；华北劳工协会：《业务概况报告》，1945年5月第4号，天津市档案馆藏，档号1—3—9042，第1—8页；陈景彦：《二战期间在日中国劳工问题研究》，吉林人民出版社1999年版，第110—111页。

② 北平市警察局：《北平市警察局敌伪时代募集劳工情形及苛待损失调查统计表》，1946年9月5日，北京市档案馆藏，档号J1—6—1573。

③ 冀东行署：《冀东区八年来敌伪烧杀抢掠统计表》，1946年，河北省档案馆藏，档号48—1—32—2。

机场、工事以及煤矿、制铁厂等重体力劳动①。因此，有迹可寻的被掠夺劳工数目达 59392 名。

另据日军南满洲铁道株式会社调查部调查，1942 年 3 月第 14 期《北支经济统计季报》所载《入满劳工证明书发放地别表》，北京仅 1940 年发放的进入东北劳工证明合计 67228 张②。据日本投降后被西苑集中营释放的受害者回忆，集中营负责人在释放他们时宣布说，几年来这座集中营先后关押了 2.6 万多人，最后被释放的有 2400 多人③。又据集中营的战俘获释以后记者采访了解到的数字，当时释放的人数是 2500 余人④。故"2400 多人"一说较为可信。另有一说：据日本投降后被西苑集中营释放的受害者张策政回忆，他出狱时西苑集中营共关押政治犯 3.7 万多人，释放时还有 3400 人。除外送当劳工者，其余都死在集中营，被扔进了"活人坑"。

被掠夺劳工主要在北京本地及华北其他地区做工；其次是输往东北沦陷区。1942 年后，日本开始向其本土与朝鲜大量输出华北劳工。日军掳掠劳工具有长期性、普遍性、残酷性和反人道性特点。这些劳工无论是招募、摊派，还是被强征、抓捕来的，不是服役于凿山、修路、建飞机场等军事工程，就是从事开矿、挖煤等经济掠夺过程中的重体力劳动；劳动环境危险，每天要服十几个小时的劳役；生活条件极其恶劣，食不果腹，衣不蔽体，死亡率极高。在日军的刺刀和把头的棍棒下，不敢有半点怠慢，否则就遭毒打、枪杀，饱受折磨。劳工患病，也不给治疗，疟疾、伤寒、霍乱等传染病在劳工中时有流行。有的人被送到隔离室等死，有的还没有咽气，就被扔进"活人坑"。

据海淀区苏家坨村赴日劳工赵宗仁回忆，赴日劳工丧失一切人身自由、尊严和权利，在其被羁押、转运，特别是在就劳期间，受到日方百般残酷的虐待和摧残，造成重大伤亡和残疾等无法挽回的损失和创痛。

劳工不仅要在毫无安全保障的恶劣环境下，从事高强度体力劳动，还没有工资。赴日劳工 1945 年 11 月起被陆续遣送回国，日本政府仅给每人遣散费 1000日元，而且规定日元与伪联银券一律保持 1:1 的兑换率。这在战后伪联币已贬值几十倍的情况下，无异于一叠废纸。关于劳工赔偿问题，尽管诉讼不断，但因日

---

① 根据陈立新选编《日本在华北强征劳工史料一组》（北京市档案馆编：《绝对真相——日本侵华期间档案史料选》，新华出版社 2005 年版，第 312—325 页）中相关数据统计。

② "南满洲铁道株式会社调查部"：《北支经济统计季报》1942 年第 14 期。

③ 何天义主编：《日军枪刺下的中国劳工——华北劳工协会罪恶史》，新华出版社 1995 年版，第 74 页。

④ 《明报》1945 年 8 月 31 日第 1 版报道。

本政府不愿正视历史，绝大多数都以失败告终。

　　日军掠夺北京地区劳工，为日军在华北、东北、华中沦陷区和作战区及日本本土修筑军事工程、从事矿产资源开采，提供了大量的廉价劳动力，成为日军维持其战争机器运转和掠夺北京资源的重要支撑手段。

（作者单位：北京市委党史研究室）

抗日战争时期北京中小学损失考察

许赤瑜

一、沦陷前后的北京中小学教育概况

七七事变前后，国民政府为保护教育事业，下令部分高校外迁，北京的部分高等学校或停办或外迁，而作为一国教育基础的中小学，大多无法搬迁，在日伪政权的统治下受到多方损失。

七七事变前，"北平的中学，按人口比例说，恐怕是全国比例最多的了"[①]。事变前夕，北京全市人口 150 万，中学生约计 2 万上下，占 1.3%。在日伪临时政府宣布成立的 1937 年 12 月，中学生骤减到 1 万，占全市总人口的 0.7%[②]。沦陷前的北京中学可以分为四类学校：公立普通中学、私立欧美教会中学、其他私立中学、中等专业和职业学校。

七七事变前，北京全市有公私立普通中学计 66 所，其中公立 10 所。北京沦陷期间，公立中学增加到 19 所，这是日伪当局推行奴化教育需要的结果。太平洋战争爆发以后，日军勒令部分教会学校停办，15 所欧美教会系统的学校中仅留下 5 所，消减了 2/3。其他私立中学停办 10 所，新增 3 所，转为市立 3 所。沦陷八年中，公私立普通中学总数从 66 所减到 55 所，普通中学教育机关呈萎缩下降趋势。日伪当局为了强化殖民统治，新设军警两校，以培植鹰犬。为数很少的中专职校停办了 8 所，新开的仅有两所[③]。

1936 年，北京有各类小学校 200 余所，其中城郊公立学校 57 所，私立学校 119 所，其他 20 余所[④]。而在日伪统治时期，小学校的数量有不同程度的减少。七七事变前，仅宣武地区有中学 9 所，各类小学 78 所，简易与短期小学 41 所。北京沦陷后，区境内私立中学、私立小学分别减至 7 所和 16 所，简易和短期小

---

① 邓云乡：《文化古城旧事》，中华书局 1995 年版，第 79 页。
② 李铁虎：《日伪统治时期北平中等学校一瞥》，载中共北京市委党史研究室：《北京党史研究》1996 年第 4 期。
③ 李铁虎：《日伪统治时期北平中等学校一瞥》，载中共北京市委党史研究室：《北京党史研究》1996 年第 4 期。
④ 《北平市教育介绍专号》下，载《时代教育》1933 年第 1 卷第 6 期，第 1 页。

学减至 14 所[①]。

二、北京中小学教育机构的变化

日伪统治时期，北京中小学教育机构受到日伪政权的多方压制，各教育机构经历了较大的变化，下面仅就调查所得部分普通中学、职业中学和小学的机构变化进行说明。

（一）普通中学的机构变化

北京的普通中学在沦陷时期经历了大致如下几种变化：（1）有少量搬迁的：1942 年秋，通县的潞河中学迁往西安，在西安尊德女中复校；1943 年，国立北平第一助产学校迁往四川省成都市继续办学。（2）有被迫停办的：北京沦陷后不久，三基初级中学被迫停办；北京沦陷后，燕京大学附属中学被迫停办；1939 年，崇德中学被迫停办；1941 年，笃志女子中学被迫停办。（3）有被迫更名的：北京沦陷后，为纪念日本强迫中国接受"二十一条"国耻而定名的"念一中学"，被日伪当局强令更名为"定一中学"；为纪念 1928 年 5 月 3 日"济南惨案"殉难同胞创办的"五三中学"，被日伪当局强令改名为"明德中学"；沦陷后，北平师范大学附属中学和女子中学部分师生随师大迁往西北，日伪当局于 1938 年占用原有校舍分别在和平门外南新华街（今 18 号，北京师大附中校址）和西单北大街辟才胡同（今 80 号，市第 37 中学校址）设立"国立北京师范学院"附属中学和"国立北京女子师范学院"附属中学；1941 年，前身为香山慈幼院第三院的幼稚师范学校被伪市府当局改为市立第三女子中学；1941 年，私立镜湖中学被伪市府当局改建为市立第七中学，迁往旧鼓楼大街小石桥 2 号；1942 年，贝满女子中学被伪市府当局强改为市立女四中；1942 年，慕贞女子中学被伪市府当局强改为市立女五中；1942 年，崇慈女子中学，被伪市府当局强改为市立女六中；1942 年，美国教会办的私立育英、汇文、崇实三所中学被伪市府当局强行改为市立八中、九中和十中。

（二）职业教育机构的变化

在普通中学艰难维系的同时，职业教育出现了异化现象，机构数量也明显减少。一般来讲，职业学校是为培养知识性劳动技术人才而开设，其教育一般带有

---

① 北京市宣武区教育委员会：《宣武区普通教育志》，北京出版社 2001 年版，第 3 页。

某种"定向性"，以满足社会需求。而日伪统治下的北京社会，职业教育出现了异化现象，为日本服务成为日伪当局的办学宗旨，而其他需求都不同程度地遭到日伪统治者的压制。大多数要生存下来的职业学校不得不凭借其教授日文、日语来招揽生意和谋求生存。据1938年新民会中央指导部调查科编印的《北京市各级中小学调查》所示："去岁事变以后，现有之职业及商业学校，省立者一所，市立者有五所，私立者计有六十八所。"[①]在这74所职业教育机构中，真正算得上是七七事变后"创立"的职业学校，只不过12所，其中数所的"创立人"或"校长"多多少少都与日本人有一定关系。下表是七七事变后一年间北京市新设的职业教育机构：

表1　七七事变后一年间北京市新设职业教育机构一览表[②]

校名	开办时间	创立者	教学科目	学生人数	备注
北京市当业公会附设日语传习所	1937年10月	当业公会	日文专科	58	"校长"杜善斋,系"当业公会主席"
私立新光学院	1938年4月	（日）田中武	日文专科	80	"创办人"田中武系日本京都人氏，"校长"许宗山曾在日本早稻田大学修业
私立新民报社附设新民日语学校	1937年12月	伪新民报社	日文专科	239	"校长"系日本人武田南阳
私立日语簿记讲习所	1937年10月	韩白秋	日文、簿记	24	初设于1923年9月，后因故停办，嗣于1937年10月复办
北京特别市国术馆附设日语传习所	1937年11月	伪北京特别市国术馆	日文	8	"所长"吴彦清
私立新亚学校	1938年春	孙汉沧	国文、日文、英文、数学、物理、化学	104	"创办人"及"校长"孙汉沧系奉天东北大学毕业

---

① 田红、李诚编：《北京近代中师、职业、学前、特殊、民族教育史料》，北京教育出版社1995年版，第234页。

② 田红、李诚编：《北京近代中师、职业、学前、特殊、民族教育史料》，北京教育出版社1995年版，第235—291页。

校名	开办时间	创立者	教学科目	学生人数	备注
私立业勤补习学校	1938年2月	傅振钰	日文、英语、数学	14	"创办人"及"校长"傅振钰曾在日本关西学院肄业
私立力工建筑工业补习学校	1938年1月	邵力工	日文、英文、建筑图案、建筑材料等	2	1937年10月28日呈报设立，1938年初才正式招生，因学生仅有2人，不得已于3月21日停课
北京亚东日华文打字学校	1938年3月	盛曜章	专授日华文打字	28	"创办人"及"校长"盛曜章曾在奉天日华打字学校修业
私立益世国剧学校	1938年3月	张云翔	国文、日文、国剧	31	男生17人，女生14人
私立中国通背拳术专门研究社	1938年2月	贺振芳	专授国术	20	"创办人"及"校长"贺振芳系"民众教育馆"国术教员
私立东华国术传习所	1938年1月	赵中裕	国术专科	29	"创办人"及"校长"赵中裕奉"社会局"批准成立

从表中所见，12 所新设立的"职业学校"，大多数专授日文科目，或是兼授日文日语，只有为数很少的几所教授专业技术。在日本殖民统治下，原先以传授工业技术知识技能为主的职业学校，由于缺乏生源和市场，纷纷倒闭。据日本文化特务武田熙等人的调查统计，到 1939 年时，日伪统治下北京地区的职业教育机构仅有 20 所[1]。其中还包括新设立的"中央铁路学院"（1938 年成立）、"弘毅铁路科职业学校"（1939 年 5 月由"北京市教育局"准予立案）和"北京铁路学院"（1939 年 4 月 1 日正式成立）。这三所学校的创立，是日本为加强铁路的建筑和维护急需技术人员而开办的。在这 20 所职业学校中，真正属于工业职业教育机构者，仅有"北京市立高级工业职业学校"一所。

而仅存的这些职校，大多处于风雨飘摇之中，其中有几所在统计时已是有名无实。如"私立才正高级商业职业学校"，1939 年 7 月就报呈停办；"私立大良

---

[1] 田红、李诚编：《北京近代中师、职业、学前、特殊、民族教育史料》，北京教育出版社 1995 年版，第 295—296 页。

高级护士职业学校",也于 1938 年度"呈准停课";而新立的"中央铁路学院",一开始就处于一种不稳定的状态,56 名学生被分成八九个班,其肄业年限三四月、五六月不定[①]。

到伪华北教育总署总务局于 1940 年 10 月编制"二十八学年度华北教育统计"各种图表时,伪北京特别市的中等教育中,"职业学校"一栏学校数量只有 10 所,其中"高级职业学校"9 所,"初级职业学校"1 所。而 9 所"高级职业学校"中,"高级工业职校"2 所,"高级商业职校"1 所,其他高级职校 6 所[②]。到 1941 年 12 月,"职业学校"只存 9 所,其中"特别市立高级职业学校"3 所,"私立高级职业学校"5 所,"私立初级职业学校"1 所[③]。

（三）小学机构变化

沦陷前北京有小学 241 所,分短期小学和简易小学教育,受教育儿童有三万多人[④]。根据 1938 年度的统计,市立小学仅剩 69 所,私立小学剩 91 所[⑤]。沦陷期间,许多小学成为日本奴化教育推行的重点,特别是太平洋战争爆发以后,很多欧美教会学校被迫改名,纳入日伪政权推行奴化教育的机构体系里。比如育英小学改为"市立灯市口小学"、普育小学改为"市立东四五条小学"、汇文第一小学改为"市立崇内盔甲厂小学"、汇文第二小学改为"市立正阳门大街小学"、汇文第三小学改为"市立宣武门大街小学"、汇文第五小学改为"市立和平门外琉璃厂小学"等。

三、北京中小学财产损失

前文所述是抗战前后北京中小学校教育机构的变化,而在沦陷时期,各校的资产也遭到很大损失。抗战胜利后,国民政府曾组织过抗战损失调查,为我们留下了珍贵的第一手资料,现将调查所获的部分资料进行统计和分析,虽然不全面,但也足以反映日伪统治给北京中小学教育带来的损失。以下是北京部分中小学上

---

① 田红、李诚编:《北京近代中师、职业、学前、特殊、民族教育史料》,北京教育出版社 1995 年版,第 292—304 页。

② 《二十八学年度华北教育统计·各省市中等教育概况统计分表（北京市）》（1940 年 10 月）,中国第二历史档案馆藏:"伪华北教育总署档案",全宗号 2021（2）,案卷号 21。

③ 《二十九学年度华北教育统计·各省市中等教育概况统计分表（北京市）》（1941 年 12 月）,中国第二历史档案馆藏:"伪华北教育总署档案",全宗号 2021（2）,案卷号 21。

④ 《1929—1937 年北平市政府实施义务教育史料一组》,载北京市档案馆:《北京档案史料》1999 年第 4 期。

⑤ 杭小言:《北京市小学教育的一个迫切问题》,载燕京大学教育学会:《教育学报》1939 年第 3 期。

报的财产损失统计表。

表2 北京市市立中小学损失调查表①

学校名称	主要财产损失	损失金额（单位：元②）	年代	填报者
北平市立师范学校	教育木枪90支，刀9把，图书4737册	4060000	1937年8月	校长刘永长
北平市立第一中学	教育枪213支，书籍1825册	18852000	1937年—1941年	北平市政府教育局接收委员佟绍宗
北平市立第五中学	毛瑟枪25支，万有文库一部	190000	1937年	代行校长李畯蔚
北平市立西便门小学	坐椅15套，六人桌一张	163400	1943年5月	代校长常文泉
北平市立宣内东铁匠胡同小学	灰房一间，院地2方丈，长条桌12张	165000	1944年	校长达椿泰
北平市立大佛寺西大街小学	黄铜茶盘	500	1943年9月	校长陶广平
北平市立蓝靛厂南门小学	房屋8间及地皮	400000	1941年6月	校长刘振东
北平市立光明殿小学	器具154件，教具251件，图书184册，建筑物14间	870000	1937年8月	靳树权
北平市立香山四王府小学	篮球架一对，地图书籍34册，坐椅23张	153300	1937年8月	贺大光
北平市立红山头北小学	图书111册，洋瓷水碗140个	5220	1937年10月	接收委员马恩懋
北平市立中坞村小学	桌椅3份，洋火炉1个，水缸1个	8350	1945年	校长韩玉英
北平市立南海淀简易小学	桌2张，洋火炉2个	13500	1937年8月	校长叶铎
北平市立右安门关厢简易小学	双人桌椅7份	10000	1945年	校长李新英
北平市立朝外神路街小学	15亩园地出产品	72000	1945年	校长关恩厚
北平市立北郊青龙桥民众学校	水箱一件，铁壶一件，铁铲一件	7930	1943年8月	范金淼
北平市立北郊一亩园简易小学	校旗一面	1000	1937年	刘振绩
北平市立南河滩简易小学	书籍51册	10500	1937年	李志强
合计		24982700		

---

① 北平市教育局：《北平市政府教育局所属各校抗战损失调查表》，1946年6月1日，北京市档案馆藏，档号 J4—1—806。

② 以1946年法币价值计。

表3 北京市私立中小学损失统计表[1]

学校名称	主要损失情况	损失金额（单位：元[2]）	时间	填报者
弘达中学	教育枪 380 支，马枪 2 支，学生浴室及盥漱室全部水管，图书 5000 册	5021600		校长陈乃甲
大中中学	床板 13 付，二屉桌 20 张，电灯 77 盏，英文大字典 1 部	200000	1937 年 8 月	校长郭登敖
大同中学	图书杂志 18600 册，教育用枪 70 支	12630000	1937 年 10 月	校长贺翊新
育英中学	教育枪 120 支，铜号 11 支，各种书籍 540 册	4612000	1937 年 7 月	
汇文中学	锅炉 11 个，铁器 25 件，图书 2006 册，仪器 82 件，木器 75 个	13074430	1941 年至 1945 年	代理校长李荣芳
崇实中学	铅印机 1 架，石印机 3 架，脚登机 2 架，木盘 33 块，晾纸架 60 个，石印墨滚 3 个，书籍 241 册	503400	1942 年	罗遇唐
孔德中学	图书 10000 册，杂志 25000 册，报纸合订本 4000 册，无线电 1 件	5750000	1937 年至 1943 年	校长沈令杨
上义中学	教育枪 40 支，收音机 1 架，地图 160 幅，书籍杂志 1320 册	372300	1938 年	杨玉书
辅仁大学附属中学	图书馆书籍 2000 余册	800000	1938 年 3 月	鄂说
崇德中学	桌椅 320 套，物理仪器 400 件，化学仪器 150 件，化学药品 100 磅，生物仪器标本 300 件，图书 1800 册，粮食 900 公斤	26110000	1941 年 12 月	校长凌贤扬
笃志女子中学	文学图书 200 本，暖气锅炉 2 件，沐浴室隔扇 12 件，厚木板 6 件	368000		校长常泽如
聋哑学校	教室墙体毁坏 10 余处，杂志书籍 3187 册	4921200	1945 年	校长杜文昌
崇慈女子中学	地图 15 本，各类杂志 2683 册	78800	1937 年至 1942 年	教会学校
香山慈幼院小学	教室板凳 300 份，八仙桌 5 张，书籍 600 册，门窗玻璃 1000 块，煤炭 10000 公斤，木材 750 公斤	6642400	1945 年	

[1] 北平市教育局：《北平市政府教育局所属各校抗战损失调查表》，1946 年 6 月 1 日，北京市档案馆藏，档号 J4—1—806。

[2] 以 1946 年法币价值计。

学校名称	主要损失情况	损失金额（单位：元①）	时间	填报者
香山慈幼院	22门大书橱4个，铁工厂40间，工厂宿舍15间	14276000	1945年	
香山慈幼院第一校	钢琴2架，八仙桌7张，柜子16个	6103100		
英育小学	旗帜5面，书籍153册	2521.2	1937年7月	校长王贞贵
汇文第一小学	图书2500册	1600000	1942年	校长尚文锦
孔德小学	图书2000册，童子军用具若干	2200000	1937年至1943年	校长沈令杨
上义中学附属小学	地图47幅，书籍878册	91000	1938年5月	杨玉书
立华小学	教室桌椅110份，图书750册，植物标本20个，地理图30幅	983000	1937年9月	吴希良
私立圣洁小学	办公桌椅13张，篮球架一个	160600	1939年	徐相辅
合计		106500351.2		

上表中市立中小学损失达24982700元，私立中小学达106500351.2元，共计131483051.2元。长时间积累起来的校舍和教学器材是办学的物质基础，日伪占领时期，这些中小学都遭到了不同程度的掠夺和破坏，直接造成学校恢复办学的困难。

四、结论

八年沦陷时期，日伪政权在北京实行亲日反共，灌输中日文化同文同种、共存共荣的奴化教育政策。这一时期的中小学遭受了极大损失，中小学教育机构减少，校舍、校产被掠夺，学生人数下降。日伪统治给北京中小学教育的发展带来了严重的负面影响。

第一，日军对校舍、校产的直接掠夺破坏了中小学教育的物质基础。北京的中小学在抗战前已经积累起来一定的物质基础和教学规模。但是日军占领北京期间，对校舍的肆意占领和对校产的随意掠夺，使得中小学的财产遭受了巨大损失，对日后恢复办学带来了长久的负面影响。

第二，日伪推行的奴化教育直接毒害北京青少年。北京沦陷后，北京地方维

---

① 以1946年法币价值计。

持会在日本顾问操纵下,拟定审查小学课本标准,成立"临时教科书审查委员会",将中小学及短小、简易、社会教育各学校所用教科书详加审核,将其中有关爱国、抗日等方面的内容或题目删去①。日伪占领北京期间,大肆推行以日语培养为核心的职业教育,使得北京的职业教育发生异化,大量正常的职业教育得不到发展,而日语教育、奴化思想通过各种方式被强制灌输给北京青少年,对青少年的身心发展产生了严重的负面影响。

中小学教育是教育的基础,对中小学教育的破坏对整个教育具有釜底抽薪的影响,北京沦陷的八年是中小学发展受到极大破坏的八年,而且这种影响一直持续到抗战胜利以后。

(作者单位: 北京市委党史研究室)

---

① 社会局于 1937 年 9 月 15 日发交各分区转发各简易小学的《审查课本标准》(油印件),北京市档案馆藏,档号 J2—3—708。

沦陷时期日军对北京铜质物品的掠夺

李自华

沦陷时期，日军为了掠夺重要战略物资铜来制造武器，先后于 1942 年 10 月、1943 年 8 月和 1945 年 3 月三次命令北京伪政权开展"献铜"运动，将市民生活用铜和公共铜质文物洗掠一空，给北京人民造成了巨大损失。

一、日军对资源的渴求与"献铜"运动的开展

正如恩格斯指出："暴力的胜利是以武器的生产为基础的，因而是以经济力量，以经济情况，以暴力所拥有的物质资料为基础"[1]。资源，尤其是战略物资对战争的关键作用，由此可见一斑。日本是岛国，面积不大，资源紧缺。据统计，1934 年—1936 年间，日本工业原料的进口占有形消费（有形消费量指产量加进口减出口量）的比重，石油为 94%，铁矿石为 93%，煤为 11%，盐为 65%[2]。日本要发动一场大规模的战争，在国内资源不足，国际上受到制裁的情况下，对殖民地和占领区的掠夺就成为其资源的重要来源。

日本于 1937 年 7 月发动全面侵华战争后，在不断发起攻击、扩大战事的同时，还加紧对占领区进行疯狂的经济掠夺。同年 12 月，日本政府内阁会议制定"华北处理方针"，明确提出要掠夺华北资源，建立日、满、华经济一体化。为此，日军通过"军管理"和"统制事业"，全面霸占华北各地的厂矿企业、交通运输业和农牧业，大肆掠夺各种战略物资。尽管如此，日军掠夺的物资仍不能满足战争的需要。随着战争的进一步发展，资源的匮乏愈发明显。到 1941 年，日本国内、殖民地和占领区生产的石油只能满足消费的 18.4%，铁矿石也仅为 42.4%，铅、锌等重要战略金属的产量则不足消费量的 20%[3]。日军黔驴技穷，在占领区

---

① 《马克思恩格斯军事文集》第 1 卷，战士出版社 1981 年版，第 12 页。
② 苏联科学院世界经济与国际关系研究所编：《第二次世界大战后资本主义国家经济情况（统计汇编）》，世界知识出版社 1962 年版，第 513 页。
③ 樊亢、宋则行：《外国经济史》上册，人民出版社 1965 年版，第 193 页。

推行"献纳"运动，强迫民众"献机"、"献金"、"献袋"、"献铁"、"献铜"、"献木"、"献粮"，进行赤裸裸的物资掠夺。本文以日伪在北京发动的"献铜"运动为个案，对"献纳"运动进行深入的剖析。

金属铜，元素符号 Cu，稳定性强，抗张强度大，易熔解，具有抗蚀性、可塑性、延展性。纯铜可拉成很细的铜丝，制成很薄的铜箔，能与锌、锡、铅、锰、钴、镍、铝、铁等金属形成黄铜（铜锌合金）、青铜（铜锡合金）和白铜（铜钴镍合金）等合金。铜与人类的关系非常密切，在电气业、机械制造业、化学工业和国防工业等领域有着广泛的用途。铜在电气业被用于制造各种电缆和导线，在机械工业中用于制造阀门、仪表、滑动轴承、模具、热交换器等，在化学工业中用于制造真空器、蒸馏锅、酿造锅等，在国防工业中用以制造子弹、炮弹、枪炮零件等，每生产 100 万发子弹，需用铜 13—14 吨[1]。由于铜在国防工业中的重要用途，日军对占领区内铜资源的掠夺可谓不遗余力。

在日军的授意下，伪北京特别市政府于 1942 年 1 月 6 日成立"大东亚战争金品献纳委员会"[2]，专司"献铁"、"献铜"，加紧为日本的侵略战争服务。应日军的要求，伪北京特别市政府和金品献纳委员会在北京先后三次发动"献铜"运动，大肆搜刮北京市内的铜质物品献给日军，充作日军制作枪炮武器的原料。

二、第一次"献铜"运动

第一次"献铜"运动从 1942 年 10 月 20 日开始。北京陆军联络部给伪北京特别市政府送来的"献铜实施办法"，规定北京市要交纳铜品 100 万斤。伪北京特别市政府随即命令"金品献纳委员会"办理"献铜"事务。至 11 月 21 日，金品献纳委员会收集的铜品总数为 220000 斤[3]；至 12 月底，收集铜品总数为 463300 多斤[4]。据金品献纳委员会统计，第一次"献铜"运动共征收铜品 509260 斤 11.91 两，其中，市民共"献纳"铜品 506943 斤 6.5 两，金品献纳委员会及各区分会职员"献铜"2317 斤 5.41 两。第一次"献铜"运动中金品献纳委员会收缴铜品情形见下表。

① 《重金属——铜》，载中国有色金属工业协会：《中国有色金属》2004 年第 3 期，第 47—48 页。
② 北京市政协文史资料研究委员会编：《日伪统治下的北平》，北京出版社 1987 年版，第 386 页。
③ 北京市政协文史资料研究委员会编：《日伪统治下的北平》，北京出版社 1987 年版，第 389 页。
④ 《铜品收回成绩良好已达四十六万三千三百余斤》，《新民报》1942 年 12 月 26 日报道。

表 1　第一次"献铜"运动中金品献纳委员会收缴铜品数目表

区　别	献铜数量		区　别	献铜数量	
	斤数	两数		斤数	两数
内一区	40201	15	外三区	57934	6
内二区	53080	11	外四区	54090	14
内三区	26774	0	外五区	48014	10
内四区	41380	13	东郊区	7022	2
内五区	22513	12.5	南郊区	5163	1
内六区	11710	0	西郊区	10500	13
外一区	63673	2	北郊区	5311	9
外二区	59571	10			
合　计			506943 斤 6.5 两		
金品献纳委员会献铜			2317 斤 5.41 两		
总　计			509260 斤 11.91 两		

说明：①此表根据《金品献纳委员会各区分会收集市民献纳废铜数目表》（孙刚选编：《日伪统治后期北京市办理铜品献纳运动史料》，载北京市档案馆：《北京档案史料》1999 年第 2 期，第 190－191 页）制成；②表中重量单位"斤"系"市斤"，1 市斤等于 16 两，下同；③原表中各区"献铜"总量合计为 506942 斤 6.5 两，系统计有误，笔者加以改正。

三、第二次"献铜"运动

第二次"献铜"运动始于 1943 年 8 月 24 日。当日，伪北京特别市政府接到伪华北政务委员会下发的《收集铜类实施要纲》（以下简称《要纲》），转交伪警察局和伪社会局，由他们共同拟订"献铜"办法，具体的收集工作交由金品献纳委员会办理。

《要纲》对"收集铜类"的方针、目标、时间、办法等做了详细的规定。"收集铜类"方针为："参战体制，需铜恐亟，兹为适应战时需要完成后方使命，特订定'收集铜类实施要纲'，由华北政务委员会通令各省市彻底推进，俾期充实军需资材而达战胜目的。"北京市此次"收集"铜品总量预订为 40 万公斤，时间为半年，必要时可以延长。"收集"办法分为"献纳"和"收买"两种：官署和公共团体以"献纳"为主，一般商户和居民由官方以"适当价格收买"。公务员按收入状况来定"献铜"数量，商店按营业状况和实有资本来定"收买"数量。"收买价格"以每吨 1100 元为最高限额，零碎铜品的"收买"标准为：旧电镀铜每公斤 3.40 元，旧电镀铜用品每公斤 3.00 元，旧青铜用品每公斤 2.00 元，旧黄铜用品每公斤 1.50 元。铜品"收集"完毕，送交日方指定的接收机关[①]。

据金品献纳委员会统计，第二次"献铜"运动共征收铜品 634701 斤 13 两，其中，市民共"献纳"铜品 619221 斤 10 两，金品献纳委员会及各区分会职员"献铜"7627 斤 1 两，伪北京特别市政府各机关"献铜"7853 斤 2 两。第二次"献铜"运动中金品献纳委员会收缴铜品情形见下表。

表 2　第二次"献铜"运动中金品献纳委员会收缴铜品数目表

区　别	献铜数量		区　别	献铜数量	
	斤数	两数		斤数	两数
内一区	43449	6	外三区	36493	3
内二区	45177	14	外四区	35930	13
内三区	22075	3	外五区	59846	15
内四区	29320	0	东郊区	15826	0
内五区	28559	4	南郊区	14351	3
内六区	105300	6	西郊区	28811	0
外一区	64502	1	北郊区	12883	4
外二区	76695	2			
合　计			619221 斤 10 两		
金品献纳委员会献铜			7627 斤 1 两		
伪北京特别市各机关献铜			7853 斤 2 两		
总　计			634701 斤 13 两		

说明：①此表根据《金品献纳委员会各区分会收集市民献纳废铜数目表》制成；②原表
　　中总"献铜"量为 634801 斤 13 两，系统计有误，笔者加以改正。

---

① 孙刚选编：《日伪统治后期北京市办理铜品献纳运动史料》，载北京市档案馆：《北京档案史料》1999 年第 2
　期，第 176—177 页。

四、第三次"献铜"运动

第三次"献铜"运动始于 1945 年 3 月 29 日。当日，伪北京特别市政府在接到北京陆军联络部送来的《北京特别市铜类献纳运动实施要领案》（以下简称《要案》）后，命令金品献纳委员会负责办理。

《要案》一改《要纲》"收集"的提法，明确要求"北京特别市官民共同奋起"，"献纳（供出）各自存有之一切铜类，以资直接增强武力"。《要案》拟订的"献铜"方案，也比《要纲》更为详尽和完备。《要案》规定，此次"献铜"运动的最高责任者是市长，社会局、警察局、宣传处、各区郊负责人、金品献纳委员会和新民会合作社互相配合，"实施充分指导"，由警察实施特别的"援助"。日军充分考虑各区郊"铜类保藏之状况及生活情形"，对各区郊的"献铜"量作了具体的规定，即内一区 35 吨、内二区 35 吨、内三区 30 吨、内四区 30 吨、内五区 25 吨、内六区 20 吨、外一区 40 吨、外二区 45 吨、外三区 28 吨、外四区 27 吨、外五区 40 吨、东郊区 10 吨、西郊区 15 吨、南郊区 10 吨、北郊区 10 吨，共计 400 吨；并要求各区郊将"献纳"任务从速分配到每户居民的身上，于同年 4 月底完成"献铜"任务。此次"献纳"的铜品包括铜币（铜子儿）、铜块（铜板、铜线等）、杂铜（贡铜、黄铜、厘钱等）和含铜在 80% 以上的物品，另外还有北京市内保存的"无用公共物件铜材"（规定"献纳"量为 400 吨）。《要案》规定，"献铜"运动要"集合政、会、社之总力，用所有之手段、方法，于事前实施官民启蒙宣传，以期助长献铜情绪，圆滑推进施策，并作为新民会重点工作之一，更尽一层努力，以期扩大效果。"市政府要对提前和超额完成"献纳"任务的区郊公务人员进行奖赏，对于提前完成责任的区郊，每供出铜品 100 公斤奖赏 8000元；对于超额完成任务的区郊，每超 1000 公斤奖赏 1000 元。最后，各区郊将收集上来的铜品运送到"昭和通商公司北京支店"[①]。这样，就形成了从市长到区公所、从金品献纳委员会到各区郊分会，并有伪警察大力协助的铜品"献纳"掠夺系统。

同年 4 月，伪北京特别市政府向市属各机关、各厂矿公司、印刷出版、文化教育、管理坛庙事务所、故宫、颐和园、博物馆等单位发出公函，要求各单位速将"所属废置之公共铜品"开单缴送工务局；如果铜品笨重，可由工务局代为

---

① 孙刚选编：《日伪统治后期北京市办理铜品献纳运动史料》，载北京市档案馆：《北京档案史料》1999 年第 2
   期，第 170—174 页。

拆卸[①]。

5月9日，伪警察局将查处刘贵荣赌博案的110斤铜器，上缴伪市政府。[②]

同月18日，金品献纳委员会为进一步推进"献铜"运动，成立第一收集组和第二收集组。第一收集组，包括由各区区公所及四郊办事处组成的金品献纳委员会各区郊分会，专门办理市民"献铜"事务；第二收集组设在伪工务局内，由该局职员兼任，专门办理公有铜品"献纳"事务[③]。

5月底，管理坛庙事务所将先农坛所存两个残破圆形八卦炉（清朝光绪年间制），上缴给伪工务局[④]；金品献纳委员会第二收集组和昭和通商会社将伪财政局保管的兵部窪火神庙铜钟一口运走，"献"给日军[⑤]。

6月29日，金品献纳委员会以颐和园内各项铜品"均属公有且久已废置，既与历史文化无重要关系，亦与风景美观毫无补益"为由，将颐和园内可以"献纳"之铜品开单报送市长，请求"献纳"。这些铜品包括铜门钉972个、铜缸12个、铜桌几1个、铜香炉4个、铜火炉20多个。8月10日，经伪市长同意后，伪工务局与昭和通商会社派员工将铜缸8个、铜桌几1个、铜香炉4个、铜火炉10多个运走[⑥]。

在第三次"献铜"运动中，金品献纳委员会第一收集组共收集民有铜品147989斤4两；第二收集组收集公有铜品100306斤6两，商会代购"废铜"7673斤，共计收集铜品245968斤10两。此次"献铜"量与日方期望的800吨征集量尚有一定的差距。

---

① 孙刚选编：《日伪统治后期北京市办理铜品献纳运动史料》，载北京市档案馆：《北京档案史料》1999年第2期，第178、第179页。

② 孙刚选编：《日伪统治后期北京市办理铜品献纳运动史料》，载北京市档案馆：《北京档案史料》1999年第2期，第181页。

③ 孙刚选编：《日伪统治后期北京市办理铜品献纳运动史料》，载北京市档案馆：《北京档案史料》1999年第2期，第182页。

④ 伪北京特别市政府：《华北政务委员会办理献铜办法的密令及北京特别市献铜情况》，1945年6月，北京市档案馆藏，档号J1—2—264。

⑤ 孙刚选编：《日伪统治后期北京市办理铜品献纳运动史料》，载北京市档案馆：《北京档案史料》1999年第2期，第184、第185页。

⑥ 伪北京特别市政府：《华北政务委员会办理献铜办法的密令及北京特别市献铜情况》，1945年6月，北京市档案馆藏，档号J1—2—264。

表3 第三次"献铜"运动收集铜品情况表

区 别	献铜数量		区 别	献铜数量	
	斤数	两数		斤数	两数
内一区	9708	13	外三区	6136	15
内二区	9557	13	外四区	4819	9
内三区	6619	8	外五区	10473	14
内四区	6722	3	东郊区	9882	13
内五区	10875	6	南郊区	6557	2
内六区	3475	0	西郊区	19284	3
外一区	12661	14	北郊区	3744	1
外二区	17470	2			
合　计			137989 斤 4 两		
公有铜品数量			100306 斤 6 两		
商会代购废铜			7673 斤		
总　计			245968 斤 10 两		

说明：①此表根据《金品献纳委员会各区分会收集市民献纳废铜数目表》制成；②原表
中各区郊"献铜"总量为 147989 斤 4 两，系统计有误，笔者加以改正。

五、"献纳"铜品的总量与种类

在三次"献铜"运动中，铜品的主要来源为市民、金品献纳委员会及各区郊
分会职员、伪市政府各机关工作人员、公有铜品和商会代购等。三次"献铜"运
动中铜品的来源情况见下表。北京日伪当局在三次"献铜"运动中共收缴铜品
1389931 斤 2.91 两，其中，市民"献纳"数量（1264154 斤 4.5 两）最多；其次
为公有铜品数（100306 斤 6 两）和金品献纳委员会"献纳"数（9944 斤 6.41 两）；
最后为伪市政府各机关工作人员的"献纳"数（7853 斤 2 两）和商会代购数
（7673 斤）。

表4 三次"献铜"运动中铜品的来源情况表

数量来源次数	市民		金品献纳委员会及分会职员		伪市政府各机关工作人员		公有铜品		商会代购	
	斤数	两数	斤数	两数	斤数	两数	斤数	两数	斤数	两数
第一次	506943	6.5	2317	5.41	—	—	—	—	—	—

来源数量次数	市民		金品献纳委员会及分会职员		伪市政府各机关工作人员		公有铜品		商会代购	
	斤数	两数	斤数	两数	斤数	两数	斤数	两数	斤数	两数
第二次	619221	10	7627	1	7853	2	—	—	—	—
第三次	137989	4	—	—	—	—	100306	6	7673	0
合　计	1264154斤4.5两		9944斤6.41两		7853斤2两		100306斤6两		7673斤	
总　计	1389931斤2.91两									

说明：此表根据上文数据制成。

　　抗战胜利后，1946 年，北平市政府对抗战损失作过一次调查统计，要求各住户填表上报人口伤亡与财产损失数字，并由警察局汇总。据此次统计，北京各区郊"献纳"的铜品总量分别为内一区 76066 斤 10 两、内二区 30369 斤、内三区 46275 斤 18 两、内四区 65140 斤、内五区 60000 斤、内六区 120088 斤半、内七区 8960 斤、外一区 140934 斤、外二区 67361 斤、外三区 7625 斤、外四区 41216 斤 11 两、外五区 113892 斤、东郊区 19136 斤、南郊区 20718 斤、西郊区 52726 斤、北郊区 15831 斤 7 两，总计 875677 斤[1]。将档案中各区郊的"献铜"量累加起来，可发现市民"献铜"总量为 886340 斤 6 两，档案中的市民"献铜"总数 875677 斤显然有误。然而，即使是准确的数字，也与市民的实际"献纳"数 1264154 斤相去甚远。二者相差近 40 万斤。由此可见，由于种种原因，如知情者的死亡或流徙、区划的变动、调查工作的力度不够等，抗战结束后国民政府统计的人口伤亡与财产损失数字远远小于实际损失数。

　　在日伪收缴上来的铜品中，有生熟铜，有红白紫铜，有各式器皿什物，如锅勺盆碗、茶碗茶盘、门环门铂、扣子顶针、鞋拔子、合叶、门吊、香炉、钥匙、钟、铃、烟嘴、粗细铜丝、锣、镲、云锣、大小铜币古钱、铜佛像等[2]。凡属铜质的东西，无不搜罗殆尽。此外，大量的铜质文物在"献铜"运动中遭到洗劫。从 1942 年至 1945 年，故宫博物院共有 66 口铜缸、1 尊铜炮、91 件铜灯等重 2000 多斤的铜质文物被强行运走[3]。其中，铜缸由日军 1400 部队装车运往朝鲜，铜

---

① 北平市警察局：《沦陷地区、克复地区损失情形报告表》，1946 年 7 月，台北"国史馆"藏，档号 303—026。

② 据王文浚 1982 年 6 月回忆。王于 1943 年秋任伪宛平县警察所伪督察长职，亲身经历"献铜"运动。

③ 中央档案馆、中国第二历史档案馆、河北省社会科学院编：《日本侵略华北罪行档案——文化侵略》，河北人民出版社 2005 年版，第 240 页。

炮和铜灯运至天津，准备运往日本，只是未及运走，日本就投降了[①]。

当时，北京各大城门、坛门、庙门、旧王府门上的铜质门钉，都被强拆下来献给日军，再装上一般大小的木质门钉，涂上铜粉，以假充真[②]。从此以后，北京市内旧皇宫园林、王府大院、坛门庙门上的铜质门钉，被日伪偷梁换柱，变成了木质门钉。

六、结论

第一，日军的掠夺穷凶极恶。随着侵略战争的扩大，日军对战略金属铜的需求也越来越迫切。在第二次"献铜"运动中，日方提出的目标"献铜"量为400吨，到第三次则增加到800吨。日方为确保"献铜"运动的顺利进行，事前会对"献铜"的方针、任务、办法作出具体细致的规定。北京形成了从伪市政府到区郊公所、从伪警察局到基层坊甲、市政府机关与金品献纳委员会相互配合的组织系统。在伪警察的督催下，在指标摊派到户的情况下，"献纳"实无自愿可言，变成了赤裸裸的抢掠。日军通过三次"献铜"运动，总共从北京掠走铜质物品1399931斤。北京市民是三次"献铜"运动的主体，第一次"献铜"506943斤6.5两，第二次"献铜"619221斤10两，而到日伪组织严密、催逼力度很大的第三次"献铜"量却锐减为147989斤4两。可见，经过日伪的三次掠夺，市民家中的铜质物品已荡然无存。

第二，铜质文物的损失不可估量。随着日本侵略战争接近尾声，日军贼心不死，积蓄力量，妄图作最后一搏。掠夺的目标转向中国的古代文物，目前所知，被缴纳的铜质文物有故宫博物院的铜缸、铜炮、铜灯，火神庙的铜钟，颐和园的铜缸、铜桌、铜香炉、铜火炉等。在日伪收缴的10万多斤公有铜品中，类似的铜质文物当不在少数。这些铜质文物，建造年代较早，具有较深厚的历史文化积淀，被日伪掠去之后铸成武器，损失价值不可估量。

第三，"献纳"的铜品直接增强了日军的战力。"献铜"运动是应日本军方的要求而发起，并以满足军需为目的。日军在《要纲》和《要案》中明确指出，"献纳"的铜品是"充实军需资材"，"以资直接增强武力"。日军通过三次"献铜"运动在北京获得民有铜品和公有铜品共计1399931斤。我们不妨以生产子弹为例，按前述14吨铜生产100万发子弹的标准计算，这些铜可以制造近5000万发

---

① 北京市地方志编纂委员会编：《北京志·世界文化遗产卷·故宫志》，北京出版社2005年版，第689页。
② 郭荣昌：《在日伪统治时期北平市民的苦难生活》（2007年），未刊稿，存中共北京市委党史研究室。

子弹。由此可见，"献铜"运动是日军"以战养战"计划的一部分，是直接为日本的侵略战争服务的。

（作者单位：北京市委党史研究室）

北京大学抗日战争时期人口伤亡和财产损失调查

北京大学调查组

一、抗战全面爆发前后的基本情况

北京大学作为中国最著名的高等学府，确定了"研究高深学问，养成专门人才，陶融健全品格"的办学宗旨。学校实行学院制，成立研究院，设立研究教授制度，聘请了一批知名教授，兴建了新的图书馆和地质馆，仪器设备先进，国际学术交流频繁，教学和科研取得了显著的成绩。1937 年 7 月 7 日，卢沟桥事变爆发，日本帝国主义发动全面侵华战争。7 月 29 日，北京陷落。此时北京大学正值暑假。8 月 25 日，日本宪兵闯入北京大学第二院，对校长室进行搜查。9 月 3 日，日军进驻北大一院和灰楼新宿舍，在文学院院长室门外挂上了"南队长室"标志，在中文系门外挂上"小队附属将校室"标志。10 月 18 日，伪北京地方维持会把"保管"北京大学的布告挂在第二院门口，北大校园从此陷入日伪之手。红楼一度成为日本宪兵队本部。地下室被用作囚禁爱国志士的牢房。燕京大学 20 多名师生，陆志韦、张东荪、赵紫宸、邓之诚、侯仁之诸教师及学生孙以亮（孙道临）等被日本宪兵逮捕曾关押在这里。牢房中环境恶劣，日军对爱国者进行严密的监视并施以种种酷刑。

1938 年 1 月，日军扶持下的伪中华民国临时政府成立。伪教育部利用原北京大学的办学条件，办起了沦陷区的伪国立北京大学。

二、财产损失

北京大学校园在日军占据的 8 年期间遭受严重损毁，北大文科研究所的文物损失尤为严重。

（一）学校总体损失

1. 北京大学一、二、三院的教室、办公室、教授室、心理室、文科研究所、出版部、印刷课、售书处及东斋、西斋、三院诸宿舍等多处的校产损失，如房屋被拆毁；各类桌、椅、书柜、书架、黑板、讲台、床铺损失等，共计价值 17455.4

万元。

2. 北京大学出版组、印刷组损失的印刷机、铅印机、铅字、各种纸张及印刷装订完毕的书籍等，总计价值 27465 万元。

3. 北京大学图书馆损失中、西、俄文图书计 14567 册，价值 1612.2 万元。以上三项据 1946 年 3 月调查统计，总计损失 46532.6 万元[1]。

（二）日伪当局对北大图书馆的查禁和掠夺

沦陷后不久，伪新民会夺走了政治书籍 126 部；日本宪兵队将俄文书 3700 余册和杂志多种掠走变卖；伪教育部也夺走社会科学期刊合订本 248 册和西文《资本论》等书；1938 年，伪教育总署又查禁没收了所谓"违禁书"约 3000 册。

最为恶劣的是劫掠北大图书馆馆藏珍品《俄蒙界线图》及对孟心史（孟森）教授的迫害。1936 年，北京大学图书馆经历史系教授孟心史推荐，购得 1911 年调查绘制的《俄蒙界线图》，该图为清朝理藩部旧藏档案中散出，极有价值。当日本设在中国的以文化研究为名，实则进行文化侵略的东方文化委员会主持人桥川时雄看到孟心史对该图的考证文章后，即向北大图书馆提出借阅此图的要求，遭到拒绝后，耿耿于怀。1937 年 8 月，自称东方文化研究会的数人，由日本宪兵驾汽车来到北大图书馆，要求孟心史讲解《俄蒙界线图》，并强行"借"走该图。走前还让孟心史和他们合影纪念。孟心史以年老病弱之身受此屈辱，又痛惜珍贵孤本文献落入日军之手，心情极为忧愤，不久即重病卧床，于 1938 年 1 月 14 日逝世。这幅《俄蒙界线图》落入日军之手后，迄今下落不明。

（三）北大文科研究所遗失大量珍贵的文献、文物[2]

1. 金石古物类

表1　北京大学金石古物损失统计表

文物名称	数量	备注
古钱	206 件	
铜矛	2 件	

---

[1] 国立北京大学校产保管委员会：《北大校产保管委员会向教育部平津区特派员办公处呈报校具、文物、图书、仪器损失的公函》，1946 年 3 月，北京大学档案馆校史馆藏，档号 1—BD1946141（2）。理学院仪器设备损失情况因无据可查未计在内。

[2] 国立北京大学校产保管委员会：《北大校产保管委员会向教育部平津区特派员办公处呈报校具、文物、图书、仪器损失的公函》，1946 年 3 月，北京大学档案馆校史馆藏，档号 1—BD1946141（2）。

文物名称	数量	备注
古铜镜	14件	内含天马葡萄镜、位至三公镜、李儒起造方镜、夏津县官造镜、上方镜、三羊镜、见日之光镜、白虎在右镜、家常富贵镜及其他汉宋镜
古铜印	7件	内含张未央印、封邱县印、骑部曲将印、西夏支印2件、金正大印、交河县僧会司印
金类车饰	6匣	
孟津出土之车器	400余件	
封泥	48件	
甲骨	20余片	

2. 金石拓片类

表2 北京大学金石拓片损失统计表

文物名称	数量	备注
艺风堂拓片	1000余件	内有龙门石刻造像全部拓片
北平碑志	100余件	

3. 文献类

表3 北京大学文献损失统计表

文物名称	数量	备注
明永乐大学士湖广总督进词臣献颂	1件	
明兵部提行稿	300余件	
清多尔衮命多铎取南京满文诏书	1件	
顺治五年十一月初八日冬至祀天恩诏	1件	
顺治十八年七月十三日擒斩郑成功悬赏诏	1件	
顺治敕谕	6件	顺治二年七月,九年四月、八月,十四年二月,十八年二月、三月
康熙二十八年十一月二十五日移住乾清宫诏	1件	
康熙间敕谕	4件	康熙元年,四年三月、八月,二十年六月
贡表	12件	内有暹罗国王郑明表
贺表	12件	李鸿章、左宗棠表
谢表	5件	
平西王秦表	1件	
太平天国收据	1件	

續表

文物名称	数量	备注
拳匪降坛咒	1 件	
大明通行宝钞	6 件	
兵部诏款	1 件	
顺治题本	1 件	
新疆地图	1 件	
其他地图	10 余幅	

这些文物、文献的价值是难以用金钱计算的。

（四）其他损失

除以上各项外，北京大学理学院曾于 1936 年 11 月从美国购得实验设备水银灯一台，分装两箱由海轮运送来华。与此同时向日本人经营的三井物产株式会社保险公司天津支店保险部订有保险契约。1937 年 4 月接轮船公司通知，因轮船失火，一箱设备被毁，为此应获赔偿金 140 美元，提货押金 99.7 美元，运费法币 18.8 元，共计 239.7 美元又法币 18.8 元。此款均经该保险公司认可赔偿，正在履行期间，发生卢沟桥事变，赔偿中断[1]。

1946 年，北京大学自昆明复员北平后，决定增设农学院，校址定于罗道庄原北平大学农学院旧址。北大接收后已是满目疮痍，学生宿舍被拆毁，农场土地荒芜。仅 1946 年初步重建已费资三亿元以上，两年多的时间里，院内无日不在兴土木、添设备，耗资巨大[2]。

（五）教职员工所受损失

抗战中后期，由于昆明物价不断上涨，教职员的生活日益贫困。据报载，到 1943 年下半年，昆明物价为抗战初期的 404 倍，而西南联大教职员薪金则为原薪金的 10.6 倍。为了维持生活，有的教师就将从平津仓促带出的书籍和衣物廉价出售，最后只剩下几只空箱子，落到一贫如洗的困境。西南联大图书馆主任严文郁曾在《国立罗斯福图书馆筹备纪念》一文中写道："对日抗战最艰苦的时期，

[1] 国立北京大学校产保管委员会、河北平津区敌伪产业处理局：《北大为追赔日莹保险公司赔偿保险损失费与河北平津区敌伪产业处理局的往来信函》，1946 年 4 月，北京大学档案馆校史馆藏，档号 1—BD1946141（1）。此应为日方所欠债务。

[2] 农学院卢沟桥农场：《自三十四年十二月至三十五年七月止由第四分班借款一览》，1947 年 4 月，北京大学档案馆校史馆藏，档号 1—BD19461436。

在昆明将积蓄贴得一干二净，收入不敷五口之家。"而钱穆教授保存在北京的大量藏书也遭不测。钱穆自1931年夏到北京大学历史系任教，为了教学、科研工作的需要，他多年来节衣缩食，购买了大量书籍，到卢沟桥事变后离平南下时，已有藏书5万多册，其中不乏善本珍品。南下前，他特制了20多个大木箱，将书装在其中。只将几本常用书和历年讲授中国通史增删积成的五六厚册笔记装入衣箱中随身带走。其他藏书都安放在一友人家中。抗战胜利后，钱穆因故没有再回北京，他的5万多册藏书却几经周折散失殆尽。学者视书籍如生命，这种损失难以用金钱估量。

三、人口伤亡

（一）抗战时期北京大学的师生队伍减员严重

北京沦陷后，1937年9月10日，教育部以第16696号令宣布北京大学、清华大学、南开大学三校在湖南合组长沙临时大学。北大师生遂分批南下，最后一批于11月18日离平。北大原在校生为1040人（其中研究生20人），截至11月20日到长沙临时大学报到的仅有342人，大部分学生失去了学习的机会。原有在校教员199人，到长沙临时大学任教的只有63人，大部分教员失去了工作。1945年抗战胜利后，由于交通工具紧张，平津校舍需要修复，西南联大在昆明续办一年，于1946年5月开始分批北返。此时西南联大属于北大的学生也只有649人（其中研究生19人），教员118人。

（二）抗战时期学校留京教职员在精神上和身体上遭受严重迫害

北京沦陷后，一部分教员由于种种原因未能随校南迁。但他们不愿为日伪当局做事，就在家中闭门著书，生活失去经济来源，有的还遭到日军的残酷迫害。在此举例如下：

1. 北京大学地质学系教授葛利普（A·W·Grabau），被日军迫害长达4年之久。葛利普教授是美国威斯康星州人。1920年应聘来华任北京大学地质学系教授及农商部地质调查所古生物室主任，为中国的地质教育和地质事业奋力工作，在培养地质人才和发展地质科学方面作出了重大贡献，被誉为19—20世纪地质古生物学界继往开来、著作等身的一代宗师。1937年北京沦陷，当日军企图接管地质调查所时，他不顾自己行动不便，拄着双拐来到地质调查所门口，席地而坐，按照国际惯例，举着美国国旗，阻止日军进门。北京大学奉教育部令南迁长沙时，葛利普教授因身体状况欠佳，不能随校南迁，但他表示绝不在伪组织下做事，并严词拒绝了日伪当局的聘任，居家不出，专心著述。太平洋战争爆发后，他被日军关进集中营长达 4 年之久，身心遭到极大的摧残，但他仍著述不断。后终因环境恶劣，体力日衰。1945 年日军投降后，他的学生把他从集中营接出来时，面容消瘦，神志也不甚清楚，生活极其艰难。后终因胃部大出血不止，于1946 年 3 月 20 日逝世，对此日军难逃罪责。根据葛利普教授生前的愿望，北京大学教授会决议，将其骨灰埋于北京大学地质学馆（沙滩）前，1982 年迁入北京大学现在的校园内。

2. 北京沦陷后，北京大学国文系教授马裕藻（字幼渔）因年迈并患高血压未能随校南迁，被北大指定为保护校产的四教授之一。在日军占领期间，他一直蛰居寓所，拒绝出山为日伪当局效劳，表现出宁愿过着失业清寒的生活，也不卖国求荣的凛然正气。日伪当局曾多次派他的好友、已任伪职的周作人为说客，登门请马裕藻任教，均被拒之门外不见。最后就让幼子对其说："我父亲说了，他不认识你。"在日军白色恐怖统治下，马裕藻仍与钱玄同、夏康农等几位知己一起听抗战后方的广播。1945 年初，日夜盼望抗战胜利的马裕藻在病榻上还念叨着："天快亮了，天快亮了。"不幸的是，马裕藻于 1945 年 4 月抑郁而终，享年67 岁。

学校指定保护校产的四教授中，孟心史、马裕藻、冯汉叔（冯祖荀）均在沦陷期间去世。

作为中国历史最为悠久、水平最高的高等学府，优良的教育设施、优秀的师生队伍、珍贵的文献文物，因日本军国主义的野蛮占领和摧残，遭到前所未有的破坏，使北京大学，乃至中国教育、文化的传承与发展遭受了严重的挫折，造成了无法弥补的巨大损失。

清华大学抗日战争时期财产损失调查

清华大学调查组

一、工作概述

1995 年，为纪念中国人民抗日战争胜利 50 周年，清华大学档案馆陈兆玲、历史系朱育和等对清华大学档案馆馆藏有关资料进行整理，编辑出版《日军铁蹄下的清华园》一书。

该书基本上是文献档案史料汇编，共分四个部分：第一部分是"日军强占清华园及其暴行"，主要介绍清华园的沦陷过程及日军在清华园犯下的罪行；第二部分是"清华园的接收与光复"，收集了抗战胜利后学校接收工作的有关史料，包括来往文电和部分接收日记，从中可以看出投降日军的态度和劫后清华重建的艰难情形；第三部分是"损失统计"，包括不同年度的统计情况；第四部分是"附录"，包括保管委员会的"工作日志"和部分当事人的回忆、日记等。

2006 年 2 月，清华大学校史研究室组织成立"抗战时期清华大学损失调查组"。调查组调查考证了清华大学档案馆馆藏约 20 万字的档案，形成调查报告。

二、抗战前后清华大学的基本情况

清华大学的前身是清华学堂，以历史文化名园清华园为校址，成立于 1911 年，当初是清政府建立的留美预备学校。1912 年更名为清华学校，1925 年设立大学部，同年开办研究院（国学门），1928 年更名为国立清华大学，并于 1929 年秋开办研究院，各系设研究所。1937 年抗日战争爆发后，南迁长沙，与北京大学、南开大学联合办学，组建国立长沙临时大学，1938 年迁至昆明，改名为国立西南联合大学。抗战胜利后，清华园经修复重建，1946 年，清华大学迁回清华园原址复校。

清华园前身为建于 1707 年的熙春园，先是作为康熙朝皇三子胤祉赐园，1767 年熙春园改建为御园。现今清华园即为原熙春园一部分，工字厅门前的"清华园"匾额即为咸丰皇帝所题。清华园不仅是一处风景名胜，亦是卓有声誉的历史文化名园。康熙曾 10 次到熙春园。中国古代最大的类书《古今图书集成》即由清代著名学者陈梦雷在清华园中编辑完成。

1937 年卢沟桥事变爆发前，清华有相对充裕且稳定的经费，实验室仪器设备充实、先进，图书馆藏书也较丰富；学校的许多教师曾在国外受过科学研究的训练并学有所成，也有开展科学研究的基础条件；同时，学校又聘请了一些学术水平较高的教师。教师们在注重基础理论教学的同时积极开展研究工作，学术气氛比较浓厚。并且，清华对外的学术交流也十分频繁，很多国际知名学者、专家曾到校访问讲学，如：数学家哈达马、物理学家郎之万、玻尔、狄拉克、航空专家冯·卡门、控制论创始人维纳等。这一切为清华开展研究提供了良好条件，在不少领域学术水平迅速提高，位居国内前列，清华渐成不少学科研究中心，出现许多在当时具有重大影响的原创性科研成果。在北京高校中，清华大学各种设施、设备较为精良。

卢沟桥事变爆发时，清华正值暑假，一、二、三年级学生在北京西郊妙峰山一带开展夏令营活动，土木系大部分学生在山东济宁县实习，四年级毕业生有 200 余人留校找工作，准备研究生与留美公费生考试。教职员大部分都在校内。1937 年 7 月底北京沦陷后，留校师生及家眷纷纷撤向城内。9 月，国民政府命令清华、北大、南开三校南迁长沙组建临时大学。南迁之前，清华决定采取疏散办法，并委派教授张子高筹组以毕正宣为主席的 45 人"北平清华校产保管委员会"。9 月 12 日，日本宪兵队侵入学校，大肆劫夺清华的图书、仪器等。1938 年初，日军又进而强占清华校舍，并驻兵。是年 8 月，校舍全部被占，保管委员会被迫撤入城内。从此，清华园进入完全沦陷时期。

日军在侵占清华园的 8 年中，无论是清华园美丽的景色，还是清华大学优良的教学设备、丰富的藏书、优美的建筑等，都遭到严重破坏。清华大学在清华园的教学和科研活动被完全打断。

三、抗战时期清华大学的财产损失

抗战胜利后，1945 年 10 月 16 日，平津区教育部特派员邓叔存，清华大学陈福田、张子高等来校举行接收仪式。1946 年年底，国民政府有关部门组织调查全国专科以上学校损失情况，清华大学呈报了损失调查表，对在抗战中学校损失情况作了调查统计。

调查统计表明，清华在沦陷期间，遭到日军严重破坏，财产损失十分严重。

对清华园展开疯狂掠夺和破坏的机构主要包括：

日军驻校部队牟田口、长谷川、寺内升内、多田等部；伪政府的新民会、教育总署、近代科学图书馆以及华北开发公司等。

清华大学的财产损失具体分类如下[①]：

（一）建筑物

校内图书馆、各院系馆、教授住宅以及学生宿舍均受严重毁坏。图书馆书库做了外科手术室，阅览室做了病房，钢书架被拆，图书被洗劫一空。体育馆被用作马厩和食物储藏室，木地板全被拆毁。更有甚者，新南院竟成了日军随军妓馆。据统计，图书馆、体育馆、大礼堂、化学馆、生物学馆、气象台、电机工程馆、土木工程馆、机械工程馆、水利工程馆、航空研究所、第一院、第二院、工字厅、古月堂、医院等建筑损失 40%，第三院损失 75%，甲乙丙三所、北院、南院（西式住宅）、新南院、新西院损失 50%，南院（中式住宅）、西院、新职员住宅损失 80%，春润庐一处更是损失殆尽。建筑物损失价值约为 4335000 元，建筑附属物损失约为 1545000 元。

（二）图书

国民政府时期，清华极为重视图书馆建设。1935 年 10 月至 1936 年 9 月，著名文学家朱自清教授任图书馆委员会主席兼代图书馆主任。至抗战前夕，馆藏书刊已极为丰富，计 36 万余册。1937 年七七事变后，学校被迫南迁。1938 年 4 月，清华大学、北京大学和南开大学在昆明建立了国立西南联合大学。清华图书馆运抵昆明书刊 2.3 万余册。在运抵过程中，暂存重庆北碚的 1 万余册图书遭日军轰炸，损失惨重，仅剩 3000 余册。抗日战争胜利后，清华大学迁回北京清华园。1946 年复校时，图书馆已面目全非。抗战时期，日军以图书馆为外科病房，书库为手术室及药库。其间馆藏图书损失 17.5 万余册。

因此，图书损失主要包括沦陷期间清华园图书损失、南迁途中图书损失以及 1937 年后自海外运来中国途中损失三部分，总体而言，图书损失超过 79%，约 2737132 元。

（三）仪器

日军将各系馆全部改为伤病住房，馆内器物或被占用，或携出变卖，或肆意

① 损失价格均以 1937 年度为准，货币种类为法币。

摧毁，或付之一炬，各实验室之设备全部被拆除，机械设备被运至南口修理厂供日军修理军械之用。沦陷期间，未来得及运出的仪器全部荡然无存，损失约5274000元。

（四）其他

其他损失约 174000 元。

四、结论

北上复员后的清华，校园满目疮痍。各项重建工程需费浩大，而国民政府教育部拨给的复员修建费远远不敷各项工程和设备修理的开支。在学生人数增加一倍情况下，学校无力扩建学生宿舍、教室与实验室，造成"宿舍拥挤，教室不敷分配，实验更成问题"的紧张现象。工学院学生"按合理分配，每六人应有车床一部，现每百人仅有一部"。理学院因战时仪器设备损失很大，复员时各实验室四壁萧然，虽勉强有所恢复，但仍不足以应付教学需要，学生实验条件远不如1937年前。由于图书损失严重，对文、法学院师生教学与科研，也造成严重困难。

日本帝国主义对中国侵略，不仅仅对中国社会、经济造成严重破坏，更是一场文化的浩劫，使得中国教育近代化进程遭到严重挫折。

北京师范大学抗日战争时期人口伤亡和财产损失调查

北京师范大学调查组

2006 年 2 月，北京师范大学成立抗战时期人口伤亡和财产损失调查组。首先对校档案馆现存档案进行了细致的查阅，对 1931 年至 1946 年间的档案材料进行了筛选，并查阅了 1931 年至 1946 年间北京的相关出版物，查阅档案近百卷，报刊十余种。

一、抗战前后的基本情况

1937 年七七事变前，北京师范大学（1928 年起称国立北平师范大学）在校学生 900 余人，学校在南新华街（建于 1908 年）、石驸马大街（建于 1910 年）拥有校舍，图书馆藏书数十万卷册。

1937 年七七事变后，北京沦陷，学校师生仓促离校。9 月，教育部令北平师范大学、北洋大学、北平大学等合组西安临时大学（后改称西北大学，北平师大于 1939 年独立称西北师范学院）。学校大部分图书、档案、教学用具等留在北京校园中。

1937 年 10 月，日军侵占原国立北平师范大学、国立北京大学、国立北平大学等大学校园，校园内房舍、家具等一切用品均被日军侵占。1938 年 3 月，伪中华民国临时政府教育部宣布在南新华街原国立北平师范大学数理学院校址和李阁老胡同原国立北平大学法商学院校址分别成立"国立北京师范学院"和"国立北京女子师范学院"。1941 年 11 月，伪华北政务委员会教育总署宣布两所学校合并组成"国立北京师范大学"，以原国立北平师范大学南新华街校址作为大学本部，另设三个分校，委任校长负责，下设三个学院和一个研究院，并且在原国立北平师范大学附属中学、附属小学的校址分别建立附属中学、附属女子中学、第一附属小学、第二附属小学等附属教育机构，成为一所从幼儿园、小学、中学到大学、研究生等层次的完全制师范教育机关。

日伪政府建立的伪北京师范大学根据日本帝国主义制定的《从内部指导中国政权的大纲》宣称："尊重汉民族固有的文化，特别尊重日华共通的文化，恢复东方精神文明，彻底禁止抗日言论，促进日华合作。"制定的办学目的为：第一，依据东亚集团之精神及中国传统之美德，养成健全的师资；第二，遵循新政府方针，注意实践的训练；第三，养成品格高尚、思想纯正、崇礼守法、以身作则教育者之人格。在日本帝国主义所宣扬的"中日亲善"、"共同防共反共"、"大东亚共存共荣"等殖民侵略思想的指导下，进行"中国传统之美德"，"养成品格高尚、思想纯正、崇礼守法、以身作则教育者之人格"的培养，以消除中国人民的反日思想，心甘情愿地成为日伪统治下的"顺民"。

为强化奴化教育，1938 年 5 月 28 日，学校成立图书审查委员会，特聘日本特务米谷荣一为检查长对学校图书进行检查。自 1938 年 6 月 8 日至 10 月 26 日对校内所有图书经过逐一检查，认为可供阅览的中外文书籍为 9500 余册，特藏书籍为 6600 余册，被检出有疑问的书籍达 150089 册、杂志 7327 册、装订报纸 298 本。其中被检查出 2673 册涉及抗日内容的书籍均被日伪政府封存。附属学校的课本也未能免难，凡不符合"中日共荣亲善"原则，含有中华民族、精忠报国和爱国、自强、奋斗等内容的课文及词语一律被删除或撕毁。

二、人口伤亡

由于日军占领北京，正常的教学秩序被打乱，学生们没有了平静的课堂，安全的校园，只能选择中断学业，另谋出路。仅 1934 级、1935 级、1936 级学生中就有 328 人失学，约占总学生数的 50%。在 328 名失学学生中，有不少学生投笔从戎，走上了抗日战场，如开辟了湘西抗日根据地的王文彬烈士，在抗日战场上牺牲的张仁槐烈士、王韶烈士等，以及从此走上职业革命者道路的学生，如林一山、浦安修、江明、于刚等。也有一些学生在战争中提前结束了学生生活，走入社会。据档案资料记载，师大仅有 6 名学生选择进入伪北京师范大学。

人口伤亡主要有：

1. 通过对学校档案的筛选和有关资料的查阅，日伪政府在南新华街校址上建立伪北京师范大学的 8 年间，有 2 名教师和 2 名学生被日本宪兵队逮捕后失踪，分别是：

崔峙如，河北省通县人，北平师范大学体育系教授，1944 年 3 月 20 日被 1420 部队三谷部队逮捕，拘押至东珠市口日本宪兵队，受尽酷刑。缘由是崔曾去过西安，与后方有过联络。5 月 1 日，崔被转至丰台接受感化，此后再无消息，疑已被害①。

姜忠奎，山东省荣成县人，北平师范大学教授，1945年1月6日被1420部队三谷部队（东珠市口日本宪兵队）逮捕，关押在东珠市口宪兵队，后失踪②。

郁增毅，江苏省太仓县人，北平师范大学音乐系四年级学生，1945年2月5日被1420部队三谷部队（东珠市口日本宪兵队）逮捕，失踪。本次三谷部队共逮捕北平师范大学学生十余人③。

余永庆，1945年2月5日被日军第1420部队三谷部队（东珠市口日本宪兵队）逮捕，失踪④。

2. 抗战时期，由于天主教圣言会所在的德国与日本的特殊关系（即同盟国关系），以及罗马教宗驻华代表蔡宁总主教（Archbishop Mario Zanin）和校务长雷冕（Rudolph Rahmann S.V.D）都是德国人，辅仁大学没有被日伪政府强行接收。北京沦陷后，国民政府教育部密令辅仁大学充分利用其有利的国际关系，延续民族教育，广泛招收沦陷区爱国青年，并联络平津其他具有国际性的教育团体，遵守"行政独立、学术自由、不悬伪旗"的三原则。在校长陈垣的领导下，辅仁大学成为少有的不悬日伪国旗、不读日伪所编的旨在进行奴化教育课本的高校。1939年，日本开始派遣细井次郎以第二外国语教授名义来校监督。1942年，细井次郎又升为校务长首席秘书，并兼任附中学监。1944年3月，日本宪兵队逮捕了英千里。20日后，根据从英千里家中抄出的华北文协主要成员名单，日本宪兵队逮捕了张怀、董洗凡、徐恃峰、欧阳湘、赵锡禹、左宗伦、郑国栋、左明彻、孙硕人、朱锦章、葛信益、赵光贤、叶德禄、高婴齐、吴师循、李凤楼、秦晋、孙金铭等辅仁大学教师30余人，对他们进行了非人折磨和严刑逼供，制造了"华北教授案"。英千里等教授被关押在监狱中历时一年有余，直至抗战胜利后才出狱。

抗战8年，辅仁大学有4名学生惨遭日本帝国主义侵略者杀害，分别是：

唐葆儒，男，1940级史学系，1944年被日军杀害，年仅22岁。

---

① 北京市档案馆编：《日本侵华罪行实证——河北、平津地区敌人罪行调查档案选辑》（上册），人民出版社1995年版，第98—110页。
② 北京市档案馆编：《日本侵华罪行实证——河北、平津地区敌人罪行调查档案选辑》（上册），人民出版社1995年版，第114页。
③ 北京市档案馆编：《日本侵华罪行实证——河北、平津地区敌人罪行调查档案选辑》（上册），人民出版社1995年版，第128—129页。
④ 北京市档案馆编：《日本侵华罪行实证——河北、平津地区敌人罪行调查档案选辑》（上册），人民出版社1995年版，第130页。

宏庆隆，男，1938 年被日军杀害于天津，年仅 23 岁。

吴惟修，男，1940 级化学系，1944 年进入晋察冀抗日根据地，1944 年 12 月被派回北京做地下工作，在育英中学教化学，不久被叛徒告密，被捕牺牲，年仅 22 岁。

欧阳可祥，男，1938 级生物系，1939 年休学。在其兄欧阳可宏开设的"宇宙无线电社"工作，为城外妙峰山的抗日游击队制造和输送无线电发报机等通讯设备，1941 年为八路军运送发报机的归途中，被日军发现，中弹牺牲，年仅 21 岁[①]。

三、财产损失

1945 年 8 月抗战胜利后，国民政府教育部派员对日伪政府建立的包括北京师范大学、北京大学等北京地区高校进行接收，设立临时大学补习班（共 8 处），对学生进行甄别考试，其中，伪北京师范大学改为第七补习班。经过补习教育后，第七补习班的学员并入复员后的国立北平师范学院。1945 年 9 月，原北平师范大学师生经过与国民政府教育部的斗争，在原校址复校，称国立北平师范学院。抗战八年，本校学生失学情况严重，仅从 1934 级、1935 级、1936 级学生入校、毕业人数上可见一斑。

表 1　北京师范大学 1934—1936 级学生人数统计表

年级	入学人数（人）	毕业人数（人）	失学人数（人）
1934 级	234	129	109
1935 级	236	109	124
1936 级	211	116	95

正常教学年度中，入学、毕业比例一般保持在 ±3% 左右，其中包括退学、休学、复学等原因的数字增减。而在 1934 级、1935 级、1936 级学生失学比例近 50%，除去战争原因无法得到其他答案。分析如此高比例的失学状况，我们可以得到的结论只有一个，那就是日军侵略造成的巨大教育损失。

个人财产损失：萧焕文，河北省昌黎县人，原学校会计股职员，七七事变后离职。1942 年 11 月，所购英国白报纸 50 令（时价每令 80 元）、毛太纸 60 令（时价每令 50 元），1943 年 1 月 6 日被日本宪兵队强行没收，他本人还遭到日本宪

① 北京辅仁大学校友会编：《北京辅仁大学校史》，中国社会出版社 2005 年版，第 532 页。

兵的毒打[①]。

日伪政府统治时期，石驸马大街校舍被军事机关占据，医疗卫生设施及重要器材悉遭劫毁，遗失殆尽[②]。

四、结论

日军在占领北京后，对这个文化古城不仅进行了经济上的疯狂掠夺，更重要的是在文化教育上的侵略与破坏。他们强制推行奴化教育，培养"东亚共荣"的鼓吹者和"顺民"，达到永久侵占中华国土、奴役中华民族的目的。通过调查，我们更加清楚地看到了教育对人民、对民族、对国家所承担的责任。科教兴国，教育为本；教育发展，师范为先。人才的培养，科学的进步，离不开学校，离不开教师。北京师范大学将继续秉承百年优良传统和学风，不忘国耻，谨遵"学为人师、行为世范"的校训，培养具有高度爱国热情、高尚道德情操、高精科学知识的各类人才，为振兴中华民族，强大国家实力而努力。

---

① 北京市档案馆编：《日本侵华罪行实证——河北、平津地区敌人罪行调查档案选辑》（上册），人民出版社 1995 年版，第 86 页。

② 北京师范大学档案馆藏，档号 1—22。由于这一期间留存的档案材料稀缺，具体财产损失数字已无法统计。

燕京大学抗日战争时期人口伤亡和财产损失调查

王宋文　田颖

一、抗战爆发前的燕京大学

燕京大学是由原北京汇文大学、华北协和女子大学和通州协和大学合并，由美国教会出资兴办，于 1919 年正式成立的私立综合大学。1926 年校址由城内迁到西郊海淀。迁校后，燕京大学很大程度上摆脱了美国托事部的控制，并逐步中国化。到 1937 年北京沦陷前，已在中国教育界享有较高的声誉。

同一般大学相比，燕京大学具有鲜明的国际性，1937 年—1941 年，在增加大批中国教职员后，外籍教师仍占教师总额的 1/4。燕京大学还与美、英、法、德、意、苏等国许多大学广泛接触，建立了教授和学生交换制度，使来自不同国家、不同文化的师生聚集一堂，交流融会。

二、抗战爆发后的迁校之议

1937 年 7 月 29 日，北京沦陷，国立、私立大学纷纷南迁，燕京大学仍留在北京办学。许多燕京校友担心在日军的铁蹄下，燕大的学术自由会受到限制，纷纷主张南迁，例如，当时正在伦敦就学的费孝通就致函司徒雷登[①]，反对燕大继续留在北京。但后来校董事会经讨论认为，燕京大学为美国出资兴办，日军没有理由占领和封闭学校，而且考虑到北大、清华等中国一流大学均迁往内地，若燕京大学也迁校，将给沦陷区高等教育留下一个空白，会让日军有隙可乘。本着"自由、真理、献身、爱心"的办学原则，燕京大学最终仍留在沦陷区继续坚持办学。

三、抗拒日军侵扰，坚持自主办学

由于燕京大学的特殊地位，日军不敢轻易涉足校园，1937 年—1941 年日伪统治时期，燕京大学始终坚持自主办学。从北京沦陷到 1941 年太平洋战争爆发

---

① 司徒雷登（John Leighton Stuart），1876 年出生于浙江一美国传教士家庭，1887 年返美读书，1904 年来华参加建立杭州育英书院，又在南京神学院任教。1918 年被邀主持燕京大学校务。

前夕，燕京大学在校学生人数从近 600 人增至近 1200 人。历年招生具体数目见下表①：

表 1　燕京大学 1937 年—1941 年在校人数统计表

年　　份	1937	1938	1939	1940	1941
学生数（人）	588	942	982	1086	1156

但是日军通过各种手段施加压力，面对日军的挑衅和压迫，燕京大学或公开抗拒，或消极抵制。

学校对日伪政府悬挂华北伪政权旗帜的要求始终不予理睬。1937 年 12 月，拒绝派人参加所谓的日军攻陷南京的“庆祝”活动。1938 年，拒绝参加日伪市政府及新民会举行的所谓“剿共灭党（国共两党）运动周”。1938 年，燕大学生冯树功骑车经西直门时被横冲直撞的日本军车轧死，燕京大学全体师生在贝公楼大礼堂开会，声讨日军暴行，强烈要求严惩肇事凶手。

燕京大学校内的抗日活动遭到日军的严密监视和压制。西苑日本宪兵队专门设有监视燕京大学活动的特务组织，为此，校方制定了几条校规②以应付日军。

1937 年秋，司徒雷登以引起“国际纠纷”为由，拒绝日本军队以搜查抗日人士与共产党的名义到校内搜查、逮捕③。1937 年秋，为保证在校职工安全，将单身职工从蔚秀园和蒋家胡同迁入校内学生宿舍，腾出来的蔚秀园宿舍由住在校外的携眷职工居住。司徒雷登还以辅导学生为名把侯仁之④和赖朴吾派到靠近学生宿舍的单身男教员宿舍中住，防备日军夜间袭击学生宿舍。

四、校园被封占

1941 年 12 月 8 日，太平洋战争爆发，日本突袭珍珠港，对美国宣战。日军对燕京大学急不可待地进行占领。“十二月八日晨七时，无线电广播日美开战，

---

① 燕京大学北京校友会、燕大校史筹备组编印：《燕京大学史料选编》，1997 年第 3 期，第 57 页。

② 校规内容如下：学生会不再继续活动；其他学生团体要登记，开会要经校方登记；学生不得在布告牌上出布告；学生离开校园要登记；学生稿件发表要经学校同意；不订阅和保存引起日伪当局不满的文件。

③ 燕大校友会校史编委会编：《燕京大学史稿》，人民中国出版社 1999 年版，第 1296 页。

④ 1936 年毕业于燕京大学历史系，先后在燕京大学、北京大学任教。

· 333 ·

太平洋战争爆发。八时，日军已分守校门，"①日军在西苑宪兵队队长花田的率领下封闭了校园，将学生集中在大礼堂、华籍教职员集中到女生体育馆、外籍教职员集中到临湖轩，宣布接管，并占用贝公楼办公，"限当日全体学生离校。后经校方交涉，延期 9 日上午离校。"

（一）人口伤亡

日军占据燕京大学数日后，十余名学生到燕大西门交涉进校，取出个人遗留在校的物品，结果非但未能入校，还被一个蛮横的日本军佐强令站成一列横队，逐个毒打，学生们被打得"青一块、紫一块，鼻孔淌出了鲜血②"。

日军在封闭学校时，先后逮捕了蓝铁年、姚克荫、沈聿温、张树柏、刘子建、朱良澍、程述尧、李慰祖、陈嘉祥、李欧、孙以亮 11 名学生。学生们被捕当晚被关在贝公楼，次日被押到位于沙滩红楼的日本宪兵队司令部，直至 1942 年 1 月 11 日才和农科负责人沈君一起被释放③。

日军还先后逮捕学校领导和中国教员 16 人，他们是：研究院院长陆志韦，文学院院长周学章，宗教学院院长赵紫宸，法学院院长陈其田，教务长林嘉通，总务长蔡一谔，校长办公室秘书萧正谊，教务课长戴艾祯，辅导委员会委员侯仁之，新闻系主任刘豁轩，哲学系教授张东荪，历史系教授洪煨莲、邓之诚，经济系教授赵承信及已辞聘的教授袁问朴（当时正在办天津达仁学院），还有农科负责人沈君等。教师们起初被关押在位于沙滩红楼的日本宪兵队本部地下室，后又移到陆军监狱。他们大义凛然，威武不屈，表现出中华民族的骨气。对教师们的"审讯"拖到 1942 年五六月份才宣布审判结果：张东荪与蔡一谔被判处徒刑一年半，缓刑三年；赵紫宸、林嘉通、陈其田与侯仁之四人被判处徒刑一年半，缓刑二年；陆志韦因病等愈后补行判处徒刑一年半④。

1941 年 12 月 8 日，日军还在天津拘捕了司徒雷登，将其押回北京，关在美国领事馆前海军陆战队营房，直至 1945 年日本战败投降。燕京大学的原有英美籍教职员中，只有英籍教员林迈可（Michael Lindsay）从清晨的广播中及时闻悉，

---

① 邓之诚：《燕大教授案纪实》，北京市政协文史资料委员会编：《文史资料选编》第 25 辑，北京出版社 1985 年版，第 58 页。

② 王树荣：《勿忘历史耻辱——燕大同学在西校门曾遭日寇毒打》，燕大北京校友会编印：《燕大校友通讯》1995 年第 20 期，第 27 页。

③ 陈嘉祥：《在日本牢狱中三十三天》，李欧：《狱中三十三天》，燕大文史资料编委会编：《燕大文史资料》第 3 辑，北京大学出版社 1990 年版，第 143、152 页。

④ 丁磐石：《在日寇监狱中的张东荪先生》，燕大北京校友会编印：《燕大校友通讯》1999 年第 27 期，第 53 页。

偕夫人李效黎，同物理系主任班威廉（William Band）夫妇开车投奔了解放区，其余教职员和家属多被日军作为俘虏长期拘留在山东省潍县监狱中，直至日本投降被释放。

学校被封后，部分师生转移到大后方，并在成都复校。还有一部分学生被日伪政府安排在伪北大的各院系内。

（二）财产损失

日军将师生们赶出燕园后，随即占用学校校舍。由于日军占校后，禁止师生们再进校园，所以日军对园内具体如何占用、破坏，资料很少。只能从现存的燕京大学档案以及一些当时师生的回忆录中看出大致情况。其中，在燕大被日军掠夺财产调查档案中有一份中华民国驻日代表团复燕大的函件中称："A large part of its building was placed under the control of China Affairs Board （KOOAIN） and the rest was used as the training place for convalescent patients of the Army Hospital"[①]。以上可看出，学校被封后，占领燕大的主要是华北综合调查研究所和日本伤兵医院康复病区。

日军封闭燕京大学后，在燕园的西大门，挂上了华北综合调查研究所的牌子，占用贝公楼、睿楼、穆楼和临湖轩、宗教楼、燕京图书馆、蔚秀园等地。华北综合调查研究所下设文化局、经济局、资料处、图书馆和所员养成所，还有秘书处（下设总务、文书、会计、福祉、人事等几个职能科室）。设理事会，有理事长 1 人（第一任王荫泰，第二任日军中将森冈皋），副理事长 1 人（第一任伊泽道雄，第二任周作人），下设开发公司调查局、华北交通株式会社调查室、"满铁"调查所等情报机构，由理事会直接管理。其执行权力机构是企划委员会。华北综合调查研究所虽标榜是"学术研究机关"，但实质是为日本兴亚院搜集华北地区的经济、文化等方面情报的机构[②]，是"为大东亚共荣圈之确立，达成华北所负之特殊使命"服务的[③]。除综研所占有部分区域外，其余地区为日军伤兵医院所占。

日军占据校园期间，对校园的破坏和践踏十分严重，不光校内图书、仪器、实验室、暖气、煤气、电力设施等遭到破坏，契约、债券等也被侵吞。1941 年

① 中文意即：它（指燕园）的建筑大部分在华北综合调查研究所的控制下，其余则被用于日本伤兵医院康复病区。见燕大档案调查被日掠夺财产卷。

② 关其放：《忆蒋兆和先生的一件事》，北京市政协文史资料委员会编：《日伪统治下的北平》，北京出版社 1987 年版，第 138 页。

③ 伪华北综合研究所：《华北综合研究所所报》1943 年 11 月第一号，北京大学图书馆藏，46920/J。

12 月 11 日，日军华北司令部命其主计少尉犬饲实到燕京大学"取去学校财产如下：中华民国统一公债丙种债券票面二三，〇〇〇元、中华民国统一公债丁种债券票面二九，一〇〇元、中华民国统一公债戊种债券票面一七七，四〇〇元、上海法租界市政公债票票面二，〇〇〇两、中华民国救国公债票面六〇，〇〇〇元、银行存款（大陆及花旗两行）三七八六五八，二六元"。这些债券和存款票据，据犬饲实的后任儿玉晨招供，在 1942 年 8 月他"受长官冈村司令及安达参谋中将命令"，"在日本军司令部于安达中将监视之下由本人亲手焚烧无遗"①。但到底是烧毁还是另作他用，无人能详。至今，这些校产仍下落不明。

再如，沦陷时期占据校园的日本综合调查研究所的庶务分室主任浅木森幸同日人盐野目正宪等 8 名日本人、日本三和公司吉冈义三，串通倒卖了校内大批器物财产。抗战胜利后，校方几经周折发现这些器物被偷运出校，藏匿在丰台日军仓库内，最终追回大部分失物②。日军还将师生们遗留在校内的私人财物洗劫一空③。

1945 年抗战胜利后，燕京大学师生回到阔别三年零八个月的学校，看到燕园被日军蹂躏、破坏的惨状。据陈封雄的《劫后燕园的第一篇新闻报道》描述，当时"燕大门前蔡元培所书之匾额已被日人盗去"，校内各建筑物"内部已凌乱不堪。贝公楼、穆楼、睿楼、男生体育馆、男生宿舍内之暖气设备完全被日军拆除运走或破坏"，"网球场则被日人掘为菜圃"④。

《陆志韦传》中记述，"燕园的大门半闭着，校内的草坪上，杂草丛生，垃圾遍地，破碎的文件纸张随风飘荡。日伪'华北综合调查研究所'正准备撤离。未名湖水面十分混浊，水面上漂浮着杂物与泛起的沉滓。房舍门窗支离斑剥，室内家具、书籍狼藉满地。真是满目疮痍，不堪入目"⑤。

《我的父亲王汉章——一个对得起自己良心的人》一文回忆当时的情景为：

---

① 燕京大学：《燕京大学关于追究日军占据本校时期盗卖器物事件之材料》，1946 年，北京大学档案馆藏，档号 YJ1946016。

② 燕京大学：《燕京大学关于追究日军占据本校时期盗卖器物事件之材料》，1946 年，北京大学档案馆藏，档号 YJ1946016。

③ 关文放：《忆蒋兆和先生的一件事》，北京市政协文史资料研究委员会编：《日伪统治下的北平》，北京出版社 1987 年版，第 138 页。

④ 陈封雄：《劫后燕园的第一篇新闻报道》，燕大文史资料编委会编：《燕大文史资料》第五辑，北京大学出版社 1991 年版，第 266 页。

⑤ 《陆志韦传》，燕京大学北京校友会、燕大校史筹备组印：《燕京大学史料选编》第三辑，1997 年，第 27 页。

校内"荒草满园，到处是大土坑，坑里乱堆着烧完的纸灰和死人肢体。很多房子里墙上地上血迹斑斑，甚至墙上还有鲜红的五指血印[1]"。

可见，校园经过日军的践踏与破坏，已凌乱、破烂不堪。在1946年1月3日，校方致函北平市政府称："敝大学复校以来清查校中原有器物散失殆尽"。燕京大学在1947年向教育部递交的校产损失报表，也统计了学校所受损失概况[2]：

表2 燕京大学财产损失统计表（1947年）

损失物类别	损失物名称	损失之时期	损失之地点	掠夺或破坏之敌伪负责人姓名或机关部队名称	该项物品现在下落	该项物品约计价格
建筑物	校舍（包括楼房宿舍住宅等共130所）	1941年12月—1945年8月	北平西郊分校	日本宪兵队及综合调查研究所		国币30亿元（后改为国币15万元）[3]
建筑物之附着物（电灯水管树木及其他）	电灯、电话、卫生设备及煤气设备	同上	同上	同上	不明	美金15万元（后改为国币150万元）
校具	家具、木器及办公室用物	同上	同上	同上	不明	国币15亿元（后改为国币7.5万元）
图书	同上	同上	同上	同上	不明	国币2.2亿元（后改为国币1.1万元）
仪器	仪器与标车	同上	同上	同上	不明	美金25万元（后改为国币250万元）
现金钞券	现金钞券	同上	同上	同上	不明	国币670658.26元
重要契约	重要契约	同上	同上	同上	不明	

---

[1] 《我的父亲王汉章——一个对得起自己良心的人》，载燕京大学北京校友会编印：《燕大校友通讯》1999年第28期，第45页。

[2] 燕京大学：《燕京大学关于调查被日本掠夺财产之材料》，1948年，北京大学档案馆藏，档号YJ1948025。

[3] 此估价按照1941年美金价格折合当时国民政府发行的国币所填，1947年改的价格为金圆券。

损失物类别	损失物名称	损失之时期	损失之地点	掠夺或破坏之敌伪负责人姓名或机关部队名称	该项物品现在下落	该项物品约计价格
其他	机器房、电话房、汽车厂、制革厂、印刷所、牛奶场及库房等	同上	同上	同上	不明	美金4万元（国币400万元）
附记	以上共计国币8906658.26元					

五、燕园光复

1945年8月15日，日本宣布投降。8月17日，司徒雷登获释，次日即与陆志韦、洪煨莲、蔡一谔、林嘉通、侯仁之等人商量复校事宜。8月21日，正式成立复校工作委员会。8月23日，在复校工作委员会的带领下，第一批燕大师生重新回到燕园。8月26日，委员会接管了燕园的南部地区。至10月19日，全部收回校园。在修复校园的同时，9月1日，委员会开始着手招生工作。10月3日，新生发榜。10月8日，新生报到。10月10日，正式开学上课。燕京大学成为抗战胜利后北京最早在原址复校开学的高校。

（作者单位：海淀区史志办）

石景山炼铁厂抗日战争时期人口伤亡和财产损失调查

首钢总公司调查组

2006 年 2 月至 8 月，首钢总公司组织成立调查组，对日军侵华时期在石景山炼铁厂[①]进行资源掠夺和人口伤亡情况进行了认真调查[②]。通过查阅北京市档案馆馆藏的石景山炼铁厂日伪时期档案[③]和其他相关资料，尤其是 1938 年 11 月至 1945 年 6 月间的《石景山制铁所制铁月报（旬报）》（部分缺失），为准确掌握日军在石景山炼铁厂进行资源掠夺情况，提供了确凿的史料佐证。

一、石景山炼铁厂的历史沿革

1919 年石景山炼铁厂开始兴建，到 1922 年，一座设计日产 250 吨生铁的高炉及其配套工程大体完工。但是由于军阀混战、资金告罄等诸多原因，已无力继续完成收尾工程使之投入生产。此时，为石景山炼铁厂配套建设的将军岭石灰石矿（现门头沟区军庄附近）建成投产。

1937 年 7 月 7 日，日军制造卢沟桥事变。一个多月后侵占位于卢沟桥西北 9 公里的石景山炼铁厂，开始了长达 8 年的殖民统治和疯狂的资源掠夺活动。

[①] 石景山炼铁厂，今首都钢铁总公司前身，日军占领后曾改名为"石景山制铁所"，中方始终未予承认，故仍使用石景山炼铁厂予以统称。

[②] 1919 年 3 月，由北洋军阀政府农商部批准成立"官商合办龙烟铁矿股份有限公司"，简称"龙烟铁矿公司"，下设石景山炼厂，亦称石景山炼铁厂。抗战时期，北京除石景山炼铁厂外，还有两家日本人开办的黑色冶金工厂。一是 1937 年日本久保田铁工所，利用二手设备在石景山建"久保田铁工所北京工场"（1943 年改称北支那制铁株式会社久保田铁工所），建有 3 座 8 吨/小时的化铁炉和 2 台 3 吨/小时的立式铸管机及相应的辅助设备。第一铸管机和第二铸管机分别于 1939 年 11 月和 1940 年 2 月投产。1940 年有员工约 600 人，1943 年有员工 407 人，其中日本人 87 人。至 1945 年 8 月，大约生产各式铸铁管 3 万吨。二是 1938 年日本浅香制铁所在西直门外小村开办"浅香铁工厂"，中国工人有 20 余名，生产马掌铁，日产 3—4 吨，主要设备有 13 米加热炉一座、250 毫米轧机一架、230 毫米轧机五架。

[③] 北京市档案馆目前存有 1949 年前石景山炼铁厂文字档案 596 卷，日伪时期拍摄的照片近千张，全宗号 J61。

1938 年 3 月 6 日和 4 月 10 日，有着日本关东军背景的兴中公司①在日本军部的委令之下，先后正式接管将军岭石灰石矿和从龙烟铁矿公司分割出来的石景山炼铁厂，实施"军管"②，并将石景山炼铁厂改名为"石景山制铁所"③。后经日本最大的钢铁资本集团日本制铁株式会社（新日本制铁株式会社前身之一）协助，修复了 250 吨高炉，于同年 11 月 20 日投入炼铁生产④。

1938 年 6 月，日本政府批准成立了具有特殊法人地位的北支那开发株式会社，即华北开发股份公司，简称华北开发公司⑤，垄断经营华北地区交通、运输、通信、电气、矿产及盐等基本产业和国防产业，企图加速掠夺华北地区的战略资源。此时，兴中公司改属北支那开发株式会社，成为其下属的分公司。

1940 年 12 月 1 日，在日本军部扩大钢铁生产的指令下，北支那开发株式会社与日本制铁株式会社各出资 1250 万日元，共同经营"石景山制铁所"。同时把将军岭石灰石矿合并，将"石景山制铁所"改名为"石景山制铁矿业所"。同时，终止了兴中公司的委托经营权⑥。

1942 年 12 月 15 日，根据日本政府指示，北支那开发株式会社与日本制铁株式会社，各出资 5000 万日元，成立北支那制铁株式会社⑦，专门从事对华北地区钢铁资源的掠夺活动。北支那制铁株式会社接收"石景山制铁矿业所"后，又将其改称为"石景山制铁所"，直到 1945 年 8 月 15 日日本宣布无条件投降。

---

① 1935 年 12 月 20 日，日本关东军利用南满洲铁道株式会社（简称"满铁"，因以公司的名义实行殖民侵略，所以也被称为"殖民会社"），为掠夺华北重要资源，成立兴中公司，并以推行日本的国策为主旨。日本侵占华北后，兴中公司受日本军部的委托经营各种掠夺到手的中国企业，包括煤矿、发电厂、铁矿与制铁业和盐业等。1939 年 2 月，"满铁"即将兴中公司的全部股票让与华北开发股份公司，成为属下的分公司。

② 所谓"军管"，就是日军通过战争，把劫夺来的中国工矿企业，用军事手段强行侵占加以管制。"军管"的基本形式是交给与日本政府关系密切的财阀"会社（公司）"代为经营。在"军管"期间，军队享有对企业的绝对所有权和支配权。

③ 石景山制铁矿业所编：《军管石景山制铁所概要·军管将军岭石灰山概要》，1941 年 5 月，第 5 页，北京市档案馆藏，档号 J61—1—34。

④ "军管"石景山制铁所编：《制铁月报》（第 1 期），1938 年 11—12 月，第 2 页，北京市档案馆藏，档号 J61—1—1。

⑤ 北支那开发株式会社（即华北开发股份公司，简称华北开发公司）是经日本第 73 届议会通过，日本政府批准成立的以专门掠夺中国华北地区资源为目的的国策公司。该公司于 1938 年 6 月 27 日在首相官邸成立，确定公司的定章，设立意见书，设立预算案等重要议案。6 月 30 日，日本政府批准，用正式命令发表。1938 年 10 月 30 日，举行成立大会。

⑥ 石景山制铁矿业所编：《军管石景山制铁所概要·军管将军岭石灰山概要》，1941 年 5 月，第 5 页，北京市档案馆藏，档号 J61—1—34。

⑦ 北支那制铁株式会社编：《北支那制铁株式概要》，1945 年 9 月，第 4 页，北京市档案馆藏，档号 J61—1—232。

二、日军从石景山炼铁厂掠夺各种资源

钢铁是国计民生的重要战略物资,在战争时期尤为如此。生产钢铁的基本前提是要有储量大、品位高、易于开采、交通便利的铁矿资源和符合钢铁生产需要的煤炭资源,而这两种矿产资源都是日本极其缺乏的。此外,为了生产出合格的钢铁,还相应需要大量的石灰石、水及电力等其他物质资源作保证。因此,为了全面考察日军对石景山炼铁厂资源掠夺情况,就必须要对铁矿石、煤炭(焦炭)、石灰石、水及电力消耗量分别进行统计。鉴于抗战时期石景山炼铁厂只能冶炼生铁,也就是说最终的实物产品形式是生铁,且其中的大部分被运回日本国内,那么日军掠夺石景山炼铁厂资源的最终表现形式就是生铁的数量。下面把日军在石景山炼铁厂掠夺(强占)的各种资源数量分述如下[①]:

(一)生铁总量

日军侵占石景山炼铁厂期间,其实际炼铁生产时间自 1938 年 11 月起至 1945 年 8 月止,共 6 年零 10 个月,其间共生产生铁 262617 吨。

表 1-1　1938 年 11 月—1945 年 8 月生铁产量

单位:吨

年度 ＼ 炉别	第 1 高炉	第 2 高炉	特型炉	计
1938.11 起	2112	—	—	2112
1939	32202	—	—	32202
1940	32069	—	—	32069
1941	21155	—	—	21155
1942	36104	—	—	36104
1943	33077	394	7592	41063
1944	26580	29601	19097	75278
1945.8 止	5305	11722	5607	22634
计	189604	41717	32296	262617

---

① 本项调查中各种资源用量的基础数据是石景山制铁所的当月购入量,不是生产实际使用量。

表 1-2　1938 年—1942 年第 1 高炉生铁产量[①]

单位：吨

月份＼年度	1938	1939	1940	1941	1942
1	—	3162	2463	2666	3443
2	—	2983	2536	2379	2868
3	—	2505	2744	3091	2738
4	—	2721	3001	2427	3325
5	—	3253	3110	1978	3112
6	—	2836	3006	2261	3040
7	—	2131	2494	2910	2688
8	—	2447	2123	修理	3105
9	—	1661	2223	修理	3219
10	—	2288	2714	修理	2057
11	470	3067	3161	修理	2632
12	1642	3148	2494	3443	3877
计	2112	32202	32069	21155	36104

表 1-3　1943 年各高炉生铁产量[②]

单位：吨

月份＼炉别	第 1 高炉	第 2 高炉	特 型 炉	计
1	3500	—	—	3500
2	2733	—	—	2733
3	3167	—	328	3459
4	3011	—	489	3500
5	2796	—	489	3285
6	2712	—	158	2870
7	2956	—	36	2992
8	3128	—	104	3232
9	2353	—	361	2714
10	1643	—	640	2283
11	2568	—	1780	4348
12	2510	394	3207	6111
计	33077	394	7592	41063

[①]　《出铁量表》，第 11—13 页，北京市档案馆藏，档号 J61—1—251。

[②]　1 月份资料摘自《出铁量表》，第 13 页，北京市档案馆藏，档号 J61—1—251；2—12 月份资料摘自《北支那制铁株式会社概要》（1945 年度），第 19 页，北京市档案馆藏，档号 J61—1—232。第 2 高炉于 1943 年 12 月投产，11 座特型炉于 1943 年 3—12 月陆续投产。

表 1-4　1944 年各高炉生铁产量[①]

单位：吨

月份　　　炉别	第 1 高炉	第 2 高炉	特型炉	计
1	1751	1749	2715	6215
2	532	1789	1274	3595
3	1157	2216	1930	5303
4	1712	2715	1281	5708
5	1854	3043	1106	6003
6	2603	2589	877	6069
7	2185	2105	1180	5470
8	2493	2345	1056	5894
9	2160	2398	1540	6098
10	3634	3191	1857	8682
11	3963	3639	2304	9906
12	2536	1822	1977	6335
计	26580	29601	19097	75278

表 1-5　1945 年各高炉生铁产量[②]

单位：吨

月份　　　炉别	第 1 高炉	第 2 高炉	特型炉	计
1	2462	1665	1045	5172
2	445	716	672	1833
3	31	232	450	713
4	修理	1824	987	2811
5	修理	2696	947	3643
6	修理	2647	785	3432
7	1677	1411	543	3631
8	690	531	178	1399
计	5305	11722	5607	22634

[①] 《北支那制铁株式会社概要》（1945 年度），第 20 页，北京市档案馆藏，档号 J61—1—232。

[②] 《北支那制铁株式会社概要》（1945 年度），第 21 页，北京市档案馆藏，档号 J61—1—232。

（二）铁矿石总量

铁矿石是冶炼生铁的基本原料，日军侵占石景山炼铁厂后，所需的铁矿石主要来自铁矿石品位高、开采容易且交通便利的河北省宣化地区龙烟铁矿烟筒山矿。此外，还有少部分来自河北省龙烟铁矿庞家堡铁矿、河北省司家营铁矿、武安铁矿、山东省金岭镇铁矿和江苏利国铁矿等。可以看到，随着1943年石景山炼铁厂新建高炉的投产，所需的铁矿石数量也随之增多。1938年11月—1945年8月，石景山炼铁厂共输入铁矿石559113.153吨。

表2　1938年—1945年铁矿石、煤炭、焦炭和石灰石输入量

单位：吨

年度＼类别	铁矿石	煤炭	焦炭	石灰石
1938.11 起	2415.000	11840.000	8783.000	6356.070
1939	93639.078	37209.830	44640.383	47702.590
1940	90756.492	25909.986	55410.673	51066.761
1941	22980.000	26592.236	43137.000	29653.190
1942	57636.000	119470.000	22377.000	55093.030
1943	91211.910	155598.322	11819.683	64371.650
1944	128444.673	305646.960	28932.120	153181.000
1945.8 止	72030.000	187590.000	18082.000	95737.563
计	559113.153	869857.334	233181.859	503161.854

表3-1　1938年—1941年铁矿石输入量[①]

单位：吨

月份＼年度产地	1938	1939	1940	1941
	龙烟	龙烟	龙烟	龙烟
1	—	—	3987.360	4645.000
2	—	1079.583	4974.380	4306.000
3	—	7386.070	2365.928	4878.000
4	—	3152.770	3919.824	340.000
5	—	6589.700	4479.000	2176.000
6	—	8272.910	12785.000	105.000
7	—	8192.040	14184.000	1473.000

---

① 北京市档案馆和首钢档案馆存各年《制铁月报》。以下各表同。

月份 \ 产地 年度	1938 龙烟	1939 龙烟	1940 龙烟	1941 龙烟
8	—	1727.150	20048.000	—
9	—	17695.180	7152.000	—
10	—	8160.780	6897.000	—
11	2415.000	14644.200	4911.000	1730.000
12		16738.695	5053.000	3327.000
计	2415.000	93639.078	90756.492	22980.000

表 3-2　1942 年铁矿石输入量[①]

单位：吨

月份 \ 产地	龙烟	司家营	觉山	计
1	3733.000	—	—	3773.000
2	3008.000	—	—	3008.000
3	213.000	—	—	213.000
4	5429.000	210.000	—	5639.000
5	4872.000	140.000	—	5012.000
6	3521.000	—	—	3521.000
7	4872.000	140.000	—	5012.000
8	1370,000	—	105.000	6487.000
9	5780.000	—	350.000	6130.000
10	7735.000	—	1015.000	8750.000
11	7111.000	380.000	350.000	7841.000
12	7302.000	—	—	7302.000
计	54946.000	870.000	1820.000	57636.000

表 3-3　1943 年铁矿石输入量[②]

单位：吨

月份 \ 产地	龙烟	司家营	金岭镇	庞家堡	觉山	计
1	9974.000					9974.000
2	9450.000	245.000	—	118.000	—	9813.000

① 1942 年 6 月、12 月的资料缺失，这里为估计值。

② 1 月的资料缺失，这里为估计值。

产地 月份	龙 烟	司家营	金岭镇	庞家堡	觉 山	计
3	8284.230	208.550	—	—	—	8492.780
4	12189.730	604.480	—	—	—	12794.210
5	8273.040	527.950	—	—	—	8800.990
6	350.140	—	1955.020	—	—	2305.160
7	4852.740	1643.360	—	—	—	6496.100
8	3575.420	—	1451.370	—	—	5026.790
9	2690.190	—	1279.290	—	23.460	3992.940
10	4970.130	—	962.240	48.000	—	5980.370
11	1266.440	—	1502.530	—	—	2768.970
12	13474.560	—	1292.040	—	—	14776.600
计	79350.620	3229.340	8442.490	166.000	23.460	91211.910

表 3-4　1944 年铁矿石输入量[①]

单位：吨

产地 月份	龙烟	司家营	金岭镇	利国	武安	庞家堡	计
1	2450.000	—	—	—	—	—	2450.000
2	13703.960	425.640	4304.203	—	—	—	18433.803
3	14430.720	—	—	653.250	—	—	15083.970
4	7461.120	—	—	2399.780	—	—	9860.900
5	8696.000	—	—	1444.000	—	—	10140.000
6	10654.000	—	—	—	228.000	275.000	11157.000
7	9831.000	—	264.000	1621.000	1583.000	—	13299.000
8	9604.000	—	—	—	—	—	9604.000
9	9604.000	—	—	—	—	—	9604.000
10	9604.000	—	—	—	—	—	9604.000
11	9604.000	—	—	—	—	—	9604.000
12	9604.000	—	—	—	—	—	9604.000
计	115246.800	425.640	4568.203	6118.030	1811.000	275.000	128444.673

① 1944 年 8—12 月的资料缺失，这里为估计值。

表 3-5　1945 年铁矿石输入量[①]

单位：吨

月份＼产地	龙烟	司家营	金岭镇	利国	武安	庞家堡	觉山	计
1	9604.000	—	—	—	—	—	—	9604.000
2	9604.000	—	—	—	—	—	—	9604.000
3	9604.000	—	—	—	—	—	—	9604.000
4	9604.000	—	—	—	—	—	—	9604.000
5	9604.000	—	—	—	—	—	—	9604.000
6	9604.000	—	—	—	—	—	—	9604.000
7	9604.000	—	—	—	—	—	—	9604.000
8	4802.000	—	—	—	—	—	—	4802.000
计	72030.000	—	—	—	—	—	—	72030.000

（三）煤炭总量

煤炭（焦炭）是冶炼生铁的另一种基本原料，日军侵占石景山炼铁厂后，所需的煤炭（焦炭）主要来自易于炼焦且交通便利的河北井陉煤矿。此外，还有一部分来自山东省中兴煤矿、新泰煤矿和华宝煤矿[②]，山西省大同孤山煤矿，河北磁县煤矿，内蒙古自治区大青山煤矿和河北省与河南省交界的六河沟等煤矿。1938 年 11 月—1945 年 8 月，石景山炼铁厂共输入煤炭达 869857.334 吨。

表 4-1　1938 年—1939 年煤炭输入量[③]

单位：吨

月份＼年度产地	1938		1939			
	井陉	六河沟	井陉	凤山	六河沟	正丰
1	—	—	4495.000	—	20.000	—
2	—	—	4278.830	270.460	—	—
3	—	—	3091.000	—	—	287.240
4	—	—	4930.240	—	—	—

---

① 1945 年 1—8 月的资料缺失，这里为估计值。

② 又称赤柴炭矿。1938 年 1 月 7 日，日军第十三旅团第十联队长赤柴入重藏大佐率部占领山东新汶地区华宝煤矿公司，并改名为所谓"赤柴炭矿"，简称"华宝"。

③ 北京市档案馆和首钢档案馆存各年《制铁月报》。以下各表同。

续表

月份\年度产地	1938		1939			
	井陉	六河沟	井陉	凤山	六河沟	正丰
5	—	—	4806.320	—	—	—
6	—	—	3240.180	—	—	—
7	—	—	—	—	—	—
8	—	—	842.290	—	—	—
9	—	—	3646.310	—	—	—
10	—	—	1923.760	—	—	—
11	5430.000	6410.000	1404.350	—	—	—
12			3973.850	—	—	—
计	5430.000	6410.000	36632.130	270.460	20.000	287.240
年 计	11840.000		37209.830			

表 4-2 1940 年—1941 年煤炭输入量

单位：吨

月份\年度产地	1940		1941			
	井陉	正丰	井陉	正丰	大同	中兴
1	3341.792	—	—	—	—	—
2	1747.703	—	225.000	—	—	—
3	2884.216	85.342	—	1580.000	—	—
4	827.098	2584.835	1388.000	—	—	—
5	3165.000	960.000	1895.000	—	—	—
6	1325.000	2540.000	1200.000	1603.000	105.000	—
7	2162.000	205.000	1836.000	—	—	—
8	316.000	—	137.000	—	—	—
9	205.000	—	—	—	—	—
10	1378.000	—	2772.000	50.000	1987.000	—
11	555.000	—	2506.566	410.560	1933.110	—
12	1628.000	—	6464.000	—	—	500.000
计	19534.809	6375.177	18423.566	3643.560	4025.110	500.000
年 计	25909.986		26592.236			

· 348 ·

表 4-3　1942 年煤炭输入量[①]

单位：吨

月份＼产地	井陉	华宝	六河沟	中兴	开滦	孤山	计
1	7332.000	—	—	—	—	—	7332.000
2	4238.000	—	2261.000	—	—	—	6499.000
3	2529.000	—	—	735.000	—	—	3264.000
4	4578.000	—	—	—	—	—	4578.000
5	4216.000	—	—	—	—	—	4216.000
6	6269.000	—	—	—	—	—	6269.000
7	13032.000	—	—	6041.000	6820.000	—	25893.000
8	6244.000	1021.000	2634.000	—	1050.000	—	10949.000
9	8283.000	1106.000	1859.000	—	900.000	—	12148.000
10	8626.000	908.000	2334.000	—	725.000	—	12593.000
11	7199.000	1770.000	2421.000	785.000	775.000	778.000	13728.000
12	7588.000	1201.000	2362.000	—	850.000	—	12001.000
计	80134.000	6006.000	13871.000	7561.000	11120.000	778.000	119470.000

表 4-4　1943 年煤炭输入量[②]

单位：吨

月份＼产地	井陉	华宝	中兴	开滦	大同	正丰	六河沟	计
1	5462.000	1833.000	4008.000	692.000	—	—	—	11995.000
2	6874.000	1586.000	3831.000	915.000	—	—	—	13206.000
3	4687.000	2607.690	5372.410	366.010	大青山 72.190	磁县 163.650 新泰 206.650	1341.150	14816.750
4	4826.970	1307.410	2822.620	794.320	—	—	—	9751.320
5	10261.430	1447.860	2916.770	465.960	—	—	—	15092.020
6	8132.660	1775.980	2498.750	—	—	—	—	12407.390
7	748.170	1741.080	2525.640	—	183.400	—	—	5198.290
8	3743.010	1660.610	2727.330	—	—	—	—	8130.950
9	3395.120	1766.070	2016.757	—	—	692.775	—	7870.722
10	14541.950	1648.250	2374.560	1183.400	104.500	3691.040	—	23543.700
11	8035.100	1012.700	1945.820	—	903.450	608.040	—	12505.110

---

① 1942 年 6 月、12 月的资料缺失，这里为估计值。

② 1 月的资料缺失，这里为估计值。

产地 月份	井陉	华宝	中兴	开滦	大同	正丰	六河沟	计
12	10133.600	1528.550	2852.770	33.950	6532.200	—	—	21081.070
计	80841.010	19915.200	35892.427	4450.640	7723.550 大青山 72.190	4991.855 磁县 163.650 新泰 206.650	1341.150	155598.322

表 4-5　1944 年煤炭输入量[1]

单位：吨

产地 月份	井陉	华宝	中兴	新泰	开滦	磁县	大同	计
1	16793.150	1941.800	2516.180	—	543.200	—	3207.200	25001.530
2	20976.040	1054.500	1041.850	—	—	—	972.800	24045.190
3	23663.550	4112.500	3658.840	—	—	—	1078.250	32513.140
4	13525.010	1026.000	5350.890	4272.500	—	—	1373.700	25548.400
5	8661.000	—	10816.000	1544.000	—	4835.000	3260.000	29116.000
6	6717.000	—	8352.000	466.000	—	—	3816.000	19351.000
7	15056.000	1356.000	5289.000	1047.000	—	—	2264.000	25012.000
8	15056.000	1356.000	5289.000	1047.000	—	—	2264.000	25012.000
9	15056.000	1356.000	5289.000	1047.000	—	—	2264.000	25012.000
10	15056.000	1356.000	5289.000	1047.000	—	—	2264.000	25012.000
11	15056.000	1356.000	5289.000	1047.000	—	—	2264.000	25012.000
12	15056.000	1356.000	5289.000	1047.000	—	—	2264.000	25012.000
计	180671.750	16270.800	63469.760	12564.500	543.200	4835.000	27291.950	305646.960

表 4-6　1945 年煤炭输入量[2]

单位：吨

产地 月份	井陉	华宝	中兴	新泰	大同	计
1	15056.000	1356.000	5289.000	1047.000	2264.000	25012.000
2	15056.000	1356.000	5289.000	1047.000	2264.000	25012.000

---

[1] 1944 年 7—12 月的资料缺失，这里为估计值。

[2] 1945 年 1—8 月的资料缺失，这里为估计值。

产地 月份	井陉	华宝	中兴	新泰	大同	计
3	15056.000	1356.000	5289.000	1047.000	2264.000	25012.000
4	15056.000	1356.000	5289.000	1047.000	2264.000	25012.000
5	15056.000	1356.000	5289.000	1047.000	2264.000	25012.000
6	15056.000	1356.000	5289.000	1047.000	2264.000	25012.000
7	15056.000	1356.000	5289.000	1047.000	2264.000	25012.000
8	7528.000	678.000	2644.500	523.500	1132.000	12506.000
计	112920.000	10170.000	39667.500	7852.500	16980.000	187590.000

为了满足生产需要，节省运力，日军还大量从石家庄焦炭厂输入焦炭（1 吨煤经焦化后可产 0.75 吨焦炭）。此外，还从正丰煤矿、中兴煤矿、井陉煤矿、六河沟煤矿以及冀东焦炭厂等产焦炭的煤矿和地区输入焦炭。1938 年 11 月—1945 年 8 月，石景山炼铁厂共输入焦炭 233181.859 吨。

表 5-1　1938 年—1939 年焦炭输入量[①]

单位：吨

月 份	年度 产地	1938		1939				
		石家庄	六河沟	石家庄	六河沟	正丰	中兴	冀东
1		—	—	1356.000	1200.000	—	—	—
2		—	—	106.020	1459.080	75.780	—	—
3		—	—	1826.520	2726.230	—	—	—
4		—	—	367.050	5889.930	—	—	—
5		—	—	739.780	3130.210	—	—	—
6		—	—	1086.060	1939.670	—	780.760	—
7		—	—	407.090	521.590	370.735	2610.130	678.750
8		—	—	1135.540	—	460.350	1804.820	882.130
9		—	—	1240.600	238.930	362.820	61.200	—
10		—	—	1045.280	2364.500	202.790	945.790	—
11		4333.000	4450.000	708.700	1891.940	200.080	1463.900	—
12				651.661	1236.080	—	471.887	—
计		4333.000	4450.000	10670.301	22598.160	1672.555	8138.487	1560.880
年 计		8783.000		44640.383				

---

① 北京市档案馆和首钢档案馆存各年《制铁月报》。以下各表同。

表 5-2 1940 年焦炭输入量

单位：吨

月份 \ 产地	石家庄	井陉	六河沟	中兴	正丰	计
1	858.621	—	727.093	1226.774	808.704	3921.192
2	328.330	—	434.740	2477.145	327.330	3567.545
3	2057.643	87.705	1311.787	1034.302	142.302	4633.739
4	2540.474	213.285	1145.581	1428.857	20.000	5348.197
5	4114.000	160.000	1260.000	1490.000	—	7024.000
6	4471.000	—	1240.000	1255.000	—	6966.000
7	3939.000		1044.000	442.000	—	5425.000
8	4557.000		614.000	732.000	—	5903.000
9	1808.000	—	831.000	67.000	—	2706.000
10	3144.000		440.000	—		3584.000
11	2513.000		66.000	—		2579.000
12	3679.000	—	374.000	—		4053.000
计	34010.068	460.990	9488.201	10153.078	1298.336	55410.673

表 5-3 1941 年—1942 年焦炭输入量[①]

单位：吨

月份 \ 年度 产地	1941			1942		
	石家庄	六河沟	中兴	石家庄	六河沟	井陉正丰轩岗
1	3771.000	154.000	1260.000	—		
2	3174.000	—	1250.000	2113.000	—	—
3	3572.000	1034.000	1246.000	3393.000	176.000	341.000
4	3114.000	550.000	126.000	3511.000	—	—
5	2603.000	44.000	—	3267.000		
6	2169.000	198.000	1202.000	2456.000		
7	4119.000	902.000	1260.000	3267.000		
8	2472.000	264.000	84.000	1586.000		
9	337.000	88.000	—	690.000	—	—
10	—	66.000	—	—		
11	3383.000			—		
12	4695.000	—	—	1577.000	—	—
计	33409.000	3300.000	6428.000	21860.000	176.000	341.000
年 计	43137.000			22377.000		

---

① 1942 年 6 月、12 月的资料缺失，这里为估计值。

表 5-4 1943 年—1945 年焦炭输入量[①]

单位：吨

月份 \ 年度产地	1943 石家庄	1944 石家庄	1945 石家庄
1	—	878.400	2411.000
2	—	2165.760	2411.000
3	—	2793.600	2411.000
4	—	3255.360	2411.000
5	20.640	2294.000	2411.000
6	2728.070	2688.000	2411.000
7	2590.430	2802.000	2411.000
8	835.680	2411.000	1205.000
9	2264.703	2411.000	—
10	111.360	2411.000	—
11	1415.040	2411.000	—
12	1853.760	2411.000	—
年计	11819.683	28932.120	18082.000

（四）石灰石总量

石灰石是炼铁生产的重要辅助原料。日军侵占石景山炼铁厂后，所需的石灰石基本来自距离石景山炼铁厂十余公里的将军岭石灰石矿（龙泉雾石灰石矿）。此外，还有少部分来自周口店和山东省金岭镇。1938 年 11 月—1945 年 8 月，石景山炼铁厂共输入石灰石 503161.854 吨。

表 6-1 1938 年—1942 年石灰石输入量[②]

单位：吨

月份 \ 年度产地	1938 将军岭	1939 将军岭	1940 将军岭	1941 将军岭	1942 将军岭
1	—	3779.370	6808.743	2116.500	5985.020
2		3173.620	2883.380	4368.240	5174.090
3	—	3586.840	3769.613	3804.470	905.570

---

① 1943 年 1 月的资料缺失，根据 2—4 月数据，这里也估计为未发生用量。1944 年 8 月—1945 年 8 月的资料缺失，这里为估计值。

② 1942 年 6 月、12 月的资料缺失，这里为估计值。

月份 \ 年度产地	1938 将军岭	1939 将军岭	1940 将军岭	1941 将军岭	1942 将军岭
4	—	3701.780	4691.425	3181.680	6382.670
5	—	3911.700	5129.560	4803.680	2903.830
6	—	4192.440	4360.760	3818.370	4270.000
7	—	5826.890	1887.880	3067.770	2903.830
8	—	2616.730	4611.310	752.280	4449.410
9	—	6425.960	—	183.130	5380.000
10	—	1754.660	3673.730	—	6214.930
11	6356.070	6531.370	4786.150	—	5384.680
12		2201.230	8464.210	3557.070	5139.000
年计	6356.070	47702.590	51066.761	29653.190	55093.030

表6-2　1942年—1945年石灰石输入量[①]

单位：吨

月份 \ 年度产地	1943 将军岭	1944 周口店	1944 金岭镇	1944 将军岭	1945 将军岭
1	5818.000	—	—	14109.000	12765.000
2	6123.000	—	—	19773.000	12765.000
3	6644.640	—	—	9414.000	12765.000
4	4687.070	—	—	12552.000	12765.000
5	4704.870	—	—	12519.000	12765.000
6	2835.960	—	—	9941.000	12765.000
7	4296.680	—	—	9969.000	12765.000
8	3637.190	1227.000	2648.000	9969.000	6382.563
9	4290.240	—	—	12765.000	—
10	4651.000	—	—	12765.000	—
11	5593.000	—	—	12765.000	—
12	11090.000	—	—	12765.000	—
计		1227.000	2648.000	149306.000	—
年计	64371.650	153181.000			95737.563

---

① 1943年1月、1944年9月—1945年8月的资料缺失，这里为估计值。石景山制铁所主要使用本所的将军岭矿的石灰石，此外，还从其他石灰石矿少量购买。

（五）水、电、运输的消耗总量

现代炼铁生产离不开水、电和运输。

1．关于水资源的消耗。石景山炼铁厂用水全部取自永定河水，通过水泵抽水到厂内供生产和生活需要。1938 年 11 月—1945 年 8 月，石景山炼铁厂共消耗水 25312374 立方米。

表 7-1　1938 年—1945 年耗水量

单位：立方米

年　度	用　量
1938.11 起	539020
1939	2520358
1940	2347876
1941	1341444
1942	1738313
1943	3028141
1944	8220402
1945.8 止	5576820
计	25312374

表 7-2　1938 年—1943 年耗水量[①]

单位：立方米

年度 月份	1938	1939	1940	1941	1942	1943
1	—	251820	165300	180703	32397	187897
2	—	187110	211158	132612	72874	184906
3	—	241220	167820	140317	159677	193130
4	—	216252	236360	168683	116397	187656
5	—	240138	262500	43170	200639	204065
6	—	383520	219475	149538	164419	193135
7	—	146400	148460	98340	224526	203530
8	—	143110	199130	98340	65811	242190
9	—	214308	197470	5086	227677	254102
10	—	148680	265040	24176	213804	303700
11	312040	164400	125634	118139	106615	297785

① 1942 年 4 月、6 月、12 月及 1943 年 1 月的资料缺失，这里为估计值。

年度 月份	1938	1939	1940	1941	1942	1943
12	226980	183400	149529	182340	153477	576045
年 计	539020	2520358	2347876	1341444	1738313	3028141

表 7-3　1944 年—1945 年耗水量[①]

单位：立方米

年度 月份	1944			1945
	山下取水场（旧）	山下取水场（新）	新水补给量	新水补给量
1	272660	96942	—	743576
2	811370	128396	—	743576
3	551035	384205	—	743576
4	—	—	27187	743576
5	—	—	830402	743576
6	—	—	641835	743576
7	—	—	758490	743576
8	—	—	743576	371788
9	—	—	743576	—
10	—	—	743576	—
11	—	—	743576	—
12	—	—	743576	—
计	1635065	609543	5975794	5576820
年 计	8220402			5576820

2. 关于电的消耗。1937 年 9 月日军侵占石景山炼铁厂后不久，就开始安装 2 台 250 千瓦发电机及相应的 2 台蒸汽机（石景山炼铁厂建厂时的库存），1938 年 1 月建成发电。由于生产能力的扩大，1942 年 2 月，日军从上海南市发电厂迁建到石景山炼铁厂 3200 千瓦和 6400 千瓦发电机各一台，1942 年年底基本建成，1943 年 8 月正式发电。石景山炼铁厂除了用自备发电机发电外，还大量外购京师华商电灯股份有限公司石景山发电分厂（日本占领时期改称"华北电业股

---

① 永定河新水泵于 1944 年 1 月 4 日开始运转，从 2 月份统计时称为山下取水场（新），原永定河水泵称山下取水场（旧）。从 1944 年 4 月起统计方式有变化，这里取新水补给量。1944 年 9 月—1945 年 8 月的资料缺失，这里为估计值。

份有限公司北京分公司石景山发电所"）的电。1938 年 11 月—1945 年 8 月，石景山炼铁厂共消耗电力 38342808.88 度，其中：自发电 13879306.88 度，外购电 24463502 度。

表 8-1　1938 年—1945 年耗电量

单位：度

年度 \ 类别	自发电	购　电	计
1938.11 起	99350	—	99350
1939	684035.5	151901	835936.5
1940	1092642.5	320486	1413128.5
1941	841949.5	426640	1268589.5
1942	1048279.98	906817	1955096.98
1943	892806.4	5105433	5998239.4
1944	5673995	10801370	16475365
1945.8 止	3546248	6750855	10297103
计	13879306.88	24463502	38342808.88

表 8-2　1938 年—1941 年耗电量

单位：度

月份 \ 年度来源	1938		1939		1940		1941	
	自发电	购电	自发电	购电	自发电	购电	自发电	购电
1	—	—	59621	—	74784.5	24237	108142.4	17600
2	—	—	53029	—	87755	18877	87967.7	18130
3	—	—	66646	—	82139	24655	20017.0	26980
4	—	—	65212	—	87287	16627	95313.2	45970
5	—	—	72298	—	86690	19326	84182	40320
6	—	—	10440	—	92282.5	36213	86549.5	43310
7	—	—	55409.5	—	78339.5	31723	80977	38760
8	—	—	47207.5	68976	89734.5	31125	80977	38760
9	—	—	46514.5	28387	91992	31242	47227.5	18200
10	—	—	43554.5	25866	111942.6	43861	64017.5	24760
11	38420	—	76517.5	17472	108142.4	17600	73160	62800
12	60930	—	87586	11200	101553.5	25000	13418.7	51050
计	99350	—	684035.5	151901	1092642.5	320486	841949.5	426640
年计	99350		835936.5		1413128.5		1268589.5	

表 8-3　1942 年—1945 年耗电量[①]

单位：度

年度 月份	1942		1943		1944		1945	
	自发电	购电	自发电	购电	自发电	购电	自发电	购电
1	127053.2	43920	98887	264917	298580	1147400	472833	900114
2	83386	49119	88937	231510	281840	1034900	472833	900114
3	104762.5	75880	112648	248680	416490	1017500	472833	900114
4	108827.5	113400	95075	314560	213400	1186900	472833	900114
5	22436.6	134080	66500	294270	911330	442500	472833	900114
6	81100	84192	42878	340480	500880	929600	472833	900114
7	88378.6	13408	66500	294270	687310	542000	472833	900114
8	8348.48	14436	72563	389106	472833	900114	236417	450057
9	111596.4	17798	63360	387940	472833	900114	—	—
10	95049	160300	71916.9	479400	472833	900114	—	—
11	130874.7	121720	96280	589600	472833	900114	—	—
12	86467	78564	17261.5	1270700	472833	900114	—	—
计	1048279.98	906817	892806.4	5105433	5673995	10801370	3546248	6750855
年计	1955096.98		5998239.4		16475365		10297103	

3. 关于运输原料所耗用的运力。自 1938 年 11 月石景山炼铁厂投入生产以后，每年都有大量的铁矿石、煤炭、焦炭、石灰石运到石景山炼铁厂，其耗费的运力是巨大的，至 1945 年 8 月，铁矿石耗用运力 115032021.289 吨/公里、煤炭耗用运力 438676397.069 吨/公里、焦炭耗用运力 92555601.071 吨/公里、石灰石耗用运力 7304022.394 吨/公里，总计达到 653568041.823 吨/公里。

表 9-1　各种原料运输耗用运力总量

单位：吨/公里

品种	铁矿石	煤炭	焦炭	石灰石	计
运力	115032021.289	438676397.069	92555601.071	7304022.394	653568041.823

[①] 1942 年 6 月、12 月，1943 年 1 月及 1944 年 9 月—1945 年 8 月的资料缺失，这里为估计值。

表 9-2 铁矿石运输耗用运力[①]

单位：运距，公里；运力，吨/公里；其他，吨

产地 年度	龙烟	司家营	觉山	金岭镇	庞家堡	利国	武安
1938.11 起	2415.000	—	—	—	—	—	—
1939	93639.078	—	—	—	—	—	—
1940	90756.492	—	—	—	—	—	—
1941	22980.000	—	—	—	—	—	—
1942	54946.000	870.000	1820.000	—	—	—	—
1943	79350.620	3229.340	23.460	8442.490	166.000	—	—
1944	115246.800	425.640	—	4568.203	275.000	6118.030	1811.000
1945.8 止	72030.000	—	—	—	—	—	—
计	531363.990	4524.980	1843.460	13010.693	441.000	6118.030	1811.000
运距	185	341	538	643	220	796	476
运力	98302338.15	1543018.180	991781.480	8365875.599	97020.000	4869951.880	862036.000
运力 合计	115032021.289						

表 9-3-1 煤炭运输耗用运力

单位：运距，公里；运力，吨/公里；其他，吨

产地 年度	井陉	六河沟	凤山	正丰	大同	中兴
1938.11 起	5430.000	6410.000	—	—	—	—
1939	36632.130	20.000	270.460	287.240	—	—
1940	19534.809	—	—	6375.177	—	—
1941	18423.566	—	—	3643.560	4025.110	500.000
1942	80134.000	13871.000	—	—	—	7561.000
1943	80841.010	1341.150	—	4991.855	7723.550	35892.427
1944	180671.750	—	—	—	27291.950	63469.760
1945.8 止	112920.000	—	—	—	16980.000	39667.500
计	534587.265	21642.150	270.460	15297.832	56020.610	147090.687
运距	420	534	371	420	407	797
运力	224526651.30	11556908.10	100340.66	6425089.44	22800388.27	117231277.539

---

① 关于铁矿石产地位置，见姚培慧主编：《中国铁矿志》，冶金工业出版社 1993 年版。运距为铁路里程。

表 9-3-2　煤炭运输耗用运力

单位：运距，公里；运力，吨/公里；其他，吨

产地 年度	开滦	孤山	华宝	大青山	磁县	新泰
1938.11 起	—	—	—	—	—	—
1939	—	—	—	—	—	—
1940	—	—	—	—	—	—
1941	—	—	—	—	—	—
1942	11120.000	778.000	6006.000	—	—	—
1943	4450.640		19915.200	72.190	163.650	206.650
1944	543.200		16270.800		4835.000	12564.500
1945.8 止		—	10170.000	—		7852.500
计	16113.840	778.000	52362.000	72.190	4998.650	20623.650
运　距	305	390	649	849	517	688
运　力	4914721.2	303420.0	33982938.0	61289.31	2584302.05	14189071.2
运力合计	438676397.069				（含表 9-3-1）	

表 9-4　焦炭运输耗用运力[①]

单位：运距，公里；运力，吨/公里；其他，吨

产地 年度	石家庄	六河沟	正丰	中兴	冀东	井陉
1938.11	4333.000	4450.000	—	—	—	—
1939	10670.301	22598.160	1672.555	8138.487	1560.880	—
1940	34010.068	9488.201	1298.336	10595.078	—	460.990
1941	33409.000	3300.000	—	6428.000	—	—
1942	21860.000	176.000	—	—	—	341.000
1943	11819.683	—	—	—	—	—
1944	28932.120	—	—	—	—	—
1945.8	18082.000	—	—	—	—	—
计	163116.172	40012.361	2970.891	25161.565	1560.880	801.990
运　距	301	534	420	797	290	420
运　力	49097967.772	21366600.774	1247774.220	20053767.305	452655.200	336835.800
运力合计	92555601.071					

---

① 冀东焦炭厂参照开滦煤矿的运距。

表 9-5　石灰石运输耗用运力

单位：运距，公里；运力，吨/公里；其他，吨

年度 ＼ 产地	将军岭	周口店	金岭镇
1938.11 起	6356.070	—	—
1939	47702.590	—	—
1940	51066.761	—	—
1941	29653.190	—	—
1942	55093.030	—	—
1943	64371.650	—	—
1944	149306.000	1227.000	2648.000
1945.8 止	95737.563	—	—
计	499286.854	1227.000	2648.000
运距	11	89	643
运力	5492155.394	109203.000	1702664.000
运力合计	7304022.394		

（六）占用土地资源量

1937 年 9 月起，日军强占石景山炼铁厂达 8 年之久。1945 年 11 月 16 日，石景山炼铁厂日军当局在向国民政府交接资产所编制的《资产目录调查书》中，就有关于土地资产的数据，并分别在第一高炉、第二高炉和特设（型）高炉相关用地栏目下进行了统计。至 1945 年 8 月 15 日日本投降前，共强占石景山炼铁厂相关土地资源 3048792 平方米，其中炼铁厂占地 2558381 平方米（今石景山区境内）；将军岭石灰石矿占地 490411 平方米（今门头沟区境内）。

按高炉相关占地分，第一高炉相关占地为 1345857 平方米，其中制铁系统为 862607 平方米，将军岭石灰石矿为 483250 平方米，这些资产原为石景山炼铁厂所有，卢沟桥事变后被日军强占。1943 年 2 月前后，日军决定在石景山炼铁厂扩大生产规模，增建第二高炉和十一座特型炉及相关设施时，又进一步强占土地 1702935 平方米，形成第 2 高炉、特设高炉相关用地，其中制铁系统 1695774 平方米，石灰山 7161 平方米。

表 10　1937 年 9 月—1945 年 8 月土地占用量[①]

单位：平方米

使用别＼系统别＼炉别	制铁系统			石灰山系统		
	工厂用地	社宅用地	杂用地	作业用地	铁道用地	事务所用地
第 1 高炉相关用地	748403	53044	61160	375220	77450（三家店至石灰山，6853 米）	30580
第 2 高炉相关用地	794079	422595（金顶街）444374（古城村）	26707（工厂内社宅）	7161（三家店）	—	—
特设高炉相关用地	—	8019（门楼社宅）	—	—	—	—
小　计	1542482	928032	87867	382381	77450	30580
合　计	2558381			490411		
总　计	3048792					

三、人口伤亡

根据日军编制的《制铁月报》记载，有关中国工人死亡情况，有两条主要信息：一条是 1940 年 9 月 23 日，日军在伪治安组织"爱护会"举办的殉职人员祭灵式上称，为自 1938 年 11 月 20 日炼铁厂正式生产以来殉职的 11 名中国工人祭灵，以"安抚"当地住民；另一条是 1943 年 11 月 15 日石景山炼铁厂日军为 38 名殉职者在北辛安东庙举行祭灵仪式。此外，据《制铁月报》统计，1943 年 12 月—1944 年 7 月，中国工人死亡 9 人。由此看来，如果延至 1945 年 8 月日本投降时为止，中国工人因工伤事故死亡当在 58 人以上（"死亡"指在劳动中因伤致死）。此外，另据 1938 年 11 月—1944 年 7 月统计，中国工人因工伤事故致伤致残者达 3604 人。由此看来，如果延至 1945 年 8 月日本投降时为止，中国工人因工伤事故致伤致残者当在 3604 人以上（"工伤"指在劳动中造成的烧伤、外伤、骨折等）。

需要指出的是，《制铁月报》中关于劳务管理的统计范围是从事与炼铁生产

---

① 北支那制铁株式会社：《资产目录调查书》，1945 年 11 月 16 日，第 11、第 58、第 102 页，北京市档案馆藏，档号 J61—2—19。特设高炉相关土地资料为日本面积单位"坪"，此处引用时换算为平方米。

相关的在册的中国员工和临时工,而不包括从事基本建设的日伪包工组织的中国劳工,这一部分在 1943 年以后人数急剧增加,使石景山炼铁厂由原来的 2000 人左右,猛增到 1.5 万人以上,因此中国工人工伤死亡和致伤致残事故,不可能从上面的统计数据中完全体现出来。

而从首钢厂史记载的当年发生的几起重大事故,则可清楚地看到日本统治者为了多要铁而不顾中国工人死活的残忍面目。

事故一:1939 年春,日军为了赶在夏季洪水到来之前把永定河水引进石景山炼铁厂,便不管中国工人会不会游泳,端着刺刀把中国工人赶到湍急的河流里作业。老工人李翠耕亲眼看到,有 7 名不会游泳的中国工人被淹死。

事故二:1942 年 7 月,第一高炉发生炉温变冷的结瘤事故,日本统治者为了缩短处理事故时间,提早出铁,在炉温没有降到可以作业的情况下,就强迫中国工人冒着生命危险进到炉内往外扒灼热的炉料,结果炉料突然坍塌,造成烫死 5 人、烫伤 18 人的重大惨祸。

事故三:1943 年在修建第二高炉南面几十米高的烟筒时,因工期拖得太长,捆绑杉木杆脚手架的绳子腐烂变质,日军不许重新绑扎,致使脚手架突然倒塌,造成了摔死 7 人、摔伤 19 人的重大伤亡事故。

四、结语

经过半年多的调研工作,日本侵华时期在石景山炼铁厂进行资源掠夺的事实充分证明:日本侵略者为了达到征服中国,称霸世界,推行殖民主义的目的,始终把掠夺别国资源作为基本国策加以实施。军事侵略为经济掠夺打开了方便之门;反过来经济掠夺又为军事侵略提供了物质基础。石景山炼铁厂就是在日军铁蹄践踏下的八年里,随着侵略战争的扩大而得到畸形发展,成为日本掠夺中国矿产资源下进而生产战略物资生铁的一个重要基地。

抗日战争时期北京煤矿资源损失考察

北京煤矿集团调查组

一、调查工作概述

根据北京市委党史研究室等八单位关于抗战损失调查工作的意见,我们从京煤集团所属单位着手,努力面向整个北京煤炭行业开展了调查活动。2006 年 2 月,京煤集团成立调查组。京煤集团有直管基层单位 30 余个,分布在北京市的各个区县及部分外省市。考虑单位所在地的属地管理和员工年龄多为抗战后出生的情况,我们将调查的重点放在北京矿区,放在抗战时期曾经生产经营过的煤业单位。我们开展的调查工作主要是查阅档案和书刊等历史资料,寻找有关日本侵华期间的罪证。我们查阅了京煤集团档案馆、门头沟区档案馆和门头沟煤矿档案室、房山煤矿档案室、木城涧煤矿档案室的相关资料,查阅了门头沟区档案局、首都图书馆等地的存书,查阅梳理了京煤集团史志办公室所收存的历史资料。总计查阅档案 200 余卷,书籍 200 余册,历史资料 100 余份。同时,走访了门头沟煤矿退休干部孙奎印、门头沟煤矿离休干部张俊义、门头沟煤矿退休工人薄德禄等十余位老矿工。

二、北京矿区的历史沿革

北京矿区位于京西,主要为门头沟区、房山区、石景山区等地的产煤区域。煤田面积 1019 平方公里,是北京城市能源的主要供应地。1840 年鸦片战争后,西方列强开始进入北京矿区掠夺煤炭资源。1896 年—1920 年,北京矿区曾先后出现中外合办煤矿 5 个。到 1937 年卢沟桥事变前,北京矿区约有机器动力煤矿 10 余座,土法煤窑 200 余家,年产煤总量在 100 万吨以上。其中,规模最大者为中英合办门头沟煤矿,年产煤约 40 万吨。

三、日本对北京煤炭资源的侵略和掠夺

北京煤炭资源丰富,距离天津港口较近,地理位置优越。日本帝国主义对北

京的煤炭早就垂涎欲滴，千方百计进行侵占和掠夺。

（一）抗战前日本帝国主义觊觎北京煤炭资源

1. 强占房山县赵家院煤窑被驱逐

1906 年，位于房山县长沟峪内的赵家院煤窑，因故被房山县衙封闭。窑主赵润与日本信义洋行勾结，签订煤窑与信义洋行"借款、供煤合同"，并倒填日期，企图借洋行之力达到重开煤窑目的。日本人感到有机可乘，于是找到日本驻北京军队，再与顺天府交涉，说信义洋行是日本驻北京军队的煤商，承办日军用煤，封闭赵家院煤窑，则信义洋行无法为日军供煤。顺天府通过房山县查明真相，拒绝了日军要求。日军强占赵家院煤窑采煤阴谋没能得逞[①]。

2. 在门头沟罗喉岭挂日本旗标采煤被制止

1902 年 2 月，在门头沟地区罗喉岭以西的道绥村（今潭柘寺镇的南村、北村一带），有日本人出银 500 两投资，由张某作为股东，开办煤窑，并在煤窑悬挂日本国国旗，被清政府发现后予以坚决制止[②]。

3. 合办同兴煤矿、香山煤矿被驳回

1902 年，日本商人三谷未治郎、官川五部三郎、大田佑三郎与中国商人王端士联名向外务部呈申请，合开同兴公司采煤，各自出洋元 15000 元，"拟请直隶顺天府宛平县门头沟口泉路北，老爷庙东一里，大道之北采煤"，并呈请"东西南北十里"为矿区范围。外务部未予批准[③]。

1918 年，居住北京的日本福冈县商人庄本德太郎与宛平县商人马树屏拟订了中日合办香山煤矿合同，绘出矿区图 5 张。合同中计划呈领宛平县香山一带土地 5255 亩 52 方丈，作为矿区采煤。合同及矿区图上报北京财政厅后，未予批准[④]。

---

① 台北"中央研究院"近代史研究所编：《中国近代史资料汇编》"矿务档·直隶·房山"，1960 年影印本，第 559—564 页。

② 台北"中央研究院"近代史研究所编：《中国近代史资料汇编》"矿务档·直隶·宛平"，1960 年影印本，第 417 页。

③ 台北"中央研究院"近代史研究所编：《中国近代史资料汇编》"矿务档·直隶·宛平"，1960 年影印本，第 433 页。

④ 北京矿务局煤炭志编委会：《北京工业志·煤炭志》，中国科学技术出版社 2000 年版，第 668—669 页。

4. 秘密调查京西煤炭资源，为侵占和掠夺做准备

1917 年，日本矿业株式会社派人进入京西矿区，进行煤炭资源调查，做出开采大安山一带煤炭计划。①

1931 年九一八事变后，日本帝国主义以武力占领中国东北，并不断向华北进犯。在军事挑衅的同时，还派出大批军事、经济特务，到华北猎取情报，为侵占掠夺华北资源作准备。他们公开或秘密地对北京煤炭资源进行调查。1934 年—1935 年间，日本帝国主义以"南满洲铁道株式会社"名义，对北京地区的煤炭资源进行了大规模的调查。

此次调查，日军进行了精心准备，从"满铁"产业部、抚顺炭矿、北满经济调查所、天津事务所等部门和单位，抽调了一批专业技术人员，专门成立了调查队。调查队成立后，立即来到北京西部矿区，开展了煤炭资源调查。以后，日军和伪满洲国又先后派出多人参加调查活动。

调查活动历时一年有余，足迹遍及京西众多村镇和煤矿、煤窑以及北京、天津的煤炭市场，查阅了许多煤矿、煤窑的历史档案，对北京的煤炭质量进行了多次取样化验分析。至 1935 年年末，调查队将在北京的调查成果汇编成册，铅印了《北京西山炭田调查资料》一书，收存有调查报告 14 篇。分别为："满铁"产业部计划课冈本荣、渡来巽二人执笔的《宛平县斋堂炭田调查报告》，河田学夫执笔的《宛平县斋堂炭田调查报告》《宛平县板桥炭田调查报告》《房山县大安山炭田调查报告》，"满铁"产业部矿业课调查人员集体执笔的《斋堂煤矿公司经营计划大纲及意见书》，"满铁"产业部资料室村田久一执笔的《西山斋堂镇炭矿权益调查》《房山县大安山炭田调查报告》《房山坨里公司（房山县高架运炭公司）权益调查》《门头沟炭矿权益调查》《宛平炭矿权益调查》《西山炭田杨家坨炭矿权益调查》，冈本荣执笔的《斋堂煤矿探矿报告书》《宛平县板桥炭田调查报告（改订）》，"满铁"产业部矿业课竹山俊雄执笔的《房山县房山炭田调查报告》。这 14 篇调查报告都对如何开发京西煤田提出了意见，有的报告还进行了开采论证。书中绪言还专门介绍了斋堂炭田、板桥炭田、大安山炭田、房山炭田、门头沟炭田的煤炭储量、煤炭质量、交通运输等简况。

《北京西山炭田调查资料》为中文和日文混印，计有 122 页，约 15 万字。书前印有"极密"字样。为了控制使用，加盖有书册的序号印戳。书中还收录多种京西煤炭的取样化验分析表格，有房山运煤高线公司运煤销售契约、中日合办杨

---

① 南满铁道株式会社调查部：《北京西山炭田调查资料》，1935 年铅印，辽宁省大连市档案馆藏。

家坨煤矿契约、中日合办香山煤矿的契约等许多资料。

卢沟桥事变后，日军的铁蹄踏进了京西，开始对京西煤炭进行疯狂掠夺。正是依据《北京西山炭田调查报告》等经济情报，日军对门头沟煤矿和房山运煤高架线及京西运煤铁路实行了"军管理"，在板桥地区武力开采大台煤矿，在房山地区武力开采万盛煤矿，在门头沟地区武力强占宏福煤矿、利丰煤矿、杨家坨煤矿，将北京地区的优质煤炭源源运往日本和敌占区，使北京矿区人民陷入沉重的灾难。

（二）抗战时期日本"军管理"和霸占北京煤矿

1. "军管理"门头沟煤矿

门头沟煤矿的前身是中美私人合办的通兴煤矿和中比私人合办的裕懋煤矿。1915年，在上海经营垦殖公司的英商佐治·麦边和买办周奉璋以5万元价格购买裕懋煤矿。1917年改名为中英门头沟煤矿公司。1920年4月，又购买了通兴煤矿，经农商部批准，成立新的中英门头沟煤矿股份有限公司，资本增至150万元。其中，中方占股份的51%，英方占49%，开凿立井两口，1923年正式生产，当年产煤43188吨，成为当时北京最大的煤矿。截至1934年，门头沟煤矿年产煤43.8万吨，占当年北京地区年产煤总量的39%。矿区面积589公顷，有矿工2000人。门头沟煤矿的生产规模和能力，在当时中国也是较大的煤矿。门头沟煤矿成为平津两大城市的重要能源基地，其生产的煤炭直接影响着平津两地的工业生产和人民生活。门头沟煤矿生产的煤炭还出口日本。其中，1936年共计出口日本17522吨，成为当年除中国东北外出口日本国煤炭最多的煤矿。

1937年7月29日，日本军队占领门头沟煤矿，立即对煤矿进行了武力控制。1938年6月，日本陆军特务机关特务白鸟吉乔为门头沟煤矿矿业顾问，专门负责门头沟煤矿的一切对外事宜。白鸟与门头沟煤矿的总办、英国人威廉·麦边和门头沟煤矿的中方代表周奉璋勾结在一起，积极为日军服务，对门头沟煤矿进行了血腥统治。在日军的指使下，白鸟往来于北京东交民巷的桂乐第大楼门头沟煤矿公司与京西门头沟煤矿之间，将门头沟煤矿的生产经营情况随时报告日本军部，以适应日军的战争需要。依靠日军支持，白鸟实际成为门头沟煤矿的最高决策人。1941年8月16日，门头沟煤矿英方总办威廉·麦边将门头沟煤矿所占的49%股份让与白鸟，由白鸟出任门头沟煤矿总经理，白鸟将矿山献与日本军部。

1942年2月27日，日军对门头沟煤矿实行"军管理"，派出部队驻扎在门头沟煤矿，任命白鸟为门头沟煤矿"军管理"人，使门头沟煤矿成为日军的能源补给地。日军将煤炭作为战略物资控制，对门头沟煤矿进行了掠夺式开采。1942年，门头沟煤矿年产量猛增到55.02万吨，达到1948年以前的最高年产量，也是北京地区单个矿井的最高年产量。全年发生事故死亡矿工48人。1943年后，虽然日军在门头沟煤矿仍强行开采，疯狂掠夺煤炭，但矿井产量却逐步下降。1938年至1945年日军占领门头沟煤矿期间，门头沟煤矿总计产煤272.8150万吨，基本都是通过铁路线运入日军占领区或日本国。1945年日本宣布投降后，驻守门头沟煤矿的日军直到10月15日才被迫退出，此时的门头沟煤矿已千疮百孔。

2. 强占宏福煤矿

宏福煤矿的前身是门头沟煤业治水股份公司，创建于1925年，时以蒸汽机器在圈门外开凿立井，为门头沟地区的小煤窑排水，收取小煤窑排水费。在凿井排水过程中，发现煤炭，逐步由排水井转为煤炭生产井。1926年治水公司领取农商部颁发矿照。1928年，因资金不足，借用宏记协会13万元，无力归还，遂以矿产抵押，使用权租给宏记协会。1933年经北平地方法院判处，由宏记协会管理治水公司动产与不动产，治水公司改名为宏福煤矿开采经营。1938年9月，日人赤穗德三郎勾结日军南云部队，强迫宏福煤矿交与日本川南株式会社经营，并改矿名为川南工业门头沟事务所，矿长为日本人吉富重雄，矿区面积扩展为977亩。1945年抗战胜利后，川南煤矿被河北省国民政府当局接收，又改名为西山煤矿。

3. 霸占利丰煤矿

1928年，何荫棠在门头沟地区的郝家房村开办了利丰煤矿。1933年，资本家胡先洲入股经营。1938年，奉日军华北联络部命令，日本品川之白炼瓦公司将利丰煤矿吞并。从石景山电厂引来电力，增加资本，矿区面积扩大到56.57公顷。年产量最高时达10万吨，矿工上千人。1945年8月日本投降时，利丰煤矿矿井被破坏，设备物资被哄抢。

4. 武力开发大台煤矿

门头沟的大台地区，煤炭资源丰富，有门斋铁路通过。1934年，日本的调查队就在此地进行了详细调查，并提出了开发方案。1937年，日军占领平西后，立即在大台开采煤矿。1939年，日军在大台地区设立9个采炭所，所长为日本人古川，对浅部煤层进行勘测。1940年，在大台村南开凿大台平硐。在清水涧村开凿清水涧平硐。至1942年，大台平硐完成880米，穿煤13层；清水涧平硐完成400米，穿透大槽煤层。两平硐最高日产煤1500吨，矿工多时达2000人。1939年

10 月—1942 年 8 月，共产煤 148963 吨。由于大台地区地处平西抗日根据地边缘，八路军和游击队多次攻打大台煤矿，致使大台平硐和清水涧平硐只能断续生产，日军计划中的将两平硐凿通之后由清水涧平硐统一往外运煤的目的也没能实现。1945 年 8 月，日本投降时，日军对大台煤矿的两个平硐进行了破坏。

5. 武力开凿万盛煤矿

万盛煤矿位于房山县的磁家务村万佛堂。1938 年 12 月，日军对房山运煤高线实行"军管理"。在抗日军民的打击下，高线时开时停，致使高线所经矿区的煤炭不能及时运出。高线"军管理"人野上辰之助，计划从地下沿高线走向开掘巷道采煤，以避免抗日军民打击。1941 年，日本兴亚院华北联络部批准野上辰之助在房山的安子、清港、红石岭、英水、北窖、横流水、杏园等村庄开采煤矿。同年，野上辰之助在日本军方支持下，在万佛堂开掘平硐，作为采煤底板道，铺设铁轨，以马拉矿车运输，名为万盛煤矿，工程师由日本派驻高线的三夏之好担任。1945 年日本投降前夕，日军将矿井炸毁。

6. 以合办为名开采杨家坨煤矿

杨家坨煤矿原是内务府员外郎陈熙武出银两万两于 1879 年开办的中兴煤窑，地处门头沟杨家坨村。1908 年，因发生水患停采。1915 年，陈熙武之子陈绍武通过在天津购买水泵的旧关系，与天津日人居留团团长、臼井洋行经理臼井忠三达成协议，双方以中兴煤窑为基础合办中日杨家坨煤矿，领得民国政府商部执照。资本 100 万元，各出一半。矿区面积扩大到 1921 亩。开凿斜井两口，深 160 米，透煤三层。有工人 300 名，年产煤 5 万吨。煤矿总经理为日本人内田忠亮，副经理为陈绍武。1929 年，矿长为日本人五岛。因煤矿拖欠工人工资，机械部工人罢工，致使矿井无法排水、被淹停产。1944 年，五岛私自将煤矿卖给日本人，霸占利丰煤矿，日本人占有杨家坨煤矿后，由日本人马场忠俊经手，安装了电动水泵，为煤矿抽水，雇用当地民众开采。

（三）抗战时期日本控制煤炭运输和销售

1. 对房山运煤高线实行"军管理"

房山运煤高线是中国第一条以机械为动力的空中运输线路，1911 年通车。计划修建 39 公里，实际通车里程 27 公里，每天可将 500 吨煤炭从矿区运往坨里火车站。修建之始即投资白银 300 万两。1937 年 8 月 20 日，日军占领了运煤高线设在坨里火车站的办公大楼，控制了高线的煤炭运输。以后又对高线实行"军管理"，由日本人野上辰之助作为"军管理"人，日本人三夏之好担任总工程师。日本人不但利用高线从矿区往山外运煤，还利用高线从山外往山内运送战略物资，向平西抗日根据地进攻。为了保住这条能源补给线，日本人组织了武装护路队，在高线的各个站台都建立了碉堡岗楼，设重兵把守。由于抗日军民多次攻打驻守高线日军，至1945年年初，高线运输基本停车。

在日本人占领运煤高线期间，房山县的坨里至河套沟地区在 1938 年产煤 10.57 万吨，1939 年产 9.24 万吨，1940 年产 17.29 万吨，1941 年产 19.36 万吨，1942 年产 15.33 万吨。这些煤炭，主要被日本人从控制的高线和铁路运出。

2. 在门头沟设立收煤所，控制民营煤窑

日本占领门头沟地区后，把煤炭作为战略物资，控制煤炭的生产、运输和销售。日本在门头沟煤矿的"军管理"人白鸟吉乔，利用日本军方的武力和控制的铁路，在门头沟煤矿收购民窑煤炭，自己再转手加价售卖，从中渔利。白鸟制定七条规定，民窑不许自行外运煤炭和销售，所产之煤必须卖给"军管理"门头沟煤矿公司。1943 年，白鸟召开一次有 27 个煤窑总管和门头沟煤矿 17 个包工把头参加的会议，严禁民窑卖煤，强迫与会人员集体宣誓，并以保证人身份按上手印，遵守规定，否则以违犯七条规定论处，甚至按私通八路军治罪。为了防止民窑自行卖煤，白鸟派出日军和伪警察在门头沟外出的路口、永定河的桥头等地设岗看守，发现违犯规定者，抓起来施以酷刑。1943 年，白鸟把持的门头沟煤矿将运煤铁路向西延长 230 米至西新井。11 月 4 日，白鸟在西新井地区设立的收煤所开始收购民窑生产煤炭。白鸟对民窑煤炭任意定价，以低价收进，再以高价卖出，坐收渔利，平均每月收购煤炭都在万吨以上。

日军在门头沟地区设立收煤所，控制民窑经营，使众多小煤窑债台高筑，入不敷出，无法正常生产。1930 年，门头沟一带有小煤窑 562 家，到 1944 年，70% 倒闭。

3. 控制铁路运煤

北京沦陷前，矿区煤炭火车外运，主要通过京广线和京门线的支线。京广线上的支线有两条。一是良坨线，从良乡车站辟出的支线至坨里，长度 12 公里，主要运输大石河河套沟一带产煤；二是琉周线，从琉璃河车站辟出支线至周口店，长 16 公里，主要运输周口店、长沟峪一带产煤。京门线是西直门火车站至门头沟地区城子火车站的铁路线，长 25.231 公里。从城子车站至门头沟煤矿有一条支线，长 2.5 公里，主要运输门头沟煤矿和圈门一带产煤；从城子车站至大台有一支线，名为门斋线，长 29 公里，主要运输大台地区和斋堂一带产煤。1937 年日军占领平西地区后，立即对矿区的铁路进行军事控制。不但在运输煤炭上任意加价，从中收利，还利用铁路为侵略战争服务，将煤炭作为战略物资运往占领区和日本。日本人还从京门线上的三家店车站，辟出一支线至军庄，运输杨家坨一带产煤。

4. 统制煤炭市场，控制京津能源

日军侵占华北后，组织了华北石炭贩卖有限责任公司，对煤炭实行统管。门头沟煤矿的"军管理"人白鸟吉乔，在控制门头沟地区煤炭生产和运输的同时，还利用日本军方势力，在北京城设立北平煤炭公司，对北京和天津等城市的煤炭市场进行控制。白鸟强迫北京四城煤栈业 120 家组成东、西、南、北四个事务所，销售门头沟煤矿公司配煤，形成产运销独家办理、垄断煤炭市场局面。白鸟吉乔对煤炭实行统制售卖，任意提高煤价，多次造成平津大煤荒，使众多工厂、商号歇业，工人失业。京西许多民窑关闭，大批矿工流离失所、逃荒要饭。

（四）迫害煤业工人和民众

1. 从煤矿征用苦力

日军占领京西期间，肆意征用村民为其侵略服务，多次从煤矿征用苦力。据《门头沟煤矿史稿》记载：1940 年，日本侵略军向平西根据地"扫荡"，日军吉井部队命令：门头沟煤矿"即刻拨派苦力一千名，务于本月九日早十一点送交本队，万勿违误。"要求"各村按户分摊外，相应函请贵矿即时拨派苦力一百名，务于本日十二时以前送交"[1]。

2. 迫害民众，滥杀无辜

在日本人对门头沟煤矿"军管理"期间，驻矿日军和亲日把头想方设法压迫剥削矿工，欺压矿区乡民，经常殴打辱骂百姓，到矿区店铺商号白吃白拿。人们稍有不服，即被视为八路军，抓捕审讯。矿工任满仓，为人耿直仗义，平时好打抱不平，驻矿日军将其抓去，要他承认私通八路军，并对其严刑拷打，进行逼供。任满仓被折磨得忍无可忍，趁日军不备，夺刀劈伤日本兵头目田店后逃出。日军

---

① 北京师范大学历史系三年级、研究班编写：《门头沟煤矿史稿》，人民出版社 1958 年版，插图第 3 页。

追赶，将其炸伤后抓住，押到矿内迫害致死。

1937年秋，日军进占协中煤矿，遇到测量工程师鲍贵，怀疑其是八路军，将鲍绑在杏树上用枪挑死。

1945年4月25日、26日，在门头沟的日军两次抓捕保孚窑、宏顺窑等煤窑的窑主，对其迫害。

3. 压迫剥削矿工

日本占领门头沟煤矿期间，对工人进行残酷的剥削和压迫。1941年12月19日，门头沟煤矿"军管理"人白鸟在给矿经理的信中写道："强壮成人每班达一吨以上效率的每天两斤（粮食），绝对需要的儿童劳动每人每天一斤。"《门头沟煤矿史稿》一书中记载："1942年9月，里工月工资是，50元以上者3人，30元以上者28人，30元以下者519人。包工月工资是，30元以上者75人（包括工头在内），30元以下者2800人。而1942年11月的物价是，玉米每斤八九角，高粱米每斤六角四分。日本统治下的京西矿工们，一天的工资，只购买一斤玉米。"①

四、结论

日本人对北京矿区的煤炭进行了疯狂掠夺，用资本主义的经营管理方法，最大限度地提高生产率，作为其侵华战争和其国内资源消耗的补充与支撑。其手段残酷，数量巨大，对北京地区人民生活的影响是严重的，对北京矿区的破坏也是空前的。

历史不容抹杀。日本帝国主义对北京矿区的侵略和掠夺，是铁的事实，毋庸置疑。

---

① 北京师范大学历史系三年级、研究班编写：《门头沟煤矿史稿》，人民出版社1958年版，第17页。

日军北支（甲）1855 部队罪行调查

　　侵华日军北支（甲）1855 部队，对外称 151 兵站医院，又称西村部队，是日军 1939 年和华中（南京）、华南（广州）同期建立的三大防疫给水——细菌战部队之一，隶属于日本陆军参谋本部第九技术研究所（登户研究所）和日军华北派遣军司令部指挥。部队长初为黑江，继为菊池，后为西村英二。主要执行防疫给水和细菌武器研制任务，包括研制和生产鼠疫、霍乱、伤寒、痢疾、黑热病、疟疾等细菌和原虫等，是继日军 731 部队之后在中国建立的第二支细菌战部队。

一、机构设置

　　北支（甲）1855 部队本部（又称总务部）设在北京天坛的神乐署。内设 4 个科：庶务科统辖本部各科，负责经营、传达指示及同上下左右的联系；经理科负责制定预算，分配和处理经费，调配物资，发放工资、给养等；材料科负责当地资源的药理研究，保证并提供作战、防疫以及研究所需的各种卫生材料等；计划科负责制订有关华北作战的防疫、给水及细菌制造等计划。

　　北支（甲）1855 部队本部下设 3 个部门，称为分遣队，后改为课，定员 1500 人。

　　第一课（卫生检验课）初建时设在天坛中央防疫处生物制品所内。太平洋战争爆发后第二天（1941 年 12 月 9 日），日军接管了美国人办的协和医学院，并将该课迁入协和医学院内。该课下设细菌、血清、病理、昆虫、结核、生理和化学 7 个室，由军医小森源一少佐任课长。

　　第二课（细菌生产课）设在北京天坛公园西门南侧墙外的前卫生署中央防疫处生物制品所。该所原为当时中国最大的一个血清、疫苗研制机构，拥有现成的疫苗大生产设备。因此，日军占领后即可利用其设备作细菌战剂的生产。由平野晟军医少佐任课长。下设办公室、第一疫苗室、第二疫苗室、第一血清室、检验室、痘病室、培养基室等。

　　第三课（细菌武器研究所）位于国立北京图书馆（旧址）西邻的静生生物调

查所（文津街 3 号）。日军于 1941 年 12 月 9 日强占该所后，第三课从天坛迁到此处，扩大组织为"细菌武器研究所"，由筱田统技师任负责人。下设第一工作室（跳蚤的生产）、第二工作室（苍蝇的生产、疟疾的研究）、第三工作室（鼠疫菌的生产）、小动物（鼠）室等，主要任务是大量生产跳蚤和鼠疫菌、结合跳蚤和鼠疫菌、从飞机上撒播病菌等。

除本部外，还设有 13 个驻外地的分部与办事处：天津办事处、塘沽办事处、石门（石家庄）分部、济南分部、太原分部、张家口分部、郑州分部、包头办事处、运城办事处（在太原分部管下）、青岛办事处（本部与济南分部兼管）、开封办事处（在郑州分部管下）、新乡办事处（在郑州分部管下）、郾城办事处（在郑州分部管下）。

在天坛神乐署驻扎的 1855 部队，除占用了神乐署等不少建筑外，还新建了不少房子，除去宿舍与病房外，工作室有 100 多间。在天坛西门左侧有管理室、第一细菌生产室、第一礼堂，右侧是厨房和第二兵营，对面是资材课的仓库（神乐署西殿及周围房屋）和总部司令部（神乐署东）；管理室北侧有第二血清室、锅炉室、小动物室、第二课、第二细菌生产室、地下冷库等；神乐署北侧有汽车库、兵器室、马棚，其南侧是下士官宿舍、给水塔、军属宿舍、第二礼堂、教育队、第一兵营、下士官室、小动物室；第二兵营和厨房的南侧是粮库、第三兵营、7 栋病房、诊疗办公室、患者候诊室、网球场、护士宿舍、停尸房、观察室、被服仓库、养猪场、营外军属宿舍和疗工作业场。

二、细菌研制

据在 1855 部队第二分遣队工作过的日本老兵伊藤影明供述，他与鹤田兼敏等几十人担当的工作是"以老鼠为媒体饲养跳蚤，即把装进笼子里的老鼠放进石油桶里，里面撒上麦糠、血粉饲料、豆饼等，然后往里面放跳蚤，使之吸食鼠血，从而不断大量繁殖"。据长田友吉[1]供认："1944 年已经进行了苍蝇和蚊子的研究，研究了细菌的培养与鉴别方法"[2]。

据 1942 年在冀中捕获的日本特务机关长大本清供认："日本在华北的北平、天津、大同等地都有制造细菌的场所，日军中经常配有携带大量鼠疫、伤寒、霍

---

[1] 原日军第 59 师团第 54 旅团独立步兵第 110 大队本部医务卫生系卫生兵曹，当时是在西村部队参加下士官候补生训练的卫生兵长。

[2] 1995 年，在哈尔滨中日联合召开的"反对侵略维护和平座谈会"上日本女作家西野留美子的发言，题目为《北支（甲）1855 部队的验证》。

乱等菌种的专门人员，只要有命令就可以释放；在日本军队内装备着大量的毒气和破坏农作物的毒菌以及破坏视力、听力、运动功能或致哑等不同性质的毒药……。日军为避免这种罪行暴露于世，只有大佐以上的军官才有资格阅读关于施放菌毒的文件，有的连大佐也不让知道，并在每个文件的末尾注有'阅后焚烧'的字样"[①]。

1950 年 1 月 10 日，日本共产党《赤旗报》根据曾在日军筱田队（即第三课）当过卫生兵的松井宽治于此前一天向日共代代木党部讲述的情况刊发文章，揭露了日军曾在北京驻扎过北支（甲）1855 部队、并制造了大批细菌武器的事实[②]。文中提到："松井宽治从尾崎技师那里听说，'在 1942 年有一次曾通宵大量生产跳蚤，运到外面去。同时据说还进行过对空中试验，得到了圆满的结果'。"

据松井宽治回忆："8 月 15 日（1945 年），战事便结束了。那天正午的无线电广播 20 分钟后，队长筱田便下令破坏细菌研究所。破坏工作继续了三天三夜，通宵达旦。在后院挖了大坑，先把跳蚤放到里面去，然后洒上汽油焚烧。重要书籍和细菌培养器具也都被烧毁了。一万个培养跳蚤的汽油罐被卡车运走。战争结束后第七天，我们便做完了破坏工作，到本部集中。同时又下令解散部队，把'北支那防疫给水部'的名称从华北派遣军的名册上涂去，所属官兵转属到各陆军医院去。"这一记述充分反映了日军在战败后毁灭罪证的情况。但罪证却是永远也不可能完全被毁灭的。

据全国政协委员、中国药品生物制品检定所研究员钟品仁回忆："1949 年冬天，所长汤飞凡让我到日本投降后一直原样封存的天坛'神乐署'大冷库搜集日军从事细菌研究的罪证时，在到处是被砸毁的木柜、容器和垃圾的地上，发现了6 支试管，每支试管上都贴有写着日本女人名字的标签。经微生物专家汤飞凡培养鉴定，证实有 5 支试管中保存着强毒鼠疫杆菌，另一支的毒力已经丧失。6 支试管上的名字分别是：1 号杉田寿平（毒力 100%）、2 号杉田昭子（毒力 80%）、3 号杉田奉子（毒力 75%）、5 号永渊胜子（毒力 100%）、6 号杉田佳子（毒力 80%）、8 号岩谷义宏（无毒）"[③]。这是证明日军曾在该处制造细菌武器的最有力证据之一。

此外，在前天坛防疫处院内，还有日军遗留下的 11 吨、12 吨、13 吨 3 个 6

---

① 中央档案馆、中国第二历史档案馆、吉林省社会科学院合编：《日本帝国主义侵华档案资料选编·细菌战与毒气战》，中华书局 1989 年版，第 361—362 页。

② 《日寇曾在北京驻扎细菌部队大批制造细菌武器》，《人民日报》1950 年 2 月 21 日第 1 版报道。

③ 《日寇曾在北京驻扎细菌部队大批制造细菌武器》，《人民日报》1950 年 2 月 21 日第 1 版报道。

米长的大消毒锅，是用来对培养菌种的器具消毒的。仓库内还有大量的铝质培养箱。据当时在该部队工作的机械匠陈康延说："日本人投降后，不但毁掉了很多文件器材，还曾用坦克车大量地压毁或用汽油烧毁了很多铝质培养箱。此前，日军曾用麻袋大批运来血粉，作为细菌培养剂用"①。

除了大量研制和生产鼠疫细菌武器外，霍乱、伤寒等细菌武器的生产量也很大。日军医务人员每隔 3 个月为官兵注射一次"肌能促进剂"，防止在细菌战中染疫。

三、在北京地区的主要罪行

抗战时期，侵华日军在中国进行了大量的细菌战。1938 年—1945 年，仅在华北地区有记载的细菌战就达 33 次之多，造成数十万平民死亡（不含军人的死亡数字）②。

1943 年 8 月，1855 部队在北京地区进行撒播霍乱菌试验，致使霍乱疫情在市内外迅速发生、蔓延。辖区内的玉清观、文昌宫、金鱼池、东花市、崇外大街、西打磨厂等地，都发现大批霍乱患者。

据伪北京市外区特别防疫事务局资料③统计，9 月 1 日—18 日，仅在北平市外区（含外一、外二、外三、外四、外五区），经便检确诊的霍乱患者就达 123 人，未经便检者则难以计数。

据伪北京防疫委员会《民国卅二年霍乱预防工作报告书》④统计，当年六七月份，全北京市仅有 3 例霍乱病例，没有死亡病例报告；8 月份全市发现霍乱病例 52 例，其中 45 人死亡；9 月份全市病例激增，共发现 843 例，其中 633 人死亡；10 月上、中旬，全市更是激增病例达 1238 例，其中 1194 人死亡；10 月 22 日之后没有出现新发病例和死亡病例，防疫检疫工作遂宣告结束。截至 10 月底疫情基本结束，全市共发现霍乱患者 2136 人，其中 1872 人死亡（含路倒死亡 92 人）。

事后，日军诈称霍乱系自然发生，并对华北交通线和北京地区的旅客及小件

---

① 《日寇曾在北京驻扎细菌部队大批制造细菌武器》，《人民日报》1950 年 2 月 21 日第 1 版报道。

② 中央档案馆、中国第二历史档案馆、吉林省社会科学院合编：《日本帝国主义侵华档案资料选编·细菌战与毒气战》，中华书局 1989 年版，第 194、第 235、第 312、第 340、第 341、第 345、第 355—357、第 360、第 361、第 363、第 365—367、第 369、第 371—373、第 375 页。

③ 伪北京特别市防疫本部外区特别防疫事务局：《外区特别防疫事务局送经检便结果决定真性虎疫者表》，1943 年 9 月，北京市档案馆藏，档号 J184—2—1029。

④ 伪北京地区防疫委员会防疫课：《霍乱预防工作报告书》，1943 年，北京市档案馆藏，档号 J5—1—768。

行李实行限制，在城门、车站、旅店、街头等地设立卫生站，强迫过往行人和居民注射疫苗，以掩盖其残暴罪行。但据长田友吉供述："1943 年 8 月北平地区发生的霍乱疫情，可以肯定是日军的谋略所致。其根据是：此前的 7 月，西村防疫给水部及第二陆军医院分院的数名军医，对约 230 名卫生下士官候选者进行了约两个星期的霍乱、伤寒、赤痢菌的检索教育；8 月上旬，西村军医大佐又命令约 200 名卫生下士官候补者与西村防疫给水部及第二陆军医院分院的病理实验室、细菌室的军医、卫生下士官、卫生兵等约 50 人，在北平市内对中国人进行霍乱菌检查，将霍乱病人封锁在家里，禁止出入，也不予治疗，就这样屠杀了 300 名和平人民"[①]。

日军还在北京进行了大量的人体细菌试验。据与伊藤影明同期入伍、在 1855 部队第三课负责饲养老鼠的日本老兵 H 氏[②]回忆："1944 年夏天一过，从丰台俘虏收容所向第三课押运俘虏（当时他担任警戒），一连押运 3 天。第一天押运 6 人，第二天押运 5 人，第三天押运 6 人。戴着手铐的俘虏一到第三课，就被投进了装修成监狱的房间里。俘虏有所警觉，拒绝饮食。从本部前来的军医给这些俘虏注射了细菌（H 氏不知是何种细菌），而后对俘虏的身体变化进行了调查。注射后没过一天，这些俘虏就全死了。而后又把俘虏尸体运到第一课进行解剖。"

此外，H 氏还亲眼目睹过 1855 部队利用活羊等动物进行细菌试验的情景。[③]

1995 年，在日本战败投降 50 周年之际，原 1855 部队一些官兵认识到过去的罪恶，纷纷揭露了该部队研制细菌武器残害中国人民的罪行。原卫生兵伊藤影明等人来到中国，在天坛神乐署等处指证日军的犯罪遗址，向中国人民谢罪。

---

① 中央档案馆、中国第二历史档案馆、吉林省社会科学院合编：《日本帝国主义侵华档案资料选编·细菌战与毒气战》，中华书局 1989 年版，第 194 页。

② 根据 1993 年《战争责任研究》（日文）第二期第 49 页记述及其他相关记载推测，H 氏应是平川喜一。

③ 《日军一八五五细菌部队曾在北平进行人体实验》，《北京日报》1995 年 8 月 25 日报道。

北京外城日本宪兵队罪行调查

崇文区调查组

北京外城日本宪兵队，位于东珠市口中间路北的一个小院里，院内有一幢工字形二层小楼。这里的宪兵都着便衣，门口没有日本兵站岗。它是日本宪兵队的特高科，1942 年 10 月改称战务课[1]（属日军第 1420 部队），又叫三谷部队，专司镇压有爱国言行的中国抗日人士。许多具有民族气节的爱国知识分子在这里受尽折磨后被残杀，许多商号店铺频遭敲诈勒索，经理被拘押，财物被掠夺。

一、伤害中国军民

北京外城日本宪兵队关押犯人的地方设在后院一个二层小楼的底层，有 4 个囚室。囚室向外都是铁框木栏杆，开一个小门，上着锁。每个囚室关押 20 余人。在囚室的南面是审问和刑讯拷打犯人的地方。每逢捕来新人后，一连几天都是审问和拷打，每个囚室的人都能听见。一般的刑罚是打嘴巴、"过电"、"灌凉水"。所谓"过电"就是叫人坐在椅子上，把电极拴在两手拇指上通电，让人五脏俱痛；所谓"灌凉水"是叫人躺在长条凳子上，捆住四肢，头仰在板凳头下，鼻孔向上，一个日本兵骑在肚子上，另一人子用水壶向鼻孔里倒水。还有一种特殊的刑罚叫"鸭子凫水"，把在押者四肢从背后捆上，脸向下扔到大水池子里，淹个半死再捞上来审问[2]。受过这种酷刑和灌过凉水的人几天都恢复不过来，由于肺里呛的水吐不干净，因而打嗝不止，很是痛苦。

1938 年夏的一天，在天桥唱数来宝的艺人杨庄（也叫杨撞，当时不足 30 岁），在"新民茶社"（日伪组织的一个俱乐部，出入者除日伪的警察、宪兵、特务外，还有少数投靠日伪的艺人）门口被两个日本人无故推搡辱骂，杨奋起反抗，当即被捆绑起来，带到外城宪兵队，不久就杀害了[3]。

---

① 伪北京特别市公署警察局警务科：《关于日本宪兵队本部特高课名称变更为战务课的通知》，1942 年 10 月 16 日，北京市档案馆藏，档号 J184—2—20042。

② 北京市政协文史资料研究委员会编：《日伪统治下的北平》，北京出版社 1987 年版，第 151—152 页。

③ 北京市政协文史资料研究委员会编：《日伪统治下的北平》，北京出版社 1987 年版，第 150 页。

1940 年春末夏初的一天，在天桥卖艺的摔跤手张宝忠因受诬陷被抓进外城宪兵队。日军用压杠子、灌凉水等酷刑对张进行了严刑拷打，后经人救助才被释放。张被关押数月，出来时已遍体鳞伤，耳朵也因灌凉水和拷打致聋，落下了终身残疾。

1942 年 2 月 10 日，董汪氏从奉天（沈阳）乘火车来北京，在前门东车站被日本宪兵查出带有金饰 28 两 2 钱 5 分 5 厘。日本宪兵大角及翻译（金姓）等人先用铁通条、木棒进行殴打，又放出狼狗撕咬。在前门站关押 10 天后，又被转移到军法监狱。在狱中，七八个日本人除用拳棒殴打、扒衣、冷冻、凉水浇身外，还强迫其吃下掺入石头面、鱼刺、洗菜水的小米。更狠毒的是，还两次给她注射药剂，每次都使她昏睡两三天。最后，日本军事审判会勒令她所带金饰全部没收充作飞机献金，在折磨长达 48 天后，才于 3 月 29 日把她释放①。

1944 年 3 月 20 日晨，北平师范大学体育系教授崔峙如被日本宪兵队逮捕，拘押至东珠市口日本宪兵队。5 月 1 日，崔被转到丰台，此后再无消息，疑已被害②。

1944 年 9 月 2 日夜里，东珠市口日本宪兵队曹长上村喜獭等日军从各囚室点名提出了 30 多人，此后这些人就再无音讯了。解放后，上村喜獭被抓获后交代："1944 年 8 月，我们在北京南苑的月亮地上杀了几十人，仅我就亲手杀了 13 个中国人。"由此可以印证，当时押走的 30 多人都被日军在南苑杀害了③。

外城日本宪兵队曹长中川等分别于 1944 年 9 月 11 日（可能是 1945 年 1 月）、1945 年 1 月 6 日（或 1 月 30 日，两处档案记载不一致）、1945 年 1 月 19 日、1945 年 1 月 21 日，无故逮捕抵押了伪教育总署办事员梁玉书、北平师范大学教授姜忠奎（又名姜叔明）、伪地方法院庶务员商玄微、吕葵序和国学书院学生王孝通、王斌生、吕秀瑞等，王孝通的两个哥哥王孝骏、王孝骐也同时被拘。日本宪兵用烟头烫、棍棒打、灌凉水、过电、严冬酷冷时逼令裸体之后浇凉水等残酷手段，迫令其承认是抗日积极分子，并逼令供出组织。同时还不给饭吃，待饿到奄奄一息时再给吃一点，如此反复对身体进行摧残。王孝骏、王孝骐在反复遭受酷刑两

① 北京市档案馆编：《日本侵华罪行实证——河北、平津地区敌人罪行调查档案选辑》（上册），人民出版社 1995 年版，第 67—69 页。

② 北京市档案馆编：《日本侵华罪行实证——河北、平津地区敌人罪行调查档案选辑》（上册），人民出版社 1995 年版，第 98—100 页。

③ 北京市政协文史资料研究委员会编：《日伪统治下的北平》，北京出版社 1987 年版，第 319—320 页。

个多月后才被释放，其余 7 人再无消息，疑已被害①。

1944 年 10 月 18 日，外城日本宪兵队宪兵井商、朝鲜人金城，来到外五区大市新店 1 号，将西服商李长志及其学徒刘寿鹏、徐世可抓至外城宪兵队，刑讯羁押 6 个多月，至 1945 年 3 月 22 日，才将李长志及徐世可释放，而学徒刘寿鹏一直未归，下落不明②。

1945 年 2 月 5 日晨 4 时许，日本宪兵 10 余人突至和平门外北平师范大学宿舍，将十数名同学逮捕，拘押至东珠市口宪兵队反复过堂审讯。4 日后有 10 余位同学被释，仅剩下杨荫、陈文甲、郁增毅、余永庆 4 人。3 月 26 日，杨荫、陈文甲被押至西苑战俘收容所，同时被押解去的还有另外 13 人。8 月 27 日，杨荫、陈文甲同时被释。郁增毅和余永庆并未被押至西苑战俘收容所，当时仍留在东珠市口宪兵队，此后便杳无音讯，疑已被害③。

1945 年 2 月 5 日，经纬织布工厂（位于外三区上四条 19 号）经理张少勋，因存储粮食被日本宪兵队本部宪兵军曹先祖矶松非法逮捕，羁押 70 余日，其间时常被残虐殴打④。

二、大肆抢掠商号、银号财产

外城日本宪兵队不仅对平民进行残酷迫害，对商人也经常进行敲诈勒索。他们经常以检查"统制货物"为名，任意闯入工厂、店铺和民宅，凡是想拿走的东西，就被定为"统制物资"予以没收，并对事主妄加罪名。

1937 年 12 月 2 日，位于外一区长巷下二条 23 号的谦甡银号，因有第 29 军抗日军人的存款，其经理魏旭东被北平市外一区侦缉队第一分队渡边（日本特务机关长）等宪兵逮捕，送警察局拘留 30 余日，经日本特务机关军官余村实等及伪局长潘毓桂审讯后，逼令将存款 110796.52 元交出，一律没收。当时仅交出 55796.52 元，仍欠 55000 元，因无力交付，乃以南苑地 10 顷为抵押，并未收地，只将地契留置证、垦务局执照等共 6 页纸收走，才将人释放；1938 年 10 月 5 日，

① 北京市档案馆编：《日本侵华罪行实证——河北、平津地区敌人罪行调查档案选辑》（上册），人民出版社 1995 年版，第 103—105、第 114—122、第 125—128 页。

② 第十一战区司令长官部、市府：《关于日本宪兵罪恶的有关文件》，1945 年 12 月 21 日—1946 年 8 月 22 日，北京市档案馆藏，档号 J181-17—841。

③ 北京市档案馆编：《日本侵华罪行实证——河北、平津地区敌人罪行调查档案选辑》（上册），人民出版社 1995 年版，第 128—130 页。

④ 第十一战区司令长官部、市府：《关于日本宪兵罪恶的有关文件》，1945 年 12 月 21 日—1946 年 8 月 22 日，北京市档案馆藏，档号 J181-17—841。

前门外东车站日本宪兵队又将该经理捕去，酷刑拷打，勒令再交出存款 10859.4 元，并将客存现洋 50000 元没收，拘留 4 日后才予以释放，该号遂暂行停业[①]。

1938 年 1 月 23 日，日本宪兵队渡边（日本特务机关长）等宪兵将位于前门外施家胡同 10 号的启明新记银号北京分号包围，对柜上人员进行殴打恫吓，勒令交出全部账簿，并将宋哲元以华记名义存入的 50000 元及第 29 军零星公私存款计 26225.43 元勒提一空，同时将银号襄理徐世忠抓至特务机关拘押一夜，次日才放出。此外，与第 29 军有关的欠款共计 22893.61 元全部被没收代管，同时没收银号现款 3331.82 元[②]。

1937 年—1938 年间，外城日本宪兵队余村实[③]等将位于前门外长巷上二条 11 号的济兴银号所有股款及抗日分子等的存款以及房产家具等强行没收。并将该号存在东交民巷保管库内的 20 余只保管箱强行提走。1937 年 11 月间，外城日本宪兵队数人到该号传正副经理耿希孟、张凤鸣回话。适值二人未在号中，即令该号造送抗日分子存款清册。旋即派宪兵到号，照册索取册列存款计 303608 元。当时号中只有 220000 元，先行取走，并令剩余 83608 元补足续交，同时派宪兵赴其东交民巷库房，将旧存之现洋 100000 元及友人寄存的大小 20 余件箱只包裹强行运走。至 1938 年 2 月间，日本宪兵队以该号欠款尚未交清，将该号经理范智达逮捕，逼令将耿希孟、张凤鸣交出。因当时范不知他两人下落，遂责令范负责清理该号事务，范推以长期在张家口分号经理，对于北京总号业务素不经手，无法负责，被羁押 6 日才释放。1938 年 7 月间，该队探知耿希孟躲在天津租界内，乃设法将其诱出将其击毙。同年 11 月间，该队又将范捕去，勒令补交抗日分子存款，并用非法酷刑拷打，范始终未承认有款，才又释放，但仍限 3 日之内将该号所有外欠各款据账查明开单，用该队名义向外欠各户催还，计收 30000 余元，连同该号自置铺房及全部家具陈设、字画等物一并没收，并将该号账簿焚毁[④]。

---

① 北京市档案馆编：《日本侵华罪行实证——河北、平津地区敌人罪行调查档案选辑》（上册），人民出版社 1995 年版，第 23—25 页。

② 北京市档案馆编：《日本侵华罪行实证——河北、平津地区敌人罪行调查档案选辑》（上册），人民出版社 1995 年版，第 28—32 页。

③ 谦豫银号"被敌人侵害之事实调查"档案中记载日本特务机关长为"余村实"，济兴银号调查中记载为"雨村实"，疑为同一人，可能是记录时笔误。

④ 北京市档案馆编：《日本侵华罪行实证——河北、平津地区敌人罪行调查档案选辑》（上册），人民出版社 1995 年版，第 38—39 页；北平市警察局外一分局：《关于日本宪兵过去曾有罪行的呈》，1945 年 12 月 12 日，北京市档案馆藏，档号 J184—2—8600；第十一战军司令长官部、市府：《关于日本宪兵罪恶的有关文件》，1945 年 12 月 21 日—1946 年 8 月 22 日，北京市档案馆藏，档号 J181—17—841。

1940 年 9 月，任崇外南官园 8 号仁和记号布庄经理王佐良，从上海邮来 5 种布匹（计 920 匹），10 月间到达北平邮政局后，被日本宪兵队全部没收，价值当时法币 5400 万元[①]。

1942 年夏秋时节，位于鲜鱼口的长春堂药店老板张子余被日本宪兵绑架到宪兵队，强迫长春堂以 200 两黄金赎身。张家不敢违抗，只得照数筹款才得以保命释放[②]。

位于崇文门外木厂胡同 16 号的谦益隆布店，在 4 年内竟两次遭劫，损失惨重。第一次是 1940 年夏的一天夜里，布店突遭日特及伪警包围。他们砸开店门闯入店堂强行搜查，把店内所有人员集中起来拳打脚踢，货架上的商品也被砸得七零八落，直到天亮，将副经理和一名会计带走，关押在日本外城宪兵队，布店随即被封。该店经理百般托人，应酬走动，才将被捕人员领回。第二次是 1944 年夏，日本宪兵数人又来到谦益隆布店，声称要检查库房，清点存货。该店经理见势不妙，抽身逃走，留下前柜业务李崇兴出面应酬。日本宪兵一边怒骂，一边用刺刀刺向李崇兴。李闪身逃出。日本宪兵遂将店里的土布统统装上汽车，扬长而去[③]。

1945 年 1 月 19 日[④]晨，日本宪兵队三谷等 3 名宪兵，来到位于前门外打磨厂甲 176 号的公记货栈，声言检查，旋即动武殴打货栈内人员，并索洋 24 万元。因款不足，先缴 10 万，激怒日本宪兵，即将所有货物家具衣服全部拉走[⑤]。

1945 年 1 月 19 日，日本宪兵队军曹西村祥三来到位于外三区上四条 155 号的恒仁义布庄，将刘燕亭、郭崇礼逮捕，残虐殴打，并没收大量布匹[⑥]。

1945 年 1 月 23 日，外城日本宪兵队所属华北织维协会，以查货为名，将位

① 北京市档案馆编：《日本侵华罪行实证——河北、平津地区敌人罪行调查档案选辑》（上册），人民出版社 1995 年版，第 58—60 页；北平市警察局：《关于王佐良报日本宪兵队没收其布疋呈请登记损失以便清算一事的批》，1946 年 6 月，北京市档案馆藏，档号 J181—25—2356。

② 政协北京市崇文区委员会：《文史资料选刊》第 1 期，1984 年。

③ 荣国章、孔宪东、赵晋：《北平人民八年抗战》，中国书店 1999 年版，第 151 页。

④ 另有资料记载为 1 月 26 日。

⑤ 北京市档案馆编：《日本侵华罪行实证——河北、平津地区敌人罪行调查档案选辑》（上册），人民出版社 1995 年版，第 122—124 页；北平市警察局外一分局：《关于日本宪兵过去曾有罪行的呈》，1945 年 12 月 12 日，北京市档案馆藏，档号 J184—2—8600；第十一战区司令长官部、市府：《关于调查日本宪兵罪恶的有关文件》，1945 年 12 月 21 日—1946 年 8 月 22 日，北京市档案馆藏，档号 J181—17—841。

⑥ 第十一战区司令长官部、市府：《关于调查日本宪兵罪恶的有关文件》，1945 年 12 月 21 日—1946 年 8 月 22 日，北京市档案馆藏，档号 J181—17—841。

于外一区打磨厂 171 号的德顺货栈大量土布、土线没收[①]。

1945 年 3 月 30 日，位于外一区崇外南官园 8 号万源和布庄伙计张恩华被东珠市口日本宪兵队逮捕，非刑拷打，生死不明。该铺经理耿静波也因对铺伙张恩华"监督不周"之名，强行没收棉布、棉线等物[②]。

北京沦陷时期，在日本人的压迫下，数十家北京著名的老字号先后关张停业，使当时北京的工商业和小手工业遭受了沉重打击，付出了惨痛的代价。

---

① 北平市警察局外一分局：《关于日本宪兵过去曾有罪行的呈》，1945 年 12 月 12 日，北京市档案馆藏，档号 J184—2—8600；第十一战区司令长官部、市府：《关于调查日本宪兵罪恶的有关文件》，1945 年 12 月 21 日—1946 年 8 月 22 日，北京市档案馆藏，档号 J181—17—841。

② 北平市警察局外一分局：《关于日本宪兵过去曾有罪行的呈》，1945 年 12 月 12 日，北京市档案馆藏，档号 J184—2—8600；第十一战区司令长官部、市府：《关于调查日本宪兵罪恶的有关文件》，1945 年 12 月 21 日—1946 年 8 月 22 日，北京市档案馆藏，档号 J181—17—841。

西苑集中营的历史考察

王宋文

日军在侵占北京期间，在北京西苑设立了一座战俘集中营。在这座集中营里，日军使用各种惨无人道的手段，迫害、虐杀被囚禁的成千上万的中国人，犯下了累累罪行。1945 年 8 月 15 日，日本宣布无条件投降以后，为掩盖事情真相，日军又将包括西苑集中营在内的华北地区所有日军集中营的有关档案资料全部销毁，以致后人无法准确了解这些集中营的真实情况。为此，笔者广泛收集有关的历史记载和当事人的回忆材料，对日军西苑集中营的有关情况进行了考证和研究。

一、西苑集中营的位置及原址沿革

西苑集中营的位置在今颐和园以东的西苑一带。1938 年编写的《北京市志稿》"建置志"卷四"官署"篇中记载："西苑日本宪兵队在宫门前十七号（西直门西北）"[①]。但是有关该集中营的具体地点也曾有不同说法。据受害人张守义等人回忆：该集中营所在地原本是清朝兵营，民国时驻过吴佩孚的军队。受害人安鸿印回忆：该集中营所在地解放初期曾是华北革大校址。而受害人温南文则回忆：西苑集中营在颐和园东北、今中央党校所在地。有的论者认同温南文的说法，并写入了有关西苑集中营的著述。

笔者为此查找了中共中央党校的校史材料。现在的中共中央党校有南北两个院子，以北院为主体。北院所在地在颐和园以北，直至解放初期还是村庄和耕地，20 世纪 50 年代才开始进行建设。当地此前从没有过大型院落，日本占领时期不可能成为大规模关押场所。南院所在地在颐和园东宫门对面偏东北侧。南院初为颐和园附属的升平署，民国初曾改为军事机关；日军占领时期在该地成立伪建设总署"土木工程专科学校"，抗战胜利以后又由清华大学农学院占用，1950 年左右划归中央党校。关于党校南院的沿革，清华大学校史的记载与中央党校的记载

---

① 吴廷燮等纂：《北京市志稿》（1），北京燕山出版社 1998 年版，第 467 页。

是一致的。因此，现属中央党校的地方在北京沦陷时期不是日军的集中营，当时的日军西苑集中营就设在原来的清朝兵营（其遗址现为国家某机关）。这一点也被北京市有关主管部门确认。

1909 年，当时的清政府新组建禁卫军，作为皇室直接统领的军队，并在颐和园以东、原畅春园和西花园遗址一带修建禁卫军兵营。兵营直至 1911 年武昌起义爆发以后方才完工。相对于北苑、南苑驻军营房，这座兵营就称为"西苑"。其实，"西苑"这个地名在明清两代的北京，一直指紫禁城以西，北海、中海、南海"三海"一带；只是有了西苑兵营以后，这个兵营所在的颐和园以东地区才开始被人们叫做"西苑"，而原来的西苑则改称为北海和中南海。西苑兵营建成不久，清朝统治终结，此处就成为民国军队的兵营。1937 年卢沟桥事变前夕，驻在西苑兵营的是中国守队第 29 军第 37 师师部及其下属第 110 旅。在卢沟桥事变中，首先抗击日军的中国军队就是第 110 旅的部队，当时旅长何基沣的指挥所就设在西苑兵营。1937 年 7 月 28 日，日军对北京的中国军队发动总攻，西苑兵营遭到日机轰炸，次日被日军占领。如前所述，1938 年秋至 1939 年秋，当时在日军扶持下的伪北京市政府（称"北京特别市公署"）组织编纂了一部《北京市志稿》。其中在"北京西郊友邦（按指日本）暂设机关"名目下，列出了西苑日本宪兵队的地址。

二、华北地区规模最大的战俘集中营

当年，日军在华北地区设立了多处集中营，据一些抗战史学者研究，其中规模较大的有五处，即设在北京、石家庄、太原、济南、塘沽的五个集中营。石家庄集中营在高峰时期曾关押过 5000 余人，1944 年日军攻占洛阳，曾一次将一万余名俘虏押到石家庄，因集中营容纳不了，临时又占用了其他几处地方，但很快疏散到各地[1]；太原集中营经常关押三四千人[2]；济南"新华院"（即集中营）经常关押二三千人[3]；塘沽集中营则是一个专门输出劳工的转运站，被关押人员流动很快；据曾被关押在西苑集中营的受害人回忆，该集中营"规模很大"、"院落很广阔、至少可收容一万人"，1941 年春就曾同时关押了 9000 多人[4]。因此，从规模上看，西苑集中营可以说是当时日军设在华北地区最大的集中营。

---

① 何天义主编：《日军枪刺下的中国劳工——石家庄集中营》，新华出版社 1995 年版，第 5 页。

② 何天义主编：《日军枪刺下的中国劳工——华北劳工协会罪恶史》，新华出版社 1995 年版，第 12 页。

③ 何天义主编：《日军枪刺下的中国劳工——华北劳工协会罪恶史》，新华出版社 1995 年版，第 17 页。

④ 何天义主编：《日军枪刺下的中国劳工——华北劳工协会罪恶史》，新华出版社 1995 年版，第 42 页。

日军占据西苑兵营以后，何时在此设立集中营？清华大学员工毕树棠在日占时期曾参与清华校产的保管工作，他在自己的《沦陷时期日记》中记载：1938年5月14日至16日，"受日本驻军及西苑宪兵队审问威迫，辱骂，反复挫折……"清华大学校长梅贻琦于1939年4月写《抗战期中之清华》一文，其中提道："（1937年）9月12日，日本宪兵队带俄籍翻译来本校搜查"[①]。从以上记载可以确定，日军在1937年7月底占领西苑兵营以后，随即在兵营内派驻了宪兵队。西苑集中营就设在西苑日本宪兵队驻扎的兵营内，是西苑日本宪兵队直接管理的专门关押场所。

根据当时日伪当局的官方报纸《新民报》载，日军山下部队"自去年九月（按即1937年9月）驻防北京一带以来，曾俘虏收容大部败残兵及匪贼等约有五百名……乃组织工程队"[②]。由此可知，西苑日军俘虏集中营最早设立于1937年9月，最初称为"工程队"。最初的"工程队"关押人数不多（数百人），而且经过一段时间的强迫劳动和所谓"训育"之后，就将被关押者编入伪军，也有的被释放。上述情况此前也有的历史著述曾经提到，但其时未见披露有关的直接史料。

华北地区其他几个集中营设立的时间是：石家庄集中营1939年8月，济南集中营1940年5月，太原集中营1941年春[③]。可见，西苑集中营设立的时间在华北地区是最早的。

据受害人的回忆，日军西苑集中营的正式名称不一，最初称"工程队"，以后又有"一四一七宪兵司令部甦生队"、"北京第一收容所"、"北京特别甦生队"等。也有许多受害人并不知道集中营的正式名称，称之为"西苑收容所"、"西苑兵营"、"西郊战俘院"，等等。据受害人温南文回忆，1945年日本投降后他被释放时，日军曾发给一份"释放证"，上面盖有"一四一七宪兵司令部甦生队"的印章，这应该是集中营的正式名称。不过也有可能是该集中营曾先后有过几个名称。我们从集中营的名称可以看出，它是附属于西苑日本宪兵队的。据当时曾被关押的受害人回忆，集中营在一个很大的院落里，有一些两层楼房，也有平房。集中营四周围着好几层铁丝网，通了电，下面还挖了深沟。铁丝网以外就是日军的兵营。兵营周围还修有很高的围墙和电网。西苑集中营始终与宪兵队同驻一处，是西苑兵营中的一个区域。除驻扎宪兵队以外，兵营内还同时驻扎日军其他部队。

① 朱育和、陈兆玲主编：《日军铁蹄下的清华园》，清华大学出版社1995年版，第12、第105页。

② 《新民报》1938年4月16日、17日、18日报道。

③ 何天义主编：《日军枪刺下的中国劳工——华北劳工协会罪恶史》，新华出版社1995年版，第12、第14、第16页。

据最近披露的前日本宪兵上村喜獭"供述"①中提到，除西苑宪兵队直接"管理"西苑集中营外，还有日军一个营（日军编制为大队）的部队担负该集中营的警备。因此，日军对西苑集中营的警戒和管制比华北其他几个集中营更严酷，这是西苑集中营的一个特点。

1940年以前，西苑集中营关押的人员主要是被俘的国民政府军队官兵。自1941年起，随着中国共产党领导的抗日力量不断壮大，日军逐渐把主要力量用于对付共产党、八路军和抗日根据地，西苑集中营关押人员的成分也就发生了变化。根据曾被关押的人员回忆，1941年以后，西苑集中营被关押的人员，主要有八路军的被俘人员、抗日根据地的党政工作人员和普通老百姓，同时也关押着许多国民政府军队的被俘官兵。

可能正是由于战俘成分的这种变化，日军于1941年以后不再将西苑集中营的战俘直接编入伪军。西苑集中营是日军的一个专门收容战俘的场所，在被关押的人员中几乎没有被捕的平民和从平民中直接被骗招或强募的劳工，因此不同于一般意义上的监狱和拘留所。在笔者知道的写出或口述回忆的几十名被关押的被俘人员中，原籍几乎都是外地，被俘之前也没有到过北京。只有极个别北京当地的居民在1945年春夏日本投降前夕才被关进这里。日本人在当时的北京另设有监狱和拘留所，用来关押在当地拘捕的人。例如，1941年珍珠港事件后，西苑宪兵队进入燕京大学，逮捕了数十名燕大的教师和学生，把他们直接送到城内沙滩日本宪兵队本部，而没有关进西苑集中营。由于当时被关押的受害人是外地人，在这里待的时间又比较短，被释放后也很少有人定居北京。因此，在过了多年以后，他们回忆起当时的事，除了对自己遭受迫害的亲身经历刻骨铭心外，对集中营的其他情况就可能不大了解。如集中营的位置、名称、整体布局等，有些记不清楚或有讹误，也就在所难免。在这一点上，西苑集中营也与华北地区其他几个集中营有所不同。在石家庄和济南的集中营里都曾关押了被骗招强募的劳工和在当地被捕的抗日志士。

关于集中营内部的组织形式，据上村喜獭"供述"记载，集中营内设教育大队、更生大队、劳动大队和特务训练班，其中教育大队（职能是接收新俘虏）和

---

① 上村喜獭，前日本宪兵。据若干受害者回忆，该人在日军占领北京期间是日本南城宪兵队的曹长，为人凶残。近来出版的《侵华日军战犯手记文档揭秘》（张子峰著，中国青年出版社2007年版）中称其为北京日本宪兵队高级头目。该书披露的上村喜獭"供述"原稿现由私人收存，该书并未全文公布。从披露的内容可判定，上村喜獭从未在西苑集中营任职，其"供述"书写时间应在20世纪50年代中期，故其内容应与其他有关史料相参照进行研究。

劳动大队（职能是对外输送劳工）是临时性组织。大队以下设中队、小队、班。对照其他史料，上述说法并不很准确，更生大队的"更"字实际上应是"甦"字，因此所谓"更生大队"就是"甦生队"，也就是集中营的正式名称。接收新俘虏和输送劳工都是临时分派人员，并没有与"甦生队"平级的正式组织形式。抗战胜利后有记者采访了解集中营的组织形式。据许多受害者介绍，集中营设总队，总队下为区队，下层设班，还设置了主要由国民政府军被俘人员组成的警防队[①]，国民政府军的一个团长蒋维一曾当过警防队长。营内还设事务处、审察处、技能班（负责缝衣补鞋）、土工团、农园队及训练少年俘虏的特训队。当时记者采访的对象多是被俘的国民政府军军官，其本人就担任过集中营的大小头目，他们介绍的情况应当更接近事实。

三、日军在集中营中的暴行

关于日军在集中营里的残暴行径，当年被关押的众多受害人以自己的亲身经历进行了愤怒的揭露和控诉。

（一）入狱

田春茂（1941 年 5 月—8 月、1942 年 8 月—1943 年 3 月被关押）回忆："（1941年春）一入监狱，敌人强令我们脱光衣服，换上他们的囚衣。我们站好队，一个汉奸翻译领着一队手提木棒的日本兵过来。他们一边用日语点名，一边用木棒向我们头上使劲砸，难友们被砸得头破血流，有的被打昏在地"[②]。

刘智渠（1944 年 5 月—7 月被关押）回忆："（1944 年 5 月）一进门，大家挨次更换衣服，旁边站着一个手拿一根铁鞭的'凶鬼'监视着我们。每当一个俘虏脱下衣服时，这个'凶鬼'便用铁鞭揍一下俘虏裸着的背脊。他一边打一边咆哮着：'是谁叫你小子抗日的!'"[③]

温南文（1944 年 10 月—1945 年 8 月被关押）回忆："（1944 年秋）我们被押来以后，站成一排一排的，警防队（伪军）叫我们把所有的财物都交出来。见没人交，警防队就一个一个搜身。我的钱因藏在袜筒里，没有被搜出来。但换衣服时，袜子也要脱掉，还是被发现了。一个队员一边叫骂，一边抡起警棍劈头盖脸

① 《明报》1945 年 9 月 1 日第 1 版报道。
② 何天义主编：《日军枪刺下的中国劳工——华北劳工协会罪恶史》，新华出版社 1995 年版，第 41 页。
③ 何天义主编：《日军枪刺下的中国劳工——华北劳工协会罪恶史》，新华出版社 1995 年版，第 49 页。

照我打来"①。

多个受害人回忆，进了集中营后，被关押者不许叫名字，按天干地支排号。因此，除了原来认识的人以外，难友们虽同住一两年，相互间谁也不知道别人的名字。

（二）极其恶劣的生活条件

据受害人田春茂回忆："（1941年）牢房里十分肮脏，拥挤不堪。敌人怕战俘越狱，不开窗户，室内空气浑浊酸臭。战俘营每日两餐，每人每餐一小碗粗高粱米，没副食。过不多久战俘们个个面黄肌瘦。""战俘每天还要外出修路筑工事服苦役。正值炎夏酷暑，敌人不给供水，大家又渴又累，直发昏。发现附近有一眼水井，大家趁鬼子不注意，偷偷跑去喝了一肚子生水，晚上却闹起了肚子"②。

据受害人武心田（1943年6月被关押）回忆："我们吃的是带砂子的发了霉的高粱米饭，几乎没有什么菜，大家吃不饱，有人看见院子里靠墙边长了一些灰菜，就摘了一些洗了洗吃了充饥。但不大一会儿，嘴唇就肿起来了，后来有个难友捡了一个破罐头盒子，把灰菜煮一煮吃，才好一些"③。

据受害人温南文回忆："俘房们40人为一班，住一间屋子。屋里有铺板，上面铺几块破席子，每人发给几块约50公分见方的碎毯子。没法盖，就抽毯子上的线把几个人的碎毯块连在一起，有的用柳条穿在一起，几个人共同盖。牢房里冬天根本不生火，西北风一刮，冷得刺骨。……每天两顿饭，难友们每人只有半碗（约一两半）。吃不饱，饿急了，就趁干活偷挖地里的白菜根吃。有时外出做工，见到马路边上的野菜也拔着吃，但敌人看到了还要挨一顿毒打。""由于生活环境恶劣，俘房们的衣服和被子上虱子多得没法处理，只好用席棍绑成小扫帚往下扫，扫成堆再用脚将虱子碾死。"到1945年，日军临近战败，忙于垂死挣扎，对被关押人员的残害有所放松，但继续用饥饿和疾病把他们推向死亡④。

据受害人张策政（1945年2月—8月被关押）回忆："一间不足30平方米的牢房竟要睡50个人，一顺着躺下根本不行，挤不下。只好相邻的人颠倒着睡，一个人的头对着另一个人的脚，不能弯腰，更不能翻身。这里吃的都是半生不熟的红高粱，喝的是凉水。不过一两天，人们都是上头鼻孔出血，下头拉稀。后来

① 何天义主编：《日军枪刺下的中国劳工——华北劳工协会罪恶史》，新华出版社1995年版，第34页。
② 何天义主编：《日军枪刺下的中国劳工——华北劳工协会罪恶史》，新华出版社1995年版，第41页。
③ 何天义主编：《日军枪刺下的中国劳工——华北劳工协会罪恶史》，新华出版社1995年版，第76页。
④ 何天义主编：《日军枪刺下的中国劳工——华北劳工协会罪恶史》，新华出版社1995年版，第34页。

人们想出办法，用烧焦的头发堵在鼻子里，血是堵住了，可憋得难受，只能张嘴呼吸。稍微一抠，鼻子又涌出血来"①。

据受害人张守义（1945年6月—8月被关押）回忆："每个被俘人员一条破旧的军用毯，一人一把苍蝇拍子。一天只给两顿饭，是熬成稀糊糊的高粱米，夹着烂菜叶子。饭里一点味道都没有，天天吃不上盐。每天让我们打苍蝇，还要上交、报数，打得少了不给饭吃"②。

由于集中营里如此恶劣的生活环境和日军在精神上、肉体上的其他折磨和迫害，被关押人员普遍营养不良、体质羸弱。集中营里疫病流行，死亡率奇高。

田春茂回忆："战俘营里没有医生和药物，患了病只好坐以待毙，每天死亡不下三四十人"③!刘智渠回忆："得了病的人被送进隔离室。隔离室的病人有半数以上是被殴打致伤的，因为没有消毒药品，伤口溃烂，气味奇臭。成群的苍蝇叮在溃烂的伤口上，惨不忍睹"④。

温南文回忆："俘虏们进甦生队时身体还好好的，待了不到两个月，就走不动路了。早晨还要跑步，跑不动也得跑，……到后来，百分之九十的人都得了传染病，全身浮肿，头肿得像柳斗，脚肿得连鞋都穿不上。……冬天，在不生火的牢房里，大家身上无衣、腹中无食，睡觉都是搭伴睡。睡觉时人还活着，但越睡越凉，一推同伴，人已经死了。我们屋死的二十多人大多是这么睡死的。""曾担任我根据地区长的刘尚仁同志，病得很重，也被赶去先农坛做苦役。他病得动不了，被鬼子扔到俘房住的席棚外，耳鼻口眼全都生了蛆，惨死在那里"⑤。

张守义回忆："每天日军都到牢房中巡查，发现有吃饭不香、精神呆滞的人员，甚至只是头疼脑热，都会逼令去'卫生所'。'卫生所'里边不但没有医生、医药，连吃饭喝水都没人管。进去以后即使没有病死，也得渴死饿死"⑥。

（三）对战俘的摧残

在西苑集中营，日军不仅以恶劣的生活条件折磨被关押的中国同胞，而且用种种残暴的刑罚和屠杀手段凌辱、迫害被关押者，镇压他们的反抗。

吴俊发（1943年秋被关押）回忆："在集中营里，日本兵以虐杀中国人取乐。

① 何天义主编：《日军枪刺下的中国劳工——华北劳工协会罪恶史》，新华出版社1995年版，第63页。
② 政协北京市海淀区委员会编：《海淀文史选编》第9辑，1995年印行，第182—188页。
③ 何天义主编：《日军枪刺下的中国劳工——华北劳工协会罪恶史》，新华出版社1995年版，第41页。
④ 何天义主编：《日军枪刺下的中国劳工——华北劳工协会罪恶史》，新华出版社1995年版，第49页。
⑤ 何天义主编：《日军枪刺下的中国劳工——华北劳工协会罪恶史》，新华出版社1995年版，第34页。
⑥ 政协北京市海淀区委员会编：《海淀文史选编》第9辑，1995年印行，第182—188页。

一个中国人发高烧，日本人就五花大绑强迫他跪在雪地里，往他身上堆雪，只露出一个脑袋。一会儿这个人就被冻死了。还有一个老人先被打得死去活来，日本人又把他的衣服扒光，塞进一个钉满大钉子的木桶里，钉上盖，几个鬼子轮流用脚踹着木桶滚来滚去，老人在木桶中发出一声声惨叫"[①]。

温南文回忆："俘虏在屋内彼此不许说话，白天只许坐着，大小便也要向警防人员报告。警防人员每天都找茬毒打俘虏，一天夜里，一名俘虏因拉肚子没来得及报告，警防人员说他有意逃跑，毒打一顿，最后处死了。""开始时日军强迫俘虏们去附近的日本兵营服劳役，以后到先农坛南城墙下挖洞，到德胜门内北城墙下挖洞，建汽油库、弹药库。俘虏们每天干十几个小时，干的是挖土、打洞这样的重体力活，又吃不饱，全身虚肿无力。监工的看谁不使劲干，就棍打脚踢。""1945 年春，日军派人到甦生队抽俘虏们的血，每人抽 200 cc。俘虏们体质本来就弱，抽完血后脸色煞白，有的瘫在地上，有的当时就跌倒死去"[②]。

据有的受害人回忆，西苑集中营还设有女部，被关押在其中的妇女不仅同样受着残酷的折磨，而且还经常遭到日军和汉奸的凌辱。

因为共产党领导的八路军抗日最坚决，在集中营里对日军的反抗最激烈，日军对八路军的被俘人员最狠毒，甚至用最惨无人道的人体试验来残害他们。

田春茂回忆："（1941 年）敌人对八路军被俘人员，除照例施行'点名打棍'外，还搞医疗实验。在右臂上打一针不知什么药，用石膏包扎一星期，肌肉即溃烂腐败，以致断臂残废。许多人因感染甚至牺牲了生命"[③]。

武心田回忆："（1943 年 6 月）有一次我从几间南屋的破门窗往里看，发现地上像堆了半米多高的累累白骨，仔细一看，是石膏打成牛鞅的样子，形状像人的胳膊弯着。后来从国民党被俘人员那里打听到，日本法西斯强盗竟丧心病狂地给八路军被俘人员以弯曲状把右臂打上石膏，不准打开。几个月后再打开，人的胳膊就成了肘死关节，再也不能端枪打仗，再也不能用双手劳动了"[④]！

集中营的同胞们不堪忍受日军的残酷折磨，有的冒死逃跑，脱离这座吃人的魔窟。其中有的未能成功，遭到了日军更加残忍的报复。

田春茂回忆："（1941 年）一次有两个战士越狱被截获。日军将全体战俘集中在空场上，一名同志被作为活靶用枪打死，另一名叫王国福的同志被日军用刀活

① 《北京日报》1995 年 9 月 15 日报道。
② 何天义主编：《日军枪刺下的中国劳工——华北劳工协会罪恶史》，新华出版社 1995 年版，第 34 页。
③ 何天义主编：《日军枪刺下的中国劳工——华北劳工协会罪恶史》，新华出版社 1995 年版，第 41 页。
④ 何天义主编：《日军枪刺下的中国劳工——华北劳工协会罪恶史》，新华出版社 1995 年版，第 76 页。

活砍死，惨状令人目不忍睹"①。

武心田回忆："（1943 年 6 月）一天，一个难友越墙逃跑，不幸触上了高压电网，被电击而死。又一天，一个难友逃跑被抓住了。敌人把那位难友押到院子中央，一个日本军官把战刀用凉水洒了一遍，双手举起战刀，疯狂地喊了一声'呀!'一刀下去，那个难友身首分离，脖颈上的鲜血窜出一米多远"②。

刘智渠回忆："（1944 年 5 月）一个战俘在抬尸体埋葬时逃跑，被日军开枪打伤了腿。日军将他绑在院内升旗杆上，一小队背着步枪的日军正步走到旗杆前面。军官一声令下，有两个士兵端着上了刺刀的步枪，以旗杆上的青年为目标冲去，两把刺刀完全插进青年体内，随着惨痛的叫声，青年的头突然倒垂下来。军官又下命令，另两个士兵又同样地动作。等这一队士兵轮流刺杀完了，行刑才算告终。日军把被关押人员集合起来，强迫他们目睹这惨无人道的暴行"③。

温南文回忆："（1945 年夏）一个俘虏乘黑夜逃跑，跳在电网上被活活烧死。敌人把烧焦的尸体抬下来，集合全体俘虏，让大家看，以此威吓俘虏"④。

由于日军严酷的管制和镇压，同时被关押人员又流动很快，根据受害人的回忆，极少有人直接从西苑集中营成功逃出去，在集中营里进行有组织反抗的记载也很少。除少数国民政府军战俘（主要是军官）外，在笔者所知道的受害人中，在这里关押时间最长只有 10 个月。其原因，除了有输出劳工的因素，被关押者大量病死、饿死，被杀害，很少有人能熬得时间更长。在笔者已查知姓名或身份的 92 名被关押者中，死亡的有 27 人。

据披露的上村喜獭"供述"说：西苑集中营中还设有训练班，是专门的特务训练单位。日军从战俘中选择变节分子加以训练，并将他们派往解放区进行情报活动或破坏活动。"1943 年春，把冀东叛变分子单德贵下面的俘虏以逃跑的方式派回冀东解放区。"同时日军还将特务安插到集中营的战俘里进行监视和策反活动⑤。

许多不同时间被关押的受害人不约而同地提到了"活底棺材"和"万人坑"。

刘智渠回忆："死了的人就装进一个可以把底抽出来的'抽屉式'棺材里。棺材很大，一次能容十几个尸体。当这个棺材装满了尸体，日本兵叫十几个俘虏

① 何天义主编：《日军枪刺下的中国劳工——华北劳工协会罪恶史》，新华出版社 1995 年版，第 41 页。
② 何天义主编：《日军枪刺下的中国劳工——华北劳工协会罪恶史》，新华出版社 1995 年版，第 76 页。
③ 何天义主编：《日军枪刺下的中国劳工——华北劳工协会罪恶史》，新华出版社 1995 年版，第 49 页。
④ 何天义主编：《日军枪刺下的中国劳工——华北劳工协会罪恶史》，新华出版社 1995 年版，第 34 页。
⑤ 张子峰：《侵华日军战犯手记文档揭秘》，中国青年出版社 2007 年版，第 21 页。

抬着，架到一个预先掘好的大坑上，将它的底一抽，尸体落在坑里，再盖上些土，就算掩埋完了"[1]。

温南文回忆："在甦生队里，每天死亡的俘虏总在几十人以上，死后就送到太平间，死人多时还得往上垛。抬扔死尸的四个人一班，从早到晚不停地由太平间往出抬。一口棺材装四具尸体，抬到甦生队正北二里多地的树林里的大坑（我们管它叫万人坑），一个一个往里扔，剩下最后一个时，把棺材底一抽，尸体便掉下去了"[2]。

张守义回忆："每天都有四个荷枪实弹的日本兵，押着从被俘人员中挑选出来的身体较好的小伙子，去外边埋死人。装死人的不是棺材，而是个长箱子，底是活动的。先将'卫生所'中死人的衣服扒光，再装到长箱子之中，有时一次装三个，有时装四个。有些当时还有口气，也被一起装进箱子里了。那时，现在的西苑商场一带是一片荒地，箱子抬到这里，挖个坑，把人往里一倒，盖上土就完事了"[3]。

以上这些充满着血和泪的控诉，虽然在细节上略有出入，却已经足够说明令人毛骨悚然的事实了。

当时的日军虽然百般掩饰，也不得不承认大批被俘人员"不治身死"的事实，曾在"万人坑"附近建立所谓"供养塔"以"超度亡灵"[4]。关于万人坑的具体位置，据受害人张守义等的认定，就在西苑兵营的正北方向，今西苑商场以北。

四、集中输出战俘劳工的转运站

在侵华战争期间，日本帝国主义为了弥补其后方劳动力的不足，强制被俘人员从事奴役劳动，并从中国各地强掳大批平民到日军占领下的东北（伪满洲国）、其他沦陷区和日本本土充当劳工。西苑集中营不仅是关押、迫害被俘人员的场所，而且还是日军在华北地区输送战俘劳工的重要转运站。战争初期，被俘人员或在集中营所在地做苦工，或被押送到东北、华北的矿山、工厂当劳工，即使是 12 岁至 16 岁的少年俘虏也未能幸免。1941 年 12 月太平洋战争爆发以后，日本帝国主义深陷战争泥潭，国内劳动力不足的情况日趋严重。根据日本政府的决定，侵华日军自 1943 年起开始向日本国内"试输送"中国劳工，1944 年正式实施强征

---

[1] 何天义主编：《日军枪刺下的中国劳工——华北劳工协会罪恶史》，新华出版社 1995 年版，第 49 页。
[2] 何天义主编：《日军枪刺下的中国劳工——华北劳工协会罪恶史》，新华出版社 1995 年版，第 34 页。
[3] 政协北京市海淀区委员会编：《海淀文史选编》第 9 辑，1995 年印行，第 182—188 页。
[4] 《新民报》1941 年 6 月 10 日第 5 版报道。

中国劳工到日本从事重体力劳动的计划。在笔者查知姓名或身份的 92 名西苑集中营被关押人员中，有 48 人被迫充当劳工，其中 38 人被输往日本，内有两人因被俘较早，去日本之前还曾先后在华北、东北做苦工。送往日本的 38 人都是 1944 年被送走的。伪满政权把劳工分类，平民被称为"普通工人"，战俘被称为"特殊工人"；日军把赴日劳工分类，平民被称为"行政供出"，战俘被称为"训练生"。显然，从西苑集中营输送的都是"特殊工人"和"训练生"。

据受害人回忆，凡被强制输往日本的劳工，在集中营待的时间很短，多数关上一个月左右就被送走。看来日本人也清楚，在集中营这样恶劣的环境中，时间稍长，人的身体肯定会垮掉，就不能为他们当"苦力"了。从西苑集中营被送往日本的劳工共有多少人，已无法查清了。仅据前述 17 个人的回忆，他们分为八批被送走，当时与他们同行的劳工就约有 3200 多人。还有学者研究石家庄集中营输日劳工数量时统计，从石家庄输往日本的劳工超过 10000 人，其中有 2000 多人是先被送到西苑集中营后又被转送到日本的[①]。如果考虑到西苑集中营的规模和被关押人员的流动速度，加上来自其他地方又被转送的人员和集中营本身挑选的人员，西苑集中营送往日本的劳工数量应不少于石家庄集中营，约在万人左右。

从西苑集中营被强掳往日本的中国劳工，多是被俘的八路军战士和根据地的党政工作人员，还有国民政府军队的被俘人员。他们的反抗精神强烈，有组织能力，有的共产党员在日本还建立了地下党支部，组织难友对日军进行反抗斗争。"花冈暴动"[②]是在日本的中国劳工发动的多次斗争中反抗最激烈、影响最大的一次。这次暴动的组织者和骨干就是由西苑集中营去日本的。

五、西苑集中营的覆亡

1945 年 8 月 15 日，日本宣布投降，西苑集中营也走到了它的末日。开始几天，日军并没有公开宣布，但人们看出事态异常，有的士兵在院子里站着发呆，有的日本人痛哭流涕，晚上在楼前烧东西。直到 8 月 27 日，集中营才公布了日本投降的消息，并分批释放被关押者。据当时被释放的受害人回忆，集中营负责人在释放他们时宣布说，几年来这座集中营先后关押了 26000 多人，最后被释放

---

① 何天义主编：《日军枪刺下的中国劳工——石家庄集中营》，新华出版社 1995 年版，第 36 页。

② 1945 年 6 月 30 日，在日本秋田县花冈矿山做苦工的中国劳工 900 多人，因不堪忍受非人虐待，起而反抗，遭到日本当局的残酷镇压。日本人强迫全体劳工跪在露天广场上三天三夜不许吃喝，并不断用棍棒毒打，当场虐杀 118 人。在日期间，整个花冈矿山中国劳工死亡 418 人，死亡率高达 42%。

的有 2400 多人（另一说，这里先后共关押过 3.7 万多人，最后释放 3400 多人）[1]。又据集中营的战俘获释以后记者采访了解到的数字，当时释放的人数是 2500 余人[2]。因此前一组数字较为可信。

西苑集中营的旧址历经沧桑，到 20 世纪末，原有的老建筑已全部消失。1998 年 7 月，北京市人民政府将集中营遗址公布为爱国主义教育基地，并立纪念石柱作为标记。

由于可以见到的史料仍然有限，笔者关于西苑集中营的考证尚有一些不确定、不完整之处，需要今后进一步完善。

---

① 何天义主编：《日军枪刺下的中国劳工——华北劳工协会罪恶史》，新华出版社 1995 年版，第 74 页。
② 《明报》1945 年 8 月 31 日报道。

三、资　料^①

1. 宋哲元江电^②

（1937 年 8 月 3 日）

京。国民政府主席林、军事委员会委员长蒋、各院长钧鉴，各都会、各省市政府、各总司令、各绥靖主任、各总指挥、各军长、各师旅长勋鉴，各团体、各报馆均鉴：

哲元受命主持冀察军政以来，自维责任重大，日夜兢兢，原期为华北巩固主权，为中央掩护建设，是以对平津两地之保持，曾不稍遗余力，乃不幸我军事准备未完，兵力集结未毕，而日人已先发制我。自 7 月 7 日卢沟桥事变发生，我三十七师自卢沟桥以迄八宝山一带，与日抗战二十余日，我团长吉星文受伤不退，我兵伤亡在 1000 名以上。至 26 日廊坊事变复起，我三十八师刘振山旅驻防该地，与敌抗战，屡进屡退者数次，官兵伤亡约 500 余名，同时敌复向我广安门袭击，经我守兵击退。至 27 日，我通州及团河驻军，均受敌压迫，伤亡亦甚众。至 28 日，敌以大量飞机战车及各种机械化部队，分向我南苑、北苑、黄寺及沙河等处进犯，南苑为我军部与其他各部队及三十八师三团，由副军长佟麟阁、师长赵登禹，并力指挥，与敌激战终日，是役我官兵伤亡在 2000 名以上，副军长佟麟阁、师长赵登禹，同以身殉国。北苑、黄寺一带驻军，为我石友三、阮玄武两部，伤亡亦在 1000 名以上。至 29 日敌犯我天津，我三十八师驻津部队，与敌抗战两日，伤亡 1000 余名。综计各战役，我官兵伤亡约 5000 余名，其余军需品损失无算。以上为本军此次作战之概要情形，固为敌人之蓄久计划，亦为哲元之处置失当，实应受国家严重处

---

① 以下刊印的资料中，涉及财产损失的货币统计数据，凡未标明币种者均为法币（亦称为国币），凡未标明货币单位者均以 "元" 为单位。特此说明。
② 此为中国守军第 29 军军长宋哲元从平津撤退后于 1937 年 8 月 3 日发表的通电。

分。刻下二十九军军事已委冯师长治安代理，并已蒙中央照准，哲元近日以来精神不振，拟稍事休养，再图报国……宋哲元叩。江。

[选自章伯锋、庄建平主编：《中国近代史资料丛刊·抗日战争》第二卷，军事（上册），四川大学出版社 1997 年版]

2．南口战役中国作战兵力和伤亡统计[①]

（1937 年 8 月 8 日—26 日）

表 1　中国军队参加南口作战的兵力统计表

部队番号	兵力	参战地点	参战日期	备考
第 13 军辖第 4、第 89 师	28000	南口、得胜口、横岭城全线	民二十六年即 1937 年 8 月 8 日【起】迄 8 月 26 日	该军二十四年度之调整师编装
第 17 军辖第 21、第 84 师	14000	21 师居庸关、横岭城一带，84 师宁疆堡、独石口关底间	21 师 8 月 15 日起 84 师 8 月 8 日起迄 8 月 26 日〔止〕	该军之编装复杂，实力较弱，且自动员后始奉编成军之命令
第 94 师	约 5000—6000	永宁、延庆、三道关、宁疆堡间	8 月 14 日晚起至 8 月 26 日〔止〕	该师增加于 89 师之左翼，84 师之右翼
第 72 师	约 6000	横岭城、镇边城地区	8 月 18 日起迄 8 月 26 日〔止〕	该师由傅主席派来增援，拟用为反攻主力，卒因敌于横岭城、镇边城先制迂回而顿挫
独立第 7 旅	约 4000	怀来及板达峪地区	8 月 19 日起至 8 月 26 日止	该旅亦为傅主席派来增援者
山炮兵第 27 团	2000 以下	怀来		该团参加怀来城防
合计	1. 人员约共 6 万人之谱。 2. 已参战之 13 军所辖两个师，山炮两营，计炮 24 门，在怀来未参加第一线作战之山炮一个团，计炮 21 门。 3. 各部队参加战斗运输之骡马约 5000 头。 4. 运输补给原靠平绥铁路，战地赖骡马输送，汽车甚少。			

---

① 1937 年 7 月平津失陷后，日军即着手组织对察哈尔作战，试图进窥山西。南口是扼晋察的咽喉要地。8 月 8 日，日军向南口中国防线要隘大举进攻，嗣后连续数日以飞机、重炮等优势火力猛烈轰击。中国守军奋勇抵抗。8 月 26 日，南口防线被日军突破，双方伤亡惨重。南口战役是七七事变后中国军队与日本精锐部队的首次正面交锋。中国军队表现了血战到底、宁死不屈的精神。

表 2　中国军队官兵伤亡统计表

区分 部别	块佐		士兵		备考
	负伤	阵亡	负伤	阵亡	
第 4 师	85	47	3822	2599	第 84 师及炮 兵第 27 团因 迭催均未报， 故尚未列入
第 89 师	102	34	4034	1914	
第 21 师	74	24	1595	584	
第 72 师	36	23	418	441	
第 94 师	36	11	318	166	
第 84 师	—	—	—	—	
独立第 7 旅	15	6	163	96	
炮兵第 27 团	—	—	—	—	
合　计	348	145	10350	5800	

（选自中国抗日战争史学会、中国人民抗日战争纪念馆编：《抗日战争
时期重要资料统计集》，北京出版社 1995 年版）

3．平西抗战来工作总结（摘录）^①

（1942 年 3 月 2 日）

抗战来日寇为争夺平西所采取的各种政策：

甲、日寇在确保平西为其占领区采取"总力战"方针下，抗战来对平西实行了各种不同的具体政策，主要的有"囚笼政策、蚕食政策、扫荡与毁灭政策、诱降政策、特务政策、经济掠夺与封锁政策、文化政策"等等，以上各种政策是随敌我斗争之发展而日益激化与复杂的。大体上说来：

（1）在 1938 年敌人对平西尚不甚注意。那时敌后空虚，而我们的力量亦尚薄弱，故此时敌人一般处于军事防卫（只在 1938 年秋有一次较大的战役进攻）。

（2）在 1939 至 1940 年冬季"扫荡"以前以军事频繁"扫荡"为主，但在此时期除在战役"扫荡"时采取战役战术上的进攻外，一般的在战役战术上处于防卫的（1939 年夏我有一次主动的战役行动，平时的游击动作也很积极；1940 年秋季反"扫荡"前我两次主动的战役行动，但平时活动因游击队的改编比以前减低了，战斗比他区频繁，但按平西的需要这些活动是不够的）。

（3）1940 年冬季"扫荡"至 1941 年秋季"扫荡"以前这一时期敌人以政治诱降为主，在军事上战役与战术上都采取进攻的姿态，除几次战役行动，平时的游击动作（特别是昌宛）是很积极的，这时军事活动的目的是为了配合其政治诱降。

（4）1941 年秋季"扫荡"到现在是以经济封锁和掠夺为主，在军事上政治上经济上采取了全面的加紧进攻。

乙、敌人各种政策实施的主要表现：

（1）关于囚笼政策的：

① 增加兵力（主要是伪军数量增加的多），兵力在 1939 年夏平西周围常驻日军：

日军××××人。

伪军××××人。

---

① 此为时任平西军分区参谋长、第十一军分区副司令员兼参谋长张明远在平西干部会议上的报告摘录。

现在——

日军 2470 人。

伪军 4440 人。

② 增加据点：在 1939 年夏共有 45 个（内日军据点 18 个），现在增加 142 个（内日军据点 72 个）。

③ 增修公路：三年来增修的公路共约××里。

④ 挖"防共"沟：主要自 1941 年开始共长约××里，毁田××亩。

⑤ 断道堵山口截我之运输对我山地加紧封锁。

⑥ 我对敌人这种政策的斗争是异常不够的，所以敌人在这方面是相当成功的（自然由于敌我军事力量之悬殊，根本使敌无法实施这种政策是不可能的）。

（2）关于蚕食与诱降政策的〈略〉

（3）关于对我区"扫荡"与毁灭政策的：

① 自 1938 年到现在大的"扫荡"前后共 8 次，每次敌伪兵力至 2000 多至 8000 人左右，时间少至一周多至二个月，"扫荡"范围，由对我主力与后方机关所在之中心区扩大到偏僻的山沟小道。

② 1939 年以来被烧的村庄共约 207 个。

③ 1941 年敌对昌宛的活动 369 次。

④ 1941 年秋季大"扫荡"涞水被裹去的人 1520，其他损失见下表：

各县被烧村庄

	现有巩固区所有村数	被敌烧过村数	百分比
昌宛	131	83	63.13%
涞水	129	35	27.13%
房涞涿	79	37	46.64%
蔚县	52	52	100%

昌宛 1941 年一年来各种损失统计表

	人口伤亡	被烧房间	各种损失							
			民粮	公粮	军鞋	牲口	猪	羊	蜂	鸡
数	63 人	7556 间	24702 斤	8998 斤	12 双	266 头	156 头	1299 只	37 群	366 只

昌宛、蔚县 1940 年—1942 年"扫荡"损失统计表

		"扫荡"次数	损失			
			烧房	掠牲口	毁家具	被捕与死亡
昌宛	三区	共 31 次 1941 年 1 年	不详	牲口 29 猪 48 羊 569 鸡 112 蜂 32 群	不详	区级干部杀 2 捕 9 村级干部杀 1 捕 7
	柳林水	第一次 1940 年春 第二次 1940 年秋 第三次 1941 年春 第四次 1941 年秋	第一次 300 间 第二次 400 间 第三次 200 间	第一二有损失，后坚壁工作好无损失		第一次打死百姓 1 人
	曹家坊	第一次 1940 年秋 第二次 1941 年秋 第三次 1942 年	第一次烧房不及本村房数五分之一，第二次几间	不详	第三次（一锅内白面羊肉饺子），贸易局有草铺、四匹布	杀死 9 人烧死 1 人
蔚县	水峪	共 22 次（到 1942 年 1 月）	烧 13 次共烧 146 间（全村烧光）	牲口 19 头		杀死 9 人烧死 1 人
	陈家台	9 次 1942 年	烧 3 次 352 间	牛、鸡、猪 3485 头	公粮 4 石、锅石 10、牛奔 6、犁锅 20、锨 8、锄 8	打死 1 人

昌宛 1941 年开荒与废荒面积统计

	损失项目				新增项目
	废荒	车路站	种鸦片	合计	开荒
数字	2005 亩	1769 个	398 亩	4112	977 亩
备注	开荒亩数占损失亩数 24％弱				

⑤ 根据昌宛三区沟南几个村的调查（斗争残酷的村），人口比战前减少，马栏百分之二十，大三里百分之五十，上达摩百分之二十五。

减少原因：

被敌杀死与飞机炸死的。

因坚壁清野致病与粮抢走饥饿而是病死的。

因战争影响生活及不能安居逃亡出外的。

被敌要走当夫与叛变未回来的。

参加我之部队与抗日工作的。

生产的减少比战前（此表不能代表一般，因去年歉〔欠〕收约三成），1941年马栏百分之七十五，大三里百分之六十，上达摩百分之七十，艾峪百分之二十。

减少原因：

牲口肥料的减少。

人口的减少对敌劳役过重。

抗战勤务之负担。

水、旱灾对土地之破坏与歉〔欠〕收。

少数地主、富农之怠工。

涞水四个村调查：马减少百分之七十七点八，骡百分之八十五点一，驴百分之五十二点九，牛百分之五十点七，羊百分之八十三点九（马骡驴牛减少，约三分之一是卖掉，三分之二被敌抢走）。

牲口的减少比战前

	牛		马		驴		骡		羊		猪	
	数	减	数	减	数	减	数	减	数	减	数	减
马栏	4	5/6	1	6/7	10	1/2	6	2/3	126	70%	70	1/3
大三里	8	1/5	2	4/5	1	6/7	1	7/8	270		12	
上达摩	5				2	3/5			60	1/2		
艾峪	4	2/3	3	0	3	2/3			150	1/5		

⑥ 在敌之残酷"扫荡"与毁灭政策下除个别村子（涞水受敌破坏较小的村子）贫农雇农与个别中农的生活水平没有显著的下降外（有个别的上升），一般的各阶层人民的生活水平比战前是绝对下降了（这种下降还有其他原因如水旱灾之歉〔欠〕收，对抗战负担过重流行病等）。

现在昌宛、蔚县敌人常扰乱的村子因房子被烧、什物被烧人民都住在山沟车铺石洞中，在严冬没有棉衣穿，没有充足的食粮，没有油盐吃，在敌严重封锁下买不到一切必需品，生活的艰苦可以说是空前的。但是他们在敌人的烧杀诱降面前不屈服、不投降，在我党我军领导下坚持抗战的精神是值得表扬与引以为荣的。

⑦ 敌人多次的"扫荡"都被我粉碎了，在这方面敌人是没有成功的。但是由于我们在反"扫荡"中的许多缺点也曾遭受到可以避免的过大的损失（如我坚壁清野做得好，群众游击战争发动的广泛，可以保存更多的房子，财力物力人力不被敌人破坏毁灭了）。

（4）关于经济政策的：

① 在各次"扫荡"中对我牲口财物农具的掠夺及对我区财力人力物力等等的破坏摧毁，一面造成我之困难，一面补救其困难。

② 收买统治〔制〕与封建山贸出口，大量向我区内流入伪币、非必需品向我区输入。

③ 自去年 10 月在其占领区普遍的实行经济统治〔制〕、配给制度、封仓验囤、计口授粮等，一方面加强封锁我区，一方面加紧对其占领区人民财富进一步的压取掠夺。如蔚县敌统治区域这种掠夺经济的组织有"谷物集结所"（征收 11 种谷物）、"农事合作社"、"大麻收卖所"（统治全县大麻，1941 年全县收购大麻约 360 石斤，20 两 1 斤，10 斤一称，每称市价上等 15 元以上，中等 13 元以上，下等 9 元以上，但敌定的官价上等 8.5 元，中等 7 元，下等 6 元）。"食盐事务所"统治〔制〕食盐，统治〔制〕煤油有"煤油配给所"，1940 年白乐堡区敌强买小米约 20 万斤（16 两 8 钱为一斤，每百斤发价 13.5 元）。

④ 强种鸦片实行毒化，提倡腐化淫乱赌博（如蔚县西合营俱乐部即赌场，每天包捐 1450 元给县府，代五城每天交 850 元。在昌宛据点及附近村庄赌、淫风流行，风俗败坏）。

⑤ 搜挖民间藏银（在昌宛据点附近挖地窖搜藏银）。

⑥ 开发经济资源（如对南窖昌宛煤矿的开发，永定河北石棉矿的开发）。

⑦ 几年来我们在经济阵地上同敌人斗争是最弱的一环，对敌之"以战养战"即〔既〕未给应有的打击，对我之经济力量之保存与困难之克服也是异常不够的。

（选自中共北京市委党史研究室编：《北京地区抗日运动史料汇编》第六辑，北京燕山出版社 2001 年版）

4. 清华大学抗战损失调查档案（摘录）

（1943 年 10 月 19 日）

表 1　总表 国立清华大学战时损失统计表（北平）
（1943 年 10 月 19 日呈部）

	民国廿六年价值	现在（民国卅二年）价值	复原估价
Ⅰ 书籍及教学设备 　甲　书籍 　乙　教学设备	合计 8614000 国币 3340000 5274000	1722800000	2153500000
Ⅱ 建筑	10670000	2134000000	2667500000
Ⅲ 行政设备	4831000	966200000	1207750000
以上共计	24115000	4823000000	6028750000
附录（廿六年以后战时损失）	296347	53869400	67336750
总计	24384347	4876869400	国币 60960867500

说明：

① 以上损失估计系假定本校全部建筑在战事结束以前均已被毁之损失价值，因吾人现已确知本校所有建筑一部业已被毁，其他已罹重大损害。

② 为使计算简明起见，凡在国币一千元以下之数字一概从略。

③ 附录中所列损失，均系民国二十六年以后自海外运来中国时途中损失。

④ 民国三十二年价值系民国二十六年原价值之 200 倍，复原估价系民国二十六年原值之 250 倍。

表 2　图书及教学设备价值详表

1	图书	3340000
	甲、中文本　共 238340 册（-130000=108340 册 　　　　　　　1088000）	
	乙、外文本　共 111651 册（-65000=46600 册 　　　　　　　93200 美金）	
2	教学设备	5274000
	甲、土木工程学系	400000（50% 200000）
	乙、机械工程学系	680000（70% 476000）
	丙、电机工程学系	400000（80% 320000）

丁、航空工程研究所	630300（80% 504000）
戊、航研所（南昌分所）	581794（80% 464000）
己、物理学系	40500（80% 32000）
庚、化学系	45900（90% 40000）
辛、生物学系	37800（90% 34000）
壬、心理学系	21600（90% 19000）
癸、地学系	35100（90% 31600）
子、经济学系	4800（100% 4800）
丑、理学院特别设备	508100（80% 406400）
寅、农业研究所	260000（90% 234000）
合计	国币 8614000（民国二十六年价值）

表3　建筑物价值详表

单位	现修理费北平估价
图书馆	1500000
科学馆（物理及算学）	400000
体育馆	800000
书库	150000
大礼堂	600000
化学馆	450000
生物及心理馆	300000
气象台	70000
电机工程馆	300000
土木工程馆	200000
水力工程馆	100000
机械工程馆	250000
航空研究所	150000
新校舍	1450000
女生宿舍	150000
男生宿舍	1200000
U 字男生宿舍	100000
工厂及工场	100000
动力厂	100000
第一院（课堂及办公室）	280000
第二院（一年级学生宿舍）	200000
第三院（一年级及二年级学生宿舍）	280000
医院	100000
古月堂（教员宿舍）	100000
工字厅（教员宿舍及大学招待厅）	600000

单位	现修理费北平估价
金鱼实验场	20000
大门	10000
校长及教务长住宅	40000
北院（计住宅十八所）	126000
南院（计住宅十二所）	120000
新南院（计住宅三十所）	300000
西院（计住宅二十所）	80000
新西院（计住宅二十所）	96000
新职员住宅（二十所）	80000
苗圃	50000
宋氏别墅	8000
汽车间及工人宿舍等	10000
松堂（西山）	300000
航空工程研究所（南昌部分）	300000
道路及桥梁	250000
围墙	200000
长沙校舍损失	200000
合计	国币 10670000（民国二十六年价值）

表4 行政设备价值详表

给水工程（包括全校水管设备）	500000（80,400）
供电设备（包括室内室外电气设备及线路）	800000（80,640）
电话设备（包括全校人工及自动电话设备）	200000（100,200）
家具（包括全校教室、实验室、图书馆、食堂、宿舍等家具及书库钢书架）	3000000（80,2400）
各办公室设备	100000（100,100）
打字机	20000
其他办公设备	80000
体育馆设备（钢属衣橱）	100000（100,100）
医院设备及药品	50000（100,50）
汽车及卡车	10000（50,5）
枪械及子弹（校卫队用）	5000（100,5）
消防设备	5000（100,5）
音乐设备及乐队乐器	10000（60,6）
羊种三百只（美利奴种，在松堂农场）	6000（100,6）
树木	45000（10,4,5）
合计	国币 4831000（民国二十六年价值）

说明：括弧内数字系梅贻琦校长亲注，应属折算后数字。其中前一数字为估计损失的百分数，后一数字为估计损失数。

表 5 国立清华大学战时损失详表（1937 年以后）

无线电研究所	美金 15000（合国币 50000）
金属研究所	美金 5000（合国币 16000）
航空工程研究所	国币 32000
昆虫组（农业研究所）	国币 70000
图书	国币 101347
合计	国币 269347（二十六年价值）

说明：以上损失均 1937 年以后自海外运来中国时途中损失。

（选自朱育和、陈兆玲主编：《日军铁蹄下的清华园》，清华大学出版社 1995 年版）

5．平北地分委一九四三年工作检查与总结（摘录）①

（1944年4月1日）

几个具体斗争

（1）敌人的企图及办法

去年7月敌人在延庆川要夫三千多修康庄城，8月敌人又要夫六千余人，修筑从岔道到永宁之封锁沟墙，企图切断南、北山之联络，而主要目的是封锁"蚕食"南山。

敌人采取的办法：

① 密令各村限期交夫，时间限制很短，以闪击方式防我破坏。

② 按村分等，按等交人（总计三个月工夫，消耗折合洋三百五十万元左右）。

③ 武装掩护修筑河墙。

（2）我的对策

① 总的方针是坚决抗夫，以粉碎敌伪企图。

② 政府明令禁止应夫。

③ 已给敌应夫群众所受损失的具体数字向群众宣传，动员青壮年逃到山地来。

④ 以武装结合打击出扰及敌人之掩护队，破交破线，使敌人混乱。

⑤ 普〔捕〕捉伪组织人员，使敌统治紊乱。

⑥ 结合合法斗争，群众向敌报告，"八路军不许应夫，老百姓可有什么办法!"并造谣迷惑敌人。

⑦ 发动群众破墙、破河。

（3）斗争经过及收获

整个斗争延续了三个月左右，此起彼伏。首先，反康庄修城应夫，基本上我们取得了胜利，除敌在延庆川只要去六区少数民夫外，余无成就。而敌人说夫子中有八路，夜间不许住康庄。而住在距离一里外的小村，当被我夜袭时大部逃散，救出六百多人（多为怀来游击区者）。延庆川伪甲长被我们抓来后，共开了两次

---

① 此为中共中央晋察冀分局平北地分委所作总结报告摘录。

训练班，共七十多人，对工作的恢复上收到了很大的成效。敌寇这阴谋失败后，则恼羞成怒，"扫荡"南山半个月。8月则又要夫修筑封锁沟墙。敌人从各地集来民夫六千余人（多系怀来以北的），以五百武装掩护。在我宣传瓦解下，二十天跑了二千多名。敌人又做二批补充，我十团以三个连的兵力伏击掩护修沟之敌，十五分钟打死六人，缴机枪两挺，民夫一部逃跑。但敌人主要沟墙修通。我与敌人斗争转入新阶段，即我不断破坏沟墙，敌人不断修沟墙，敌人的全部计划未能如愿实现。这次斗争虽未全部粉碎敌寇企图，但在延庆川发动群众对敌斗争上，起了很大政治推动作用，在全部斗争中取得了主动性，对干部及群众提高战斗信心、转变工作作风上都有很大教育意义。

（4）反"无住地带"的斗争

① 敌寇的企图及办法。去秋敌对北山中心区大"扫荡"之后，敌寇企图彻底毁灭我中心地区，乃假其残留各据点之兵力，武力强迫并村，造"无人区"。主要办法如下：

A．北迄雕鹗，南至北山边，西到长安岭，东至白河堡划为"无住地带"。

B．以日军司令名义，布告限期搬入指定据点，否则镇压之。

C．武装出扰配合行动。

D．首先找一二村庄，烧房，杀几个人，以示威，威胁群众抗〔就〕范（如昌延敌在慈母川抓去三十七人，杀一人，余放回）。

② 我之对策主要如下：

A．政府严令搬入据点，违者严办。甘心搬入据点经争取不回者，没收财产。

B．发动群众坚壁粮食，不许携入据点。家中不留有用之物。

C．老幼妇女分散到游击区亲戚家暂避，待形势好转回来。

D．武装打击围村抓人之敌。

E．威胁近点村，使之向敌请愿，停止并村。

F．斗争点放在中心区的边缘，因中心山区人口就是分散的，敌无法抓捕。

③ 斗争经过及收获。敌人完全失败了，只有个别村庄，曾一时脱离本村，逃之他村（昌延一区东部搬到董家沟慈母川，龙赤艾河滩白龙寺搬一部），但经我政府令及教育后又全搬回。敌在无法坚持这次斗争时，于11月来了一次三路夜袭北山中心区，就结束了。

（5）反抢粮斗争

敌寇去年秋"扫荡"中和"扫荡"后，大肆抢粮。其方式有二：在我巩固区游击根据地的村庄，武装抢掠；而在游击区，则以欺骗、抢掠相互为用。敌寇控制必需品（布、油、盐、火柴），凡送粮去的低价配给，否则不配给，买也买不到。我们在反抢粮斗争上，去年除了完成我公粮征收，及在反"扫荡"中抢收到一些成绩外（龙崇赤较好），基本上我们失败了。主要原因，是思想上群众观点问题，这一点说明平北党脱离群众的严重性。自己有了公粮，对群众漠不关心，因之，反抢粮未能全面展开。

（6）反围子斗争（昌延二区）

① 敌寇之企图及措施及当时情况

A．敌伪阴谋至毒的设施——修围子。敌寇为着巩固这个伪【满】洲国边界占领地，企图进一步控制我昌延中心区，大庄科敌伪施行至毒且辣的血腥手段，在边北划定十二个围子，企图把我整二区化成惨淡荒凉的人间地狱，威胁全边北的老百姓拆掉自己的房子，全家搬到指定的地狱（围子）里住，任他奴役压榨，充当他的牛马奴隶。

建设围子村庄和归并村庄列表如下：

建设围子村庄	归并村庄
汉家川	南水面、杨树沟、水泉沟、海子、场房、旱马地，上马坡、石片、记庙沟、汉家川
台子沟	太平庄、黄土埌、榆木沟、李子沟、台子沟
二道河	二道河
二道关	二道关、包子台、庙儿上
鹞子峪	乃字石、口楼、菜沟、□道沟、鹞子峪
杏树台	水塘、方山杏、杏树台
王家堡	偏圾峪、水口、上下营城
二　铺	马蹄湾、二铺
营　城	营城、五子山
罗卢子	罗卢子
沟　铺	沐湾、托盘岭
小庄科	里家沟、范沟、小庄科
大庄科	大庄科

（选自中共北京市委党史研究室编：《北京地区抗日运动史料汇编》第四辑，中国文史出版社 2000 年版）

6. 中国陆军总司令部致北平市政府代电

（1945 年 11 月 2 日）

总辉京字第 0252 号

北平市政府熊市长：奉军事委员会（卅四）办秘二外六二七四三号训令开：准行政院本年九月十四日平捌字第二〇〇六八号公函称：查敌人罪行调委员会业已本年五月底裁撤，所遗业务改由司法行政及外交两部分任。原有敌人罪行调查办法应予修正，前经本院饬由司法行政部遵照委员长蒋辰剞代电意旨暨参酌实际情形，会商外交部修订呈核在案。兹据司法行政部呈拟敌人罪行调查办法修正草案到院，业经本院酌加修正，队通令遵办并分行有关机关照办及分报国防最高委员会、国民政府备案暨指复遵办并饬加紧进行完成任务外，相应抄同该办法函请查照转饬各战区司令长官部遵办，暨贵会所属其他军事机关知照。等由。附敌人罪行调查办法份。准此，除分令外合行抄发原附件，令仰遵照并转饬所属遵照。等因。附抄敌人罪行调查办法一份。奉此，复据本部第一军法监部案呈：军事委员会军法总监部本年十月一日（卅四）督一渝字第一七三号代电，为准司法行政部函送敌人罪行调查表、结文甲、结文乙格式及具结须知、敌人罪行种类表，请查照转发。经派军法官应用并饬注意罪行人及所属部队长官姓名、职位暨罪行时期（用阳历，年月日均须记明）、罪行地点（省县及小地名均须记明），各项详细填载，随查随寄。等由。准此，除分行外，合行转发敌人罪行调查表、结文甲、结文乙、敌人罪行种类表、具结须知，电仰遵照办理由，除分电外特抄发敌人罪行调查办法、敌人罪行调查表、结文甲、结文乙、敌人罪行种类表、具结须知各一份，电希切实办理。京。何应钦。酉漾。辉超。附抄如文。

附：敌人罪行调查办法（本院修正本）

第一条 关于敌人罪行之调查适用本办法之规定。

第二条 各省市（院辖市）地区敌人罪行之调查以司法行政部为主持调查机关，并由行政院分别函令左列有关机关协助办理。

甲、各战区司令长官部函请军事委员会通令遵办。

乙、各级党部函请中央党部通令遵办。

丙、各县市政府令各省市政府通令遵办。

第三条　司法行政部应指定所属地方法院检查处、县司法处及兼理司法县政府为办理调查机关。

第四条　前条办理调查之机关，应将关于调查敌人罪行之主旨及调查表等有关事项布告周知，除接受人民关于敌人罪行之申诉报告外，各该机关之检察官、审判官及承审员并应举行直接调查。

第五条　敌人罪行调查有需要外侨作证之案件，应由外交部搜集。

第六条　关于香港及南洋各地华侨所遭受之敌人罪行，由中央调查统计局及军事委员会调查统计局担任调查，并将调查表及证件迳送司法行政部审核。

第七条　高等法院检察处应即指派专员分途督饬所属调查敌人罪行，以期周密而获得有力证据。

第八条　调查人调查罪行时应详阅填表须知及调查表各附件，并应特别注意调查表内之罪行人栏，罪行人及所属长官姓名，务须详确。填写罪行人不明时，必须填明其所属长官；关于罪行人及所属长官均不明时，应就近请军事机关设法查明或将罪行人之日期、地点注明，不得漏填。

第九条　调查人应请被害人、证人具结，结文应按照具结须知办理之。

第十条　调查人调查完竣时，应迅将调查表、结文等证件送由所属地方法院首席检察官、县司法处主任、审判官或兼理司法县政府承审员。初步审核后，转报司法行政部核定。

第十一条　凡知悉敌人罪行事实或知悉被害人或证人时，不论何人得迳行填表或转请该被害人或证人填表，送请司法行政部核办。

第十二条　司法行政部对于调查敌人罪行案件经核定后，应送外交部编辑，转送战罪审查委员会远东分会。

第十三条　本办法自公布日施行。

附：敌人罪行种类表（附件一）[①]

（一）谋害与屠杀——有系统之恐怖行为

（二）将人质处死

[①] 此为《敌人罪行调查表》的附件之一，尚有附件二至四，分别为：具结须知、结文（甲）式样、结文（乙）式样、《敌人罪行调查表》式样。此处将附件二至四略去。

（三）对平民施以酷刑

（四）故意饿毙平民

（五）强奸

（六）拐劫妇女强迫为娼

（七）流放平民

（八）拘留人民予以不人道之待遇

（九）强迫平民从事有关敌人军事行动之工作

（十）军事占领期间有僭夺主权之行为

（十一）对占领区居民强迫征募兵役

（十二）企图奴化占领区居民或剥夺其公民特权

（十三）抢劫

（十四）没收财产

（十五）勒索非法或过度之捐款与征发

（十六）贬抑货币与发行伪钞

（十七）施行集体刑罚

（十八）肆意破坏财产

（十九）故意轰炸不设防地区

（二十）毁坏宗教慈善教育历史建筑物及纪念物

（廿一）未发警告且不顾乘客与水手之安全而击毁商船与客船

（廿二）击毁渔船与救济船

（廿三）故意轰炸医院

（廿四）攻击与击毁病院船

（廿五）破坏其他有关红十字之规则

（廿六）使用毒气

（廿七）使用爆裂弹及其他非人道之武器

（廿八）发布尽杀无赦之命令

（廿九）虐待俘虏与病伤人员

（三十）征用俘虏从事不合规定之工作

（卅一）滥用休战旗

（卅二）井中置毒

（选自北京市档案馆编：《绝对真相——日本侵华期间档案史料选》，新华出版社 2005 年版）

7．北平市警察局关于人口伤亡与财产损失呈文①

（1946 年 7 月 11 日）

案查前奉钧府府秘二字第七〇四号及第六三五号训令：抄发抗战损失调查办法、查报须知、实施要点、人口伤亡及财产损失调查表，饬遵照查明具复遵办。复奉钧府府秘二字第六八八二号训令：饬迅即填报，对于民营事业财产间接损失应特别注意，并布告人民，俾众周知〔各〕，等因。奉此，遵经依照奉颁表式，饬据各分局遵办报称，以本市沦陷日久，关于抗战损失调查事项，手续纷繁，警力有限，乃至延误等语，经一再督促办理，截止上月初间，始陆续查报竣事。当经统计各项损失数目，计人口伤亡四十余名，以为数过少，恐有脱落，复经饬查续报，总计人口伤亡约二百九十九名。至公私财产损失计：民营事业财产直接损失为四六亿五五〇三七九四四元，间接损失为二七亿五二三八九〇四四元（即商业农业两部分）；市营事业财产直接损失为五三〇三九一元（公路部分、北平市电车公司）；市立及私立学校财产直接损失为五八九五四九九元，间接损失为六七三二〇一二元。本局及所属机关财产间接损失为一〇六七〇六五六四元，并将本市沦陷及克复情形分别列表填报，除仍督饬所属各分局随时注意查报，并刊登本局调查抗战损失新闻，俾众周知，如有续查必要时，再发布告外，理合将奉令调查抗战损失经过情形，分别列表填报，并附呈该项调查表十三项，每项二份，一并备文呈请鉴核！

（北京市档案馆藏，档号 J181—14—685）

---

① 此为 1946 年 7 月北平市警察局给北平市政府的呈文。

8. 北平市抗战期公私财产损失统计图

（1946 年 8 月）

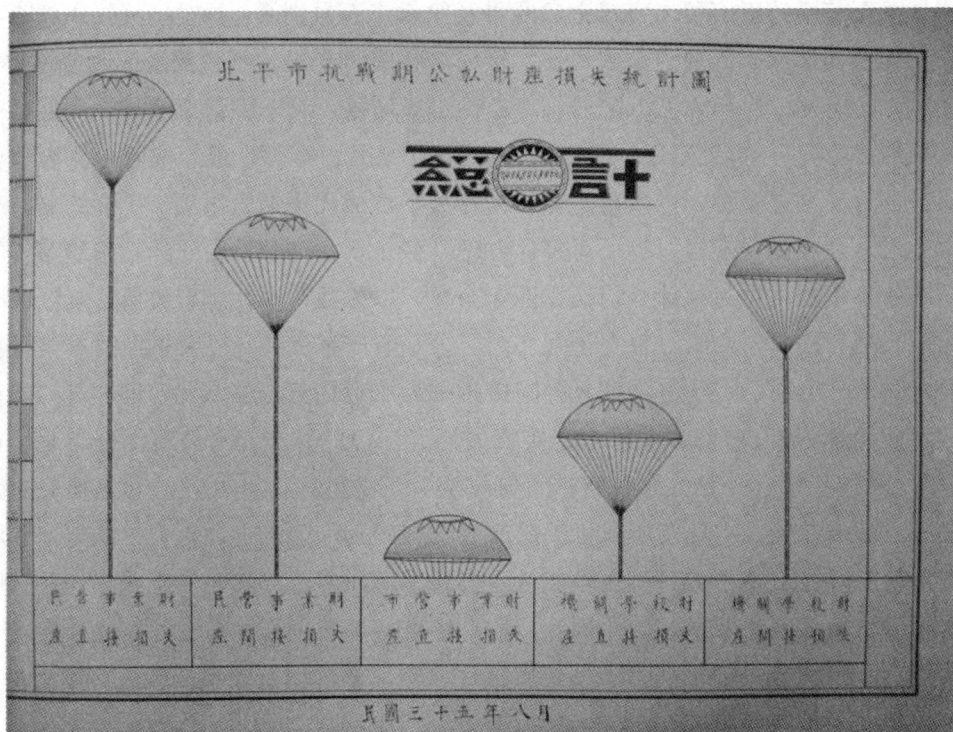

（北京市档案馆藏，档号 ZQ12—2—294）

9. 北平市警察局敌伪时代募集劳工情形及苦待损失调查统计表①

北平市政府警察局呈文

（1946 年 11 月 9 日）

警行治字第〇〇四七九号

案查前奉钧府府秘二字第六〇九号密训令，为调查沦陷区人民在抗战期间，被敌强迫工作，或派至外国各地服务之人数，及其苦待之损失数字饬详确查明，列报核转，如一时调查不及，先将约数查明报核一案，遵于本年八月二十二日会同社会局先将查得约数签请钧府核转在案。兹复饬据各分局，将上项详确数字列报前来，共计被迫劳工三千七百二十七名，苦待损失四亿六千五百二十三万八千元，理合造具清册签请鉴核。谨呈

市　长　何

副市长　张

(附清册一件表一份)

北平市警察局局长　汤永咸

---

① 此为北平市警察局关于北平市劳工强制情况给北平市政府的呈文及报表，统计范围为当时北平辖区。

北平市警察局敌伪时代募集劳工情形及苛待损失调查统计表
(1946 年 11 月 9 日)

分局别	募集劳工数目（人）	苛待损失数目（元）	备 考
内一分局	二〇四	二四四八〇〇〇〇	
内二分局	五〇	六〇〇〇〇〇〇	
内三分局	七〇	三一七〇〇〇〇	
内四分局	七六	一〇〇二四〇〇〇	
内五分局	七〇	二八二七〇〇〇	
内六分局	七四	八八八〇〇〇〇	
内七分局	二四	四〇八〇〇〇〇	
外一分局	八八	一〇五六〇〇〇	
外二分局	二八七	二二〇三八〇〇〇	
外三分局	一八〇〇	二一三三六〇〇〇〇	
外四分局	六九	一〇一八〇〇〇	
外五分局	六九	四一四〇〇〇〇	
郊一分局	九四	一六二〇八〇〇〇	
郊二分局	九四	一一四六四〇〇〇	
郊三分局	四三	五一六〇〇〇〇	
郊四分局	五三	四二三〇〇〇〇	
郊五分局	六五	九七〇〇〇〇〇	
郊六分局	一五二	六六五〇一〇〇〇	
郊七分局	一六〇	一九五二〇〇〇〇	
郊八分局	一八五	二二二二〇〇〇〇	
合　计	三七二七	四六五二三八〇〇〇	

（北京市档案馆藏，档号 J1—6—1573）

10. 侵华日军罪行调查（摘录）^①

（1946 年）

1. 商震被敌人侵害之事实调查

结文（甲）

余谨将被敌人罪行侵害之事实述如下：

七七抗战，本人及家族随国府南迁。敌人侵占北平后，将南长街五十五号房及南长街内土地庙胡同十六号房强行占用，最后由敌楠本驻"华"大使占住。盖此八年以还，查觉房屋家具等多被盗损，所有被害情形及损失物品另详附表。所述属实。

以上所述，全系事实，并无虚假。如上项敌人罪行，将来可受法庭审判时，余愿居于告诉人或证人之地位。倘有虚伪，愿受诬告或伪证之处罚。此结。

具结人姓名　商震　性别　男　年龄　五十五岁

籍贯　浙江绍兴人　职业　国民政府参军长

住址　现住南长街五十五号

陈述前已告以具结之意义，及诬告伪证之处罚。陈述后，又令具结人阅览并向其朗读，经承认无异。

调查人姓名　汤永咸　性别　男　年龄　四十二岁

籍贯　山东滋阳人　职衔　现任职北平市警察局局长

住址　现住本局

中华民国三十五年八月四日具结

结文（乙）

余谨于亲见敌人罪行之事实，据实陈述如下：

民二十六年七七事变，商震先生及其家族随同国府南迁。本人因看管房产未

---

① 此为 1946 年初河北省高等法院、北平市政府等部门奉令调查日军罪行的一组《敌人罪行调查表》摘录。

能随往。敌人入平后，即将商先生所有南长街五十五号房及南长街内土地庙胡同十六号房强占，最后为敌楠本驻"华"大使占用。本人为商宅产物管理责任者，所有另表填报损害情形俱属事实不伪。

以上所述，全系事实，并无虚伪。如上项敌人罪行，将来可受法庭审判时，余愿居于告诉人或证人之地位。倘有虚伪，愿受诬告或伪证之处罚。此结。

具此人姓名　高德纯　性别　男　年龄　七十九岁

籍贯　北平人　永久住址　住南长街五十五号

陈述前已告以具结之意义，及诬告伪证之处罚。陈述后，又令具结人阅览并向其朗读，经承认无异。

调查人姓名　汤永咸　性别　年龄　四十二岁

籍贯　山东滋阳人　职衔　现任职北平市警察局局长

住址　现住本局

中华民国三十五年八月四日具结

2. 时际雍被敌人侵害之事实调查

结文（甲）

余谨将被敌人罪行侵害之事实述如下：

缘民国二十六年八月初间，敌寇进入北平时，强将民所有内三区铁狮子胡同三号及甲三号之房完全占用作为军司令部，勒令民于两小时内搬出，民惨被蹂躏，令仅带出随身所用之物，其余所有家具、衣物以及民在前开之房内所开时子和医院所有药品与一切设备一概未准运出，并被迫成立租约，每月仅给无几租金。现在该房虽经收回，大部多被敌寇甲第一四〇〇部队损毁，所有家具、药品等亦均予毁损无存。是民所受损失之奇重及所值价额为数之巨均详见附单，请求令敌寇按单列数额如数赔偿。

以上所述，全系事实，并无虚伪。如上项敌人罪行，将来可受法庭审判时，余愿居于告诉人或证人之地位。倘有虚伪，愿受诬告或伪证之处罚。此结。

具结人姓名　时际雍　别号子和　性别　男　年龄　六十四

籍贯　热河朝阳　职业　西医　住址　铁狮子胡同三号

陈述前已告以具结之意义，及诬告伪证之处罚。陈述后，又令具结人阅览并向其朗读，经承认无异。

调查人姓名　汤永咸　性别　男　年龄　四十二岁

籍贯　山东滋阳人　职衔　现任职北平市警察局局长

住址　现住本局

中华民国三十五年八月七日具结

结文（乙）

余谨将亲见敌人罪行之事实，据实陈述如下：

今结得时际雍所有内三区铁狮子胡同三号及甲三号之房确于民国二十六年八月初间被敌寇强占作为军司令部，勒令其于两小时内搬出，仅带出随身所用之物，其余所有家具、衣物以及其所开之时子和医院内所有药品与一切设备均未准运出，该房大部被敌寇甲第一四〇〇部队予以损毁，家具、衣物亦均被其毁损无存，损失奇重，确属实情。

以上所述，全系事实，并无虚伪。如上项敌人罪行，将来可受法庭审判时，余愿居于告诉人或证人之地位。倘有虚伪，愿受诬告或伪证之处罚。此结。

具结人姓名　翟兴权　性别　男　年龄　四十

籍贯　北平　　　职业　商　永久住址　内三区弓弦胡同三号

陈述前已告以具结之意义及诬告伪证之处罚。陈述后，又令具结人阅览并向其朗读，经承认无异。

调查人姓名　汤永咸　性别　男　年龄　四十二岁

籍贯　山东滋阳人　职衔　现任职北平市警察局局长

住址　现住本局

中华民国三十五年八月七日具结

3. 富保衡被敌人侵害之事实调查

结文（甲）

余谨将被敌人罪行侵害之事实述如下：

兹前北平市工务局局长富保衡于七七事变后，不肯附逆，坚决辞职，仓卒携眷避往天津，致触敌伪之怒，故于二十六年九月十四日经日本宪兵偕同警察等，先将其赁居平市东四四条二十七号寓所各屋尽行上锁加封，临走带去十一灯收音机一架、大座钟一架。嗣复由伪北平市署公私产业委员会派遣日本顾问（即嘱托）守谷、对马二人率领该会职员数人会同该管内三区警员将全院二十四间房内之箱笼什物器具等件扫数没收，运往该会存放。至二十八年秋季，经该会将上项物品在中南海瀛台按逆产公开标卖。

以上所述，全系事实，并无虚伪。如上项敌人罪行，将来可受法庭审判时，余愿居于告诉人或者说证人之地位。倘有虚伪，愿受诬告或伪证之处罚。此结。

具结人姓名　富保衡　性别　男　五十四岁

籍贯　吉林　　　　　职业　赋闲

住址　住天津旧租界伦敦路爱丁堡里五号

陈述前已告具结之意义，及诬告伪证之处罚。陈述后，又令具结人阅览并向其朗读，经承认无异。

调查人姓名　陈焯　性别　男　年龄　五十三岁

籍贯　浙江奉化人　职衔　现任职北平市警察局局长

住址　现住本局

中华民国三十五年一月二十九日具结

结文（乙）

余谨将亲见敌人罪行之事实，据实陈述如下：

兹前北平市工务局局长富保衡于七七事变后，不肯附逆，坚决辞职，仓卒携眷避往天津，致触敌伪之怒，故于二十六年九月十四日经日本宪兵偕同警察等，先将其赁居平市东四四条二十七号寓所各屋尽行上锁加封，临走带去十一灯收音机一架、大座钟一架。嗣复由伪北京市署公私产业委员会派遣日本顾问（即嘱托）守谷、对马二人率领该会职员数人会同该管内三区警员将全院二十四间房内之箱笼什物器具等件扫数没收，运往该会存放。至二十八年秋季，经该会将上项物品在中南海瀛台按逆产公开标卖。

以上所述，全系事实，并无虚伪。如上项敌人罪行，将来可受法庭审判时，余愿居于告诉人或证人之地位。倘有虚伪，愿受诬告或伪证之处罚。此结。

具结人姓名　李鹏锦　性别　男　年龄　五十四岁

籍贯　河北隆平县　职业　经商

永久住址　护国寺街八十二号亚惟车行

陈述前已告以具结之意义，及诬告伪证之处罚。陈述后，又令具结阅览并向其朗读，经承认无异。

调查人姓名　陈焯　性别　男性　年龄　五十三岁

籍贯　浙江奉化人　职衔　现任职北平市警察局局长

住址　现住本局

中华民国三十五年一月二十九日具结

4. 魏旭东[1]被敌人侵害之事实调查

结文（甲）

余谨将【被】敌人罪行侵害之事实，据实陈述如下：

敝谦牲银号系李鸣钟等出资经营，因本号有二十九军抗日军人等之存款，自七七事变北平沦陷后，不幸敝人于二十六年十二月二日被北平市外一区侦缉队第一分队将鄙人逮捕，送警察局拘留三十余日，经日本特务机关军官余村实等及伪局长潘毓桂审讯后，逼令将存款十一万零七百九十六元五角二分交出，一律没收。当时仅交五万五千七百九十六元五角二分，下欠五万五千元，因无力交付，乃以南苑地十顷名为抵押，并未收地，只将地契留置证、垦务局执照等共六纸，统被收去，始得释放，此第一次被害之实情也。继于二十七年十月五日，前门外东车站日本宪兵队又将敝人捕去，酷刑拷打，被拘留四【日】，勒令再交出存款一万零捌百五十九元四角，又客存现洋五万元一律没收，才被释放。因此，敝号遂暂行停业矣，此第二次被害之实情也。

以上所述，全系事实，并无虚伪。如上项敌人罪行，将来可受法庭审判时，余愿居于告诉人或证人之地位。倘有虚伪，愿受诬告或伪证之处罚。此结。

具结人姓名　魏旭东　性别　男　年龄　六十一岁

籍贯　河北深县　　　职业　谦牲银号

住址　外一区长巷下二条门牌二十三号

陈述前已告以具结之意义，及诬告伪证之处罚。陈述后，又令具结人阅览并向其朗读，经承认无异。

调查人姓名　陈焯　性别　男性　年龄　五十四岁

籍贯　浙江奉化人　职衔　现任职北平市警察局局长

住址　现住本局

中华民国三十五年一月三十日具结

结文（乙）

余谨于亲见敌人罪行之事实，据实陈述如下：

谦牲银号系由李鸣钟等出资经营，因该号有二十九军抗日军人等之存款，自

七七事变北平沦陷后，不幸该号于二十六年十二月二日被北平市外一区侦缉队第一分队将该号经理逮捕，送警察局拘留三十余日，经日本特务机关军官余村实等及伪局长潘毓桂审讯后，逼令将存款十一万零七百九十六元五角二分交出，一律没收。当时仅交五万五千七百九十六元五角二分，下欠五万五千元，因无力交付，乃以南苑地十顷名为抵押，并未收地，只将地契留置证、垦务局执照共六纸，统被收去，始得释放，此第一次被害之实情也。继于二十七年十月五日，前门外东车站日本宪兵队又将该经理捕去，酷刑烤打，被拘留四日，勒令再交出存款一万零八百五十九元四角，又客存现洋五万元一律没收，确未制给收据，特此出具证明，才被释放。因此，该号遂暂行停业矣，此第二次被害之情形也。

以上所述，全系事实，并无虚伪。如上项敌人罪行，将来可受法庭审判时，余愿居于告诉[发]人或证人之地位。倘有虚伪，愿受诬告或伪证之处罚。此结。

具结人姓名　张祥五　性别　男　年龄　四十二岁

籍贯　河北饶阳县　职业　前外精忠庙粉厂振源祥仁记

永久住址　前门外精忠庙粉厂十六号

陈述前已告以具结之意义，及诬告伪证之处罚。陈述后，又令具结人阅览并向其朗读，经承认无异。

调查人姓名　陈焯　性别　男　年龄　五十四岁

籍贯　浙江奉化县　职衔　局长

住址　北平市警察局本局

中华民国三十五年　月　日具结

5.济兴银号被敌人侵害之事实调查

结文（甲）

余谨将被敌人罪行侵害之事实，据实陈述如下：

查于民国二十六年、二十七年间，被日本特务机关及日本南城宪兵队将长巷上二条十一号济兴银号所有股款及抗日分子等存款以及房产家具等强行没收，并将本号东交民巷保管库内之保管箱只共计二十余只，均于强行提走。

以上所述，全系事实，并无虚伪。如上项敌人罪行，将来可受法庭审判时，余愿居于告诉人或证人之地位。尚有虚伪，愿受诬告或伪证之处罚。此结。

具结人姓名　范智达　性别　男　年龄　三十八岁

籍贯　河北深县　职业　济兴银号

住址　前外长巷上二条十一号

陈述前已告以具结之意义，及诬告伪证之处罚。陈述后，又令具结人阅览并向其朗读，经承认无异。

调查人姓名　郭珍之　性别　男　年龄　五十四岁

籍贯　北平　职衔　办事员

住址　外一分局

中华民国三十五年一月十八日具结

结文（乙）

余谨将亲见敌人罪行之事实，据实陈述如下：

查于民国二十六年、二十七年间，确系被日本特务机关及日本南城宪兵队将长巷上二条十一号济兴银号所有股款及抗日分子等存款以及房产家具等强行没收，并将济兴银号所设立东交民巷保管库内之保管箱只共计二十只，均于强行提走。

以上所述，全系事实，并无虚伪。如上项敌人罪行，将来可受法庭审判时，余愿居于告诉人或证人之地位。尚有虚伪，愿受诬告或伪证之处罚。此结。

具结人姓名　胡赞平　性别　男　年龄　三十五岁

籍贯　河北束鹿　职业员　裕华货站副理

永久住址　宣外西草厂八十九号

陈述前已告以具结之意义，及诬告伪证之处罚。陈述后，又令具结人阅览并向其朗读，经承认无异。

调查人姓名　郭珍之　性别　男　年龄　五十四岁

籍贯　北平　职衔　办事员

住址　外一分局

中华民国三十五年一月十八日具结

6. **鸿兴厚粮局被敌人侵害之事实调查**

结文（甲）

余谨将被敌人罪行侵害之事实，据实陈述如下：

民前在北平广安门外马神庙八号开设鸿兴厚粮局（聚生栈内），于廿八年十月在平绥线沙岭子积成公司买得白玉米十六万斤待运北平。讵料敌指令伪察南政厅不准起运。至廿九年春成立临时谷物委员会强收商粮以利敌军。日方负责人本兼（名不祥）顾问并利用汉奸李秀岩为会长，延至五月廿日始陆续收完，每石仅发价柒元玖角伍分，不足彼时市价（四十元）五分之一，恳请钧院派员调查，令敌按市价赔偿。按汉奸李秀岩乃宣化县集源祥粮店经理，现住本市内五区，被民控告在案，闻已畏罪逃逸。

以上所述，全系事实，并无虚伪。如上项敌人罪行，将来可受法庭审判时，余愿居于告诉人或证人之地位。倘有虚伪，愿受诬告或伪证之处罚。此结。

具结人姓名　宋述卿　性别　男　年龄　57

籍贯　河北顺义　职业　赋闲

住址　北平内五区草厂大坑十二号

陈述前已告以具结之意义，及诬告伪证之处罚。陈述后，又令具结人阅览并向其朗读，经承认无异。

调查人姓名　康万化　性别　男　年龄　四六

籍贯　察哈尔怀安县　职衔　地方法院检察官

住址　本院

中华民国三十五年十二月二十日具结

结文（乙）

余谨将亲见敌人罪行之事实，据实陈述如下：

宋述卿在广安门外南马神庙八号聚生内开设鸿兴厚粮局，于廿八年在平绥线沙岭子积成公司买得白玉米十六万斤待运北平。至廿九年春被敌伪成立之谷物委员会没收，每石仅发价七元九角五分，实不足彼时市价（四十元）五分之一。

以上所述，全系事实，并无虚伪。如上项敌人罪行，将来可受法庭审判时，余愿居于告发人或证人之地位。倘有虚伪，愿受诬告或伪证之处罚。此结。

具结人姓名　雷士元　性别　男　年龄　33

籍贯　北平　职业　粮商

永久住址　北平广安门外南马神庙二十三号

陈述前已告以具结之意义，及诬告伪证之处罚。陈述后，又令具结人阅览并向其朗读，经承认无异。

调查人姓名　康万化　性别　男　年龄　四六

籍贯　察哈尔怀安县　职衔　地方法院检察官

住址　本院

中华民国三十五年十二月二十日具结

7. 朱超翰被敌人侵害之事实调查

结文（甲）

余谨将被敌人罪行侵害之事实，据实陈述如下：

余有田地八亩，于民国二十九年被日伪华北洋灰公司无价强占。因该地确系高亢良田，倘不发生天灾，每年每亩约能收获小麦一石、杂粮一石。自系因战争所受日人损害而生之债权应受赔偿。

以上所述，全系事实，并无虚伪。如上项敌人罪行，将来可受法庭审判时，余愿居于告诉人或证人之地位。倘有虚伪，愿受诬告或伪证之处罚。此结。

具结人姓名　朱超翰　性别　男　年龄　四九

籍贯　河北良乡　职业　律师

住址　北平西城锦什坊街孟端胡同十九号

陈述前已告以具结之意义，及诬告伪证之处罚。陈述后，又令具结人阅览并向其朗读，经承认无异。

调查人姓名　康万化　性别　男　年龄　四六

籍贯　察哈尔怀安县　职衔　北平地方法院检察官

住址　本院

中华民国三十六年二月一日具结

结文（乙）

余谨将亲见敌人罪行之事实，据实陈述如下：

余确知朱超翰有地八亩，于民国二十九年被日伪华北洋灰公司无价强占。

以上所述，全系事实，并无虚伪。如上项敌人罪行，将来可受法庭审判时，余愿居于告发人或证人之地位。倘有虚伪，愿受诬告或伪证之处罚。此结。

具结人姓名　刘叔和　性别　男　年龄　四五

籍贯　河北昌平　职业　商

永久住址　北平西四三道栅栏乙十三号

陈述前已告以具结之意义，及诬告伪证之处罚。陈述后，又令具结人阅览并向其朗读，经承认无异。

调查人姓名　康万化　性别　男　年龄　四六

籍贯　察哈尔怀安县　职衔　北平地方法院检察官

住址　本院

中华民国三十六年二月一日具结

8. 人和记布庄被敌人侵害之事实调查

结文（甲）

余谨将被敌人罪行侵害之事实，据实陈述如下：

余于民国二十九年九月间自上海往北平邮寄包裹布匹五种，计九百贰拾匹（现值法币五千四百万元），于民国二十九年十月间到北平邮政管理局，被日本宪兵队派出宪兵没收，全部均行损失。

以上所述，全系事实，并无虚伪。如上项敌人罪行，将来可受法庭审判时，余愿居于告诉人或证人之地位。倘有虚伪，愿受诬告或伪证之处罚。此结。

具结人姓名　王佐良　性别　男　年龄　四十七岁

籍贯　河北省盐县城　职业　人和记布庄经理

住址　住崇外河泊厂一一三号

陈述前已告以具结之意义，及诬告伪证之处罚。陈述后，又令具结人阅览并向其朗读，经承认无异。

调查人姓名　汤永咸　性别　男　年龄　四十三岁

籍贯　山东滋阳人　职衔　现任职北平市警察局局长

住址　现住本局

中华民国三十五年十一月　日具结

结文（乙）

余谨将亲见敌人罪行之事实，据实陈述如下：

余确知友王佐良于民国二十九年九月间自上海邮寄北平布匹五种，计九百贰拾匹，于同年十月间到北平邮政管理局，被日本宪兵没收，并未取出，全部损失。

以上所述，全系事实，并无虚伪。如上项敌人罪行，将来可受法庭审判时，余愿居于告发人或证人之地位。倘有虚伪，愿受诬告或伪证之处罚。此结。

具结人姓名　吕振南　性别　男　年龄　四十七岁

籍贯　河北省冀县人　职业　德泰号经理

住址　住崇外上二条甲一号

陈述前已告以具结之意义，及诬告伪证之处罚。陈述后，又令具结人阅览并向其朗读，经承认无异。

调查人姓名　汤永咸　性别　男　年龄　四十三岁

籍贯　山东滋阳人　职衔　现任职北平市警察局局长

住址　现住本局

中华民国三十五年十一月　日具结

9. 陈树云房产被敌人侵害之事实调查

结文（甲）

余谨将被敌人罪行侵害之事实，据实陈述如下：

民在北平市西直门大街一一一号毗连北大安胡同三号之房屋，民国二十八年三月十日出租于崔墨林，该崔某转租于日人内田马吉。民国三十年八月二十五日，该日人强行租占，迫写合同，所有租金任其赏付。租占期间拆毁墙壁五座，门三个，土炕五铺。三十四年八月十五日至三十五年三月二十六日七个余月房租及电话费分文未付。

以上所述，全系事实，并无虚伪。如上项敌人罪行，将来可受法庭审判时，余愿居于告诉人或证人之地位。倘有虚伪，愿受诬告或伪证之处罚。此结。

具结人姓名　陈树云　性别　女　年龄　四七

籍贯　吉林伊通　职业　无

住址　北平市玉佛寺八号

陈述前已告以具结之意义，及诬告伪证之处罚。陈述后，又令具结人阅览并向其朗读，经承认无异。

调查人姓名　康万化　性别　男　年龄　四六

籍贯　察哈尔怀安县　职衔　北平地方法院检察官

住址　本院

中华民国三十六年二月三日具结

结文（乙）

余谨将亲见敌人罪行之事实，据实陈述如下：

日人内田马吉确系强行租占陈树云之西直门大街一一一号毗连北大安胡同三号房屋，迫写合同并拆毁墙壁五座、门三个、土炕五铺，积欠三十四年八月十五日至三十五年三月二十六日七个多月房租及电话费分文未付。

以上所述，全系事实，并无虚伪。如上项敌人罪行，将来可受法庭审判时，余愿居于告发人或证人之地位。倘有虚伪，愿受诬告或伪证之处罚。此结。

具结人姓名　常贤　性别　女　年龄　四五

籍贯　沈阳市　职业　玉佛寺住持

住址　北平市玉佛寺八号

陈述前已告以具结之意义，及诬告伪证之处罚。陈述后，又令具结人阅览并向其朗读，经承认无异。

调查人姓名　康万化　性别　男　年龄　四六

籍贯　察哈尔怀安县　职衔　北平地方法院检察官

住址　本院

中华民国三十六年二月三日具结

10. 萧焕文被敌人侵害之事实调查

结文（甲）

余谨将被敌人罪行侵害之事实陈述如下：

余前曾任师大职员，自七七事变师大遂被日寇接管，余不欲继任师大之职，故而辞退，拟开设小文具纸店，隐身糊口，遂购妥英国白报纸五十领、[，]毛太纸六十领。不料被日本宪兵队知晓，竟以该项纸张为违禁物品，除会同本区警察将纸张悉数没收外，并将余带至日宪兵队施以非刑。

以上所述，全系事实，并无虚伪。如上项敌人罪行，将来可受法庭审判时，余愿居于告诉人或证人之地位。倘有虚伪，愿受诬告或伪证之处罚。此结。

具结人姓名　萧焕文　性别　男　年龄　四十三岁

籍贯　河北昌黎　职业　保定日报社编辑兼记者

住址　保定日报社内（保定县学街四〇号）

陈述前已告以具结之意义，及诬告伪证之处罚。陈述后，又令具结人阅览并向其朗读，经承认无异。

调查人姓名　汤永咸　性别　男　年龄　四十二岁

籍贯　山东滋阳人　职衔　现任职北平市警察局局长

住址　现住本局

中华民国三十五年八月七日具结

结文（乙）

余谨将亲见敌人罪行之事实，据实陈述如下：

查萧焕文前曾任师大职员，次因日寇侵占华北，渠素常为人忠直，不愿受其利用，始力脱职责，拟开设一小型文具纸店，以隐身商界。随购妥英国报纸五十领[令]、毛太纸六十领[令]。不料日寇竟以该项纸张为违禁物品，于民卅二年一月六日会同外二区第四分驻所除将萧焕文带至日宪兵队外，并将纸张没收。

以上所述，全系事实，并无虚伪。如上项敌人罪行，将来可受法庭审判时，余愿居于告发人或证人之地位。倘有虚伪，愿受诬告或伪证之处罚。此结。

具结人姓名　堵泽生　性别　男　年龄　三十六岁

籍贯　北平人　　职业　　达生钟表店

永久住址　琉璃厂一二八号

陈述前已告以具结之意义，及诬告伪证之处罚。陈述后，又令具结人阅览并向其朗读，经承认无异。

调查人姓名　汤永咸　性别　男　年龄　四十二岁

籍贯　山东滋阳人　职衔　现任职北平市警察局局长

住址　现住本局

中华民国三十五年八月七日具结

（选自北京市档案馆编：《日本侵华罪行实证——河北、平津地区敌人罪行调查档案选辑》，人民出版社 1995 年版）

11. 第十四专区密东办事处抗战期间人民生命财产损失调查表①

(1946年)

	受损失村庄数	受损失总户数	烧毁房屋		死亡人民		破坏土地				掠夺资财粮食			损失牲畜					损失生产工具		
			间数	估价	死亡数	残伤数	沟壕	汽路	无人区	减少粮食收入数	钱财数	什物估价	粮食数	损失数 骡马	牛	猪羊	共计	估价	损失数	破坏数	估价
一区	37	11202	3898	20533610	221	33		591		1446338	1556600	22825800	932410	169	95	3551	3795	14984650	12117	5462	4613495
二区	32	324	1494	2835086000	103	39	112	386		195140	1513500	40738000	5076	89	29	920	1038	39895000	370	369	1630000
三区	28	1289	250	2500000	111	14		59		6700	1300200	1366200	420020	32	18	259	295	123130	232	130	108600
四区	20	96300	5017	10235843	200	35		10		3715940	11234	8720100	819400	262	115	2922	3081	10222550	3953	3410	1489650
五区	23	1586	3176	6771600	114	14	52	183	1616	2934890	11763300	20101100	428210	139	70	3946	3955	1810950	1884		445770
六区																					
七区	15		1542	2707200	54	13					300	16375	28985	118	10	282	410	769300			
八区																					
总计	155				803|147																

填表说明：1. 粮食以斤计算；2. 土地以自然亩计算；3. 估价应按损失时的物价按米计算折成款数；4. 此表系详细填报数字要确实。

其他损失折款：一区 3643000 元；二区 ；三区 1262200 元；四区 ；五区 658400 元；六区 ；七区 9724765 元

（密云县档案馆藏，档号 11—1—30）

① 此为冀察区第十四专区关于人民生命财产损失给晋察冀边区的报表。调查表中，粮食以斤计算，土地以自然亩计算，估价应按损失时的物价按米计算折成市数。

12. 冀东区八年来敌伪烧杀抢掠统计表（摘录）[①]

（1946 年）

表1:

类别 数目 县别	人口死亡数	粮食损失（抢掠勒索）	房屋损失	牛马骡驴损失	猪羊损失
平谷县	3650	14832000	5600	2920	30000
通 县	1965	161360000	2935	250	6400
顺义县	4435	22058000	2935	3200	7300
顺西办事处	2534	181493800	—	1800	12000
密云县	2430	274492000	12000	3900	44000
密东办事处	2346	360000	5460	2700	40000
怀柔县	2195	181490000	6300	1300	49900

表2:

类别 数目 县别	农具家具损失	被服损失	敌抓走壮丁数	碉堡公路沟墙占地	敌抓工要夫
平谷县	7180	143125	6130	48000	890000
通 县	6490	87600	7344	7200	180000
顺义县	8372	113200	4250	37000	750000
顺西办事处	5842	105400	6435	10800	180000
密云县	6498	112300	3320	43000	850000
密东办事处	6720	123400	3454	70000	170000
怀柔县	8325	125400	4350	8000	190000

（河北省档案馆藏，档号48—1—32—2）

[①] 此为冀东行署1946年上报给晋察冀边区的抗战损失统计表摘录。人口死亡数内不包括部队牺牲人数；粮食损失除包括日军"扫荡"征抢外，其余勒索款亦折成粮食计算在内。

13．日军北支（甲）1855 部队罪行证言

（1950 年 1 月 9 日、1954 年 11 月 1 日、1950 年 3 月 1 日）

卫生兵松井宽治的证词

我应召入伍，在满洲受了 3 个月的步兵训练，于昭和二十年四月被调到北京，派入 1855 部队篠田队做卫生二等兵。这就是细菌武器研究所，主要培养鼠疫菌和跳蚤，准备对苏作战。这个华北派遣军 1855 部队，属于当时的华北派遣军总司令官前中将下村定指挥的，部队长是前军医大佐西村英二，本部设在北京的名胜——天坛的近旁，表面上做的事情是野战供水和传染病预防。工作部门设有第一课（病理试验）、第二课（菌苗制造）、第三课（细菌武器研究所）。这个部队除在北京设有本部外，并在开封、天津、石家庄、张家口、青岛、太原等地设有支所，部队全体人员在 1000 名以上。

第三课设在北京国立图书馆西邻的静生生物调查所内，工作是（一）大量生产跳蚤；（二）大量生产鼠疫菌；（三）结合跳蚤和鼠疫菌；（四）从飞机上散布等。这个队的队长篠田统，是京都帝国大学的教授、理学博士，是大佐待遇的军佐。在他的下面有军医将校 2 名、将校待遇军佐 3 名、卫生下士官 6 名、卫生兵 45 名，女子军佐 3 名、下士官 3 名，中国苦力 5 名，此外还有北京高等女子学校的日侨少女 10 名。

在该所的地下室内，有细菌培养室、动物室、苍蝇培养室、疟疾研究所；地下二楼全层是跳蚤培养室。

第三课根据工作内容又分第一工作室（跳蚤的生产）、第二工作室（苍蝇的生产、疟疾研究）、第三工作室（鼠疫菌的生产）、小动物（鼠）室等。在工作时间内，总是在门内加锁，时常有人值班看守。工作完毕后回到营房，关于工作内容的话是一句也不准讲的。上级吩咐过：星期天到外边走，即使遇到宪兵问起部队的内容，也不要照实回答。

……

跳蚤的发育需要黑暗及摄氏 28 度的气温和 90% 的湿度，因此，研究所二楼的窗总是关起来的，玻璃的内侧涂上了黑漆，室内经常黑暗无光。为了保持湿度，

在走廊和各房的天花板上，都吊着破布，每隔 1 小时喷雾一次，在地阶上经常贮有 2 吋的水。附于各房的水蒸气活瓣，不断输送水蒸气进房。房内整天都弥漫着水蒸气。房内摆有数列木棚，上面放着无数的汽油罐，罐内装满着跳蚤，在罐的里面，放有小笼，装有老鼠，做跳蚤的食饵。对于这些被几千个跳蚤吸血的老鼠，每天都给予食物。老鼠经过 4 天至一星期便死去，因此每天早上都要将死老鼠拿到地下室去，做养蛇室的食饵。

听说在我被调入该部队工作前约一年，那里曾进行过人体实验，有两个中国人因此牺牲了。实验内容详细情形虽不得而知，但说那两个中国人是手脚被绑起来，口里塞着东西，被装在麻袋里在白昼间用卡车从北京市内运到部队驻地，经过一个星期便死了。

还有，据我从尾崎技师那里听到的话，在 1942 年，有一次曾通宵大量生产跳蚤，运到外面去；同时，据说还进行过对空中实验，得到了圆满的结果。

8 月 9 日（1945 年）苏联参战后，细菌研究所的人员都拿起枪，出动到张家口方面去，工作停顿。

不久，到 8 月 15 日，战事便结束了。在那天正午的无线电广播 20 分钟后，队长篠田统便下令破坏细菌研究所。破坏工作持续了三天三夜，通宵达旦。在后园挖了大坑，先把跳蚤放到里面去，然后洒上汽油焚烧。重要书籍和细菌培养器具也都被烧毁了。1 万个培养跳蚤的汽油罐被卡车运走。

战争结束后第 7 天，我们便结束了破坏工作，到本部集中。同时又下令解散部队，把叫"北支那防疫供水部"的名称从华北派遣军的名册上涂去，所属官兵都转属到各陆军医院去。……同年 12 月，队长篠田统、军医大尉高冈满和军佐技师尾崎繁雄 3 人脱离了军籍，穿起西装，蓄起头发，扮成日侨，搭登陆艇回到日本。前兵曹长时冈孝也转归了步兵部队，同年 11 月混入其他部队回国。我在 1946 年 1 月因盲肠炎入医院，经施手术后化脓，直到 3 月尚在病榻上过日子，直到同年 4 月 4 日。因此后来的事情怎样，我便不得而知。那些细菌研究所的干部恐怕没有一个成为战犯嫌疑犯，全体都回国了。

长田友吉①的笔供

1943 年 7 月，我以卫生兵长身份参加了河北省北京西华北卫生部候补下士官

---

① 长田友吉，日本东京都神田区人，高等小学高等科毕业，1942 年 2 月至 1945 年 7 月侵入中国，先后在日军第 59 师团 54 旅团任卫生二等兵、一等兵、上等兵、兵长、伍长、军曹等职。

教育队受训，同时受训的约有 200 人。根据教育队队长某军医中佐的命令，出差到北京天坛华北防疫给水部西村部队参加细菌检索训练。当时，西村防疫给水部设有细菌试验室，约有 10 个房间，其中有细菌培养室、灭菌室、显微镜检查室和材料室。

一天，我和几名同事一起进入霍乱菌培养室。室内有一个高 2 米、长 1.5 米、宽 80 厘米的大灭菌器，其中装着 5 个高 30 厘米、长 50 厘米、宽 30 厘米铝制霍乱菌培养器。这时，正在细菌室值班的某军医中尉指着培养器向我们解释说："这里面培养着难以数计的霍乱菌，有了这些霍乱菌，就可以一次把全世界的人类杀光。"这一事实足以证明日本帝国主义在全中国的领土上培养散布细菌，大量屠杀中国人民的严重罪行。

1943 年 8 月，由于日本侵略军华北方面军西村防疫给水部散布霍乱菌，霍乱在北京市内外发生蔓延。当时我以卫生兵长的身份参加华北卫生部候补下士官教育队，和同事 200 名，以及北京第二陆军医院、西村防疫给水部的军医、卫生下士官、卫生兵等 50 人，总共 250 人，侵入北京市内外，试验霍乱菌的繁殖力。当时，我同西村防疫给水部的某军医中尉和一名翻译，闯入北京市内北安门附近的一个中国人洋车夫的家里。这家的男主人年约 40 岁左右，因患霍乱，倒在地上用微弱的声音求救。军医立即将可检物装入试管，并命令我们："他如果爬出去就会散布细菌，快把门关上！"我把这个痛苦万分、企图挣扎着站起来的中国人踢到一旁，用粗草绳把门从外面牢牢地绑上，把这个中国人关在家里，让他死去。

另一天，我为了搜索霍乱患者，闯入北京城东的一户民宅。这家也有一名 40 岁左右的中国男人因患霍乱倒在地上，用微弱的声音呼叫着，挣扎着。当我来到这个中国人的身边时，他一下拉住我的手，那只手冰冷冰冷的，我又是怕又是气，把他打倒在地，用放在门口的一条麻绳牢牢地把门绑上，让中国人死在房里。用上述方法，我自己杀害了两名中国的和平人民，集体屠杀了 300 名中国的和平人民。

夏绰琨关于日军占据静生生物调查所及其撤退情形见闻

1941 年 12 月 8 日早晨 8 点钟的时候，日本军 1855 部队的筱田队，强占了静生生物调查所。事前一年中（或有两年中）该队长筱田统就时常前来参观，他自称日本京都帝国大学教授，并研究昆虫学。来所里的时候，往往是与我们所里昆虫部门研究人员谈谈。据我们看来，该筱田亦俨然学者风度，文字方面可能通达数国，英语、法语说得都相当流利，身材很长，鼻子很高，我们常说他像是一个日本和法国人的混血人种，年岁在 40 左右。那天早晨 8 点钟，篠田亲自率领 10 名士兵闯进本所，首先一方面将本所已经上了班的员工加以监视，另一方面使兵士把守大门，不准我们陆续来所上班的员工再进门去。经过两小时后，将被监视的员工亦放出，而留下工友 6 人为他服务。过了几天工夫，他便传知我们离所的员工，各自写履历片一张，并各自声明是否还愿意继续服务。又过一星期后，指名召回我们干部 10 余人，借继续任用为名，强迫操作劳役，将静所楼房上层室内东西搬至下层。一方面于谈话中询问本所内部情形，如此 10 天，大概将本所情况了解清楚，即下令又将本所员工全体解散，仅留下机器匠 4 人，花匠 1 人及工役 1 人。

在篠田队占据本所的 4 年之间，他的内部设施与工作情形，以及行动，都是非常诡秘。据我们的旧工友高德成和机器匠门子华等（日本留用的）所说：静所楼房上层，绝不准中国人上去，他们日本人上去的时候也要有一定的符号，并需要更换衣服。平时凡有物品运入或运出，必先将中国人驱使回避。楼里平常温度很高，一年中仅有 1 个月停止暖气。查静所暖气水电等设备，系与北京图书馆（东邻）合作，机器房装备规模很大，大部分暖气水电为图书馆使用，静所只用一小部分已足。在篠田占据本所的 4 年间，他将全部暖气霸占，将图书馆使用的路线截断，丝毫暖气不与放通过去。楼上窗玻璃涂有绿色。篠田与天坛方面往来频繁。1945 年 8 月日本投降，该篠田队闻讯惊慌，大肆烧毁其机要文件，据四邻看见，焚烧有三天三夜，火烟未息。

同年 10 月中旬，某奉命接收静所，一进大门，便见庭院中间有一大坑，面积可有 1 亩，坑内尚有焚烧灰烬，破碎玻璃，及破煤油桶等物。日兵约 10 人，正在移土填埋此坑。待进楼中查视，则楼房上层各室皆空空如也，有日兵数名，正用喷雾器喷刷墙壁；中层各室，除图书室等外，余亦多是空空；下层各室，多满积静所原有物品。及招见日兵负责人，出面接洽者为斋藤诚，称系一五一兵站医院代表人，事前篠田队移交给他来负责任。问以篠田何往，答不知走向，凡有接触，日兵维恭维敬，驯顺非常。某待之亦和平。数日后斋藤报称：篠田本人住在西直门外万寿寺中。某即使招之来所谈话。篠田与某见面时，第一句话先说"日本人大大觉悟。"问他静所中有无危险性质物品存在，答说"绝对没有"。从此即点查静所一切财产，发觉损失甚大，交涉重点都注意在追索损失上了。经过 3 个月的时间，于次年 1 月下旬，始将移接手续办理完竣，日兵 20 名遂即撤走。在此 3 个月中，日兵已将土坑填平，各室墙壁喷洗，破坏门窗玻璃代为添装。

日军撤退后，本所开始整理一切，在清理中间，发现篠田队使用本所楼房平面设计图一张，示明楼的上层各室具为饲育室，又发现〔兵要〕生物照相一册。近于两个月前本所迁址，又经一次大清理，无意中发现日人留下的跳蚤蚊虫等照相数百张。在静所之损失中，最关重要者，是本所原有财产目录不见了。经向日人索要，不能献出。某迫他甚急，不得已，他声明已被烧毁了，并具有声明书交来。此声明书出名人为日军华北派遣军经理部，当时此机关为日军办理移交的最高机构。

　　嗣后再查日人留在静所的设施，计有很严密的房子一间，无窗而有双重门，门缝统有绒布垫紧，似冷藏用的地窖一室，入口曲折，有相当深度，洋灰水池一个，长丈余，宽五六尺，深亦有五六尺。

　　（选自中央档案馆等编：《日本侵略华北罪行档案·细菌战》，河北人民出版社 2005 年版）

14. 王家山惨案战犯庭审记录（摘录）[①]

（1956 年 6 月 12 日）

对被告人船木健次郎在河北省宛平县王家山村（现属北京市门头沟区斋堂镇辖区）杀害中国居民的犯罪事实进行调查。

（船木健次郎，男，1897 年 11 月 20 日生，日本富山县人。日本陆军士官学校第三十一期毕业。在日本侵略中国战争期间，任日本陆军独立混成第一五旅团第七七大队中佐大队长，第一三七师团第三七五联队大佐联队长等职。日本侵华战争结束后，于 1945 年 8 月 15 日被逮捕。经中华人民共和国最高人民法院特别军事法庭审判，以战争犯罪，于 1956 年 6 月 19 日被判处有期徒刑 14 年。1957 年 5 月 11 日被提前释放。）

审判员：船木健次郎，起诉书上控告你的部队在河北省宛平县王家山村杀害和平居民的事情是不是事实？

船木健次郎：是事实。

问：你把杀害的情况讲一讲。

答：在宛平县王家山村把 50 多名和平居民关在一个屋子里，然后对这些居民点火烧，最后烧死了 42 个人。

公诉人王宝祺：审判长，审判员，被告人船木健次郎所属部队在河北省宛平县王家山村纵火烧死和平居民 40 余人的惨案是非常残忍的，现在我请求法庭传被害人的亲属王文明到庭作证。

审判员张向前：传证人王文明到庭作证。你叫王文明吗？

王文明：是，我叫王文明。

问：你是哪个村的人？

答：王家山村的。

问：你把船木健次郎部队在你村残杀中国居民的情形讲一讲？

答：日本鬼子在我们山村杀害人时我 13 岁，被害的经过和事实我还全记得。1942 年 12 月 12 日拂晓时，日本鬼子分两路包围了我们村，被我村的岗哨发觉，

---

① 此为中华人民共和国最高人民法院对日本侵华战犯船木健次郎审判记录的摘录。

就打了一枪。因这时我村居民张巨银正在井上打水，听到枪声后，就跑回去通知了居民们说："枪声响了！日本鬼子来了，快跑！"青壮年们就不顾一切地丢下了父母、妻子和孩子逃走了。天亮了，鬼子们一面向村里打枪，一面对村子进行包围后，就以开会为名，挨门挨户地把老百姓赶到大街上，鬼子问老百姓："你们冷不冷？"老太太们答："冷"。鬼子就把老太太和小孩子赶到乡长家的一所房子里。这时外面还有几个老头，其中有王天柱、王天宝、王天振、王天堂、王天文等人，日本鬼子就对他们用脚踢，用枪把打，把这些五六十岁的老头赶到街中间的一条流水沟里，把机枪支在沟边上，问他们八路军到哪里去了？今天是谁打的枪？谁把日本军的电线割断了？那些老头都说不知道。日本鬼子从这些老头嘴里没有得到情况，又去问被关在房子里的老太太和孩子。日本鬼子用残暴的手段逼供，当时灶上锅里有稀粥，鬼子把稀粥浇在这些手无寸铁的老太太和妇女、儿童们的头上和脸上，烫得大人喊、小孩哭，鬼子还追问，没有人答声。鬼子见什么也问不出来，就出去把门关上，用刺刀和机枪封住了门窗，把点上火的一捆捆谷草扔到屋里去。屋里原有一缸水，开头人们用水把扔进来的火扑灭，后来缸里没水了，火在屋里便烧起来了。屋里的人乱叫喊，鬼子不停地把一捆捆草扔进屋里，大部分人都被呛得昏迷过去。当时有一个老太太叫贾太兰，将一个名叫黑刀的小姑娘从后窗扔出去，接着又把她的儿子王文茂扔出去。她也跟着跳出去了。跟着跳出去的还有李万丰、刘景风、王文立、朝晓强、王文立弟弟王庆五、王庆邦等人。跳出来的人就去找水灭火救人，一看房子已经烧塌了。被关在里面的全都被烧死了。我亲眼看见王文邦是最后跳出来的一个，他身上衣服烧光了，头发也烧没了，他的皮肤烧得糊黑流油，痛得他乱蹦乱跳，过了没有几个小时他就死了。一共烧死了 42 个人。都是这些日本鬼子放火烧死的，其中有我五婶娘，我的三个妹妹，一个姐姐，一个弟弟。当时我五叔有病，我五婶娘被烧死后，由于没人伺候，他就死了。我的邻居王文才一家五口被烧死了四口，有王文才的媳妇，两个闺女，和他们的一个学生。最后我去找五婶的尸首时，她的嘴已全部烧没有了，肚子烧爆了，还有好多看不出是谁的尸首，这些完全是我亲眼看到的。这些日本鬼子杀死我们的亲人，（证人哭泣）我要求法庭对这些惨无人道的野兽严加惩办。

问：你讲的都是事实吗？

答：完全是事实。

审判员：船木健次郎，刚才证人所讲的，你承认都是事实吗？

船木健次郎：全部是事实。

问：你对这种行为应负什么责任？

答：我应负全部责任。

调查结论：

1942 年 12 月，被告人以大队长身份，指挥命令所属部队在原河北省宛平县进行"警备"，他的所属部队在该县王家山村（现属北京市京西矿区），将老人、妇女和儿童 52 人关在屋内纵火焚烧，其中王文喜、李有梅、王老棉等 42 人惨被烧死。这项犯罪事实，已为被害人王淑兰、王秀云、王文茂三人和被害人亲属王文明、王天吉等 21 人的控诉，当地居民王天然、贾振声等 22 人的证词和侦查中的调查材料所证明，被告人也供认不讳。

（选自王战平主编：《正义的审判——最高人民法院特别军事法庭审判日本战犯纪实》，人民法院出版社 1991 年版）

四、大事记

1933 年

3 月 10 日　侵华日军主力第 8 师团及骑兵第 2 旅团向密云古北口发起进攻，中国守军第 17 军第 25 师奋起抵抗。12 日，第 25 师因势单力薄，撤退至南天门，全师伤亡 4000 余人。以古北口为中心的东西沿线长城因日军炮火轰击，墙体多处倒塌。日军进关后为便于汽车通行，拆毁古北口镇城北门外的瓮城和古北口（铁门关）关城的南北两座城门。

同日　日军杀害密云古北口镇胡同沟村村民孙焕、孙凤亮、陈君、陈贵仓、何双合、赵得保 6 人。

4 月 14 日、26 日　日军两次闯入密云古北口镇西南的潮河关村，杀害村民 83 人，烧毁房屋 360 间，将家畜家禽掠夺一光。

4 月 16 日—18 日　日军出动飞机轰炸密云石匣镇和密云县城，炸死烧死平民 250 多人，炸毁烧毁房屋 230 余间；飞机还炸毁了建于明代的鼓楼、真武庙和建于清代的清真寺等建筑。

4 月 28 日　日军由通州古城村炮击通州城，炸死炸伤平民 40 多人，炸毁清真寺大殿和民房数百间。

5 月 19 日　日军 12 架飞机轰炸平谷县城，炸死炸伤平民多人。

5 月 23 日　日军飞机在怀柔渤海所村炸死村民 19 人，炸伤 10 人。

1936 年

1936 年　伪冀东防共自治政府在通县县城外强征民地数百亩建飞机场。

同年　日军开始修建通（州）古（北口）铁路，1938 年 3 月建成，成为日军侵略华北的又一通道。大量耕地被侵占、房屋被拆毁，1.2 万名百姓被强制去修路。

1937 年

7 月 7 日　驻丰台日军在龙王庙附近演习，诡称一名士兵失踪，强行要求进入宛平县城搜查，在未得到中国方面答复之前，即开始进攻，中国军队奋起抵抗。卢沟桥事变爆发，中国人民抗日战争从此全面开始。

7 月 27 日　日军第 20 师团在师团长川岸文三郎指挥下，侵占大兴县团河村，将中国守军第 29 军所办的一个残疾人工厂 200 余工人驱赶到团河行宫北门外，用机枪全部射杀。

同日　日军占领大兴团河行宫附近各村，进行血腥屠杀。在团河村枪杀 4 人、烧毁房屋 12 间，在济德堂村砍杀村民 18 人、伤 1 人，在西毓顺村先后枪杀 16 人，在瀛海庄村杀害村民 23 人，在西红门和南顺堂村挑死村民 16 人，在永丰庄烧死 5 人。两天之内，团河村一带被日军杀害 80 余人。

同日　日军进攻昌平小汤山，中国守军第 29 军的一个连奋起抵抗，全连官兵除 9 人撤离，全部阵亡。

7 月 28 日　日军第 20 师和驻屯步兵旅突然从东、南、北三面向南苑发起进攻，中国守军被迫仓促应战。在 5 个多小时的惨烈战斗中，中国守军伤亡 2000 人以上，副军长佟麟阁、第 132 师师长赵登禹壮烈牺牲。日军对南苑的野蛮进犯，致使正在接受军事训练的学生死亡 800 多人。

同日　日军飞机轰炸海淀西苑，多处民房被击中，居民财产损失约值 258587 元。

同日　日军进攻海淀清河镇，杀害清河及周边东北旺村、后厂村等地居民 40 余人。镇里多处民房被日军炮弹击毁或烧毁。

同日　日军侵占清河制呢厂。该厂是北京地区最早的毛纺企业，被日军侵占后被迫为日军生产军用品。

7 月 30 日　日军在海淀黄庄、蓝靛厂村和东冉村一带，杀害当地居民和警察 30 余人。

7 月 31 日　日军从香山沿西山南下，在门头村、巨山村、北辛庄等地杀害村民 10 余人。

7 月　日军"驻华大使"楠本强占时任国民党军第 32 军军长商震位于南长街 55 号和南长街内土地庙胡同 16 号等处的房屋。抗战胜利后收回时，房屋、家具等被盗损残重，仅修理房屋就花费法币 5133 万元。

同月　日军侵入延庆松树沟村，烧毁房屋 200 间，抢走牲畜 20 头。

8 月 8 日　日军驻北平司令官河边正三率领 2000 多人进驻北平城，先后占据天坛、旃坛寺、铁狮子胡同 1 号及北京大学、清华大学等院校。

8 月 8 日—26 日　南口战役爆发。中方投入兵力总计约 6 万人，日军投入总兵力两个半师计 7 万余人，炮 300 余门，并有大批飞机、战车参战。中国守军在南口地区与日军激战半个多月，使日军遭受重大损失，自身伤亡达 16643 人。南口战役是卢沟桥事变后国民党正面战场的第一个大战役。

8 月 15 日　日军在房山制造开古庄惨案，将 40 余人驱赶到井边并蒙上眼睛，用刺刀挑死后推到井里。

8 月 17 日　日军掠夺故宫、颐和园的大批文物。

8 月 18 日　日军在大兴西麻各庄挑死村民 10 余人。

同日　日军进犯昌平县溜石港村，屠杀村民 37 人，烧毁房屋 440 间。

8 月 19 日　日军在昌平马刨泉村杀害村民 43 人，烧毁房屋数十间，抢走、打死牲畜几十头。

同日　日军侵袭昌平老峪沟村，屠杀村民 16 人，烧毁房屋 300 多间。

8 月 20 日　日军在昌平禾子涧村残杀村民 13 人。

同日　日军进犯房山区坨里村，杀害村民 128 人。

8 月下旬　日军侵入大兴南各庄一带村庄，在太子务村活埋 1 人，在北张华村挑死 2 人，在西胡林村枪杀 6 人。

8 月　北平沦陷后，朝阳区双桥（491）电台被日军占领。电台占地 500 亩，房屋 8 座，安装有 100 千瓦中波屏道发射机。

同月　北平民国学院被日军劫去图书 59836 册，约值 3000 元。

同月　日军侵占石景山地区，攫取石景山炼铁厂（今首钢前身）和石景山发电分厂（今石景山发电厂前身）全部资产。1938 年 4 月 10 日，日本兴中公司奉日本军部之令正式接管石景山炼铁厂，改名为“石景山制铁所”，并实施“军管理”。从 1938 年 11 月至 1945 年 8 月，石景山炼铁厂共冶炼生铁 262617 吨，大部分被日军运往日本国内。

同月　日军自大兴南苑向南进犯，在安定车站杀害 23 人。

9 月 3 日　日军进驻北京大学一院。10 月 18 日，伪北京地方维持会宣布“保管”北京大学。北京大学从此陷入日伪之手，红楼一度成为日军宪兵队本部。在日军占据的 8 年期间，北京大学的校舍和教学设备损失价值 17455.4 万元，出版组、印刷组损失价值 27465 万元，图书馆损失中外文图书计 14567 册，价值 1612.2

万元。以上三项共计损失价值 46532.6 万元。

9 月上旬 日军杀害大兴辛庄村男女老幼 22 人。

9 月 14 日 日军在大兴西玉村杀了 42 人。

9 月 15 日 日军屠杀房山定府辛庄村民 70 余人，烧毁房屋 200 余间。

9 月 16 日 日军侵袭房山平原村庄，制造坨头惨案、支楼村惨案、双柳树惨案和石楼惨案，在坨头村残杀村民 40 余人，在支楼村残杀村民 14 人，在双柳树村残杀村民 39 人，在石楼村杀害村民 37 人。

同日 日军侵袭房山县以西村庄，侵占坟庄地区，有 70 余村民被残酷杀害。

同日 日军在房山马各庄残杀村民 50 余人，烧毁房屋 20 余间。

9 月 17 日 日军侵入房山二站村，将躲在天主教堂内避难的村民 110 多人全部杀害。

同日 日军侵袭房山西长沟、双磨等村，在双磨村残杀村民 10 余人，在西长沟残杀 8 人。

同日 日军飞机轰炸房山羊头岗村，炸死村民 50 余人。

9 月 22 日 日军制造良乡惨案，残杀村民 10 余人。

9 月 日本宪兵队在西苑兵营设立战俘集中营。日军先后在此集中营关押俘虏 2.6 万多人，包括国民政府军被俘官兵、八路军被俘人员、抗日根据地的党政工作人员和普通百姓。被关押者受到残酷迫害。到 1945 年 8 月日军投降时，被释放的仅有 2500 余人。

10 月 13 日 日军牟田口部队开入清华大学，占据工字厅、古月堂、办公楼、工学院、甲所、乙所、丙所、女生宿舍、二院宿舍、大礼堂等处。此后，日军长谷川、寺内升内、多田等部队先后进驻清华。1938 年 8 月，日军占据了全部清华园。1939 年春，日陆军野战医院一五二病院进驻清华园，直至 1946 年 4 月底全部遣返为止。其间，日军对清华大学进行了野蛮破坏，造成建筑物损失价值 4335000 元，建筑附属物损失 1545000 元，图书损失 2737132 元，仪器损失 5274000 元，其他损失 174000 元。

10 月 17 日 日军在房山制造千河口村惨案，残杀村民 12 人，烧毁房屋 100 余间。

11 月 15 日 日军进犯丰台米粮屯村。全村共有 83 人遇难，其中年龄最大者 83 岁，最小的只有 7 岁，最多的一家死了 8 人，此外有 37 间房屋被日军烧毁。

11 月 日军在丰台詹庄杀害村民 28 人，烧毁房屋 128 间；在安庄、果各庄、大马村杀害村民 14 人，烧毁房屋 19 间。

11 月—12 月　日军没收前门外聚义银号第 29 军抗日将士寄存的黄金 1200 两，银圆 211000 元，存款 726574.9 元。

12 月 10 日　日军在大兴马村屠杀抗日武装兴亚挺进军,用机枪射杀 47 人,将 20 多名青壮年押送日本做劳工。次日,挺进军队长张美儒被日军抓至黄村进行酷刑折磨,后被枪杀。

12 月 15 日　日军在房山制造占庄惨案,残杀村民 26 人,烧毁房屋 128 间。

12 月 23 日　日军包围房山太和庄村,杀死村民 113 人,烧毁房屋数十间。

同年　日军掠夺西藏班禅驻京办事处全部财产,价值战后法币 24799947036 元。

1938 年

1 月 23 日　日本陆军特务机关宪兵队渡边率宪兵将位于前门外施家胡同 10 号的启明新记银号北平分号包围,殴打恫吓银号人员,掠走银号各种款项共计 102450.86 元,包括宋哲元股金 50000 元、第 29 军公私存款 26225.43 元、与 29 军有关的欠款 22893.61 元、银号现款 3331.82 元。

2 月 11 日　日伪建立中国联合准备银行,发行"联银券",统一华北的货币市场。至 1945 年日军战败,伪中国联合准备银行共发行 700 亿联银券,用隐蔽的方式搜刮了北京人民的巨额财富。

2 月 18 日　日军在房山永寿禅寺残杀 21 人,其中,僧人 7 人,村民 14 人。寺庙变成了一片废墟。

同日　盘踞在房山县城的日军进犯房山龙宝峪村,屠杀村民 31 人,烧毁房屋 124 间。

同日　日军在房山黄院村残杀村民 50 余人,烧毁房屋百余间。

2 月 19 日　日军在房山龙门口村残杀村民 19 人。

同月　日、伪军"扫荡"延庆高家窑村,烧毁房屋 100 间。

3 月　日军在海淀柳林居村一带强征土地 202.3 万平方米修建西郊机场。1943 年 6 月,日军又在西郊机场增筑"紧急工程",强征土地 430000 平方米。

同月　日军在北平西郊白祥庵村一带强征土地建立"中央农事试验场",后改名"华北农事试验场"。

5 月 5 日　日军在通州东田阳村杀害村民 8 人,烧毁 200 多户民房。

春　日军在顺义县城屠杀被俘的华北民众抗日挺进军和抗日别动游击队官兵,在城东潮白河边集体枪杀 50 余人,在南门外苇塘枪杀 20 余人。

5月—6月　日军将在卢沟桥等战场俘获的第29军等部队官兵900余人，押送到石景山炼铁厂充当劳工。有16名官兵不堪日军虐待，计划起义，泄密后被日军集体枪杀。

6月　日军"扫荡"延庆永安堡村，烧毁房屋200间，抢走牛40头，抢走村民家中所有驴、马、猪和粮食。

8月1日　日军将在北平古物陈列所等处掠夺的大批珍贵文物运往东京。

8月23日　伪蒙疆和伪满洲军占领平谷县城，大肆捕杀抗日人员。抗日救国会骨干19人被捕，其中张焕午、路清远、贾子明、董得新、安文波、刘印候、张会文7人被带到三河、蓟县县城杀害。

8月31日　日军在顺义制造冯家营惨案，屠杀村民68人、伤4人、抓走2人，并放火烧房、抢掠物资，造成冯家营村财产损失价值国币115825元。

9月　日机轰炸素有"北京敦煌"之称的佛教圣地——云居寺。此后，日机又先后于1939年9月、1940年2月轰炸云居寺。1940年秋，日军闯入云居寺，四处放火。1942年8月14日，日军再次轰炸云居寺。至此，千年古刹沦为一片废墟。

10月24日　日军在顺义焦各庄屠杀民众自发组织的青年抗日救国军，先用地雷炸，再用机枪射，共杀害35人。

10月28日　日、伪军200余人到大兴南各庄大肆烧杀抢掠，枪杀村民4人，烧毁房屋100余间，烧毁粮食6万余斤、花生5万余斤，抢走大牲畜70余头，抓走青壮年18人。当晚，日、伪军将捕获的青壮年押往礼贤村东南，用机枪射杀13人，重伤4人。

10月　日军"扫荡"延庆井沟村，杀害9人。

同年　日军以维修辽代古建筑天宁寺塔为名，将塔上各角金铜铃104个盗走，改换为铜铃。

同年　日、伪军"扫荡"延庆小川村，烧毁房屋650间，抢走粮食10000多公斤，抢走牲畜15头。

1939年

1月4日　日本宪兵队沙滩本部宪兵多人到地处大栅栏19号的广盛祥绸布店，出示该店与班禅驻京办事处的债券四纸，共4000元，勒令经理何耀鲲立即还钱。何遭毒打后于次日派人将4000元送到宪兵队。

同月　日、伪军在怀柔秋场、大地、头道梁、北湾、八道河、西栅子等村抓捕抗日救国会及滦昌怀游击队成员单国洪、杨万春等19人。其中，11人在承德监狱被摧残致死，4人下落不明，4人在日本投降后逃回。

2月8日　日军飞机轰炸平谷黄松峪村，炸死10人，炸伤数十人。

3月10日　陈树云所属西直门大街111号的房屋，被日本人内田马吉强行租占，财产损失约值法币2970000元。

4月12日　日本宪兵至通县县城东营抓人放火，烧毁房屋110余间。

4月15日　日、伪军将平谷北台头村全体村民赶到场院，杀死10人，烧毁房屋6间。

4月　日军烧毁门头沟火村房屋657间。

5月25日　日军在大兴西田阳村杀害村民10多人。

5月26日　日、伪军分三路侵袭大兴一溜营地区，四处杀人烧火。霍州营，被烧房屋36.5间；沙堆营，被烧毁房屋108间、庙2座，被杀2人；垡上营，被烧房屋110间、庙2座，被杀11人；赵县营，被烧房屋3间，被杀12人；留民营，被烧房屋200间，被杀4人；窦营，被烧房屋30间，被杀1人；白庙，被烧房屋8间，被杀1人；北蒲州营，被烧房屋120间，被杀13人；靳七营，被烧房屋18间，被杀1人；上、下长子营，被烧房屋30间，被杀8人；河津营，被杀7人；上黎城，被杀4人；沁水营，被烧房屋11间，被杀3人；潞城营，被烧房屋16间，被杀2人；宁家湾，被烧房屋60间，被杀2人；永合庄，被烧房屋59间；车固营，被烧房屋10间，被杀2人。合计，17村共被烧毁房屋819.5间、庙4座，被杀73人。

5月28日　日、伪军千余人自大兴采育镇向凤河营进犯，冀中五分区游击第三路总指挥阎墨缘率部抵抗，不幸牺牲。

5月　日军途经大兴大皮营、包头营时杀害村民22人。

春　石景山炼铁厂日本当局为把永定河水引入厂内，强逼中国工人下河作业，淹死7名工人。

6月27日　北平日伪当局开始在北平西郊开发"西郊新市区"，计划占地14.7平方公里。至1945年8月日本战败，从当地居民低价强购土地达13.6平方公里。

6月　日军烧毁门头沟沿河城房屋2000间。

8月10日　日军将雍和宫内的三座五彩牌楼（古建筑珍品，全部用金丝楠木建成）的楠木梁用水泥柱换下运往日本。

夏　日军加藤狼狗队用狼狗将抓来的 18 名中国人活活咬死。

1940 年

1 月 29 日　日军 12 架飞机轰炸房山佛子庄,炸死村民 52 人,炸伤 60 余人,炸毁房屋上百间。

3 月　日、伪军"扫荡"大安山村,残杀村民 42 人,烧毁房屋 900 余间,烧毁粮食 15 万余斤。

同月　日军"扫荡"金鸡台村,残杀村民 31 人,烧毁房屋 150 间,砍伐核桃树 50 余棵。

8 月 28 日　中共昌延县委书记徐智甫、县长胡瑛、通讯员程永忠,在昌平窑湾村黄土梁子遭伪满军突袭,英勇牺牲。

8 月　北平市爱国青年组织的抗日杀奸团被日伪特务机关侦破,50 余人被捕。其中,多人被日军判刑,牺牲在狱中。

9 月 9 日　日军集中 4000 多兵力,采取"铁壁包围"、"捕捉奇袭"、"纵横扫荡"、"反转电击"等战术,对延庆以东、密云以西的抗日根据地进行为期 78 天的"扫荡"。

9 月　日、伪军在延庆制造大柏老惨案,将村民 13 人活活砍死。

10 月　八路军晋察冀军区第 10 团第 1 营营长王亢、教导员方城指挥所部在密云县冯家峪与日军激战,伤亡 60 多人。

10 月 12 日—11 月 10 日　日、伪军分多路对平西根据地进行报复性"扫荡"。日军在房山十渡村烧毁房屋 700 多间,在前石门村烧毁房屋 100 多间,在平峪村烧毁房屋 590 间、羊棚 30 多个,并将秋林铺、莲花庵、曹家房、史家营、青土涧、西岳台、金鸡台等村的房屋多数烧毁。

同月　日、伪军将延庆后七村 300 多间民房全部烧毁。

秋　驻安定车站的日军到大兴青云店一带"讨伐",捕获村民 18 人,用刺刀挑死

冬　日军在大兴太子务村逼迫青壮年脱光衣服,泼洒凉水,冰冻折磨,并用灌凉水、火烫等酷刑折磨其中的 20 人。

同年　日、伪军在延庆大庄科残杀村民 33 人,烧毁房屋 420 间,抢走驴 35 头、牛 40 头。

同年　日军多次"扫荡"延庆马道垠村,抢走粮食 10000 公斤、牛 10 头。

1941 年

1 月 23 日　驻南口日本宪兵队以清查户口为名，从怀柔西四渡河村抓走 36 名青壮年，并于 25 日押往南口。其中，2 人被杀害，34 人被押往承德双塔山做劳工。

2 月 4 日　日军"讨伐队"170 余人进犯丰滦密抗日根据地。八路军晋察冀军区第 10 团在白乙化团长的率领下，将日伪军诱至鹿皮关，歼灭大部敌人。战斗中，白乙化牺牲。

2 月 8 日　日军北支（甲）1855 部队所属篠田部队抢占位于文津街 3 号的静生生物调查所，将此地扩建为细菌武器研究所，生产跳蚤鼠疫细菌武器，并残酷地用活人进行实验。1944 年至 1945 年，共用 29 名中国人做细菌武器实验。静生生物调查所在被占期间共损失动物标本 30 余万件、植物标本 22 万号、图书 10 余万卷、欧美杂志 300 余种和所有家具、仪器、设备等。

8 月 2 日　驻密云古北口日本宪兵队在怀柔小黄塘村抓捕村民吕宣、郭显明等 32 人。

8 月 13 日　日本华北派遣军司令官冈村宁次调集 6 个精锐师团、5 个混成旅团及伪军一部共 10 余万人，分 13 路向对平西、北岳根据地进行秋季"扫荡"。日伪军在房涞涿根据地烧毁房屋 5000 余间，抢走粮食 4500 余石。

8 月 23 日—28 日　日军分两路侵犯房山十渡地区，将所经村庄的房屋全部烧毁。其中，八渡村被烧毁房屋 300 余间，十渡村被烧房屋 470 余间，马安村被烧毁房屋 470 余间。

8 月 24 日　日军向房涞涿根据地中心十渡进犯，八路军晋察冀军区第 9 团第 2 营一个排在八里塘进行阻击，弹尽粮绝，全部牺牲。

8 月 31 日　驻密云古北口日本宪兵队袭击上甸村、下甸村和涌泉庄，将村里的青壮年 178 人全部抓走，押至古北口。当晚，50 人被释放，其余 128 人遭酷刑折磨。9 月 7 日，日本宪兵队将 128 人押往承德监狱。其中 7 人被判处死刑，杀害在水泉沟；余者被分别判处无期徒刑或有期徒刑。至日本投降时，仅 14 人生还，其余 107 人被折磨致死。

8 月　日伪军队在怀柔汤河口、长哨营、七道河地区大肆抓捕所谓"国事犯"，先后抓去 44 人。其中，4 人被判死刑，18 人被判无期徒刑，其余被判 15 至 20 年的徒刑。

9月—11月　驻平谷南独乐河、胡庄据点的日、伪军先后7次包围南山村，恶意烧杀，共杀害村民30多人，烧毁房屋1000多间。南山村成了"无人区"。

9月　日军在门头沟杜家庄施放毒气，致使400余人中毒，其中70余人口鼻流血。

10月4日　伪蒙疆骑兵、特务队等将西羊坊村村民24人抓至延庆监狱用酷刑折磨，后枪杀10人，用狼狗咬死12人。

10月4日—12月3日　日、伪军"扫荡"丰滦密根据地。日军以密云县西部的云蒙山区为中心，在东起半城子村、西至渤海所村、南至白道峪村、北至于营子村，东西、南北各长60公里的地区制造"无人区"，实行"三光"政策，并在长城沿线以北地区搞"集家并村"，修建"部落"（俗称"人圈"）。在这次"扫荡"中，丰滦密地区共有300多名干部、战士、村民遇害，500多人被捕，10万亩山林被烧毁。

10月11日　日军胄2996部队从密云赶河厂掳走村民9人。抗战胜利后，仅有2人返回，其余7人已在安东、营口监狱饿毙。

10月13日　驻古北口日本宪兵队在怀柔大水峪村抓捕抗日救国会人员及村民杨全、姜尔康等共204人。除76人被保释或逃走外，其余128人被分批解往承德监狱"判罪"。此后，有10多人被杀害，100多人被押往东北等地做劳工。大水峪因此成了"寡妇村"。

10月16日　日军在密云孟思郎峪沟门将郭玉麟开设的吉泰祥铺房35间悉数烧毁，所有器具、货物尽毁，损失总价值为700万元。

10月19日　日军"清剿"密云郎家营村（今殿臣峪）。这个仅有24户人家的小山村，就有17名青壮年被抓往关东，投进监狱，无一生还。郎家营成了"寡妇村"。

10月25日　古北口日本宪兵队包围密云北香峪村、南香峪村和香水峪村，共抓走青壮年163人，将其中的95人以"国事犯"的罪名押送承德监狱。在95人中，有4人被杀害在水泉沟，其余被判处12年及以上徒刑。至日本投降时，除7人生还外，其余均被折磨而死。

10月28日—29日　日军"围剿"密云西白莲峪一带地区，将抓到的14名村民押至双窝铺村，推下地窖，用手榴弹炸死。

10月30日　日军将密云朱家峪、罗圈厂、石湖根等村村民33人抓到下营村，当晚分两批砍杀在该村的"万人坑"里。

同月　王永仪位于内六区草岚子11号的房屋被日本人冈本健一租用后，强行拆毁装修，损失总价值为 699.3 万元。

同月 "华北重石矿业株式会社"成立，在密云塘子、白石岭、墙子路、沙厂等矿区进行采矿，并建立选矿厂、锻造工场，就地选矿、提纯、锻造。至日本战败，共掠夺矿产资源总计约 8.76 万吨。

秋 日军在密云白马关村杀害妇女 18 人。

11 月 4 日 日、伪军 800 余人偷袭延庆西羊坊村。次日，烧毁房屋 490 间，抢走粮食约 864 石，并将青壮年 24 人关进延庆监狱，用棍棒打、点香烧、开水烫等酷刑进行折磨。同月 13 日，日军将其中的 22 人押往康庄刑场，用机枪将 10 人射杀，用狼狗将 12 人咬死。

11 月 9 日 驻密云日军胄 2996 部队将朱家峪沟门村、朱家峪村和上马厂村的 450 间房屋全部烧毁，并将村民 58 人押往下营村城后，悉数杀害。同日，日军在金鸡沟村和井儿峪村烧毁房屋 156 间，将村民 33 人押至下营村城北进行屠杀。

11 月 10 日 驻密云日军胄 2996 部队在孟思郎峪村将村中男女老幼共 35 人驱赶到一个场院内，用机枪全部射杀，后又堆上柴火，焚尸毁迹。

11 月 22 日 日、伪军包围平谷鱼子山村，用机枪射杀村民 60 多人。1942 年 2 月 15 日，日、伪军再次包围鱼子山村，捕获未及撤走的老人、小孩 30 多人，将其中的 7 个老人推进菜窖烧死，将剩下的人用刺刀挑死。抗战期间，鱼子山村共有 180 多人被日、伪军杀害，2000 多间房屋被烧毁。

12 月 8 日 日军深夜突然包围燕京大学，搜捕抗日师生。次日，日军强迫师生离校，占领燕京大学。至 1945 年 8 月，燕京大学的校舍、教学设备、图书、现金等共计损失法币 8906658.26 元。

12 月 9 日 日军在密云高庄子、东白莲峪、西白莲峪沟门等村捕杀村民 32 人，烧毁房屋 194 间，烧毁衣被、食粮、家具无数。时值寒冬，有 200 多名村民因此被冻饿而死。

12 月 "北京人"头盖骨失踪。为了保护"北京人"头盖骨不被日军抢走，在北京协和医院工作的学者胡承志和吉延卿奉命将其装箱运往秦皇岛，拟由美国轮船"哈里逊总统号"运往美国。12 月 8 日，珍珠港事件爆发，日军迅速出动，占领驻北京、天津等地的美国有关机构，并在秦皇岛拦截运载木箱的专列，造成"北京人"头盖骨失踪。

同年—1942 年 日商从昌平分水岭金矿掠走黄金七八百斤。

同年—1943 年 日商从昌平湖门村掠走锰矿石 5 万多吨。

1942 年

2 月 17 日　冀东军分区副司令员兼第 13 团团长包森在遵化县野户山战斗中被日伪军的冷枪击中，不幸牺牲。

2 月 21 日　日、伪军烧毁怀柔八道河村房屋 224 间。

2 月 24 日　日、伪军第一次火烧怀柔长园村，同年 11 月再次火烧长园村。全村 902 间房屋被烧毁 888 间，仅残存 14 间民房和 7 间小庙。

2 月 28 日　清晨，驻怀柔大地据点的伪满洲军教导队纠集当地的伪军共六七百人，向"无人区"搜山，在交界河村和石片村捕获村民 7 人，并在石片村用机枪扫射，打死 5 人，伤 2 人。

2 月　日、伪军 200 多人到延庆果树园村"扫荡"，杀害村民 7 人，烧毁房屋 75 间，抢走粮食 2 万公斤。

3 月底　日军在丰滦密地区"集家并村"、制造"无人区"的计划完成，共修建"部落"29 个，强令山地村民统统迁入指定的"部落"。随后，宣布"部落"外十里范围内允许种地但不许居住，十里之外为"无住禁作地带"。被圈进"部落"的村民，处境极其悲惨。仅 1942 年一年，白庙子"部落"400 人就死亡 160 人，而其他"部落"最少的也有 70—80 人死亡。

3 月　蓟宝三联合县的基干队和四区的干部 30 多人，集中到三河大曹庄开会，被日、伪军包围后，展开激战。除队长、区长和 10 多名战士冲出重围外，其余全部壮烈牺牲。

同月　日军在密云潮河以东地区实施"无人区"计划，将花园、大角峪、坡头、干峪沟、大岭等 20 多个村庄划作"无人区"。

4 月 8 日　八路军晋察冀军区第 10 团团部和丰滦密县政府驻地臭水坑被伪满洲军包围。战斗中，丰滦密县长沈爽等 30 人牺牲，45 人被俘。

4 月 12 日　八路军晋察冀军区第 10 团第 3 营第 9 连在怀柔西栅子旧水坑遭到日、伪军伏击，牺牲 16 人，伤 16 人。

同月　日军强迫平原区村民沿着丰滦密山边挖掘"治安沟"。"治安沟"西连昌平桃峪口，东接密云辛庄，全长 90 公里，宽 11 米，深 5 米，沟边每隔 1 华里修筑 1 座炮楼。日军无偿征用了平原区的全部青壮年，仅密云县西部平原区就有 5000 多青壮年被无偿征用，出工日累计 30 多万个。

同月　滦（平）昌（平）怀（柔）联合县十四区区长张锄非、游击队队长李凤刚、通讯员陆存在延庆柳条湾开会时，被伪满洲军包围并杀害。

5月2日 伪北京特别市公署将强行征集的 1.8 万余个"大东亚战争慰问袋"献给日军。

5月 日军强迫平谷各村村民挖"防共壕"，占用了大量土地。至 1943 年，平谷境内共挖成 3 条壕沟：一条从上宅村至峪口村，长 30 公里；一条从大华山村至胡家店村，长 10 公里；一条从稻地村至掘山头村。壕沟宽 3 丈，深 2 丈。同时，逼迫平原村群众修筑"警备路"，并在公路两旁"割青"。

春 日军多次围捕密云张家坟村抗日军民，先后杀害 11 人。

春 日军强征通县民田 2000 余亩，并强征通县、顺义等 6 县 3000 余村民，在三间房村东修建军用机场。

春 日、伪军在长城以北伪满洲国境内二道关、大地、枣树林、琉璃庙、汤河口、长哨营、喇叭沟门、碾子沟等广大山区的 498 个自然村建成"围子" 99 个，约有 3 万人被赶进"围子"。

6月17日—23日 日、伪军在怀柔西栅子村烧毁房屋 315 间，在莲花池村烧毁房屋 300 间。至此，怀柔地区庄户以东、八道河以南、石片以西、柏崖厂以北，包括西栅子、交界河、莲花池、长园、甘涧峪、神堂峪、官地等村，方圆约 100 平方公里的地带成为"无人区"。八道河全村共 150 人，从日军制造"无人区"到日军战败，有 64 人因被日伪军杀害或受冻、挨饿、得病而死。

7月初 日军为了断绝抗日根据地军民的生路，对"无人区"进行"割青"。丰滦密五区、七区三分之一的青苗被割掉，其中，密云莲花瓣、化石峪、大牛圈等村庄稼全被割光。

7月 石景山炼铁厂第一高炉结瘤，日本监工强迫中国工人冒着高温入炉扒料，当场烫死 5 人，重伤 18 人。

8月1日 日军杀害密云令公村村民 11 人，伤 2 人。

8月4日 日军将在大兴北化各庄挖壕的小押堤村村民 13 人带到大场进行拷打，后又关进屋内用毒气全部熏昏，当场熏死 4 人，幸存者也终身致残。

8月 日军从山东、冀中强征民夫 10 万余人，开始在冀东基本区挖封锁沟、筑堡垒。同时，伪满加紧在沿长城各县实行"集家并村"，制造"无人区"。

同月 日、伪军包围大兴刘各庄，逮捕永安宛固霸联合县二联区抗联主任张殿兴，押至押堤据点进行严刑拷打，并于 9 月 26 日将其杀害。

同月 驻平谷黄松峪据点的日军从平谷县金山抓来采金群众 18 人，酷刑折磨之后，押往东山坡用机枪扫射。17 人中弹死亡，1 人重伤。

同月—1945 年　日、伪军多次到延庆莲花滩村"扫荡"，烧毁房屋 300 间，抢走粮食 20000 公斤、牲畜 300 头。

9 月 6 日　驻马坊、张镇、平谷、三河和夏垫据点的日、伪军 110 多人，采取"铁壁合围"的办法包围平谷东撞村，活埋青年 7 人，伤残 60 多人，烧毁 40 余户人家的房屋。

9 月 20 日　日、伪军在平谷安固村枪杀村民 5 人。

10 月 1 日　日军在密云东庄禾村用刺刀挑死 14 名男青年。

10 月 11 日　日本宪兵及伪警多人闯入北京宏源绸庄、裕成绸庄、合记号、信隆绸缎庄、正纶绸缎庄、义同兴绸布庄、义兴绸庄等七家店铺，大肆搜检，逮捕各店经理，并没收了各商号的全部货物。

10 月 12 日　八路军冀东军分区第 6 大队第 3 中队指导员李耀庭率一个排，护送 13 名冀东学生到平西受训，在密云苍术会村西柏崖山被日、伪军包围，48 人罹难。

10 月 20 日　伪北京特别市公署将搜刮来的民财购买了 5 架飞机献给日军。

同日　日伪在北京发动第一次"献铜"运动，征收铜品 509261 斤。

10 月 24 日　日、伪军到延庆大柏老村、太安山村"扫荡"，烧毁房屋 120 多间，抢走牲畜 10 多头。

10 月 27 日—28 日　伪中国联合准备银行在日伪当局的指使下，强夺北京、天津两市内中国银行、交通银行、河北省银行、中央银行的库存白银 1094 吨，约值 5700 万元。

11 月 24 日　日、伪军把平谷苏子峪、前北宫、后北宫、井儿峪、翟各庄、西杏园、北辛庄等村村民 300 余人围在北上营大庙，三天三夜不给吃喝。第四天，把 14 人带到北上营据点，并杀害其中的 8 人。

12 月 12 日　日、伪军 90 多人包围门头沟王家山村，将未及转移的老弱妇孺 42 人关进茅屋，放火烧死。其中，老人 1 名，妇女 13 人，儿童 27 人，少年 1 人。

同日　日军包围房山曹家房村，残杀村民和八路军 19 人。

12 月 20 日　日、伪军到平谷北寨桃园村"扫荡"，在磨盘沟杀害妇女儿童 13 人。在此次"扫荡"中，全村共有 63 人被日军杀害。

同年　日军多次"扫荡"延庆菜树底下村，杀害村民 39 人。

同年　日军"扫荡"延庆红旗甸村，杀害村民 5 人。

同年　日军"扫荡"延庆果树园村，杀害村民 7 人。

同年　日、伪军到顺义梭草、年丰、大孙各庄等村"讨伐"，集体屠杀村民几十人。

同年　日、伪军对平北根据地发动较大规模的"扫荡"共 32 次，杀害村干部和村民 431 人，抓捕村干部和村民 1111 人，烧毁房屋 25581 间，烧毁和抢走粮食 3634 石、牲畜 2124 头。

1943 年

1 月 2 日　日、伪军到延庆旧县镇"扫荡"，杀死村民 20 余人。

1 月 22 日　日、伪军到顺义李家洼子村"清剿"，杀害村民 6 人，打伤 3 人。

1 月 29 日　日、伪军"围剿"平谷晏庄金矿，逮捕 47 名工人，分别押送至胡庄据点和平谷城。除 1 人逃走外，其余 46 人惨遭杀害。

1 月　辅仁大学教授英千里等因组织国民党北平市党部实行抗日建国而被捕。

一二月间　日、伪军"清剿"贤王庄，用机枪射杀 30 名青壮年，并将 8 名妇女和小孩扔进菜窖，放火烧死。

2 月 24 日　日军砍伐密云疃里村树木 1200 余株，总价值 1200 余万元。

2 月　著名相声演员常宝堃（艺名"小蘑菇"）因在电台上以相声讽刺日伪统治而被日本特务机关逮捕。

3 月 6 日　日军将密云李各庄村民 400 多人集中到村南进行逼问拷打，并将 16 人抓至大辛庄据点用酷刑折磨，后将其中的 6 人枪杀。

3 月　石景山制铁所日本当局为扩建厂房，在石景山北辛安村附近强征土地 9500 亩。

4 月 2 日　冀东军分区司令员李运昌通电揭露日军在冀东"集家并村"的罪行，指出冀东人民遭残杀者与冻饿致死者不下万人。

4 月中旬　日、伪军 300 多人袭击驻房山十渡的房涞涿县政府和八路军冀中十分区部队的指挥机关。冀中十分区第 27 团一个排的战士在老帽山进行阻击，牺牲 14 人。

春　日军将古北口 20 多名居民抓往日本做劳工，致使 17 人惨死他乡。

春夏　日军从张家口、绥远等地抓来 6000 多民工在延庆岔道挖"封锁沟"。春夏时节，日军以防治霍乱为名，将得痢疾的民工从三丈多高的岔道北城墙上推下去，扔到火坑里活活烧死。如此惨死的民工有七八百人。

6月—10月　日军在北京市（原辖区）内撒播霍乱病菌，进行细菌试验，造成市内疫情严重，市民死亡1872人。

8月中旬　日军到承兴密大小黄岩、坡头、朱家沟等地割青，毁坏庄稼7062亩。

8月24日　日伪在北京发动第二次"献铜"运动，共收缴铜品634702斤。

8月　日军将平谷、通州等地村民500多人押送日本做劳工，造成100多人死亡。

夏　石景山地区出现霍乱疫情。日军把工人中的病重者和病死者统统扔进撒有石灰的大坑。日伪"防疫队"每天在石景山制铁所门口检查，只要发现工人身体晃动，便视为有病，扔进石灰坑。至9月，制铁所逃走和死亡的工人共计5600多人。

9月　石景山制铁所强购北辛安村西部民房800多间。

10月初　日、伪军3000多人奔袭冀热边特委、行署和军分区驻地昌平东水峪一带，在东水峪等13个村庄残杀村民245人，烧毁房屋2823间，宰杀畜禽万余头（只），抢掠板栗73.5万斤、水果100万斤、粮食149万斤。

11月11日　丰滦密区队在密云南香峪北山与伪满洲军激战，区队政委王波同志牺牲。

11月　日军占领动物园，毒死狮子6只、豹2只，毁坏许多名贵花卉。

12月19日　中共承兴密县委在密云大岭召开扩大会议，被日、伪军千余人包围。县公安队、义勇队掩护县直机关转移，牺牲58名战士。

12月22日　日、伪军把平谷县安固村村民200人驱赶至老爷庙，强逼村民脱光衣服，并命令警备队泼水，长达8小时之久。2人当场冻死，50多人冻昏。

12月　伪满政府宣布完成"集家并村"任务。长城沿线上的千里"无人区"，面积约25000平方公里，人口100万，修建部落667个。

同月　日军在密云北庄村东砍死村民20人。

同年—1944年　日军在密云北对峪、南对峪、大店子等"部落"杀害村民共85人。

同年　国立北京图书馆代理馆长袁同礼向教育部报告损失，图书损失约值战前国币1000万元，现存昆明、重庆两地图书运回北平需运费工费约100万元。

同年　日军在石景山炼铁厂修建第二高炉南面烟囱，造成工人死亡7人、伤19人。

同年　日军控制下的门头沟煤矿发生数次采矿事件，造成工人死亡48人。

1944 年

1 月 6 日　驻黄松峪、胡庄、郭家屯、峨嵋山和平谷据点的日军、警备队共 500 多人，偷袭平谷黑豆峪村，围捕村民 800 多人，用酷刑进行折磨。日军共杀害村民 15 人，重伤 100 多人，冻伤 300 多老人。

2 月 2 日　驻平谷郭家屯据点的日、伪军包围上宅村，杀害村民 7 人。

2 月 10 日　驻廊坊和安定据点的日军包围大兴赵村，打死平南三联区侦察员赵恭，将通讯员李景芳等 2 人抓到廊坊，用军犬咬死。

3 月 14 日　伪北平献机委员会成立，决定强征筵席捐、娱乐捐和游兴捐，至 5 月中旬搜刮民财达 30 万元以上。

3 月 18 日　滦（平）昌（平）怀（柔）顺（义）联合县二区区长卢化民（原名韩甫）在怀柔苇店村开会时，被驻渤海所据点的日本宪兵包围并杀害。

3 月 20 日　日本宪兵逮捕辅仁大学教育学院院长张怀、文学院院长董洗凡等教授、讲师 30 余人，制造了轰动一时的华北教授案。

4 月 9 日　日、伪军 600 多人包围延庆彭家窑村，烧毁房屋 362 间，抢走大量粮食、财物、家具。

4 月 27 日　日、伪军包围平谷安固村，打死 1 人，用刺刀挑死 1 人，用凉水灌死 2 人，将 2 人扔到井里，再用石头砸死。

4 月　房涞涿县七区区委书记晋耀臣被日伪军逮捕，受尽种种酷刑后被杀害，年仅 28 岁。

同月　日、伪军到延庆水峪村"扫荡"，抢走粮食 4000 多公斤。

5 月 29 日　八路军晋察冀军区第 10 团 4 个连在王亢、曾威率领下在昌平十三陵地区与日、伪军激战，牺牲 26 人，伤 55 人。

6 月 3 日　八路军晋察冀军区第 13 团在平谷熊儿寨、北土门两村与日、伪军 1100 余人激战，击毙日军 6 人、伪军 492 人，伤伪军 62 人。13 团牺牲指战员 71 人，伤 92 人。

7 月　密云（潮）河东地区有 30 个村庄共 6235 亩青苗被日、伪军割光，约计损失粮食 827500 公斤。

夏　日军从房山县城搜抢小麦 850 吨充作军需。

9 月 4 日　平郊武工队部分队员在海淀西埠头村遭日军袭击，牺牲 6 人，被俘 7 人。

9 月　石景山制铁所为扩建厂区，低价强购山下村 53 户村民的全部住房，计瓦房 11 间，灰房 57.5 间，土房 102.5 间。

同月　国立成达师范学校（今回民学校前身）由广西桂林内迁至四川重庆，途中遭遇日军袭击。学校总务主任韩宏魁死亡，教职员工个人财产、物品损失总计约值法币 148298.2 万元。

10 月 19 日　日、伪军 200 多人在平谷太后村烧死村民 4 人，烧毁房屋 530 间，抢走粮食 5 万公斤，并烧毁建于元代的大兴隆禅寺。

10 月　日军将大兴、宛平、通州等地村民 388 人抓往日本做劳工，致使 185 人客死他乡。

11 月 27 日　驻密云后山铺伪警察捕获小西天村未进"部落"的村民 30 多人，杀害其中的 28 人。

11 月　日军将密云瑶亭村民 9 人杀害于石匣城北门外。

秋　日军在良乡县一次抓走劳工 200 余人。

12 月 28 日　日、伪军从密云、顺义、三河、蓟县等地长途奔袭，分进合击，包围平谷大、小官庄。八路军晋察冀军区第 13 团工兵连、义勇队、宣传队及地方武装顽强奋战，13 团参谋长关旭等 120 名指战员牺牲，80 多人被俘，数百名群众被打死打伤。

同年　日、伪军到延庆下营村"扫荡"，抢走粮食 2 万公斤。

1945 年

1 月 6 日　日军第 1420 部队三谷部队曹长中川无故将北平师范大学教授姜忠奎逮捕，拘押在珠市口日本宪兵队中，后下落不明。

2 月 5 日　日军第 1420 部队三谷部队将国立师范大学十数名同学逮捕，拘押在东珠市口日本宪兵队进行拷问。

2 月 18 日　日、伪军查封了黄浩位于簸箩仓 6 号的房屋，并抢走所有家具、衣服、粮食、货物、古玩、字画、书籍等财产，共计法币 490344 万元。

3 月 27 日　驻怀柔大地据点的日、伪军从八道河村、交界河村、石片村等地的深山里，捕获拒不进"人圈"的村民 27 人，集中在石片村龙潭，枪杀 15 人。

3 月 29 日　日伪在北京发动第三次"献铜"运动，共征收铜品 245969 斤。

4 月 2 日　八路军晋察冀军区第 7 团在宛平王家河滩与日、伪军展开激战，

7 团 3 名班长阵亡。

5 月 7 日　日军在通州平家疃村杀害村民 12 人。

8 月 15 日　日本宣布投降。抗日战争以中国人民的彻底胜利而宣告结束。

10 月 10 日　在北京故宫太和殿举行平津地区日军投降仪式，国民政府第十一战区司令长官孙连仲代表中国政府受降。

后 记

    抗日战争时期北京地区人口伤亡和财产损失调查是历史赋予我们的责任。这是一项政治性、学术性和现实性都很强的课题。由于这一题目涉及的时间长、地域广、内容复杂，所以，我们联合了北京市历史研究、民政、档案、文物、方志、博物馆、图书馆等相关力量，共同进行了这次调查和研究。

    本次调查肩负的历史责任重大。中华民族是勤劳、勇敢、智慧的民族，是世界上最宽容、最有忍耐力的民族，也是世界上最坚强、最不甘屈辱的民族。日本侵略者 12 年的殖民统治，使北京人民遭受了重大损失，付出了巨大牺牲。抗日战争是一场中国人民争取民族独立和解放的正义的战争。我们把历史的真相厘清，是要把是与非、黑与白、正义与邪恶告知世人。

    本次调查在感情上承受着痛苦。日军在北京犯下的罪行可谓"罄南山之竹，书罪未穷；决东海之波，流恶难尽"。调研使我们重新感受到了同胞的血泪、民族的苦难。为了记录事实的真相，我们必须注重证据和细节，看到一桩桩日军制造的暴行和惨案，我们仿佛感同身受，心情难平，噩梦常伴。

    本次调查使我们精神上受到振奋。在日本侵略者面前，中国人民从来没有退缩，有钱的出钱，有力的出力，有枪的用武器还击，没枪的以命抗争。白乙化、包森、佟麟阁、赵登禹、罗芳珪等抗日军人血洒京华大地；邓玉芬、英千里、冯运修等北京各阶层百姓，或献出亲人奔赴抗日战场，或忍受严刑拷打威武不屈，或牺牲灿烂青春之生命而毫不畏缩；沈爽、徐智甫、胡瑛等共产党人，在极其险恶的环境下与侵略者血战到底。他们是中华民族的脊梁！在他们身上体现出来的民族精神万古流芳！

    本次调查的过程是艰苦的。由于时间的久远，资料的分散，当事人的减少，使得调查的难度超乎预料。参与调查的单位选派了一批政治素质好、经验丰富、责任心强的同志。他们翻山越岭、奔波各地，多次深入山区、村落、街巷，包括去海峡的那一边寻找历史资料。他们以对前人、今人和后人负责的精神，以科学严谨的态度，以极大的耐心和毅力，不放过每条有价值的线索，体现了高度的政治觉悟和工作水平。

本次调查的结果是扎实的。为了核实一段史实、一组数字、一处地名、一个姓氏，调查人员走访问询，实地调查，推敲考证，多方核查，力求把每一个事件及过程都记述准确。我们特别注意了个案的调查与研究，由这些真实可靠的个案中得出不可辩驳的结论。通过这次调查，获得了大批的资料，开始了对相关数据的统计和梳理，对一些重要历史事件做了研究和探索，所有这些都是对北京抗战史研究的巨大推动。

陈静负责本书的组织与统稿；周进统筹书稿的编选及编辑、校对；李自华、许赤瑜负责区县稿件的联系、编辑和大事辑要的编选。周进、李自华、许赤瑜、赖生亮对《北京市抗日战争时期人口伤亡和财产损失调研报告》中的人口问题，日军制造惨案的次数与平民的伤亡人数，中共领导的抗日军队与地方武装的作战和人员伤亡情况，以及抗战时期平民房屋损失问题进行了全面汇总，并根据统计学、社会学、档案学、历史学的相关方法及原则进行了初步归纳。常颖、陈丽红、冯雪利对调查报告中的内容和数字做了认真的核实与校正。乔克对书中注释逐一进行了查核、补充与完善。

本书编委会主任谢荫明、副主任陈煦精心组织、指导本书的编写工作，谢荫明审定全书。

在本书出版之际，我们要感谢课题组各成员单位和全体同仁的全力支持；感谢北京各区县、清华大学、北京大学、北京师范大学、首钢总公司、京煤集团的同行们；感谢姜涛、卞修跃、谢忠厚、霍海丹、李蓉、李颖等专家的悉心指导。经过大家的共同努力，才有可能把这部凝结着北京人民抗战艰难、痛苦、牺牲的真实历史展现在世人面前。

关于本次调查需要说明的相关规范有：

一、本书所指的北京市或北京地区，以现辖区为准。现在北京市的不少远郊区县，抗战时期属河北省、察哈尔省管辖。"北京"、"北平"的称呼在抗战时期常常混用，为了便于今人的理解，我们在叙述时尽量以"北京"相称，运用历史材料则保持原貌。

二、本书记述时间，从1933年3月日军在北京密云制造的暴行开始，至1945年8月日军投降时为止。

三、调研所涉人口伤亡，包括日本侵占时期因其轰炸、残杀及战争原因造成的北京平民伤亡和战斗中的军人伤亡。财产损失包括北京的国家公共财产、私人财物、金银货币等动产损失；房屋、土地等不动产损失；农产品、矿产资源的损失；教育损失，文物损失，等等。报告及文献中的统计单位，由于历经几个时期、几种币制，又在剧烈的社会变动中，很难用统一的货币和币值来比较。我们主要以战前（1936年）和战后（1946年）的法币为标准来统计、记录原始的数字和货币单位。本书涉及的一些数字，在历史上即为概数，我们根据统计学的原则做了处理。

四、本书文献选编部分完全照录原始档案或资料，增补缺漏字以【】号标明，校勘错字、衍字以〔〕号标明，省略处以〈〉号标明。

北京市抗日战争时期人口伤亡和财产损失调查和研究是一个很大的题目，要有一个由浅入深的过程。我们所做的工作仅仅是开了一个头，调查和研究还要不断深入下去，以使历史真相逐步揭示，相对真理不断地向绝对真理靠近。

记录历史不是为了延续仇恨，记录历史的真相是为了以史鉴今。日本帝国主义发动的侵华战争，不是一般的民族之间的战争，而是逆时代潮流而动的势力以极端野蛮的方式对人类文明的挑战，是对其他民族进行侵略、掠夺、杀戮、奴役的战争。打败帝国主义侵略成为当时拯救人类文明最紧迫的任务。我们的调查进一步印证了：不管当年侵略者气焰如何嚣张，正义的力量是不可战胜的；不管如今日本右翼势力如何猖獗，罪恶的历史是不容抹杀的。

了解历史，更知和平的可贵；经历苦难，才能体会幸福生活的来之不易。今天，在这片辽阔的土地上，没有炮火、没有杀戮、没有残害、没有饥饿、没有恐惧;有的是发展与进步、平安与自由、尊严与和谐。继续中国特色社会主义道路,继续改革开放,实现民族的复兴、国家的强盛、人民的幸福是我们的历史使命和神圣的责任。

为了祖国的今天和明天,让我们以史为鉴,珍爱和平,正视历史,警惕战争。

北京市委党史研究室

2014 年 1 月

总 后 记

　　历时多年的《抗日战争时期中国人口伤亡和财产损失调研丛书》终于问世了。参加这套丛书编纂工作的，主要是承担《抗日战争时期中国人口伤亡和财产损失》课题调研任务的各省、自治区、直辖市及其下属市、县的领导同志和课题组成员，以及部分著名专家。他们以高度的责任心和使命感，竭尽全力，攻坚克难，终于完成了各自承担的任务，并按统一要求，形成了调研成果的 A 系列书稿。同时，有关省、自治区、直辖市还从实际情况出发，编纂了主要反映市、县调研成果的 B 系列书稿。由于各地情况不尽相同及其他原因，呈现在读者面前的丛书，将分批陆续完成和出版。

　　为了保证质量，我们对本丛书中由各省、自治区、直辖市完成的 A 系列书稿（即省级调研成果）实行了四级验收制，即：所有的省级调研成果，先由有关省（自治区、直辖市）课题领导小组及其聘请的省级专家验收组分别审读通过、写出书面意见；然后提交到中共中央党史研究室课题组。中共中央党史研究室课题组审读后，再聘请国内知名专家审读书稿，提出书面意见。对每次审读提出的意见，各省、自治区、直辖市课题组都认真研究落实，对书稿进行反复修改，或是说明相关情况，直到符合要求。由一批专家完成的 A 系列书稿（即带全局性的专门课题调研成果），也通过类似的办法验收。主要反映市、县调研成果的 B 系列书稿，则由有关省、自治区、直辖市党史研究室组织验收。各种调研成果验收修改的过程，同时也是调研的深化过程、提高过程。经过反复修改补充的成果，在质量上都有明显提高。

中共中央党史研究室课题组在中共中央党史研究室室委会和分管室副主任的具体领导下开展工作。中共中央党史研究室几任主要领导同志即曲青山和孙英、李景田、欧阳淞主任，非常关心和重视本课题调研工作的开展。分管这项工作的室副主任李忠杰同志始终严格把握政治方向，精心部署和安排，明确提出创建"精品工程、基础工程、警世工程、传世工程"的要求，给工作指明方向，还及时领导解决调研过程中遇到的种种困难和问题。各地同志和有关专家同中共中央党史研究室课题组保持密切联系，对中共中央党史研究室课题组的工作给予了积极配合和支持。

　　中共中央党史研究室课题组由李忠杰、霍海丹、李蓉、姚金果、李颖、王志刚、王树林、杨凯等同志组成。先后担任中共中央党史研究室第一研究部领导职务的黄修荣、刘益涛、蒋建农同志参与了课题调研和审改的部分工作。中共中央党史研究室科研管理部、办公厅的部分同志也参与了有关工作。特别是在北京市和山东省召开的两次全国性会议，中共中央党史研究室科研管理部、办公厅的有关同志自始至终参与了繁忙的会务工作，付出了大量心血和辛勤劳动。

　　在李忠杰同志直接领导下，中共中央党史研究室课题组承担了组织指导与协调推进各地课题调研和联系有关专家完成全局性专题调研的繁重任务。在人手十分有限的条件下，课题组同志们近10年如一日，以对民族负责、对历史负责的自觉精神，克服困难，埋头苦干，为圆满完成任务做了大量工作。计先后编发213期达60多万字的《工作简报》，同各省、自治区、直辖市的同志和有关专家进行了数以千次、万次的电话联系及当面沟通，先后到10多个省、自治区、直辖市实地调查、参加会议，了解情况，当面指导，协助各地完成调研工作，或邀请有关地方的同志到北京进行座谈；还组织22个省、自治区、直辖市课题组编纂《抗日战争时期全国重大惨案》，同中央档案馆联合编辑《抗日战争时期解放区人口伤亡和财产损失档案选编》，同中国第二历史档案馆、中国人民解放军档案馆联合编辑其馆藏的相关档案资料，撰写有关专题报告，等等。将近 10 年来，课题组成员虽有变动，但工作始终如一，没有延误和懈怠。

需要说明的是，《抗日战争时期中国人口伤亡和财产损失》课题，有时也简称为抗战损失课题或抗损课题。虽然有学者认为"抗战损失"或"抗损"通常只能反映抗日战争中财产方面的损失，人口伤亡不能称作损失，但考虑到当年国民政府习惯采用"抗战损失汇报"或"抗战中人口与财产所受损失统计"等表述，所以本课题参照前例，以"抗战损失"或"抗损"作为课题简称。

2014 年初，根据中央领导同志的指示精神和中共中央党史研究室室委会关于做好出版和对外宣传全国抗战损失课题调研成果准备工作的要求，我们组织部分省、自治区、直辖市的分管领导和课题组成员对已经印出样本的 A 系列书稿再次进行复审和互审，并邀请部分承担了抗战损失专题调研任务的专家参加审稿工作。这次集中复审和互审的主要任务是：审核已经印出样本的 A 系列书稿，对相关数据、史实严格把关，保证课题调研结论的真实性，保证书稿没有重大差错。中共中央党史研究室主要领导同志和分管领导同志也提出要求：把工作做得再深入、再扎实一些，统一规范，责任到人，把问题消灭在书稿正式出版之前。

在复审和互审过程中，地方同志和邀请的专家以多种形式及时沟通，围绕审稿发现的问题研究讨论，和中共中央党史研究室分管领导进行交流，对一些重要的共性问题达成一致。经过复审和互审，对有关的 A 系列书稿做出进一步修改。在此基础上，中共中央党史研究室课题组同志又对拟第一批出版的每一部 A 系列书稿进行多环节的审读、检查、修改、校对，严格审核把关，尽可能如实、客观地反映调研情况和成果。

中共中央党史研究室的其他同志及一些外聘同志、从地方党史部门借调的同志，如徐玉凤、谢忠厚、杨延力、郭明泉、戴思厚、王俊云、梁亿新、宋河星、毛立红、王莹莹、茅永怀、庚新顺、李蕙芬同志等，满腔热情地参加了本课题调研的部分工作。不论是调研选题的讨论、同有关各方的联络，还是资料的整理、归类、建档等，他们都付出了辛勤的劳动。

这里，还要特别感谢国家社会科学基金规划办公室、国家新闻出版广电总局有关领导和同志对本课题调研工作的支持和帮助，感谢有关部门对丛书出版经费的支持和保证。中共党史出版社的领导汪晓军以及陈海平、姚建萍等同志，也为这套丛书的出版花费了很多心血。

我们相信，本丛书 A 系列和 B 系列各卷的陆续公开出版，必将大大有助于抗战损失课题调研成果的推广利用，有利于固化历史，更好地发挥以史为鉴、资政育人的作用。但是，我们也深知，本课题调研迄今所取得的成果，还只是阶段性的、部分的、不完全的成果。在已经取得的来之不易的成果的基础上，今后，这一课题的调研工作还要深入不懈地继续进行下去。

中共中央党史研究室课题组

2014 年 4 月 30 日